LA DÉCISION FINANCIÈRE PUBLIQUE EN AFRIQUE DE L'OUEST :

CAS DU BÉNIN

AF854629

Pierrot Sego

La décision financière publique en Afrique de l'Ouest :

Cas du Bénin

Préface du Pr Michel Bouvier

Postface du Pr Nicaise Médé

L'Harmattan Sénégal

© L'HARMATTAN-SENEGAL, 2020
10 VDN, Sicap Amitié 3, Lotissement Cité Police, DAKAR

http://www.harmattansenegal.com
senharmattan@gmail.com
senlibrairie@gmail.com

ISBN : 978-2-343-19493-6
EAN : 9782343194936

DEDICACE

A ma famille

SIGLES ET ABREVIATIONS

ACBF	:	African Capacity Building Foundation (Fondation pour le renforcement des capacités en Afrique)
ACCT	:	Agent Comptable Central du Trésor
AFCM	:	Association Française de Cautionnement Mutuel
AFRITAC/Ouest	:	Centre Régional d'Assistance Technique du Fonds Monétaire International pour l'Afrique de l'Ouest
AN	:	Assemblée Nationale
ANCB	:	Association Nationale des Communes du Bénin
BAD	:	Banque Africaine de Déveleppement
BCEAO	:	Banque Centrale des États de l'Afrique de l'Ouest ;
BM	:	Banque Mondiale
CAA	:	Caisse Autonome d'Amortissement
CAPAN	:	Cellule d'Analyse des Politiques de Développement de l'Assemblée Nationale
CCP	:	Commission des Comptes Publics
CEAO	:	Communauté Economique de l'Afrique de l'Ouest
CFAP	:	Classification des Fonctions des Administrations Publiques ;
CGI	:	Code Général des Impôts
CSPEF	:	Cellule de Suivi des Programmes Economiques et Financiers
DGAE	:	Direction Générale des Affaires Economiques
DGB	:	Direction Générale du Budget
DGDDI	:	Direction Générale des Douanes et Droits Indirects
DGI	:	Direction Générale des Impôts
DGTCP	:	Direction Générale du Trésor et de la Comptabilité Publique
DOB	:	Débat d'Orientation Budgétaire
DPBEP	:	Document de Programmation Budgétaire et Economique Pluriannuelle
DPPD	:	Document de Programmation Pluriannuelle des Dépenses
FAB	:	Forces Armées Béninoises
FAO	:	Organisation des Nations Unies pour l'Alimentation et l'Agriculture
FIDA	:	Fonds International de Développement Agricole
FMI	:	Fonds Monétaire International
FONDAFIP		Association pour la Fondation Internationale de Finances Publiques
IBP	:	International Budget Partnership
INSAE	:	Institut National de la Statistique et de l'Analyse Economique

INTOSAI	:	Organisation Internationale des Institutions Supérieures de Contrôle des Finances Publiques
LFA	:	Loi de Finances de l'Année
LFI	:	Loi de Finances Initiale
LOLF	:	Loi Organique relative aux Lois de Finances
LR	:	Loi de Règlement
MEF	:	Ministère de l'Economie et des Finances
MEFPD	:	Ministère de l'Economie, des Finances et des Programmes de Dénationnalisation
MESRS	:	Ministère de l'Enseignement Supérieur et de la Recherche Scientifique
MOSARE	:	Modèle de Simulation et d'Analyse des Réformes Economiques
MPD	:	Ministère du Plan et du Développement
ODD		Objectifs de Développement Durable
OMD	:	Objectifs du Millénaire pour le Développement
ONU	:	Organisation des Nations Unies
OSD	:	Orientations Stratégiques de Développement
PAG	:	Programme d'Action du Gouvernement
PAM	:	Programme Alimentaire Mondial
PAMOCI	:	Projet d'Appui à la Mobilisation des ressources et au renforcement des Capacités Institutionnelles
PAP	:	Projet Annuel de Performance
PARMAN	:	Projet d'Appui au Renforcement et à la Modernisation de l'Assemblée Nationale
PC	:	Prélèvement Communautaire
PCS	:	Prélèvement Communautaire de Solidarité
PDDAA	:	Programme Détaillé pour le Développement de l'Agriculture en Afrique ;
PGT	:	Payeur Général du Trésor
PIB	:	Produit Intérieur Brut
PIP	:	Programme d'Investissement Public (PIP)
PNUD	:	Programme des Nations Unies pour le Développement
PTF	:	Partenaire Technique et Financier
PURC	:	Plan d'Urgence de Relance de la Croissance
RAP	:	Rapport Annuel de Performamnce
RFFP	:	Revue Française de Finances Publiques
RGT	:	Receveur Général du Trésor
RI	:	Règlement Intérieur
SCRP	:	Stratégie de Croissance pour la Réduction de la Pauvreté
SIGFiP	:	Système Intégré de Gestion des Finances Publiques
TOFE	:	Tableau des Opération Financières de l'Etat
UE	:	Union Européenne
UEMOA	:	Union Economique et Monétaire Ouest-Africaine
UGR	:	Unité de Gestion de la Réforme du Système de Gestion des Finances Publiques
UNACEB	:	Unité d'Analyse, de Contrôle et d'Evaluation du Budget de l'Etat

Resume

Les finances publiques sont inhérentes à l'Etat et entretiennent avec les personnes publiques (Etat central, Collectivités territoriales, Etablissements publics dotés de personnalité juridique, etc.) une relation profonde. Fondamentalement, elles ont un volet politique important, vu leur liaison avec les pouvoirs publics. La gestion des finances publiques implique, en effet, des organes détenteurs d'une parcelle de pouvoir politique. Il s'agit, en l'occurrence, du pouvoir exécutif qu'incarne le Gouvernement et du pouvoir législatif que représente le Parlement.

La décision financière publique, qui résulte de la mise en œuvre des prérogatives financières de ces pouvoirs, est une œuvre partagée. Elle est toujours initiée par le Gouvernement et est censée être le fruit d'une délibération législative. Ce qui n'est toujours pas le cas. Les tentatives réciproques de contrôle du processus d'édification de la décision financière publique ne laissent, en effet, pas de place à la nécessaire collaboration entre les deux pouvoirs telle que voulue par le constituant.

Mais, en dépit de la persistance des controverses entre le Parlement et le Gouvernement, la raréfaction des ressources publiques impose la prise en compte des normes de gestion visant la performance dans le processus d'élaboration, de vote et d'exécution de la décision financière publique. *In fine*, à défaut d'une remise en cause du rôle prépondérant de l'exécutif et du législatif dans la gestion financière publique, c'est à l'émergence de nouveaux acteurs qu'on assiste, avec à l'appui une transformation institutionnelle des organes étatiques, en vue d'une gestion budgétaire axée sur la performance.

Mots-clés

Décision, Pouvoir, Gouvernement, Parlement, vote, budget, loi de finances.

Abstract

Public finances are inherent to the State and have a deep relationship with public people (central power, local authorities, public institutions with legal personality, etc.). Basically, they have an important political component, given their connection with public authorities. In fact, the management of public finances involves political institutions. In this case, it is the executive power and the legislative power respectively represented by the Government and the Parliament.

Public financial decision that results from the implementation of the financial prerogatives of these powers is a common work. It is always initiated by the Government and is supposed to be the fruit of the legislative power's decision, which is not always the case. Reciprocal attempts to control the process of public financial decision-making does not help in the necessary collaboration between the two powers.

But despite the continuing controversies between the Parliament and the Government, the scarcity of public resources unveils that performance management standards must be taken into account in the process of elaborating, voting and implementing public financial decision. Ultimately, far from denying the key role that the executive power and the legislative power play in public financial management, we notice the emergence of new actors, relying on the transformation of state institutions, whose goal is performance-based budget management.

Keywords: Decision, power, Government, Parliament, vote, budget, finance law.

SOMMAIRE

PARTIE II

PREFACE

Dans tous les États démocratiques, la légitimité de la prise de décision budgétaire repose sur le principe que c'est le Parlement qui est désigné comme le ***centre ultime du pouvoir***. Son contrôle, qui se caractérise par la capacité de définir librement les politiques financières, s'explique par le fait que le peuple est détenteur du pouvoir au travers de ses représentants élus. C'est pourquoi, on a longtemps mesuré la portée du pouvoir de décider en matière de finances publiques au regard de l'étendue du droit d'initiative accordé aux élus, soit par exemple pour créer de nouveaux impôts ou de nouvelles dépenses, soit encore pour en supprimer d'autres.

Cet aspect est étudié avec une grande minutie par Pierrot Sègo. Il expose, de manière critique, les procédures en vigueur au Bénin mettant en évidence l'ambiguïté des rapports entre le législatif et l'exécutif. L'auteur est cependant tout à fait conscient qu'au-delà de cette question, somme toute classique, la gouvernance financière publique est de plus en plus déterminée par une culture gestionnaire soucieuse d'efficacité et de performance.

Il remarque ainsi très justement qu'un rapprochement entre les décideurs politiques et les experts de la gestion financière se dessine et que celui-ci ne peut être sans conséquences sur l'évolution future de l'Etat. Ce phénomène, qui est inhérent aux réformes mises en œuvre depuis plus de quarante ans dans la plupart des pays du monde, renoue en fait avec une idée qui fut très présente au XIXe et dans la première moitié du XXe siècle, celle d'une gouvernance de la chose publique par des professionnels[1].

Il est parfaitement exact qu'on assiste au sein des systèmes financiers publics contemporains à la coexistence, voire à la confrontation entre deux conceptions dont la nature est à première vue diamétralement différente ; d'un côté une logique politique ancienne, qui procède de la tradition démocratique et qui privilégie dans l'organisation et le

[1]Sur ces courants de pensée, voir M. Bouvier, *L'État sans politique*, LGDJ, 1986, préface du doyen G. Vedel.

fonctionnement du pouvoir financier ***la capacité politique***, c'est-à-dire celle des élus ; lui fait désormais face une logique de gestion, plus récente, qui répond quant à elle à des impératifs économiques et qui privilégie **la *capacité d'expertise*** technique des décideurs[2]. Pour les États démocratiques, il en résulte un enjeu fondamental qui est de parvenir à concilier ces deux logiques. Or la difficulté n'est pas mince. Il ne s'agit pas en effet d'assimiler trop hâtivement gestion et politique, au risque de finir par élever les techniques de gestion au rang du politique. Il s'agit de parvenir à ***intégrer dans une logique économique, prioritairement gestionnaire, un processus de décision budgétaire dont le cadre essentiel jusqu'ici est un droit public financier qui par essence est un droit politique et qui relève de la tradition démocratique.***

On ne doit pas s'y tromper. C'est de la manière dont il sera finalement répondu à cet enjeu que va dépendre la qualité de l'État béninois, comme celle de nombre d'États, dans les prochaines années et, plus exactement, sachant la fascination portée aux techniques de gestion dans la société contemporaine, les formes que la démocratie sera conduite à épouser. Autant dire qu'on ferait fausse route en pensant que la réforme budgétaire de 2013 s'est bornée à modifier au plan technique les procédures budgétaires. C'est en réalité une véritable révolution des logiques politiques et administratives qui a pris forme juridique.

En effet, et P. Sègo le montre bien, la réforme recèle une portée bien plus large que la seule observation superficielle pourrait lui attribuer, et une analyse minutieuse des procédures nouvellement instituées et des logiques qui les sous-tendent amène à penser que c'est la démocratie politique qui, à terme, devrait s'en trouver renouvelée ; cela non seulement par l'intégration dans son mode de fonctionnement de techniques sophistiquées de gestion des fonds publics mais plus largement par une ***conception gestionnaire de la prise de décision financière qui devrait considérablement modifier le sens et la philosophie du droit public financier***.

Mais l'auteur ne s'en tient pas là. Il identifie aussi le cadre international dans lequel se situe la décision financière publique. Il aborde notamment l'une des voies dans laquelle s'est engagée la

---

[2]*Cf.* M. Bouvier, « Experts et politiques face à la gouvernance des sociétés complexes », in *Constitution et finances publiques, Études en l'honneur de Loïc Philip,* Economica, 2005.

surveillance multilatérale internationale ces dernières années, avec l'invitation faite aux États d'adhérer à des codes de bonne conduite ou encore dans un cadre régional d'intégrer certaines obligations dans leur législation nationale ainsi que de les respecter sous peine de sanctions, l'objectif général étant d'assurer l'application d'un certain nombre de règles universelles, de références internationales, toutes plus ou moins centrées sur une indispensable transparence des finances publiques. Il faut rappeler que le principe de base en filigrane de ces dispositifs est que la réorganisation du système financier international et la prévention des risques passent par la réorganisation des systèmes nationaux de gestion des finances publiques, autrement dit par la mise en place d'un contrôle interne et de gestion efficace permettant aux États de maîtriser leurs finances. C'est dans ce sens que l'OCDE comme le FMI proposent des normes et des codes sur la transparence budgétaire ou monétaire et financière. Ce sont les normes budgétaires qui ont été concernées dans un premier temps, ce qui a conduit nombre d'États à s'engager dans la mise en place d'une nomenclature construite sur la base de programmes. C'est maintenant au tour des normes comptables publiques de faire l'objet de discussions et de propositions dans le cadre de l'IPSAS Board[3].

Au surplus, le Bénin est membre de l'UEMOA, ce qui a pour effet de renforcer la surveillance multilatérale de ses finances. Cette inscription dans une zone régionale ne laisse apparaître toutefois aucun changement de fond en ce qui concerne la prise de décision budgétaire ; la façade ne change pas, le Parlement demeure le centre du processus. En pratique, c'est néanmoins dans le cadre de nouvelles régulations que se créent les normes financières. Et au final, c'est au travers d'un réseau international, d'une circulation des conceptions et des propositions que ces normes prennent forme pour être ensuite reprises dans un cadre législatif ou réglementaire par les États. Pierrot Sègo nous fait ainsi clairement comprendre que non seulement l'on est en présence d'une délocalisation de la production de ces normes mais que l'on est aussi face à une confusion des niveaux de pouvoirs, ce qui soulève la question de la légitimité des sources de ces dernières.

L'auteur évoque également une évolution qui pourrait constituer un enjeu crucial dans les prochaines années. Il s'agit de la mise en place d'un mode de fonctionnement qui s'apparente à une cybernétique

---

[3]*International Public Sector Accounting Standards.*

financière[4] fondée sur le développement de l'intelligence artificielle. Cette robotisation[5] pourrait bien modifier en profondeur le processus politique et gestionnaire de la décision budgétaire.

Au final, la recherche de Pierrot Sègo est essentielle à la compréhension mais aussi à la mise en œuvre de la réforme budgétaire au Bénin et on doit l'en féliciter. Elle devrait être lue très attentivement par les décideurs politiques comme par les gestionnaires car elle identifie parfaitement les logiques qui sont en place et susceptibles de dérouler leurs effets. Elle met en évidence le fait que l'on est en présence d'un système financier public où cohabitent nouveaux et anciens éléments sans qu'il soit toujours possible d'affirmer que le nouveau serait forcément le meilleur garant du bien-être social ni que l'ancien demeurerait comme la dernière enclave protectrice de principes juridiques piliers d'une société idéale.

Michel Bouvier
Professeur émérite à l'Université Paris 1 Panthéon-Sorbonne
Directeur de la Revue Française de Finances Publiques
Président de FONDAFIP (www.fondafip.org)

---

[4]Cf. M. Bouvier, « Vers une cybernétique financière ? » in *Alternatives économiques* n° 240-2005 ; cf. également *Utopie technicienne et cybernétique financière publique*, in *RFFP* n° 129-2015.
[5] À ce sujet, cf. le film du colloque Fondafip/TGR téléchargeable sur https://www.youtube.com/watch?v=xREYaOVfFv4

L'introduction générale de la présente étude est structurée en six points. Elle enchaîne le contexte et la justification de l'étude, la définition des concepts clés, la délimitation de l'étude, la problématique de l'étude, l'intérêt et les objectifs de l'étude et, enfin, l'approche méthodologique et l'annonce du plan.

1-Contexte et justification de l'étude

Les finances publiques traduisent un effort et une volonté[6]. L'effort, « *c'est celui de consacrer collectivement une partie de la richesse nationale à l'intérêt commun* »[7]. La volonté, c'est celle d'« *exprimer la solidarité qui lie entre eux les citoyens, [et de] construire une société et un État modernes à même de s'affirmer sur la scène internationale, au travers de politiques publiques librement débattues et décidées* »[8]. Cette double caractéristique des finances publiques se concrétise par l'action des pouvoirs publics[9]. C'est, en effet, ces derniers qui sont responsables des efforts destinés à la satisfaction des intérêts

---

[6] R. BARRE, « Préface », *in* J.-B. TOULOUSE et *al.,Finances publiques et Politiques Publiques*, Paris, Economica, 1987, p.1.

[7] R. BARRE, « Préface », *ibid*, p.1.

[8] *Ibidem.*

[9] La notion de « pouvoirs publics » fait, entre autres, référence aux organes qui exercent, comme l'a indiqué M. HAURIOU, un « pouvoir de volonté », c'est-à-dire vouloir au nom de l'Etat et de la nation. *Cf.* J-P. CAMBY, « *L'autonomie fonctionnelle des pouvoirs publics* », *in* A. PARIENTE (dir.), *La séparation des pouvoirs, théorie contestée, pratique renouvelée*, Paris, Dalloz, 2007, pp.85-96. Selon la fonction exécutée, il peut s'agir d'un pouvoir exécutif, d'un pouvoir législatif ou encore d'un pouvoir juridictionnel.

communs[10] et à la réalisation de l'idéal démocratique[11]. Il s'agit, à titre principal, du pouvoir exécutif, du pouvoir législatif et du pouvoir juridictionnel incarnés, le premier par le Gouvernement, le second par le Parlement et le troisième par la Chambre des Comptes[12] de la Cour Suprême.

Aux termes des dispositions de l'article 54 de la Constitution du 11 décembre 1990, le président de la République « *détermine et conduit la politique de la Nation* ». Ce qui inclut la définition de l'orientation des finances publiques. Pour ce qui concerne le Parlement, il « ... *consent l'impôt* », conformément aux dispositions de l'article 96 de la même Constitution. C'est à lui qu'il revient d'assurer à l'orientation définie par le Gouvernement, la validation législative. La juridiction financière se charge quant à elle, conformément à l'article 84 de la loi organique relative aux lois de finances, de l'exercice du contrôle juridictionnel des finances publiques, indépendamment des contrôles administratif et parlementaire.

Ces trois dimensions des finances publiques sont au cœur des activités financières de l'Etat. Elles renseignent sur l'idéal

---

[10] En réalité, les intérêts communs des individus pouvant être définis comme « *le recoupement des intérêts individuels autour d'attentes partagées, c'est-à-dire l'immanence de la constitution de l'intérêt populaire* », leur réalisation ne peut que relever de la compétence des organes exerçant une mission d'intérêt public. *Cf.* P. CRETOIS, « L'intérêt général au crible de l'intérêt commun », *Astérion* [En ligne], 17 | 2017, consulté le 16 février 2018. URL : http://journals.openedition.org /asterion/3031. Il importe de souligner que l'intérêt commun ne se confond pas avec l'intérêt général. « *En première analyse, intérêt général et intérêt commun des individus peuvent apparaître comme des notions connexes. Pourtant, on peut les distinguer. On peut définir l'intérêt général comme l'intérêt transcendant porté par l'administration (ou tout organisme/société chargé d'une mission dite d'intérêt général) : on distingue alors l'intérêt public qui est celui de l'administration proprement dite de l'intérêt général qui est l'intérêt au nom duquel l'administration est supposée agir* ». *Cf.* P. CRETOIS, article précité.

[11] L'atteinte de l'idéal démocratique passe par « *l'affectation exclusive des deniers publics à des dépenses vraiment utiles et proportionnées aux ressources de la nation* ». *Cf.* https: //univ-droit.fr/ docs /recherche/ rhfd/pdf/012-1991 /12-1991-p055-070.pdf.

[12]Au Bénin, le contrôle juriditionnel des finances publiques est assuré par la Chambre des Comptes, l'une des chambres de la Cour Suprême qui est la plus haute juridiction de l'Etat en matière administrative, judiciaire et des comptes. (article 31 alinéa 1er de la Constitution du 11 décembre 1990).

démocratique qui caractérise les finances publiques dans les États qui ont opté pour un régime politique fondé sur la séparation des pouvoirs[13].

Au Bénin, la répartition des compétences financières entre les pouvoirs publics s'aligne donc sur la doctrine financière[14] en matière d'exercice des prérogatives financières dans l'Etat. Il est admis que la préparation et l'exécution de la loi de finances relèvent de la compétence du pouvoir exécutif[15]. De même, il est reconnu au Parlement le pouvoir de vote du projet de loi de finances[16]. Le pouvoir juridictionnel, quant à lui, s'est vu dévolu la compétence de contrôle

---

[13]Il ne nous a pas paru nécessaire de faire un développement sur la théorie de la séparation des pouvoirs. La notion ne rentre pas spécifiquement dans le champ de notre recherche. La façon la plus classique de considérer la séparation des pouvoirs consiste à y voir un principe juridique d'organisation du pouvoir « *modéré* » dans l'État, grâce à la concurrence équilibrée, (« *non faussée* »…) entre le législatif, l'exécutif, voire le juridictionnel, devenus statutairement « *autonomes* » sur la base de leurs fonctions spécialisées. *Cf.* S. MILACIC, « *De la séparation des pouvoirs à l'idée des contre-pouvoirs : MONTESQUIEU revigoré par le néolibéralisme* », *in* A. PARIENTE (dir), *La séparation des pouvoirs, théorie contestée, pratique renouvelée*, Paris, Dalloz, 2007, pp.31-47. Cependant, vu que la théorie de la séparation des pouvoirs a enregistré diverses controverses et évolutions doctrinales, il convient de rappeler les positions de quelques grands auteurs. D'abord, selon L. DUGUIT, au nom de la théorie de la séparation des pouvoirs, « *les organes investis de (ces) trois fonctions de l'Etat seraient trois organes représentant la souveraineté, investis de la souverainté, absolument indépendant l'un de l'autre et sans action de l'un sur l'autre* ». *Cf.* L. DUGUIT, *Traité de Droit constitutionnel*, Paris, Ancienne Librairie Fontemoing, Editeurs et Cie, 3ème éd., t. II, 1928, p.660. Ensuite, Carré De MALBERG partage cette définition donnée par L. DUGUIT et attribue la paternité de la théorie à MONTESQUIEU qui décompose et sectionne la puissance de l'Etat en trois pouvoirs principaux susceptibles d'être attribués séparément à trois autorités primordiales et indépendantes. *Cf.* L. TROPER, *La séparationn des pouvoirs et l'histoire constitutionnelle française*, Paris, L.G.D.J, 1980, p.11. Enfin, pour A. ESMEIN, « *les pouvoirs reconnus distincts doivent avoir des titulaires non seulement distincts, mais indépendants les uns des autres, en ce sens qu'un des pouvoirs ne puisse pas révoquer le titulaire d'un autre pouvoir* ». *Cf.* A. ESMEIN, *Eléments de droit constitutionnel*, Paris, L. LAROSE et L. TENIN, 5ème éd., 1909, p. 405-406. Pour un autre point de vue sur la pratique de la théorie de la séparation des pouvoirs, *cf.* J-P. DUPRAT, « Pratique et remise en cause de la séparation des pouvoirs en Grande Bretagne et aux Etats-Unis », *in* A. PARIENTE (dir), *Op.cit.*, pp.115-4138.

[14] Lire sur la question, les écrits de N. MEDE, H. AKEREKORO, A. L. SIDI, G. JEZE, L. TROTABAS, M. DUVERGER, H. ISAIA, M. BOUCARD, M. BOUVIER, etc.

[15]*Cf.* Art. 55 et 67 la loi n°2013-14 du 27 septembre 2013 portant loi organique relative aux lois de finances en république du Bénin.

[16]*Cf.* Art. 61 la loi n°2013-14 du 27 septembre 2013 portant loi organique relative aux lois de finances en république du Bénin.

juridictionnel des finances publiques[17]. En définitive, dépendant, pour une large part, des compétences du Gouvernement et du Parlement, les finances publiques revêtent une dimension politique[18].

La dévolution des prérogatives budgétaires et financières étant organisée par des textes juridiques, l'évolution de ces derniers est susceptible d'engendrer une mutation dans la répartition des compétences, voire dans les processus institués pour la gestion des finances publiques. De l'indépendance du Bénin (ex Dahomey) en 1960 au renouveau démocratique des années 1990, plusieurs constitutions et textes constitutionnels se sont succédé[19], avec des formulations variées sur les prérogatives financières publiques. Ce qui peut faire naître un questionnement sur les évolutions au plan institutionnel et au plan formel des finances publiques ainsi que sur l'équilibre des pouvoirs dévolus au Gouvernement, au Parlement et au pouvoir juridictionnel en matière financière et budgétaire.

En réalité, au Bénin, la controverse sur la dévolution et l'exercice des pouvoirs financiers au sein de l'Etat s'est amplifiée depuis que le Gouvernement a fait établir la loi de finances pour la gestion 1994 par

---

[17]*Cf.* Art. 84, 91 et 92 de la loi n°2013-14 du 27 septembre 2013 portant loi organique relative aux lois de finances en république du Bénin.

[18]*Cf.* E. DOUAT, « La décision financière et sa dimension politique », *in C.* D. DESMOULIN et G. DESMOULIN, *La décision financière publique*, Paris, LGDJ, Lextenso, 2013, pp.29-42. Lire également à ce sujet, R. DE BELLESCIZE, « Le conflit budgétaire : moteur de la démocratie américaine », *Revue Française de Finances Publiques*, n°139, septembre 2017, pp-109-119. L'auteur affirme notamment que tout converge vers le budget et que c'est à l'occasion de son adoption que jaillit de la manière la plus éclatante, exception faite de l'élection présidentielle, l'opposition entre démocrates et républicains. Il indique à l'appui de son affirmation des idées déjà développées par des auteurs tels que J.J. GOSLING, *«* Budgetary Politics in american governments*», in Routledge, fifth Ed., 2009, p.4. ;* A. WILDASKY, N. CAIDEN, *«* The new politics of the budgetary *process », in Longman classics series, 5ème ed., 2003. Cf.* également sur le sujet, J-P DUPRAT, « Entre conflits et compromis : une procédure budgétaire et comptable complexe, sous tension, aux Etats-Unis », *Revue Française de Finances Publiques*, n°139, septembre 2017, pp.99-108. ; M. BOUVIER, « Les ambiguïtés fatales du droit public financier », *Revue Française de Finances Publiques*, n°122, avril 2013, Paris, L.G.D.J. Ce dernier estime que les finances publiques sont étroitement liées à la politique puisqu'elles « *constituent le noyau dur et la substance des pouvoirs politiques, elles en déterminent la puissance et l'évolution ».*

[19]*Cf.* J. A TOUDONOU et C. KPENONHOUN, *Constitution et textes constitutionnels de la République du Bénin, depuis les origines dahoméennes*, Cotonou, Fondation Friedrich Naumann, 1997.

ordonnance[20], au détriment des autorisations données par le Parlement[21]. Bien d'autres fois, les relations entre le Gouvernement et le Parlement se sont soldées par de fréquentes ruptures de dialogue, ouvrant la voie au recours aux pouvoirs exceptionnels[22] pour l'établissement de la loi de finances. Ainsi, a-t-on noté que la loi de finances pour chacune des années 1996[23], 2000[24], 2002[25], 2008[26] et 2010 [27] a été établie par ordonnace, consécutivement à la mise en œuvre des mesures exceptionnelles prévues à l'article 68 de la Constitution du 11 décembre 1990. Or, chaque fois que le budget de l'État est établi par ordonnance prise sur le fondement des dispositions de l'artice 68 de la Constitution du 11 décembre 1990, le droit des citoyens au consentement à l'impôt[28] est hypothéqué.

En droit comparé, on peut souligner, sur la question, le cas de la France où « *les ordonnances prises sur le fondement de l'article 38 sont*

---

[20] Par décision budgétaire, on entend les décisions prises par le Président de la République sur le fondement des pouvoirs exceptionnels. Au Bénin, il s'agit des décisions prises par le biais du recours aux dispositions de l'article 68 de la constitution du 11 décembre 1990.

[21]*Cf.*ordonnances n°94-001 et 94-002 du 1er août 1994.

[22]Sur la question, le Professeur F.TANO affirme qu'au Bénin, dans les années 1990, la crise politique est intervenue à la suite de divergences profondes entre le Gouvernement et l'Assemblée nationale sur la politique économique et budgétaire. *Cf.* F. TANO, « Constitutionnalisme et urgence budgétaire à l'épreuve des crises politiques » *Revue juridique et politique des Etats francophones*, n°2, Avril-juin 2011, 65ème année, p.57. *Cf.* aussi les commentaires de Moïse BOSSOU, « L'article 68, sa pratique et ses conséquences », *in série « rencontres »*, n°5, p.117, Actes des journées de réflexion sur la Constitution du 11décembre 1990, Cotonou – Bénin, IDH, 07 et 08 août 2006.

[23] Ordonnance n° 96-02 du 31 janvier 1996 portant loi de finances pour la gestion 1996.

[24] Ordonnance n° 2000-001 du 02 janvier 2000 portant loi de finances pour la gestion 2000.

[25] Ordonnance n° 2002-001 du 31 janvier 2002 portant loi de finances pour la gestion 2002.

[26] Ordonnance n° 2008 n° 2008-05 du 085 novembre 2008 portant loi de finances rectificative pour la gestion 2008.

[27] Ordonnance n° 2010-01 du 1er janvier 2010 portant loi de finances pour la gestion 2010.

[28] Le consentement à l'impôt est cependant l'une des principales compétences du Parlement dans un régime présidentiel. Aux Etats-Unis d'Amérique, son refus par le Congrès est source de crise politique. Tant que le Congrès n'a pas autorisé, il ne peut avoir collecte d'impôts. *Cf.* R. BELLESCIZE, « Le conflit budgétaire : moteur de la démocratie américaine », *Revue Française de Finances Publiques*, n°139, septembre 2017, pp.109-119.

récemment devenues nombreuses. Elles ont permis la modernisation de législations variées »[29]. L'allure prise par le recours de l'exécutif à cette technique normative a d'ailleurs suscité des interrogations sur le rôle législatif du Parlement, même si G. MARC estime que *« les ordonnances ne sont pas les adversaires de la loi, mais son nécessaire complément »*[30].

Les causes de ce recours semblent se trouver, entre autres, dans l'urgence que le Gouvernement peut évoquer. La Cour constitutionnelle du Bénin a admis cette possibilité[31]. Il en est de même du Conseil constitutionnel français[32]. Mais au-delà des cas d'urgence qui peuvent être à la base d'une mésintelligence entre le Gouvernement et le Parlement, il y a que chacun des pouvoirs cherche à contrôler les actvités de l'autre. Il se développe, ce faisant, une tentative de renforcement réciproque des pouvoirs qui nuit à la complémentarité nécessaire voulue par le constituant.

Du reste, les malentendus qui naissent de la mise en œuvre des prérogatives budgétaires et financières du Gouvernement et du Parlement suscitent des analyses doctrinales sur la réalité de la mise en œuvre des pouvoirs reconnus aux organes ayant à charge la gestion des finances publiques. Un auteur affirme par exemple que « *la discussion de la loi de finances tourne à l'acte gratuit quand le texte soumis au Parlement et adopté ne correspond à celui qui est mis en œuvre par le Gouvernement* »[33]. Un autre complète que « *le pouvoir appartient à*

---

[29] G. MARC, « Les ordonnances : tuer ou sauver la loi ? », *Pouvoirs*, n° 114, 2005/3, p.117-129. DOI : 10.3917/pouv.114.0117.

[30] *Ibidem.*

[31] *Cf.* DCC 94-27 du 24 août 1994. A travers cette décision la Cour a reconnu que le recours aux pouvoirs exceptionnels est un acte de gouvernement qui n'est pas susceptible de recours devant le juge constitutionnel. Tout au plus, ce dernier peut se prononcer sur la régularité ou non de la procédure observée par le Gouvernement. C'est en effet sur ce fondement que les ordonnances 94-001 et 94-002 du 1er août 1994 ont été déclarées contraires à la constitution.

[32] L'urgence est au nombre des justifications que le Gouvernement peut invoquer pour recourir à l'article 38 (décis. 99-421 DC, 16 décembre 1999). Comme le relèvent les *Cahiers du Conseil constitutionnel* (*CCC*, n° 15 sur décis. 2004-473 DC), « en 1999, le Conseil constitutionnel avait admis le recours à l'article 38 de la Constitution pour surmonter l'encombrement de l'ordre du jour parlementaire ». La Haute Juridiction avait alors jugé que « cette finalité répond au demeurant à l'objectif de valeur constitutionnelle d'accessibilité et d'intelligibilité de la loi » *Cf.* G. MARC, « Les ordonnances : tuer ou sauver la loi ? », article précité.

[33] R. MUZELLEC, *Finances publiques, concours administratifs catégorie A, IPAG-IRA*, Paris, SIREY, 10ème édition, 1997, p. 41.

celui qui dépense »[34]. Implicitement, ces affirmations simulent que les réelles prérogatives en matière budgétaire et financière appartiennent au Gouvernement. En effet, c'est au Gouvernement qu'est dévolue la compétence de l'exécution de la loi de finances. Cette compétence est assortie de possibilité de modification des autorisations parlementaires. Des techniques juridiques sont prévues par les textes en vigueur à cet effet. Il s'agit en l'occurrence des mouvements de crédits par le biais des transferts de crédits[35], des virements de crédits[36], des annulations d'autorisations budgétaires parlementaires[37] ou encore d'ouvertures de crédits complémentaires par décret d'avance[38]. L'article 26 de la loi organique relative aux lois de finances de 2013 précise, en effet, qu'*« en cas d'urgence et de nécessité impérieuse d'intérêt national, des crédits supplémentaires peuvent être ouverts par décret d'avances pris en Conseil des ministres »*.

De la sorte, le pouvoir exécutif peut être perçu comme l'acteur principal et privilégié en matière de gestion des finances publiques. Ce qui rejoint l'idée déjà défendue par certaines opinions et selon laquelle le pouvoir budgétaire est aujourd'hui un pouvoir gouvernemental[39]. Les porteurs de cette idée estiment que le Parlement dispose de deux pouvoirs théoriques : repousser et renvoyer ; d'un

---

[34] E. DOUAT et X. BADIN, *Finances publiques*, Paris, Presse Universitaire de France, Thémis droit, 1999, p.36.

[35] Article 24 de la loi n°2013-14 du 27 septembre 2013 portant loi organique relative aux lois de finances.

[36]*Ibidem.*

[37] Aux termes des dispositions de l'article 28 de la Loi Organique relative aux Lois de Finances, des crédits budgétaires peuvent être annulés, par arrêté du ministre en charge des finances, après information du ministre sectoriel, lorsqu'ils sont devenus sans objet ou dans le cadre de la mise en œuvre du pouvoir de régulation budgétaire défini à l'article 71. Quant à l'article 71, il dispose que le ministre en charge des finances est responsable de l'exécution de la loi de finances et du respect des équilibres budgétaire et financier définis par ladite loi et qu'à ce titre, il dispose d'un pouvoir de régulation budgétaire qui lui permet, au cours de l'exécution du budget, d'annuler un crédit devenu sans objet, au cours de l'exercice, après avis consultatif donné au plus tard dans un délai de quinze (15) jours par le ministre sectoriel ou par le président de l'institution constitutionnelle concernée et d'annuler un crédit pour prévenir une détérioration des équilibres budgétaire et financier de la loi de finances.

[38] Le décret d'avance est défini comme une procédure permettant au Gouvernement de majorer les crédits limitatifs de la loi de finances de l'année et d'en ouvrir de nouveaux sans demander l'autorisation de l'Assemblée Nationale. Celle-ci est, néanmoins, informée de la procédure et doit ratifier le décret, *aposteriori*, dans les meilleurs délais.

[39] R. MUZELLEC, *Op.cit.* p.41.

pouvoir réel : ratifier et d'un pouvoir limité : amender[40]. Le Parlement apparaît finalement comme ne possédant pas réellement les moyens d'exercice de ses prérogatives financières.

Les arguments en faveur de la faiblesse des pouvoirs du Parlement en matière budgétaire et financière sont ainsi abondants. Ils comprennent, entre autres, la possibilité de délégation[41] des prérogatives parlementaires en matière financière. En réalité, en cas de délégation, le pouvoir exécutif peut prendre et exécuter seul, les mesures et autres décisions relatives à la gestion des finances publiques. Il s'agit, par exemple, des mesures liées à la définition des orientations des finances publiques, à la définition de la trajectoire des dépenses et des recettes, à la validation puis à leur mise en œuvre. Cette possibilité évoquée est surtout envisageable pour les décisions financières de réparation[42].

Par ailleurs, la difficulté du Parlement à conserver et à exercer ses pouvoirs se trouve dans son inaptitude à se conformer dans les délais utiles aux exigences des évolutions qu'enregistre la gestion financière publique. Dorénavant, « *le budget moderne supporte de plus en plus mal le carcan des principes budgétaires qui sont battus en brèche ; lié à la conjoncture économique, le budget doit donner les impulsions nécessaires que le Parlement est incapable de lui communiquer ; son entrée en vigueur ne peut souffrir de retard* »[43]. Par exemple, les principes d'annualité et de spécialité[44] ne sont plus aussi rigides d'application que par le passé. Les nouvelles règles de gestion financière publique leur imposent une certaine souplesse, alors que ces principes budgétaires font partie des facteurs qui permettaient au Parlement d'assurer son autorité et une relative emprise sur le processus budgétaire et sur les questions liées aux finances publiques. R. MUZELLEC souligne à ce sujet que, « *deux facteurs contribuent à*

---

[40] *Ibidem.*

[41] Elle peut se manifester par la prise d'une loi d'habilitation législative. *Cf.* R. MUZELLEC, *Op.cit., p.39.*

[42] Il s'agit principalement des décisions financières prises dans des périodes de crise où le pouvoir exécutif ne peut attendre l'autorisation parlementaire avant d'opérer des dépenses. On peut citer l'exemple des catastrophes et autres situations imprévisibles où l'intervention rapide de l'Etat est indispensable.

[43] R. MUZELLEC, *Op.cit. p.39.*

[44] Pour plus de précision sur les principes d'annualité, d'unité, d'universalité, de spécialité, *cf.* L. PHILIP (dir.), *Dictionnaire Encyclopédique de finances publiques*, Paris, Economica, 1991.

l'emprise du Parlement sur le budget : la rigueur de l'application des principes d'annualité, d'unité, d'universalité, de spécialité et l'exclusivité des dispositions financières au profit de la loi de finances »[45].

On est, ce faisant, en présence d'une contradiction. Le Parlement dispose théoriquement des attributions pour s'imposer et exercer son autorité dans la gestion des finances publiques[46]. Paradoxalement, un regard sur l'exercice des attributions financières qui lui sont dévolues montre que l'effectivité de la mise en œuvre des prérogatives financières du Parlement n'est pas totale. Peu de Parlements, en réalité, arrivent à occuper l'espace décisionnel que les lois et règlements leur confèrent en matière budgétaire et financière. Ce qui fait penser que « *les Parlements jouent souvent un rôle négligeable et dysfonctionnel dans la gouvernance financière et la gestion budgétaire* »[47].

De tout point de vue, on constate que le rôle joué par le législateur en matière financière est en deçà de ce qui lui est formellement dévolu par les textes. Ceci s'explique en partie par les contraintes politiques et techniques que rencontre l'institution parlementaire, mais aussi par les incursions du pouvoir exécutif sur le champ de compétence budgétaire du Parlement. C'est ce qui transparaît à travers l'idée que l'inefficacité du Parlement en matière budgétaire et financière est due non seulement à la prépondérance du pouvoir exécutif en matière budgétaire, mais aussi aux carences propres des Parlements en la matière, lesquelles sont à la fois techniques et politiques.

Cependant, des exemples, quoique rares, existent sur un bon fonctionnement des structures du Parlement en matière budgétaire et financière. C'est le cas, par exemple, au Botswana où des « *commissions permanentes et ad-hoc du Parlement, suivent les*

---

[45] R. MUZELLEC, *Op.cit. p.*27.

[46] Rien que la tutelle ou supervision législative lui donne le droit de contrôler et d'autoriser les recettes et les dépenses ainsi que d'exiger le respect du budget national. Le cas de l'Amérique latine est bien évocateur. Alors que les parlements possèdent un large éventail de pouvoirs constitutionnels et de prérogatives législatives en matière budgétaire, ils ne parviennent que rarement à les exercer de manière efficace et responsable. Lire, C. SANTISO, « Pour le meilleur ou pour le pire ? Le rôle du parlement dans le processus budgétaire des pays en développement », Revue *Française d'Administration Publique*, n°117, 2006/1 p. 149-185. DOI 0.3917/rfap.117.0149

[47] C. SANTISO, « Pour le meilleur ou pour le pire ? Le rôle du Parlement dans le processus budgétaire des pays en développement », article précité.

activités sectorielles entreprises par l'exécutif »[48]. C'est aussi le cas en Zambie où des « *commissions créées par le Parlement examinent, rapportent et formulent des recommandations sur le mandat, la gestion et les activités de l'exécutif* »[49] et, c'est enfin, le cas des Commissions des Comptes Publics (CCP) au Nigéria et en Afrique du Sud qui *« sont remarquées pour le contrôle sérieux des dépenses publiques* »[50].

Les développements ci-dessus faits mettent l'accent sur une approche institutionnelle des finances publiques à l'intérieur de l'Etat. Ils ciblent principalement les organes étatiques. Ils sont valables, mais peuvent présenter des limites, du moment où il est possible que le pouvoir de décision budgétaire et financière, bien que consubstantiel à la souveraineté de l'Etat, connaisse, dans son exercice, l'intervention d'acteurs externes à l'Etat. C'est le cas notamment des organisations internationales auxquelles l'Etat adhère. Il ne s'agit pas ici des organisations de coopération[51] auxquelles l'Etat peut appartenir sur le fondement de l'article 148 de la Constitution béninoise du 11 décembre 1990 qui dispose que « *la République du Bénin peut conclure avec d'autres États des accords de coopération ou d'association sur la base des principes d'égalité, de respect mutuel de la souveraineté, des avantages réciproques et de la dignité nationale* ». La spécificité au niveau de ce type d'organisation est qu'il n'engendre pas une remise en cause des attributs de l'Etat. La souveraineté de l'Etat reste intacte en dépit de la signature et de l'entrée en vigueur des accords de coopération. En termes clairs, l'appartenance de l'Etat, au plan international, à des organisations de coopération n'induit pas systématiquement un fléchissement des pouvoirs financiers de l'Etat.

Le contraire est cependant possible. Il existe des organisations pour lesquelles l'adhésion engendre la concession d'une partie de la souverainté de l'Etat. En réalité, dans ces cas, c'est une forme d'habilitation que les États donnent à une institution qu'ils créent pour agir, en leur nom, en vue de la réalisation d'une vision bien déterminée. Pour peu que le consensus sur la finalité soit réalisé, les conventions signées et les conditions d'entrée en vigueur remplies, la compétence

---

48 CABRI, Rapport d'activité, « La bonne gouvernance financière en Afrique, *2011*, P.71.

49 *Ibidem.*

50 *Ibidem.*

51 *Cf.* L. DUBIN et M-C RUNAVOT (dir.), *Le phénomène institutionnel international dans tous ses états : transformation, déformation ou reformation* ? Paris, Editions A. Pedone, 2014, P.1.

législative est établie pour l'organisation. Dans le cas d'espèce, c'est d'un autre type d'organisation qu'il est question, en l'occurrence, les organisations d'intégration. Elles peuvent être sous-régionales comme on peut les retrouver au niveau régional. Les possibilités de conclusion de convention ou d'accord visant l'adhésion à une organisation d'intégration sont également présentes dans le *corpus* des dispositions constitutionnelles en vigueur au Bénin. On peut faire référence, à titre d'illustration, aux dispositions de l'article 149 de la Constitution qui précisent que *« la République du Bénin, soucieuse de réaliser l'Unité Africaine, peut conclure tout accord d'intégration sous-régionale ou régionale conformément à l'article 145 »*[52].

En Afrique de l'Ouest, des exemples d'organisation de ce type existent. C'est le cas de l'Union Economique et Monétaire Ouest-Africaine (UEMOA) et de la Communauté Economique des États de l'Afrique de l'Ouest (CEDEAO). Les États membres de l'UEMOA soulignent que leur démarche s'inscrit dans la logique des efforts d'intégration régionale en cours en Afrique[53]. Quant à ceux de la CEDEAO, ils affirment être convaincus de ce que l'intégration des États membres à une communauté régionale viable peut requérir la mise en commun partielle de leur souveraineté nationale au profit de la communauté, dans le cadre d'une volonté politique collective.

En réalité, la participation du Bénin à l'UEMOA est un facteur d'altération de l'autonomie décisionnelle intérieure en matière budgétaire et financière. A vrai dire, le monopole de la souveraineté[54] normative de l'Etat se trouve réduit. Sous d'autres cieux, le phénomène est le même. Avec l'Union européenne par exemple, la France se voit entraîner *« dans un système de droit, où le principe de la souveraineté nationale est un souvenir historique, un sujet d'étude pour les étudiants*

---

[52] Aux termes des dispositions de l'article 145 de la Constitution du 11 décembre 1990, les traités de paix, les traités ou accords relatifs à l'organisation internationale, ceux qui engagent les finances de l'Etat, ceux qui modifient les lois internes de l'Etat, ceux qui comportent une cession, échange ou adjonction de territoire, ne peuvent être ratifiés qu'en vertu d'une loi. Nulle cession, nul échange, nulle adjonction de territoire ne sont valables sans le consentement des populations intéressées.

[53] *Cf.* Préambule du Traité révisé de l'UEMOA.

[54] En théorie et en pratique, l'État est l'unique détenteur de la souveraineté, mais il est de plus en plus amené à le partager, à un certain niveau et dans certains domaines, avec les autres autorités nationales comme internationales. *Cf.* B. FARAJOLLAHI, *La production de normes et standards budgétaires et comptables publics par les institutions internationales spécialisées*, thèse de Droit, Paris 1, 2006, p.25.

en histoire, non pour les étudiants en droit »[55]. Dans la réalité, aucun compartiment de la gestion des finances publiques n'échappe à l'encadrement communautaire, quand l'Etat s'engage dans des organisations d'intégration dont la vocation est, entre autres, de travailler pour une harmonisation des valeurs de référence en matière financière publique. Les organes étatiques sont contraints, aussi bien dans l'exercice du pouvoir budgétaire que dans l'exercice du pouvoir normatif financier, à des restrictions ou à des règles établies au niveau communautaire et transposées en droit national ou directement exécutables.

C'est vrai qu'il y a une relative possibilité d'appréciation de l'Etat sur certaines règles édictées au plan communautaire. Lorsque les règles communautaires sont prises au moyen de directives, une marge de manœuvre s'offre à l'Etat pour définir les meilleurs moyens de réalisation des objectifs poursuivis par le texte communautaire. Ceci ne signifie pas que l'Etat qui adhère à une organisation d'intégration n'est pas lié par les directives prises par celle-ci. Bien au contraire. La seule souplesse, c'est la prise d'un acte d'internalisation qui fixe de façon autonome les moyens de l'atteinte de la finalité du texte transposé. Autrement dit, dans l'acte de transposition, l'esprit du texte communautaire ainsi que les objectifs poursuivis ne peuvent être ignorés.

A ce sujet, il est possible que l'organisation d'intégration mette en place un mécanisme de contrôle de conformité des actes transposés, mais pas en ce qui concerne les moyens définis pour atteindre les objectifs. Par contre, quand l'organisation d'intégration choisit la voie de règlement pour instituer des règles, celles-ci sont d'application d'office sur les territoires des États membres sans qu'il y ait un besoin quelconque de transposition, c'est-à-dire de prise d'un acte législatif ou règlementaire, pour faire entrer les mesures nouvelles dans le droit positif des États membres.

Du reste, avec l'admission d'acteurs internationaux, la gestion des finances de l'Etat n'est plus seulement l'apanage des pouvoirs exécutif, législatif voire juridictionnel. Ceux-ci demeurent des acteurs clés mais ne sont plus aussi libres dans la gestion interne du processus budgétaire. La manière de gouverner s'adosse à des références qu'ils sont appelés à observer. La violation des normes internationales en la matière peut,

---

[55] A. MAUCOUR-ISABELLE, *La rénovation des pouvoirs budgétaires du parlement sous la Vème république*, Paris, Dalloz, 2005, p.170.

en effet, être une source de sanction. Il s'agit principalement des gels de ressources extérieures et des craintes, sur les marchés financiers, de la naissance de dette de régime susceptible de répudiation[56]. On pourrait ainsi affirmer que « *l'avenir des institutions financières publiques se joue en effet pour l'essentiel à l'échelon international, dans un jeu complexe de nouvelles régulations où la part belle est faite aux experts* »[57].

Le Bénin comptant au moins une double appartenance à des organisations d'intégration[58], se trouve ainsi confronté à l'exercice des pouvoirs budgétaires et financiers dans un environnement de plus en plus ouvert et exigeant. Ce qui lui vaut une sorte d'encadrement communautaire des pouvoirs budgétaires et financiers, comme c'est le cas pour tout Etat qui s'engage dans une organisation d'intégration. A titre d'exemple, les États membres de l'Union européenne, et tout particulièrement ceux ayant opté pour l'euro, sont tenus de respecter depuis le traité de Maastricht (1992), des critères de convergence concernant notamment le déficit public ou la dette à ne pas dépasser[59].

A l'intérieur de l'Etat, ce qui fut la chasse gardée du Gouvernement et du Parlement auparavant semble donc ne plus l'être aujourd'hui. La réflexion sur la question de la dévolution et l'exercice du pouvoir financier au sein de l'État ne se limite point aux seuls acteurs publics internes à l'Etat, en l'occurrence le Gouvernement et le Parlement. De nouveaux acteurs prennent du relief et à l'extérieur de l'Etat, des standards internationaux se développent et se répercutent sur la prise de la décision financière publique au sein des États. Le débat reste, ce faisant, ouvert sur les nouveaux acteurs de la décision financière publique et l'exercice des compétences reconnues au Gouvernement et au Parlement. De toutes les façons, « *les rapports de subordination ont,*

---

[56] F. TANO, « Constitutionnalisme et urgence budgétaire à l'épreuve des crises politiques », *Revue Juridique et Politique des Etats Francophones*, n° 2, avril-juin 2011, pp. 147- 150.

[57] C. D. DESMOULIN et G. DESMOULIN, *La décision financière publique*, Paris, LGDJ, Lextenso, 2013, p.17.

[58] Il s'agit de la CEDEAO et de l'UEMOA. Ailleurs, on peut citer le cas de l'Union Européenne et dans les Amériques, le Système d'Intégration Centraméricain (SICA), l'Organisation des Etats de la Caraïbe Orientale (OECO – OECS), etc.

[59] M. BOUVIER, « Cybernétique financière publique et fin du politique ?», *Pouvoirs Locaux*, n°102 III, 2014, p. 98.

de plus en plus, laissé place à des rapports de négociation entre acteurs sociaux qui détiennent chacun des pouvoirs dans leur sphère »[60].

L'exemple le plus illustratif est l'implication, au Bénin depuis quelques années, de la Commission Nationale des Finances Locales (CONAFIL) et de l'Association Nationale des Communes du Bénin (ANCB) dans le processus budgétaire. Depuis 2012, en effet, ces institutions prennent part aux séances d'arbitrage budgétaire. Le fondement juridique de l'implication des organes en charge de la décentralisation dans le processus budgétaire de l'Etat au Bénin se trouve à l'article 6 du décret n° 2011-554 du 24 août 2011 portant approbation du calendrier de déroulement des travaux budgétaires. Celui-ci dispose que « *les structures compétentes du Ministère en charge du Plan, en concertation avec celles des Ministères concernés par la Politique Nationale de Développement des Communes, doivent prendre des dispositions nécessaires pour la tenue chaque année d'une séance de concertation avec tous les maires de Communes sur les projets y compris les micro-projets à prévoir sur les lignes FADEC-Investissement des budgets sectoriels* ».

Tout bien considéré, la régulation et la répartition des ressources publiques s'inscrivent au centre des négociations entre les instances supranationales et les pays et à l'intérieur de chaque pays, entre les différents échelons de l'administration[61].

Le moins qu'on puisse conclure au regard du développement ci-dessus, c'est qu'il y a une forme de collaboration qui doit exister, en matière de gouvernance financière de l'Etat, entre des institutions séparées mais titulaires de pouvoirs complémentaires. Ainsi, comme l'a écrit le professeur J-P. DUPRAT, « *il y a des institutions qui interviennent de manière séparée mais dont la collaboration est tout à fait nécessaire* »[62]. Tout le jeu consiste, selon lui, « *à déterminer des compromis et à rechercher un accord entre les acteurs concernés* »[63]. C'est cet exercice de détermination de terrain d'entente et de

---

[60] M BOUVIER, M.-C., ESCLASSAN., J.-P, LASSALE,*Finances publiques*, Paris, LGDJ, 13ème éd., 2014, p.109.

[61] L. VIOLANTE, « Les parlements, la démocratie et le processus budgétaire », *in* SENAT, *Processus budgétaire, vers un nouveau rôle du Parlement*, Paris, Imprimerie de Montligeon, 2001, *Op.cit.*, pp. 15-20.

[62] J-P DUPRAT, « Entre conflits et compromis : une procédure budgétaire et comptable complexe, sous tension, aux Etats-Unis », *Revue Française de Finances Publiques*, n°139, septembre 2017, pp-99-108.

[63]*Ibidem.*

collaboration entre acteurs de la gestion des finances publiques qui paraît plus difficile qu'on ne peut l'imaginer en se fondant seulement sur les dispositions juridiques.

Pour ce qui concerne spécifiquement le Bénin, la question se pose également et des réflexions doctrinales sont menées pour scruter la mise en œuvre des prérogatives budgétaires et financières au sein de l'Etat. Les causes de l'inefficacité du Parlement ou, plutôt, d'un exercice insuffisant de ses prérogatives financières et budgétaires sont bien cernées et jugées lointaines. Au nombre de ces causes, figurent l'organisation et la distribution des pouvoirs par les dispositions constitutionnelles. Le cas de la Constitution du Bénin de 1960 en est une illustration. Elle a fait de la représentation nationale, selon les expressions du Professeur M. AHANHANZO-GLELE, un Parlement abaissé[64]. En effet, selon les mots du Professeur, la Constitution du 26 novembre 1960 a institué un régime présidentiel, plus précisément une véritable dictature constitutionnelle. La raison en est que bien qu'« *une séparation très rigide des pouvoirs ayant été opérée, l'Assemblée Nationale ne dispose d'aucun moyen de contrôle effectif sur l'action gouvernementale* »[65]. Les délibérations financières du Parlement sont, par ailleurs, par moment inéfficaces[66] et sanctionnées par le juge constitutionnel.

A la lumière de ces éléments de doctrine, il est clair que l'appréciation de la mise en œuvre des prérogatives budgétaires et financières au sein de l'Etat ne saurait se limiter strictement aux éléments de codification des finances publiques et de responsabilisation des acteurs à travers les textes. La lecture et l'appréciation se doivent non seulement d'être dynamiques, en fonction des changements de cadres juridiques, mais également en tenant compte des actes posés par les organes investis de prérogatives budgétaires et financières.

De ce point de vue, deux éléments justifient l'opportunité d'une réflexion approfondie sur la mise en œuvre des pouvoirs financiers au Bénin. D'un côté, il y a l'option faite en faveur d'une démocratie de

---

[64] M. AHANHANZO GLELE, *Naissance d'un Etat noir, l'évolution politique et constitutionnelle du Dahomey, de la colonisation à nos jours*, Paris, LGDJ, 1969, p.221.

[65] *Idem*, p. 215.

[66] *Cf.* H. AKEREKORO, « Regard de la Cour Constitutionnelle du Bénin sur la procédure de rejet, par l'Assemblée Nationale, de la loi de finances exercice 2014 : observations sous décision DCC 13-071 du 30 décembre 2013 », *BIDH, n° 6, deuxième semestre 2017, p.24-28.*

type libéral depuis la Constitution du 11 décembre 1990[67]. De nouvelles règles d'encadrement des finances publiques sont édictées et offrent des éléments d'analyse du système financier public. De l'autre, il y a l'adhésion du Bénin à l'UEMOA, une organisation d'intégration. Des dispositions relatives aux finances publiques des États membres sont perceptibles dans l'acte fondateur de l'organisation et d'importants aspects de la gestion budgétaire et financière au sein des Etats sont présents dans le droit dérivé de cette organisation, notamment dans les directives de 2009[68].

La transposition de la directive n°06/2009/CM/UEMOA du 26 juin 2009 dans le droit positif du Bénin au moyen d'une loi organique, c'est-à-dire, une loi qui prend rang dans le bloc de constitutionnalité, renseigne sur le degré des évolutions qu'enregistre le cadre juridique de gestion des finances publiques au Bénin. Ainsi, avec l'entrée en vigueur des dispositions de la loi n° 2013-14 du 27 septembre 2013 portant loi organique relative aux lois de finances, il est nécessaire de jeter un regard critique sur ces dispositions afin de mettre en évidence les évolutions qu'elle engendre, à la suite de celles contenues dans la Constitution béninoise du 11 décembre 1990. Le choix du sujet intitulé ***« La décision financière publique dans les États francophones d'Afrique de l'Ouest : cas du Bénin »***, est fondé sur la nécessité d'axer une réflexion sur les nouveaux éléments de droit qui affectent le cadre juridique de gestion des finances publiques en République du Bénin.

La définition des concepts clés du sujet est nécessaire pour cerner sa vraie dimension et mieux cibler la question centrale à traiter.

---

[67]Depuis la conférence nationale des forces vives, tenue en février 1990, le Bénin a opté pour un régime démocratique fondé sur la séparation des pouvoirs.

[68] Avec la mise en place d'un cadre harmonisé des finances publiques au sein de l'UEMOA, on assiste à une convergence des règles de gestion des finances publiques dans les pays membres. Selon un auteur contemporain, la prise des directives n° 06/2009/CM/UEMOA du 26 juin 2009 portant lois de finances au sein de l'UEMOA, n° 08/2009/CM/UEMOA du 26 juin 2009 portant nomenclature budgétaire de l'Etat au sein de l'UEMOA, n°09/2009/CM/UEMOA du 26 juin 2009 portant plan comptable de l'Etat (PCE) au sein de l'UEMOA, n° 10/2009/CM/UEMOA du 26 juin 2009 portant tableau des opérations financières de l'État (TOFE UEMOA) au sein de l'UEMOA,etc. engendre une fédéralisation du droit des finances dans l'espace UEMOA. *Cf* N. MEDE, « Réflexion sur le cadre harmonisé des finances publiques dans l'espace UEMOA », *AFRLIX*, disponible sur http://afrilex.u-bordeaux4.fr/reflexion-sur-le-cadre-harmonise.html.

2-Définition des concepts

La décision est généralement fractionnée en quatre étapes de maturation que sont : la préparation de la décision, la prise de la décision, l'exécution de la décision et le contrôle de l'exécution de la décision. Dans le domaine des finances publiques, la décision s'apparente effectivement à un scénario en quatre temps : le temps de la préparation, le temps du vote, le temps de l'exécution et, enfin, le temps du contrôle. Ceux-ci correspondent aux grandes étapes qui sont traditionnellement observées dans le processus d'élaboration, de formalisation et de mise en œuvre d'une décision. La décision financière publique est donc une décision prise dans le domaine des finances publiques suivant les étapes de préparation, de vote, d'exécution et de contrôle.

La décision financière dans le cadre de cette étude n'est pas considérée dans sa dimension économique. En effet, la notion de décision financière est également utilisée en analyse économique et en analyse financière, où elle peut être assimilée à une décision d'investissement qui présente pour une entreprise un caractère stratégique[69]. La décision financière dans ce travail n'est pas non plus à confondre avec la décision de financement qui, elle, a rapport à l'examen de l'incidence du mode de financement, en relation avec les flux liés à un projet d'investissement[70]. On ne saurait non plus l'entendre dans son assertion liée à l'appréhension des risques en matière de gestion de portefeuille[71]. Pour cette étude, « *la décision financière demeure un processus avant tout juridique* »[72]. Elle a pour base, la conception des finances publiques et le façonnage institutionnel[73]. Il s'agit, au premier plan, de la décision de collecter et

---

[69]A. A. TAÏROU, *Analyse et décisions financières,* Cours de Master EISA, Spécialité DEFI, Sciences Eco Grenoble, année 2004-2005, p. 107. Lire également sur la question, V. BESSIÈRE, « Excès de confiance des dirigeants et décisions financières : une synthèse », *Finance Contrôle Stratégie* – Volume 10, n° 1, mars 2007, p. 39 – 66.

[70]*Idem*, p. 109.

[71]J-M. ROUSSEAU, « Risque et décision financière dans le cadre de la théorie du portefeuille », *Revue d'économie politique*, Vol. 105, No. 1, *La rationalité face au risque* (janvier-février 1995), pp. 91-131.

[72]D. DESMOULIN et G. DESMOULIN, « *Avant-propos* », *in* D. DESMOULIN et G. DESMOULIN *Op.cit.*, p.13.

[73]M. LEROY, « *La décision à l'aune de la sociologie des finances publiques* », *in* D. DESMOULIN et G. DESMOULIN *Op.cit.*, p.75.

d'utiliser l'argent public[74]. C'est, selon un auteur, « *l'un des attributs de la souveraineté et elle est liée à la construction des États* »[75]. Couramment, la décision financière publique est désignée par les termes « décision budgétaire », « loi de finances », ou encore « budget »[76]. Cependant, les lois de finances et les budgets étant formés d'une addition de décisions intervenues en amont, une partie de la doctrine préfère ne pas les qualifier de « décision »[77]. Finalement, même si son existence semble discutable[78], la décision est pourtant partout dans les finances publiques. Il suffit de la distinguer à partir de son objet.

La décision financière publique est donc une œuvre par excellence des personnes publiques. Autrement dit, l'Etat, les Collectivités locales, les Etablissements publics et autres structures publiques dotées de personnalité morale sont tous producteurs de décisions financières publiques. Ce qui différencie celles-ci, ce sont soit les niveaux auxquels elles sont prises (il peut s'agir de décisions financières prises au niveau étatique comme il peut s'agir de décisions prises au niveau infra-étatique) ; soit le statut (décisions prises par les organismes publics dotés de la personnalité juridique autres que les collectivités locales).

En effet, chacune des entités ci-dessus citées comme productrices de normes en matière financière et budgétaire dispose d'un organe chargé de la préparation de la décision financière, d'un organe chargé du vote et d'un organe chargé de l'exécution de la décision. Pour l'Etat par exemple, c'est le pouvoir exécutif qui élabore le projet de loi de finances et exécute la loi de finances, une fois que le projet est voté par le Parlement. Pour ce qui concerne les collectivités locales, c'est le maire qui propose le budget[79] et qui le soumet au conseil communal pour vote[80]. Une fois le budget voté et approuvé par l'autorité de tutelle,

---

[74]J. TENIER, « La décision budgétaire partagée entre Etats : un cas décisif de partage de la souveraineté », *in* D. DESMOULIN et G. DESMOULIN *Op.cit.*, p.115.
[75]*Ibidem.*
[76]S. YONABA, « *La prise de décision budgétaire dans le système financier des Etats d'Afrique subsaharienne* », *in* D. DESMOULIN et G. DESMOULIN *Op.cit.*, p.135.
[77]R. HERTZOG, « *Propos sur la décision financière : légitimer et optimiser le pouvoir financier !* », *in* D. DESMOULIN et G. DESMOULIN *Op.cit.*, p.203.
[78]*Idem,* p.199.
[79]*Cf.* Art. 24 de la loi n°98-007 du 15 janvier 1999 portant régime financier des communes en République du Bénin.
[80]*Cf.* Art. 24 de la loi n°98-007 du 15 janvier 1999 portant régime financier des communes en République du Bénin.

c'est également le maire de la commune qui le met en œuvre[81]. Quant aux organismes publics dotés de la personnalité morale, ce sont les directeurs généraux et les conseils d'administration qui s'occupent respectivement de son élaboration, de son exécution, puis de son vote.

Il s'en suit que la décision financière publique, qui met ainsi en évidence la nécessité de la présence d'acteurs publics juridiquement investis de la compétence d'assurer à chaque étape la responsabilité soit de la préparation, soit du vote, soit de l'exécution, peut prendre plusieurs terminologies. Selon qu'elle est prise au niveau de l'Etat, au niveau des Collectivités locales ou encore au niveau des Etablissements publics, la terminologie n'est pas la même. Au niveau des Collectivités locales et des établissements publics, on parle de budget alors qu'au niveau de l'Etat, la décision financière publique est désormais désignée par l'expression « loi de finances », même si pendant longtemps, elle a été réduite à l'appellation de « budget ».

En somme, analyser la décision financière dans une approche institutionnelle revient à apprécier, principalement, les relations fonctionnelles et d'influence qui se développent entre le Parlement et le Gouvernement au sujet de l'établissement et de l'exécution de la loi de finances. Celle-ci est vue comme l'« *expression synthétique et opérationnelle de l'ordre financier pour une année* »[82]. En effet, le ministre chargé des finances prépare les projets de loi de finances qui sont adoptés en conseil des ministres[83] et l'Assemblée nationale vote le budget en équilibre[84]. Ces dispositions de la loi n° 2013-14 du 27 septembre 2013 portant loi organique relative aux lois de finances épousent celles de l'article 110 de la constitution du 11 décembre 1990. Seulement, en admettant cette répartition du pouvoir financier dans

---

[81] Le maire est l'ordonnateur principal du budget de la commune. *Cf.* Article 39 de la loi n°98-007 du 15 janvier 1999 portant régime financier des communes en République du Bénin.

[82] R. HERTZOG, « L'avenir du pouvoir financier du parlement : miroir des ombres ou garant de l'équilibre du gouvernement général », *in* L.PHILIP (dir.), *L'exercice du pouvoir financier du parlement, Théorie, pratique et évolution*, Paris, Aix-en-Provence, Economica, Presses Universitaires d'Aix-Marseille, 1996, p.136.

[83] Art. 55 de la loi n°2013-14 du 27 septembre 2013 portant loi organique relative aux lois de finances.

[84] Art. 61 de la loi n°2013-14 du 27 septembre 2013 portant loi organique relative aux lois de finances.L'adoption parlementaire de la loi de finances constitue une tradition dont l'origine trouve sa source, en Angleterre, dans la Grande Charte (1 215) qui instaure la règle du consentement à l'impôt » *Cf.* F. QUEROL, *Finances Publiques*, Paris, Ellipses, 2009, p. 38.

l'Etat[85], constitué d'une population[86]et fixée sur un territoire[87], on se limite à l'approche institutionnelle des finances publiques à l'intérieur

---

[85]Plusieurs travaux et courants de pensées existent sur l'Etat. Celui-ci est vu soit comme une forme de la société politique, soit comme une institution. L'Ecole d'Aristote et celle de C. de MONTESQUIEU par exemple se sont penchées sur les problèmes de l'organisation de l'Etat. N. MACHIAVEL s'y est également attardé dans *Le prince. Idem* pour R. MASPETIOL dans R. MASPETIOL *l'Etat, réalité politique*, Paris, Montchrestien, 1945. Pris dans son assertion holistique, c'est-à-dire le tout du groupe et non cette partie du tout qu'est le pouvoir, on peut l'entendre également comme Etat national et territorial. *Cf.* J. DABIN, *L'Etat ou le politique, essai de définition*, Paris, Dalloz, Philosophie du droit, 1957, p.1. C'est aussi, selon le même auteur, une formation sociale ou encore une institution juridique. Cette assertion s'oppose au courant de pensée qui tente de faire passer uniquement l'Etat comme la machine gouvernementale. *Cf.* A. CUVILLIER, *Manuel de sociologie*, Paris, PUF, t. II, §186, 1968, P. 648. Il faut cependant souligner que l'Etat vu comme une institution juridique n'est pas unanimement partagé. Pour R. CARRE de MALBERG, par exemple, le droit « *en tant qu'institution humaine, étant postérieur à l'Etat, c'est-à-dire ne naissant que par la puissance de l'Etat une fois fondé, ne peut s'appliquer à la formation même de l'Etat* ». J. BADIN affirme que ce point de vue de R. CARRE de MALBERG est partagé par H. KELSEN qui, tout en fixant les ressorts de l'Etat dans la constitution, admet que la science du droit n'est pas en mesure de justifier l'Etat par le droit... ». *Cf.* J. BADIN, *L'Etat ou le politique, essai de définition*, Paris, Dalloz, Philosophie du droit, 1957, p.205. Pour ESMEIN, « *l'Etat est la personnification juridique d'une nation ; c'est le sujet et le support de l'autorité publique. Ce qui constitue en droit une nation, c'est l'existence dans une société d'homme, d'une autorité supérieure aux volontés individuelles. Cette autorité, qui naturellement ne reconnaît point de puissance supérieure ou concurrente quant aux rapports qu'elle régit, s'appelle la souveraineté. Elle a deux faces : la souveraineté intérieure ou le droit de commander à tous les citoyens composant la nation et même à tous ceux qui résident sur le territoire national ; la souveraineté extérieure ou le droit de représenter la nation ou de l'engager dans ses rapports avec les autres nations* ». *Cf.* ESMEIN, *Droit constitutionnel*, Nézard, 8ème édition, 1927, p.1. *cité par* L. DUGUIT, *Traité de droit constitutionnel*, Paris, Ancienne Ecole Fontemoing et Compagnie, Editeurs, 3ème édition, tome deuxième, *La théorie générale de l'Etat*, p.108.

[86] Le terme population ne signifie pas simplement des « fragments individualiés d'une espèce » : humanité, peuple, nation, classe, collectivité quelconque. Il s'agit plutôt des groupes d'hommes, c'est-à-dire des êtres raisonnables et libres, dotés d'une vie et d'une fin personnelle. Lire à ce sujet M. HAURIOU, *Précis de droit constitutionnel*, Paris, Sirey, 2ème édition, 1929, p. 8. Il affirme que « *le pouvoir d'Etat est né gouvernement d'hommes libres et gouvernement d'hommes libres il est resté* ». Il convient aussi de souligner que la population, dans le cadre des éléments constitutifs de l'Etat, est indispensable mais ne constitue pas nécessairement une nation. Il s'agit de groupes multiples qui nourrissent l'envie de se mettre ensemble pour régler un besoin. *Cf.* R. MASPETIOL, *l'Etat, réalité politique*, Paris, Montchrestien, 1945, 22 p.

[87] « *La délimitation territoriale est une autre caractéristique essentielle de l'Etat moderne. La nécessité de frontières territoriales ne s'est développée qu'avec la*

de l'Etat. Selon cette approche, les finances de l'Etat sont laissées aux mains exclusives du Parlement, du Gouvernement et de la juridiction financière. Le premier y est associé véritablement parce que représentant le peuple, et devant, comme on en convient dans toute démocratie, exercer la prérogative de consentement à l'impôt. Le second est, lui, intéressé en raison de son rôle dans l'Etat. Il incarne la puissance publique. C'est lui qui définit les moyens d'action dont l'Etat a besoin pour faire face à ses fonctions régaliennes. Quant à la juridiction financière, sa contribution relève du contrôle des actions menées dans le domaine financier par les deux premiers.

En définitive, en matière financière publique au niveau de l'Etat, on a affaire en ce qui concerne l'établissement de la décision financière et son exécution, à une sorte de séparation de pouvoirs entre deux autorités, « *puisqu'il faut que l'une d'elles propose pour que l'autre dispose* »[88]. Celle qui propose, c'est le Gouvernement et celle qui dispose, c'est le Parlement. Comme l'a affirmé un auteur, « s*i le Parlement dispose, le Gouvernement propose* »[89].

Les élements caractéristiques de l'exercice du pouvoir de décision financière publique variant d'un système juridique à un autre, il apparaît opportun de procéder à une délimitation du champs de l'étude.

---

sédentarisation progressive des différentes tribus ethniques. La culture des champs, les déboisements et l'entretien des pâturages, les remparts et les douves des cités ainsi que les régions limitrophes ont contribué à établir un lieu territorial avec le sol qui était autrefois en propriété commune ». *Cf.* T. FLEINER-GERSTER, *Op.cit.* pp. 149-187. En principe, il n'y a pas d'Etat sans territoire. Des cas particuliers existent dans le Droit International Public, comme les Gouvernements en exil par exemple (c'est le cas de l'OLP ou du Gouvernement espagnol exilé au Mexique jusqu'en 1970). En revanche, la communauté internationale peut reconnaître des territoires sans Etats (c'est le cas de l'Antarctique). Ce territoire est réputé « insusceptible d'appropriation », au même titre que les fonds marins et les corps célestes (bien que la question puisse être étudiée dans l'avenir). Ces territoires ont été réputés « patrimoines communs de l'humanité ». Il convient par ailleurs de préciser que le territoire est un espace à trois dimensions : Terrestre-Maritime (mers territoriales)-Aérienne (au-dessus des frontières terrestres). Enfin, le territoire situe l'Etat dans l'espace et est délimité par les frontières, c'est- à-dire des limites linéaires et stables (apparition des travaux cartographiques au 16e siècle). *Cf.* http://www.cours-de-droit.net/les-elements-constitutifs-de-l-etat-pouvoir-territoire-organisation-gr-a121606192.

[88] L. TROTABAS, *Les finances publiques et les impôts de la France*, Paris, Armand Colin, 1953, p.22.

[89] R. MUZELLEC, *Op.cit.*, p. 27.

3-Délimitation de l'étude

On sait que « *sociologiquement, le processus de la décision budgétaire est structuré par le système financier qui est désormais éclaté entre les finances indépendantes de l'État, les finances locales et les finances communautaires* »[90]. La présente étude est centrée sur les finances publiques de l'Etat pour éviter de faire une analyse superficielle du sujet. Il est donc proposé de s'en tenir au seul champ de compétence de l'Etat central et de traiter principalement de la mise en œuvre des pouvoirs budgétaires et financiers du Gouvernement et du Parlement. Il sera néanmoins évoqué pour des besoins d'analyse, la contribution du juge financier et du juge constitutionnel. Ainsi, c'est tout naturellement que la loi de finances est au cœur des réflexions, à travers ses contours, ses acteurs, ses relations aux pouvoirs qui sont investis de participer au processus de sa prise, de son exécution et accessoirement de son contrôle juridictionnel.

Toutefois, la loi de finances n'est pas unique et le risque est également grand de vouloir les appréhender toutes dans cette recherche qui se veut rigoureuse et précise. La loi n° 2013-14 du 27 septembre 2013 portant loi organique relative aux lois de finances en distingue trois catégories[91].

Primo, il y a la loi de finances initiale ou loi de finances de l'année. Elle prévoit et autorise, pour chaque année civile, l'ensemble des ressources et des charges de l'Etat[92]. Il s'agit là de l'acte par lequel sont prévues et autorisées les ressources et les charges de l'Etat pour une année budgétaire. Celle-ci coïncide au Bénin et en Afrique de l'Ouest francophone avec l'année civile. Ce qui n'est pas toujours le cas partout[93]. Le législateur organique du Bénin dispose, s'agissant de la loi de finances, que « *la version votée l'année précédant l'exercice auquel elle se rapporte est appelée loi de finances de l'année* »[94].

---

[90]M. LEROY, *Sociologie des finances publiques*, Paris, La Découverte, 2007, p.31.

[91]*Cf.* article 7 de la loi n°2013-14 du 27 septembre 2013 portant loi organique relative aux lois de finances au Bénin.

[92]*Cf.* art. 7 de la loi n°2013-14 du 27 septembre 2013 portant loi organique relative aux lois de finances au Bénin.

[93] Aux Etas-Unis d'Amérique, l'année budgétaire court du 1er octobre au 30 septembre. Par contre, la Grande-Bretagne, le Japon et le Canada font débuter l'exercice budgétaire le 1er avril.

[94] Art. 1er de la loi n°2013-14 du 27 septembre 2013 portant loi organique relative aux lois de finances au Bénin.

En réalité, la loi de finances de l'année est la loi de finances de référence pour l'action publique. C'est elle qui est élaborée pendant l'année qui précède celle à laquelle elle s'applique et qui porte, par conséquent, la vision ou, pour être plus précis, les orientations économiques, budgétaires et sociales définies par le pouvoir exécutif. Elle respecte, normalement, le principe de l'antériorité budgétaire[95] et suffit à sa lecture pour se fixer sur les ambitions du Gouvernement pour l'année de référence. On peut la qualifier, à ce titre, d'annonciatrice des autres catégories de lois de finances. En d'autres termes, en l'absence de loi de finances initiale, il ne saurait y avoir de loi de finances rectificative, encore moins de loi de règlement.

Secundo, il y a la loi de finances rectificative. L'article 7 de la loi n° 2013-14 du 27 septembre 2013 portant loi organique relative aux lois de finances au Bénin qui l'a citée comme une catégorie de loi de finances, dispose qu'elle « *modifie, en cours d'année, les dispositions de la loi de finances de l'année* ». La loi de finances rectificative, encore appelée collectif budgétaire, est donc une loi modificative. Elle apporte à la loi de finances de l'année les aménagements imposés par la conjoncture économique ou la prise en compte de facteurs inconnus à l'étape de l'élaboration de la loi initiale et qui sont susceptibles de provoquer la rupture de l'équilibre budgétaire, tel que voté par le Parlement. Elle remplace la loi de finances de l'année. En effet, c'est elle qui fait objet de reddition de compte au Parlement.

Tertio, il y a la loi de règlement qui, elle, « *arrête, pour chaque année civile, le montant définitif des recettes et des dépenses du budget de l'Etat, le montant définitif du résultat budgétaire et le montant définitif des ressources et des charges de trésorerie* »[96]. C'est la loi qui clôture une année budgétaire. Elle a la spécificité d'accomplir trois fonctions à savoir celle de constat des résultats définitifs de l'année budgétaire, celle de validation des écarts enregistrés et celle, enfin, de transfert des résultats de l'année de référence vers l'année à venir. C'est une loi importante qui a pris de la valeur avec la nouvelle loi organique relative aux lois de finances. En effet, elle a cessé d'être d'un intérêt historique

[95] Il s'agit du principe qui veut que l'autorisation du budget doit être préalablement consentie par le peuple souverain ou ses représentants, ou que le budget de l'Etat doit être voté avant le début de chaque année budgétaire. *Cf.* J. KISSANGOULA, « Antériorité budgétaire (principe de) », *in* G. ORSONI (dir.), *Finances Publiques - Dictionnaire encyclopédique*, Paris, Economica, 2ème édition, 2017, p.47-48.

[96] *Cf.* Art. 1er, 7, 52, 54 et 66 de la loi n°2013-14 du 27 septembre 2013 portant loi organique relative aux lois de finances en république du Bénin.

pour s'insérer dans la gestion courante des finances publiques, ceci grâce à la fixation d'un délai pour sa production.

Aux termes des dispositions de l'article 66 de la loi organique relative aux lois de finances du Bénin du 27 septembre 2013, « *le projet de loi de règlement est déposé au plus tard le premier jour de l'ouverture de la session budgétaire qui suit l'année d'exécution du budget. L'Assemblée Nationale débat dudit projet, en vue de son adoption au cours de la première session qui suit son dépôt* ». On note donc un réel encadrement des délais aussi bien pour le pouvoir exécutif que pour le pouvoir législatif. Ce qui est à souligner à l'actif de cette réforme majeure de l'UEMOA, c'est la volonté du législateur de faire en sorte que ceux qui ont géré des ressources publiques puissent répondre de leur gestion. Ainsi, en réduisant au minimum le délai de production et d'examen de la loi de règlement, le législateur a fait œuvre utile. La condition supplémentaire de blocage du vote des projets de lois de finances à venir en cas de non dépôt du projet de loi de règlement est une preuve additionnelle du repositionnement de la loi de règlement au sein des instruments de gestion des finances publiques[97].

En définitive, c'est la décision financière publique dans sa dimension de loi de finances de l'année qui est abordée. Elle se définit comme donnant lieu à l'expression de deux pouvoirs : un pouvoir normatif en matière financière qui se manifeste par des actes-règles[98] et un pouvoir

---

[97]« *Les projets de loi de finances initiale à venir ne peuvent être votés par l'Assemblée Nationale tant que le projet de loi de règlement en cause n'a pas été déposé* ». *Cf.* article 66 alinéa 2 de la loi n°2013-14 du 27 septembre 2013 portant loi organique relative aux lois de finances au Bénin.

[98]Par acte-règle, on entend un acte juridique ayant pour objet une disposition générale. En d'autres termes, il s'agit d'actes juridiques dont les champs d'application ne sont pas frappés de restriction. Les dispositions qu'ils portent sont opposables à tous. Dans la loi de finances, on peut assimiler les actes-règles aux dispositions qui concernent le consentement à l'impôt. L'impôt étant caractérisé par les principes de légalité et d'égalité, on conçoit bien qu'il soit institué par une loi. L'article 98 de la Constitution du Bénin dispose, en effet, qu'il est du domaine de la loi, comme cela est de tradition dans toute démocratie représentative. Au surplus, l'institution et l'autorisation du recouvrement de l'impôt relèvent, en principe, du domaine de la loi de finances. La directiven°06/2009/CM/UEMOA du 26 juin 2009 portant lois de finances au sein de l'UEMOA prévoit à ce sujet que, dans sa première partie, la loi de finances « *prévoit et autorise les recettes budgétaires* »[98]. Ces recettes budgétaires sont constituées, entre autres, des impôts. Ces dispositions sont introduites dans le droit budgétaire du Bénin au moyen de la loi n°2013-14 du 27 septembre 2013 portant loi organique relative aux lois de finances.

budgétaire qui donne naissance à des actes-conditions[99]. Cette définition, par énumération des composantes de la décision financière, rend compte du caractère mixte de la notion à savoir qu'elle incarne le budget d'une part et les normes financières d'autre part.

Ainsi, l'étendue de la question abordée est moins vaste que le champ du droit public financier entendu comme *« l'ensemble constitué par le droit budgétaire, le droit de la comptabilité publique et le droit fiscal, ainsi que les institutions chargées de son application »*[100]. Elle relève beaucoup plus du droit budgétaire[101], constitué des règles qui organisent l'exercice du pouvoir financier. Ces règles sont relatives à la fixation des prévisions concernant les recettes et les dépenses publiques, mais aussi à la répartition des compétences entre le pouvoir exécutif et le

---

[99]Par contre, les actes-conditions[99] sont ceux dont les dispositions ne sont pas revêtues de portée générale. Leur application non plus n'est impérative. On note donc une double limitation qui caractérise les dispositions générées par la mise en œuvre du pouvoir budgétaire, en tant que pouvoir dérivé de la décision financière publique. En effet, l'autorisation parlementaire de dépense n'a de valeur que pour le responsable de la structure chargée de la mise en oeuvre des activités pour lesquelles les crédits budgétaires sont votés. Ceci permet de lire l'exercice du pouvoir budgétaire, dans le cadre de la décision financière publique, comme créateur d'effet à caractère limité. Pour être clair, l'ouverture de crédits budgétaires au profit d'une structure, dans la gestion budgétaire axée sur les moyens, n'a aucune portée générale. Elle est strictement liée à ladite structure. Le raisonnement est le même pour les affectations parlementaires de crédits aux programmes budgétaires. Lire également sur la question, P. GAUCHER, *Préface*, J-L. GUIEZE, *Le partage des compétences entre la loi et le règlement en matière financière*, Paris, L.G.D.J, 1974, p. 3.

[100] J-F MARMONTEL, *Mémoires d'un père, pour servir à l'instruction de ses enfants, livre XII*, p. 91, cité par E. SAWADOGO, *Les instruments de la convergence des politiques budgétaires dans la zone UEMOA, Thèse de Doctorat de l'Université de Bordeaux, 2016, p.1.*

[101] Le droit budgétaire étudie spécifiquement les principes d'élaboration de la loi de finances, la procédure de préparation du budget de l'Etat ainsi que les règles relatives à l'approbation et à l'exécution de la loi de finances. Pour R. HERTZOG, le droit budgétaire est fondamentalement politique et naturellement économique. Ce qui se note à travers les textes successifs. « *D'une part, ils encadrent les pouvoirs du gouvernement et du parlement pour la préparation, la présentation et l'adoption du projet de loi de finances et en partie pour son exécution, définissant ainsi des traits essentiels du système de pouvoir. D'autre part, ils transcrivent, d'une façon moins apparente, les conceptions dominantes relatives aux fonctions et finalités des finances publiques prises dans leur nature économique c'est-à-dire l'idée qu'on se fait, à un moment donné, des rapports entre les opérations financières de l'État et l'économie nationale* », *Cf.* R. HERTZOG, « La loi organique relative aux lois de finances (LOLF) dans l'histoire des grands textes budgétaires : continuité et innovation », *Revue française d'administration publique, n°117,2006/1.*

pouvoir législatif. En gros, c'est « *l'ensemble des règles juridiques régissant la préparation, l'adoption, le contenu et le contrôle des budgets publics* »[102]. Pour ce qui concerne l'Etat, le droit budgétaire est qualifié de droit financier constitutionnel[103]. Il fixe « *les rôles respectifs du Parlement et du pouvoir exécutif ainsi que leurs relations à l'occasion du vote de son budget* »[104].

Le choix du Bénin comme champ d'étude est sous-tendu par un certain nombre d'éléments. L'Etat béninois est membre de plusieurs institutions[105] et est, en même temps, en relation avec plusieurs partenaires au développement. Le Bénin est, par ailleurs, caractérisé par une revitalisation de la démocratie et l'affirmation du principe de la séparation des pouvoirs exécutif, législatif et juridictionnel[106], l'adhésion à un espace d'intégration économique[107] et, enfin, l'inscription de la gestion financière publique dans une logique de résultats[108]. Toutes choses qui fondent l'intérêt de ce sujet.

4-Intérêt et objectifs de l'étude

L'étude ambitionne de poser un regard analytique sur le fondement de la ditribution du pouvoir financier entre les organes étatiques, telle qu'elle est conçue. Elle revêt à ce titre un intérêt théorique. Des

---

102 H. M. CRUCIS, *Finances publiques*, Montchrestien, Paris, 2ème édition, Focus droit, 2009, p. 70.

103 *Ibidem.*

104 *Ibidem.*

105 Le Bénin a adhéré à la Banque internationale pour la reconstruction et le développement (BIRD) le 10 juillet 1963 ; à l'Association internationale de développement (IDA) le 16 septembre 1963 ; à la Société financière internationale (IFC) le 5 février 1987 ; à l'Agence multilatérale de garantie des investissements (MIGA) le 26 septembre 1944, au Centre international pour le règlement des différends relatifs aux investissements (CIRDI) le 14 octobre 1966. *Cf.* http:// www.banquemondiale.org /fr/about/leadership/ members consulté le lundi 25 décembre 2017 à 12 heures 11 minutes.

106 A la faveur de la Conférence Nationale des Forces Vives tenue à Contonou du 19 au 28 férier 1990, le Peuple béninois a opté pour la démocratie et la séparation des pouvoirs dans l'Etat. Cette option fondamentale a été consacrée par la Constitution du 11 décembre 1990.

107 Le Bénin fait partie des Etats fondateurs de l'UEMOA qui est une organisation d'intégration économique.

108 Le Bénin a adopté le 27 septembre 2013 la loi n°2013-14 portant loi organique relative aux lois de finances. Cette loi postule une gestion budgétaire axée sur les résultats au détriment de la gestion budgétaire axée sur les moyens, consacrée par la loi n°86-021 du 26 septembre 1986 portant loi organique relative aux lois de finances désormais abrogée.

éléments d'analyse seront, pour ce faire, convoqués au niveau de différentes diciplines du droit public[109]. L'examen de l'évolution de la répartition des pouvoirs financiers dans l'Etat est également visé, en rapport avec l'actualisation continue des sources du droit des finances publiques[110]. A ce niveau, la réflexion affiche un intérêt pratique, avec un accent particulier sur la mise en œuvre des pouvoirs financiers dévolus à chacun des organes intervenant dans la décision financière publique. Les mutations organisationnelles et institutionnelles engendrées seront à cet effet saisies et analysées.

Tout bien considéré, l'objectif de la présente réflexion s'inscrit dans une perspective d'appréciation de l'état des pouvoirs financiers des institutions politiques[111] et de réflexion prospective sur leur sauvegarde,

---

[109] « *Le droit public étudie l'État dans son existence réglée, dans son ordre normal. Il montre l'organisme de l'État, les conditions permanentes et fondamentales de sa vie, les règles de son existence, la nécessité de ses rapports. L'État tel qu'il est, dans ses rapports ordonnés, voilà le droit public* ».*Cf.* M. BLUNTSCHLI,*Théorie générale de l'Etat*, Paris, Librairie Guillaumin Et Cie, 1877, p.22. Le droit public régit donc l'organisation de l'Etat et des collectivités publiques ainsi que leurs rapports avec les particuliers. Il se subdivise en plusieurs branches dont notamment le droit constitutionnel qui fixe les règles de base d'organisation de l'Etat, le droit administratif qui réglemente la structure de l'Administration et ses rapports avec les particuliers, les finances publiques et le droit fiscal qui réunissent les règles gouvernant les dépenses et les recettes des collectivités publiques, les libertés publiques qui définissent les divers droits de l'individu dans la société et les modalités de leur protection, etc. Par ailleurs, le droit public diffère du droit privé par sa finalité (il vise à satisfaire l'intérêt de la collectivité. Il est au service de l'intérêt public alors que le droit privé est au service des individus) ; son caractère impératif (le plus souvent le droit public s'impose aux administrés, alors que le droit civil est le plus souvent un droit d'autonomie, c'est-à-dire que les personnes privées sont libres de se placer dans le système juridique de leur choix (mariage ou concubinage ; liberté de conclure ou pas : détermination libre du contenu du contrat, etc...) ; les privilèges reconnus à l'Administration ; les contraintes possibles pour faire exécuter les décisions de Justice. En droit privé, il existe des mesures de contrainte, c'est-à-dire des voies d'exécution pour obliger les particuliers à respecter la décision de Justice (saisies des biens, par exemple.). En droit public, il n'existe en principe aucune exécution forcée des décisions de Justice à l'encontre de l'Administration ; des juridictions différentes (l'Administration est soumise à un ordre juridictionnel particulier, celui de la juridiction administrative chargée d'appliquer les règles de droit public).

[110] H. AKEREKORO, « Les mutations des sources du Droit des Finances Publiques au Bénin », *Revue Béninoise des Sciences Juridiques et Administratives*, n° 31, année 2013, pp.53-94.

[111]P. ROLLAND, « Comment préserver les institutions politiques ? La théorie du pouvoir neutre chez B. CONSTANT », *Revue Française d'Histoire des Idées Politiques,* n°27,2008/1, p. 9 et suivantes. Selon l'auteur, *« Montesquieu lui-même ne*

dans un environnement marqué par la communautarisation des finances publiques[112] et l'admission des experts dans le champ de la décision financière publique. Des questions j d'ordre juridique méritent d'être soulevées.

5-Problématique de l'étude

Trois facteurs soutiennent les problèmes que pose le sujet. En premier lieu, il y a la transposition de la directive n°06/2009/CM/UEMOA du 26 juin 2009 portant loi de finances au sein de l'UEMOA dans le droit positif du Bénin au moyen d'une loi organique, c'est-à-dire une loi qui prend rang dans le bloc de constitutionnalité. Ce qui engendre l'abrogation de la loi organique n°86-21du 26 septembre 1986 relative aux lois de finances. L'option est faite pour la gestion budgétaire par la performance au détriment de la gestion budgétaire classique. De nouvelles règles d'encadrement de la décision financière publique sont intervenues et méritent qu'ont les analyse.

Ensuite, nous avons le développement de la standardisation de la gouvernance financière publique, sous l'émergence d'exigence de transparence et de participation publique au processus de prise de la décision financière publique. La conséquence de ce nouveau paramètre est l'implication dans le processus budgétaire des partenaires au

---

fait ...pas confiance à l'idée d'équilibre dans la mesure, du moins, où celle-ci implique qu'il s'établisse spontanément par le seul jeu de l'affrontement entre le monarque et la chambre basse ; il introduit un tiers dans celui-ci. Rousseau ne croit pas non plus à l'équilibre spontané des pouvoirs et appelle de ses voeuxunpouvoir conservateur des lois et du pouvoir législatif », disponible sur https://www.cairn.info/revue-francaise-d-histoire-des-ideespolitiques1-2008-1-page-43.htm.

[112] Avec la mise en place d'un cadre harmonisé des finances publiques au sein de l'UEMOA, on assiste à une convergence des règles de gestion des finances publiques dans les pays membres. Selon un auteur contemporain, la prise des directives n° 06/2009/CM/UEMOA du 26 juin 2009 portant lois de finances au sein de l'UEMOA, n° 08/2009/CM/UEMOA du 26 juin 2009 portant nomenclature budgétaire de l'Etat au sein de l'UEMOA, n°09/2009/CM/UEMOA du 26 juin 2009 portant plan comptable de l'Etat (PCE) au sein de l'UEMOA, n° 10/2009/CM/UEMOA du 26 juin 2009 portant tableau des opérations financières de l'État (TOFE UEMOA) au sein de l'UEMOA,etc. engendre une fédéralisation du droit des finances dans l'espace UEMOA. *Cf* N. MEDE, « Réflexion sur le cadre harmonisé des finances publiques dans l'espace UEMOA », *AFRLIX*, disponible sur http://afrilex.u-bordeaux4.fr/reflexion-sur-le-cadre-harmonise.html.

développement[113], de la société civile[114], des organisations de promotion de la bonne gouvernance et de reddition de compte, des organisations d'intégration et de coopération, des acteurs des marchés financiers qui conditionnent le financement de l'Etat à la soutenabilité[115] des finances publiques et, enfin, des agences de notation[116] qui produisent et publient des analyses sur la viabilité[117] de

---

[113] Il s'agit. par exemple. de l'Union Europeenne, de la Banque Mondiale, de la Coopération allemande, du Fonds Monétaires International, etc.

[114] Le concept de société civile renvoie à l'ensemble des organisations non étatiques qui s'impliquent dans l'amélioration des interventions publiques. Façonné au sein de la philosophie politique occidentale depuis le XVIeme siècle (en dehors de ses fondations aristotéliciennes), le concept n'est pas resté exempt d'ambiguïté. D'aucuns lui reprochent son caractère polysémique et un peu "fourre-tout". « *Dominique Colas constate ainsi : "Devenu l'étiquette de toutes sortes de marchandises, ou parfois même le label du vide, "société civile" forme un lieu commun où les commodités d'un mot de passe permettent de se parler sans savoir ce que l'on dit, ce qui évite de trop se disputer"* », *cf.* G. PIROTTE et M. PONCELET, « Société civile et nouvelle gouvernance au Bénin : Quelques réflexions illustrées à partir de l'analyse du nouveau secteur ONG à Cotonou », *Bulletin de l'APAD, disponible sur* http:// apad.revues.org/3573, consulté le 02 mars 2018. Pour plus de précision sur le sujet, on peut également lire : P. QUANTIN (dir.), *Gouverner les sociétés africaines, acteurs et institutions*, Paris, Karthala, 2005.

[115] La soutenabilité des finances de l'Etat renvoie à l'idée de la maîtrise par l'Etat du déficit budgétaire. Autrement dit, il s'agit du contrôle par celui-ci de l'évolution du gap de financement des dépenses courantes. Au sein de l'espace UEMOA par exemple, le déficit est limité à 3% du Produit Intérieur Brut. Pour plus d'éléments sur le sujet, lire : Y. *GUEGANO, «* La « soutenabilité » des finances publiques face au vieillissement de la population, une analyse par la comptabilité générationnelle *», Questions-réponses, n° 40, 2001, disponible sur https://www.cdc.retraites.fr /portail/IMG/pdf/qr2001-40.pdf ; S. SHARPLES et C. TELLIER,* « Réformes des finances publiques en Afrique et nouveaux mécanismes d'aide et d'allégement de la dette *», Afrique contemporaine, n° 223-224, 2007/3.*

[116] Les agences de notation sont des organismes indépendants de surveillance de la gestion financière des Etats et d'autres institutions. Leur rôle consiste à révéler, de par l'analyse des données, des pratiques et des normes de gestion, la qualité de la gouvernance financière et à attribuer des notes représentatives de classement. Comme exemples d'agences de notation, on peut citer Moody's, Standard & Poor's, Fitch, etc. Pour plus de précision, *cf.* B. FRYDMAN, « Le pouvoir normatif des agences de notation », disponible sur http://www.philodroit.be/IMG/pdf/ le_pouvoir_normatif_des_agences_de_notation.pdf.

[117] L'analyse de viabilité de la dette publique a, entre autres, pour objet de mettre en évidence la capacité ou non de l'Etat à faire face au remboursement de sa dette. Elle est donc basée pour une large part sur l'analyse de la solvabilité. Pour plus d'explication, *Cf.* P. VILLIEU, « Quel objectif pour la dette publique à moyen terme ? *Revue d'économie financière*, n° 103, disponible sur https://www.cairn.info/revue-d-economie-financiere-2011-3-page-79.htm.

la dette publique. Les implications de l'engagement de ces acteurs aux côtés des organes étatiques au sujet de la décision financière publique restent à clarifier.

Enfin, il y a la possibilité d'établir la loi de finances par la mise en œuvre des mesures exceptionnelles prévues à l'article 68 de la Constitution béninoise du 11 décembre 1990. Le recours à des mesures exceptionnelles par le Président de la République au Bénin, pour la mise en exécution de la loi de finances, quand bien même il semble frappé d'immunité juridictionnelle[118], pose un problème démocratique assez important[119]. Ainsi, en dépit de ce que « *dans un Etat de droit, il est admis que devant des situations exceptionnelles, les acteurs politiques et la communauté nationale prennent les mesures appropriées pour faire face aux dangers qui les menacent* »[120], le consentement à l'impôt, vu comme l'essence de la démocratie financière, mérite à défaut d'être exonéré du champ des mesures execptionnelles, d'être mieux protégé, comme c'est le cas sous d'autres cieux.

Les questions que suggèrent les éléments ci-dessus présentés se résolvent à un questionnement sur le rapport de la décision financière publique au pouvoir d'Etat. Comment s'exerce le pouvoir de décision financière publique à la phase de l'élaboration du projct de loi de finances ? Comment le Parlement met-il en œuvre ses prérogatives en matière budgétaire et financière, une fois qu'il est saisi du projet de loi de finances et quel rôle joue le Gouvernement à cette étape de la procédure budgétaire ? Aux phases de l'exécution et de contrôle de la décision financière publique, comment se manifeste l'exercice des pouvoirs financiers reconnus à chacun des organes qui y prennent part ? Au total comment s'exerce au Bénin le pouvoir de décision financière publique ? Ces questionnements peuvent s'étendre utilement à une interrogation sur l'influence des évolutions notées dans la gouvernance financière publique sur l'organisation et le fonctionnement des organes

---

[118] S. DAKO, « La résolution jurisprudentielle des conflits entre le Gouvernement et le Parlement au Bénin », article précité.

[119] Par exemple, le consentement à l'impôt dans le système budgétaire des Eats-Unis n'est pas flexible. Le congrès peut le refuser à l'exécutif avec pour conséquence, un blocage du fonctionnement de l'administration, la mise au chômage partiel ou total d'une partie des fonctionnaires de l'administration. *Cf* R. de BELLESCIZE, « *Le conflit budgétaire : moteur de la démocratie américaine* », *Revue Française de Finances Publiques*, n°139, septembre 2017, p.114.

[120] S. DAKO, « La résolution jurisprudentielle des conflits entre le Gouvernement et le Parlement au Bénin », article précité.

détenteurs de prérogatives budgétaires et financières au niveau de l'Etat au Bénin.

La recherche de réponse aux problèmes ainsi posés nécessite l'adoption d'une démarche méthodologique appropriée et d'un plan permettant d'allier éléments théoriques et éléments pratiques.

6-Approche méthodologique et annonce du plan

Pour répondre aux questions ci-dessus soulevées, il s'avère nécessaire de procéder à une fouille documentaire[121] sur la répartition et l'exercice des prérogatives financières au Bénin et dans les États membres de l'UEMOA. Une approche d'analyse dynamique basée sur les méthodes d'analyse en droit public[122] sera observée, du moment où dans l'histoire contemporaine des finances publiques au Bénin, on peut noter une évolution en trois temps des sources du droit des finances publiques.

Le premier temps est marqué par l'adoption de la loi organique relative aux lois de finances de 1986 qui est la première dans l'histoire des finances publiques au Bénn[123]. Le second temps est celui de l'émergence d'un nouveau constitutionnalisme[124] consécutivement à l'option faite par le Bénin pour un régime démocratique. L'adoption de la Constitution du 11 décembre 1990 consacre, entre autres, la constitutionnalisation des finances publiques[125]. Enfin, il y a l'évolution

---

[121]*Cf.* sur cette approche méthodologique, M. BEAUD, *L'art de la thèse, comment préparer et rédiger une thèse de doctorat, un mémoire de DEA ou de maîtrise ou tout autre travail universitaire*, Paris, Editions la Découverte, 1998, p. 30 et suiv.

[122]Sur les méthode d'analyse en droit public, *Cf.* H. AKEREKORO, « les méthodes d'analyse en droit public », disponible sur le site www.cedep-uac.com, consulté le mercredi 19 septembre 2018. Des approches méthodologiques proposées par J. L. BERGEL, *Méthodologie juridique*, Paris, PUF, 2001 et G. JUCQUOIS, *Rédiger, présenter composer, l'art du rapport et du mémoire*, Bruxelles, De Boeck et Larcier S.A, 1998, ont également constitué une référence pour la conduite de cette étude.

[123]*Cf.* E. TONI, « La loi organique béninoise relative aux lois de finances : 25 ans après », *AFRILEX*, 2ème numero spécial finances fubliqures, Juin 2012.

[124]A. BOURGI, « L'évolution du constitutionnalisme en Afrique : du formalisme à l'effectivité », *Revue française de droit constitutionnel,* n° 52, 2002/4 ; A. CABANIS et M. L. MARTIN, *Le constitutionnalisme de la troisième vague en Afrique francophone*, Louvain-La-Neuve, Academia-Bruylant, 2010 ; D. KOKOROKO, « Les élections disputées : réussites et échecs », *Pouvoirs*, n° 129, 2009/2 ; A. LOADA, « La limitation du nombre de mandats présidentiels en Afrique francophone », disponible sur http://afrilex.u-bordeaux4.fr/sites/afrilex/ IMG/pdf/3doc8loada.pdf.

[125]*Cf.* H. AKEREKORO, « Les mutations des sources du Droit des Finances Publiques au Bénin », *Article précité.*

récente du cadre juridique de gestion des finances publiques caractériée par la transposition dans le droit positif béninois des directives de la génération 2009 de l'UEMOA.

Pour l'essentiel, il s'agit de réfléchir sur l'état actuel du pouvoir de décision financière publique au Bénin, à l'aune des nouveaux paramètres induits par la nouvelle gouvernance financière publique, du recours aux experts dans la formulation des politiques de finances publiques et de l'établissement du Budget de l'État par le biais de mesures exceptionnelles.

De tout ce qui précède, il apparaît que le pouvoir financier, tel qu'il est organisé à travers les textes au Bénin, consacre le Parlement comme le cœur de la décision financière publique. Mais dans les faits, celui-ci souffre de moyens d'exercice de ses prérogatives. Par contre, le Gouvernement, quant à lui, fonctionne comme n'ayant qu'une obligation d'information[126] du Parlement sur la vie financière de l'Etat. La situation du Parlement en matière de participation à la prise de décision financière est en fait quasiment compromise par le développement du fait majoritaire et le recours aux pouvoirs exceptionnels en matière budgétaire, hormis son handicap traditionnel dans le domaine technique.

Il s'ensuit que la concurrence qui marque la mise en œuvre des prérogatives financières dans l'Etat fait de la décision financière un enjeu de pouvoir. L'évolution qu'elle connaît ces derniers temps, du point de vue des acteurs et des objectifs poursuivis, rend compte d'une mutation qui affecte le fonctionnement des pouvoirs publics. D'où les deux axes d'analyse :

- La décision financière publique : un enjeu de pouvoir (Première partie) ;
- La décision financière publique : un vecteur de transformation (Seconde partie).

---

[126] Au Bénin comme ailleurs, le Parlement dispose d'un droit à l'information budgétaire et financière. *Cf.* C. WALINE, P. DESROUSSEAUX et B. PELLE, *Contrôle et Evaluation des finances publiques,* La documentation française, Paris, 2009, p.73. Le Gouvernement doit s'y obliger et aller plus loin en s'engageant dans une véritable association du Parlement à la décision financière publique.

PARTIE I
LA DECISION FINANCIERE PUBLIQUE : UN ENJEU DE POUVOIR

Les rapports des pouvoirs exécutif et législatif aux finances publiques sont si importants et si déterminants dans un Etat qu'ils prennent une place privilégiée dans l'analyse du fonctionnement des institutions chargées de les incarner : le Gouvernement et le Parlement. L'idée de l'existence d'un pouvoir financier dans l'Etat procède de la prégnance de cette analyse au regard de laquelle « *l'on a pu reprocher à Montesquieu de négliger dans sa classification le pouvoir financier de l'État* »[127]. Et pourtant sa théorie ne manque pas d'intérêt pour l'étude des finances publiques.

La réalité est que les règles d'encadrement et de gestion des finances publiques sont bâties de sorte à faire reposer le système de gestion budgétaire sur le principe de séparation et d'équilibre des pouvoirs[128]. La décision budgétaire est manifestement une œuvre commune des pouvoirs publics, en l'occurrence l'exécutif et le législatif. Un auteur contemporain estime qu'elle est un acte hybride qui met en évidence une compétence partagée entre le pouvoir exécutif et le pouvoir législatif[129].

Au Bénin, le régime politique en vigueur permet d'inscrire la gestion des finances publiques dans cette approche. Il s'agit, en effet, d'un régime présidentiel fondé sur les valeurs et principes de la démocratie

---

[127] M. A. A.EL BANNA, *Le particularisme du pouvoir d'autorisation budgétaire*, Paris, L.G.D.G, 1968, p.2.

[128] D. ZOURE, *La modernisation du cadre budgétaire des pays de l'UEMOA*, Université Paris 1 Sorbonne, 2013, p 58.

[129] V. M. J.P CAMBY, « La prise de décision budgétaire de l'Etat : quels changements, quels enjeux à l'horizon 2006 ? » *RFFP*, n°88, novembre 2004, p.7.

pluraliste[130] et sur une séparation rationalisée des pouvoirs[131]. Le président de la République qui détermine et conduit la politique de la nation[132] est détenteur du pouvoir exécutif, tandis que le pouvoir législatif appartient à l'Assemblée Nationale[133].

L'organisation des pouvoirs financiers dans l'État au Bénin s'inscrit logiquement dans cette philosophie de partage des prérogatives entre le Gouvernement et le Parlement. La constitution du 11 décembre 1990 et la loi n° 2013-14 du 27 septembre 2013 portant loi organique relative aux lois de finances disposent à ce sujet que le pouvoir de décision budgétaire est exercé concurremment par l'exécutif et le législatif[134].

Seulement, derrière la concurrence de compétences entre l'exécutif et le législatif en matière de décision financière (titre I), il se développe une rivalité fondée sur une tentative réciproque d'influence (titre II).

---

[130] *Cf.* J. C. S. CARDONA, *Démocratie pluraliste et droits des minorités,* Université de Strasbourg, 2012 ; J. Y. THERIAULT, « Pour un pluralisme démocratique », *Politique et Sociétés*, n° 3, vol. 16, 1997, p. 9-27 ; G. LEROUX, « Tolérance et accommodement. Le pluralisme et les vertus de la démocratie », *Éthique publique* [En ligne], vol. 9, n° 1 | 2007, mis en ligne le 11 septembre 2015, consulté le 12 avril 2018. URL : http://journals.openedition.org/ ethiquepublique/1800 ; DOI : 10.4000/ethiquepublique.1800.

[131] J. A TOUDONOU et C. KPENONHOUN, *Constitution et textes constitutionnels de la République du Bénin, depuis les origines dahoméennes*, Cotonou, Fondation Friedrich Naumann, 1997, p. 229.

[132] *Cf.* Article 54 de la constitution du 11 décembre 1990.

[133] *Cf.* Articles 79 « *le Parlement est constitué par une assemblée unique dite Assemblée nationale, dont les membres portent le titre de député. Il exerce le pouvoir législatif et contrôle l'action du Gouvernement* », 96 « *l'Assemblée nationale vote la loi et consent l'impôt* »… de la constitution du 11 décembre 1990.

[134] Articles 109, 110 et 111 de la constitution du 11 décembre 1990 et articles 55, 60, 61 de la loi organique relative aux lois de finances.

TITRE 1
UNE CONCURRENCE DE COMPETENCES ENTRE LES POUVOIRS EXECUTIF ET LEGISLATIF

L'organisation des compétences institutionnelles est l'expression de choix structurants de l'Etat[135]. De ce point de vue, la contribution concurrente du Gouvernement et du Parlement à la prise de la décision financière publique est basée sur l'exercice de compétences spécifiques. A la phase administrative de la procédure d'élaboration de la loi de finances, se trouve le pouvoir exécutif qui a l'initiative du projet de loi de finances, tandis qu'à la phase parlementaire, se trouve l'Assemblée Nationale qui dirige le processus, avec l'exercice du droit d'amendement. Ainsi, pendant que le Gouvernement exerce une compétence technique (chapitre I), le Parlement reste sur une sphère politique (chapitre II).

[135]F. MORDACQ,, *Les Finances publiques, Que sais-je?*, Paris, Presse Universitaire de France, 2014, p7.

CHAPITRE 1

UNE COMPETENCE TECHNIQUE DEVOLUE AU POUVOIR EXECUTIF

Titulaire exclusif du droit d'initiative[136] en matière budgétaire, l'exécutif mène, en amont à la transmission du projet de loi de finances de l'année au Parlement, une série d'activités. Certaines d'entre elles sont censées contribuer à la définition des variables macroéconomiques sur lesquelles reposent les agrégats budgétaires (section I). D'autres, par contre, sont orientées vers le montage technique du budget et la production de la documentation qui accompagne le projet de loi de finances à l'Assemblée Nationale (section II).

Section1-La formulation du budget

Dans le cadre de la formulation[137] du budget de l'Etat, la définition des orientations économiques du budget (Paragraphe 1) et

---

[136] L'initiative de la loi ou initiative législative est le droit accordé par la Constitution d'engager la procédurelégislative. Elle peut émaner du Gouvernement comme elle peut être portée par le Parlement. On parle dans le premier cas de projet de loi et dans le second de proposition de loi. Pour ce qui concerne la loi de finances, elle est toujours à l'origine un projet de loi. Il est élaboré par le Gouvernement et soumis au Parlement pour examen et vote. Dans la constitution du 11 décembre 1990, c'est l'article 109 qui permet de s'en rendre compte. On y lit que l'Assemblée nationale est saisie du projet de loi de finances. Ce qui montre bien qu'à l'origine ce n'est pas son œuvre. On peut donc déduire comme l'a affirmé un auteur que le droit d'initiative est le droit de soumettre à l'autorité compétente une proposition en vue de la faire adopter par celle-ci. *Cf.* L. TROTABAS, *Les finances publiques et les impôts de la France*, Paris, Armand Colin, 1953, p.22. Selon E. PIERRE, « *le droit d'initiative n'est pas moins important que le droit de vote, et l'histoire démontre que la politiquefondée sur la peur ou la haine des libertés publiquess'est toujours traduite par une restriction de l'initiativeparlementaire* ». *Cf.* E.PIERRE, *Traité de Droit politique, électoral et parlementaire*, Paris, Librairies Imprimeries Réunies, deuxième édition, 1902, p. 63.

[137]Par formulation du projet de loi de finances, on entend l'ensemble des activités exécutées en amont au montage du projet de loi de finances. Elle a trait à l'appréhension des traits caractériques de l'environnement économique présent et aux perspectives économiques à court et moyen terme. La formulation aboutit à la mise en place de politiques budgétaires, de paramètres et de priorités d'affectation. *Cf.* Centre Parlementaire, Le processus budgétaire en Afrique, étude comparée dans sept pays, 2013, p.11., disponible sur http://www.parlcent.org/en/wp-content/uploads/2013/11/Processus-Budgetaire-En-Afrique.pdf.

l'établissement du profil des agrégats budgétaires[138] (Paragraphe 2) se trouvent juridiquement confiés au pouvoir exécutif qui détient les habilétés techniques nécessaires.

Paragraphe1-La définition des repères économiques

La consécration constitutionnelle des prérogatives du Président de la République, quant à la définition de la politique de la nation, confère au pouvoir exécutif le droit et la qualité pour procéder à la revue, chaque année, de l'orientation économique du budget de l'Etat (A) et de conduire le processus de budgétisation et d'allocation de ressources (B).

A-La revue de l'orientation économique

La revue de l'orientation économique du budget de l'Etat incombe au pouvoir qui a la charge du processus de la préparation de la loi de finances. Aux termes de l'article 55 de la loi n° 2013-14 du 27 septembre 2013 portant loi organique relative aux lois de finances au Bénin, il s'agit du pouvoir exécutif et plus spécifiquement du ministre chargé des finances. Dans la précédente loi organique relative aux lois de finances[139], c'est l'article 50 qui établissait, à l'instar de l'article 55 de la loi organique de 2013, la compétence du pouvoir exécutif en matière de préparation du projet de loi de finances de l'année.

La revue de l'orientation économique apparaît comme une étape clé de la mise en œuvre du pouvoir de décision financière de l'exécutif. Elle consiste en l'évaluation et en l'actualisation des options économiques de référence[140] pour l'élaboration du budget de l'État. A ce titre, la responsabilisation du pouvoir exécutif pour l'exercice de la

---

[138]Les agrégats budgétaires sont des grandeurs caractéristiques du budget de l'Etat. De nature globale, ils sont représentatifs d'un ensemble de grandeurs particulières. C'est le cas, par exemple, de l'agrégat « dépenses ordinaires » qui est une grandeur globale comprenant les postes tels que dépenses de personnel ; dépenses de transfert et dépenses de fonctionnement. Il en est de même de l'agrégat « dépense en capital » qui cumule les dépenses en capital financées sur ressources intérieures et les dépenses en capital financées sur ressources extérieures.

[139]La loi n°86-021 du 26 septembre 1986 portant loi organique relative aux lois de finances.

[140]En réalité, le budget de l'Etat met en avant les solutions que le pouvoir exécutif compte apporter aux préoccupations des populations pendant l'année de mise en œuvre de la loi de finances. Dès lors, l'orientation économique du budget mérite d'être non seulement en ligne avec la conjoncture économique, mais elle doit également reposer sur les attentes des populations. C'est en cela que le ciblage d'une orientation économique qui est adéquation avec les préoccupations auxquelles le Gouvernement entend apporter des réponses est important.

prérogative de la formulation du budget et, par ricochet, de la revue de l'orientation économique est en conséquence vue comme un choix logique. Ceci, « *dès lors que l'exécutif est le pouvoir chargé de l'administration publique, à laquelle appartiennent les organes chargés du recouvrement des impôts et de la prestation des services publics [*et que*] en fonction des objectifs et des politiques publiques prioritaires, ce pouvoir est donc en mesure de calculer la recette estimée et d'en prévoir la destination* »[141].

Par ailleurs, comme a pu le constater M. DUVERGER, « *dans tous les pays du monde, l'initiative budgétaire entre dans la compétence du gouvernement* »[142]. Ceci d'autant plus que, « *quand le budget ne sert plus seulement à l'État pour se procurer l'argent destiné à couvrir ses dépenses administratives, mais qu'il définit son orientation fondamentale dans le domaine économique et social, il constitue l'acte essentiel de la politique gouvernementale* »[143].

Ainsi, contrairement à la pratique plus ou moins récente dans certains pays[144], le pouvoir exécutif au Bénin a toujours été attributaire de réelles prérogatives financières[145]. La contribution de l'exécutif à la prise de décision financière publique se matérialise au moyen de l'exercice d'un certain nombre d'activités techniques qui requièrent un savoir-faire et la maîtrise d'un ensemble de procédés. Ceux-ci sont nécessaires à la détermination des choix de politique économique, dans le cadre de l'élaboration de la loi de finances de l'année. En effet, la loi organique relative aux lois de finances du Bénin du 27 septembre 2013 dispose que le budget de l'Etat est élaboré par référence à un Document de Programmation Budgétaire et Economique Pluriannuelle

---

[141] M. BACETI, *Les rapports entre les pouvoirs législatif et exécutif dans le droit budgétaire brésilien*, Université Paris 1, Panthéon Sorbonne, 2014, p.11.

[142] M. DUVERGER, *Finances Publiques*, Paris, Presse Universitaire de France, 1956, p.265.

[143] *Idem*, p.268.

[144] La constitution brésilienne de 1891 n'a pas fait mention du rôle du pouvoir exécutif dans la mise en place du budget de l'Etat. Quant à celle de 1934, elle a marqué le retour des compétences du pouvoir exécutif en matière budgétaire dans la loi fondamentale. *Cf.* M.BACETI, *Op.cit.*, p.28.

[145] La plupart des Constitutions et textes constitutionnels au Bénin disposent que le Parlement est saisi du projet de loi de finances. Autrement dit, l'initiative de la loi de finances est du ressort du pouvoir exécutif. *Cf.* Article 26 de la Constitution du 26 février 1959 ; article 51 de la Constitution du 26 novembre 1960 ; article 71 de la Constitution du 11 janvier 1959 ; article 73 de la Constitution du 28 avril 1968 ;... article 109 de la Constitution du 11 décembre 1990.

(DPBEP)[146]. Cette disposition du nouveau cadre juridique de gestion des finances publiques vise à faire reposer la loi de finances sur les données caractéristiques de la conjoncture économique dans laquelle le budget sera élaboré et exécuté[147]. Ceci rejoint l'idée selon laquelle les budgets modernes sont étroitement liés aux équilibres économiques[148] et justifie, par ailleurs, la recherche de l'articulation des finances publiques avec l'économie[149]. Le Document de Programmation Budgétaire et Economique Pluriannuelle apparaît de ce fait comme un instrument de définition des variables économiques devant présider à la détermination des choix budgétaires.

Le Document de Programmation Budgétaire et Economique Pluriannuelle se veut donc un document technique. Il est censé réaliser une analyse et une synthèse des variables économiques et budgétaires qui servent de référence pour la loi de finances de l'année. Ainsi, s'agissant de son contenu, l'Union Economique et Monétaire Ouest-Africaine recommande qu'il fasse apparaître des hypothèses économiques précises et justifiées pouvant induire les perspectives de recettes du secteur public, les perspectives de dépenses du secteur public, l'évolution de la dette du secteur public, les perspectives financières pour les entreprises publiques et les objectifs d'équilibre budgétaire en respect des dispositions du Pacte de convergence, de stabilité, de croissance et de solidarité[150]. Ces données doivent couvrir une période de trois ans au minimum.

Au regard aussi bien du processus de son élaboration que des qualifications et du niveau d'information requis pour sa réalisation, le Document de Programmation Budgétaire et Economique Pluriannuelle est un outil d'intégration. Les travaux qui conduisent à son élaboration s'inscrivent dans un processus qui implique des structures techniques et engagent des professionnels en économie, en statistique, en fiscalité et

---

[146] Article 56 de la loi n°2013-14 du 27 septembre 2013 portant loi organique relative aux lois de finances au Bénin.

[147] *Cf.* P-M GAUDEMET, « L'apport de la science financière à la science politique », *Revue française de science politique*, 15-4, 1965,pp. 629-644. L'articulation entre le budget et l'économie est désormais plus qu'une nécessité. En réalité, les finances publiques sont aujourd'hui étroitement liées à l'économie.

[148] *Cf.* L. PHILIP (dir.), *dictionnaire encyclopédique de finances publiques*, Paris, Economica, 1991, p. 194.

[149] M. BOUVIER, « Editorial », *RFFP*, n°55, 1996, pp V-VI.

[150] Union Economique et Monétaire Ouest Africaine, *Guide didactique de la directive n°06/2009/CM/UEMOA du 26 juin 2009 portant loi de finances au sein de l'UEMOA*, p.59.

en finances publiques. Ceux-ci relèvent du Gouvernement et, plus particulièrement, des ministères chargés des finances et du développement[151]. Il s'agit, à titre d'exemples, de la Direction Générale du Budget (DGB)[152], de la Direction Générale des Affaires Economiques (DGAE), de l'Institut National de la Statistique et de l'Analyse Economique (INSAE), de la Caisse Autonome d'Amortissement (CAA).). Leurs rôles sont divers. La CAA étant un établissement public national jouissant de la personnalité morale et de l'autonomie financière[153], elle est chargée, entre autres, de la gestion de la dette publique[154], de l'émission des emprunts publics, de la mobilisation et de la gestion des ressources extérieures (emprunts et dons La Direction Générale du Budget a principalement pour attributions d'élaborer les lois de finances initiales et rectificatives, d'intégrer au budget de l'État, les projets inscrits au programme d'investissement public en collaboration avec les ministères sectoriels, d'appliquer le code des pensions de retraites, de suivre l'exécution des dépenses du budget de l'Etat, à travers le Système Intégré de Gestion des Finances Publiques (SIGFiP)[155]. En ce qui concerne la Direction Générale des Affaires Economiques, elle est responsabilisée pour proposer au Gouvernement, les mesures de politique économique et financière à court et moyen termes, évaluer leurs effets sur les principales variables macroéconomiques et monétaires et suivre leur mise en œuvre, assurer le contrôle de l'État sur les opérations et organismes d'assurances, œuvrer pour la promotion du marché national d'assurance et veiller à la sauvegarde des intérêts des assurés et bénéficiaires de contrats d'assurance, définir et exécuter la politique

---

[151] *Cf.* Calendrier indicatif de déroulement des tâches relatives à l'élaboration du budget de l'Etat pour la gestion 2016.

[152] Comme c'est le cas en France (*cf.* F. QUEROL, *Finances Publiques*, Paris, Ellipses, 2ème édition, Tout le droit, 2009 p 20.), elle constitue un rouage incontournable du système budgétaire puisque, quasiment, toute décision part d'elle ou aboutit à elle. Elle est forte d'environ trois cent (300) agents.

[153] *Cf.* article 1er du décret n°2008-241 du 06 mai 2008 portant approbation des statuts de la CAA.

[154] La dette publique, entendue comme dette de l'Etat, désigne un ensemble d'engagements envers divers créanciers et est constituée de plusieurs composantes de régimes différents, voir Loïc PHILIP (dir), *dictionnaire encyclopédique de finances publiques*, Paris, Economica, 1991, p. 611.

[155] *Cf.* Article 1er de l'arrêté n°2849/MEF/CAB/SGM/DGB/SP du 11 août 2016.

d'intégration économique régionale du Gouvernement, etc.[156]. S'agissant de l'Institut National de la Statistique et de l'Analyse Economique, il est un établissement public à caractère scientifique[157] placé sous la tutelle du ministère chargé du développement. L'Institut National de la Statistique et de l'Analyse Economique a pour mission de rassembler, de dépouiller, d'analyser et de présenter au Gouvernement, dans les délais convenus, des statistiques sûres et scientifiquement élaborées, de produire et d'aider à produire les renseignements chiffrés utiles à la prise de décision et à la gestion et d'assurer le secrétariat du Conseil National de la Statistique[158]. Ces structures, élargies à d'autres, sont réunies au sein du comité PIB-TOFE[159] pour la coordination des différentes activités afférentes à cette phase du processus budgétaire.

Les objectifs poursuivis à travers la création de ce comité sont aussi techniques que les tâches qui lui sont assignées. Il s'agit, entre autres, pour les objectifs de « *contribuer à l'élaboration chaque année de l'avant-projet de document-cadre de politique économique qui sert de base de discussion avec les partenaires au développement de la république du Bénin* »[160]. Quant aux tâches, elles consistent, entre autres, à « *animer et coordonner les travaux de projection et de cadrage macroéconomique et financier et… analyser les résultats des cadrages économique, budgétaire et de trésorerie* »[161]. Pour ce qui concerne sa composition, elle affiche des structures techniques spécialisées dans des domaines de l'économie, de la monnaie, de la planification et des

---

[156] *Cf.* Article 112 du décret n°2017-041 du 25 janvier 2017 portant attributions, organisation et fonctionnement du Ministère de l'Economie et des Finances.

[157] *Cf.* Décret n° 2016-502 du 11 août 2016 portant attributions, organisation et fonctionnement du ministère du Plan et du développement.

[158] *Cf.* Décret n°97-168 du 07 avril 1997, modifiant l'ordonnance n°73-72 du 16 octobre 1973.

[159] *Cf.* Décret n°99-223 du 4 mai 1999 portant création, attributions, composition et fonctionnement du comité produit intérieur brut et tableau des opérations financières de l'Etat.

[160] *Cf.* Article 2 du décret n°99-223 du 4 mai 1999 portant création, attributions, composition et fonctionnement du comité produit intérieur brut et tableau des opérations financières de l'Etat.

161 Article 3 du décret n°99-223 du 4 mai 1999 portant création, attributions, composition et fonctionnement du comité produit intérieur brut et tableau des opérations financières de l'Etat.

finances, dont notamment la direction nationale pour le Bénin de la Banque Centrale des États de l'Afrique de l'Ouest[162].

La revue de l'orientation économique pour l'élaboration du budget de l'Etat est donc, au regard des activités qu'elle engendre, des structures[163] qu'elle mobilise, des profils de compétences qu'elle requiert, voire des dispositifs techniques qu'elle implique, une activité qui repose essentiellement sur la technocratie[164].Elle donne lieu à l'élaboration chaque année, au-delà du DPBEP, de différentes annexes au projet de loi de finances, dans des délais utiles pour leur soumission à l'Assemblée Nationale[165].

Dans la pratique, l'inscription du budget dans l'environnement économique qui le détermine, requiert l'utilisation de techniques et de méthodes qu'il est indispensable, non seulement de posséder, mais aussi de pouvoir pratiquer. Le processus présidant à la définition du cadre économique de référence du budget de l'État est, par conséquent, un processus dialogique. Il est ponctué de multiples concertations techniques en amont à la définition des agrégats économiques, en l'occurrence, ceux qui traitent de la croissance économique et du niveau général des prix. Il s'agit, par excellence, du taux de croissance du produit intérieur brut et du taux d'inflation[166].

L'exclusivité que la loi réserve au Gouvernement sur ce pan du processus budgétaire semble être en droite ligne avec l'évolution de la doctrine en ce qui concerne la conception du budget de l'État. En effet, depuis que « *la perception de l'équilibre budgétaire a évolué en fonction des conceptions économiques* »[167], le caractère technique du

---

[162]*Cf.* Article4 du décret n°99-223 du 4 mai 1999 portant création, attributions, composition et fonctionnement du comité produit intérieur brut et tableau des opérations financières de l'Etat.

[163]Il s'agit des structures dont les missions portent sur la production de données économiques, l'analyse des agrégats macroéconomiques et le pilotage des finances publiques.

[164]Dans le processus de la préparation de la loi de finances, les services techniques tiennent une place quasi monopolistique. Les exigences techniques font que leurs avis et leurs conseils sont souvent, pour ne pas dire toujours, pris en compte.

[165] Article 2 du décret n°2011-554 du 24 août 2011 portant approbation du calendrier de déroulement des travaux budgétaires.

[166] Ministère de l'Economie, des Finances et des Programmes de Dénationalisation, *Document de Programmation Budgétaire et Economique Pluriannuelle 2015-2017.*

[167]S. DAMAREY, *Finances publiques*, Paris, Gualino, 2ème édition, 2008, p.453.

budget de l'État s'est accentué et, par voie de conséquence, l'emprise du Gouvernement sur son élaboration s'est vue renforcée.

Certains auteurs pensent à ce propos que « *seul l'exécutif est en mesure d'établir le projet de budget de l'État [*parce que*] seul, il dispose des informations et des techniques nécessaires* »[168]. D'autres, abondant dans le même sens, concluent qu'en dépit des revues de procédures notées en matière de gestion des finances publiques, l'initiative de la loi de finances « *demeure entre les mains du Gouvernement selon un schéma identique à ce que prévoyait l'ordonnance de 1959* »[169]. En effet, « c*'est aux ministres, non aux Chambres ou à une délégation des Chambres, que doit incomber le soin de préparer et de présenter le budget. Les ministres seuls, étant à la tête des différentes administrations permanentes, ont assez d'informations pour se rendre un compte exact, tant des différents services de l'État que du chiffre probable des ressources qu'il pourra réaliser. Les ministres étant dans la plupart des pays, responsables soit devant les Chambres, soit devant le souverain, de la direction des affaires, on ne saurait leur contester ni amoindrir dans leurs mains cette fonction essentielle de la préparation du budget* »[170].

Le pilotage quasi unilatéral, par le Gouvernement, du processus conduisant à la fixation des orientations économiques du budget, est certes une conséquence directe de la volonté du pouvoir constituant. Cependant, cette position du pouvoir constituant originel semble être dictée par la nature même des opérations de définition des repères économiques du budget et le positionnement des acteurs qu'elle implique.

En dehors de ce qu'au niveau du pouvoir exécutif, l'identification des repères économiques du budget relève beaucoup plus de la technocratie[171] que de la politique, il est à signaler que les repères

---

[168] L. PHILIP (dir.), *Dictionnaire encyclopédique de finances publiques*, Paris, Economica, 1991, p. 194.
[169] A. BARILARI, M. BOUVIER, *La LOLF et la nouvelle gouvernance financière de l'Etat*, Paris, L.G.D.J, 3ème édition, 2010, p.54. Il faut préciser qu'en droit budgétaire béninois, les dispositions de l'ordonnance française de 1959 ont largement inspiré la loi n°86-021 du 26 septembre 1986 portant loi organique relative aux lois de finances au Bénin jusqu'à la promulgation de la loi n°2013-14 du 27 septembre 2013.
[170] P. LEROY-BEAULIEU, *Précis d'Economie Politique*, Paris, 3ème édition, Corbeil. Imprimerie Crété, 1891, pp. 385-386.
[171] *Cf.* F. DERUEL *Finances Publiques, Budget et pouvoir financier*, Paris, Dalloz, 11ème édition, 1995, p.81.

économiques définis pour le budget de l'État sont bien influencés par d'autres facteurs dont la gestion relève du Gouvernement. Par exemple, lorsqu'un pays est sous programme avec le Fonds Monétaire International (FMI), le cadrage économique s'inscrit dans le respect des critères et des données retenus dans l'accord du programme.

B-Le ciblage des points d'application

Au regard des exigences techniques et informationnelles qui conditionnent la définition des points d'application économiques du budget de l'État, c'est le pouvoir exécutif qui en assume le pilotage. En République du Bénin, la responsabilisation du pouvoir exécutif sur cet aspect du processus d'élaboration du budget de l'État découle logiquement du statut du Président de la République. Celui-ci, aux termes des dispositions de l'article 54 de la constitution, « *détermine et conduit la politique de la nation...* »[172]. De rédaction similaire, les constitutions du Togo[173], de la Côte d'Ivoire[174], du Sénégal[175], du Mali[176], du Gabon[177], du Cameroun[178], du Tchad[179], voire de la France[180] reconnaissent, à quelques nuances près, les mêmes prérogatives au pouvoir exécutif.

Les travaux d'identification des repères économiques du budget de l'État s'accompagnent, pour être pertinents, de la recherche de leviers d'actions pour la mise en œuvre de l'orientation économique définie pour la loi de finances de l'année. La loi de finances doit, en effet, refléter les options économiques qui déterminent ses caractéristiques et son contenu. Les stratégies à opérationnaliser et les actions à développer émanent, de ce fait, de la mise en cohérence des politiques et stratégies

---

[172] Article 55 de la constitution béninoise du 11 décembre 1990. Généralement, l'élaboration de la loi de finances est du ressort du gouvernement. On peut également consulter sur cette question, L. TROTABAS, *Les finances publiques et les impôts de la France*, Paris, Armand Colin, 1953.

[173]Article 77 de la loi n°2002-029 du 31 décembre 2002.

[174] Article 50 de la loi n° 2000-513 du 1er aout 2000 portant constitution de la République Cote d'Ivoire.

[175] Article 42 de la constitution de la République du Sénégal du 22 janvier 2001.

[176]Article 53 du décret n° 92-0731 P-CTSP portant promulgation de la constitution de la République du Mali.

[177]Article 28 de la constitution de la République du Gabon (Révisée par la Loi n° 13/2003 du 19 août 2003).

[178]Article 5 de la Loi n° 96-06 du 18 Janvier 1996 portant révision de la constitution de la République du Cameroun du 02 juin 1972.

[179]Article 94 de la constitution de la République du Tchad du 31 mars 1996 révisée.

[180]Article 20 de la Constitution du 4 octobre 1958.

sectorielles avec les orientations globales[181]. Il s'agit donc d'une activité menée exclusivement par les organes relevant du pouvoir exécutif, pendant la phase préparatoire du cadrage économique.

La conduite de ce volet de la formulation du budget de l'État se fait, à l'instar de celle de l'appréhension des données du cadre économique de la loi de finances, suivant une approche et une méthodologie bien structurées. Ainsi, les activités relatives au ciblage des points d'application de l'orientation économique du budget se déclinent en des travaux techniques internes aux structures compétentes[182] et en des concertations à la fois techniques et stratégiques avec les différents ministères et institutions de l'Etat. Les politiques publiques et les axes stratégiques de l'ensemble des secteurs d'activités sont passés en revue, dans le dessein d'une meilleure articulation entre le budget de l'État et les objectifs stratégiques des institutions publiques[183].

A cet effet, l'identification des centres d'intérêt de l'action publique, dans le cadre d'une année budgétaire, implique un examen approfondi des principaux documents de politiques publiques et des documents de stratégies nationales et sectorielles. Les plus en vue parmi ces documents sont « Bénin-Alafia 2025 »[184], » les Objectifs du Millénaire pour le Développement » (OMD), la « Stratégie de Croissance pour la Réduction de la Pauvreté (SCRP)[185], Les Orientations Stratégiques de

---

[181]Pour plus de précision, lire, R. EPSTEIN, « Des politiques publiques aux programmes : l'évaluation sauvée par la LOLF ? Les enseignements de la politique de la ville », *Revue française des affaires sociales* 2010/1, p. 227-250.

[182]Les travaux techniques évoqués sont réalisés, entre autres, par la Direction Générale des Affaires Economiques, la Direction de la Programmation des Investissements Publics, la Direction Générale du Budget, etc. Ils consistent en l'établissement des grands repères pour la définition des actions à budgétiser.

[183]La revue des politiques publiques et de leurs stratégies de mise en œuvre, dans le cadre de l'élaboration de la loi de finances, concourt à faire porter au budget de l'Etat, les ambitions du Gouvernement pour l'année budgétaire concernée. C'est un exercice de recherche de cohérence et de pertinence au niveau des politiques publiques et des stratégies, en attentant l'identification des actions à mettre en œuvre, pour leur opérationnalisation.

[184]Le document « Bénin 2025 Alafia » a été rendu disponible en août 2000 suite aux *Etudes Nationales de Perspectives à Long Terme* (NLTPS) réalisées par le Gouvernement pour pallier les insuffisances de la planification classique de développement et pour permettre au Bénin de rattraper son retard en matière de développement économique et social. Janvier 1998 : Installation de la Cellule Technique de Pilotage (CTP) des Etudes.

[185]Le Bénin s'est engagé dans l'élaboration et la mise en oeuvre des stratégies de réduction de la pauvreté depuis 1999.

Développement » (OSD)[186], le « Plan d'Urgence de Relance de la Croissance » (PURC) et plusieurs documents de politiques et de stratégies sectorielles.

Les documents de politiques et de stratégies auxquels il est fait référence offrent, pendant la formulation du budget, un éclairage sur les périmètres d'ambition et d'actions préalablement déterminés par le Gouvernement, en cohérence avec son projet de société. Ils constituent de ce fait, des repères dont tiennent compte les services techniques pour articuler le budget de l'État avec le cadre de développement déjà défini. Leurs contenus se révèlent à ce sujet intéressants pour l'élaboration de la loi de finances de l'année. Par exemple, la SCRP[187]qui traduit la vision du Gouvernement quant aux fondements d'une économie émergente, s'est fixé comme objectif global d'améliorer sensiblement les conditions de vie de la population. Elle ambitionne une croissance économique forte et soutenue autour de 6% en moyenne sur la période et une réduction significative de la pauvreté (passer de 35.21% en 2009 à 25% en 2015). Un processus d'actualisation de la SCRP est en cours et devrait permettre au Bénin de disposer d'un nouveau document de stratégie qui devrait prendre le nom de Programme de Croissance pour le Développement Durable (PC2D) 2018-2021[188]. Ce dernier est le document d'opérationnalisation du Plan National de Développement (PND) 2018-2025.

Les Objectifs de Développement Durables (ODD) constituent, quant à eux, un programme dédié à la transformation d'ici 2030 du monde à travers l'éradication de l'extrême pauvreté, la promotion de la santé et

---

[186]Le document dénommé « Orientations stratégiques pour le développement du Bénin » a été élaboré en 2006 et couvre la période de 2006 à 2011.

[187] La 3ème génération de la SCRP a été adoptée le 16 mars 2011 et couvre la période 2011-2015.

[188]Le processus d'actualisation de la SCRP est à son terme et le Programme de Croissance pour le Développement Durable (PC2D) 2018-2021 qui est prévu pour lui succéder est déjà adopté par le Gouvernement. Le PC2D présente des informations sur : (i) les progrès récents du développement socio économique sur la période 2011-2015; (ii) les défis et les objectifs stratégiques de développement ; (iii) les axes opérationnels d'actions prioritaires sur la période 2018-2021 et (iv) ses implications macroéconomiques. Il est bâti autour de sept (07) axes à savoir (i) renforcement des bases de la démocratie et de l'Etat de droit ; (ii) amélioration de la gouvernance ; (iii) assainissement du cadre macro économique et maintien de la stabilité ; (iv) amélioration de la croissance économique ; (v) amélioration des performances de l'éducation ; (vi) renforcement des services sociaux de base et protection sociale et (vii) développement durable et équilibré de l'espace national.

l'éducation, la maîtrise du réchauffement climatique. Un ensemble de dix-sept (17) Objectifs de développement durable (ODD) ont été adoptés par les 193 pays membres de l'Organisation des Nations Unies[189], puis déclinés en 169 cibles. Le premier est d'éliminer la pauvreté sous toutes ses formes. D'autres concernent la santé, l'accès de tous à l'éducation, la réduction des inégalités, la promotion des femmes et la bonne gouvernance.

L'objectif visé à travers la revue des documents de politique et de stratégie est donc de faire le point global des politiques existantes et de leur niveau de mise en œuvre et de définir les ressorts de programmation des actions futures. Ainsi, il est question d'identifier et de faire la synthèse des politiques définies dans les différents secteurs, puis de faire le point des progrès enregistrés. Cette étape permet de réunir les éléments d'analyse du cadre programmatique des actions de développement et de préparer les concertations avec les ministères et institutions en charge de la mise en œuvre des politiques publiques.

Les concertations techniques offrent dès lors une tribune d'harmonisation et de ciblage des centres d'intérêt de l'action publique, en lien avec l'orientation économique globale retenue pour l'année budgétaire. Ces rencontres permettent, en effet, de dégager les enjeux liés à l'option économique définie par le Gouvernement. Il s'agit donc d'un exercice itératif fondé sur la recherche et la mise en place d'un cadre de référence cohérent pour la définition des actions à budgétiser. Dans la pratique, ce sont les concertations multi-critères et multi-acteurs qui permettent de cibler les actions. Chaque ministère propose au soutien de l'orientation économique retenue, les actions relevant de son portefeuille qui peuvent le mieux concourir à l'atteinte des objectifs de politique économique définis.

Comme on peut le percevoir, cette phase du processus de la décision financière publique repose sur une meilleure connaissance de la politique économique définie par le Gouvernement. Il s'agit donc à ce niveau, non seulement de rechercher les points d'ancrage économique

[189]C'était le vendredi 25 septembre 2015 à New York à l'unanimité des 193 Etats membres des Nations Unies. Intitulée « Transformer notre monde : le Programme de développement durable à l'horizon 2030 », l'initiative ODD est « conçue pour parachever d'ici à 2030 les efforts entamés dans le cadre des Objectifs du Millénaire pour le développement (OMD)» lancés en 2000. *Cf.* http://www.jeuneafrique.com/268193/ economie/adoption-des-odd-un-programme-pour-les-gens-et-la-planete-selon-ban-ki-moon.

de la vision de développement du Gouvernement, mais aussi et surtout de les organiser en des axes d'intervention des services publics pour l'année d'application du budget. Par secteur, les acteurs de la chaîne des dépenses publiques sont en conséquence invités à juger de la pertinence du répertoire des actions à budgétiser à l'aune des points d'application.

Ainsi, les points d'application, une fois définis, deviennent des repères pour les exercices futurs de budgétisation et d'allocation de ressources[190]. Pour la loi de finances, gestion 2016 par exemple, le Gouvernement du Bénin a retenu comme points d'application de l'orientation globale de la politique économique, (i) le renforcement des infrastructures (notamment les infrastructures énergétiques, les infrastructures de transport et les TIC) ; (ii) l'amélioration de la productivité du secteur agricole, la promotion des filières maïs, riz, ananas et anacarde et la mise en place d'un cadre favorable au développement de l'agro-industrie ; (iii) l'amélioration de l'accès à l'éducation et aux soins de santé pour tous ; (iv) le développement local[191]. Des axes transversaux sont également définis pour la politique économique en 2016. Il s'agit de (i) l'amélioration de la bonne gouvernance (climat des affaires, dividende démographique et qualité de l'administration), (ii) la promotion de l'emploi des jeunes, la poursuite de l'autonomisation des femmes, et (iii) la lutte contre les effets néfastes des changements climatiques[192].

Le degré de précision et de cohérence qu'exige la définition des points d'application économiques du budget justifie son exécution par des structures techniques dont les activités ne sont pas circonstancielles mais durables. On peut noter à ce sujet, la permanence des grandes directions à compétences budgétaires et financières, comme l'a

[190] *Cf.* A ce sujet la lettre de cadrage n°2836/MEFPD/DC/SGM/DGB/DPB/SA du 3 juillet 2015 pour l'élaboration du budget de l'Etat pour la gestion 2016. Elle recommande notamment aux ministères et institutions de l'Etat, d'*« inscrire les choix stratégiques à faire dans le périmètre de l'orientation économique globale et des points d'application »*.

[191] *Cf.* Ministère de l'Economie, des Finances et des Programmes de Dénationalisation, Document de Programmation Budgétaire et Economique Pluriannuelle 2015-2017, *Op.cit.*

[192] *Ibidem*. p.33.

souligné récemment un juriste[193] qui qualifie la direction chargée du budget de véritable plaque tournante du processus budgétaire.

L'exercice de l'identification de centres d'intérêts de l'action publique pour l'établissement de la loi de finances participe de la recherche, non pas seulement de la cohérence, mais de l'efficacité de l'action publique et de la maîtrise de la dépense publique. Dans l'environnement économique et financier qui est celui des États modernes et avec la poussée du contrôle citoyen pour l'optimisation de la gestion financière publique, le cadrage du périmètre des actions éligibles au budget apparaît, au-delà d'une prérogative aux mains du Gouvernement, comme une obligation à laquelle il ne peut se dérober. *A fortiori*, « *la dégradation des équilibres budgétaires allant croissant, les esprits sont totalement centrés sur la maîtrise de la dépense, la réduction des déficits et plus récemment la mobilisation des ressources fiscales* »[194].

Le budget étant l'expression financière des ambitions du Gouvernement pour le peuple, on comprend aisément que cette phase du processus de décision est par excellence liée à la traduction, dans la réalité, du projet de société du Gouvernement en place. Le ciblage des points d'ancrage de la politique économique s'inscrit, de ce fait, dans la finalité des finances publiques, à savoir la réalisation de l'intérêt général, à travers la mise en œuvre d'un projet de société. Du reste, « *il est clair qu'en l'absence de tout projet de société, de tout objectif visant à la réalisation de l'intérêt général et de la démocratie, autrement dit sans projet politique, la raison d'être des finances publiques modernes n'existerait pas* »[195].

Ceci étant, le rangement de la phase de la définition des repères économiques du budget dans le champ de compétence du pouvoir exécutif est, au regard de la responsabilité du Gouvernement dans la définition et la conduite de la politique économique de l'État, un choix logique. Il est compatible avec la nature même des finances publiques qui sont essentiellement une matière politique. En effet, comme l'ont souligné certains spécialistes des finances publiques, « *la science des*

[193]J. MEKHANTAR, *Finances publiques de l'Etat, la LOLF et le nouveau droit budgétaire de France*, Hachette, Les Fondamentaux, 2010, p.59.
[194]M. BOUVIER, « Inventer un nouveau modèle financier public pour retrouver le sens du collectif», *RFFP*, n°117, Février 2012, pp V-VI.
[195]M. BOUVIER, « Editorial », *RFFP* n°94, Mai 2006, pp V-VI.

finances ne peut se comprendre en dehors du politique »[196] et il ne *fait pas de doute que « faire abstraction du facteur politique, c'est tenir pour négligeable ce fait historique que de tous temps, la plupart des grandes réformes politiques ou sociales ont eu des causes financières et que de très importants problèmes financiers ont été posés et résolus sous l'influence de causes politiques* »[197].

La définition des moyens d'actions de l'Etat est aussi importante que l'identification des actions porteuses des ambitions du Gouvernement. Ceci se réalise à travers la détérioration du niveau des ressources publiques et l'établissement de celui des charges publiques.

Paragraphe2- L'établissement du TOFE prévisionnel

Le Tableau des Opérations Financières de l'État (TOFE) est le document de synthèse de la situation financière de l'État. Il a ainsi l'avantage d'être la matrice des données budgétaires et financières de l'État et la vocation de renseigner sur différents agrégats des finances publiques. La définition du profil des agrégats budgétaires (B), qui est son objet à l'étape de la formulation du budget, repose sur la recherche de la sincérité des prévisions (A).

A-La recherche de la sincérité budgétaire

Le principe de la sincérité[198] en matière de finances publiques est d'institution récente en droit budgétaire béninois. Il est consacré par l'article 8 de la loi organique n° 2013-14 du 27 septembre 2013 relative aux lois de finances. Ce dernier dispose en son deuxième alinéa que « *les prévisions de ressources et de charges de l'État sont sincères. Elles sont effectuées avec réalisme et prudence, compte tenu des informations disponibles au moment où le projet de loi de finances est établi* ». Avant l'entrée en vigueur de la loi n° 2013-14 du 27 septembre

---

[196] G. DEHOVE, 1973, cité par M. BOUVIER, « Editorial », *RFFP,* n°94, Mai 2006, pp V-VI.

[197] G. JEZE, 1925, cité par M. BOUVIER, « Editorial », *in* RFFP, n°94, Mai 2006, pp V-VI.

[198]D'institution récente, la sincérité budgétaire est un principe budgétaire à double variante (sincérité des prévisions budgétaires et sincérité des comptes de l'Etat) qui apparaît beaucoup plus comme un objectif à atteindre. Son effectivité reste limitée. Ailleurs, notamment en France, c'est le juge constitutionnel qui l'a progressivement forgé avant sa consécration par la loi organique relative aux lois de finances de 2001. *Cf.* France Sénat, *Le principe de sincérité des lois de finances et des lois de financement de la sécurité sociale*, Série études juridiques, n° EJ 1, octobre 2006 ; L. PANCRAZI, *Le principe de sincérité budgétaire*, Paris, l'Harmattan, 2012.

2013, aucune obligation n'était formellement faite aux organes en charge de l'élaboration de la loi de finances de veiller à la sincérité des données budgétaires et financières. La loi n° 86-21 du 26 septembre 1986 n'en a pas fait cas. Selon l'Union Economique et Monétaire Ouest Africaine (UEMOA), « *le principe de sincérité interdit de sous-estimer les charges ou de surestimer les ressources présentées dans la loi de finances et fait obligation de ne pas dissimuler des éléments financiers ou patrimoniaux* »[199].

Selon la loi, la mise en œuvre du principe de la sincérité budgétaire relève du pouvoir exécutif. En effet, en disposant que la sincérité budgétaire est assurée « *compte tenu des informations disponibles au moment où le projet de loi de finances est établi* », la loi impute l'obligation de son application à l'organe qui détient les prérogatives de la préparation du projet de loi de finances. Dans la pratique, on s'aperçoit bien que les activités menées par certaines structures techniques du Gouvernement, dans le cadre de l'élaboration du budget de l'État, sont orientées vers la recherche de la sincérité budgétaire. Il s'agit des structures chargées de la prévision des ressources et des charges ainsi que des allocations de crédits. On peut citer, à titre d'exemple, la Direction Générale des Affaires Economiques et la Direction Générale du Budget.

L'article 56 de la loi n° 2013-14 du 27 septembre 2013 semble indiquer les moyens d'application du principe de la sincérité budgétaire consacré par l'article 8 de la même loi. En effet, il dispose que « *le projet de loi de finances de l'année est élaboré par référence au document de programmation budgétaire et économique pluriannuelle couvrant une période minimale de trois (03) ans* [et que] *sur la base d'hypothèses économiques précises et justifiées, le document de programmation budgétaire et économique pluriannuelle (DPBEP) évalue le niveau global des recettes attendues de l'État, décomposées par grandes catégories d'impôts et de taxes et les dépenses budgétaires décomposées par grandes catégories de dépenses* ». Le Document de Programmation Budgétaire et Economique Pluriannuelle est, de ce fait, le document budgétaire par excellence de mise en œuvre du principe de la sincérité budgétaire. Il doit être lui-même sincère afin d'induire la sincérité au niveau des autres documents qui lui font référence. Son élaboration est en conséquence guidée par le souci d'une bonne

---

[199] UEMOA, *Guide didactique de la directive n°06/2009/CM/UEMOA portant loi de finances au sein de l'UEMOA*, p.44.

articulation entre les prévisions budgétaires et les perspectives économiques.

La méthodologie empruntée par les structures qui ont la responsabilité de son élaboration atteste que la recherche de la sincérité budgétaire est au centre de son institution par la loi organique n° 2013-14 du 27 septembre 2013 relative aux lois de finances. Ainsi la démarche méthodologique de l'élaboration du document de programmation budgétaire et économique pluriannuelle peut être résumée en un scénario à trois phases dont chacune se veut une étape de progression vers la sincérité des prévisions budgétaires.

D'abord, c'est par une revue de l'exécution des prévisions de dépenses et de recettes de l'année budgétaire écoulée que commencent les travaux d'élaboration du DPBEP. Les activités exécutées à cette étape consistent, pour l'essentiel, en l'analyse de la qualité des prévisions antérieures afin d'en déceler les insuffisances et d'apporter des réponses appropriées. Elle réunit les régies financières à savoir la Direction Générale des Impôts et la Direction Générale des Douanes et Droits Indirects, de même que la Direction Générale du Trésor et de la Comptabilité Publique, pour ce qui concerne les recettes et la Direction Générale du Budget pour ce qui concerne les dépenses. L'intérêt de cette phase réside non seulement dans l'identification de paramètres ayant déteint négativement sur la qualité des prévisions budgétaires passées, mais également dans l'appréciation des risques et facteurs à potentiels effets sur la qualité des prévisions à venir.

Ensuite, comme l'indique l'article 8 de la loi organique, la deuxième étape est consacrée à l'appréhension et à l'analyse des grandes tendances économiques au niveau mondial et régional, pour arrêter les hypothèses auxquelles seront rattachées les prévisions budgétaires à venir. Pour le compte de cette phase, l'exercice de l'année 2015 comptant pour l'élaboration du budget de l'État pour la gestion 2016 au Bénin a abouti aux conclusions suivantes : « A*ux niveaux mondial et régional, les perspectives économiques indiquent une consolidation de la reprise de l'activité mondiale. Selon le FMI, la croissance mondiale devrait continuer à progresser en passant de 3,5% en 2015 à 3,8% en 2016. Les pays avancés et les pays émergents devront globalement suivre la même tendance »*[200]. De même, le DPBEP 2016-2018 du Bénin relève que *« la croissance en Afrique subsaharienne resterait*

[200]*Cf.* Ministère de l'Economie, des Finances et des Programmes de Dénationalisation, *Document de Programmation Budgétaire et Economique Pluriannuelle 2015-2017.*

également soutenue avec un taux de croissance économique de 5,1% en 2016 contre 4,5% en 2015 [et que] *sur le marché des matières premières, la tendance baissière enregistrée depuis 2014 devrait s'estomper en 2015 avec une remontée des cours des principales matières premières en 2016 ».*

Ce qui confirme l'orientation de l'élaboration du DPBEP vers la recherche de la sincérité budgétaire, c'est la conclusion tirée par le Gouvernement au sujet de l'analyse de la conjoncture économique régionale et mondiale. Le DPBEP 2016-2018 du Bénin conclut en effet, s'agissant des options budgétaires, que « *sur la base des orientations économiques du Gouvernement et en tenant compte de l'évolution de la conjoncture aux plans mondial et régional pour la période 2016-2018, trois scénarii ont été retenus pour le cadrage macroéconomique à moyen terme* »[201]. On comprend aisément que ces conclusions, qui ont servi de base à la projection de la croissance économique pour le triennal 2016-2018, visent à satisfaire les exigences de l'article 8 de la Loi Organique relative aux Lois de Finances, à savoir que les prévisions budgétaires *« ... sont effectuées avec réalisme et prudence, compte tenu des informations disponibles au moment où le projet de loi de finances est établi ».*

Enfin, la troisième étape est celle de la confrontation des résultats des projections budgétaires avec des données empiriques. En effet, depuis l'adoption par le Bénin du Modèle de Simulation et d'Analyse des Réformes Economiques (MOSARE)[202], il est procédé chaque année, après les simulations obtenues du modèle, à des séances de concertation entre la Direction Générale des Affaires Economiques, les régies financières et la Direction Générale du Budget. Ces séances de travail sont consacrées à l'analyse et à la validation des résultats issus du modèle. C'est l'occasion pour lesdites structures de commenter les objectifs de recettes et de dépenses afin de proposer des ajustements, le cas échéant.

La collecte et l'analyse des données économiques en vue de la formulation des hypothèses de croissance est réalisée dans le dessein de

---

[201]*Ibidem.*

[202]Le MOSARE est un modèle quasi comptable conçu pour projecter les données économiques d'un pays ne disposant pas de longues séries. Il respecte le cadre comptable cohérent des comptes économiques. *Cf.* FMI, Rapport n°11/307 sur le Bénin, Septembre 2011, p.174.

projeter des agrégats macroéconomiques et budgétaires qui offrent à la loi de finances un ancrage économique fiable.

B-La définition du profil des agrégats

La recherche de l'équilibre budgétaire[203] apparaît comme un des objectifs principaux de l'établissement du tableau prévisionnel des opérations financières de l'État. Il est, en effet, nécessaire de connaître le niveau des dépenses et celui des recettes pour réaliser l'équilibre à travers des ajustements à la hausse ou à la baisse des ressources et des charges. Or, « ... *il est impossible au ministre (chargé des finances) de déterminer le montant des recettes à réaliser et de le comparer au montant des recettes à prévoir, sans avoir fait un tableau préalable, c'est-à-dire sans avoir établi sincèrement la probabilité de la dépense d'un côté et celle de la recette de l'autre. Le budget préalable est donc une nécessité, et le budget préalable ne peut être établi qu'après un difficile et quelquefois long travail de préparation* »[204].

En réalité, l'appréhension du niveau probable des recettes annuelles et la fixation de celui des dépenses est une étape décisive du processus de l'élaboration du budget de l'État. Elle intègre la phase de la formulation du budget et relève conséquemment, du champ de compétence technique du Gouvernement, donc du pouvoir exécutif. La constitution du 11 décembre 1990 dispose, à cet effet, que « *le projet de loi de finances doit prévoir les recettes nécessaires à la couverture intégrale des dépenses* »[205]. On peut bien comprendre, sur le fondement de cette disposition, que la définition du profil des agrégats budgétaires à l'étape de la formulation du budget revient à la fixation des paramètres de l'équilibre prévisionnel de la loi de finances. L. SAY estime à ce propos que « ... *pour établir le budget d'un exercice, il faut se rendre compte des ressources naturelles et des dépenses nécessaires de l'exercice dont il s'agit* »[206].

---

203 L'équilibre budgétaire est défini comme la «*situation d'un budget qui prévoit et autorise, pour un exercice, des charges et des ressources pour un montant égal* ». *Cf.* P-M. GAUDEMET, « L'équilibre budgétaire », *in* L.PHILIP (dir.), *Dictionnaire encyclopédique de finances publiques*, Paris, Economica, 1991, t. 1, p. 744-747. Pour M. DUVERGER il est la« clef de voûte des finances publiques classiques ». *Cf.* M. DUVERGER, *Finances publiques*, Paris, PUF, 10ᵉéd., 1984, p. 262.

204 L. SAY, *Les finances*, Paris, Léon CHAILLER-Editeur, 1896, p.7.

205 Article 109 de la constitution béninoise du 11 décembre 1990.

206 L. SAY, *Les finances*, *Op.cit.*, p.10.

Le pouvoir législatif, avec qui le Gouvernement partage les prérogatives budgétaires et financières, n'intervient pas à cette étape de la décision financière. Il s'agit, en effet, d'une activité purement technique. Le Parlement ne dispose pas de structures techniques susceptibles de conduire le processus de construction du profil de référence des indicateurs macroéconomiques et macro budgétaires. Même au sein du Gouvernement, cette phase de préparation du document de référence pour la budgétisation échappe à la dimension politique et est exercée par des organes strictement techniques[207]. A ce sujet, il est évoqué « *une influence toujours croissante des techniciens qui ont conquis des positions importantes en mordant sur les pouvoirs politiques officiels* »[208].

Dans la pratique au Bénin, le profil des agrégats économiques et budgétaires est défini, depuis quelques années, au moyen du Modèle de Simulation et d'Analyse des Réformes Economiques (MOSARE). Il s'agit d'un outil adopté par le Gouvernement depuis 1998 avec l'aide des partenaires au développement et qui est destiné au cadrage macroéconomique de la loi de finances. Sa fonction essentielle est de réaliser des projections à moyen terme (un à trois ans) de l'économie nationale de manière à établir un programme soutenable de dépenses et de recettes[209].

Pour établir les prévisions à partir du MOSARE, on s'appuie d'abord sur les hypothèses des variables de l'environnement international à savoir le cours du dollar et le coût des matières premières (pétrole, coton, etc.). Il est intégré par la suite au modèle, les données découlant de l'analyse de l'environnement régional (il peut s'agir du Niger et/ou du Nigéria). Enfin, il est tenu compte, par exemple, des perspectives d'activités au niveau de la production agricole avec des hypothèses formulées sur le secteur coton et sur le secteur vivrier. Celles-ci sont

---

[207]Il s'agit par exemple de la Direction générale des affaires économiques, de l'institut national de la statistique et de l'analyse économique, de la Caisse autonome d'amortissement, de la cellule de suivi des programmes économiques et financiers, de la direction nationale pour le Bénin de la Banque centrale des Etats de l'Afrique de l'Ouest ...etc.

[208]M. WALINE, «*Les résistances techniques de l'administration au pouvoir politique*», *inPolitique et technique*, Paris, PUF, 1958, p.159.

[209]A. GBEDJI, *Contributionà la mise en œuvre de la sincérité dans les prévisions budgétaires de l'Etat*, mémoire de fin de formation au cycle II de l'Ecole Nationale d'Administration et de Magistrature (ENAM) de l'Université d'Abomey-Calavi au Bénin, promotion 2011-2013, pp.17-18.

intégrées dans le modèle pour enfin sortir les prévisions. C'est à l'issue de tout ce qui précède qu'on obtient les hypothèses de croissance économique et les objectifs de recettes et de dépenses. La recherche d'une plus grande fiabilité des données obtenues de cet outil amène, chaque année, à engager des travaux d'actualisation du modèle.

La principale donnée autour de laquelle se dessinent les différents éléments du cadrage économique et les perspectives des finances publiques est le taux de croissance du produit intérieur brut (PIB). Ce dernier s'apparente à une valeur centrale à partir de laquelle sont générées les autres données. En effet, c'est le niveau de croissance économique dont le taux de croissance du produit intérieur brut rend compte qui permet de fixer le niveau des recettes et celui des dépenses.

L'exercice par le Gouvernement de la prérogative de réalisation du cadrage économique est donc en premier lieu centré sur la détermination de la valeur du PIB[210] pour l'année budgétaire ciblée. Ceci amène l'exécutif, à travers ses structures techniques, à définir des hypothèses en termes de comportement de certaines variables clés et à réaliser les combinaisons nécessaires pour la projection du taux de croissance. Les variables sur lesquelles portent les hypothèses sont les principaux produits d'exportation et les tendances des cours sur le marché des matières premières. C'est ainsi que le Gouvernement retient, de façon classique, comme variables pour la détermination du PIB, le cours du pétrole, le cours sur le marché international de la principale culture d'exportation au Bénin, le coton qui a affiché un bon niveau de production intérieure.

Les activités et la procédure ci-dessus rappelées, s'agissant de la détermination des données prévisionnelles de la loi de finances, démontrent par elles-mêmes leur appartenance au champ de compétence du pouvoir exécutif. Le niveau des recettes attendues au titre de l'année à venir et le niveau de dépenses qu'il ne faut pas dépasser, pour ne pas exposer le budget de l'Etat à un problème de soutenabilité, de viabilité des finances publiques, ne sont fixés qu'à l'issue de multiples opérations qui ne peuvent être accomplies que par

[210]Le Produit Intérieur Brut (PIB) est l'un des agrégats majeurs des comptes nationaux. En tant qu'indicateur économique principal de mesure de la production économique réalisée à l'intérieur d'un pays donné, le PIB vise à quantifier pour un pays et une année donnés la valeur totale de « la production de richesse » effectuée par les agents économiques résidents à l'intérieur de ce territoire (ménages, entreprises, administrations publiques).

des administrations spécialisées et permanentes. En effet, le cadrage macroéconomique et le cadrage macro-budgétaire se construisent aussi par référence à des séries statistiques de recettes et de dépenses produites par les administrations financières du Ministère en charge des finances[211].

Il faut toutefois souligner qu'avec l'institution du Débat d'Orientation Budgétaire (DOB), le Parlement, bien que n'étant pas titulaire de la prérogative de définition du profil des agrégats macro-économiques et budgétaires, est appelé à donner son point de vue sur les choix du Gouvernement en cette matière.

S'agissant du Débat d'Orientation Budgétaire, le Bénin a tenu la deuxième édition le 23 juin 2015, après la première édition qui a eu lieu le 30 juin 2014. Il a été noté une relative amélioration dans le processus parlementaire d'organisation du débat. De même, la possibilité a été donnée au ministre chargé des finances d'apporter directement des réponses aux questions des députés. Ce qui n'était pas le cas, pendant la première édition du Débat d'Orientation Budgétaire.

La nécessité de cohérence dans la construction du budget de l'État justifie le processus adopté au Bénin pour la prise de la décision financière publique. L'organisation mise en place semble se rapprocher de l'exemple du Canada en ce qui concerne le choix d'un coordonnateur unique du processus de décision budgétaire, à l'opposé des centres multiples de décision budgétaire[212].

Section 2-La construction du budget

Comme l'a écrit M. DUVERGER, « *préparer le budget, c'est dresser le programme de l'action gouvernementale pour une année* »[213]. La préparation du budget de l'État s'avère donc une activité politique, parce que devant traduire la vision du Gouvernement, mais aussi et surtout une activité technique, parce qu'encadrée par un certain nombre de règles et principes.

---

[211] Au sein du Gouvernement, le ministre chargé des Finances occupe une place privilégiée dans le processus de l'élaboration des décisions financières. Tout repose sur le cadrage macroéconomique produit par ses services. Au-delà du Bénin, cette réalité est partaagée par les autres Etats de l'UEMOA. Hors de l'espace UEMOA, on peut également évoquer le cas de la France. *Cf.* M. LASCOMBE et X. VANDENDRIESSCHE, *Finances publiques*, Paris, Dalloz, p.98.

[212] Conseil du Trésor, *Le processus budgétaire au gouvernement du Québec, budget de dépense*, Québec, 2004, p.13.

[213] M. DUVERGER, *Op.cit.*, p.263.

L'opérationnalisation de la vision du Gouvernement au plan budgétaire engendre de ce fait, au moment de l'élaboration de la loi de finances de l'année, la structuration des politiques publiques en programmes (paragraphe 1). De même, elle implique la définition, puis l'évaluation des actions dont la mise en œuvre conduirait à l'atteinte des objectifs de politique économique préalablement définis (paragraphe 2).

Paragraphe 1-La programmation

Pour refléter l'ambition du Gouvernement pour une année budgétaire, le budget de l'État doit, autant que possible, reposer sur les politiques publiques découlant de la volonté politique. Les politiques publiques étant portées par des programmes budgétaires, l'actualisation de ces derniers (A) s'impose pendant le processus de l'élaboration du budget, de même que la définition d'un cadre financier de mise en œuvre des actions éligibles au budget au titre des programmes (B).

A-La revue des programmes

La nouvelle gestion publique fait du programme, unité de regroupement des crédits destinés à mettre en œuvre une action ou un ensemble cohérent d'actions représentatif d'unc politique publique clairement définie dans une perspective de moyen terme[214], l'instrument par excellence de la gestion du budget de l'État. C'est, en effet, autour et à travers cet instrument que l'État affirme ses ambitions et sollicite du Parlement les moyens requis pour leur mise en œuvre, étant donné que les crédits sont désormais spécialisés par programme[215], contrairement à la spécialisation par chapitre au fort moment de la gestion budgétaire axée sur les moyens.

L'actualisation des programmes s'inscrit dans une dynamique de consolidation du processus de programmation budgétaire pluriannuelle et d'amélioration de sa dimension opérationnelle[216]. En effet, les programmes budgétaires ont vocation à être permanents alors que les politiques publiques sont dynamiques et s'ajustent en fonction de la vision des Gouvernements qui se succèdent. Il y a donc une nécessité

---

[214]*Cf.* Article 1er de la loi n°2013-14 du 27 septembre 2017 portant loi organique relative aux lois de finances.

[215]*Ibidem.*

[216]On peut lire, pour une meilleure idée sur les conditions de succès d'une gestion budgétaire par la performance, J. BRAVO, « L'expérience française des budgets de programmes », *Revue économique*, 24-1, 1973, pp.1-65.

de révision périodique du contenu des programmes, en vue de la prise en compte des nouvelles priorités attachées aux politiques publiques dont ils sont représentatifs. L'intérêt de l'institution d'un mécanisme de révision des programmes budgétaires réside donc dans la préservation d'un cadre budgétaire quasi permanent et affranchi des changements de politique dans la gouvernance de l'État.

Au-delà des changements de politique, la revue des programmes répond à la nécessité d'assurer aux programmes, un cadre institutionnel de mise en œuvre. Une politique publique structurée en programme mais sans ancrage institutionnel manque de socle d'opérationnalisation et ne saurait voir ses actions exécutées. Ainsi, l'exercice d'actualisation des programmes, du point de vue de leur ancrage administratif, paraît fondamental pour garantir la définition de la chaîne managériale pour les programmes. La cartographie des programmes reste donc dynamique et se met à jour au fur et à mesure que des mutations institutionnelles affectent la structure type des organismes publics. Ceci induit, par ailleurs, au niveau des règles de présentation du budget de l'État, l'actualisation des référentiels programmatique et administratif de la nomenclature budgétaire de l'État. La revue de la liste des programmes et de la liste des services principaux et services secondaires est ainsi une activité permanente.

Derrière l'exercice de la revue des programmes se dresse, par ailleurs, une préoccupation tout aussi technique que les précédentes. En effet, à y voir de près, la gestion budgétaire par la performance, objet de la nouvelle loi organique relative aux lois de finances, promeut une approche de répartition des enveloppes intersectorielles fondée sur les priorités énoncées dans les stratégies nationales de développement. Or, ce sont ces stratégies déclinées par secteur, qui inspirent les programmes budgétaires. Il va sans dire que la nécessité de mise en place et d'entretien d'un cadre programmatique et budgétaire cohérent avec lesdites stratégies commande une forme de vérification permanente de l'articulation entre les instruments de gestion budgétaire et le cadre stratégique des ministères. On peut d'ailleurs noter à ce sujet que le pôle de Dakar[217] a, au début de la mise en œuvre du nouveau

[217] Issu d'une initiative conjointe entre la France et le PNUD, le Pôle Stratégies de développement et finances publiques est un pôle d'expertise technique basé à Dakar. Il est rattaché au Centre Régional du PNUD pour l'Afrique dont le siège est à Addis Abeba en Ethiopie. Le Pôle appuie les efforts des États pour une meilleure prise en compte des stratégies de développement à moyen et long terme dans la gestion des finances publiques.

cadre harmonisé des finances publiques de l'UEMOA, accompagné plusieurs États dans la revue et l'élaboration des budgets-programmes. L'objectif, pourrait-on conclure, est l'association des crédits budgétaires des ministères aux stratégies sectorielles et aux objectifs de performance de l'action ministérielle[218].

Ceci ne doit ignorer en aucune matière, l'interdépendance logique qui existe entre planification *nationale et sectorielle.* Selon l'UEMOA, *« les objectifs stratégiques sectoriels doivent être en cohérence avec les objectifs nationaux. De même, au niveau des orientations stratégiques et des principes directeurs, une cohérence et une continuité doivent être garanties pour assurer l'efficacité et la convergence des efforts pour la réalisation des objectifs de développement »*[219].

Dans la pratique, la revue des programmes coïncide avec l'élaboration, chaque année, des documents de programmation pluriannuelle des dépenses (DPPD)[220]. En effet, les DPPD qui ont vocation à présenter l'évolution budgétaire des programmes sur une période de trois ans[221], sont élaborés sur la base des résultats des travaux d'actualisation des programmes. Ainsi, la revue des programmes implique la révision, le cas échéant, du précis stratégique des programmes et de la démarche méthodologique de pilotage des actions d'investissement et des actions de soutien. Ce faisant, l'étape de programmation de la mise en œuvre des politiques publiques reste strictement technique. Il s'agit essentiellement de la prise en compte technique, en termes de planification, des ambitions exprimées par les pouvoirs publics.

De ce point de vue, la programmation constitue une étape clé de la préparation de la décision budgétaire. Elle détermine et met en relief la pertinence et l'aptitude des politiques à répondre aux défis ciblés. Du moment où l'exercice de la programmation emporte la discussion des objectifs (global et spécifique) et la détermination des indicateurs de

---

[218]www.le-Pole.org, site du Pôle « Stratégies de Développement & Finances Publiques », Centre régional du PNUD, consulté le 30 août 2015.

[219] UEMOA, *Guide didactique de la directive n°06/2009/CM/UEMOA portant loi de finances au sein de l'UEMOA*, annexe n°1, p2.

[220]Le document de programmation pluriannuelle des dépenses (DPPD) est un instrument budgétaire sectoriel pluriannuel glissant établi en référence au document de programmation budgétaire et économique pluriannuelle (DPBEB). *Cf.* Glossaire du cadre harmonisé des finances publiques de l'UEMOA.

[221]*Cf.* Article 57 de la loi n°2013-14 du 27 septembre 2013 portant loi organique relative aux lois de finances.

mesure de performance ou de résultats, elle fixe le cadre programmatique de l'action de l'État. La discussion ultérieure sur le cadre budgétaire et financier par le Parlement s'apparente à un pouvoir d'application.

Il faut, toutefois, relativiser l'omnipotence de l'exécutif sur cette étape de la procédure de décision budgétaire. Le législateur organique dispose que « *le document de programmation budgétaire et économique pluriannuelle visé à l'article 56, éventuellement accompagné des documents de programmation pluriannuelle des dépenses visées à l'article 57 est adopté en Conseil des ministres [et que] ces documents sont publiés et soumis à un débat d'orientation budgétaire à l'Assemblée Nationale au plus tard à la fin du deuxième trimestre de l'année* »[222].

En ouvrant la possibilité de la soumission des documents de programmation pluriannuelle des dépenses à l'examen des parlementaires, le législateur organique assouplit l'exclusivité de la compétence de l'exécutif en matière de la fixation du cadre d'action programmatique de l'État.

Seulement, il s'agit bien d'une volonté inachevée du législateur, car elle s'accompagne d'une double limite. La première réside dans le fait qu'au sein de l'UEMOA, la soumission des DPPD au débat d'orientation budgétaire relève d'une éventualité[223]. La deuxième est relative à la portée des recommandations qu'émettrait le parlement sur les DPPD à l'occasion du débat d'orientation budgétaire. Le débat d'orientation ne donnant pas lieu à un vote, les recommandations ne s'imposent pas au pouvoir exécutif. Celui-ci peut en tenir compte, tout comme il peut les juger sans influence positive sur les orientations.

Cependant, l'expérience du Bénin en matière de soumission des orientations économiques et budgétaires au Parlement, avant l'étape de discussion du projet de loi de finances, autorise à affirmer la possibilité qu'il a d'infléchir la position de l'exécutif sur certains points[224]. En effet, en réponse aux critiques et suggestions du Parlement, le Gouvernement a instruit le ministre chargé des finances aux fins de

[222]*Cf.* Articles 59 de loi n°2013-14 du 27 septembre 2013 portant loi organique relative aux lois de finances et article 57 de la directive n°06/2009/CM/UEMOA du 26 juin 2009 portant lois de finances au sein de l'UEMOA.
[223]*Ibidem.*
[224]*Cf.* Extrait du relevé n°17 des décisions prises par le conseil des ministres en sa séance extraordinaire du mercredi 27 août 2014.

prendre en compte les recommandations du pouvoir législatif allant dans le sens de l'amélioration du renforcement des choix économiques et budgétaires retenus par le conseil des ministres.

Par ailleurs, la présentation, par secteur, des crédits des programmes, des résultats « cibles »[225] visés par les objectifs ainsi que des indicateurs, se réalise à travers les DPPD. L'étape d'élaboration de ces derniers engendre donc une activité exclusivement technique qui intervient à la suite du document de programmation budgétaire et économique pluriannuelle. Il s'agit, en réalité, d'une prise en charge technique, au niveau sectoriel, de la vision politique que traduisent les orientations économiques et budgétaires. On peut, à ce titre, assimiler la programmation budgétaire à l'étape de la définition et de la validation du cadre de performance des programmes. Sa substance technique repose, au-delà de la structuration des politiques publiques en programmes, sur la définition ou l'actualisation des objectifs globaux et des objectifs spécifiques, puis sur l'examen et la validation des indicateurs de performance pour chacune des politiques publiques. Elle préfigure la répartition initiale des crédits par secteur et par programme.

B-La déclinaison du cadrage budgétaire global

L'allocation de ressources aux sections budgétaires s'appuie sur les résultats de la revue des programmes qui offre un éclairage sur l'historique de la vie financière des programmes budgétaires et un aperçu sur leurs contraintes futures. C'est, en effet, en référence aux séries de données d'exécution et aux perspectives des incidences financières futures des engagements passés que se construit le cadre de dépenses à moyen terme (CDMT)[226] des ministères et institutions. Le CDMT lui-même se définit comme un instrument de programmation pluriannuelle glissant dont l'objectif est d'assurer la traduction budgétaire annuelle d'une stratégie pluriannuelle tout en respectant un cadre financier contraignant. Il procède à l'allocation des enveloppes

---

[225] La cible (résultat attendu) désigne le degré d'accomplissement visé par une organisation ou une intervention au cours d'une période donnée et par rapport à une mesure de situation de départ (mesure " étalon "). Elle est la valeur visée par l'indicateur. Ces cibles sont précises et normalement quantifiables. Elles sont alors présentées en valeur chiffrée sur une échelle de référence, en nombre absolu ou en pourcentage. *Cf.* https://www.tresor.gouv.qc.ca/cadredegestion/actualites/detail-de-la-nouvelle/objectif-indicateur-et-cible-elements-essentiels-de-la-performance/index.html.

[226] *Cf.* UEMOA, *Guide didactique de la directive n°06/2009/CM/UEMOA portant loi de finances au sein de l'UEMOA*, p.13.

budgétaires sectorielles en fonction des priorités de la stratégie retenue et des perspectives de ressources. Il est un outil d'aide à la définition de l'équilibre des finances publiques sur le moyen terme.

Une autre lecture du CDMT le présente comme « *un ensemble cohérent d'objectifs stratégiques et de programmes de dépenses publiques qui définit le cadre dans lequel les ministères opérationnels peuvent prendre des décisions pour la répartition et l'emploi de leurs ressources* »[227]. Cette définition met l'accent sur une dimension essentielle du CDMT, celle qui lie les allocations budgétaires à la fixation d'objectifs et au suivi des performances. De ce fait, le CDMT s'inscrit dans une logique de gestion orientée sur les résultats (planification stratégique, mis en place de programme ; autonomie de décision des gestionnaires).

C'est un outil budgétaire qui permet de projeter, selon une nomenclature déterminée en fonction des politiques publiques mises en œuvre, l'évolution des besoins budgétaires d'un secteur. La déclinaison, par secteur[228], du cadre de dépenses à moyen terme, ressorti du cadrage budgétaire, repose donc sur l'appréhension, par secteur, des déterminants physiques et financiers de la dépense publique.

Plusieurs avantages sont associés au cadre de dépenses à moyen terme. Le premier est de susciter la production d'informations qui facilitent le processus de décision, améliorent la qualité des choix, accroissent la transparence et renforcent le sens des responsabilités. Le second avantage d'un cadre crédible à moyen terme, associé à une discipline rigoureuse, est d'accroître la prévisibilité du financement futur des politiques sectorielles prioritaires du pays. Le troisième est de promouvoir une gestion satisfaisante des services opérationnels chargés d'exécuter les programmes et de mettre en œuvre les politiques.

Contrairement à la revue des programmes, où il est beaucoup plus question de prendre en compte au plan technique des orientations politiques venant du Gouvernement, la déclinaison par secteur du cadre budgétaire est une activité purement technique, à savoir l'identification des repères de répartition des ressources au niveau sectoriel. La contrainte technique dans cet exercice réside dans le fait que les repères

---

[227] ENAP, *Le Cadre de dépenses à moyen terme*, mai 2014.

[228] Par secteur, il faut entendre "groupes d'unités institutionnelles résidentes qui ont des objectifs semblables".*Cf.* UEMOA, *Guide didactique de la directive n°06/2009/CM/UEMOA portant loi de finances au sein de l'UEMOA*, p.64.

à identifier doivent être à même de déterminer le profil futur de la dépense dans le secteur. Ainsi, quand bien même l'établissement des déterminants physiques et financiers relève de la compétence des acteurs au niveau central, il bénéficie d'une contribution directe des acteurs sectoriels.

Cette phase de la procédure administrative de l'élaboration de la loi de finances concrétise le principe de la pluri-annualité, en ce qu'elle permet de cerner, à moyen terme, l'impact financier des décisions publiques[229]. L'appréciation des tendanciels de dépenses et l'élaboration de cadres sectoriels de dépenses à moyen terme engendre en conséquence, outre le travail sur les déterminants de la dépense, l'examen des réformes structurelles.

Quel que soit le mécanisme emprunté pour la détermination du cadre des dépenses à moyen terme pour les ministères et institutions, trois résultats techniques doivent être visés. D'abord, il s'agit, pour les acteurs centraux et sectoriels des finances publiques, de procéder à la revue des dépenses de l'année écoulée à travers l'appréciation (i) des niveaux d'exécution physique et financière, (ii) de la progression enregistrée dans la réalisation des cibles et (iii) de la mise en relief des facteurs ayant influencé négativement ou positivement la gestion budgétaire. Les extrants que produit cette étape constituent des éléments d'évaluation de la politique de l'État en matière de dépense publique et éclairent les décisions futures en matière d'allocation des ressources.

Ensuite, l'appréhension de l'allure de l'exécution des crédits budgétaires (autorisation accordée par une assemblée législative, au moyen d'une loi, au pouvoir exécutif pour l'utilisation de fonds publics jusqu'à concurrence d'un certain montant et à des fins précisées), est un deuxième niveau d'extrants nécessaire à l'élaboration du CDMT par secteur. Elle doit, pour servir de référence à de nouvelles décisions d'allocation de ressources, s'accompagner de la discussion des premiers résultats de l'année pendant laquelle la loi de finances se prépare et de l'analyse des facteurs déterminants de l'exécution des dépenses publiques au premier trimestre. La finalité à ce niveau est d'identifier les goulots d'étranglement éventuels pour la mise en œuvre des autorisations parlementaires de dépenses et la recherche de

---

229 UEMOA, *Guide didactique de la directive n°06/2009/CM/UEMOA portant loi de finances au sein de l'UEMOA*, p.12.

solutions plausibles pour l'année en cours et pour les années budgétaires à venir.

A ce stade de l'année, il doit, par ailleurs, être procédé à l'estimation des niveaux auxquels l'exécution des dépenses pourrait tendre à la fin de l'année courante, au regard des contraintes de gestion. L'intérêt de cette projection à fin décembre est de faciliter l'établissement du profil de référence de l'exécution des dépenses par secteur ou par section budgétaire, sur une période de trois ans, l'année en cours, l'année écoulée et la pénultième année. La définition d'une telle série de données est en lien avec la logique de la pluri-annualité. Elle élucide le comportement des agrégats budgétaires des dépenses sur un triennal et aide à projeter le profil prévisionnel des crédits pour le triennal suivant, dans la logique de l'élaboration d'un budget pluriannuel.

Enfin, il y a le nécessaire arrimage entre la programmation des dépenses et les objectifs quantitatifs et qualitatifs qui devraient soutenir les allocations de ressources. Sur cet aspect, la déclinaison par ministère et institution du cadrage budgétaire global emporte, en amont, l'analyse des objectifs globaux et spécifiques assignés aux programmes budgétaires, du point de vue des implications financières qu'appellent les cibles retenues. Dans la pratique au Bénin, l'évaluation des objectifs se fait pendant les réunions techniques. Il s'agit de concertations techniques entre la Direction Générale du Budget et les responsables de synthèse et de programme des ministères. Tenues généralement entre les mois de mars et avril de l'année courante, ces concertations sont, entre autres, un cadre de discussion des résultats de l'année antérieure et des premiers résultats de l'année courante. C'est également l'occasion des estimations des progrès possibles dans la réalisation des cibles en fin d'année.

Par ailleurs, l'appréciation du niveau des rémunérations des emplois publics par ministère reste aussi une activité principale de la déclinaison par secteur du cadrage budgétaire global. En effet, sur les dix dernières années au Bénin, alors que le budget de l'État a connu un accroissement d'environ 96%, les dépenses de personnel ont progressé d'environ 140%[230]. L'évolution ainsi notée au niveau des dépenses de personnel est le reflet de différentes mesures qui sont prises par le Gouvernement et qui ont impacté significativement la masse salariale ainsi que les

---

[230] *Cf.* loi n°2014-25 du 23 décembre 2014 portant loi de finances pour la gestion 2015 et la loi n°2006-20 du 17 novembre 2006 portant loi de finances rectificative pour la gestion 2006.

dépenses de personnel. Il s'agit par exemple de la revalorisation de la valeur du point d'indice qui est passée de 2 547 en 2005 à 3 007 à partir du 1er janvier 2009, du reversement de plusieurs dizaines de milliers d'agents occasionnels dans la fonction publique, des recrutements de contractuels et agents permanents de l'État, de la concession de nouvelles primes et indemnités dont les plus importantes concernent la revalorisation de la prime d'incitation à la fonction enseignante. Il s'agit aussi de la prise en charge des primes des enseignants communautaires, de la revalorisation à 100% de l'indemnité de logement au profit des enseignants, de la généralisation de la prime de risque aux praticiens hospitaliers, de la généralisation de la prime spécifique et de rendement à tous les agents des ministères et de la poursuite du paiement des rappels des différences de solde issues des déblocages successifs d'avancements acquis de 1987 à 2003. Ainsi, la détermination de la dynamique de progression de cet agrégat budgétaire est nécessaire pour la qualité de la projection des niveaux de dépenses par secteur.

Une série d'activités techniques s'imposent à cette phase de la décision budgétaire, relativement aux dépenses de personnel. La référence à la pénultième année est devenue insuffisante pour dessiner le profil de cette nature de dépense. En conséquencc, mêmc si cllc paraît laborieuse, l'étape d'élaboration des états d'effectif des personnels présents à une date cible, de confection des états des départs à la retraite par les ministères et institutions et de dépouillement desdits états par la direction générale du budget est incontournable. La finalité de cet exercice est de cerner le socle budgétaire de base, de réaliser des extensions en année pleine des mesures intervenues en cours d'année et d'ajuster le niveau des dépenses. A cet effet, l'analyse des multiples facteurs d'évolution de la masse salariale tels que le facteur « Glissement vieillesse technicité –GVT »[231], le facteur « schémas d'emplois » et le facteur « mesures catégorielles » s'avère nécessaire.

---

[231]Le « glissement vieillesse technicité » retrace l'évolution de la masse salariale qui est liée, structurellement, aux modes de rémunération des personnels dans la fonction publique. Ce facteur agit sur la masse salariale en fonction de ses deux composantes. La composante « vieillissement » concerne les augmentations de rémunération qui sont strictement liées à l'ancienneté (changement d'échelons). Elles sont automatiques, compte tenu des règles d'avancement dans les grilles. La composante « technicité », est l'effet budgétaire des augmentations liées aux promotions de grade et corps. Elle est moins automatique que la composante « vieillissement », mais les pratiques de gestion font en sorte que la composante « technicité » du GVT positif est très difficile à piloter : les promotions se font souvent par rapport à l'ancienneté.

En raison de sa spécificité, le processus conduisant à la définition des enveloppes des dépenses de personnel connaît d'ailleurs, depuis peu, une forme de modélisation avec la mise en place de logiciels destinés à un traitement automatisé des facteurs déterminants des dépenses de personnel. C'est ainsi qu'il est mis en place au Bénin, depuis l'année 2012, l'outil dénommé « WinEffect »[232]. Il s'agit d'un logiciel de gestion du personnel de l'État, de traitement des états d'effectifs et de détermination de la masse salariale, déployé, après une phase pilote, dans tous les ministères et institutions de l'État.

En outre, la fixation des niveaux des ressources extérieures attendues sur l'horizon de la programmation des dépenses (trois ans) intègre les activités de définition des cadres sectoriels de dépenses à moyen terme. Ainsi, tout comme pour les ressources intérieures, celles provenant des partenaires au développement sont prises en compte dans les CDMT sectoriels pour le financement du déficit lorsqu'elles sont des emprunts ou pour abonder les recettes budgétaires lorsqu'il s'agit d'aide budgétaire, de fonds de concours ou de ressources assimilées.

De ce point de vue, l'appréciation du niveau des financements extérieurs à inscrire dans les prévisions budgétaires globales et leurs déclinaisons par secteur, soulève la question de la détermination du seuil des engagements pris par les partenaires et celle de l'agrégation des calendriers indicatifs de décaissement. C'est en effet l'estimation dans le temps des promesses de décaissement qui permet d'inscrire les ressources de financement, en respect du principe de la sincérité et de garantir la crédibilité du budget. D'importants échanges s'instaurent à cet effet entre les ministères sectoriels et la direction générale du budget d'une part, et entre la direction générale du budget et les partenaires au développement d'autre part.

Pour le budget de l'État, gestion 2016 par exemple, c'est par la lettre n°0556-c/MEFPD/DC/SGM/DGB/DPB/SE du 16 avril 2015 que la Direction Générale du Budget a saisi les ministères et autres structures impliquées dans la programmation des ressources extérieures. Cette correspondance a fait l'objet de plusieurs réponses, notamment de la Cellule de Suivi des Programmes Economiques et Financiers à travers la lettre n°111/MEFPD/2015/CAB/CSPEF/SP du 29 avril 2015, de la Caisse Autonome d'Amortissement à travers la lettre n°147-

[232]*Cf.* Ministère de l'Economie, des Finances et des Programmes de Dénationalisation, *WinEffect : le guide de l'utilisateur*, janvier 2015.

c/2015/SMAE/DDP/DG/CAA du 06 mai 2015, du ministère chargé du développement à travers la lettre n°289/MDAEP/DC/ SGM/DPP/

CSEPP/SP du 6 mai 2015.

Les données communiquées par la Cellule de Suivi des Programmes Economiques et Financiers ont trait aux prêts et dons, venant principalement de la Banque Mondiale et de l'Union Européenne. Quant à la Caisse Autonome d'Amortissement, elle a communiqué des données relatives aux ressources extérieures en dons et prêts, concernant plusieurs projets et programmes en cours d'exécution, ou nouvellement éligibles à un financement extérieur, dans l'ensemble des ministères. C'est ce travail de communication et d'analyse des données issues de l'ensemble de l'administration qui permet de définir le profil des ressources extérieures et de projeter le niveau de leur mobilisation sur un triennal.

La déclinaison du cadrage budgétaire global et la programmation des ressources extérieures, apparaissent, au final, comme une activité préparatoire de l'étape de la budgétisation des actions et de définition des coûts en termes de crédits budgétaires à solliciter du Parlement.

Paragraphe 2- La budgétisation

Les implications de la consécration de la performance comme repère de la décision budgétaire se trouvent à un double niveau dans le cycle de la décision financière publique. D'un côté, il y a l'articulation entre le budget et les stratégies sectorielles portées par les programmes (A). De l'autre, il y a la définition des cibles, en lien avec les ressources affectées aux programmes (B).

A-L'articulation budget et stratégies

La budgétisation[233] consiste à inscrire dans la loi de finances, les ressources nécessaires à la mise en œuvre des actions budgétaires à court terme (un an). L'action de l'État devant s'inscrire dans la durée et de manière cohérente, d'une année sur l'autre, les choix politiques et stratégiques opérés au sein de la loi de finances doivent se faire en référence à des stratégies nationales et sectorielles élaborées sur le moyen ou long terme.

Le budget de l'État, expression chiffrée des ambitions du Gouvernement pour une année civile[234], se doit de s'inscrire dans cette dynamique. Le cadre de dépenses à moyen terme qui est son support de programmation apparaît, à cet effet, comme une réponse technique à la nécessaire articulation entre les stratégies nationales de développement et le budget de l'État. Par conséquent, l'inscription du budget dans une dynamique pluriannuelle, de par le CDMT et le document de programmation pluriannuelle des dépenses, est gage de cohérence. Elle permet d'être plus en phase avec les stratégies, elles-mêmes

---

[233]Selon les Nations Unies, « *la budgétisation axée sur les résultats est une procédure budgétaire dans laquelle a) la formulation des programmes s'articule autour d'un ensemble d'objectifs prédéfinis et de résultats escomptés ; b) les ressources nécessaires sont déterminées à partir des résultats escomptés, en fonction des produits requis pour obtenir ceux-ci ; c) les résultats obtenus sont mesurés à l'aide d'indicateurs objectifs* », disponible sur https://digitallibrary.un.org/record/262314/files/A_53_500-FR.pdf.

[234]Au Bénin, comme dans les autres pays de l'UEMOA, l'année budgétaire correspond à l'année civile et court donc du 1er janvier au 31 décembre. Ce qui n'est pas le cas partout ailleurs. Aux Etats-Unis, par exemple, de 1842 à 1979, l'année fiscale commence le 1er juillet. À partir de 1979, l'année fiscale commence le 1er octobre. Au Rwanda, elle va de juillet à juin. On peut consulter à ce sujet, L. TROTABAS, *Les finances publiques et les impôts de la France*, Paris, Armand Colin, 1953, p.53.

pluriannuelles, et d'améliorer leur prise en compte dans la loi de finances et leur mise en œuvre effective[235].

L'option du nouveau cadre juridique de gestion des finances publiques au Bénin, en l'occurrence la loi n° 2013-14 du 27 septembre 2013 portant loi organique relative aux lois de finances et ses textes d'application[236], de consacrer la performance comme déterminant des allocations de ressources au sein du budget de l'État renforce la nécessité de mise en relief des liens entre le budget et le cadre programmatique de développement. Cette option du législateur organique suppose donc la structuration des politiques publiques en programmes budgétaires et l'allocation de ressources aux programmes et non plus aux services publics.

L'étape de la budgétisation intègre, logiquement, la définition des actions à inscrire dans la loi de finances au titre de la première tranche annuelle du programme budgétaire. Pour conduire à la réalisation de l'objectif général défini pour le programme, l'exercice de budgétisation doit alors faire référence au précis stratégique du programme, de sorte que les actions retenues puissent correspondre à une déclinaison opérationnelle de la stratégie programme. Il s'agit à cet effet, d'un exercice qui appelle la connaissance et l'application de méthodes et principes bien définis, notamment en matière de planification et de programmation. La mise en cohérence du budget avec la stratégie programme se distingue, ce faisant, des orientations politiques et s'avère une activité technique. Les documents qui ont vocation à détailler, de façon plus opérationnelle, les actions à entreprendre ou les projets à réaliser, constituent à cette étape des repères et sources d'inspiration.

L'articulation budget et stratégie, peut s'observer entre le niveau national et le niveau sectoriel. Le premier niveau met en relation le cadre de référence national des politiques ou stratégies. Il s'agit pour le Bénin de la Stratégie de Croissance pour la Réduction de la Pauvreté

---

[235] UEMOA, *Guide didactique de la directive n°06/2009/CM/UEMOA portant loi de finances au sein de l'UEMOA*, p.12.

[236]Il s'agit du décret n°2014-794 du 31 décembre 2014 portant nomenclature budgétaire de l'Etat, du décret n°2014-573 du 07 octobre 2014 portant élaboration du tableau des opérations financières de l'Etat, du décret n°2014-571 du 07 octobre 2014 portant règlement général sur la comptabilité publique, du décret n°2015-035 du 29 janvier 2015 portant code de transparence dans la gestion des finances publiques en République du Bénin et de l'arrêté n°2015-410/MEFPD/DC/SGM/DGTCP/SP du 02 février 2015 portant plan comptable de l'Etat.

(SCRP)[237] dont l'instrument de déclinaison annuelle est le Programme d'Actions Prioritaires (PAP), du document de programmation budgétaire et économique pluriannuelle (DPBEP), des rapports de performance et du budget de l'État. Le deuxième niveau définit l'articulation des stratégies ou politiques sectorielles avec les instruments de programmation pluriannuelle au niveau ministériel (DPPD) et le budget annuel des ministères sectoriels, à travers les projets annuels de performance.

C'est de ce dernier aspect d'articulation qu'il est question à l'étape de la budgétisation, du moment où la cohérence entre les stratégies sectorielles et celles nationales est déjà assurée au moment de la revue des programmes. L'essentiel de l'exercice de l'articulation reste, à ce niveau, orienté sur la définition d'un tableau de réalisation, en harmonie avec les objectifs spécifiques. La raison en est que l'atteinte de l'objectif global découle de la réalisation des objectifs spécifiques, à partir desquels sont définies les actions. *In fine*, c'est la combinaison des résultats (extrants) produits à l'issue de la mise en œuvre des actions qui détermine le progrès enregistré dans la réalisation des cibles.

L'identification, la formulation et l'évaluation des actions à mettre en œuvre dans le cadre d'un programme budgétaire constituent une série d'activités fondamentales du processus de décision budgétaire. En effet, avec les impératifs de résultats qui sont désormais attachés à la décision budgétaire, c'est le choix de l'objet de la dépense qui induit la qualité de la décision budgétaire. En réalité, c'est dans l'atteinte des résultats recherchés à travers la formulation d'une politique publique et la mise en place d'un programme que se mesure la qualité de la décision budgétaire.

Ainsi, les services opérationnels qui établissent l'inventaire des activités à inscrire dans les programmes exercent une responsabilité angulaire. Dans bien des cas, cette activité peut se révéler délicate en raison des contraintes du cadre de dépenses à moyen terme. La modicité des ressources disponibles impose que les activités à retenir soient les plus aptes à faire bouger les indicateurs de mesure de résultats[238]. Ceci

---

[237]La Stratégie de Croissance pour la Réduction de la Pauvreté (SCRP) est désormais remplacée par le Programme de Croissance et de Développement Durable (PC2D).

[238]Dans un monde idéal, les indicateurs de performance établis en suivant la logique de la Lolf sont censés mesurer les prestations administratives ainsi que les résultats directs (auprès des usagers) et les effets qui en découlent (pour les contribuables et les citoyens). *Cf.* F. VARONE, « De la performance publique : concilier évaluation des

explique l'indispensable pilotage de cette phase par des professionnels de la planification et de la programmation budgétaire.

On peut comprendre que la nécessité de mettre en place un répertoire d'actions et d'activités, à même d'induire la performance, est un corollaire direct de l'un des enjeux majeurs du nouveau cadre harmonisé des finances publiques de l'UEMOA à savoir, le passage de l'État d'une culture de moyens à une culture de résultats. La performance, vue comme la capacité à atteindre les résultats associés aux crédits budgétaires, est ainsi au cœur du nouveau dispositif de gestion financière au Bénin. Toute allocation de ressources doit viser un résultat précis et mesurable. Ce qui suppose la définition, au moment même de l'inscription des ressources, des actions et activités susceptibles de soutenir les demandes de crédits.

Ainsi, l'actualisation, chaque année, de l'articulation du budget avec les stratégies sectorielles met en avant, non seulement la cohérence et la pertinence du cadre programmatique des actions et activités, mais aussi et surtout les moyens liés à leur mise en œuvre par les pouvoirs publics. En réalité, l'exercice d'articulation budget-stratégies, s'accompagne de la justification de la répartition des allocations par rapport à la réalisation d'objectifs définis *ex ante* pour chaque poste de dépense. Ce qui engendre des séries d'arbitrages pour la finalisation du tableau de réalisation des programmes.

Le responsable de programme, acteur central de la gestion budgétaire en mode programme[239], que la loi organique n° 2013-14 du 27 septembre 2013 relative aux lois de finances désigne comme un « *haut fonctionnaire nommé par le ministre sectoriel ou par le ministre en charge des finances sur proposition du ministre dont il relève…* »[240], coordonne, entre autres, la réalisation de la synergie entre les actions à mettre en œuvre et l'objectif global du programme. En réalité, c'est le responsable de programme qui coordonne la mise en œuvre du programme dont il a la charge. Il met en place le comité de sélection

---

politiques et budget par programme ? » *Politique et Management Public*, 26/3, 2008, pp.77-89.

[239] Centre Régional d'Assistance Technique pour l'Afrique de l'Ouest, Rapport de la mission d'assistance technique en matière de gestion des dépenses publiques, *appui à la rationalisation des procédures d'exécution de la dépense publique, dans le cadre de la mise en œuvre de la déconcentration de la fonction de l'ordonnancement et de la gestion en mode programme au Bénin*, août-septembre 2015.

[240] *Cf.* Article 1er de la loi n°2013-14 du 27 septembre 2013 portant loi organique relative aux lois de finances.

des actions, définit et motive les critères sur la base desquels le choix des activités est opéré et arrête les cibles en ce qui concerne les indicateurs de mesure de résultats. Autrement dit, il conduit la démarche de la performance[241]. Chaque activité doit être déclinée en tâche et chaque tâche en nature de la dépense.

Cette marge de manœuvre dont dispose le responsable de programme est inhérente aux engagements qu'il prend dans le cadre du pilotage du programme. L'article 1er de la loi organique relative aux lois de finances dispose à cet effet, que « *sur la base d'une large concertation avec les acteurs concernés, le responsable de programme arrête la stratégie et le budget du programme ainsi que ses objectifs et cibles de performance sur lesquels il s'engage »*. Il apparaît de ce fait comme un manager. Il est censé mobiliser, pour la réalisation efficace des objectifs et cibles qu'il a lui-même définis, l'ensemble des services principaux, secondaires et déconcentrés impliqués dans l'exécution des actions budgétisées. A cet effet, la loi lui impose d'organiser le dialogue de gestion et de réaliser la cohérence des cadres nationaux et déconcentrés de pilotage de la performance[242].

En définitive, le responsable de programme est *« formellement responsable de la production du Projet Annuel de Performance (PAP) et du Rapport Annuel de Performance (RAP) pour son programme »*[243].

L'inscription des actions dans les programmes budgétaires et la définition des coûts y afférents répondent également à un autre impératif qui s'impose désormais avec la mise en œuvre du nouveau cadre juridique de gestion des finances publiques. L'article 49 de la nouvelle loi organique relative aux lois de finances dispose que le projet de loi de finances est accompagné des annexes explicatives qui présentent, entre autres, la justification de l'évolution des crédits par rapport aux dépenses effectives de l'année antérieure. Hormis la

---

[241]La démarche de performance (analyse de la performance des indicateurs et connaissance des coûts) a pour but d'améliorer l'efficacité de la dépense publique en orientant la gestion vers les résultats attendus, donc de « mieux dépenser » dans un contexte budgétaire contraint, de « faire mieux ou aussi bien, avec moins ».

[242]La notion de performance correspond à l'atteinte d'objectifs ou de résultats attendus, et plus largement à la création de valeur. Si dans le monde de l'entreprise, la création de valeur est généralement associée à l'accroissement du profit, elle doit être entendue dans le secteur public comme une optimisation des services rendus aux citoyens. *Cf.* http://www.credoc.fr/pdf/Rech/C299.pdf consulté le 31 mars 2018.

[243]*Cf.* Article 1er de la loi n°2013-14 du 27 septembre 2013 portant loi organique relative aux lois de finances.

vérification de la cohérence des actions et activités avec le précis stratégique du programme et de leur pertinence, les allocations intra programmes des crédits reposent sur l'historique de l'action ou de l'activité en matière financière.

L'appréciation du profil historique de la dépense effectuée par action, voire par activité au moment des réunions techniques[244] connaît, à la phase de la budgétisation, un affinement et aboutit à une projection du profil de la dépense sur le triennal suivant, sur la base des éléments de justification en présence. En effet, en imposant la justification de l'évolution des crédits, le législateur organique semble instituer le principe de la justification des crédits au premier franc[245]. Il s'agit d'une méthodologie de budgétisation qui associe aux crédits demandés, le détail des éléments de justification par poste de dépense et par nature de dépense.

Le principe de la justification au premier franc introduit en droit budgétaire béninois au moyen de la loi n° 2013-14 du 27 septembre 2013 à travers l'article 49, suppose un niveau poussé de détail en ce qui concerne la programmation des actions. La justification au premier franc présente l'avantage de donner aux parlementaires l'éclairage nécessaire sur les éléments de coût et les niveaux des prévisions budgétaires, en l'occurrence les déterminants physiques et les déterminants financiers. C'est également un principe dont la mise en œuvre favorise le pilotage des programmes en faisant apparaître des leviers d'action ainsi que les composantes de la dépense dans les documents et les outils de la gestion. A titre d'exemple, les ratios en termes de coût unitaire multiplié par un volume ou bien les déterminants

---

[244]Les réunions techniques ont pour objet de faire un premier point sur l'exécution du budget de l'année précédente, d'analyser les premières prévisions d'exécution pour l'année en cours et de réaliser les premiers travaux de préparation du budget de l'année suivante, notamment d'estimer la croissance tendancielle des dépenses et d'identifier les économies envisageables.

[245]Le principe de de la justification des crédits à la première unité, tel que perçu dans le nouveau cadre harmonisé de gestion des finances publiques de l'UEMOA, s'inscrit dans la même logique que la justification au premier euro dans la LOLF française. Celle-ci prévoit en effet que le budget de l'Etat est désormais structuré par les finalités des politiques publiques et contrôlé sur la base de leurs résultats. Ainsi, c'est au regard de l'analyse du coût et de la performance de chaque programme et action que l'utilisation des crédits inscrits au budget est justifiée, "en base zéro" (c'est-à-dire dès le premier euro et pas seulement pour les mesures nouvelles). *Cf.* http://www.ladocumentationfrancaise.fr/dossiers/d000111-lolf-une-nouvelle-constitution-financiere-pour-l-etat/glossaire.

de la masse salariale qui sont présentés à ce sujet, sont des supports importants au dialogue budgétaire entre le responsable de programme et les différents responsables officiant dans ledit programme.

On voit ainsi se dessiner à travers la sélection des actions éligibles au budget et la justification au franc près de leur coût, la naissance d'indices pour la mise en place d'un environnement favorable à l'atteinte des résultats et à la mesure de performance.

B-L'élaboration du cadre de performance

La gestion budgétaire axée sur les résultats, instituée par la loi organique de septembre 2013, repose sur la recherche de la performance[246] dans l'utilisation des ressources publiques. L'action de l'État ou de ses démembrements doit alors viser l'atteinte de résultats concrets, mesurables et en corrélation avec les moyens mobilisés pour sa mise en œuvre. Ainsi, il n'y a plus de crédits budgétaires sans rapport avec des résultats, soit à court terme, soit à moyen terme ou encore à plus ou moins long terme.

La budgétisation qui passe, sous l'égide de la nouvelle loi organique relative aux lois de finances, par l'élaboration du projet annuel de performance, va de pair avec la mise en place d'un cadre de performance par programme. Le cadre de performance est une sorte de cadre logique. Il renseigne sur l'objectif global du programme, les objectifs spécifiques attachés aux actions qui représentent le premier niveau de déclinaison des programmes, les résultats par objectif spécifique, les indicateurs[247] de mesure de la progression dans la réalisation des objectifs, ainsi que sur leur source de vérification.

---

[246] « *La notion de performance correspond à l'atteinte d'objectifs ou de résultats attendus, et plus largement à la création de valeur. Si dans le monde de l'entreprise, la création de valeur est généralement associée à l'accroissement du profit, elle doit être entendue dans le secteur public comme une optimisation des services rendus aux citoyens* », V. GALDEMAR, L. GILLES, M-O SIMON, « Performance, efficacité, efficience : les critères d'évaluation des Politiques sociales sont-ils Pertinents ? », *Cahier de recherche*, CREDOC, n° 299, décembre 2012, p.9.

[247]L'indicateur est une information ou une mesure qui permet de juger des progrès accomplis en vue de l'atteinte de l'objectif. Il illustre concrètement, en tout ou en partie, le résultat, le phénomène ou l'objet qu'on veut mesurer. L'indicateur est donc plus précis et souvent plus restrictif que l'objectif, car il décrit le type de mesure (nombre, ratio, pourcentage, date) ainsi que les différents éléments qui seront considérés dans le calcul ou le suivi (par exemple les activités, les clients et les coûts). Plusieurs indicateurs peuvent permettre de mesurer l'atteinte du même objectif, puisqu'un indicateur ne mesure qu'un seul aspect ou une seule dimension d'un

L'élaboration du cadre de performance pour la mesure de l'efficacité[248] de l'action publique se fonde sur la fixation d'objectifs et la définition d'indicateurs de mesure pour l'évaluation des résultats. A chaque objectif sont associés un ou plusieurs indicateurs chiffrés. L'indicateur mesure la réalisation de l'objectif précédemment défini, le plus objectivement possible. Il est donc nécessaire de connaître les résultats des années passées et de fixer des cibles pour les années à venir. La cible doit être située dans un horizon temporel pouvant aller jusqu'à cinq ans. Dans ce cas, les prévisions de résultats sont autant que possible indiquées pour chaque année et pas uniquement pour l'année d'échéance de la cible. La détermination de ces valeurs cibles est éclairée par le dialogue de gestion[249], entretenu par le responsable de programme avec les services ressortissant de la cartographie du programme[250].

Au Bénin comme au sein de l'UEMOA, l'horizon de programmation retenu pour la mise en œuvre des politiques publiques structurées en programmes est de trois ans au moins[251], avec un profil historique de trois années également. A titre d'illustration, on peut citer le document de programmation budgétaire et économique pluriannuelle, élaboré

---

phénomène. Les indicateurs quantitatifs s'expriment en nombre, en pourcentage ou sous forme de ratio. Ce genre de donnée permet d'évaluer les écarts entre la mesure de départ et la cible et de comparer les organisations entre elles.

[248]L'efficiacité de l'action publique s'entend de la conformité des effets obtenus aux objectifs définis et aux effets attendus. Les effets englobent les réalisations (effets immédiats ou « *output* »), les résultats (effets à moyen terme ou « *outcome* ») et les impacts (effets à long terme). Ils sont attendus (explicitement prévus dans les objectifs) ou inattendus, et peuvent être positifs ou négatifs.

[249]Selon une définition reprise par D. CATTEAU, le dialogue de gestion se définit comme, « *le processus d'échanges existant entre un niveau administratif et les niveaux qui lui sont subordonnés, relatifs aux volumes de moyens mis à la disposition des entités subordonnées et aux objectifs qui leur sont assignés. Il doit favoriser l'expression des acteurs les plus proches du terrain et la diffusion des bonnes pratiques de gestion* ». *Cf.* D. CATTEAU, *La LOLF et la modernisation de la gestion publique : la performance, fondement d'un droit public financier rénové*, Paris, Dalloz, 2007, p.220.

[250] France, Ministère de l'économie, des finances et de l'industrie, Secrétariat d'État au budget et à la réforme budgétaire, Commission des finances de l'Assemblée nationale, Commission des finances du Sénat, Cour des Comptes, Comité interministériel d'audit des programmes, *La démarche de performance : stratégie, objectifs, indicateurs , Guide méthodologique pour l'application de la loi organique relative aux lois de finances du 1er août 2001,* juin 2004.

[251]*Cf.* Article 56 de la loi n°2013-14 du 27 septembre 2013 portant loi organique relative aux lois de finances en République du Bénin.

pour le compte de la loi de finances pour la gestion 2016. En effet, les principales hypothèses de base et résultats du cadrage macroéconomique retracés dans ledit document s'étalent sur le triennal 2016-2018[252]. Il en est de même du cadre de dépenses à moyen terme élaboré pour le compte du budget de l'État pour la gestion 2016 qui cible le même triennal[253]. De même, les données inscrites dans les documents de programmation pluriannuelle des dépenses adoptent le même horizon, en respect des dispositions des articles 56 et 57 de loi n° 2013-14 du 27 septembre 2013 portant loi organique relative aux lois de finances.

Pour l'essentiel, la construction du cadre de performance du programme se résume à l'affinement des objectifs et des indicateurs, pour rendre les premiers mesurables et les seconds, utiles, solides, vérifiables puis pertinents en vue d'apprécier les résultats. En effet, un objectif, pour être mesurable, doit être spécifique et formulé de sorte à être centré sur un résultat désiré qui peut être mesuré ou apprécié dans l'espace et le temps. Un indicateur, par contre, doit être cohérent avec l'objectif et présenter un lien logique fort avec l'objectif fixé. Il doit permettre de mesurer spécifiquement sa réalisation.

En général, l'objectif qui se définit comme un résultat à atteindre dans le cadre de la mise en œuvre d'un programme ou d'une action qui est mesurable par des indicateurs, doit présenter un certain nombre de caractéristiques pour être validé. Il doit notamment être spécifique, c'est-à-dire ne présenter ni ambiguïté, ni ambivalence ; contrôlable et/ou mesurable quantitativement ou qualitativement de sorte à constituer une source de responsabilité ; pertinent, c'est-à-dire, apporter une réponse précise à un problème ; motivant, c'est-à-dire se présenter comme un défi à relever par le service qui en a la responsabilité et enfin réaliste, c'est-à-dire prendre en compte toutes les contraintes de faisabilité.

Pour répondre à ces critères, les objectifs peuvent ne pas couvrir la totalité des activités du programme, mais concerner les activités les plus

---

[252] Bénin, Ministère de l'Economie, des Finances et des Programmes de Dénationalisation, *Document de Programmation Budgétaire et Economique Pluriannuelle 2015-2017*, *Op.cit.* p.15.

[253] *Cf.* Ministère des Enseignements Maternel et Primaire, Document de Programmation Pluriannuelle des Dépenses, tableau des indicateurs des programmes « accès, équité et rétention », « qualité de l'enseignement » et « gestion et pilotage du système ».

mobilisatrices de crédits ou présentant les enjeux les plus importants. A titre d'exemple, pour un programme intitulé « amélioration des services d'actions sociale et humanitaire en faveur des personnes et groupes sociaux vulnérables », l'objectif peut valablement être : « renforcer la prestation des services d'actions sociale et humanitaire en faveur des différentes catégories de la population en situation de vulnérabilité ». S'il s'agit d'un programme intitulé « création des opportunités d'emploi et de revenu pour les plus vulnérables », l'objectif peut alors être de « réduire la vulnérabilité des ménages et appuyer l'insertion économique des personnes vulnérables avec capacité de travail ».

Au total, les objectifs doivent, autant que possible, traduire de manière équilibrée les points de vue respectifs du citoyen (objectifs d'efficacité socio-économique), de l'usager (objectifs de qualité de service) et du contribuable (objectifs d'efficacité de la gestion)[254]. Ainsi, dans le domaine de l'éducation, un objectif socio-économique pourrait être d'accroître le taux de scolarisation ; un objectif visant la qualité du service rendu pourrait être d'améliorer le taux de passage du primaire au secondaire et un objectif d'efficience pourrait être de réduire le coût unitaire de scolarisation.

Pour ce qui concerne les indicateurs, ils sont définis comme étant une information ou une donnée qualitative ou quantitative permettant d'apprécier ou d'évaluer, dans l'espace ou dans le temps, les progrès vers l'atteinte des objectifs. En d'autres termes, un indicateur permet de porter un jugement sur l'utilisation des moyens et les résultats obtenus, au regard des objectifs visés et des besoins à satisfaire.

Tout comme les objectifs, les indicateurs doivent répondre à un certain nombre de conditions pour être aptes à servir au contrôle de la performance[255]. Ainsi, l'indicateur doit être spécifique à un résultat précis, quantifiable ou observable, motivant, contrôlable et utilisable, réaliste et cohérent par rapport aux ressources disponibles et aux objectifs visés, mesurable dans le temps, consensuel, c'est-à-dire facile d'appropriation par toutes les parties prenantes puis synthétique, c'est-à-dire, directement interprétable sans un retraitement additionnel.

---

[254]V. GALDEMAR, L. GILLES, M-O SIMON, « Performance, efficacité, efficience : les critères d'évaluation des Politiques sociales sont-ils Pertinents ? », *Cahier de recherche*, CREDOC, n° 299, décembre 2012, pp. 22-23.
[255]*Cf.* E. ARKWRIGHT et al., Les *Finances Publiques*, Paris, La documentation française, 2013, p.96.

Les indicateurs doivent, au surplus, être définis de sorte à pouvoir mesurer au sein d'un programme budgétaire, trois niveaux de résultats. D'abord, ils doivent être aptes à juger les résultats à court terme qui sont des extrants, en termes de produits tangibles ou de services directs résultant des actions publiques. Ensuite, ils doivent être à même de mesurer les effets qui sont des conséquences, à moyen terme, permettant d'apprécier le changement directement attribuable à une action publique et, enfin, ils doivent pouvoir permettre d'apprécier les impacts qui sont des conséquences directes et/ou indirectes à long terme. Pour ce dernier cas, il s'agit de la mesure des changements généralement structurels découlant de la mise en œuvre d'une action publique. A titre d'exemple, on peut évoquer le taux d'achèvement du cycle licence, le nombre de résultats de recherche et d'innovation mis sur le marché[256] et la Capacité opérationnelle des Forces Armées Béninoises (FAB)[257].

L'étape de la construction du cadre de performance doit ainsi conduire à retenir pour chaque objectif, et ceci selon son type, l'indicateur qui lui convient. Dès lors, pour les objectifs axés sur l'efficacité socio-économique, il peut être retenu comme indicateur, des données statistiques issues d'enquêtes ou des données statistiques issues des systèmes de gestion internes. Pour les objectifs axés sur la qualité de service, il peut être fait appel au taux de satisfaction des usagers mesuré par enquête, au taux de conformité à un standard de qualité, aux paramètres objectifs de qualité tels que les délais, la réactivité, la fiabilité, la disponibilité et pour l'efficience de la gestion, les indicateurs de ciblage, exprimant l'orientation des moyens ou des activités sur les priorités du programme, les indicateurs de bonne utilisation des potentiels, exprimant si les ressources disponibles sont employées conformément à leur destination, les indicateurs de dépassement de coût, par rapport à une prévision initiale, le taux de financement d'une activité par la vente de prestations ou d'autres apports extérieurs à l'État sont conseillés[258].

---

[256]*Cf.* DPPD 2018-2020 du Ministère de l'Enseignement Supérieur et de la Recharche Scientifique.

[257]*Cf.* DPPD 2018-2020 du Ministère de la Défense Nationale.

[258] France, Ministère de l'économie, des finances et de l'industrie, Secrétariat d'État au budget et à la réforme budgétaire, Commission des finances de l'Assemblée nationale, Commission des finances du Sénat, Cour des Comptes, Comité interministériel d'audit des programmes, *Op.cit., note n° 228.*

Au-delà de leur pertinence, les indicateurs définis doivent également pouvoir être utiles, sans quoi ils ne pourront pas servir la cause de la mesure de la performance. Il est par exemple nécessaire que pour être utile, l'indicateur soit facile de production et disponible à intervalles réguliers. L'idéal pour un indicateur est qu'il soit disponible annuellement, même si « exceptionnellement, en raison du coût de production élevé d'une enquête lourde sur une population de bénéficiaires par exemple, l'indicateur peut être renseigné à intervalles plus espacés »[259]. Par ailleurs, un indicateur doit permettre d'effectuer des comparaisons, pour apprécier les résultats obtenus, soit dans le temps (progrès accompli d'une année sur l'autre), soit dans l'espace (comparaison d'un territoire à l'autre), soit encore entre différents acteurs. Les comparaisons permettent d'étalonner les résultats obtenus, de déceler les bonnes pratiques et les pistes d'amélioration. Par exemple, des indicateurs communs à la Police et à la Gendarmerie peuvent faciliter la comparaison des résultats. C'est le cas du taux d'élucidation des crimes et délits.

Aussi, les indicateurs doivent-ils être solides. A cet effet, la garantie de leur pérennité et indépendance vis-àvis des aléas potentiels est nécessaire. Le mode de collecte de l'indicateur ne doit donc pas être dépendant des changements d'organisation. L'existence d'une structure centrale dédiée au traitement des remontées d'information sur les performances, telle qu'une cellule de contrôle de gestion, peut garantir cette pérennité, de même que la fiabilité qui est un critère de choix essentiel d'un indicateur. Cette fiabilité repose sur la sûreté du dispositif de mesure et l'absence de biais ou la portée limitée des biais connus.

L'étape de la budgétisation connaît son épilogue avec l'élaboration des projets annuels de performance. Elle introduit celle de la finalisation de la décision financière au niveau du pouvoir exécutif. Dans l'ensemble, la validation des projets annuels de performance se déroule simultanément avec la validation des annexes de l'avant-projet de loi de finances. Il s'agit « *du rapport définissant l'équilibre économique et financier, les résultats connus et les perspectives ; du plan de trésorerie prévisionnel et mensualisé de l'exécution du budget de l'État ; de la note analytique sur le programme de développement ; du document de programmation budgétaire et économique pluriannuelle tel que défini à l'article 56 ; des documents de programmation pluriannuelle des dépenses, tels que prévus à l'article 56, ayant servi de base à la*

[259] *Ibidem.*

préparation des budgets des ministères ; du document de stratégie d'endettement ; des annexes explicatives qui : 1- développent pour l'année en cours et l'année considérée, par programme ou par dotation, le montant des crédits présentés par nature de dépense »[260].

Selon le même article, ces annexes sont accompagnées « *du projet annuel de performance de chaque programme qui précise : a) la présentation de chacune des actions et de chacun des projets prévus par le programme, des coûts associés, des objectifs poursuivis, des résultats obtenus et de ceux attendus pour les années à venir mesurés par des indicateurs de performance ; b) la justification de l'évolution des crédits par rapport aux dépenses effectives de l'année antérieure ; c) l'échéancier des crédits de paiement associés aux autorisations d'engagement ; d) par catégorie d'emploi, la répartition prévisionnelle des emplois rémunérés par l'État et la justification des variations par rapport à la situation existante ; 2- développent, pour chaque budget annexe et chaque compte spécial, le montant des recettes et des dépenses ventilées par nature. Dans le cas des comptes de prêts et d'avances, les annexes contiennent un état de l'encours et des échéances des prêts et avances octroyés. S'agissant des budgets annexes, ces annexes explicatives sont accompagnées du projet annuel de performance de chaque programme, dans les conditions prévues au 1er alinéa ; 3- comportent un état développé des restes à payer de l'État établi à la date du dépôt du projet de loi de finances ; 4- comportent un état développé des restes à recouvrer, etc.* ».

Le Bénin produit actuellement l'ensemble des documents annexes exigés par la loi organique relative aux lois de finances. La production des documents a démarré par une phase pilote en 2015 pour la loi de finances, gestion 2016. Pour cette année d'expérimentation, les tableaux matriciels n'ont pas été produits. Il en est de même pour la note analytique sur le programme de développement. Quant aux Documents de Programmation Pluriannuelle des Dépenses et aux Projets Annuels de Performance, ils ont été produits par onze (11) ministères sur la trentaine que compte le Gouvernement[261].

Par contre, le Bénin produit, en sus, des documents exigés par la loi organique pour accompagner le projet de loi de finances, le rapport synthèse de présentation du projet de loi de finances. Ce rapport qui

---

260 *Cf.* article 49 de la loi n°2013-14 du 27 septembre 2013 portant loi organique relative aux lois de finances.

261 Cf. décret n° 2015-370 du 18 juin 2015 portant composition du Gouvernement.

vise « *à récapituler toutes les informations budgétaires et financières, (i) fait brièvement le point sur la situation et les perspectives de l'économie, (ii) précise la stratégie budgétaire du Gouvernement pour 2016, (iii) retrace la trajectoire des finances publiques sur la période 2016-2018 et (iv) affiche les actions phares retenues par les ministères ainsi que les résultats attendus* »[262].

L'examen et l'adoption par le conseil des ministres du projet de loi de finances, conformément à l'article 55 de la loi organique relative aux lois de finances qui dispose que « *le ministre en charge des finances prépare les projets de lois de finances qui sont adoptés en Conseil des ministres* »[263], consacrent la fin de la phase administrative du processus d'élaboration de la décision financière publique. La transmission au pouvoir législatif du projet de loi de finances, sur le fondement de l'article 60 de la même loi organique, ouvre la phase parlementaire du processus de décision financière publique. Aux termes des dispositions de cet article, « *le projet de loi de finances de l'année, y compris le rapport et les annexes explicatives prévus à l'article 49, est déposé sur le bureau de l'Assemblée Nationale au plus tard une semaine avant l'ouverture de la session budgétaire* »[264]. Cette formalité met le Parlement en action par rapport à l'exercice de sa compétence politique.

[262]Ministère de l'Economie, des Finances et des Programmes de Dénationalisation, *Rapport synthèse de présentation du projet de loi de finances pour la gestion 2016*, p.3.
[263]*Cf.* Article n°55 de la loi n°2013-14 du 27 septembre 2013 portant loi organique relative aux lois de finances.
[264]*Cf.* Article n°60 de la loi n°2013-14 du 27 septembre 2013 portant loi organique relative aux lois de finances.

CHAPITRE 2

UNE COMPETENCE POLITIQUE INHERENTE AU POUVOIR LEGISLATIF

On peut admettre que la partition du Parlement dans le processus de prise de décision financière publique est essentiellement politique, même si le volet technique y trouve également sa place[265]. Ainsi, « *le dernier mot revient au Parlement en matière budgétaire. Que les parlementaires aient ou non la possibilité de modifier le projet gouvernemental, ce sont eux normalement qui lui donnent force de loi* »[266] à travers d'une part, le consentement à l'impôt (section I) et d'autre part, l'autorisation de la dépense (section II).

Section 1-Le consentement à l'impôt

Le consentement à l'impôt est l'une des principales attributions du pouvoir législatif. Selon les dispositions de l'article 96 de la loi n° 90-32 du 11 décembre 1990 portant constitution de la République du Bénin, l'Assemblée Nationale vote la loi et consent l'impôt. L'exercice par le Parlement de la prérogative de consentement à l'impôt, consacrée sous d'autres cieux[267] à l'issue d'un long processus[268], est censé donner aux prélèvements fiscaux, au-delà de la légalité, des caractéristiques pouvant faciliter l'acceptation de l'impôt par ceux dont il est censé frapper la richesse. Ainsi, avant le vote qui donne à l'impôt le socle de légalité (Paragraphe 2), la recherche de la légitimité de l'impôt engendre un examen de l'ancrage socio-économique (Paragraphe 1).

---

[265]M. WALINE, «Les résistances techniques de l'administration au pouvoir politique », *Politique et technique*, Paris, PUF, 1958, p.161.

[266]M. DUVERGER, *Finances Publiques*, *Op.cit.*, p.331.

[267]On peut citer les cas de la Grande Bretagne et de la France.

[268] En France par exemple, la monarchie s'est battue du XIIIème au XVIIIème contre l'affirmation d'un consentement préalable et annuel à l'impôt par une Assemblée.*Cf.* La documentation française, Découverte de la vie publique,*Les finances publiques et la réforme budgétaire*, Corlet, 5ème édition, Condé-sur-Noireau,octobre 2009, p.10. Pour plud d'élémets, *cf.* J-E COLLIARD, C. MONTIALOUX, « Une brève histoire de l'impôt », *Regards croisés sur l'économie,* n°1, 2007, pp. 56-65. En Angleterre, on peut évoquer la révolte en l'an 1215 des barons contre le roi Jean Sans Terre. Cette révolte a conduit à la mise en place de la *Magna carta*, la grande charte dont l'une des clauses consacre le consentement à l'impôt.

Paragraphe1-La recherche de la légitimité de l'impôt

On peut dire qu'il est d'un intérêt majeur, avant de consacrer la légalité d'un prélèvement par son vote, de s'assurer de sa légitimité. L'examen de l'ancrage de l'impôt se focalise, d'une part sur les implications économiques (A) du prélèvement à instituer et, d'autre part, sur les implications au double plan social et sociologique (B).

A-Un cadre institutionnel attentif aux besoins socio-économiques

Si, comme ailleurs, « *l'implication du Parlement, en amont, c'est-à-dire dans l'élaboration de la loi de finances reste très marginale dans les différents pays* »[269], c'est pourtant au Parlement que revient au Bénin le pouvoir de voter en dernier ressort le projet de loi de finances préparé par le Gouvernement. Un auteur affirme à ce sujet que « *la démocratie financière s'incarne dans l'autorisation donnée par le pouvoir législatif au pouvoir exécutif pour percevoir les impôts et dépenser* »[270]. Un autre estime qu'en la matière, la compétence financière du Parlement est générale et que l'autorisation parlementaire « *s'étend sur l'ensemble des dépenses et des recettes, groupées dans un acte unique qui fait apparaître à la fois leur total et leur équilibre* »[271].

Il est ainsi compréhensible que l'examen du projet de loi de finances de l'année donne lieu à des mois de travail (débats et amendements) à l'Assemblée Nationale dont une bonne partie au niveau de la commission des finances et des échanges. En effet, « *sous réserve des dispositions des articles 110 et 111 de la Constitution et de la loi organique de finances, la commission des finances procède à l'examen des projets de lois de finances dans les conditions fixées au Chapitre VI du Titre II du ... règlement intérieur* »[272].

La commission des finances et des échanges au Bénin est le bras technique du Parlement en ce qui concerne les questions économiques, budgétaires et financières. A vrai dire, les commissions des finances des Parlements, de par leur technicité, ont « *un rôle déterminant à jouer puisqu'elles sont le lieu où se révèlent avec force les évolutions du droit*

---

269 D. ZOURE, *La modernisation du cadre budgétaire des pays de l'UEMOA*, *Op.cit.*, p 65.

270F. MORDACQ, *Les Finances publiques, Que sais-je?*, Op.cit., 2014, p7.

271. L. TROTABAS, *Les finances publiques et les impôts de la France*, *Op.cit.*, p.35.

272*Cf.* article 95 du Règlement Intérieur de l'Assemblée Nationale du Bénin.

budgétaire et financier »[273]. Conformément aux dispositions de l'article 29 du règlement intérieur de l'Assemblée Nationale du Bénin, la commission des finances et des échanges a pour domaine de compétences, les questions liées aux recettes et dépenses de l'État, à l'exécution du budget, à la monnaie et au crédit, aux activités financières intérieures et extérieures, au contrôle financier des entreprises publiques et semi-publiques, au domaine de l'État, à la consommation, au commerce intérieur et extérieur et à la fiscalité.

En termes de modalité de fonctionnement, la commission des finances et des échanges, tout comme les autres commissions permanentes, à savoir la commission des lois, de l'administration et des droits de l'Homme, la commission du plan, de l'équipement et de la production, la commission de l'éducation, de la culture, de l'emploi et des affaires sociales et la commission des relations extérieures, de la coopération au développement, de la défense et de la sécurité, peut constituer des sous-commissions pour l'examen approfondi des projets de textes qui lui sont soumis. Le cas échéant, elle en détermine la composition et la compétence.

A ce sujet, l'article 32.1 du règlement intérieur de l'Assemblée Nationale, dispose que « *les sous-commissions font rapport devant les commissions qui les ont créées* » et l'article 32.2 précise que « *les commissions ou sous-commissions peuvent procéder au cours de réunions communes à l'examen de questions entrant dans leur compétence* ».

Au plan structurel, la commission des finances est dirigée par un bureau de quatre membres, conformément à l'article 33 du règlement intérieur qui dispose que « *chaque commission, après sa constitution, est convoquée par le Président de l'Assemblée nationale à l'effet d'élire en son sein son bureau composé d'un Président, d'un Vice-Président, d'un premier Rapporteur et d'un deuxième Rapporteur* ».

Pour l'examen du projet de loi de finances, la commission des finances et des échanges ne travaille pas en vase clos. Dans la pratique, il lui est associé la commission du plan, de l'équipement et de la production qui est saisie pour avis, alors que la commission des finances et des échanges est saisie, quant à elle, pour un examen au fond. Les deux commissions forment ensemble, la commission budgétaire. Par

---

[273] I. BOUHADANA, « Vers un nouveau rôle des commissions des finances des assemblées parlementaires », *in* M. BOUVIER (dir), *Réforme des finances publiques, démocratie et bonne gouvernance*, Paris, L.G.D.J, 2004, p.38.

ailleurs, « *toute commission peut désigner un ou plusieurs de ses membres à l'effet de participer, avec voix consultative, aux travaux de la commission des finances pendant l'examen des articles du projet de loi ou des crédits ressortissant à sa compétence* ».

L'implication de la commission du plan, de l'équipement et de la production dans le processus de l'examen en commission du projet de loi de finances tire son fondement du contenu même de la loi de finances de l'année. En effet, il est distingué au sein du budget de l'État, le budget alloué aux dépenses ordinaires et celui consacré aux investissements publics. La commission du plan, de l'équipement et de la production se trouve, de ce point de vue, directement concernée par l'examen du projet de loi de finances, au même titre que la commission des finances. Ce dualisme logique qui apparaît comme le symétrique de ce qui est observé au niveau de l'exécutif, quant à la préparation du projet de loi de finances de l'année, traduit aussi le souci du Parlement de réunir, autour de la question budgétaire, toute l'expertise disponible en la matière au sein de l'institution.

La possibilité donnée aux membres des autres commissions de participer aux travaux d'examen en commission du projet de loi de finances, fut-elle avec voix consultative, s'inscrit dans la même logique. L'article 34 du règlement intérieur de l'Assemblée Nationale dispose en effet que « *chacune des commissions permanentes peut désigner l'un de ses membres qui participe de droit avec voix consultative aux travaux de la commission des finances pendant l'examen des articles de lois ou des crédits qui ressortissent à sa compétence* ». Cette disposition a l'avantage d'associer l'ensemble des sensibilités politiques à la discussion technique sur le projet de loi de finances.

Dès lors, les échanges qui sont menés à l'occasion du projet de loi de finances, sont « *riches et permettent un débat de qualité, technique et libre* »[274]. Contrairement aux débats en plénière, ceux menés en commission ne sont pas publics. Ce qui permet aux parlementaires d'aborder l'examen des prélèvements à instituer sans tenir compte des pesanteurs politiques. Cependant, le huis clos des discussions en commission ne porte pas atteinte à l'accès du public à l'information, quant aux traitements effectués par le Parlement sur les projets de réforme du système fiscal. L'article 35.6 du règlement intérieur qui dispose que « *les débats des commissions ne sont pas publics* », précise

---

[274] N. BENSOUDA, *Analyse de la décision fiscale au Maroc*, Casablanca, La croisée des chemins, 2008, p. 48.

plus tard qu'il « *est publié, en principe chaque semaine, un bulletin des communications dans lequel sont indiqués, notamment, les noms des membres présents, excusés ou absents, les décisions des commissions ainsi que les résultats des votes* ».

Les prérogatives ci-dessus retracées, reconnues à la commission des finances et des échanges, s'exercent de nos jours en fonction du rôle des finances publiques dans l'économie. Le consentement à l'impôt est, de ce fait, une question non plus strictement politique, mais aussi technique. Le pilotage de l'examen de l'impôt par la commission des finances et des échanges atteste cette lecture et confirme l'idée selon laquelle le rôle des commissions au niveau du Parlement est plus technique que politique[275]. On ne peut plus épouser l'affirmation selon laquelle « *il n'y a pas de place dans la structure du Parlement pour les facteurs techniques* »[276].

Avec le retour de l'État dans l'économie, en accord avec la théorie de Keynes sur l'interventionnisme étatique, le rôle de l'impôt dans l'économie n'est plus neutre, comme ce fut le cas pendant la période des finances publiques classiques. Selon la théorie keynésienne, il faut exercer une action globale sur l'économie, à travers les interventions de la puissance publique[277] et, ce faisant, *« l'Etat pourra pallier directement l'insuffisance d'investissements privés par une politique d'investissements publics, en recourant aux grands travaux, avec l'espoir de l'effet multiplicateur* »[278]. L'impôt est donc devenu un instrument de régulation économique, un instrument d'incitation fiscale avec la technique des allègements fiscaux, voire un instrument de modélisation du comportement des agents économiques.

Par conséquent, l'examen de l'impôt, prélèvement obligatoire et sans contrepartie directe effectué par la puissance publique, n'est plus uniquement politique. L'impôt n'est plus perçu dans le seul but de subvenir les dépenses publiques, mais également pour réguler l'activité

---

[275] *Cf.* M. WALINE, « Les résistances techniques de l'administration au pouvoir politique », *inPolitique et technique*, PUF, Paris, 1958, p.161.
[276] *Ibidem.*
[277] M. BOUVIER, M-C ESCLASSAN, J-P LASSALE*, Finances Publiques*, Op.cit., p.184.
[278] *Ibidem.*

économique[279]. Ainsi, l'impôt a désormais, à la fois, une finalité fiscale ou financière et une finalité d'instrument de politique économique.

La dégradation de la situation des finances publiques à travers le monde au lendemain de la double crise pétrolière de 1973 (guerre israélo-arabe[280]) et de 1979 (révolution iranienne[281]), a contribué à renforcer le rôle économique des prélèvements fiscaux. Ce qu'il importe de souligner à ce sujet, c'est qu'avec la dégradation de la situation des finances publiques, on est passé d'une situation financière publique structurellement excédentaire à une situation en permanence déficitaire. Le Bénin n'a pas échappé à ce changement de cap. On estime même que dans ce pays, le solde budgétaire global est ressorti une seule fois excédentaire. C'était pendant la période 1960-1974. Depuis lors, plus aucun budget n'a dégagé d'excédents. Le déficit s'est installé et demeure un défi pour les Gouvernements successifs. L'UEMOA fait de son suivi une priorité dans le cadre de la surveillance multilatérale et fixe une norme de 3% au maximum, en rapport avec le produit intérieur brut. Ce dernier se définit comme étant l'« *agrégat de comptabilité nationale représentatif de la somme des valeurs ajoutées apparues dans une économie nationale au cours d'une période annuelle* »[282].

---

[279]*Cf.*A. SILEM, et A. GENTIER, *Lexique d'économie*, Paris, 12ème édition, Dalloz, 2012.*Cf.* aussi M. DUVERGER, *Finances Publiques*, Paris, Presse Universitaire de France, 1956.

[280]La guerre israélo-arabe de 1973 est encore appelée guerre de Kippour. Très soigneusement et secrètement préparée par l'Égypte et la Syrie, elle est déclenchée le samedi 6 octobre 1973 à 13 h 00 – jour de fête du Yom Kippour en Israël – simultanément par une attaque massive syrienne au Golan et un franchissement égyptien du canal de Suez. L'Iraq, la Jordanie, le Maroc et l'Algérie y participent. L'arrière-pensée politique de Sadate semble bien avoir été de provoquer, quelle que puisse être l'issue du conflit, une intervention internationale et d'obtenir ainsi l'application de la résolution 242. Pour plus de précision, se référer à http://www.larousse.fr/ encyclopedie /groupe-homonymes/ guerres_isra %C3%A9lo-arabes/ 125298.

[281]La crise iranienne de 979 est avant tout une crise politique. Elle a consacré la disparition du régime mis en place depuis 1941 par Muhammad Reza Pahlavi. Ce qui a engendré un changement de doctrine économique de la part du nouveau régime. En effet, le nouveau pouvoir a instauré une république islamique nationaliste, anticapitaliste, antisioniste et anti-impérialiste, dont la législation s'inspire de la charia (la loi islamique).

[282]L. PHILIP (dir.), , *Dictionnaire encyclopédique de finances publiques*, Paris, Economica, 1991, p. 1128.

La situation du Bénin par rapport au respect de cet agrégat érigé en un critère de premier rang dans le cadre de la surveillance multilatérale montre que des efforts devront se poursuivre quant à la mobilisation des recettes nécessaires au financement des dépenses publiques. En effet, de -1,8% de déficit budgétaire global en 2011, le Bénin est passé à -2,8% en 2013 avant de descendre à -1,5% en 2014[283].

Le regard de la commission des finances et des échanges sur le solde budgétaire global s'explique aussi par les implications économiques du déficit. Ce dernier tient de lui son lien étroit avec la dette publique qui, elle, entretient une interrelation avec l'impôt. Plus il est élevé, plus il appelle l'aggravation des taux d'imposition ou l'institution de nouvelles taxes, car le déficit d'aujourd'hui est l'impôt de demain. Or, trop d'impôt tue l'impôt et les gros taux tuent les totaux[284]. Il est donc, nécessaire, pendant l'examen de l'ancrage de l'impôt, de veiller à ce que l'impôt, une fois institué, puisse impacter les citoyens en termes d'amélioration de leurs conditions de vie et de travail, et non plus servir uniquement au paiement de la dette résultant du financement du déficit.

L'examen des propositions d'impositions semble pourtant plus ou moins incertain. En effet, pour les recettes, « *les données sont moins certaines, car les bases d'évaluation ne sont pas stables et permanentes : elles ne sont pas toujours connues et chiffrées au moment de la préparation du budget. Ainsi, tous les impôts perçus à raison des faits de circulation et de consommation de richesses dépendent de l'état économique, en grande partie imprévisible plusieurs mois à l'avance* »[285].

Dans les faits, le niveau des prévisions de recettes est déterminé par l'application du taux prévisionnel de pression fiscale au produit intérieur brut en valeur. C'est donc la qualité des hypothèses de base de projection des comptes macroéconomiques qui crédibilise les données prévisionnelles de recettes. Cependant, cette insuffisance résultant du lien étroit entre les droits, taxes et la conjoncture économique ne devrait pas être un motif de relégation de l'examen des droits et taxes proposés par le Gouvernement.

---

[283]Union Economique et Monétaire Ouest-Africaine, *Rapport semestriel d'exécution de la surveillance multilatérale*, décembre 2014, p.29.

[284]M. BOUVIER, M.-C. ESCLASSAN, J.-P. LASSALE, *Finances Publiques*, *Op.cit.*, p.184.

[285]L. TROTABAS, *Les finances publiques et les impôts de la France*, *Op.cit.*, p.28.

En principe, un travail approfondi sur la nature, les implications économiques et la portée des prélèvements à instituer ou à renouveler devrait être fait. On note en cette matière au Bénin un faible intérêt des parlementaires à l'examen détaillé du champ des impositions. On peut relever à ce sujet, l'absence de création de commissions spéciales pour l'étude des recettes, tel que c'est le cas en matière de dépenses. Pour l'étude du projet de loi de finances pour la gestion 2016 par exemple, plus d'une trentaine de commissions spéciales ont été mises en place pour examiner les budgets des ministères et institutions[286].

Tout comme il est nécessaire, avant d'instituer un impôt, de s'assurer de son adaptation au contexte économique, il est tout aussi indiqué, et c'est du devoir du législateur, d'œuvrer à ce que l'impôt à instituer intègre les pesanteurs sociales, voire psycho-sociologiques des contribuables dont il va frapper les richesses.

B-L'étude des mesures fiscales au plan psycho-sociologique

Cette compétence reconnue au Parlement par la constitution semble être la résultante d'une autre prérogative que la constitution confère à l'Assemblée Nationale, à savoir l'exercice, par dérogation, de la souveraineté nationale. L'article 3 de la loi fondamentale dispose à ce sujet que « *la souveraineté nationale appartient au peuple* » et l'article 4 de la même loi précise que « *le peuple exerce sa souveraineté par ses représentants élus…* ».

Ainsi, l'étude de l'ancrage psycho-sociologique de l'impôt, que G. VEDEL qualifiait de « *chose de l'homme* »[287], par le Parlement, en prélude à l'exercice de son pouvoir de consentement de l'impôt, rentre dans le champ de l'exercice, par la représentation nationale, de la souveraineté nationale. L'étude des origines de la fiscalité fait d'ailleurs apparaître des « *liens étroits qui se sont tissés entre celle-ci et le pouvoir politique et leur examen attentif montre bien que le pouvoir fiscal, celui de décider de l'impôt, fonde sa souveraineté politique* »[288].

---

[286]*Cf.* Lettre n°1825-15/AN/SGA/CSE du 19 octobre 2015, transmettant au Gouvernement le programme des travaux en commission dans le cadre de l'étude du projet de loi de finances, gestion 2016.

[287]M. BOUVIER, M.-C. ESCLASSAN, .J-P. LASSALE, *Finances Publiques*, *Op.cit.*, p.184.

[288]*Ibidem. Cf.* aussi sur le sujet, M. C. JACOBSEN, *Jean BODIN et la philosophie politique moderne*, Musem Tusculanum Press, University of Copenhagen, 2000, pp.28-28 ; S. R. De FONTAINE (dir.), *Doctrines fiscales, à la redécouverte de grands classiques*, Paris, L'Harmattan, 2007, pp.14 et suivants.

Indirectement, c'est donc le peuple lui-même qui consent à l'impôt, à travers ses représentants élus.

Il va sans dire que dans l'exercice de cette prérogative, les parlementaires cherchent à faire prévaloir les attentes du peuple qu'ils représentent et au nom de qui ils exercent la mission de consentement de l'impôt. Leurs actions s'inscrivent dans l'esprit de la démocratie représentative, conformément au choix opéré par le peuple en décembre 1990. L'essentiel est d'appréhender la perception qu'ont les populations du système fiscal en place et de susciter leur adhésion. Ceci participe de la philosophie selon laquelle « *lever l'impôt suppose un dialogue avec le peuple afin d'éviter les révoltes fiscales* »[289].

Il va de soi que l'impôt, de par son essence, n'est pas généralement admis par les contribuables sans faire naître un sentiment de sacrifice, mais il n'en demeure pas moins vrai que si le processus de son examen et vote est bien piloté, qu'il fasse plutôt émerger un sentiment de contribution collective au financement du développement. En effet, une initiative d'institution de prélèvement fiscal bien expliquée et partagée en amont avec les contribuables, est d'acceptation moins difficile et le produit attendu est plus facile à collecter.

Comme on peut le constater avec un sociologue, « *l'acceptation de l'impôt dépend de la légitimité politique des interventions de l'État et du raisonnement socialement structuré sur son rôle* »[290]. Il faut à cet effet, dans le processus de législation fiscale, que ce soit à l'occasion de l'examen et de l'adoption d'un impôt ou à l'occasion de la prise d'un règlement en la matière, d'abord démonter puis partager avec les contribuables, l'impact prévisionnel de l'impôt à instituer. Ce faisant, les critiques seraient recensées et analysées en amont. Ce qui donnerait l'avantage de formuler la disposition, de manière à obtenir plus d'adhésion que de rejet. L'intérêt d'une telle démarche est de faire en sorte que, tout en restant objet de ressentiment, de résistance ou parfois de révolte, l'impôt soit la manifestation concrète d'un lien social fondé tout autant sur la mise en commun acceptée d'une partie des richesses privées que sur l'exercice légitime de la puissance publique[291].

---

[289] La documentation française, Découverte de la vie publique,*Les finances publiques et la réforme budgétaire*, Corlet, 5ème édition, Condé-sur-Noireau,octobre 2009, p.10.

[290]M. LEROY, *Sociologie des finances publiques*, *Op.cit.*, p.13.

[291] M. BOUVIER, M.-.C ESCLASSAN, J.-P. LASSALE, *Finances Publiques*, *Op.cit.*, p.184.

L'adhésion des contribuables à un impôt dépend donc de la qualité du processus qui a conduit à son institution. Il faut pouvoir, au plan social, justifier les attentes auxquelles la nouvelle imposition permettra de donner une réponse. Dans tous les cas, la compréhension et l'adhésion publique à un prélèvement fiscal sont fonction de l'aptitude qu'ont les organes chargés de son institution à attacher à l'impôt naissant des solutions visant l'amélioration des conditions de vie et de travail des populations[292].

Par ailleurs, la qualité de la gouvernance financière publique détermine la position des contribuables par rapport au système fiscal. Il est vrai que face à ses besoins de plus en plus croissants, l'État cherche à capter et imposer tout signe de richesse. Cependant, le succès de l'élargissement de l'assiette fiscale qui se révèle comme une quête permanente de l'État est fonction de la transparence et de l'efficacité de la gestion publique. Un cadre budgétaire enclin à la transparence, à la reddition de compte et à la publication annuelle des résultats des recouvrements par type d'impôt et par catégorie d'assujettis est incitatif au civisme fiscal. Par contre, en l'absence d'informations accessibles sur la gestion des deniers publics, de résultats tangibles en termes d'infrastructures socio-éducatives ou de politiques publiques menées avec une participation citoyenne, les réformes fiscales visant l'institution de nouveaux impôts sont susceptibles de connaître de la résistance.

A ce sujet, l'UEMOA affirme que « *l'argent public est au cœur de l'État de droit et de la démocratie* »[293] et recommande que « *la collecte et l'utilisation des fonds publics respectent les principes de l'État de droit : la légalité, la transparence, le contrôle démocratique et la*

[292] On peut donner au Bénin l'exemple de la Taxe sur Véhicule à Moteur (TVM). Instituée par la loi n° 2016-33 du 26 décembre 2016 portant loi de finances pour la gestion 2017, la TVM est inscrite à l'article 216 bis du code général des impôts. Elle a fait l'objet d'une vaste campagne de sensibilisation de la part de l'administration fiscale. En fin de gestion 2017, cette taxe a affiché un taux de réalisation de plus de 100 pour cent. Par voie de conséquence, d'une prévision de 3 000 millions de FCFA en 2017, les prévisions de cette taxe pour l'année fiscale 2018 sont passées à 3 500 millions de FCFA. *Cf.* Direction Générale des Impôts, Bordereau de développement des recettes à fin décembre 2017. *Cf.* aussi état récapitulatif des prévisions de recetes de la loi n°2017-40 du 29 décembre 2017 portant loi de finances pour la gestion 2018.
[293] *Cf.* Préambule de la directive n°01/2009/CM/UEMOA du 26 juin 2009 portant code de transparence dans la gestion des finances publiques au sein de l'UEMOA.

responsabilité »[294]. Le Bénin a réceptionné les dispositions de cette directive dans son droit positif par voie réglementaire[295].

Au demeurant, l'idée selon laquelle l'acceptation de l'impôt par ceux qui y sont soumis, repose fondamentalement sur une double légitimité paraît recevable. Selon un auteur, « *la première est une légitimité d'ordre politique qui s'est progressivement construite au fil du temps et qui repose sur l'idée qu'il peut et doit exister une sorte de contrat fiscal entre le peuple et le souverain* »[296]. On parle d'une conception de l'acceptation de l'impôt réfléchie et fondée en raison. Toujours selon le même auteur, « *la seconde est une légitimité d'ordre sociologique qui procède des plus lointaines origines de l'impôt et se traduit par une acceptation plus intime, une acceptation quasiment instinctive enfouie au plus profond de l'inconscient collectif, non pas de telle ou telle taxe, mais de la nécessité de la contribution de chacun à un pot commun* »[297]. C'est l'acceptation de la soumission au paiement d'impôt comme une contribution au financement du développement.

Il ne suffit cependant pas d'exposer les retombées positives en termes d'amélioration de la qualité des services publics pour assurer l'acceptation de l'impôt. Il faut, au surplus, mettre en place et promouvoir une gouvernance fiscale de qualité. Il faut aussi donner la preuve du bon usage des ressources générées par les prélèvements déjà en vigueur[298] et éviter que l'impôt fasse objet d'une aversion. En effet, il est indiqué de faire en sorte de ne pas en arriver à une situation où « *le contribuable voit l'argent sortir de sa poche, alors que les services publics financés sont moins visibles* »[299].

C'est vrai que le paiement de l'impôt n'est pas conditionné par la réalisation d'une prestation directe que le contribuable attend de l'Etat. Sa collecte peut même faire objet de mise en œuvre de mesures contraignantes sans que cela soit contraire aux principes démocratiques.

---

[294]*Ibidem*.
[295]*Cf.* décret n°2015-035 du 29 janvier 2015 portant code de transparence dans la gestion des finances publiques en République du Bénin.
[296] M. BOUVIER, « Les transformations de la légitimité de l'impôt dans la société contemporaine », *in* M. BOUVIER (dir.), *Réforme des finances publiques, démocratie et bonne gouvernance*, *Op.cit.*, p.82.
[297]*Ibidem*.
[298]*Cf.* N. SARKOZY, « comment mener la réforme de la gestion des finances de l'Etat », *in* M. BOUVIER (dir), *Réforme des finances publiques, démocratie et bonne gouvernance*, *Op.cit.*, p.11.
[299]M. LEROY, *Op.cit.*, p.92.

L'essentiel est que l'impôt ait un socle légal. Il faut tout de même œuvrer à inverser dans l'opinion publique, l'assertion selon laquelle « *le Gouvernement de la démocratie est le seul où celui qui vote l'impôt puisse échapper à l'obligation de le payer* »[300]. Sans distinction de statut social ou de classe, l'impôt est censé frapper tout le monde, en fonction de la faculté contributive de chacun.

Le défi pour les gouvernants, en la matière, reste de faire en sorte que tout « *projet politique consiste à définir une stratégie globale, à donner un sens à l'action publique, mais aussi à proposer des choix financiers que le citoyen doit débattre et approuver* »[301]. Il revient donc au Parlement, à travers la commission des finances et des échanges, d'assurer la transparence du processus, en discutant avec les différentes couches socio-professionnelles, aux fins de recueillir et de croiser les avis des uns et des autres.

L'examen de la procédure suivie pour l'étude du projet de loi de finances au Parlement atteste que des concertations préalables sont organisées avec différents groupes socio-professionnels. La commission des finances et des échanges doit recueillir, analyser et éclairer sa décision par les observations des groupes socio-professionnels sur le projet de loi de finances. Pour la loi de finances, gestion 2015 par exemple, l'Assemblée nationale a organisé, un mois après avoir reçu le projet de loi de finances[302], des audiences publiques. En effet, les jeudi 06 et vendredi 07 novembre 2014, la commission des finances et des échanges a reçu en audiences publiques, les centrales syndicales, les organisations de la société civile, le secteur privé, notamment le conseil des investisseurs privés du Bénin, la chambre d'agriculture du Bénin et l'association nationale des communes du Bénin[303].

On note dans le compte rendu produit par la commission des finances et des échanges que les centrales syndicales ont préconisé la suppression du projet de loi de finances « *des mesures fiscales visant à alourdir le fardeau fiscal sur les produits largement consommés par les*

---

[300]M. LEROY, *Op.cit.*, p.7.

[301]*Idem.* p.81.

[302]*Cf.* décret n°2014-565 du 03 octobre 2014 portant transmission à l'Assemblée Nationale du projet de loi de finances pour la gestion 2015.

[303]Assemblée Nationale, *Rapport général présenté au nom de la commission des finances et des échanges suite à l'étude du projet de loi de finances pour la gestion 2015*, p.2.

populations et sur les entreprises du secteur privé formel »[304]. Ils ont par ailleurs, demandé « *la mise en œuvre d'un mécanisme informel permettant une participation citoyenne au débat d'orientation budgétaire et une réforme hardie de la fiscalité qui permet au Bénin d'asseoir la transition fiscale visant à inverser la tendance actuelle vers la prédominance de la fiscalité intérieure sur celle de porte* »[305].

Par ailleurs, pour les autres groupes reçus en audience, des préoccupations diverses sont enregistrées, au nombre desquelles l'harmonisation du taux d'immatriculation à l'Identifiant Fiscal Unique (IFU) à 1% pour mieux appréhender les entreprises qui sont dans l'informel, l'amélioration des dispositions fiscales liées à l'Impôt sur les Revenus des Personnes Physiques (IRPP), la mise en place d'une commission des impôts, l'inscription de l'ensemble des professions libérales judiciaires et parajudiciaires dans la même classification fiscale, la création d'une commission mixte paritaire pour la détermination de la base de calcul de la patente foraine[306].

L'analyse des délibérations de la commission des finances et des échanges sur les lois de finances de l'année des gestions 2016[307], 2017[308] et 2018[309] montre que le même processus avait été observé. La quasi-totalité des groupes socio-professionnels ci-dessus cités était déjà consultée. Le champ des préoccupations reste le même, à savoir l'amélioration du système fiscal, l'amélioration de la qualité de la dépense publique et la participation citoyenne au processus de mise en place de la loi de finances de l'année. On peut donc affirmer que le Parlement, à défaut d'aller à une consultation générale du peuple sur les grands axes budgétaires, entretient une relation de confiance avec une frange des catégories socio-professionnelle. Pour tout dire, l'exercice

---

[304] *Idem*, p.37.

[305] Assemblée Nationale, *Rapport général présenté au nom de la commission des finances et des échanges suite à l'étude du projet de loi de finances pour la gestion 2015, Op.cit.*, p.37.

[306] *Idem*. pp.39-40.

[307] *Cf.* Assemblée Nationale, *Rapport général présenté au nom de la commission des finances et des échanges suite à l'étude du projet de loi de finances pour la gestion 2016.*

[308] *Cf.* Assemblée Nationale, *Rapport général présenté au nom de la commission des finances et des échanges suite à l'étude du projet de loi de finances pour la gestion 2017.*

[309] *Cf.* Assemblée Nationale, *Rapport général présenté au nom de la commission des finances et des échanges suite à l'étude du projet de loi de finances pour la gestion 2018.*

de la souveraineté nationale au plan budgétaire, se nourrit de concertations régulières entre mandataires et une partie des mandants.

La phase parlementaire d'examen de la loi de finances paraît ainsi respectueuse des droits de l'Homme largement protégés par la constitution du 11 décembre 1990. En s'imposant d'associer des groupes organisés à l'examen du projet de loi de finances, le Parlement œuvre pour l'application de l'article 13 de la charte africaine des droits de l'homme et des peuples. Cet instrument juridique de protection et de promotion des droits de l'homme intégré dans la Constitution du Bénin du 11 décembre 1990[310] prévoit en effet, que « *tous les citoyens ont le droit de participer librement à la direction des affaires publiques de leur pays, soit directement, soit par l'intermédiaire de représentants librement choisis, ce, conformément aux règles édictées par la loi* »[311].

Il est donc clair que l'impôt a besoin pendant le processus de son institution de réelles motivations et justifications. A titre d'exemple, on peut lire dans le décret portant transmission à l'Assemblé Nationale du projet de loi de finances pour la gestion 2016, en ce qui concerne l'institution d'une taxe dénommée « *contribution à la sécurisation de l'internet* », que c'est pour garantir un environnement de travail sécurisé pour les agents économiques, que le Gouvernement entend instituer cette taxe[312].

Par ailleurs, l'essentiel n'est pas de démontrer l'importance économique des prélèvements. Il faut également mettre en relief les retombées sociales dont ils sont porteurs. En effet, perçu dans l'intérêt général, l'impôt doit pouvoir porter en perspective, l'amélioration des conditions de vie et de travail des contribuables qui acceptent de céder une partie de leur fortune, en guise de contribution au financement du bien-être collectif.

Il apparaît à cet effet opportun de renforcer la transparence budgétaire. L'adoption de la pratique des budgets ouverts serait en conséquence bien indiquée. Les citoyens contribuables ont l'opportunité d'avoir accès à l'information budgétaire et de participer au processus de choix des options de politiques budgétaires prises par l'Etat. Le défi est de prouver aux contribuables que l'impôt est producteur d'une sorte d'assurance collective. Il est donc évident que

---

[310]*Cf.* article 7 de la constitution du 11 décembre 1990.

[311]*Cf.* J. A. TOUDONOU et C. KPENONHOUN, *Op.cit.*,p. 286

[312]*Cf.* décret n°2015-526 du 06 octobre 2015 portant transmission à l'Assemblée Nationale, du projet de loi de finances pour la gestion 2016.

l'institution des prélèvements fiscaux connaisse une étape d'approbation.

Paragraphe 2-La consécration de la base légale de l'impôt

Pour avoir un socle légal et s'imposer à tous, il est nécessaire que l'impôt soit approuvé par l'institution habilitée à le faire : le Parlement. Ainsi, le consentement à l'impôt se matérialise par son approbation par l'Assemblée Nationale. En la matière, deux niveaux d'interventions sont notés. D'une part, le projet du Gouvernement est soumis à amendement (A) avant de faire objet, d'autre part, de vote (B).

A-L' amendement

L'amendement est un acte visant à modifier un article déterminé ou à introduire une disposition nouvelle dans un projet de loi ou dans une proposition de loi[313]. Il est exercé par le Parlement qui le tient comme un privilège et comme un droit d'origine constitutionnelle. En effet, c'est par son article 103 que le constituant de 1990 dispose que « *les députés ont le droit d'amendement* ». Ainsi, en République du Bénin, le droit des parlementaires à amender les propositions de loi ou les projets de textes soumis par le pouvoir exécutif à l'examen et au vote de l'Assemblée Nationale, trouve son ancrage dans la loi fondamentale de 1990. La présence dans la constitution béninoise du 11 décembre 1990 de dispositions consacrant le droit d'amendement n'est cependant pas une innovation du constituant de 1990. La même disposition était déjà présente dans plusieurs constitutions ou textes constitutionnels du Dahomey, devenu Bénin à partir de 1975[314].

La consécration constitutionnelle du droit d'amendement au profit du Parlement est accompagnée d'un encadrement tout aussi constitutionnel. La constitution de 1990 dispose, s'agissant de l'exercice du droit d'amendement, que « *les propositions et amendements déposés par les députés ne sont pas recevables lorsque leur adoption aurait pour conséquence soit une diminution des ressources publiques, soit la création ou l'aggravation d'une charge publique* »[315]. Il ne s'agit pas, toutefois, d'un encadrement insurmontable mais exigeant au plan technique. Il est seulement

---

[313]*Cf.* P. BINCZAK, « le conseil constitutionnel et le droit d'amendement : entre « errements » et malentendus », *Revue Française de Droit Constitutionnel*, n°47, 2001/3 pp.479-528.

[314]*Cf.* par exemple, l'article 66 de la constitution du 11 janvier 1964.

[315] Article 107 de la constitution béninoise du 11 décembre 1990.

demandé que les propositions ou amendements tendant à engendrer, soit une diminution des ressources publiques, soit la création ou l'aggravation d'une charge publique, puissent être accompagnés de propositions de mesures pouvant garantir l'équilibre de la loi de finances.

En réalité, quoi que la constitution garantisse le droit des parlementaires à l'amendement des projets et propositions de loi, elle impose, s'agissant de la loi de finances, que l'amendement ne doit pas remettre en cause l'équilibre du budget de l'État. L'article 110 de la constitution qui en dispose ainsi, précise que « *l'Assemblée Nationale vote le budget en équilibre* ».

Le droit d'amendement reconnu aux députés est un droit général. Il n'est pas circonscrit sur une sphère spécifiée de l'activité parlementaire. En matière financière, tout député, dans le respect des dispositions de l'article 107 de la constitution, est fondé à apporter un amendement à tout texte soumis à l'examen et au vote de la représentation nationale. Les dispositions du règlement intérieur de l'Assemblée Nationale sont assez évocatrices sur cet aspect de l'exercice du droit d'amendement. On peut lire à son article 97.3 que « *les articles additionnels et amendements contraires aux dispositions de la loi organique des finances sont déclarés irrecevables dans les conditions fixées par les articles 107 de la Constitution et 74 du règlement intérieur* ».

La qualité de député est donc suffisante pour l'exercer et l'appartenance d'une question ou d'un sujet au domaine de la loi rend compétent le Parlement pour amender tout projet ou proposition de loi y relatif. En réalité, aucune règle concernant une matière relevant du domaine de la loi ne peut être opposable en droit, si elle n'a été examinée et adoptée par l'Assemblée Nationale. L'exercice par l'Assemblée Nationale du droit d'amendement s'opère à plusieurs niveaux, selon les étapes qui marquent la procédure parlementaire d'examen des projets et propositions de loi. Tout comme l'examen des textes de loi démarre en commission, l'exercice du droit d'amendement commence aussi au sein des commissions techniques du Parlement. C'est une exigence de la loi fondamentale qui dispose à son article 105 que « *les projets ou propositions de loi sont envoyés avant délibération en séance plénière, à la commission compétente de l'Assemblée Nationale pour examen* »[316]. Il s'agit là d'une obligation d'ordre général

---

[316] 3ème alinéade l'article 105, de la constitution béninoise du 11 décembre 1990, *in* J. A. TOUDONOU et C. KPENONHOUN, *Op.cit.*, p. 265.

pour l'ensemble du travail législatif du Parlement. L'examen du projet de loi de finances n'y échappe pas.

Pour ce qui concerne la loi de finances, la procédure suivie pour l'amendement du projet du Gouvernement présente quelques spécificités. On note trois niveaux d'amendement pour lesquels la nature des amendements diffère. En effet, les possibilités d'amendement ne sont pas les mêmes à tous les niveaux. Il y a des restrictions par étape et par gradation dans l'examen du document budgétaire. On peut dire que les niveaux d'amendement retenus pour l'étude du projet de loi de finances ont été déterminés en fonction de sa double dimension : la dimension normative qui occupe, pour l'essentiel, la première partie de la loi de finances et la dimension relative aux moyens alloués aux politiques publiques qui occupe la deuxième partie de la loi de finances.

D'abord, à l'issue des travaux dans les commissions spéciales, des possibilités d'amendements sont ouvertes. A ce niveau, il est seulement question des propositions d'amendement qui touchent la partie comptable de la loi de finances. Les députés après réception du rapport spécial peuvent, s'ils le désirent, faire connaître leurs propositions d'amendements liées aux crédits budgétaires à la commission des finances. Le règlement intérieur de l'Assemblée Nationale dispose à ce sujet que des amendements sont recevables « *à compter de la distribution de chaque rapport spécial pour les crédits d'une rubrique budgétaire et les articles qui lui sont rattachés* »[317]. Ces amendements sont discutés avec le Gouvernement et les points de consensus et de divergences auxquels ils donnent lieu sont présentés par la suite en séance plénière. A titre d'illustration, on peut faire cas de certains amendements enregistrés par la commission budgétaire après distribution des rapports spéciaux pendant l'examen du projet de loi de finances pour la gestion 2014. Il s'agit notamment, de l'amendement relatif au transfert de fonds pour le fonctionnement des cantines FAST-TRACK pour la période transitoire du 1er janvier au 30 juin 2014, de l'amendement relatif à l'achat d'un bus au profit du ministère en charge de la jeunesse, de l'amendement relatif à la construction et l'équipement d'un centre de formation et de perfectionnement en métrologie à Akpro-Missérété.[318]

[317]*Cf.* 2ème alinéa de l'article 96 du règlement intérieur de l'Assemblée Nationale.
[318]Assemblée Nationale, *Rapport général de l'étude en commission du projet de loi de finances pour la gestion 2014*, décembre 2013, pp.75-78.

Ensuite, il y a les possibilités d'amendement général sur le projet de loi de finances. A la différence des amendements consécutifs à la distribution de chaque rapport spécial, qui sont recevables dès la réception de chaque rapport spécial et qui semblent ne pas être encadrés dans un délai, le règlement intérieur aménage une période pour les amendements consécutifs à la distribution du rapport général. L'article 96.2 précise en cette matière que « *les amendements au projet de la loi de finances de l'année sont reçus par la commission des finances au plus tard quatre jours à compter de la distribution du rapport général pour les articles de la première partie du projet de la loi de finances et les articles de la seconde partie dont la discussion n'est pas rattachée à une rubrique budgétaire* ». L'autre spécificité que recouvrent ces amendements est qu'ils ne sont pas discutés à l'avance avec le Gouvernement. Ils sont présentés pendant la session plénière consacrée à l'adoption du rapport général.

Enfin, il y a la possibilité donnée aux députés de faire directement des amendements au projet de loi de finances pendant la session plénière dédiée à l'adoption du rapport général de l'étude en commission du projet de loi de finances. Cette dernière possibilité semble assouplir l'enfermement dans un délai de quatre (04) jours du dépôt des propositions d'amendement, après la distribution du rapport général.

Les prérogatives d'amendement liées aux ressources et dont les modalités d'exercice s'appliquent à plusieurs étapes de l'examen du projet de loi de finances par le Parlement vont au-delà du domaine des prélèvements fiscaux. Les autres ressources identifiées et inscrites dans le projet de loi de finances n'échappent pas au champ d'amendement des députés. Le caractère général du droit d'amendement reconnu aux députés justifie cette extension. Il est vrai que « *pour certaines catégories de ressources, celles qui n'ont pas le caractère fiscal, il s'agit plutôt de prévisions et d'évaluations destinées à l'information du Parlement que d'autorisation* »[319]. Cependant, le droit d'amendement parlementaire s'exerce sur ces catégories de ressources. On peut citer, à titre d'illustration dans le projet de loi de finances pour la gestion 2016, plusieurs types de ressources qui relèvent de la sphère des ressources non fiscales et donc destinées simplement à l'information des parlementaires. Il s'agit en l'occurrence de la « contribution au

---

[319] M. A. A.EL BANNA, *le particularisme du pouvoir d'autorisation budgétaire*, Paris, LGDG, 1968, p.136.

développement », de la « *contribution à la sécurisation de l'internet* », de la « *contribution pour la surveillance, l'assainissement et la professionnalisation du secteur de la micro finance* »[320].

En dernière analyse, l'amendement de l'impôt apparaît comme une suite logique de son examen au triple plan économique, social et psycho-sociologique. Les résultats de cet examen sont censés constituer la lumière à l'aune de laquelle le pouvoir d'amendement sera exercé. Les finalités de l'étude de l'impôt, en prélude à son approbation, étant orientées sur la recherche de la légitimité et de l'adaptation de l'impôt au contexte socio-économique, il va de soi que l'amendement s'inscrive dans cette même logique. Le système des finances publiques étant souvent analysé en termes de contraintes inexorables de l'environnement, des cycles politico-économiques, des blocages institutionnels[321], il vise donc à faire en sorte que l'impôt incarne les réalités socio-économiques de l'environnement auquel il est appelé à s'appliquer. Ainsi, il s'inscrirait dans les assertions dominantes sur la relation entre l'impôt et les contribuables à savoir d'une part qu'« *un impôt qui vient à frapper une fortune considérable n'enlève que du superflu* »[322] et que d'autre part, qu'« *il n'y a rien de si désastreux qu'une grosse taxe venant à frapper une petite fortune* »[323].

Tout bien considéré, l'amendement de l'impôt par le Parlement se fait, en conséquence, à la lumière de plusieurs paramètres, le tout dédié à l'examen judicieux de l'impact de l'impôt à instituer sur le système fiscal. Les critères et repères d'analyse définis à cette fin sont d'office fort variés. Il s'agit, par exemple, de l'équité dans ses différentes variantes à savoir l'équité horizontale qui veut que les individus ayant des situations identiques ou similaires doivent payer des impôts identiques ou similaires et de l'équité verticale qui suppose que les individus favorisés payent plus d'impôt. Il s'agit aussi de l'efficacité dans sa dimension économique pour l'amélioration des recettes fiscales. En effet, un impôt institué et dont les implications engendreraient un recul des recettes budgétaires ne serait d'aucune utilité. La nécessité de l'élargissement de l'assiette fiscale est largement liée à la nécessité d'accroissement des recettes budgétaires pour la

---

[320]*Cf.* décret n°2015-526 du 06 octobre 2015 portant transmission à l'Assemblée Nationale du projet de loi de finances pour la gestion 2016.
[321]M. LEROY, *Op.cit.* p.37.
[322]*Idem.* p.8.
[323]*Idem.* p.9.

couverture des dépenses publiques comme l'a reconnu Gaston JEZE à travers sa maxime, « *l'État a des charges, il faut les couvrir* ».

Il y a, par ailleurs, des critères liés à la gouvernance. On peut évoquer à ce titre, la flexibilité, la simplicité administrative et la transparence. Selon le critère de la flexibilité par exemple, tout doit être mis en œuvre pour que l'impôt à instituer ne porte pas des germes de rigidité managériale. En clair, les besoins de modification du système fiscal, suite à des changements de la conjoncture économique doivent être faciles à opérer. Quant au critère de la simplicité administrative, il postule que l'impôt ne doit pas donner lieu à des procédures complexes en ce qui concerne l'identification de la matière imposable, la liquidation et la mise en recouvrement. Il y a enfin la transparence du système fiscal qui est un facteur qui aide à la compréhension des contribuables et à leur adhésion à l'impôt. Toutes choses qui permettraient à l'impôt de mieux rentrer.

B-Le vote

« *Le pouvoir de décision qui est réservé au Parlement en matière financière, doit s'exprimer par des lois* »[324]. Cette affirmation situe sur le moyen d'expression par l'Assemblée Nationale de son pouvoir de décision financière. Que ce soit le pouvoir normatif financier ou que ce soit le pouvoir d'autorisation du budget, c'est par le vote de la loi que le Parlement exprime l'acceptation du peuple à se faire appliquer des règles qui ont valeur de loi opposable à tous. Le vote, vu comme l'aboutissement d'un long processus (étude d'ancrage économique, étude d'ancrage social, étude d'ancrage sociologique et amendement), est alors l'étape ultime du consentement à l'impôt.

Tout comme l'amendement, qui participe déjà de l'exercice du pouvoir législatif et qui est un pouvoir constitutionnel aux mains des députés, le vote est aussi une compétence constitutionnellement consacrée au profit de l'Assemblée Nationale et, par ricochet, des députés. Il apparaît comme l'acte matériel de l'exercice par l'Assemblée Nationale du pouvoir législatif. La constitution reconnaît, en effet, à l'Assemblée Nationale, la compétence de l'exercice du pouvoir législatif. Elle dispose notamment en son article 79 que, « *le Parlement exerce le pouvoir législatif…* »[325]. Ce pouvoir reconnu au

---

[324] L. TROTABAS, *Op.cit.*, p.22.

[325] Article 79 de la constitution béninoise du 11 décembre 1990.

Parlement est en réalité un pouvoir conféré individuellement aux députés qui l'animent. C'est à eux qu'il revient de légiférer au nom de l'institution parlementaire et du peuple tout entier, conformément à leur statut de représentants de la nation comme l'a mentionné l'article 80 de la Constitution : « ... *Chaque député est le représentant de la nation tout entière et tout mandat impératif est nul* »[326].

Le vote apparaît à cet effet comme le moyen de mise en œuvre des prérogatives conférées à l'Assemblée Nationale par le constituant, au moyen de l'article 79. C'est par lui que le Parlement crée dans l'arsenal fiscal de nouveaux prélèvements dans l'exercice de son pouvoir de consentement à l'impôt. Son exercice reste toutefois encadré par la constitution qui précise que « *le droit de vote des députés est personnel* »[327]. Un assouplissement est néanmoins apporté à cette disposition. La constitution autorise un vote par délégation, mais celui-ci doit être prévu par le règlement intérieur de l'Assemblée Nationale, en respect de ce que « *nul ne peut recevoir délégation de plus d'un mandat* »[328]. Pour ce qui concerne le quorum nécessaire pour la validité du vote, on peut retenir que « *la loi est votée par l'Assemblée Nationale à la majorité simple...* »[329].

L'acte de vote lui-même n'est que la matérialisation de l'expression de la position affichée par chaque député sur un sujet donné. Cette position, hormis l'influence de l'obédience politique de chaque parlementaire, est comme la résultante de tout un processus. Il prend corps pendant la série des discussions préalables que le règlement intérieur de l'Assemblée Nationale prévoit dans le cadre de l'examen d'un projet ou d'une proposition de loi. Il s'agit des discussions générales et des discussions particulières dont les enchainements sont décrits dans ledit règlement intérieur. Qu'il s'agisse d'une discussion générale ou d'une discussion particulière, son introduction est bien encadrée par le règlement intérieur. En effet, il est prévu plusieurs principes, en termes de procédures, pour l'ouverture des discussions en séance plénière sur les projets de lois, les propositions de lois et les propositions de résolutions.

En premier lieu, la discussion des projets de lois, propositions de lois et propositions de résolutions porte sur un texte présenté par la

[326]*Cf.* Article 80 de la constitution béninoise du 11 décembre 1990.
[327]*Cf.* Article 93 de la constitution béninoise du 11 décembre 1990.
[328]*Ibidem.*
[329]*Cf.* Article 97 de la constitution béninoise du 11 décembre 1990.

commission compétente[330]. Autrement dit, les projets de loi ou les propositions de loi ne sont pas discutés en séance plénière dans l'état où ils ont été déposés sur le bureau de l'Assemblée Nationale. Ils passent en commissions et sont susceptibles de connaître de modifications avant la soumission à la discussion en plénière. Ce qui explique que, lors de la restitution des travaux en plénière, le président ou le rapporteur de la commission compétente expose les modifications apportées au texte en examen, avec l'accord du Gouvernement, s'il s'agissait d'un projet. On peut consulter à ce sujet, les rapports produits par la commission des finances et des échanges, suite à l'examen des projets de loi de finances pour les gestions 2014 et 2015[331].

En deuxième lieu, l'article 85 du Règlement intérieur de l'Assemblée Nationale prévoit que « *la discussion est ouverte par la présentation du rapport de la commission saisie au fond, suivie éventuellement de celle des rapports des commissions saisies pour avis* ». La discussion d'un projet ou d'une proposition de loi en vue de l'émission d'un vote ne saurait donc être engagée sur la seule présentation du rapport de la commission saisie au fond. Il n'est cependant pas exigé un rapport séparé pour les commissions saisies. Les différentes commissions peuvent souscrire à un même rapport.

Il ne s'agit pas non plus d'une approbation du contenu du rapport de la commission saisie quant au fond. Quelle que soit la conclusion de la commission saisie pour la forme, la discussion a lieu, mais ne saurait démarrer sans sa présentation. Pour ce qui est de l'examen du projet de loi de finances, l'avis de la commission du plan de l'équipement et de la production a toujours été requis, après la présentation du rapport de la commission des finances et des échanges.

En troisième lieu, le même article précise qu'après « *la présentation du rapport de la commission saisie au fond, celle-ci est tenue, si le gouvernement le demande, de porter à la connaissance de l'Assemblée nationale les points sur lesquels il y a désaccord avec le gouvernement* ». En réalité, les modifications susceptibles d'être portées au projet ou à la proposition de loi sont celles qui émanent des amendements validés par le Gouvernement. La commission des

---

[330]*Cf.* Article 85 du règlement intérieur de l'Assemblée Nationale.

[331]*Cf.* Assemblée Nationale, *Rapport général de l'examen en commission du projet de loi de finances pour la gestion 2014*, *Op.cit.*, 74 à 91. *Cf.* également, Assemblée Nationale, *Rapport général de l'examen en commission du projet de loi de finances pour la gestion 2015*, en ses pages 61-66.

finances ne peut, quelles que soient la pertinence et la justesse d'une proposition d'amendement, l'intégrer au texte en discussion en l'absence de l'accord du Gouvernement.

La présentation, à la plénière, des points de divergence entre la commission et le Gouvernement au sujet de certaines propositions d'amendements, semble relever d'une soumission desdits points à l'arbitrage de l'ensemble des députés. Dans la pratique, même en l'absence de requêtes formelles du Gouvernement pour leur exposé à la plénière, la commission des finances et des échanges prend soin de retracer dans le rapport général, la position du gouvernement sur les propositions d'amendements restées en débat.

En dernier lieu, le même article 85 dispose que « *dès que la commission saisie au fond a présenté son rapport et alors seulement, tout membre de l'Assemblée nationale peut poser la question préalable tendant à décider qu'il n'y a pas lieu à délibérer* ». Cet alinéa de l'article 85 du règlement intérieur de l'Assemblée Nationale ouvre la possibilité de blocage de l'ouverture de la discussion suite à la présentation du rapport général, en dépit de l'observance des principes ci-dessus rappelés. Lorsque la question préjudicielle est jugée recevable, la discussion qui devait amener à la délibération, c'est-à-dire à l'expression de vote par les députés, ne peut être engagée. Des réponses à la question préjudicielle méritent d'être fournies avant toute délibération sur le texte en discussion.

Une telle demande de la part d'un parlementaire est cependant conditionnée par une motivation. Le règlement intérieur de l'Assemblée Nationale n'exige pas une forme particulière pour la motivation de la demande de différer la mise en délibération d'un texte. Il est simplement retenu que le demandeur « *peut motiver verbalement sa demande sur laquelle ne peut intervenir que le président ou le rapporteur de la commission. Seul l'orateur de la question préalable peut reprendre la parole* »[332].

Tout compte fait, la discussion générale porte sur les propositions faites par les commissions saisies[333]. L'engagement de discussion n'empêche pas, par ailleurs, la survenance de facteurs de blocage de la discussion. Bien qu'il n'y aurait pas une question préalable ou que cette dernière serait jugée irrecevable et la discussion ouverte, des questions

---

[332]*Cf.* Article 85 du règlement intérieur de l'Assemblée Nationale.
[333]*Cf.* Article 86.1 du règlement intérieur de l'Assemblée Nationale.

préjudicielles peuvent être soulevées. Celles-ci peuvent retarder l'émission du vote, en engendrant l'ajournement du débat jusqu'à la réunion des éléments jugés indispensables pour une discussion utile du texte en examen ou au renvoi du texte sous étude en commission pour complément d'information.

Dans de pareilles situations, la discussion ne peut se poursuivre, et conséquemment, la délibération parlementaire ne peut être prononcée. Cette possibilité donnée aux parlementaires est portée par l'article 86.2 du règlement intérieur de l'Assemblée Nationale. Ce dernier dispose qu'« *à tout moment, au cours de la discussion générale et jusqu'à la clôture, il peut être présenté des questions préjudicielles tendant soit à l'ajournement du débat jusqu'à la réalisation de certaines conditions, soit au renvoi de l'ensemble du texte devant une commission saisie au fond* ».

Le caractère impératif des questions préjudicielles repose sur les alinéas 3 et 4 du règlement intérieur de l'Assemblée Nationale. L'article 86.3 dispose que « *la discussion des questions préjudicielles est de droit* », alors que l'article 86.4 précise qu'« *est également de droit le renvoi à la commission initialement saisie au fond* ». C'est dire que, sans débattre desdites questions, il n'est pas possible de poursuivre l'examen du texte en discussion.

Quant aux discussions particulières, elles semblent être le moment de prédilection de la préparation du vote. Les discussions particulières succèdent à celles générales, et ce, sur invitation du Président de l'Assemblée Nationale[334]. Elles offrent l'occasion d'une étude minutieuse et détaillée des dispositions du projet de loi.

Pour ce qui concerne le projet de loi de finances de l'année, c'est à cette occasion qu'il est fait mention au texte des grandes conclusions issues de la discussion générale. A cette étape, les parlementaires s'attèlent à la modification des articles présentant un fond ou une forme jugés irrecevables. De nouvelles formulations sont faites, tendant tantôt à la limitation du champ d'application de l'impôt, tantôt à la revue des taux applicables ou encore à l'ajustement des modes de recouvrement proposés. Il est préconisé pour cet exercice un examen article par article, mais le cadre juridique en vigueur laisse l'opportunité à l'Assemblée Nationale d'en décider autrement, si elle le voulait. D'ordinaire, dans le cadre du vote de la loi de finances de l'année au

---

[334]*Cf.* Article 87.1 du règlement intérieur de l'Assemblée Nationale.

Bénin, les députés procèdent à l'analyse partie par partie et non article par article. En réalité, le débat n'est pas ouvert après la lecture de chaque article. Il est ouvert après la lecture de l'ensemble des articles composant une partie donnée.

Quelle que soit la stratégie adoptée par l'Assemblée Nationale pour l'examen et le vote des articles (examen au cas par cas ou examen groupé), la mise en délibération de l'ensemble du texte de loi ne peut intervenir qu'après l'épuisement du vote des articles formant la loi. Ainsi, sans se prononcer par vote sur les articles du projet ou de la proposition de loi, la mise au vote de l'ensemble du texte de loi ne saurait être valable. Le règlement intérieur de l'Assemblée Nationale ne laisse aucune marge de manœuvre aux parlementaires à ce sujet. Il précise en effet qu'« *après le vote de tous les articles, il est procédé au vote de l'ensemble de la proposition* »[335]. L'expression parlementaire du vote, s'agissant des projets et propositions de loi, se fait donc par gradation et en deux temps : le temps de l'adoption des articles et le temps de l'adoption de l'ensemble du texte de loi.

Mais ces deux temps sont intercalés d'un autre, celui de la communication sur le sens du vote global à émettre par les parlementaires. Il est prévu, à cette fin, une étape dédiée aux explications sur les motivations qui sous-tendent le vote à émettre sur l'ensemble du texte de loi. Qu'il soit négatif ou positif, le député dispose du droit de communication sur les déterminants de son acte, avant même de l'accomplir. Le règlement intérieur de l'Assemblée Nationale prévoit à ce sujet qu'« *avant le vote sur l'ensemble, sont admises les explications sommaires de vote d'une durée maximum de cinq minutes par orateur* ». Il s'agit d'une séquence particulièrement importante pour les députés lorsqu'il est question de la loi de finances de l'année. L'examen et le vote de l'impôt revêtent au-delà de tout, un intérêt particulier pour eux, car ils sont « *peu enclins à mécontenter le contribuable-électeur* »[336]. Il y a donc une sorte de rationalité politique qui s'intègre dans la logique des parlementaires, concernant les impôts

---

[335]*Cf.* Article 91.1 du règlement intérieur de l'Assemblée Nationale.
[336] L. TROTABAS, *Op.cit.*, p.23. D'aucuns pensent d'ailleurs que quand la classe pauvre gouverne, l'impôt ne l'atteint pas et les dépenses publiques, financées par la taxation des plus riches seront toujours considérables. *Cf.* M. LEROY, *Op.cit.*, p.9.

à instituer et qui les obligent à justifier leur décision vis-à-vis de leurs mandants[337].

Cette étape intermédiaire, entre le vote des articles du projet ou de la proposition de loi et le vote de l'ensemble du texte, semble se justifier d'un autre point de vue. En réalité, en dehors de ce qu'il est nécessaire que les raisons qui motivent un vote négatif ou positif sur un texte de loi soient connues du public, il y a que parfois le député peut bien voter pour des articles du texte de loi et se prononcer, pendant le vote global, contre le même texte. Il est même arrivé que des députés votent pour la première et la deuxième parties du projet de loi de finances de l'année, mais votent contre l'ensemble du texte[338].

L'activité parlementaire, s'agissant de la mise en place de la loi de finances, ne s'arrête pas à l'examen et au vote des ressources potentielles. L'approbation de l'impôt est en effet suivie de l'ouverture de lignes de crédits pour la mise en œuvre des politiques publiques.

Section 2-L'autorisation de la dépense

Si en matière de recettes, le principe de légalité de l'impôt rend le Parlement compétent pour instituer l'impôt et en autoriser annuellement la levée à travers le vote de la loi de finances[339], le principe de l'autorisation préalable de la dépense fait, lui, du Parlement, le décideur ultime de l'ouverture des crédits budgétaires. L'appréciation de la destination des crédits (Paragraphe 1) et l'examen des choix gouvernementaux (Paragraphe 2) constituent les étapes clés de l'exercice, par le Parlement, du pouvoir d'autorisation budgétaire.

Paragraphe 1-L'appréciation de la destination des crédits

La loi de finances apparaît comme un instrument privilégié à travers lequel le Parlement exerce son pouvoir d'appréciation de la destination des crédits. Ceci se réalise aussi bien en termes de prise en compte de

---

[337] Fiscalement, le suffrage universel a des effets variés selon la répartition de la propriété qui sert d'assiette à l'impôt. Il donne réellement le gouvernement de la société aux pauvres, c'est-à-dire au plus grand nombre qui ne peut vivre sans travailler. Le gouvernement de la majorité démocratique ne peut ignorer les demandes de ses pauvres qui sont nombreux. *Cf.* M. LEROY, *Op.cit.*, p.9.

[338] *Cf.* Assemblée Nationale du Bénin, *Rapport de la session plénière consacrée à l'examen du rapport général et au vote de la loi de finances de l'année, pour la gestion 2014.*

[339] A. BANGO, *L'élaboration et la mise en œuvre de la fiscalité dans les pays de la communauté économique et monétaire de l'Afrique Centrale (CEMAC)*, Université Lyon 3, 2009, p 46.

la dimension spatiale dans la répartition des ressources publiques (A) qu'en termes d'appréciation des allocations de ressources par fonction de l'État (B).

A-Du point de vue de la spatialisation des investissements publics

« *La notion d'autorisation se réfère au pouvoir qui en est à l'origine : le Parlement qui par son vote, ouvre des crédits* »[340]. Il va de soi que l'autorisation parlementaire de la dépense publique fait de la question de l'équilibre et de l'équité dans la répartition des ressources un point clé. Le fait pour le Parlement d'exiger des éléments de preuve du pouvoir exécutif, quant à la prise en compte de l'aménagement du territoire dans les propositions d'allocation des crédits, n'est pas sans fondement. Autrement dit, « *c'est parce que le droit de lever l'impôt est sollicité d'une assemblée que ladite assemblée exigera connaissance de l'usage qui sera fait des sommes perçues* »[341]. Avec l'entrée en vigueur le 27 septembre 2013 de la loi n° 2013-14 portant loi organique relative aux lois de finances, l'examen et le vote de la loi de finances de l'année, comme c'est le cas dans d'autres pays ayant adopté la gestion budgétaire par la performance, ne donnent plus lieu à un débat parlementaire atone[342]. L'Assemblée Nationale se prononce, non plus sur les seules mesures nouvelles, mais sur l'ensemble des crédits budgétaires à autoriser, sans distinction des types de dépenses à couvrir.

En réalité, en termes de dépenses publiques, un auteur contemporain affirme qu'il y a « *une distinction entre plusieurs types de dépenses, dont l'importance respective, la composition et l'origine contribuent à définir le modèle politico-social de l'État* »[343]. Il différencie à ce titre, dans le rang des dépenses publiques et ceci en vertu d'une classification économique, des dépenses de fonctionnement, des dépenses d'investissement ou dépenses en capital, et dépenses de transfert[344]. Que ce soit les crédits destinés aux dépenses de personnel, aux

---

[340] C. MAITRE, *La mise à disposition des crédits budgétaires*, Paris, L.G.D.J, 1989, p.17.
[341] G. ORSONI, « Du consentement de la dépense publique», *inMélanges offerts au Doyen Charles CADOUX*, P.U.A.M, 1999, p.248.
[342] J.F. COPE*in* M. BOUVIER (dir.), *Innovations, créations et transformations en finances publiques*, Paris, L.G.D.J, 2006, p. 6.
[343]M. BOUVIER, « Editorial » *RFFP* n°113, Février 2011, p IX.
[344]*Ibidem.*

acquisitions de biens et services, aux transferts courants ou qu'il s'agisse des crédits à orienter vers les dépenses d'investissement public[345], l'Assemblée Nationale étudie à chaque session budgétaire l'ensemble des crédits. Les opérations de vote portent à la fois sur les autorisations d'engagement et les crédits de paiement[346].

Bien que l'ensemble des crédits soit soumis à l'examen et au vote de l'Assemblée nationale, les crédits destinés aux dépenses en capital font l'objet d'un intérêt tout particulier. Leur examen donne lieu à d'importants débats alors que ces crédits ne sont pas les plus importants, en termes de volume, dans la loi de finances. Dans la loi de finances pour la gestion 2016, ils représentent moins de 28,4% du budget général, moins de 37% dans la loi de finances pour la gestion 2015 et 47,6% dans la loi de finances pour la gestion 2017[347]. Pour la gestion 2018, la proportion des dépenses en capital par rapport au budget général ressort à 38,4%[348]. Ces proportions se rapportent aux deux types de dépenses en capital, selon les différentes sources de financement. Il s'agit des dépenses d'investissement directement exécutées par l'État et des dépenses de transferts en capital[349] financées aussi bien sur les ressources intérieures que sur les ressources extérieures.

Le rapport général produit par la commission des finances et des échanges suite à l'examen du projet de loi de finances pour la gestion 2014 rend compte de l'intérêt des parlementaires pour les dépenses d'investissements publics. Il mentionne, en effet, que « *la discussion budgétaire a suscité un intérêt soutenu de la part des députés [et que] cet intérêt s'est traduit par les questions posées au Ministre de l'économie et des finances et au Ministre en charge du développement, lors de la présentation... du programme d'investissements publics pour*

---

[345]Il s'agit des natures de dépenses prévues par la loi organique relative aux lois de finances. *Cf.* Article 13 de la loi organique n°2013-14 du 27 septembre 2013 relative aux lois de finances.

[346]*Cf.* Article 64 de la loi organique n°2013-14 du 27 septembre 2013 relative aux lois de finances.

[347]Ces informations sont tirées de la documentation budgétaire annexée à la loi de finances pour la gestion 2017. *Cf.* Ministère de l'Economie et des Finances, *Rapport de présentation de la loi de finances pour la gestion 2017*, p.6.

[348]*Cf.* Tableau d'équilibre général de la loi de finances pour la gestion 2018, *in* Ministère de l'Economie et des Finances, *Rapport de présentation de loi de finances pour la gestion 2018*, p.26.

[349]*Cf.* Article 13 de la loi organique n°2013-14 du 27 septembre 2013 relative aux lois de finances.

la gestion 2014 »[350]. Le rapport général produit par la même commission au sujet de l'examen du projet de loi de finances pour la gestion 2015 réitère des observations similaires[351].

De toute évidence, ce qui pourrait expliquer l'intérêt des parlementaires pour les dépenses en capital, c'est moins l'importance des crédits que la nature desdites dépenses. En réalité, il s'agit de crédits orientés vers le financement des projets et programmes, c'est-à-dire des actions dont la mise en œuvre est susceptible de créer de la plus-value et une transformation des localités dans lesquelles elles sont réalisées. Ce sont des dépenses ayant une visibilité physique et qui frappent l'opinion et donc l'électorat. La focalisation des débats budgétaires sur cette nature de dépenses, alors qu'elle n'est pas la mieux lotie dans le budget, trouve dès lors sa justification.

En réalité, bien que les députés soient des représentants de la nation tout entière et qu'il n'y ait pas de mandat impératif[352] pour les parlementaires[353], ceux-ci semblent se préoccuper par moments des intérêts de leur circonscription électorale[354]. Pendant les débats, des localités sont souvent citées comme étant moins dotées. C'est le cas par exemple des départements du Couffo, du Plateau et de la Donga, dont les élus ne cessent d'évoquer la situation en matière de répartition des ressources du programme d'investissements publics. Pour le programme d'investissements publics du budget de l'État, gestion 2015 par exemple, ces départements s'en sont sortis respectivement avec 2,83%, 3,54% et 3,7%[355] du total des crédits destinés au financement des dépenses en capital.

---

[350]*Cf.* Assemblée Nationale, *Rapport général d'examen du projet de loi de finances pour la gestion 2014*, p.47.

[351]*Cf.* Assemblée Nationale, *Rapport général d'examen du projet de loi de finances pour la gestion 2015*, p.41.

[352]Le mandat impératif est un mandat politique qui se définit comme le droit pour les électeurs de notifier d'une façon expresse leur volonté et l'obligation expresse pour le député de se conformer à ces intensions. *Cf.* V. POUPIN, *Le mandat impératif*, Paris, Librairie de la Bibliothèque Démocratique, 1873, p.7 ; E. FUILIFON, *Le mandat impératif, étude de droit constitutionnel comparé,* Paris, A. CHEVALIER-MARESCO, C. MARPON &FLAMMARION, 1882.

[353]Article 80 de la constitution béninoise du 11 décembre 1990.

[354]Pour les élections législatives, le territoire national est divisé en vingt-quatre (24) circonscriptions électorales. *Cf.* Article 350, alinéa 2 de la loi n° 2013-06 du 25-11-2013 portant code électoral en République du Bénin.

[355]Ministère du Développement, de l'Analyse Economique et de la Prospective, *Note de présentation du programme d'investissements publics (PIP), gestion 2015*, p.25.

A y voir de près, on peut déduire que c'est la volonté partagée des parlementaires de décrocher au profit de leur circonscription électorale, des projets d'investissements publics qui nourrit le débat budgétaire pour ce qui concerne l'examen des dépenses en capital. Derrière les arguments des uns et des autres, on note un attachement à la mise en œuvre du principe de développement équilibré de l'ensemble du territoire national. Des recommandations sont parfois clairement formulées à cet effet. On lit, par exemple, dans le rapport général de l'examen du projet de loi de finances pour la gestion 2014, qu'il est recommandé de « *veiller à ce que la construction des salles de classe soit répartie de manière équilibrée sur le plan national* »[356]. Dans le rapport soumis à l'adoption des députés par la commission des finances et des échanges, en ce qui concerne la loi de finances pour la gestion 2015, il y a également des recommandations qui vont dans le même sens. Il est notamment recommandé de « *revoir la politique de déploiement des enseignants afin d'assurer une répartition équitable sur toute l'étendue du territoire national* »[357].

L'examen des rapports généraux de la Commission des Finances et des Echanges sur les projets de loi de finances pour les gestions 2016 et 2017 montre une certaine constance dans les recommandations. Pour 2018 par contre, on note des recommandations beaucoup plus orientées vers l'amélioration de la gouvernance publique. A titre d'illustrations, on peut évoquer les recommandations telles que « *mettre en place des structures efficaces de contrôle de l'exécution des projets* » ; « *mettre en œuvre des projets et programmes plus cohérents qui impactent le développement du pays à la base* » ; « *doter le pays d'une véritable politique de développement agricole et mettre en œuvre un programme de diversification agricole en organisant d'autres filières porteuses* » ; « *recourir aux mécanismes légaux en matière de modification des autorisations budgétaires parlementaires* » ; « *observer l'orthodoxie budgétaire en respectant les autorisations du Parlement* »[358].

Cette dernière recommandation semble cibler les dépenses ordinaires qui, d'habitude, suscitent moins l'intérêt des parlementaires. On peut y trouver une double explication : la première est que le

---

[356]*Cf.* Assemblée Nationale, *Rapport de la session plénière consacrée à l'examen du rapport général et au vote de la loi de finances de l'année, pour la gestion 2014*, p.62.
[357]*Cf.* Assemblée Nationale, *Rapport de la session plénière consacrée à l'examen du rapport général et au vote de la loi de finances de l'année, pour la gestion 2015*, p.51.
[358]*Cf.* Assemblée Nationale, *Rapport de la session plénière consacrée à l'examen du rapport général et au vote de la loi de finances de l'année, pour la gestion 2018*, p.31.

principe de la fongibilité des crédits, une innovation de la nouvelle loi organique relative aux lois de finances, rend moins étanche la séparation entre dépenses d'investissements et dépenses de fonctionnement. En effet, en cours de gestion, des crédits initialement destinés à la couverture de dépenses ordinaires peuvent se voir convertir en crédits devant financer des dépenses d'investissement. L'Article 15 de la loi organique relative aux lois de finances qui précisent les modalités d'exercice de la fongibilité des crédits, dispose que « *pour les besoins de l'exercice de la fongibilité des crédits... la modification des crédits de personnel, de biens et services ou de transfert en crédits d'investissement donne lieu à la création automatique d'autorisations d'engagement pour un montant équivalent* »[359].

La lecture ainsi faite des effets de la fongibilité asymétrique des crédits sur la classification économique des dépenses publiques s'inscrit dans la même compréhension que ce qu'affirme un auteur sur la question. Selon lui, en effet, *« l'introduction de la fongibilité des crédits de fonctionnement et d'investissement depuis la réforme budgétaire mise en œuvre dans le cadre de l'application de la LOLF a altéré quelque peu la distinction entre les deux catégories concernées »*[360].

La deuxième raison trouve son fondement dans le revirement en cours de doctrine sur la classification économique des dépenses publiques. Certains auteurs pensent qu'elle ne prend pas en compte les évolutions contemporaines des finances publiques. A ce sujet, on peut partager toujours avec le même auteur qu'« *on ne peut plus considérer aujourd'hui que certaines dépenses concernant notamment la recherche ou l'éducation, qui sont des dépenses d'avenir, et par conséquent indispensables au développement du pays dans le futur, ne soient pas considérées comme des investissements à part entière et ce pour leur totalité (investissement et fonctionnement)* »[361].

En attendant que le concept de dépenses en capital ou d'investissement public[362] ne recouvre une nouvelle réalité, ce qu'il est

---

[359]*Cf.* Article 15 de la loi organique n°2013-14 du 27 septembre 2013 relative aux lois de finances.

[360]M. BOUVIER, « Editorial » *RFFP* n°113, *Op.Cit.* p IX.

[361]*Ibidem.*

[362] « *L'investissement public fait référence aux dépenses du Gouvernement consacrées aux infrastructures économiques telles que les aéroports, les routes, les chemins de fer, les réseaux d'eau et d'assainissement, les services publics d'électricité et de gaz, les télécommunications et les infrastructures sociales telles que*

convenu de désigner sous le vocable de programme d'investissement public continuera de tenir une bonne place dans la discussion du projet de loi de finances de l'année. Pour l'année 2014, le programme d'investissement public « *comporte 300 projets et programmes contre 320 en 2013, soit une diminution de 20 projets* [et] *se décompose en 262 anciens et 38 nouveaux projets dont 14 issus de reformulation d'anciens projets* »[363]. En termes d'allocation budgétaire, il totalise des crédits budgétaires d'un montant de 297,3 milliards de FCFA, contre 272,9 milliards de FCFA en 2013, soit une hausse de 8,9%[364]. Une observation sur les années 2015 et 2016 montre que les niveaux de répartition du PIP par zone géographique restent déséquilibrés.

En 2015, six départements concentrent plus de 52,4% des ressources allouées. Le département de l'Atlantique est doté de 45,8 milliards de FCFA, représentant 11,2% du montant total du programme d'investissement public pour la gestion 2015. Le département du Littoral a bénéficié, quant à lui, de 41,0 milliards de FCFA, soit 10,0%. Ils sont suivis des départements de l'Ouémé (39,8 milliards de FCFA), du Borgou (33,8 milliards de FCFA), de l'Alibori (27,6 milliards de FCFA) et du Zou (26,2 milliards de FCFA), représentant respectivement 9,7%, 8,3%, 6,7% et 6,4% du PIP gestion 2015.

La deuxième moitié des départements se partage 47,6% des ressources totales, soit 112,9 milliards de FCFA. Dans cette catégorie, l'Atacora occupe le premier rang avec 26,2 milliards de FCFA, soit 6,4%. Il est suivi du Mono avec 22,7 milliards de FCFA, soit 5,6%. Les Collines (22,6 milliards de FCFA) et le Plateau (15,2 milliards de FCFA) complètent cette liste, avec respectivement 5,5%, et 3,7% du PIP gestion 2015. Quant aux départements de la Donga (14,5 milliards de FCFA) et du Couffo (11,6 milliards de FCFA), ils se retrouvent avec environ 11 milliards de FCFA et représentent respectivement 3,54% et 2,83% du PIP gestion 2015[365].

En 2016, on note une aggravation de la concentration de l'action publique dans certains départements. Les mêmes départements qui ont

les écoles, les hôpitaux et les prisons (FMI, 2015) », disponible sur https:// www.odi.org/sites/odi.org.uk/files/resource-documents/11510.pdf.

[363]Ministère du Développement, de l'Analyse Economique et de la Prospective, *Note de présentation du programme d'investissements publics (PIP)*, gestion 2014, p.19.

[364]*Ibidem.*

[365]Ministère du Développement, de l'Analyse Economique et de la Prospective, *Note de présentation du programme d'investissements publics (PIP), gestion 2015*, pp.21-22.

mobilisé plus de 52% des crédits PIP en 2015 tiennent en 2016, plus des 2/3 des ressources allouées. L'Atlantique a la dotation la plus élevée avec 51,4 milliards de FCFA représentant 15,0% du PIP gestion 2016. Le Littoral vient avec 40,5 milliards de FCFA, soit 11,8%. Il est suivi de l'Ouémé (33,5 milliards de FCFA), du Borgou (31,4 milliards de FCFA), du Zou (23,4 milliards de FCFA) et du Mono (22,1 milliards de FCFA), représentant respectivement 9,8%, 9,2%, 6,9% et 6,5% du PIP gestion 2016.

L'autre moitié des départements se partage 25,6% des ressources totales, soit 52,9 milliards de FCFA. Dans cette catégorie, l'Alibori occupe le premier rang avec 20,3 milliards de FCFA, soit 6,0%. Il est suivi de l'Atacora avec 19,2 milliards de FCFA, soit 5,6%. Les Collines (16,9 milliards de FCFA) et le Plateau (12,3 milliards de FCFA) complètent cette liste avec respectivement 4,9%, et 3,4% du PIP gestion 2016[366].

A l'analyse, les résultats ainsi retracés de la spatialisation des actions d'investissement de l'État semblent ne pas relever d'une volonté de l'État de délaisser certaines contrées. Ils sont le fruit du processus d'élaboration des projets et programmes, conduits pour l'essentiel par les ministères sectoriels. Dans la pratique, en effet, ce sont les ministères eux-mêmes qui, sur la base de leurs documents de politique et de stratégies sectorielles, définissent les idées de projets et les développent. La participation du ministère en charge du développement se limite beaucoup plus à la définition des critères d'éligibilité des projets-programmes et à la vérification de leur respect. Ces critères restent techniques et sans effet sur les orientations stratégiques.

Le déséquilibre, tout au moins spatial, observé pourrait donc être imputé à l'absence d'une autorité de coordination et de suivi de la prise en compte du territoire dans le montage des actions d'investissement. Le déséquilibre noté est donc illustratif de cette insuffisance dans l'encadrement stratégique et institutionnel des programmes d'investissements au sein des ministères sectoriels. On peut donc partager avec le ministère chargé du développement que « *la répartition géographique du programme d'investissement public n'est qu'un constat de la programmation et ne découle pas de la mise en œuvre*

---

[366]Ministère du Développement, de l'Analyse Economique et de la Prospective, *Note de présentation du programme d'investissements publics (PIP), gestion 2016*, p.22.

d'un schéma directeur ou d'une politique d'aménagement du territoire »[367].

La mise en place d'un agenda spatial par le Gouvernement s'avère à ce sujet utile, voire nécessaire. Il devrait servir de référence et de cadre programmatique du développement équilibré du territoire. Son adoption pourrait, par ailleurs, influencer positivement la qualité de la décision financière au niveau du Parlement. En réalité, si les allocations de ressources étaient faites sur la base d'un schéma directeur, les parlementaires s'attacheraient moins à la défense des intérêts de leurs circonscriptions électorales. L'examen du cadre de performance de l'action de l'État pourrait conséquemment retrouver plus d'espace dans le processus de discussion du budget de l'État, notamment dans les études en commissions spéciales.

B-Du point de vue des sections administratives

Les facteurs de la dépense de l'État démocratique chez TOCQUEVILLE sont d'ordre politique (institutionnel-décision, idéologique-progrès et administratif-gestion), sociologique (social-éducation et culturel-mœurs), économique (structurel-patrimoine et conjoncturel-marché), puis cognitif (court terme-préférence et concret-préférence)[368]. Ainsi, les allocations de ressources aux ministères et institutions qui sont codifiés comme des sections selon la nomenclature budgétaire de l'État[369] s'opèrent au regard de multiples considérations. Celles-ci peuvent viser l'efficacité économique de la dépense comme elles peuvent cibler des facteurs strictement sociaux, voire des secteurs à faible productivité (éducation, santé, etc.) qui nécessitent une intervention de l'État pour répondre à la demande des populations[370]. La présence au budget de l'État et la croissance de dépenses publiques moins rentables pour l'activité privée ne sont, de ce point de vue, pas exclues. Le budget de l'État, à travers la loi de finances, couvre en effet l'ensemble des fonctions de l'État.

---

[367]Cette analyse de la répartition géographique du programme d'investissement public est présente, dans presque toutes les notes d'analyse du PIP élaborées chaque année par le ministère chargé du développement. *Cf.* en guise d'exemple, les notes d'analyse produites à l'occasion de l'examen des projets de lois de finances pour les gestions 2015 et 2016.

[368] A. Tocqueville cité par M. LEROY, *Op.cit*, p.10.

[369]Les sections constituent le premier segment du référentiel administratif de la nomenclature budgétaire de l'Etat. *Cf.* article 13 du décret n°2014-794 du 32 décembre 2014 portant nomenclature budgétaire de l'Etat.

[370]*Cf.* M. LEROY, *Op.Cit.*, pp.7 et suivant.

Le domaine fonctionnel de l'État est lui-même défini par référence à la classification des fonctions des administrations publiques (CFAP) publiée par le Fonds Monétaire International[371]. Il s'agit d'un ensemble de dix (10) fonctions, appréhendées comme des divisions[372], que le Bénin a adoptées et intégrées dans son système de gestion des finances publiques comme des éléments de référence. A ce sujet, l'article 14 du décret n° 2014-794 du 31 décembre 2014 portant nomenclature budgétaire de l'État dispose que « *la classification fonctionnelle des administrations publiques est une ventilation détaillée des dépenses par fonction ou par objectif socio-économique* ». Ainsi, conformément aux normes internationales, les dépenses budgétaires sont regroupées en dix (10) divisions que sont « services généraux des administrations publiques », « défense », « ordre et sécurité publics », « affaires économiques », « protection de l'environnement », « logements et équipements collectifs », « santé », « loisirs », « culture et culte », « enseignement » et « protection sociale »[373].

L'ossature des pouvoirs publics est bâtie en fonction des champs d'action ainsi définis et organisés suivant des divisions. L'ensemble des institutions publiques, qu'elles relèvent du pouvoir exécutif, du pouvoir législatif, du pouvoir judiciaire ou encore d'autres structures définies par la constitution du 11 décembre 1990[374], tirent le fondement de leur création des dix (10) fonctions identifiées et codifiées. L'article 15 du décret n° 2014-794 du 31 décembre 2014 portant nomenclature budgétaire de l'État précise, s'agissant des fonctions, que *« la classification fonctionnelle s'articule autour des notions de division, groupe et classe dont l'ensemble est codifié sur quatre (4) caractères [et que] la division est identifiée par deux (2) caractères, le groupe par un (1) caractère et la classe par un (1) caractère* ».

Dans le budget de l'État pour la gestion 2016, un total de trente-cinq (35) sections, dont vingt-huit (28) ministères et sept (07) institutions

---

[371]Fonds Monétaire International, Département des statistiques, *Manuel de statistiques de finances publiques*, 2ème édition, 2001, p.90.

[372] Les divisions peuvent être considérées comme les objectifs généraux des administrations publiques. *Cf.* Fonds Monétaire International, Département des statistiques, *Manuel de statistiques de finances publiques*, 2ème édition, 2001, p.90.

[373]*Cf.* Article 14 du décret n°2014-794 du 31 décembre 2014 portant nomenclature budgétaire de l'Etat.

[374]Il s'agit par exemple de la Haute Autorité de l'Audiovisuelle et de la Communication (HAAC), article 14e et 143 de la Constitution et du Conseil Economique et Social (CES), article 139 à 141 de la Constitution.

sont destinataires de crédits budgétaires pour la mise en œuvre des actions relevant des dix (10) divisions ou fonctions qui constituent le domaine fonctionnel de l'État. Il s'agit des institutions constitutionnelles, comme par exemple, la Présidence de la République, la Cour Constitutionnelle, l'Assemblée Nationale et les Ministères créés au moyen du décret n° 2015-370 du 18 juin 2015 portant composition du Gouvernement. On peut citer au nombre de ces derniers, le Ministère de l'Enseignement Supérieur et de la Recherche Scientifique, le Ministère de l'Agriculture, de l'Elevage et de la Pêche ou encore le Ministère Chargé des Relations avec les Institutions.

Les sections administratives destinataires de crédits dans la loi de finances sont retenues en raison de leur statut budgétaire. En réalité, le gouvernement ne peut projeter allouer de crédits budgétaires qu'aux institutions qui possèdent les qualités requises pour être directement éligibles au bénéfice des dotations budgétaires. La loi précise en la matière que « *les lois de finances répartissent les crédits budgétaires qu'elles ouvrent entre les différents ministères et institutions* »[375]. Il va donc de soi que ce soit les institutions constitutionnelles et les ministères qui passent devant l'Assemblée Nationale, en commission spéciale pour la présentation et la justification des sollicitations de crédits qu'ils ont formulées à travers le projet de loi de finances de l'année.

On note conséquemment au niveau de l'Assemblée Nationale, une organisation particulière pour l'examen des propositions budgétaires des ministères et institutions. Des commissions spéciales sont mises en place et des rapporteurs spéciaux sont désignés pour instruire les propositions budgétaires par ministère et institution. L'examen du programme des travaux en commission dans le cadre de l'étude du projet de loi de finances gestion 2016 montre qu'il est désigné autant de rapporteurs spéciaux que de sections ou de propositions budgétaires. Un total de trente-cinq (35) rapporteurs spéciaux est répertorié pour l'examen des trente-cinq propositions budgétaires qui forment ensemble le projet de budget de l'État pour la gestion 2016[376]. Ceux-ci évoluent dans deux groupes de travail mis en place pour la circonstance,

---

[375]*Cf.* Article 14 de la loi organique n°2013-14 du 27 septembre 2013 relative aux lois de finances.

[376]Assemblée Nationale, Commission des Finances et des Echanges, Commission du Plan, de l'Equipement et de la Production, Programme des travaux en commission dans le cadre de l'étude du projet de loi de finances, gestion 2016.

avec un effectif de trente-six (36) députés pour le premier et un effectif de trente-cinq (35) députés pour le deuxième. Les rapporteurs spéciaux ne proviennent pas que de la commission budgétaire qui réunit la commission des finances et des échanges et la commission du plan, de l'équipement et de la production. Ils sont désignés dans toutes les commissions parlementaires, sans qu'il soit tenu compte de leur obédience politique[377].

En sus de la mise en place de commissions spéciales pour l'examen des propositions budgétaires sectorielles et la désignation concomitante de rapporteurs spéciaux, la commission budgétaire met en œuvre un processus spécifié pour l'exercice du pouvoir budgétaire. Il est élaboré chaque année et mis à la disposition des ministères et institutions, des canevas harmonisés de présentation de leurs propositions budgétaires.

L'analyse du canevas de présentation permet de cerner les éléments qui constituent les points de concentration de l'examen en commission du projet de loi de finances. On peut relever dans la structure du canevas cinq (05) parties. Il s'agit, dans l'ordre, de la présentation du département ministériel ou de l'institution, du tableau synoptique des crédits ouverts, avec la mise en relief de l'évolution des crédits ouverts d'une année à l'autre, du point de la consommation des crédits et l'état des lieux des difficultés majeures rencontrées dans l'exécution du budget pendant les trois premiers trimestres de l'année courante, de la présentation des projets gérés par le ministère, et du point de la mise en œuvre des recommandations faites aux Ministres par la représentation nationale à l'occasion de l'adoption des précédents budgets.

A bien des égards, on est tenté, à la lumière des points d'ancrage du processus de prise de la décision financière au niveau du Parlement, de conclure que le pouvoir exercé par les députés dans le cadre de la mise en place du budget de l'État ne se limite pas seulement aux aspects financiers du fonctionnement de l'administration publique. Il prend en compte l'analyse du poids budgétaire de chaque section administrative, en relation avec le domaine fonctionnel sur lequel est centrée son action, de même que l'architecture organisationnelle adoptée.

---

[377]Des trente-cinq (35) rapporteurs spéciaux désignés pour l'examen du projet de loi de finances pour la gestion 2016, dix-sept (17), soit 48,6% sont de la majorité parlementaire et dix-huit (18), soit 51,4% sont de l'opposition parlementaire. Cf. Assemblée Nationale, Commission des Finances et des Echanges, Commission du Plan, de l'Equipement et de la Production, Programme des travaux en commission dans le cadre de l'étude du projet de loi de finances, gestion 2016.

A travers le poids budgétaire des sections administratives, les parlementaires apprécient la cohérence des propositions d'allocation de crédits avec les objectifs stratégiques assignés au projet de loi de finances. La finalité de cet exercice est la vérification du respect par le pouvoir exécutif, des priorités qu'il s'est librement fixées, à travers les orientations budgétaires. Ainsi, le poids budgétaire d'un secteur peut trahir ou confirmer la place qui lui aurait été réservée dans l'établissement par ordre de gradation des priorités. A vrai dire, l'importance d'un secteur pour l'État se lit à travers l'espace budgétaire qui lui est réservé dans la loi de finances de l'année. A cette phase du processus budgétaire, le rôle de la commission des finances est facilité par la présence de la Direction Générale du Budget, aussi bien pendant les travaux de la commission des finances elle-même que pendant les travaux des commissions spéciales[378]. La synthèse des dotations budgétaires qui se trouve être le document récapitulatif de répartition des crédits budgétaires indique une dynamique presque linéaire en ce qui concerne les allocations de ressources par secteur en 2015 et en 2016.

Dans le budget de l'État pour la gestion 2016, les institutions constitutionnelles totalisent, ensemble, 3,23% des crédits ouverts au budget de l'État, contre 3,04% en 2015. Pour ce qui concerne les ministères exerçant des activités relevant de la souveraineté de l'État[379], ils obtiennent 20,77% du budget de l'État en 2016, contre 20,96% en 2015. Les ministères classés économiques[380] quant à eux, sont bénéficiaires de 14,83% du budget de l'État en 2016, contre 15,40% en 2015. La plus grosse part des ressources budgétaires de l'État, que ce soit en 2016 ou en 2015, est allée aux ministères officiant dans le

[378] *Cf.* L. TROTABAS, *Op.cit.*, p.34.

[379] Il s'agit, entre autres, du ministère chargé des affaires étrangères, du ministère chargé de la justice, du ministère chargé de la défense nationale, du ministère chargé de la sécurité publique, du ministère chargé de la fonction publique, etc.

[380] Il s'agit, entre autres, du ministère chargé de l'industrie et du commerce, du ministère chargé du tourisme et de l'artisanat, du ministère chargé des travaux publics et des transports, du Ministère chargé de l'agriculture, de l'élevage et de la pêche, du ministère chargé de l'économie maritime et des infrastructures portuaires, etc.

domaine social[381] des fonctions de l'État. Un total de 33,79% des crédits budgétaires leur a été consacré en 2016, contre 35,30% en 2015[382].

Au-delà de l'appréciation du poids budgétaire global des sections administratives dans le budget global, des analyses au niveau des commissions spéciales chargées d'examiner le projet de loi de finances ciblent la répartition par ministère de certaines grandes masses budgétaires. L'exemple des dépenses d'investissement qui font déjà l'objet d'un intérêt particulier des parlementaires du point de vue de la spatialisation de l'action publique reste pertinent. Ainsi, en anticipation sur les questions des députés concernant la répartition par ministère du programme d'investissement public du budget de l'État pour la gestion 2014, le ministère chargé du développement a inséré dans la note de présentation du programme d'investissement public, une analyse succincte sur la question.

Il ressort de celle-ci que « *La répartition du PIP gestion 2014 par ministère et institution de l'État reste compatible avec les investissements susceptibles d'impacter positivement la croissance, à savoir le Ministère des Travaux Publics et des Transports (MTPT), principal exécuteur des infrastructures de transport, avec 56,9 milliards de FCFA, soit 19,2% du PIP, gestion 2014 ; le Ministère de l'Energie, des Recherches Pétrolières et Minières, de l'Eau et du Développement des Energies Renouvelables (MERPMEDER) avec 36,7 milliards de FCFA, soit 12,3% du PIP, 2014 et le Ministère de l'Agriculture, de l'Elevage et de la Pêche (MAEP) avec 33,0 milliards de FCFA, soit 11,1% du PIP 2014, etc.* »[383]. On note dans cette analyse, une forme de justification, devant le Parlement, de la pertinence ou de la cohérence des choix d'allocation des ressources par ministère.

Autant la répartition spatiale et la répartition par fonction de l'État des crédits budgétaires intéressent les parlementaires, autant l'examen de la pertinence des choix opérés par le pouvoir exécutif pour la mise

---

[381]Il s'agit du domaine d'activités des ministères comme celui chargé de la santé, ceux chargés des divers ordres d'enseignements, le ministère chargé de la microfinance, le ministère chargé de l'eau, le ministère chargé de l'urbanisme et de l'assainissement, le ministère de la famille, etc.

[382]Direction Générale du Budget, *Evolution des allocations budgétaires au profit des institutions et ministères 2016-2015.*

[383]Ministère du Développement, de l'Analyse Economique et de la Prospective, *Note de présentation du programme d'investissements publics (PIP), gestion 2016, Op.Cit.*, p.20.

en œuvre des orientations économiques et budgétaires constitue une priorité pour le Parlement.

Paragraphe2-L'examen des choix gouvernementaux

Le droit de consentement à l'impôt reconnu à l'Assemblée Nationale par la constitution exige du Parlement un devoir d'appréciation des actions à financer, avant même de procéder, par la suite, au contrôle de l'utilisation des ressources mises à la disposition de l'exécutif. Une double dynamique s'observe à cette fin au niveau du Parlement : l'examen du profil des dépenses (A) et la validation des programmes (B).

A-L'appréciation de la trajectoire des dépenses

« *Le Parlement apparaît comme un acteur légitime du système financier classique, selon des modalités réelles variables d'un pays à l'autre* »[384]. Au sein de l'UEMOA, notamment avec la nouvelle génération des directives formant le nouveau cadre harmonisé des finances publiques[385], la légitimité du Parlement dans le processus de décision financière s'est vue renforcée. En effet, plusieurs dispositions des directives, notamment de la directive portant loi de finances, sont consacrées à l'information du Parlement et à son implication dans la phase administrative de la procédure de préparation du budget de l'État. On peut évoquer, en guise d'illustration, l'article 46 qui fait l'énumération de la documentation budgétaire à produire au Parlement, en annexe au projet de loi de finances, l'article 57 qui institue le débat d'orientation budgétaire, l'article 63 qui fait obligation de produire et de soumettre au Parlement le projet de loi de règlement de la pénultième année au plus tard le jour de l'ouverture de la session budgétaire et

---

[384]M. LEROY, *Op.cit*, p.55.

[385] Directive N° 06/2009/CM/UEMOA du 26 juin 2009 portant lois de finances au sein de l'UEMOA ; directive n°01/2009/CM/UEMOA du 26 juin 2009 portant code de transparence dans la gestion des finances publiques au sein de L'UEMOA ; directive n°08/2009/CM/UEMOA du 26 juin 2009 portant nomenclature budgétaire de l'Etat au sein de l'UEMOA ; directive n°09/2009/CM/UEMOA du 26 juin 2009 portant plan comptable de l'Etat (PCE) au sein de l'UEMOA , directive 10/2009/CM/UEMOA du 26 juin 2009 portant tableau des opérations financières de l'État (TOFE UEMOA) au sein de l'UEMOA, etc.

l'article 74 qui consacre la production, chaque trimestre, d'un rapport sur l'exécution de la loi de finances au Parlement[386].

La préoccupation du législateur communautaire semble bien orientée vers une meilleure implication du Parlement dans la vie financière de l'État pour une meilleure allocation et utilisation des ressources. L'idée qui sous-tend cette posture du jurislateur communautaire pourrait se trouver dans la mission de protection que le Parlement est censé assurer vis-à-vis des populations, en ce qui concerne leurs propriétés privées. En réalité, dans la mesure où les recettes qui financent les dépenses publiques nécessitent un appel à impôt, « *elles portent atteinte aux propriétés, aux fortunes et aux libertés privées, dont le Parlement, incarnation de la souveraineté nationale, est traditionnellement le gardien* »[387].

L'analyse de la trajectoire des dépenses publiques admet comme champs d'exercice, deux des nouveaux instruments de programmation budgétaire définis par la loi n° 2013-14 du 27 septembre 2013 portant loi organique relative aux lois de finances. Il s'agit du document de programmation budgétaire et économique pluriannuelle (DPBEP) et du document de programmation pluriannuelle des dépenses (DPPD). Le premier comporte le cadrage des dépenses pour l'année d'application de la loi de finances et une projection sur un triennal, alors que le second montre la déclinaison du cadrage global des dépenses dans les ministères, avec également une projection sur le même horizon temporel[388]. Les documents les plus utilisés par les parlementaires pour l'appréciation du profil des dépenses restent cependant les DPPD. Onze (11) ministères[389] les ont expérimentés pour le compte de la loi de finances, gestion 2016.

---

[386]Le Bénin a intégré les dispositions de ces articles de la directive dans son droit positif au moyen des articles 49 , 59, 66 et 93 de la loi n°2013-14 du 27 septembre 2013 portant loi organique relative aux lois de finances.

[387]L. TROTABAS, *Op.cit.*p.23.

[388]*Cf.* Unité de Gestion de la Réforme des finances publiques, *loi organique n°2013-14 du 27 septembre 2013 relative aux lois de finances*, articles 56 et 57, pp. 73-74.

[389] Il s'agit du Ministère de l'Agriculture, de l'Elevage et de la Pêche, du Ministère de l'Economie, des Finances et des Programmes de Dénationalisation, du Ministère de la Santé, du Ministère des Travaux Publics et des Transports, du Ministère du Développement de l'Analyse Economique et de la Prospective, du Ministère de l'Enseignement Supérieur et de la Recherche Scientifique, du Ministère Chargé de la Microfinance, de l'Entrepreneuriat et de l'Emploi des Jeunes et des Femmes, du Ministère de la Décentralisation, de la Gouvernance Locale, de l'Aménagement et de l'Administration du Territoire, du Ministère de la Justice, de la Législation et des

Ce qui rend le Document de Programmation Pluriannuelle des Dépenses plus utile que le Document de Programmation Budgétaire et Economique Pluriannuelle dans le cadre de l'analyse de l'évolution des dépenses publiques à moyen terme, c'est son contenu et sa nature. Il s'agit d'un document sectoriel qui offre l'avantage du détail sur la prise en charge des orientations et stratégies nationales au plan sectoriel. Il a, de ce point de vue, l'avantage de donner l'allure de ce que seront les impératifs de dépenses à moyen terme, soit au moins sur deux années après l'année d'application de la loi de finances de l'année. En termes de contexture, le Document de Programmation Pluriannuelle des Dépenses est structuré en deux parties. La première présente l'analyse du secteur, l'analyse des missions, les objectifs, les politiques et les stratégies du ministère et puis le niveau d'exécution par programme du budget en cours. Quant à la deuxième, elle présente les programmes budgétaires[390].

S'agissant de son contenu, l'UEMOA assimile le Document de Programmation Pluriannuelle des Dépenses à un outil d'évaluation des crédits et de formulation de la performance des programmes budgétaires[391]. Ainsi, les Documents de Programmation Pluriannuelle des Dépenses constituent des supports de présentation pour les crédits des programmes de chaque ministère (année du projet de loi de finances et années suivantes) et des résultats « cibles » poursuivis par les objectifs et les indicateurs. Il présente par programme budgétaire un cadre de performance, un tableau de financement, un tableau de réalisation et des informations sur les Opérateurs[392] de l'État[393]. Parmi les tableaux insérés dans les Documents de Programmation Pluriannuelle des Dépenses, c'est celui relatif au financement qui

---

Droits de l'Homme, du Ministère des Enseignements Maternel et Primaire, du Ministère de l'Economie Maritime et des Infrastructure Portuaires.

[390]*Cf.*Ministère de l'Enseignement Supérieur et de la Recherche Scientifique, *Document de programmation pluriannuelle des dépenses 2016-2018*, octobre 2015.

[391] UEMOA, *Guide didactique de la directive n°06/2009/CM/UEMOA portant loi de finances au sein de l'UEMOA*, annexe n°1, p.15.

[392]Il faut entendre par opérateurs, tout organisme de droit public intervenant dans la mise en œuvre d'une politique publique, avec des moyens autres que ceux retracés dans le cadre de dépenses à moyens terme (CDMT). Il peut citer les exemples du Centre National de Sécurité Routière (CNSR) et de la Caisse Nationale de Sécurité Sociale (CNSS).

[393]*Cf.* Direction Générale du Budget, *Maquette des tableaux de présentation du document de programmation pluriannuelle des dépenses*.

montre le profil des impératifs de dépenses attachés à la poursuite de la réalisation d'un objectif.

Ainsi, du moment où tous les « *ministères, budgets annexes et comptes spéciaux* » présentent chacun un Document de Programmation Pluriannuelle des Dépenses qui regroupe les programmes qui leur sont associés, ces documents offrent aux parlementaires une vue globale sur les projections de dépenses par secteur et surtout en fonction des objectifs poursuivis par les politiques publiques structurées en programmes budgétaires. En cela, ils constituent des repères pour l'appréciation globale de la trajectoire des dépenses publiques, en lien avec les cibles à atteindre, après la mise en œuvre, par séquence annuelle, des politiques publiques.

La dynamique de l'évolution des dépenses publiques qui ressort de l'appréciation parlementaire, permet au pouvoir législatif d'appréhender les efforts de mobilisation de ressources à faire pour la couverture des dépenses futures. L'exercice devrait induire l'évaluation du niveau de pression fiscale qu'engendreraient les ambitions de dépenses exprimées à travers les Documents de Programmation Pluriannuelle des Dépenses. Un rapprochement avec le cadrage budgétaire global retracé dans le DPBEP est par la suite nécessaire pour aboutir à une position du Parlement sur la trajectoire proposée par le pouvoir exécutif pour les finances publiques à moyen terme.

L'exploitation faite par les députés de la première génération des Documents de Programmation Pluriannuelle des Dépenses élaborés pour le compte du projet de loi de finances pour la gestion 2016 montre cependant que des efforts restent à faire afin de replacer les Documents de Programmation Pluriannuelle des Dépenses au cœur de l'examen, par le Parlement, de la programmation des dépenses publiques. Pour ceux d'entre eux qui ont eu à charge la rédaction des rapports spéciaux sur l'examen des propositions budgétaires des ministères pilotes, il a été noté certes une attention particulière sur la cohérence des notes de présentation exposées par les ministres et la structure des Documents de Programmation Pluriannuelle des Dépenses qui ont accompagné le projet de loi de finances. Mais il reste nécessaire de renforcer la lecture du document, sous l'angle d'une présentation par anticipation de l'espace budgétaire recherché pour les années suivantes.

Cette dimension de l'examen des propositions budgétaires paraît en effet nécessaire à bien des égards : elle est utile pour le rétablissement ou la surveillance de l'équilibre des comptes et permet de discuter les ambitions du Gouvernement et d'arrêter un niveau de progression consensuel des dépenses, et par ricochet, des prélèvements fiscaux sur le moyen terme. On pourrait donc conclure qu'en l'absence d'une loi de programmation des finances dans le nouveau cadre harmonisé des finances publiques de l'UEMOA[394], les Documents de Programmation Pluriannuelle des Dépenses pourraient servir d'instruments budgétaires, non seulement de déclinaison des politiques nationales au plan sectoriel, mais également de cadres sectoriels de programmation des finances publiques.

En réalité, le tableau de financement réalisé par programme dans le Document de Programmation Pluriannuelle des Dépenses présente par objectif spécifique, c'est-à-dire sur le périmètre de chaque action retenue pour la mise en œuvre d'un programme budgétaire, les besoins de crédits budgétaires qui lui sont associés sur une période triennale. Cette programmation à moyen terme des dépenses qu'appelle l'exécution des programmes budgétaires ne se limite pas au volume global des crédits nécessaires. Elle est réalisée en fonction des différentes natures de crédits, telles que définies à l'article 14 de la LOLF (crédits de personnel, de biens et services, d'investissement et de transfert). Ce qui facilite l'analyse du financement des actions éligibles au budget et, par ricochet, les ajustements en termes de recommandation pour la budgétisation des tranches futures des programmes en cours d'exécution.

En dépit de l'absence de dispositions juridiques favorables à la mise en place d'une loi de programmation des finances publiques au niveau du nouveau cadre harmonisé des finances publiques de l'UEMOA, il semble possible au Bénin de doter le cadre juridique de gestion des finances publiques d'une telle loi. En effet, en évoquant la loi de finances de l'année, le constituant béninois ne l'a pas limité dans un horizon de court terme. Il consacre la possibilité de la programmation de l'action économique et sociale de l'État au moyen d'une loi. La constitution du 11 décembre 1990 dispose à ce sujet que *« les lois de*

---

[394] Au sein de l'UEMOA, il n'existe pas une loi de programmation des finances publiques comme c'est le cas en France où les lois de programmation pluriannuelles des finances publiques (LPFP) sont dédiées à la mise en œuvre de la "règle d'or" fixée par le Traité sur la Stabilité, la Coordination et la Gouvernance (TSCG). Selon les informations disponibles sur le site www.performance-publique.budget.gouv.fr à la date du 21 novembre 2015 à 18 heures, les lois de programmation devraient désormais fixer un objectif de déficit "structurel" (corrigé des variations de la conjoncture) qui ne pourra pas dépasser 0,5 % du PIB, ainsi qu'une trajectoire pour y parvenir.

programme fixent les objectifs de l'action économique et sociale de l'État »[395]. Il est évident que les lois de programmes ne sont pas forcément des lois à caractère financier. On peut toutefois retenir que le Bénin pourrait faire recours à cette disposition, s'il ressentait la nécessité de prendre une loi de programmation des finances publiques. Par voie de conséquence, on pourrait affirmer que le cadre juridique béninois est favorable à un encadrement *a priori* de l'évolution des agrégats budgétaires, notamment les dépenses, avant même l'élaboration de la loi de finances et la construction du budget de l'État.

Le Parlement dispose donc, en matière budgétaire, au sein de l'UEMOA et plus encore au Bénin, de larges pouvoirs. Cet état de choses semble relever de la même tendance par rapport aux normes observées dans certains pays développés[396]. Il est cependant à souligner que le pouvoir du Parlement en matière budgétaire varie fortement d'un pays à un autre. L'organisation pour la coopération et le développement économique retient à ce sujet, « *l'indicateur de restrictions (en droit) au pouvoir de modifier le budget proposé par le Gouvernement et constate qu'en 2002, 41% des pays disposent d'une forme de droit d'amendement, selon des modalités diverses* »[397].

Tout compte fait et en fonction des défis qui se posent encore au Parlement en matière de vérification de la fiabilité des données que lui communique le Gouvernement dans le cadre de la mise en place de la loi de finances, des besoins de renforcement des capacités institutionnelles demeurent. A cette fin, l'idée de « *la création d'institutions indépendantes ou rattachées au Parlement et réalisant des prévisions budgétaires* »[398] paraît recevable mais reste en débat. Il est évident que si une telle proposition est mise en œuvre, le Parlement disposerait d'éléments indépendants d'appréciation des prévisions budgétaires et d'examen de la trajectoire des dépenses[399]. A défaut de

---

[395]*Cf.* Article 99 de la constitution béninoise du 11 décembre 1990, *in* J. A. TOUDONOU et C. KPENONHOUN, *Op.Cit.*,p. 263.

[396]On peut citer les exemples de la France et des Etats-Unis d'Amérique.

[397]M. LEROY, *Op.Cit.*, p.54.

[398] FONDAFIP, *L'intégration financière publique*, Paris, 2eme, édition, Septembre 2012, p 25.

[399]Il s'agit là d'un moyen de renforcement du contrôle parlemantaire qui recouvre une dimension beaucoup plus large qu'on ne l'imagine. Un auteur le désigne comme *« l'ensemble des moyens, juridiques ou non, mis en œuvre par les assemblées pour amener le gouvernement à s'expliquer sur les choix qu'il propose, l'adéquation des moyens affectés aux fins qu'il dit poursuivre, le mode d'emploi des fonds qui lui sont accordés par les assemblées, l'examen du fonctionnement des services publics qu'il*

créer un pareil organisme pour le Parlement, il convient de faire naître un organisme indépendant de projection des comptes économiques en vue d'une confrontation avec les prévisions du Gouvernement. En droit comparé, on peut évoquer l'exemple du Haut Conseil des Finances Publiques en France[400].

Ainsi, les avancées notées avec l'adoption d'une nouvelle constitution financière le 27 septembre 2013, en termes de renforcement du rôle du Parlement et de mise en perspective de l'évolution des finances publiques, comme c'est le cas ailleurs[401], sont favorables à la définition et à la surveillance d'une trajectoire des finances publiques. Il est cependant nécessaire, pour leur mise en œuvre, que les mutations requises soient opérées au niveau de la représentation nationale.

Avec la migration de la gestion budgétaire axée sur les moyens vers la gestion budgétaire par la performance, l'autorisation de la dépense publique a changé de mécanisme. Désormais, ce sont les programmes et dotations qui font objet de vote au Parlement, en lieu et place des chapitres.

B-L'approbation des programmes

L'espoir suscité par la consécration de la gestion budgétaire axée sur les résultats, à travers la nouvelle génération de lois organiques relatives

---

dirige, les anomalies ou les dysfonctionnements dont ils peuvent être le théâtre et qui justifieraient des investigations particulières, les conditions dans lesquelles il met en œuvre la législation ». *Cf.* A. DELCAMP, « La perception du contrôle parlementaire. Comment le rendre plus attractif ? », *Pouvoirs*, n° 134, 2010/3.

[400]En France, le Haut Conseil des finances publiques est un organisme indépendant placé auprès de la Cour des comptes, créé par la loi organique du 17 décembre 2012 relative à la programmation et à la gouvernance des finances publiques. Il est chargé d'apprécier le réalisme des prévisions macroéconomiques associées aux textes financiers et la cohérence de la trajectoire de retour à l'équilibre des finances publiques avec les engagements européens de la France.*Cf.* pour plus de précision, le site www.hcfp.fr.

[401]Avec l'adoption en France de la loi organique relative aux lois de finances de 2001, le Parlement a vu ses prérogatives financières et budgétaires renforcées. *Cf.* N. MORIN *in* M. BOUVIER (dir.), *Innovations, créations et transformations en finances publiques, Op.cit.*, p. 13.

aux lois de finances[402], semble reposer sur les nouvelles compétences reconnues au Parlement en matière d'autorisation de la dépense publique. En effet, avec les dispositions de la loi organique relative aux lois de finances de septembre 2013, les crédits budgétaires ne sont plus votés par « chapitre », mais plutôt par « programme » et « dotation ». L'article 64 de la loi organique qui en dispose ainsi, précise que « *les crédits du budget général font l'objet d'un vote par programme et d'un vote par dotation* »[403]. L'autorisation de la dépense, pourrait-on alors déduire, est donnée en fonction non plus de l'importance d'un service public, mais au regard des objectifs poursuivis dans le cadre de la mise en œuvre d'une politique publique.

Le programme budgétaire au sens de la LOLF regroupe « *les crédits destinés à mettre en œuvre une action ou un ensemble cohérent d'actions représentatif d'une politique publique clairement définie dans une perspective de moyen terme* [et à] *ces programmes sont associés des objectifs précis définis en fonction de finalités d'intérêt général et des résultats attendus* »404. Quant à la dotation, elle regroupe « *un ensemble de crédits globalisés destinés à couvrir des dépenses spécifiques auxquelles ne peuvent être directement associés des objectifs de politiques publiques ou des critères de performance* »405. Il s'agit, en fait pour les dotations, d'une exception aux principes de la gestion budgétaire axée sur les résultats opérés au profit des institutions et de certaines catégories de dépenses.

Contrairement aux crédits destinés à l'alimentation des programmes, ceux orientés vers les dotations sont limitativement définis. La loi précise qu'il s'agit des crédits destinés aux pouvoirs publics pour chacune des institutions constitutionnelles, des crédits de la dotation de chaque institution constitutionnelle qui couvrent les dépenses de personnel, de biens et services, de transfert et d'investissement

---

[402] Il s'agit, entre autres,de la loi organique n°2013-14 du 27 septembre 2013 relative aux lois de finances au Bénin ; de la loi organique n°2014-336 du 05 juin 2014 relative aux lois de finances en Côte d'Ivoire et de la loi organique n°2014-013 du 27 juin 2014 relative aux lois de finances au Togo. Hors de l'espace UEMOA, on peut également évoquer la loi organique n° 2001-692 du 1er août 2001 relative aux lois de finances en France ;.

[403]*Cf.* Article 63 de la loi organique n°2013-14 du 27 septembre 2013 relative aux lois de finances au Bénin.

[404]*Cf.* Article 14 de la loi organique n°2013-14 du 27 septembre 2013 relative aux lois de finances au Bénin.

[405]*Cf.* Article 17 de la loi organique n°2013-14 du 27 septembre 2013 relative aux lois de finances au Bénin.

directement nécessaires à l'exercice de ses fonctions constitutionnelles, des crédits globaux pour des dépenses accidentelles et imprévisibles, des crédits destinés à couvrir les défauts de remboursement ou les appels en garantie intervenus sur les comptes d'avances, de prêts, d'avals et de garanties et des charges financières de la dette de l'État.

L'institution du programme comme instrument de gestion budgétaire obéit à la volonté de modernisation de la gestion financière publique et de promotion de l'efficacité comme règle de gestion dans les administrations publiques. On pourrait lier à ce changement de paradigme dans le secteur public, la nécessité d'optimisation de la dépense publique, sous la pression d'un contrôle citoyen de l'action publique qui prend de relief. On note, en effet, en la matière, une amélioration de la capacité des organisations de la société civile et une meilleure organisation en leur sein pour le suivi de la définition et de la mise en œuvre des politiques publiques. Le programme de participation citoyenne aux politiques publiques locales au Bénin (PARTICIP) est l'expression du regain d'intérêt du contrôle citoyen et de la participation citoyenne au Bénin.

L'initiative PARTICIP a, en effet, pour objectif global de « *contribuer au renforcement d'une culture d'implication des citoyens dans l'élaboration, la mise en œuvre et le suivi des politiques publiques qui prennent en compte les besoins des plus pauvres et l'équité genre au niveau local* ». Il développe trois (3) objectifs spécifiques que sont le renforcement des capacités des organisations de la société civile pour leur participation aux politiques publiques et pour la prise en compte de l'équité genre au niveau local, l'amélioration de l'offre et de la demande de reddition des comptes sur la gestion des affaires publiques concernant surtout les femmes, les jeunes, les enfants, les agriculteurs et autres couches marginalisées au niveau local, la capitalisation et la pérennité des acquis de la participation citoyenne aux politiques publiques locales[406].

L'examen et la validation par vote des programmes budgétaires consistent pour le Parlement à assigner au Gouvernement des objectifs quantitatifs et qualitatifs, en fonction des ressources disponibles. La circonscription de l'action de l'État dans des programmes permet en effet, pendant l'examen du projet de budget, de cibler des domaines précis des champs d'intervention des ministères et de fonder des

---

[406] *Cf.* www.socialwatch-benin.org.

niveaux de responsabilité. Ceci explique l'option d'érection du programme en unité de vote[407]et en niveau de spécialisation des crédits[408].

Derrière cette nouvelle organisation du processus d'autorisation de la dépense publique et d'expérimentation du vote par programme, se dresse le souci de légitimation et d'exercice efficace de la fonction parlementaire de consentement à l'impôt et d'autorisation de la dépense. En réalité, les impôts et les subsides de l'État ne sont établis que pour les besoins de l'État et ses nécessités indispensables. Par voie de conséquence, il est clair que « *celui qui a le droit de voter l'impôt a nécessairement le droit d'examiner s'il est demandé pour les nécessités de l'État, de vérifier ces nécessités, les dépenses et leurs motifs, de surveiller l'emploi des fonds et de s'assurer qu'ils n'ont pas été distraits de la destination pour laquelle seulement ils ont été accordés* »[409].

Il s'agit donc pour le Parlement de prendre connaissance de la stratégie d'opérationnalisation et de budgétisation des politiques publiques, des choix politiques qui les déterminent et des ambitions qu'elles portent pour les citoyens. Comme l'a affirmé M. LEROY, « *des choix politiques caractérisent bien les politiques budgétaires menées par les acteurs du pouvoir financier* »[410] et c'est au Parlement de travailler à ce que ces choix soient les plus bénéfiques pour les populations. A travers la validation des programmes, c'est une sorte de contrat de performance que le Parlement établit avec le pouvoir exécutif, à travers les responsables de programmes. C'est en cela que budgétairement, les programmes sont soumis au Parlement pour vote sous la forme d'un projet annuel de performance (PAP)[411] et il va de soi que « *décider du budget, c'est rendre ce programme exécutoire et prendre les décisions politiques les plus importantes qui soient* »[412].

Le responsable de programme est, en effet, le chef de file du pilotage de la performance. Aux termes de l'article premier de la loi organique

---

[407]*Cf.* Article 64 de la loi organique n°2013-14 du 27 septembre 2013 relative aux lois de finances au Bénin.
[408]*Cf.* Article 14 de la loi organique n°2013-14 du 27 septembre 2013 relative aux lois de finances au Bénin.
[409]Exposé de LE COMTE ROY sous la Restauration, cité par, G. ORSONI, « Du consentement de la dépense publique», *Op.cit.*, p.248.
[410]M. LEROY, *Op.cit.*, p.31.
[411]*Cf.* article 49 de la loi n°2013-14 du 27 septembre 2013 portant loi organique relative aux de finances.
[412]M. DUVERGER, *Op.cit.*, p.263.

relative aux finances, il « ... *arrête la stratégie et le budget du programme ainsi que ses objectifs et cibles de performance sur lesquels il s'engage, organise le dialogue de gestion et la cohérence des cadres nationaux et locaux de pilotage de la performance, suit les aspects de mise en œuvre opérationnelle et rend compte des résultats annuels du programme* »[413]. Il est par ailleurs « *formellement responsable de la production du Projet Annuel de Performance (PAP) et du Rapport Annuel de Performance (RAP) pour son programme* »[414].

Certains estiment, peut-être à raison, que la discussion des programmes constitue un dernier moment fort de débats thématiques à l'occasion du processus d'examen et de vote de la loi de finances. Ils observent toutefois, que l'intérêt de ces débats dépendra du contenu des programmes. En effet, argumentent-ils, « *s'il s'agit simplement de décrire les crédits demandés en loi de finances en les rattachant, organiquement, aux différents services de l'État, la déception sera grande [et que] si, en revanche, l'élaboration des programmes débouche sur la mise en relation des moyens et des performances de politiques clairement identifiées, leur discussion contribuera à renouveler véritablement la discussion parlementaire* »[415].

On comprend, dès lors, la pertinence du choix opéré par le législateur organique en ce qui concerne le mode de vote et le mode d'organisation des crédits au sein d'une section administrative. Le programme est l'unité de vote et de spécialisation des crédits[416]. Il est donc un tout, un ensemble et une unité composée d'actions et d'activités définies dans le cadre de la poursuite d'un objectif précis, puis des ressources sollicitées pour l'atteinte des cibles projetées. Ce qui justifie la stratégie et le processus d'ouverture des crédits budgétaires recommandés par la loi organique relative aux lois de finances, à savoir que « *les crédits du*

---

[413]*Cf.* Article 1er de la loi organique n°2013-14 du 27 septembre 2013 relative aux lois de finances au Bénin.

[414] *Ibidem*.

[415]Commission des finances du SENAT, *Doter la France de sa nouvelle constitution financière, un préalable à la réforme de l'Etat*, n°37, 2000-2001, p.142.

[416]*Cf.* Article 14 de la loi organique n°2013-14 du 27 septembre 2013 relative aux lois de finances au Bénin. Sur la question de la mise en œuvre de la règle de la spécialisation, lire L. TROTABAS, *Les finances publiques et les impôts de la France*, Paris, Armand Colin, 1953, p.48.

budget général font l'objet d'un vote par programme et d'un vote par dotation »[417].

Ce choix du législateur béninois s'inscrit, en termes de philosophie, dans la même veine que les mobiles de son fondement ailleurs. Il est en effet admis qu'« *à partir du moment où l'on accepte l'idée de confier à l'administration une très grande liberté dans l'exécution des programmes, mais aussi où l'on considère que ceux-ci correspondent à des missions particulières pour lesquelles l'administration doit se donner des objectifs et rendre compte de sa gestion, il semble légitime de faire du programme, l'unité de base du vote des dépenses par le Parlement.* »[418]. L'avantage, poursuit-on, est que « *le débat y gagnerait probablement en densité, dans la mesure où il pourrait davantage qu'aujourd'hui porter sur des objectifs précis plutôt que sur une vaste fresque d'ensemble du paysage d'un département ministériel* »[419]. En dernière analyse, les parlementaires seraient à même de décider, en fonction des performances qui leur seront présentées, de voter des crédits d'un programme et de rejeter ceux d'un autre.

De ce point de vue, la nouvelle méthodologie portée par la LOLF de 2013 quant à l'examen des programmes budgétaires apparaît comme une source de revitalisation de la partition que joue le Parlement dans le processus de prise de la décision financière publique. Elle est censée, à ce titre, apporter une solution aux défis qui se posent au Bénin où la problématique de l'efficacité de l'action publique et la recherche de la performance sont aujourd'hui des constantes de la réflexion des pouvoirs publics. A titre d'illustration des particularités de la nouvelle méthodologie d'examen parlementaire du projet de budget de l'État, on peut évoquer, en outre, l'extension du vote à tous les crédits à ouvrir. Il n'y a plus de statut de crédits implicitement reconductibles par le biais des services votés. La totalité des crédits sera donc discutée et votée à chaque fois. Par ailleurs, il sera observé que la possibilité de redéployer les crédits entre programmes est ouverte.

Les objectifs poursuivis à travers l'adoption d'une nouvelle procédure d'instruction des programmes budgétaires au Parlement méritent, pour leur atteinte, un accompagnement pédagogique de la

---

[417]*Cf.* Article 64 de la loi organique n°2013-14 du 27 septembre 2013 relative aux lois de finances au Bénin.

[418]Commission des finances du SENAT, *Doter la France de sa nouvelle constitution financière, un préalable à la réforme de l'Etat*, n°37, 2000-2001, p.136.

[419]*Ibidem*.

commission des finances de l'Assemblée Nationale. L'exemple de l'administration française paraît à cet égard édifiant. Des critères d'appréciation des programmes ont été en effet définis et diffusés. Ils portent notamment sur la structure des programmes qui doit répondre à une politique publique définie ; le domaine du programme qui doit être cohérent avec cette politique et recouvrir tous les moyens concourant à sa réalisation ; le découpage en action qui doit être lisible au regard des finalités de cette politique ; les objectifs du programme qui doivent découler d'une analyse stratégique, être clairs et compréhensibles, exprimer les priorités de la politique, couvrir l'essentiel des actions, être mesurables et pouvoir être atteints avec les moyens du programme[420]. Ces critères portent, en dernière analyse, sur l'axe économique de la réforme[421].

Somme toute, le pouvoir de validation des programmes reconnu au Parlement reste concentré sur les propositions transmises par le Gouvernement. Ce dernier ne peut, en effet, manifester son pouvoir que par l'octroi des crédits sollicités, ou alors par le refus de vote desdits crédits.

L'Assemblée Nationale ne peut, en réalité, proposer ni la création ni la suppression d'un programme[422]. Il reste alors à savoir si la promotion par la LOLF d'un corpus de règles favorables à l'expression du pouvoir de décision financière du Parlement pourrait faire inverser le constat du déclin du pouvoir budgétaire de ce dernier[423]. Autrement dit, on peut se demander si la simple prérogative d'adopter la loi de finances suffit pour assurer une participation effective du pouvoir législatif à cette étape du cycle budgétaire[424].

---

[420]*Ibidem*.

[421]*Cf.* A. BARILARI et M. BOUVIER, *La nouvelle gouvernance financière de l'Etat*, LGDJ, Paris, 2004, p.15. Ces auteurs affirment, en effet, que « *la réforme fait sienne la conviction selon laquelle sans une transparence des finances publiques, non seulement il ne peut y avoir un fonctionnement véritablement démocratique, mais il ne peut y avoir de bonnes gestions des fonds publics* ».

[422]*Cf.* Article 80 de la loi n°2013-14 du 27 septembre 2013 portant loi organique relative aux lois de finances en République du Bénin.

[423]M. LEROY, *Op.cit.*, p.55.

[424] M. BACETI, *Op.cit.*, 2014, p.11.

Conclusion du titre 1 de la première partie

La décision financière publique est le produit de la mise en œuvre des prérogatives budgétaires et financières dévolues par la Constitution au Gouvernement et au Parlement. Son établissement appelle le concours, principalement, des pouvoirs exécutif et législatif. On peut alors conclure qu'il s'agit d'un acte co-produit grâce à la mise en œuvre de compétences de natures différentes, mais juridiquement nécessaires. Sans le concours technique du Gouvernement, il ne saurait avoir de projet de loi de finances et, en l'absence de la contribution politique du Parlement, le projet de loi de finances ne peut acquérir le statut de loi de finances.

TITRE 2
UN DESEQUILIBRE DES POUVOIRS FINANCIERS

Pour peu que l'on admette l'idée d'une législation *a priori* favorable à la prééminence d'un pouvoir sur l'autre dans l'État en matière financière, le déséquilibre des compétences entre le Parlement et le Gouvernement paraît inévitable dans le domaine de la décision financière publique. On note d'ailleurs une avancée en cette matière au sein de l'UEMOA où le nouveau cadre harmonisé des finances publiques semble être porteur d'éléments de rétablissement de l'équilibre entre le Gouvernement et le Parlement en matière financière et budgétaire. N. MEDE en conclut d'ailleurs que le nouveau corpus de règles communautaires qui encadrent la gestion financière publique au sein de l'Union réalise « *un rééquilibrage des pouvoirs financiers entre l'exécutif d'une part, le Parlement et l'opinion publique d'autre part [et que] ce rééquilibrage institutionnel vient corriger la distribution du pouvoir financier faite par la Directive n° 5/97/CM/UEMOA du 16 décembre 1997 portant loi de finances ainsi que les lois organiques nationales relatives aux lois de finances* »[425]. Cependant, la prééminence de l'exécutif en matière financière reste une réalité (chapitre I), alors que les limites du Parlement paraissent évidentes (chapitre II).

---

[425] N. MEDE, « Réflexion sur le cadre harmonisé des finances publiques dans l'espace UEMOA», *Revue Africaine des Sciences Juridiques*, n°1/2014, pp. 173-210.

CHAPITRE 1
LA PREEMINENCE DU GOUVERNEMENT EN MATIERE BUDGETAIRE ET FINANCIERE

Bien que le pouvoir de décision financière publique, en l'occurrence le pouvoir normatif financier et le pouvoir budgétaire, soit partagé entre l'exécutif et le législatif, les relations qu'entretient le Gouvernement avec le Parlement en la matière semblent sujettes à des malentendus. Ceux-ci naissent de la mise en œuvre des larges compétences juridiquement reconnues au pouvoir exécutif[426] et qui traduisent une ascendance gouvernementale (Section I) et dont les manifestations, à l'exercice, paraissent établir la suprématie du Gouvernement sur le Parlement (Section II).

Section 1-Les supports de l'ascendance gouvernementale

Il a été démontré que la probabilité de survenance de rapport conflictuel entre pouvoir exécutif et pouvoir législatif paraît plus élevée dans les pays qui adoptent un système de gouvernement présidentiel, contrairement au rapport coopératif que l'on note dans un régime parlementaire[427]. En matière financière, cet état de choses semble déterminé par les exigences techniques et temporelles d'une part (paragraphe I) et les privilèges légaux d'autre part (paragraphe II).

Paragraphe 1-L'avantage technico-temporel

Le délai dont dispose un organe intervenant dans le processus de formulation et de prise d'une décision est déterminant pour l'appréciation de l'importance de sa partition au processus (A). Il en est de même de l'aptitude technique (B).

A-L' étalement de l' action de l' exécutif dans le temps

Le processus budgétaire pour une année financière peut être décrit comme un scénario en quatre temps : le temps de la préparation du projet de loi de finances, le temps de l'examen et de vote de la loi de finances, le temps de l'exécution de la loi de finances et le temps du contrôle de l'exécution de la loi de finances. Avec la nouvelle loi

[426] Article 54, Constitution du 11 décembre 1990.
[427] MORAES BACETI, *Op. Cit.*, p.5.

organique relative aux lois de finances, le Gouvernement et le Parlement jouent, chacun, une partition sur chacune de ces séquences du cycle budgétaire. Autrement dit, le Gouvernement intervient dans le processus de la préparation de la loi de finances, tout comme le Parlement[428] ; le Parlement pilote le processus d'examen et de vote de la loi de finances de l'année de concert avec le Gouvernement[429] ; le Gouvernement exécute la loi de finances de l'année, avec le concours du Parlement[430] et, enfin, le Gouvernement exécute le contrôle administratif de l'exécution de la loi de finances, alors que le Parlement est responsable du contrôle politique de l'exécution de la loi de finances[431].

---

[428]Aux termes des dispositions de l'article 55 de la loi organique n°2013-14 du 27 septembre 2013 relative aux lois de finances, « *le ministre en charge des finances prépare les projets de lois de finances qui sont adoptés en Conseil des ministres* ». Ce qui montre bien que l'élaboration du projet de loi de finances de l'année est une œuvre gouvernementale. Le Parlement ne reste cependant pas totalement absent dans ce processus. En effet, la loi organique oblige le Gouvernement à l'associer au processus d'élaboration du projet de loi de finances en disposant à son article 59 que le DPBEP et les DPPD sont« *publiés et soumis à un débat d'orientation budgétaire à l'Assemblée Nationale au plus tard à la fin du deuxième trimestre de l'année* ».

[429]L'atrtice 61 de la loi organique n°2013-14 du 27 septembre 2013 relative aux lois de finances dispose que « *l'Assemblée Nationale vote le budget en équilibre* ».Le processus parlementaire conduisant au vote de la loi de finances connaît la participation du Gouvernement, notamment en ce qui concerne les travaux en commission budgétaire.

[430]Selon les dispositions de l'article 67 de la loi organique n°2013-14 du 27 septembre 2013 relative aux lois de finances, « *les opérations d'exécution du budget de l'Etat incombent aux ordonnateurs ainsi qu'aux comptables publics* ». Les ordonnateurs principaux sont les Ministres et les Présidents des Institutions constitutionnelles (article 9 du décret n° 2014-571 du 07 octobre 2014 portant règlement général sur la comptabilité publique). Les comptables publics sont des agents régulièrement habilités pour effectuer des opérations de recettes et dépenses à titre exclusif au nom de l'Etat ou d'organismes publics (article n° 16 du décret n° 2014-571 du 07 octobre 2014 portant règlement général sur la comptabilité publique). Ils relèvent du pouvoir exécutif, sauf ceux ayant à charge l'exécution du budget du Parlement. Ce dernier concourt donc à l'exécution de la loi de finances pour ce qui concerne les crédits ouverts pour le compte de l'Assemblée Nationale.

[431]Aux termes des dispositions de l'article 84 de la loi organique n°2013-14 du 27 septembre 2013 relative aux lois de finances, « *les opérations d'exécution du budget de l'Etat sont soumises à un triple contrôle administratif, juridictionnel et parlementaire. Le contrôle administratif est le contrôle interne de l'administration publique sur ses agents. Le contrôle parlementaire est exercé par l'Assemblée Nationale* ».

La présence simultanée des pouvoirs exécutif et législatif sur les différentes phases du processus budgétaire confirme le caractère partagé du pouvoir de décision budgétaire dans l'État. Au même moment, elle révèle, à l'analyse, une présence dominante pour l'un et une participation marginale pour l'autre. Dans l'ensemble, il semble bien que le pouvoir exécutif bénéficie d'un bon ancrage sur le processus de prise de la décision financière publique, sans que le pouvoir législatif soit, pour autant, dépourvu de délai d'expression de ses prérogatives en matière financière. Une analyse du cadre juridique d'avant la LOLF de 2013 et de celui institué par la LOLF de 2013 permet de constater une avancée, qui reste cependant loin de pouvoir corriger le déséquilibre qui existe entre l'exécutif et le législatif, en termes de délai d'exercice des prérogatives.

Le cadre législatif et règlementaire qui encadrait la préparation du budget de l'Etat jusqu'en septembre 2013 en a fait presque l'activité la plus longue du processus budgétaire. En effet, sous l'égide de la loi n° 86-021 du 26 septembre 1986 portant loi organique relative aux lois de finances, le processus de préparation du projet de loi de finances connaît uniquement l'intervention des acteurs relevant du pouvoir exécutif. Les dispositions de ladite loi précise que « *sous l'autorité du Président du Conseil Exécutif National, le Ministre chargé des Finances et le Ministre chargé du Plan, préparent les projets de Loi de Finances qui sont ensuite arrêtés en Conseil Exécutif National après avoir été soumis à l'examen du Bureau Politique et du Comité Central du Parti de la Révolution Populaire du Bénin* »[432]. Le texte précise ensuite que « *le projet de Loi de Finances de l'année, y compris le rapport et les annexes explicatives prévues à l'article 39, est déposé à l'Assemblée Nationale Révolutionnaire au plus tard le 31 Octobre de l'année qui précède l'année d'exécution du Budget* ».

Sans fixer une date de démarrage des activités relatives à la préparation de la loi de finances, le législateur organique de 1986 avait arrêté l'échéance du 31 octobre comme date butoir pour le dépôt du projet de loi de finances au Parlement. On pourrait, sur le fondement d'une interprétation large, estimer que le Gouvernement dispose, seul, des dix premiers mois de l'année, pour préparer le projet de loi de finances, étant donné que le Parlement n'est pas associé à cette étape. Or la même loi organique ne réserve que soixante jours au Parlement

---

[432]*Cf.* Article 50 de la loi n°86-021 du 26 septembre 1986 portant loi organique relative aux lois de finances au Bénin jusqu'au 26 septembre 2013.

pour examiner et voter le projet de loi de finances, contre un peu plus de trois cents jours pour l'exécutif. Elle dispose notamment que « *le projet de loi de finances déposé à l'Assemblée Nationale Révolutionnaire doit être examiné et adopté au plus tard dans un délai de soixante jours* »[433]. On constate ainsi que le gouvernement dispose cinq fois plus de temps que le Parlement pour exercer ses prérogatives financières, en ce qui concerne la préparation et le vote du projet de loi de finances. On peut même relativiser et renchérir le délai dont bénéficie l'exécutif, du moment qu'il participe également à l'examen au Parlement du projet de loi de finances qu'il a mis dix mois pour élaborer et soumettre au législateur.

Sous le régime de la constitution du 11 décembre 1990, le Parlement béninois a vu le délai qui lui est imparti pour l'examen et le vote de la loi de finances s'élargir. Une des dispositions de cette constitution précise que « *l'Assemblée nationale est saisie du projet de loi de finances au plus tard une semaine avant l'ouverture de la session d'octobre* »[434]. La même constitution prévoit, par ailleurs, que « *la deuxième session s'ouvre dans le cours de la seconde quinzaine du mois d'octobre* »[435]. Ces délais ont été repris par la loi organique n° 2013-14 du 27 septembre 2013 relative aux lois de finances dont l'article 60 dispose que « *le projet de loi de finances de l'année, y compris le rapport et les annexes explicatives prévus à l'article 49, est déposé sur le bureau de l'Assemblée Nationale au plus tard une semaine avant l'ouverture de la session budgétaire »*[436].

A la lecture de ces dispositions, l'on pourrait s'interroger sur leur concordance. Selon le constituant, il s'agit d'une « semaine avant l'ouverture de la session d'octobre » et selon le législateur organique, il est question d'une « semaine avant l'ouverture de la session budgétaire ». Mais en réalité, la deuxième session parlementaire est généralement celle au cours de laquelle les parlementaires examinent le projet de loi de finances. C'est ce qui semble lui valoir le qualificatif de session budgétaire que la loi organique relative aux lois de finances emprunte. Autrement dit, aussi bien dans la constitution que dans le règlement intérieur de l'Assemblée Nationale, la deuxième session a

---

[433]*Cf.* Article 51 de la loi n°86-021 du 26 septembre 1986 portant loi organique relative aux lois de finances au Bénin jusqu'au 26 septembre 2013.
[434] J. A. TOUDONOU et C. KPENONHOUN, *Op.cit.*, p. 265.
[435]*Idem*.p. 258.
[436]*Cf.* Article 60 de la loi organique n°2013-14 du 27 septembre 2013 relative aux lois de finances au Bénin.

été évoqué, s'agissant de la session qui examine le projet de loi de finances.

Tout compte fait, qu'il s'agisse des dispositions de la constitution[437], de la loi organique relative aux lois de finances[438] ou encore du règlement intérieur de l'Assemblée Nationale[439], elles font toutes obligation au Gouvernement de saisir le Parlement du projet de loi de finances une semaine avant la seconde moitié du mois d'octobre, soit théoriquement autour du 9 octobre. Tout calcul fait, le Parlement pourrait gagner environ vingt-deux jours de plus, par rapport au délai de soixante jours institué par l'ancienne loi organique relative aux lois de finances. Au total, environ quatre-vingt-deux jours sont consacrés, aux termes des dispositions des différents textes, à l'examen et au vote de la loi de finances, contre environ deux cent quatre-vingt pour la phase de la préparation du projet de loi de finances. A l'analyse, la situation du Bénin est bien proche de celle de la France où, s'agissant de la prééminence du Gouvernement sur le Parlement en matière financière, un auteur affirme que, « *fondée sur la souveraineté financière du Parlement, la répartition du pouvoir budgétaire fait apparaître aujourd'hui une nette suprématie de l'exécutif* »[440].

En application de ces dispositions, le pouvoir exécutif a saisi le Parlement du projet de loi de finances pour la gestion 2013 le 05 octobre 2012[441]. Pour ce qui concerne la gestion 2014, le décret de saisine du Parlement date du 08 octobre 2013[442] alors que pour la gestion 2016, c'est plutôt le 06 octobre 2015 que le décret de saisine a été pris[443]. Le dénombrement des jours par mois et la réalisation de leur somme algébrique à fin décembre donnent comme délai d'examen et de vote par le Parlement, quatre vint sept (87) jours pour le projet de loi de finances pour la gestion 2013, quatre-vingt-quatre (84) jour pour l'examen et le vote du projet de loi de finances pour la gestion 2014 et

---

[437]*Cf.* Article 87 de la constitution du 11 décembre 1990.

[438]*Cf.* Article 60 de la loi n°2013-14 du 27 septembre 2013 portant loi organique relative aux lois de finances.

[439]*Cf.* Article 4 du règlement intérieur de l'Assemblée Nationale.

[440]F. DERUEL, *Finances Publiques, Budget et pouvoir financier*, Paris, Dalloz, 11ème édition, 1995, p.80.

[441]*Cf.* Décret n°2012-352 du 05 octobre 2012 portant transmission à l'Assemblée Nationale, du projet de loi de finances pour la gestion 2013.

[442]*Cf.* Décret n°2013-456 du 08 octobre 2013 portant transmission à l'Assemblée Nationale, du projet de loi de finances pour la gestion 2014.

[443]*Cf.* Décret n°2015-526 du 06 octobre 2015 portant transmission à l'Assemblée Nationale, du projet de loi de finances pour la gestion 2016.

quatre vint six (86) jours pour le projet de loi de finances pour la gestion 2016. Au même moment, pour ces processus budgétaires, le Gouvernement aurait disposé d'environ deux cent soixante-dix-huit (278) jours pour la préparation de la loi de finances pour la gestion 2013, deux cent quatre-vingt-et-un (281) jours pour la loi de finances pour la gestion 2014 et deux cent soixante-dix-neuf (279) jours pour le budget de l'État pour la gestion 2016.

En déduisant les jours non ouvrables de ces délais, on retrouve respectivement soixante-et-un (61) jours pour le projet de loi de finances pour la gestion 2013, soixante (60) jours pour le projet de loi de finances pour la gestion 2014 et soixante et deux (62) pour le projet de loi de finances pour la gestion 2016. Ces délais peuvent également être réduits de plusieurs jours, en tenant compte des mercredis où les parlementaires sont absents de l'Assemblée Nationale. En effet, les séances du Conseil des Ministres se tiennent les mercredis. Et pour éviter que des membres du Gouvernement ne manquent les invitations de l'Assemblée Nationale, la pratique parlementaire a fait de la journée de mercredi, une journée libre. Elle est à cet effet consacrée aux audiences du Président de l'Assemblée Nationale et aux activités inter groupes parlementaires. Tout compte fait, le Parlement dispose en moyenne de quarante-neuf (49) jours pour examiner et voter le projet de loi de finances. Une agrégation du temps de travail selon le programme des travaux en commission, dans le cadre de l'étude du projet de loi de finances pour la gestion 2016, révèle que c'est cent quarante (140) heures de temps qui sont réellement consacrées à l'examen du projet de loi de finances, exception faite des retards de démarrage, des suspensions de travaux et des séances qui se poursuivent au-delà du temps prévu.

Dans l'ensemble, ces délais restent conformes à l'encadrement légal. La constitution et le règlement intérieur de l'Assemblée Nationale préconisent en effet que la durée d'une session parlementaire ne peut excéder trois mois, soit quatre-vingt (90) jours[444]. Au même moment, que ce soit dans l'ancienne loi organique ou dans la nouvelle, l'exécutif dispose d'environ d'un peu moins de trois cents (300) jours de travail pour élaborer le projet de loi de finances et le soumettre au Parlement.

En sus du gain de vingt-et-deux (22) jours que la constitution et le nouveau cadre juridique de gestion des finances publiques offrent au

---

[444]*Cf.* article 87 de la constitution du 11 décembre 1990.

Parlement pour l'exercice de ses prérogatives en matière d'établissement de la loi de finances, il y a l'association de l'Assemblée Nationale au processus de préparation du projet de loi de finances. En effet, avec la loi n° 2013-14 du 27 septembre 2013, le pouvoir exécutif n'est pas l'acteur unique de la formulation des orientations économiques et de la programmation des dépenses publiques. Il est tenu de soumettre à l'appréciation de l'Assemblée Nationale, les orientations économiques et la programmation des dépenses publiques, sur un horizon temporel triennal, à partir de l'année d'application de la loi de finances de l'année[445].

En termes d'impact sur les délais consentis au Parlement pour exercer ses prérogatives, l'incidence de cette disposition de la LOLF est quasi nulle, car aucun délai n'est fixé au Gouvernement pour transmettre le rapport préparatoire au débat d'orientation budgétaire au Parlement. Au Bénin et dans l'espace UEMOA, il s'agit de l'ensemble constitué du document de programmation budgétaire et économique pluriannuelle et des documents de programmation pluriannuelle des dépenses. La loi s'est cantonnée à fixer une échéance pour la tenue du débat, mais n'a pas évalué le délai nécessaire au Parlement pour instruire le document support du débat. Pour la première expérience du débat d'orientation budgétaire au Bénin par exemple, le Gouvernement a transmis le rapport préparatoire au débat au Parlement le 27 juin 2014 pour un débat qui devrait se tenir conformément au texte au plus tard à la fin du deuxième trimestre de l'année, soit le 30 juin[446]. Pour la deuxième expérience, le document de programmation budgétaire et économique pluriannuelle et les documents de programmation pluriannuelle des dépenses (DPPD) ont été transmis au Parlement quasiment à la veille du débat qui s'est tenu le 23 juin 2015. Il est donc nécessaire de définir une procédure bien spécifiée en ce qui concerne

---

[445]*Cf.* Article 59 de la loi organique n°2013-14 du 27 septembre 2013 relative aux lois de finances au Bénin.

[446]Adopté par le gouvernement le mercredi 25 juin 2014, le rapport préparatoire au débat d'orientation budgétaire n'a été transmis au parlement que quelques 72 heures avant la tenue du débat le 30 juin 2014. En effet, le Gouvernement a sollicité de l'Assemblée Nationale, par la lettre n° 452/PR/SP-C du 10 juin 2014, la tenue pour la première fois, du débat d'orientation budgétaire. Cette demande a reçu l'assentiment du Parlement qui l'a fait savoir par la lettre n° 60-14/AN/DVP/SP en date du 26 juin 2014 invitant à la session plénière du lundi 30 juin 2014, les membres du Gouvernement.

l'organisation du débat d'orientation budgétaire et d'assortir d'un délai la transmission du DPBEP et des DPPD au Parlement.

La question semble déjà être prise en compte dans la rédaction, au niveau du Gouvernement, du guide didactique des nouvelles procédures de préparation du budget de l'État et de l'avant-projet décret devant instituer le nouveau calendrier des travaux relatifs à la préparation du budget de l'État. Ainsi, dans l'avant-projet du guide didactique sur les nouvelles procédures de préparation du budget de l'État, on lit que « *le Conseil des Ministres statue sur le document au plus tard le 15 du mois de juin de l'année en cours, fait des observations et prend un décret de saisine à travers lequel le document est transmis à l'Assemblée Nationale* »[447].

Ce délai ne semble pas non plus satisfaisant. Après l'adoption du décret, il y a les formalités de conditionnement des documents et du convoyage au Parlement. Une fois arrivé au Parlement, le dossier doit attendre la tenue d'une plénière pour être affecté. Ce qui peut prendre de temps et rendre finalement insignifiant le délai laissé à la représentation nationale pour l'examen du dossier. Il est donc nécessaire que le Parlement et le Gouvernement s'engagent conjointement dans la définition des procédures relatives au DOB et que des délais judicieux puissent être établis.

On peut, peut-être, lier cette prépondérance du Gouvernement en termes de délais à l'idée selon laquelle la dépense publique est « gouvernementale » par nature[448] et admettre, par ailleurs, la « compétition » Gouvernement-Parlement et la modification conséquente des rapports entre l'exécutif et le législatif[449]. Ainsi, même si « *l'intervention du pouvoir règlementaire en matière budgétaire a pu paraître à une partie de la doctrine incompatible avec la nature même de l'acte budgétaire, acte d'autorisation, directement exécutoire* »[450], tout montre, du moins en matière du temps dont il dispose pour l'exercice de ses prérogatives financière et budgétaire, que le Gouvernement est mieux placé par rapport au Parlement. Cette position

---

[447]Ministère de l'Economie, des Finances et des Programmes de Dénationalisation, Comité Ad' hoc chargé de rédiger les nouvelles procédures de préparation, d'exécution et contrôle du budget de l'Etat, *Rapport à mi-parcours du sous-groupe préparation*, pp.7-8.

[448]G. ORSONI, « *Du consentement de la dépense publique*», *Op.cit*, p.249.

[449]*Ibidem*.

[450] J-L. GUIEZE, *Le partage des compétences entre la loi et le règlement en matière financière*, Paris, L.G.D.J, 1974, p. 141.

semble être renforcée par le caractère de plus en plus technique du budget de l'État qui s'analyse comme « *une autorisation en fonction de laquelle le Gouvernement peut tout faire, mais sans laquelle il serait paralysé* »[451].

B-La complexification des finances publiques

Avec les crises que connaissent les États et les transformations qu'elles induisent dans leur organisation et mode de fonctionnement, les finances publiques, qui ne sont que le reflet en matière financière de l'ossature de l'État, s'ajustent et s'adaptent. Ainsi, depuis que des évolutions de doctrine économique ont fait émerger les finances publiques modernes[452] au détriment des finances publiques classiques[453], les différentes mutations de la pensée économique induisent également des mutations dans la conception et la gestion des finances publiques. En fonction de la logique économique adoptée par l'État d'une part et des interrogations du moment d'autre part, les finances publiques développent des caractéristiques qui les distinguent. Elles se trouvent en conséquence, comme l'a fait remarquer un groupe d'auteurs, « *placées au cœur de toutes les grandes questions qui se posent aux sociétés contemporaines* »[454]. A mesure donc que les phénomènes sociaux, économiques, financiers voire politiques se complexifient, les finances publiques leur emboitent le pas dans leur structuration et dans leur gestion[455].

On peut dès lors se convaincre de ce que « *la prise de décision budgétaire relève d'un processus à la fois technique et politique éminemment complexe* »[456]. La complexité émane non seulement des

---

[451]A. KOUEVI, *Les comptes spéciaux du Trésor*, Paris, L.G.D.J, 2000, p 71.

[452]*Cf.* M. LASCOMBE et X. VANDENDRIESSCHE, *Finances publiques*, Paris, Dalloz, 2009, p.11.

[453] Malgré le développement de la pensée néo-libérale incarnée par l'école de Chicago et Milton Friedman. *Cf.* M. FRIEDMAN, *Capitalisme et liberté*, Paris, Leduc.s Editions, 2010.

[454]M. BOUVIER, M-C ESCLASSAN, J-P LASSALE, *Op.cit.*, p.13.

[455] Pour plus d'informations sur les relations qu'entretiennent l'économie et les finances publiques, on peut également se reporter sur les écrits de H. M. CRUCIS dans *Finances publiques*, Montchrestien, 2ème édition, Focus droit, Paris, 2009, aux pages 73 et suivantes. L'auteur explique notamment que l'économie et les finance publiques entretiennent classiquement de fortes comme l'illustrent leur rattachement à la même administration ainsi que le principe fondamental de l'équilibre économique, financier et social.

[456]M. BOUVIER, M-C ESCLASSAN, J-P LASSALE, *Finances Publiques*, *Op.cit.*, p.13.

méthodes et outils désormais nécessaires pour une modélisation de la gestion financière publique mais aussi, et de façon de plus en plus significative, de l'importance numérique des acteurs qui interviennent dans le processus de formulation et de prise de la décision financière publique. L'État, en réalité, n'est plus la matrice des finances publiques. Le Gouvernement et le Parlement ne sont plus les acteurs exclusifs de la conduite de la gestion des finances de l'État. A leurs côtés, on retrouve d'autres acteurs publics comme privés, qui prennent directement ou indirectement part au processus de décision budgétaire.

Sans que ces acteurs soient formellement cités par le décret n° 2011-554 du 24 août 2011 portant approbation du calendrier de déroulement des travaux budgétaires, on constate leur prise en compte dans les actes administratifs pris en application dudit décret. L'analyse du calendrier de déroulement des travaux budgétaires pour le compte de la loi de finances pour la gestion 2016 montre, en effet, que plusieurs acteurs, autres que ceux relevant du Gouvernement et du Parlement, participent au processus d'élaboration et d'adoption du budget de l'État. Il s'agit, par exemple, du secteur privé, de la société civile, de l'Association nationale des Communes du Bénin, de la Commission nationale des finances locales et des partenaires au développement. Ces acteurs sont impliqués dans plusieurs activités et tâches au nombre desquelles on peut citer les travaux de définition et de pré-validation des orientations budgétaires, les conférences budgétaires communales, les séances de travail du cadre de concertation « ministère des finances et secteur privé », les consultations de la société civile et du secteur privé sur le projet de budget de l'État, les rencontres du ministre chargé des finances avec les partenaires au développement, les réunions techniques et les pré-arbitrages budgétaires[457].

Le lien entre la démultiplication des acteurs intervenant dans le processus de prise de la décision financière publique et la complexification des finances publiques paraît évident lorsqu'on prend en compte les déterminants de chaque acteur. Des auteurs observent, s'agissant du très grand nombre d'acteurs intervenant dans le processus budgétaire, que ces derniers ont chacun, *« une logique et des objectifs qui leurs sont propres »*[458]. Le processus décisionnel en matière financière dans l'État donne lieu alors, tout bien considéré, à l'exercice

[457]*Cf.* tâches n°6, 16, 29, 33, 39, 40, 44, 54 et 55 du calendrier indicatif de déroulement des tâches relatives à l'élaboration du budget de l'Etat pour la gestion 2016.
[458]M. BOUVIER, M.-C. ESCLASSAN, J.-P. LASSALE, *Op.cit.*, p.321.

de *lobbying* par des groupes organisés sur les organes qui sont constitutionnellement investis du pouvoir de décision budgétaire.

Pour preuve, alors que le secteur privé s'organise, à travers une plateforme revendicative pour exiger et tenter d'obtenir un aménagement du système fiscal au profit des opérateurs économiques, la commission nationale des finances locales et l'association nationale des communes du Bénin se battent pour l'intensification des transferts de ressources en direction des communes, de même que pour la révision des critères de répartition des concours financiers de l'État entre les communes et autres organismes publics. Quant à la société civile, elle milite pour une répartition équitable des ressources nationales et un développement équilibré du territoire national. On pourrait dès lors retenir que la complexification de plus en plus croissante que l'on enregistre en matière de gestion financière publique n'est que le reflet de la multiplication des acteurs, avec des intérêts divergents et des relations elles-mêmes complexes.

En réalité, le caractère complexe des finances publiques et du processus budgétaire semble aujourd'hui être « *le produit d'une évolution des sociétés contemporaines qui évoluent dans le sens d'une démultiplication des relations en leur sein et par conséquent d'une complexification qui ne cesse de s'accroitre* »[459]. Tout porte d'ailleurs à croire que l'enchainement des étapes du processus budgétaire s'est ajusté pour prendre en compte la nécessité d'harmoniser et d'arbitrer les intentions et ambitions des différentes parties prenantes au processus de décision financière. C'est ce qui explique peut-être la distinction, dans l'élaboration de la loi de finances de l'année, de plusieurs phases dont notamment « *une phase de définition d'une discipline budgétaire et de perspective par le dialogue et la collégialité et une phase de règlement des conflits par l'arbitrage politique* »[460].

Par ailleurs, la prise en compte en permanence, dans la gestion financière publique, des effets des crises conjoncturelles, qu'elles soient économiques, sociales ou politiques, commande l'emprunt de mécanismes diversifiés et parfois sophistiqués. Il en est de même, de l'intégration au cadre juridique et technique de la gestion des finances publiques, de nouvelles normes et standards érigés au rang de bonnes pratiques ou de techniques nouvellement admises.

---

[459]*Idem.*, p.13.
[460]*Idem*, p.322.

En termes de situation de crise ayant engendré la modification de l'ordre économique et, partant, une revue de la philosophie qui sous-tend la science financière ou la science des finances publiques[461], on peut évoquer les crises économiques de 1929 et de 1975 et les crises monétaires (effondrement du système de Bretton-Woods[462], dévaluation du dollar en 1972, 1973[463]). Aussi, pour s'en tenir à un

---

[461]Les expressions « science financière » ou « science des finances publiques » sont aujourd'hui rarement utilisées. On parle de plus en plus de « finances publiques » tout court. *Cf.* M. BOUVIER, M-C ESCLASSAN, J-P LASSALE, *Finances Publiques*, Paris, L.G.D.J, 12ème édition, 2013, p.17.

[462]En 1944, les Accords de Bretton Woods mettent en place un système d'étalon de change-or qui fait du dollar une monnaie internationale de réserve, seule convertible en or. Dans le système des parités de change, le dollar joue donc *de facto* un rôle comparable à celui de l'or.

L'Accord monétaire européen (AME) de 1958 autorise par ailleurs la convertibilité totale ou partielle des monnaies européennes. En vertu de cet accord, les banques centrales des pays signataires se sont en effet engagées à s'échanger leur monnaie contre des dollars à des cours fixes inférieurs aux limites imposées par le FMI.

La spéculation sur le marché des changes contre le dollar, au profit du mark allemand (DM) tiré à la hausse, commence au printemps 1971 et s'accentue au cours de l'année. En vain, l'Allemagne propose alors à ses partenaires européens de laisser flotter conjointement leurs monnaies vis-à-vis du dollar. La crise monétaire atteint son paroxysme lorsque le président Richard Nixon provoque l'effondrement du système de Bretton Woods, en suspendant officiellement, le 15 août 1971, la convertibilité en or du dollar. Quatre jours plus tard, les trois pays du Benelux décident de maintenir les anciennes marges de fluctuation entre leurs monnaies et le dollar. *Cf.* https://www.cvce.eu/recherche/unit-content/-/unit/02bb76df-d066-4c08-a58a-d4686a3e68ff/b09e240f-3f85-47bd-ac50-4f572488218c consulté le 21 janvier 2018 à 07h50.

[463]Sous le régime des Accords de Bretton Woods, le dollar est la seule monnaie qui assure la convertibilité en or et, par conséquent, représente la monnaie qui sert pour la constitution des réserves de changes. La ruée que ce statut a engendrée sur la détention du dollar a fait que la masse de dollars dans le monde atteint 53 milliards, ce qui constitue plus de cinq fois les stocks d'or du Trésor américain. Cette situation est source de difficultés pour les Etats-Unis pour le maintien de la confiance dans le dollar. Le Président Nixon, conscient des difficultés américaines, annonce en août 1971 la fin de la convertibilité et, en quelques sorte, la fin du système monétaire de Bretton Woods. Parallèlement à cette décision, et pour faire face à la récession, Nixon annonce également un gel des salaires et des prix, ainsi que des réductions d'impôt et une surtaxe sur les produits importés. Cette décision stimule la consommation, mais après approbation du Congrès, Nixon doit quand même procéder à une dévaluation de 7,9% du dollar en décembre. Une deuxième dévaluation de 10% est également nécessaire en février 1973, ce qui affecte l'économie de manière globale. Le premier choc pétrolier est directement lié à ces dévaluations du dollar. *Cf.* http://perspective.usherbrooke.ca/bilan/ servlet/BMEve? codeEve=529 consulté le 21 janvier 2018 à 08h58.

passé plus récent, on peut mettre en relief la crise des produits subprimes[464] (les prêts hypothécaires), les crises alimentaire et énergétique de 2008 qui, sans être provocatrices d'un nouvel ordre en matière de gestion des finances publiques, ont suscité une remise à jour des politiques de finances publiques. Ceci, pour prendre en compte les dimensions de la gestion financière publique devenues incontournables pour assurer la résilience des processus financiers au niveau de l'État, face aux effets des bouleversements induits par les crises. Ce qui passe par la définition et la mise en œuvre de réformes à l'interne, comme par l'internationalisation de réformes communautaires, à l'instar de celles portées par le nouveau cadre harmonisé des finances publiques de l'UEMOA.

Ainsi, en raison de la nécessité d'adaptation de la gouvernance financière publique aux nouveaux enjeux et aux métamorphoses de l'État, les finances publiques sont caractérisées par le dynamisme des réformes qu'elles engendrent et la complexification des méthodes qu'elles exigent. Au Bénin par exemple, les dix (10) dernières années sont presque totalement consacrées à l'expérimentation de nouvelles réformes. De façon spécifique, on peut citer les réformes engagées en 2008 et qui portent, pour l'essentiel, sur des aspects structurels, en l'occurrence la réforme des entreprises publiques, la réforme de l'Administration publique, etc.[465]. On peut également évoquer le cas des années 2009 et 2010 dédiées à la mise en place d'un dispositif fiscal favorable au secteur privé, à l'accélération de la dynamisation du secteur privé et au renforcement des infrastructures de base, avec pour but principal, la consolidation des acquis du secteur privé et la création d'un cadre propice à l'émergence de ses activités[466].

S'il est vrai que les changements de doctrine économique, les crises économiques et financières ainsi que la multiplication des acteurs intervenant dans la gestion des finances publiques justifient le difficile

---

[464]Le terme « subprime » s'est fait connaître en français à la suite de la crise des subprimes aux États-Unis, qui a déclenché la crise financière de 2007 à 2011. Il s'agit des actifs toxiques en matière immobilière. Pour être plus précis, les crédits dits « subprimes » sont des crédits à risque parce que consentis à des ménages dont la solvabilité n'est pas garantie. Ce qui fait courir aux prêts des risques de non remboursement et au système financier, des risques de crise.

[465] Ministère de l'Economie, des Finances et des Programmes de Dénationalisation, Loi de finances pour la gestion 2015, Document de Programmation Budgétaire et Economique Pluriannuel 2015-2017, p.25.

[466]*Ibidem.*

accès à la compréhension de la matière, ils ne constituent qu'une partie des éléments qui expliquent la complexification des finances publiques. Certains auteurs évoquent, comme facteur explicatif de cet état de choses, le caractère multidisciplinaire des finances publiques, en les assimilant à une *« science-carrefour »*[467]. Il ne s'agirait pas d'une discipline autonome mais plutôt d'une discipline qui se nourrit et se construit à partir des apports de plusieurs autres disciplines. L'on estime à ce sujet que « *c'est à la lumière du droit, de l'économie, de la science politique, des sciences de gestion, de l'histoire, de la sociologie, voire même de la psychologie que peuvent être comprises les finances publiques* »[468].

En définitive, une connaissance, ne serait-ce que liminaire dans plusieurs autres disciplines telles que la comptabilité et celles précédemment citées, apparaît nécessaire pour aborder avec un peu d'aisance les finances publiques. A défaut, il faut avoir fait une formation réputée assez complète en finances publiques. Au niveau du pouvoir exécutif, c'est un ensemble hétérogène de compétences qui est commis à la tâche pour la conduite des différents compartiments des finances de l'État. On note des juristes, des statisticiens, des économistes, des financiers, des gestionnaires, des fiscalistes, des trésoriers… etc. C'est avec cet arsenal de compétences que le Gouvernement élabore, exécute et contrôle le budget de l'État. Ainsi, « *la caractéristique essentielle des finances publiques, et peut-être leur principal handicap, réside dans leur hétérogénéité et dans leur complexité* »[469].

Tout bien considéré, le Parlement occupe une place moins confortable que le Gouvernement quant à la compréhension des finances publiques. L'exécutif, avec son appareil technique et des cadres spécialisés dans plusieurs disciplines, semble mieux outillé pour affronter les rigidités d'une matière réputée trop technique et soumise à une évolution hyper dynamique. C'est ainsi qu'il est affirmé par des auteurs, que « *les finances publiques, dans leurs diverses composantes, paraissent souffrir d'un excès de technicité…* »[470]. Ces mêmes auteurs constatent par ailleurs et évoquent, la multiplicité et le rythme accéléré

---

[467]P.-M. GAUDEMET, cité par M. BOUVIER, M.-C. ESCLASSAN, J.-P. LASSALE, *Finances Publiques*, Paris, L.G.D.J, 12ème édition, 2013, p.19.
[468]M. BOUVIER, M.-C. ESCLASSAN, J.-P. LASSALE, *Op.cit.*, p.20.
[469]M. BOUVIER, M.-C. ESCLASSAN, J.-P. LASSALE, *Op.cit.*, p.17.
[470]*Idem..*, p.14.

de changement des techniques qui concourent à la gestion financière publique et relèvent qu' « *à la profusion des techniques juridiques, économiques, de gestion qui concernent la matière, s'ajoute une rapidité des changements parfois spectaculaire* »[471].

En dernière analyse, les principes et les techniques qui encadrent la gestion financière publique se révèlent multiples, multiformes et d'évolution rapide. Ceci explique la mutation du cadre technique classique du budget de l'État qui va aujourd'hui bien au-delà des règles de l'unité, de l'universalité et de l'annualité. Ce cadre technique s'est enrichi actuellement de nouveaux principes au nombre desquels, l'équilibre budgétaire, la transparence[472], la sincérité[473], la pluri-annualité[474], etc. Chacun de ses principes appelle, pour sa mise en œuvre, une certaine qualification professionnelle et un savoir-faire technique que l'administration économique et financière du Gouvernement est plus encline à s'approprier et à appliquer. Il s'agit par exemple du cadre des dépenses à moyen terme qui apparaît comme un socle technique pour la programmation pluriannuelle et qui est vu comme « *la synthèse la plus avancée des conceptions budgétaires modernes* »[475]. On peut également souligner l'exemple du MOSARE, en usage au Bénin depuis 1998, qui est un logiciel pour lequel un bon paramétrage pourrait favoriser l'établissement de prévisions budgétaires sincères.

Au total, les ressorts de l'inaccessibilité des finances publiques en tant que discipline, pourraient se trouver résumés dans cette idée que défendent plusieurs spécialistes contemporains des finances publiques à savoir que « *le budget de l'État n'obéït pas seulement à des principes juridiques de base. Il se conforme aussi à des règles techniques qui sont aussi traditionnelles en finances publiques que la règle des trois unités dans le théâtre classique* »[476]. Malgré le basculement dans un nouveau cadre juridique de gestion des finances publiques, cette réalité des

---

[471]*Ibidem*.

[472]*Cf.* Décret n° 2015-035 du 29 janvier 2015 portant Code de transparence dans la gestion des finances publiques en République du Bénin.

[473]*Cf.* Article 8 de la n°2013-14 du 27 septembre 2013 portant loi organique relative aux lois de finances en République du Bénin.

[474]*Cf.* Article 1er de la n°2013-14 du 27 septembre 2013 portant loi organique relative aux lois de finances en République du Bénin.

[475]R. de la GENIERE, cité par M. BOUVIER, M.-C. ESCLASSAN, J.-P. LASSALE, *Finances Publiques*, Paris, L.G.D.J, 12ème édition, 2013, p.289.

[476]M. BOUVIER, M.-C. ESCLASSAN, J.-P. LASSALE, *Op.cit.*, p.263.

finances publiques demeure. Il est même possible de noter un réarmement au niveau des principes et techniques qui gouvernent la nouvelle gestion financière publique. Le budget de l'État, avec la nouvelle loi organique relative aux lois de finances, est un budget composite, voire un budget tripartite[477] comportant trois séries de comptes : le budget général, les budgets annexes et les comptes spéciaux.

On pourrait, enfin, conclure que la prédominance de l'exécutif en matière budgétaire est la conséquence de nombreux facteurs[478]. A côté des études économiques, des études financières, des études stratégiques, des études visant l'appréhension des conséquences des mesures envisagées, il y a le poids des contraintes qui ne laissent au pouvoir politique qu'une faible marge de manœuvre. Il s'agit notamment des dépenses incompressibles, des engagements antérieurs et du niveau des recettes. Par ailleurs, l'interdépendance du budget et de l'économie renforce également la position du Gouvernement. Les choix budgétaires sont étroitement liés à la politique économique de l'État et à son évolution. Du reste, le contenu du budget ne correspond plus à de simples choix administratifs ou politiques. Il doit contribuer à assurer l'équilibre économique général. En d'autres termes, les choix budgétaires appartiennent à l'équipe technique compétente qui dispose des informations nécessaires[479].

La prééminence du pouvoir exécutif par rapport au pouvoir législatif en matière de prise de décision financière publique semble être confortée par le cadre juridique applicable à la gestion des finances publiques.

Paragraphe2-La caution de la constitution

Le pouvoir exécutif semble bénéficier de privilèges juridiques dans l'exercice de ses prérogatives financières. Il peut se fonder sur l'inexécution du Parlement pour recourir à des ordonnances (A), tout comme il peut mettre en œuvre d'autres mesures exceptionnelles (B).

---

[477]*Idem*, p.265.

[478] F. DERUEL,*Finances Publiques, Budget et pouvoir financier*, *Op.cit.*, pp. 80-81.

[479]*Ibidem*.

A-La sanction du retard parlementaire

Une fois saisi du projet de loi de finances dans les délais constitutionnels, le Parlement ne peut manquer de se prononcer sur le projet à lui soumis, avant le premier jour de l'année à laquelle la loi se rapporte, sans s'exposer à des sanctions. En raison de la nécessité de la continuité des services publics, la date d'entrée en vigueur de la loi de finances de l'année, fixée au 1er janvier, est un objectif prioritaire. Elle s'impose aussi bien au Gouvernement qu'au Parlement. Dans les faits, elle semble plus contraignante pour le Parlement pour deux raisons. Premièrement, c'est le Parlement qui conduit la phase ultime de la mise en place du budget de l'État. Ces travaux sur le projet de loi de finances s'étalent sur les derniers mois de l'année (octobre à décembre). Ce qui fait plus ressentir la pression des délais. Deuxièmement, les délais impartis au Parlement pour l'exercice de ses prérogatives paraissent suffisamment limités et engendrent au niveau de l'institution parlementaire, un calendrier de travail absorbant.

On peut rappeler à ce sujet que l'article 94 du règlement intérieur de l'Assemblée Nationale, l'article 60 de la loi organique relative aux lois de finances et l'article 109 de la constitution situent, tous, le dépôt du projet de loi de finances de l'année dans la première quinzaine du mois d'octobre et le début des travaux parlementaires d'examen du projet du budget de l'État à mi-octobre. En gros, le Parlement dispose d'environ soixante-et-quinze (75) jours pour examiner et se prononcer sur le projet de loi de finances et, ni ce délai court, ni l'accroissement du volume de travail, ne peuvent expliquer et exonérer de sanction un défaut de réaction du Parlement au-delà du 31 décembre.

Vu sous ce prisme en effet, l'on pourrait déjà évoquer une sorte de sanction. Celle-ci est liée au renchérissement de la charge de travail du Parlement qui ne trouve pas une compensation en termes de délai de réaction. Trois éléments expliquent ce que l'on peut ranger sous le couvert de sanction ou, plus exactement, de pression exercée sur le Parlement dans l'exercice de ses pouvoirs financiers.

En premier lieu, il y a l'impact de l'actualisation de l'architecture institutionnelle de l'État. En effet, au fur et à mesure que le cadre institutionnel de l'État évolue par la création de nouveaux départements ministériels et de nouvelles structures administratives, la charge de travail parlementaire relative à l'examen du projet de loi de finances de l'année se trouve aggravée. En réalité, ce sont les sections administratives à savoir les ministères et les institutions constitutionnelles qui se voient ouvrir de crédits budgétaires dans la loi de finances. Autrement dit, c'est autour des ministères et institutions qu'est organisée l'étude du projet de la loi de finances de l'année. En termes clairs, s'il y a moins de ministères et d'institutions, la charge de travail parlementaire s'atrophie.

Dans le cas contraire, elle devient plus considérable. L'évolution numérique des institutions constitutionnelles et des départements ministériels importe donc dans l'appréciation du délai dans lequel le Parlement est appelé à examiner et voter le projet de loi de finances. Si l'on considère par exemple la taille du Gouvernement de la période transitoire de 1990 et qui est de quinze membres[480], y compris le premier ministre, le Parlement a eu à connaitre, en termes de budgets de ministères sectoriels, un total de quinze documents budgétaires au titre du budget de l'État pour la gestion 1990[481]. Entre 1990 et 1996, on a noté un accroissement de 33,33% du nombre de portefeuilles ministériels. En effet, de quinze départements ministériels, on est passé à vingt ministères[482]. Conséquemment, pour la loi de finances pour la gestion 1996, c'est un ensemble de vingt documents budgétaires sectoriels[483] qui ont été examinés. La progression du nombre de départements ministériels s'est poursuivie, avec ses implications sur l'accroissement du nombre de budgets sectoriels à examiner par l'Assemblée Nationale.

Pour le budget de l'État, gestion 2018 par exemple, c'est au total vingt-deux documents budgétaires de ministères sectoriels[484] qui sont analysés, en dehors de ceux des institutions constitutionnelles ou non et des documents transversaux. Ce qui laisse apparaître, en un quart de siècle, une progression de 46,67% du nombre de documents budgétaires sectoriels examinés à l'occasion de chaque session budgétaire. Ainsi, l'ensemble des documents budgétaires pour 2018 (tomes budgétaires, loi et documents annexes, etc.) représente un volume de 1307 pages, non compris les PAP et DPPD dont le volume pourrait excéder mille pages pour l'ensemble des ministères.

---

[480] J. A.TOUDONOU et C. KPENONHOUN, *Op.cit.*, pp.319-320.

[481] *Cf.* loi n°90-011 du 31 mai 1990 portant loi de finances pour la gestion 1990.

[482] J. A.TOUDONOU et C. KPENONHOUN, *Op.cit.*, pp.320-321.

[483] *Cf.* Ordonnance n°96-02 du 31 janvier 1996 portant loi de finances pour la gestion 1996 et loi n°96-18 du 14 août 1996 portant loi de finances rectificative pour la gestion 1996.

[484] *Cf.* Loi n°2015-41 du 29 décembre 2015 portant loi de finances pour la gestion 2016.

En deuxième lieu, il y a les implications liées aux réformes en matière de gestion des finances publiques et d'exercice du pouvoir financier dans l'État. En vertu des exigences relatives à la transparence budgétaire et à une meilleure participation des élus du peuple au processus budgétaire, une série de nouveaux documents est introduite dans la documentation du projet de loi de finances pour éclairer et faciliter l'exercice du droit de consentement à l'impôt et d'amendement du budget de l'État. L'examen desdits documents vient étoffer les travaux budgétaires, sans qu'un délai additionnel d'examen lui soit accordé. L'article 49 de la loi organique relative aux lois de finances renseigne sur l'étendue de la documentation devant accompagner le projet de loi de finances de l'année. Depuis la loi de finances pour la gestion 2013[485], le Bénin a enrichi la documentation budgétaire d'un plan prévisionnel de trésorerie mensualisé et cumulé et, un peu plus tôt, d'un document de stratégie d'endettement à moyen terme. On peut également noter dans la documentation budgétaire de la loi de finances pour la gestion 2016, onze documents de programmation pluriannuelle des dépenses, onze projets annuels de performance, une note sur les transferts de ressources aux collectivités locales, l'état développé des restes à payer, un document sur la position nette du Gouvernement, etc. Sont, entre autres, en attente d'être introduits, les tableaux matriciels croisés et la note analytique sur le programme de développement qui pourrait être riche de soixante à soixante-dix pages.

En dépit de tout ce qui précède, les impératifs de délais qui pèsent sur le Parlement en ce qui concerne l'examen et le vote de la loi de finances n'ont pas fléchi. Au contraire, la possibilité de dessaisissement temporaire de ses prérogatives reste et demeure comme une menace qui plane constamment sur lui. L'article 110 de la constitution qui porte la disposition de limitation de l'action du Parlement en matière budgétaire dans le temps, précise que « *si l'Assemblée Nationale ne s'est pas prononcée, à la date du 31 décembre, les dispositions du projet de loi de finances peuvent être mises en vigueur par ordonnance* ». L'analyse de cette disposition constitutionnelle autorise à conclure à une sanction du Parlement, en cas de retard dans la mise en œuvre de ses compétences financières, en lien avec le souci du constituant de garantir la continuité du service public. Ce qui peut davantage convaincre de l'idée d'une sanction dans la mise en œuvre de cette disposition, c'est

[485] *Cf.* documentation budgétaire de la loi n°2012-42 du 28 décembre 2012 portant loi de finances pour la gestion 2013.

le contenu du texte susceptible d'être établi par ordonnance. En effet, c'est le projet de loi de finances, tel qu'il est transmis à l'Assemblée Nationale qui peut être pris par ordonnance sur la base de l'article 110-C. L'ensemble des amendements, y compris ceux pour lesquels le Gouvernement aurait préalablement émis un avis favorable, tombent. C'est du moins la position du juge constitutionnel, qui l'a affirmé dans plusieurs de ses décisions.

A titre illustratif, on peut citer la décision DCC00-072 du 17 novembre 2000, par laquelle la cour constitutionnelle a déclaré contraire à la constitution, l'ordonnance n° 2000-001 du 02 janvier 2000 portant loi de finances pour la gestion 2000, suite à une requête fondée sur la violation de l'article 110-C. La cour a également déclaré, par le biais de la même décison, non conforme à la constitution, la loi n° 2000-01 du 24 janvier 2000 portant ratification de ladite ordonnance au motif que « *si une ordonnance est non conforme à la constitution, la loi de ratification est également contraire à la constitution, parce que l'Assemblée Nationale ne peut pas valider un texte inconstitutionnel* »[486].

On peut également évoquer le dernier cas de mise en œuvre des dispositions de l'article 110-C. Il s'agit de l'ordonnance n° 2014-01 du 02 janvier 2014 portant loi de finances pour la gestion 2014. Dans le cas d'espèce, ce n'est véritablement pas par faute de s'être prononcé à la date du 31 décembre que le Parlement s'est vu supplanté par le Gouvernement dans la mise en place du budget de l'État. Le Parlement a rejeté par quarante-quatre voix contre et trente-neuf voix pour, le projet de loi de finances pour la gestion 2014. Ce vote de rejet émis par la représentation nationale a été attaqué devant la cour constitutionnelle qui, par Décision DCC 13- 171 du 30 décembre 2013, a annulé le vote émis par le Parlement et enjoint aux parlementaires de reprendre le vote dans les délais constitutionnels, soit à la date du 31 décembre au plus tard. Ce qui était matériellement difficile à réaliser au regard des procédures parlementaires à observer (convocation d'une plénière pour affecter la décision de la cour constitutionnelle, examen du contenu de la décision et production d'un rapport par la commission saisie pour éclairer le Parlement sur la conduite à tenir).

[486]Cour Constitutionnelle, *Recueil des décisions et avis*, décision DCC 2000-072 du 17 novembre 2000, p.267.

Cette décision qui est qualifiée d'inédite[487], n'a pu recevoir application par le Parlement. Ce qui a ouvert la voie à l'ordonnance budgétaire n° 2014-01 du 02 janvier 2014 portant loi de finances pour la gestion 2014. Juridiquement, ce sont les effets de la décision du juge constitutionnel qui ont annihilé les travaux parlementaires ayant conduit au rejet du projet de loi de finances et mis le gouvernement en position de prendre une ordonnance sur la base de l'article 110-C. On est, de ce point de vue, tenté de conclure qu'il ne suffit pas simplement pour le Parlement de se prononcer à la date du 31 décembre sur le projet de loi de finances pour conserver et user de son pouvoir de décision, mais plutôt de se prononcer valablement dans les délais constitutionnels. C'est-à-dire s'assurer que sa décision, qu'il s'agisse d'un rejet ou d'une acceptation, est conforme à l'esprit et à la lettre de la constitution.

Il est bien entendu que le verbe « se prononcer » n'a pas le sens d'acceptation. En effet, « *si le Parlement a rejeté le projet de budget, il s'est bel et bien prononcé et il n'est pas possible de procéder par voie d'ordonnance* »[488].

Même au cas où les conditions sont remplies et que le Gouvernement en arrive à prendre une ordonnance, il ne peut rester sans faire recours au Parlement pour l'établissement définitif de la loi de finances. La constitution fait obligation au Gouvernement, à travers l'article 110, de saisir « *pour ratification, l'Assemblée Nationale convoquée en session extraordinaire dans un délai de quinze jours* ». La session extraordinaire prévue par la constitution et qui s'apparente à une sorte de « deuxième chance pour le Parlement » pour exercer effectivement ses prérogatives financières ne semble pas offrir plus de marge de manœuvre à l'Assemblée Nationale. Le même article dispose en effet, que « *si l'Assemblée Nationale n'a pas voté le budget à la fin de cette session extraordinaire, le budget est établi définitivement par ordonnance* ». En définitive, le constituant adresse une sorte d'invite au Parlement pour valider la décision gouvernementale et paraître comme avoir exercé un pouvoir de décision.

---

[487] D.OUEDRAOGO, *L'annulation par la Cour constitutionnelle du Bénin du rejet du budget 2014 par l'Assemblée nationale : Essai d'analyse d'une décision controversée. (Décision DCC 13- 171 du 30 décembre 2013)*, *Afrilex*, septembre 2014.

[488] *Cf.* J-L. GUIEZE, *Op.cit*, p. 232.

Le moins qu'on puisse affirmer, en se fondant sur les dispositions de l'article 110 de la constitution, est que le Gouvernement et le Parlement ne jouissent pas du même niveau de garantie constitutionnelle en ce qui concerne l'exercice des pouvoirs financiers. L'analyse de l'article 110-C seule permet de se faire une idée sur la place et le rôle du Gouvernement et sur la portée des pouvoirs reconnus au Parlement dans le processus budgétaire. On comprend que le Gouvernement peut, par exemple, sous le couvert de l'article 110-C, se substituer au Parlement et mettre en vigueur le projet de loi de finances par ordonnance. Il s'agirait d'une substitution dont le seul effet serait de *« permettre la mise en vigueur du projet »*[489].

L'ordonnance de substitution apparaît comme *« l'expression juridique de la décision du Gouvernement de mettre en vigueur le projet de loi de finances de l'année, exactement comme le décret de promulgation est la manifestation de la décision présidentielle de promulguer une loi »*[490].

On peut souligner que la situation n'est pas spécifique au Bénin. Sur la même question dans le système budgétaire des États-Unis, un auteur en est arrivé à la conclusion que « *le président et le congrès partagent la responsabilité de la politique budgétaire, mais [que] leurs situations, modelées par la constitution et par l'histoire, sont différentes* »[491]. Le pouvoir financier, est-on tenté de retenir, est entre les mains du Gouvernement. Le Parlement semble jouer, dans le processus, un grand rôle au regard de l'importance de son intervention pour la démocratie financière et la transparence. C'est lui qui donne le sceau de l'acceptation de la décision financière et contribue à asseoir la légitimité des gouvernants en matière financière.

Cependant, le pouvoir exécutif reste maître du jeu en ce qui concerne la conduite du processus budgétaire et l'on pense que « *les assemblées, même dans les collectivités territoriales ou les établissements publics, sont par nature impotentes pour construire des stratégies économiques et financières et mal organisées pour corriger celles qui sont proposées*

---

489 *Ibidem.*

490 J.-L. GUIEZE, *Op.cit.*, p. 238.

491 H. KEMPF, « Ronald Reagan, le congrès et les déficits budgétaires », *Revue Française de Science Politique*, 39ème année, n°4, 1989, p.518. Lire également sur la question, M-F TOINET, *Le système politique des Etats-Unis*, Paris, PUF, 1987.

par l'appareil gouvernemental qui les a souvent négociées avec d'autres forces sociales »[492].

Les privilèges tirés par le Gouvernement des dispositions de l'article 110 ne justifient pas à eux seuls la position dominante du pouvoir exécutif.

B-La consécration de pouvoirs exceptionnels

« *Il arrive des fois que contre le gré de l'Assemblée Nationale, le Gouvernement prend des ordonnances, non seulement dans le cadre des pouvoirs exceptionnels mais aussi au sujet de l'adoption du budget* »[493]. Le pouvoir exécutif de la constitution du 11 décembre 1990 est un pouvoir exécutif qui concentre en ses mains, les pouvoirs nécessaires pour ne pas se voir arrêté, à aucun moment et dans n'importe quelle circonstance, par des organes de contre-pouvoir. Les pouvoirs en cause ne sont pas fondamentalement ceux tirés des dispositions de l'article 110-C qui ouvrent déjà la voie à une substitution du Gouvernement au Parlement. Il s'agit des pouvoirs de crise, au nom desquels le Gouvernement peut tout[494].

En réalité, il est question des dispositions de l'article 68 de la constitution du 11 décembre 1990[495]. En effet, prévoyant la probabilité de survenue de menaces sur les institutions de la République, l'indépendance de la Nation, l'intégrité du territoire national ou l'exécution des engagements internationaux, le constituant de 1990 a consacré la possibilité de la prise, par l'exécutif, de mesures exceptionnelles pour assurer la continuité des services publics et le fonctionnement régulier des institutions. La seule obligation faite par le constituant au Gouvernement qui jugerait les conditions requises remplies, pour faire recours aux dispositions de l'article 68-C, hormis les formalités de consultation du président de l'Assemblée Nationale et du président de la Cour constitutionnelle, est la garantie des droits des citoyens. Autrement dit, les mesures à instituer au moyen des dispositions de l'article 68 ne doivent pas occasionner la suspension des

---

[492]R. HERTZOG, « La loi organique relative aux lois de finances (LOLF) dans l'histoire des grands textes budgétaires : continuité et innovation », *Revue Française d'Administration Publique*, n°117, 2006/1 p. 16.
[493] J. A.TOUDONOU et C. KPENONHOUN, Op.cit., p.232.
[494]*Cf.* décision DCC 96-023 du 26 avril 1996.
[495] J. A.TOUDONOU et C. KPENONHOUN, Op.cit., p.253.

droits des citoyens[496]. Pour peu que ces conditions soient réunies, le Gouvernement peut mettre en œuvre des mesures exceptionnelles, sans violer la lettre et l'esprit des dispositions de la constitution.

A priori, les mesures portées par l'article 68-C ne semblent pas opératoires dans le domaine des finances publiques et, plus particulièrement, dans le processus de mise en place du budget de l'État. On pourrait accessoirement en convenir si la situation de crise qui aurait conduit au recours à des mesures exceptionnelles perdure et n'est pas de nature à permettre au Gouvernement et au Parlement de faire face, en toute quiétude, à leurs responsabilités dans l'établissement du budget de l'État. C'est peut-être en simulant une situation pareille qu'on pourrait penser à l'utilité des mesures exceptionnelles dans le domaine budgétaire.

Cependant, dans les faits, le recours aux pouvoirs exceptionnels pour l'établissement du budget de l'État est une réalité. Le recours aux pouvoirs de crise pour l'adoption de la loi de finances au Bénin, remonte à l'année 1994 où, par le truchement des ordonnances n° 94-001 et n° 94-002 du 1er août 1994, le Gouvernement a rendu exécutoires la loi de finances pour la gestion 1994 et la loi de programmation des investissements publics de la même année budgétaire. Ce qui était apparu comme inédit est entré dans l'entendement collectif comme une possibilité et le recours aux dispositions de l'article 68-C pour l'établissement de la loi de finances s'est maintes fois répété.

En réalité en 1993, le Gouvernement n'avait pas pu respecter les dispositions de l'article 109 de la constitution, à savoir le dépôt du projet de loi de finances sur le bureau de l'Assemblée Nationale au plus tard une semaine avant l'ouverture de la session budgétaire. Ce qui lève la contrainte constitutionnelle pour le Parlement de se prononcer sur le projet de loi de finances pour la gestion 1994 au plus tard à la date du 31 décembre 1993 et obligeait au même moment, le Gouvernement à solliciter du Parlement l'autorisation d'exécuter les recettes et les dépenses de l'État par douzièmes provisoires[497]. Le retard gouvernemental dans le dépôt du projet de loi de finances sur le bureau de l'Assemblée Nationale, dans les délais constitutionnels, serait engendré par la dévaluation du F CFA intervenue le 12 janvier 1994. Le projet de loi de finances apprêté pour la gestion 1994 aurait

---

[496]N. MEDE, *Les grandes décisions de la Cour constitutionnelle du Bénin*, Berlin, Editions Universitaires Européennes, p.218.
[497] J. A.TOUDONOU et C. KPENONHOUN, *Op.cit.*, p.266.

nécessité, au regard des effets de la dévaluation monétaire, des ajustements pour s'inscrire dans le nouvel environnement économique et financier[498].

Mais globalement, ceci n'est pas le mobile qui a conduit à l'expérimentation, pour la première fois depuis l'adoption de la constitution le 11 décembre 1990, des dispositions de l'article 68. Autrement, les provisoires budgétaires auraient suffi pour combler le vide juridique, en attendant que le Parlement ne se prononce pour l'adoption de la loi de finances pour la gestion 1994. Ce sont plutôt les dissensions qui ont opposé les deux pouvoirs sur le contenu de la loi de finances pour la gestion 1994 qui expliquent la mise en œuvre des pouvoirs exceptionnels[499]. Le volet social du projet de budget, en l'occurrence la masse salariale et les bourses et secours universitaires sont identifiés comme les éléments qui ont engendré le désaccord entre le Parlement et le Gouvernement. Alors que l'Assemblée Nationale exigeait une revalorisation des salaires et des transferts sociaux, le Gouvernement plaidait pour le maintien de leur niveau de référence[500].

Cette guéguerre empreinte de déficit de complémentarité interinstitutionnelle, dans l'exercice de fonctions certes séparées mais non opposées, a conduit à l'éviction[501] du Parlement du champ d'expression de ses compétences. Les décisions budgétaires sont prises et aussi bien la loi de finances que la loi de programmation des investissements publics sont établies « *en dehors de toute collaboration entre les pouvoirs exécutif et législatif* »[502]et selon des *« procédures inhabituelles* »[503].

Ce qui est considéré et analysé comme inédit dans la pratique béninoise des finances publiques en 1994, l'est moins en théorie. On

---

[498] F. TANO, « La constitutionnalisation de l'urgence budgétaire et les crises politiques en Afrique : Côte d'Ivoire, Bénin », Communication présentée au Colloque de Dakar sur « constitutionnalisme et résolution des conflits en Afrique », août 2008, disponible sur www.publiclaw.uct.ac.za/usr/public_law/ Dakar/Tano_ Benin.doc, consulté le 21 janvier 2018.

[499] M. BOSSOU, « L'article 68, sa pratique et ses conséquences *», in série « rencontres »*, n°5, p. 102-118. (*Actes des « journées de réflexion sur la Constitution du 11décembre 1990,* Cotonou – Bénin, IDH : 07 et 08 août 2006).

[500]F. TANO, « La constitutionnalisation de l'urgence budgétaire et les crises politiques en Afrique : Côte d'Ivoire, Bénin », *Op.cit.*

[501]*Ibidem.*

[502]*Ibidem.*

[503]*Ibidem.*

estime, en effet, qu'*« en période de crise institutionnelle, [...] c'est à l'exécutif que l'on accorde les pleins pouvoirs, comme le montre la prise en compte de la théorie des circonstances exceptionnelles dans les constitutions des États à travers le monde »*[504]. Il est dès lors aisé de comprendre la position de la cour constitutionnelle, saisie par l'Assemblée Nationale au moyen de la requête n°451/AN/PT/SP du 05 août 1994 pour connaître de la conformité ou non à la constitution du 11 décembre 1990 des ordonnances querellées. En résumé, le juge constitutionnel s'est déclaré incompétent pour connaître de la décision de mise en œuvre de l'article 68 de la constitution. La sanction de non-conformité à la constitution qu'il a prononcée ne repose pas sur l'argument développé par la requête et qui tend à dénier au Gouvernement le droit de recourir aux dispositions de l'article 68 dans les circonstances où il l'a fait. La cour constitutionnelle a simplement évoqué un vice de procédure pour le simple fait que « *les ordonnances en cause ne contiennent aucun visa de la consultation préalable de la cour constitutionnelle* »[505].

Sur le fond, le juge constitutionnel a affirmé dans l'un de ses motifs, que « *le recours à l'application de l'article 68, dès lors qu'il a été exercé dans les conditions prescrites par la constitution, est un acte de gouvernement qui n'est pas susceptible de recours devant la cour constitutionnelle* »[506]. Autrement dit, on peut retenir que lorsque les conditions de forme sont réunies, c'est-à-dire lorsqu'il n'y a pas vice de procédure, l'utilisation de l'article 68 par le Gouvernement n'appellera pas une sanction du juge constitutionnel, surtout sur la décision de faire recours à l'article 68. Ce qui ressort de cette décision de la cour, c'est qu'il n'y a pas de domaine de l'action publique qui soit protégé de l'utilisation des dispositions de l'article 68, pour peu que les droits des citoyens soient garantis, en dépit du recours aux pouvoirs exceptionnels. Les finances publiques n'échappent donc pas à cette donne.

Il s'agit peu ou prou, d'une inclinaison réelle de la répartition des pouvoirs financiers dans l'État au profit du Gouvernement. Les relations entre le Gouvernement et le Parlement étant souvent tendues, voire conflictuelles, les pouvoirs exceptionnels apparaissent comme un

---

[504] *Ibidem.*
[505] *Cf.* Décision DCC 27-94 du 24 août 1994, *in* N. MEDE, *Les grandes décisions de la Cour constitutionnelle du Bénin, Op.Cit.*, p.219.
[506] *Idem.*p.218.

moyen supplémentaire aux mains de l'exécutif pour assurer du succès à ses ambitions budgétaires, en cas de controverses graves avec le Parlement. La décision DCC 96-023 du 26 avril 1996 de la cour constitutionnelle illustre cette perception des pouvoirs de crise du président de la République. A sa lecture, on se fait l'idée de ce que, par le recours à l'article 68, le président de la République concentre entre ses mains tous les pouvoirs[507].

Aujourd'hui, le Parlement est conscient de la volatilité ou de l'incertitude de son pouvoir. Seul l'alignement sur les positions budgétaires du Gouvernement peut mettre ses prérogatives hors d'une incursion du pouvoir exécutif et le protéger contre l'éviction de son champ de compétence. Les décisions budgétaires qui ont suivi celles historiques et inédites de 1994 illustrent bien cette affirmation. En effet, le budget de l'État pour chacune des années 1996[508], 2000[509], 2002[510], 2008[511], 2010 [512] a été établi par décision budgétaire, consécutivement à la mise en œuvre des mesures exceptionnelles prévues à l'article 68 de la constitution du 11 décembre 1990. On est bien en présence d'une protection des pouvoirs financiers du Gouvernement et de la consécration de la suprématie du pouvoir exécutif sur le pouvoir législatif en matière budgétaire. L'idée selon laquelle *« l'histoire des finances publiques tend à accorder plus de pouvoir à l'exécutif au détriment du Parlement »*[513] est donc à prendre au sérieux.

Une question se pose cependant par rapport à l'admission des ordonnances prises sur le fondement des dispositions de l'article 68 en matière budgétaire. C'est vrai que le juge constitutionnel s'est déclaré incompétent pour connaître de la décision du recours à la mise en œuvre

---

[507]N. MEDE, *Les grandes décisions de la Cour constitutionnelle du Bénin*, *Op.Cit.*, p.221.

[508] Ordonnance n° 96-02 du 31 janvier 1996 portant loi de finances pour la gestion 1996.

[509] Ordonnance n° 2000-001 du 02 janvier 2000 portant loi de finances pour la gestion 2000.

[510] Ordonnance n° 2002-001 du 31 janvier 2002 portant loi de finances pour la gestion 2002.

[511] Ordonnance n° 2008-05 du 05 novembre 2008 portant loi de finances rectificative pour la gestion 2008.

[512] Ordonnance n° 2010-01 du 1er janvier 2010 portant loi de finances pour la gestion 2010.

[513]F. TANO, « La constitutionnalisation de l'urgence budgétaire et les crises politiques en Afrique : Côte d'Ivoire, Bénin », Communication présentée au Colloque de Dakar sur « constitutionnalisme et résolution des conflits en Afrique », *Op.cit.*

de l'article 68 et limite son intervention « *à un contrôle spécial : celui de l'absence de violation des droits fondamentaux des citoyens* »[514]. Or, il semble cependant que chaque fois que le budget de l'État est établi par décision budgétaire[515], le droit des citoyens au consentement à l'impôt est heurté. C'est-à-dire que le consentement à l'impôt est suspendu et les prélèvements obligatoires sont institués, en l'absence de cette formalité très essentielle pour la démocratie financière et très vitale pour l'existence même du Parlement. On sait que le Parlement est une institution animée par les représentants du peuple et dont l'une des fonctions ou missions principales est, outre le contrôle de l'action gouvernementale, le consentement à l'impôt.

Vu que c'est par délégation que les parlementaires exercent le droit de consentement à l'impôt, leur enlever ce droit au moyen des pouvoirs exceptionnels consacrés par le constituant revient plus ou moins à priver les citoyens de leur exercice[516]. Mais à considérer la position du juge constitutionnel sur les implications de la mise en œuvre des dispositions de l'article 68-C, à savoir que le Président de la république concentre tous les pouvoirs dans ses mains, en cas de mise en œuvre des pouvoirs exceptionnels (Décision DCC 96-023 du 26 avril 1996), on est tenté d'affirmer que la cour n'y trouverait pas à dire. Il resterait peut-être à définir lesquels des droits de l'Homme et des citoyens la cour se propose de protéger et de défendre, en situation de recours aux pouvoirs exceptionnels en matière budgétaire.

La position du juge constitutionnel béninois ne semble cependant pas isolée. En droit français, l'hypothèse du recours aux pouvoirs

---

[514]*Cf.* Décision DCC 10-129 du 21 octobre 2010, Kolawolé A. Idji, citée par N. MEDE, *Les grandes décisions de la Cour constitutionnelle du Bénin*, *Op.cit.*, p.221.

[515]Le thème décision budgétaire est utilisé par le Professeur F. TANO pour différencier les ordonnances budgétaires prises sur le fondement des dispositions de l'article 110-C des ordonnances budgétaires prises par la mise en œuvre des dispositions de l'articles 68-C. *Cf.* F. TANO, « La constitutionnalisation de l'urgence budgétaire et les crises politiques en Afrique : Côte d'Ivoire, Bénin », Communication présentée au Colloque de Dakar sur « constitutionnalisme et résolution des conflits en Afrique », *Op.cit.*

[516]Il convient de rappeler que le juge constitutionnel béninois ne manque de se référer ou de faire allusion à la Déclaration universelle des droits de l'Homme et du citoyen qui dispose en son article 14 que *« tous les Citoyens ont le droit de constater, par eux-mêmes ou par leurs représentants, la nécessité de la contribution publique, de la consentir librement, d'en suivre l'emploi, et d'en déterminer la quotité, l'assiette, le recouvrement et la durée* ». *Cf.* N. MEDE, *Les grandes décisions de la Cour constitutionnelle du Bénin, Op.cit.*, p.135.

exceptionnels en matière budgétaire n'est pas exclue. Selon une partie de la doctrine, « ... *la substitution d'office du Président de la République au Parlement n'a pas le caractère d'une sanction, d'une exécution forcée, mais d'un expédient dans certaines circonstances exceptionnelles où le Parlement se trouve empêché d'exercer ses fonctions* »[517]. On estime même que « *le procédé s'apparente à ce qu'on appelle en droit administratif une "substitution ou un transfert de compétence"* »[518].

Au total, la prééminence du pouvoir exécutif sur celui législatif paraît évidente et les manifestations de la suprématie budgétaire du gouvernement semblent s'étaler sur tout le cycle budgétaire.

Section 2 : Les manifestations de la prééminence

La caution de la constitution à une certaine emprise du Gouvernement sur le Parlement en matière budgétaire se traduit par plusieurs autres implications. Il y a d'un côté, l'exécution de fonctions financières exclusives par le gouvernement (paragraphe 1) et de l'autre, l'exercice du pouvoir de régulation de l'exécution du budget de l'État (paragraphe 2).

Paragraphe1-L' exécution de fonctions spécifiques

S'il est vrai que les prérogatives financières dans l'État sont partagées, notamment entre le pouvoir exécutif et le pouvoir législatif, le premier est pourtant détenteur de prérogatives propres. Il s'agit notamment de l'appréciation de l'impact financier de tous les textes (A) et de l'exercice du pouvoir normatif financier (B).

A-L'approbation implicite de l'incidence financière des propositions de loi

Le processus d'édiction de la loi au Bénin incombe à la fois au pouvoir exécutif et au pouvoir législatif. En effet, « *le Président de la République a l'initiative des lois concurremment avec les membres de l'Assemblée Nationale* »[519]. Ainsi, aussi bien le Gouvernement que les membres de l'Assemblée Nationale peuvent mettre en mouvement un processus pouvant aboutir à l'adoption et à l'insertion dans

---

[517] P. AMSELEK, cité par J-L. GUIEZE, *Le partage des compétences entre la loi et le règlement en matière financière*, Paris, L.G.D.J, 1974, p. 283.
[518] *Ibidem*.
[519] *Cf.* Article 57 de la constitution du 11 décembre 1990 *in* J. A.TOUDONOU et C. KPENONHOUN, *Op.cit.*, p.251.

l'ordonnancement juridique du Bénin de nouvelles dispositions légales. Les dispositions de l'article 57ci-dessus cité sont complétées par celles des articles 98 et 100 de la constitution. Le premier expose les matières relevant du domaine de la loi alors que le second range dans le domaine règlementaire, les matières qui ne figurent pas dans l'énumération de l'article 98[520].

A priori, les initiatives de loi prises par le Gouvernement à travers des projets de loi bénéficient, avant leur transmission à la représentation nationale, d'une double expertise. Il s'agit de celle de la cour suprême[521], exercée sur le fondement des dispositions de l'alinéa 2 de l'article 105 de la constitution, aux termes desquelles, les projets de loi ne sont délibérés en conseil des ministres qu'après « *avis motivé de la cour suprême saisie conformément à l'article 132 de la constitution* »[522]. Il s'agit également de celle découlant des diverses études que mène le Gouvernement en vue de cerner les impacts économiques, sociaux et budgétaires du projet de loi. Ces études impliquent, en dehors des services techniques relevant du ministère initiateur du projet de loi et du ministère chargé de la justice, ceux du ministre chargé des finances. Pour l'essentiel, le cadrage des implications économiques, sociales et financières de la loi est exécuté par le Gouvernement qui ne peut donc voir son projet déclaré irrecevable par le Président de l'Assemblée Nationale, pour peu que la matière sur laquelle porte le projet soit du domaine de la loi. En effet, seuls, « *les projets et propositions de lois qui ne sont pas du domaine de la loi délimité par l'article 98 de la Constitution sont irrecevables* »[523].

Sur l'exercice du droit d'initiative en matière législative, le Gouvernement et le Parlement ne jouissent pas du même statut. Contrairement au projet de loi pour lequel il n'y a de condition de recevabilité que celle relative au domaine de la loi, d'autres conditions s'imposent aux parlementaires pour la recevabilité des propositions de

---

[520]*Cf.* Article 98 et 100 de la constitution du 11 décembre 1990 *in* J.A.TOUDONOU et C. KPENONHOUN, Op.cit., pp.261-263.

[521]Il s'agit de la haute juridiction de l'Etat en matière administrative, judiciaire et des comptes de l'Etat. *Cf.* Article 131 de la constitution du 11 décembre 1990.

[522]*Cf.* Article 105 de la constitution du 11 décembre 1990 *in*J.A.TOUDONOU et C. KPENONHOUN, *Op.cit.*, pp.261-264.

[523]Dans le cas contraire, le projet de loi peut être déclaré irrecevable par le Président de l'Assemblée Nationale sur le fondement de l'article 47.4 du règlement intérieur de l'Assemblée Nationale.

loi. Celles-ci concernent surtout l'incidence financière prévisionnelle de la mise en œuvre du texte de loi. En réalité, les parlementaires ne disposent pas du cadre institutionnel requis et des informations nécessaires pour l'évaluation des implications financières des propositions de loi. Or, si la proposition de loi est votée, elle devrait, sauf si elle est déclarée non conforme à la constitution, être promulguée et appliquée. Ce qui n'est possible que lorsque l'incidence financière y relative est soutenable pour les finances publiques. On pourrait alors comprendre que ce qui sous-tend cette contrainte additionnelle pour les parlementaires, n'est rien d'autre que l'obligation d'exécution attachée à une loi votée et promulguée.

Le mécanisme mis en place par le règlement intérieur pour préserver l'équilibre des finances publiques des effets financiers d'une loi d'origine parlementaire est de soumettre les auteurs des propositions de loi aux mêmes obligations que celles imposées par la constitution pour l'exercice du droit d'amendement. L'idée est de proscrire les propositions de loi dont l'adoption aurait pour conséquence soit une réduction des ressources publiques ou encore la création de charges nouvelles ou l'aggravation de celles existantes[524]. A ce sujet, le règlement intérieur de l'Assemblée Nationale dispose que *« les propositions de lois dont l'adoption aurait pour conséquences, soit une diminution des ressources publiques, soit la création ou l'aggravation d'une charge publique, sont déclarées irrecevables par le Président de l'Assemblée nationale si elles ne sont pas accompagnées d'une proposition d'augmentation de recettes ou d'économies équivalentes, conformément aux dispositions de l'article 107 de la Constitution »*[525].

A travers ces dispositions du règlement intérieur de l'Assemblée Nationale, l'on pourrait conclure à une volonté du Parlement d'assurer, par lui-même, notamment par son président, la censure des propositions de loi, en vue de leur régularité vis-à-vis de la constitution. En réalité, « *l'irrecevabilité est prononcée par le Président de l'Assemblée nationale, d'office, ou à la demande du Président de la République* »[526]. Cette formule semble être encline à la préservation du pouvoir de décision du Parlement. L'examen de la recevabilité se fait à l'interne au Parlement, de sorte que la décision de la recevabilité et la décision de modification ou de compléter l'ordonnancement juridique du pays sont

---

[524]*Cf.* Article 107 de la constitution du 11 décembre 1990.
[525]*Cf.* Article 75.5 du règlement intérieur de l'Assemblée Nationale.
[526]*Cf.* Article 74.4 du règlement intérieur de l'Assemblée Nationale.

censées se prendre, en l'absence de toute interférence du pouvoir exécutif. A la limite, le règlement intérieur prévoit l'intervention du juge constitutionnel pour trancher les potentiels conflits entre l'exécutif et le législatif sur la recevabilité des propositions de loi. En effet, l'artice 74.4 du du règlement intérieur de l'Assemblée Nationale « *en cas de désaccord entre eux, le Président de l'Assemblée nationale peut consulter la Cour Constitutionnelle qui statue dans un délai de huit jours* ».

Les précautions ainsi prises par le législateur, sans doute pour assurer l'efficacité et l'effectivité de son pouvoir de décision, ne sont pas corroborées par le législateur organique. Ce dernier, à travers la loi n° 2013-14 du 27 septembre 2013, a ouvert la voie à l'intervention du pouvoir exécutif dans l'appréciation de la recevabilité des propositions de loi. On y retient, en effet, que le Gouvernement, à travers le ministre en charge des finances, est détenteur d'attributions dont la mise en œuvre s'analyse en une forme d'encadrement de l'initiative parlementaire en matière législative. Plusieurs dispositions de la LOLF confirment cet état de choses. Celles de l'article 6 paraissent, à cet effet, révélatrices. L'alinéa 3 dudit article précise que « ... *lorsque des dispositions d'ordre législatif... entraînent des charges nouvelles ou des pertes de ressources, aucun projet de loi ne peut être définitivement voté,... tant que ces charges ou ces pertes de ressources n'ont pas été prévues, évaluées et soumises à l'avis conforme du ministre en charge des finances* ».

On note ainsi en faveur de l'exécutif, un pouvoir de sanction ultime des dispositions d'ordre législatif susceptibles d'engendrer des charges pour le budget national. En décidant d'un avis conforme du ministre en charge des finances, le législateur organique consacre la primauté de l'exécutif quant à la création de charges nouvelles, à l'occasion de l'exercice du pouvoir législatif. Cette position stratégique du ministre chargé des finances lui offre un pouvoir de contre-expertise des projets de loi. Or, l'ancienne loi organique excluait carrément la prise de dispositions d'ordre réglementaire et législatif dont les implications en termes de charges ou de pertes de ressources n'ont pas été prévues par la loi de finances[527]. Concernant cette nouvelle responsabilité du

---

[527] L'article 11 de l'ancienne loi organique relative aux lois de finances dispose que lorsque des dispositions d'ordre législatif ou réglementaire doivent entraîner des charges nouvelles, aucun projet de Loi ne peut être définitivement voté, aucun Décret

ministre des finances, il faut souligner que quasiment tous les textes ont un impact direct ou indirect sur les finances publiques, ce qui conduit à généraliser de fait ce pouvoir de contre-expertise"[528].

A y voir de près, le législateur organique n'enlève pas du ressort du Parlement la prévision et l'évaluation des charges et des pertes que pourrait engendrer une proposition de loi. Il revient peut-être au parlementaire ou au groupe de parlementaires initiateurs d'une proposition de loi d'en assumer la prévision des potentielles charges et pertes de ressources et de procéder à leurs évaluations. Peut-être aussi que c'est au Parlement en tant qu'institution auteur finale de la proposition qu'il revient de le faire. Les dispositions organiques ne sont pas claires à ce sujet. L'on ne saurait non plus espérer la réponse à cette préoccupation dans le règlement intérieur de l'Assemblée Nationale. Celui-ci est antérieur à la loi n° 2013-14 du 27 septembre 2013 relative aux lois de finances et ne donne pas, pour le moment, plus d'explication sur l'évaluation des pertes de ressources et charges inhérentes à une proposition de loi.

On peut, par contre, estimer que pour répondre aux obligations contenues dans l'article 107-c relativement à la recevabilité des amendements, qu'il faille d'abord prévoir les pertes et charges, les évaluer ensuite pour proposer enfin les propositions d'augmentation conséquente des recettes ou d'économie équivalente. Dans ce cas, on conclurait que c'est au député ou au groupe de députés initiateurs d'une proposition de loi qu'il revient de faire face à la prévision et à l'évaluation des potentielles pertes et charges.

Cette position rencontre celle du juge constitutionnel du Bénin. Ce dernier, sollicité pour connaître de la conformité ou non à la constitution de la loi portant institution du service militaire d'intérêt national et votée par l'Assemblée Nationale en sa session extraordinaire du samedi 14 juillet 2007, a déclaré que la loi déférée devant lui est contraire à la constitution[529]. Selon la cour, la proposition d'augmentation de recettes ou d'économies équivalentes exigée pour la recevabilité des propositions ou amendements déposés par les députés, « *doit émaner*

---

ne peut être signé tant que ces charges n'ont pas été prévues, évaluées et autorisées par une loi de finances, dans les conditions prévues par la présente loi organique.

[528] UEMOA, *Guide didactique de la directive n°06/2009/CM/UEMOA portant loi de finances au sein de l'UEMOA*, p.25.

[529] Décision DCC 07-083 du 6 août 2007, *in* N. MEDE, *Les grandes décisions de la Cour constitutionnelle du Bénin, Op.cit.* p. 85.

des députés qui ont proposé la loi et non du Gouvernement »[530]. A travers cette décision, la cour reconnaît au Parlement le droit d'initiative quant à la création d'une charge publique. Elle le renvoie cependant au plein exercice de cette compétence, en faisant ressortir des obligations du Parlement, la nécessité de se conformer aux dispositions des articles 107 C et 74.5 du règlement intérieur de l'Assemblée Nationale, notamment, la proposition, par elle-même, des sources de recettes ou d'économie équivalente.

Au sujet de cette décision de la cour, il semble que « *la cour se fait plus royaliste que le roi* »[531] du moment où, poursuit-elle, « *tout le mécanisme de la législation et de l'amendement gagés vise à protéger le Gouvernement contre les initiatives intempestives et coûteuses de parlementaires qui n'ont pas prise sur le réel des contraintes économiques et financières que vit le pouvoir exécutif* ».

Resterait en suspens, la question de la soumission à l'avis conforme du ministre chargé des finances des implications budgétaires des propositions de loi. A ce niveau, on observerait le même raisonnement avec plusieurs questionnements à la clé. On chercherait, en effet, à savoir à qui incombe la responsabilité de la saisine du ministre en charge des finances pour l'appréciation et la délivrance de l'avis conforme sur l'aptitude du texte proposé à garantir l'équilibre des finances publiques. On chercherait aussi à savoir à quel moment il faut saisir le ministre chargé des finances pour la même fin.

Sur cette interrogation, on peut considérer que la soumission des potentielles pertes et charges d'une proposition de loi au ministre chargé des finances ne peut qu'emprunter la voie de la communication interinstitutionnelle. C'est-à-dire que c'est plutôt à l'institution « Parlement » qu'il revient d'assumer la transmission au Gouvernement des éléments de pertes et de charges contenus dans une proposition de loi et qui sont recensés et évalués pour recueillir l'avis du ministre chargé des finances. Le règlement intérieur de l'Assemblée Nationale confirme cette analyse. Il dispose en son article 74.8 que « *Les propositions de lois et les propositions de résolutions sont transmises au Gouvernement dans les quarante-huit (48) heures suivant l'annonce de leur dépôt* ». En principe, cela suppose qu'il faut que la proposition ait satisfait aux conditions posées par l'article 107-C et reprises à

---

[530]N. MEDE, *Les grandes décisions de la Cour constitutionnelle du Bénin*, *Op.cit.* p. 87.

[531]*Idem*, p. 90.

l'article 74.5 du règlement intérieur, de même qu'aux dispositions de l'article 74.4 du règlement intérieur.

Dans la pratique, les propositions de loi ne sont pas suivies d'éléments d'évaluation des charges et des pertes de ressources qu'elles engendrent. Ce sont les services techniques du Parlement, dans leurs travaux d'analyse de la recevabilité, qui s'étendent sur cet aspect pour relever ce qui, selon eux, est susceptible d'être un facteur de pertes de ressources ou de charges nouvelles. Lorsqu'ils concluent à l'absence desdits éléments, ils recommandent la recevabilité de la proposition. Le dossier est alors annoncé à la plus prochaine session plénière et affecté à la commission compétente pour examen. De même, il est transmis au Gouvernement suivant les dispositions de l'article 74.8 du règlement intérieur. Toutefois, le règlement intérieur ne précise pas dans ses dispositions la finalité de la transmission de la proposition de loi au Gouvernement.

On pourrait cependant considérer qu'il s'agit d'une transmission aux fins d'obtenir l'avis du Gouvernement. Selon la cour constitutionnelle, « *cette exigence légale permet au Gouvernement d'être mis au courant de toute initiative qui provoque des charges nouvelles et d'aviser l'Assemblée Nationale en cas de nécessité* »[532]. Bien des fois, des propositions de loi transmises au Gouvernement, et par la suite votées, ont suscité, tantôt la réaction du Gouvernement, tantôt la réaction de l'opposition parlementaire, en termes de contestation de la recevabilité prononcée par le Président de l'Assemblée Nationale. En effet, alors que les services parlementaires ont conclu à l'absence de charge et de perte de ressources, l'opposition parlementaire et ou les services techniques du Gouvernement en arrivent à la conclusion contraire. En guise d'illustration, l'on peut citer le cas de la proposition de loi relative à l'institution du service militaire d'intérêt national[533]. Dans ce cas,

---

[532]*Cf.* Décision DCC-09-107 du 10 septembre 2009 relative à la loi 2009-10 portant RENA-LEPI. La requête objet de cette décision du juge constitutionnel est une œuvre du député Ismaël TIDJANI-SERPOS qui soutenait que l'incidence financière des opérations qu'impliquent le RENA et l'établissement de la LEPI n'était que partiellement prévue au budget de l'Etat lors du dépôt des propositions de loi y relatives. Il a également indiqué dans son recours que les propositions de lois querellées n'avaient pas été accompagnées d'une proposition d'augmentation de recettes ou d'économies équivalentes.

[533]*Cf.* Décision DCC-07-083 du 06 août 2007. Cette décision fait suite à la requête d'un groupe de députés qui estimaient que l'adoption de la proposition de loi relative au service militaire d'intérêt national a manifestement pour conséquence une aggravation des charges publiques dans la mesure où ladite proposition de loi prévoit

c'est l'opposition parlementaire qui a déféré la loi devant la cour constitutionnelle, tout comme dans le cas de la proposition de loi portant RENA-LEPI.

Au total, avec les dispositions de la loi organique de 2013, les initiatives parlementaires en matière de loi restent sous encadrement du pouvoir exécutif, par le truchement de l'avis conforme du ministre chargé des finances sur les implications budgétaires des propositions de loi. Quant à l'exercice du pouvoir financier, l'emprise du Gouvernement semble également manifeste.

B-L'exercice du pouvoir normatif financier

« Le processus de décision, spécifiquement au niveau gouvernemental, comprend à la fois la fixation des objectifs et la recherche de moyens efficaces »[534]. Il va sans dire que, outre l'exercice des prérogatives budgétaires, le Gouvernement prend part au processus conduisant à l'institution des prélèvements, soit de concert avec le Parlement, soit directement. D'une part, il soumet au Parlement, à travers le projet de loi de finances, les réformes fiscales qu'il juge nécessaires pour assurer la mobilisation des ressources nécessaires au financement des dépenses publiques. D'autre part, il assure, au moment de l'application des dispositions fiscales, la prise des actes d'application susceptibles de faciliter la compréhension des prélèvements et, par voie de conséquence, leur recouvrement.

A bien lire les dispositions organiques et légales relatives à l'exercice du pouvoir normatif financier, l'on s'aperçoit qu'il y a une sorte d'aménagement des pouvoirs au profit du Gouvernement. Ainsi, en dépit de ce que les règles relatives au taux, à la matière imposable et

---

notamment ''le recensement obligatoire des assujettis au service militaire d'intérêt national'' ; ''l'inscription des charges du service militaire d'intérêt national au budget général de l'Etat'' ; ''le versement à chaque appelé, pendant la durée du service militaire d'intérêt national, d'une indemnité mensuelle'' ; ''la prise en charge par l'Etat de la totalité des soins de chaque appelé pendant la durée du service militaire d'intérêt national ; ''la réparation des préjudices que chaque appelé pourrait subir dans l'exercice ou à l'occasion de l'exercice de sa mission''. Ils soutiennent que le budget de l'Etat n'avait pas prévu les ressources nécessaires au financement des charges qu'impliquent l'adoption de la proposition de loi incriminée et la mise en œuvre de ses dispositions, alors que les auteurs de la proposition n'ont fait aucune proposition d'augmentation des recettes ou de diminution des charges publiques de l'Etat.

[534] E. ANDREANI, « Budget de programme et rationalité de la décision publique », *Revue Economique*, vol. 19, n°4, 1968, pp.638-673.

aux modalités de recouvrement soient du domaine de la loi[535], des procédures dérogatoires sont établies pour permettre au pouvoir exécutif de lever les ressources, lorsqu'en cours d'année des sources potentielles de recettes sont identifiées et doivent être explorées. Les dispositions de l'article 6 de la loi organique relative aux lois de finances paraissent assez illustratives des prérogatives reconnues au pouvoir exécutif. On y lit que « *des recettes non prévues par une loi de finances initiale peuvent être liquidées ou encaissées* ». Ce qu'on peut retenir de cette disposition, c'est une forme d'habilitation du Gouvernement à prendre, par des règlements, des actes sur des matières qui relèvent du domaine de la loi.

Dans la pratique, et pour la première fois depuis l'entrée en vigueur de la loi organique n° 2013-14 du 27 septembre 2013 relative aux lois de finances dans l'ordonnancement juridique du Bénin, les dispositions autorisant la liquidation et la perception de recettes non initialement prévues dans la loi de finances de l'année ont été mises en œuvre. En effet, au mois d'août 2015, le Gouvernement a pris le décret n° 2015-455 du 27 août 2015 portant majoration et annulation de crédits à titre d'avance sur le budget de l'État, gestion 2015. Plusieurs nouvelles mesures relatives à l'institution et au réaménagement de prélèvements (taxes et redevances) sont contenues dans ce décret.

D'abord, à l'alinéa 2 de l'article 4 dudit décret, il est constaté « ... *l'institution pour compter du 1er septembre 2015, conformément aux dispositions de l'article 6 de la loi organique n° 2013-14 du 27 septembre 2013 relative aux lois de finances, d'une redevance sur la messagerie GSM à hauteur de 2 FCFA sur chaque SMS* ». Aux termes des dispositions du même article et au même alinéa, il est également constaté « *le relèvement de la redevance de communication GSM de 2 FCFA à 5 FCA par minute sur chaque appel national sortant (On net, Off Net) et international sortant et de 23 FCFA à 53 FCFA sur chaque appel international entrant* ». Le Gouvernement justifie l'institution de la redevance sur la messagerie et le relèvement de celle existant sur les appels par les besoins de plus en plus importants des investissements requis pour la modernisation des infrastructures dans le secteur de la communication.

Ces dispositions du décret d'avance n° 2015-455 du 27 août 2015 montrent l'indépendance dont jouit le Gouvernement dans l'institution

---

[535] *Cf.* Article 98 de la constitution du 11 décembre 1990.

des prélèvements en général. Dès qu'il en ressent la nécessité, le Gouvernement peut, sans consulter au préalable le Parlement, prendre les actes règlementaires d'institution d'impôts, droits et autres taxes, mêmes si les mesures prises doivent être régularisées dans la plus prochaine loi de finances. En ce qui concerne les redevances, l'indépendance du Gouvernement semble plus garantie. En effet, contrairement aux impôts et taxes qui relèvent du domaine de la loi, la redevance est admise comme relevant de droit de la compétence du pouvoir exécutif. La jurisprudence de la cour constitutionnelle du Bénin informe sur la religion du juge constitutionnel en cette matière.

A titre d'exemple, saisie par l'association des parents d'élève du CEG de Gbégamey qui sollicite de la cour de déclarer contraire à la constitution l'arrêté n°0057/MESRS/CAB/DC/SP du 25 septembre 1998 portant fixation des taux des contributions scolaires dans les lycées et collèges d'enseignement secondaire général public, au motif qu'il institue un quasi-impôt en violation de la constitution en son article 98[536], la cour n'a pas suivi les requérants. Dans sa décision DCC 01-021 du 16 mai 2001, elle a jugé que l'arrêté déféré devant elle n'est pas contraire à la constitution, du moment où les contributions scolaires ne sont pas incluses dans la nomenclature du code général des impôts[537]. On peut donc déduire aussi bien de la requête que de la décision du juge, une reconnaissance de l'appartenance au domaine règlementaire du pouvoir d'institution des prélèvements autres que les impôts et taxes. On peut également se référer à la décision Nicaise MEDE rendue le 11 août 2006 sous la référence Décision DCC 06-108[538] pour mieux apprécier la position du juge constitutionnel, sur les compétences pour l'établissement des impositions et autres droits.

Ensuite, on note dans le décret d'avance, l'institution de nouvelles taxes à savoir la taxe spécifique dénommée « contribution au développement » dont le taux d'imposition est fixé à 2% du chiffre d'affaires hors taxes et hors charges d'interconnexion, sur les activités des opérateurs titulaires d'une licence au sens de l'article 15 de la loi n° 2014-14 du 09 juillet 2014, relative aux communications électroniques et à la poste en République du Bénin. Or, l'institution des taxes, selon

---

[536] Aux termes des dispositions de l'article 98-C, « l'assiette, le taux et les modalités de recouvrement des impositions de toute nature » sont du domaine de la loi.

[537] *Cf.* N. MEDE, *Les grandes décisions de la Cour constitutionnelle du Bénin*, *Op.cit.* p.112.

[538] *Cf.* N. MEDE, *Les grandes décisions de la Cour constitutionnelle du Bénin*, *Op.Cit.* pp. 148-149.

la jurisprudence du juge constitutionnel béninois, relève de la compétence du Parlement[539].

Cependant, le décret d'avance d'août 2015 n'est pas contraire aux dispositions de la nouvelle loi organique relative aux lois de finances. En effet, l'article 6 de la loi organique relative aux lois de finances offre la possibilité au Gouvernement d'instituer par acte règlementaire des taxes, mais l'oblige à les soumettre au Parlement pour régularisation dans la plus prochaine loi de finances. En définitive, l'institution relève de la compétence du Parlement. L'acte règlementaire permet juste au Gouvernement d'engranger des ressources, en attendant la validation législative de la taxe initiée par décret.

Enfin, le décret d'avance du 27 août 2015 supprime « *les exonérations des impôts sur le BIC et douanières accordées aux opérateurs titulaires d'une licence au sens de l'article 15 de la loi n° 2014-14 du 09 juillet 2014, relative aux communications électroniques et à la poste en République du Bénin* »[540]. A l'analyse, cette disposition du décret d'avance de 2015 semble heurter le parallélisme des formes. Les exonérations étant autorisées au moyen d'une loi, il eût fallu que leur suspension soit également décidée au moyen de la loi. Par ailleurs, le Gouvernement semble aller au-delà des privilèges que lui confèrent les dispositions de l'article 6 de la loi organique relative aux lois de finances. En effet, la loi organique consacre la possibilité d'institution de nouveaux prélèvements, en attendant leur validation législative, mais n'évoque pas explicitement la possibilité de suppression de prélèvements préalablement autorisés par la loi.

On peut donc conclure qu'en ce qui concerne l'établissement des règles fiscales, le Gouvernement continue de bénéficier d'une certaine prépondérance légale, en dépit du partage des compétences qui est de mise depuis la loi organique de 1986 et qui demeure sous le régime de la nouvelle LOLF. Le Parlement légifère sur les principes généraux et l'exécutif définit, par règlement, les conditions et modalités d'application de la loi fiscale. A ce sujet, il est émis l'idée qu'« *il est normal que la loi se borne à prévoir la création de certains impôts en laissant le soin aux autorités administratives de les établir...* »[541] et que le Parlement ne puisse pas modifier les taxes parafiscales instituées par

---

[539]*Ibidem*.

[540]*Cf.* article 4 du décret n°2015-455 du 27 août 2015 portant majoration et annulation de crédit à titre d'avance sur le budget de l'Etat, gestion 2015.

[541] J.-L. GUIEZE, *Op.cit.*, p.19.

le Gouvernement[542]. Plusieurs dispositions de la loi de finances pour la gestion 2015 au Bénin, élaborée sur la base de la nouvelle LOLF, s'inscrivent dans cette logique[543]. Chacun des articles 8,9 et 24 indique en effet, dans ses dispositifs, que « *le ministre en charge des finances fixe par arrêté, les modalités pratiques de perception et de répartition* » des produits. Dans la pratique, la définition des modalités d'application de la loi fiscale se fait au moyen de plusieurs actes réglementaires. Le Gouvernement prend des décrets d'application, le Ministre chargé des finances prend des arrêtés d'application et la Direction Générale des Impôts prend des lettres circulaires[544].

En ce qui concerne les ressources non budgétaires, les dispositions de la loi de finances de l'année prévoient généralement des aménagements au profit du Gouvernement. A titre d'exemple, on note dans la loi de finances pour la gestion 2016 que « *le ministre en charge des Finances est autorisé à procéder, en 2016, dans les conditions fixées par décret, à des emprunts à court, moyen et long termes libellés en francs CFA devant servir à contribuer au financement de la loi de finances ».*[545]. Des dispositions similaires existent dans des lois de finances précédentes[546].Le Gouvernement met en œuvre, par la suite, tous les dispositifs et mécanismes appropriés pour la concrétisation du recours aux ressources non budgétaires. A ce sujet, et tout comme pour les dispositions fiscales, « *le pouvoir d'autoriser le recours aux ressources de trésorerie est partagé entre la loi et le règlement* »[547] mais reste en faveur du Gouvernement.

---

542 M. A. A.EL BANNA, *le particularisme du pouvoir d'autorisation budgétaire*, Paris,LGDG, 1968, p.136.

543 *Cf.* articles 8,9 et 24 de la loi n°2014-25 du 23 décembre 2014 portant loi de finances pour la gestion 2015. *Cf.* également les articles 24 et 33 de la loi n°2013-14 du 27 septembre 2013 portant loi organique relative aux lois de finances au Bénin.

544 *Cf.* note circulaire n°72/MEF/DC/SGM/DGID/DLC/SLD du 15 mars 2011 portant modalités d'application des dispositions fiscales de la loi de finances pour la gestion 2011 ; *Cf.* note circulaire n°80/MEF/ DC/SGM/DGID/DLC/SLD du 19 mars 2012 portant modalités d'application des dispositions fiscales de la loi de finances pour la gestion 2012 ; *Cf.* note circulaire n°76/MEFPD /DC/SGM/ DGID/DLC/ SLD du 02 février 2015 portant modalités d'application des dispositions fiscales de la loi de finances pour la gestion 2015 ;

545 *Cf.* loi n°2015-41 du 29 décembre 2015 portant loi de finances pour la gestion 2015.

546 Cf. Article 37 de la loi n°2014-25 du 23 décembre 2015 portant loi de finances pour la gestion 2015 ; article 20 de l'ordonnance n°20147-01 du 02 janvier 2014 portant loi de finances pour la gestion 2014, etc.

547 J-L. GUIEZE, *Op.cit*, p. 162.

Concrètement, le législateur fait preuve d'une grande souplesse. Ce qui a fait écrire à un analyste que l'autorisation donnée par le Parlement en matière de recours aux emprunts « *était très large et laissait une grande latitude à l'exécutif* »[548]. Il laisse l'essentiel de la décision aux mains du pouvoir exécutif, surtout que l'évaluation que fait la loi de finances n'est pas étendue aux ressources de court terme. En effet, la loi organique relative aux lois de finances dispose que les « *ressources de trésorerie sont évaluées et, s'agissant des emprunts à moyen et long termes, autorisées par une loi de finances* ». Ainsi, en précisant que ce sont les ressources d'emprunt à moyen et long termes qui sont autorisées par la loi de finances de l'année, le législateur organique du Bénin, tout comme celui de l'UEMOA a assoupli l'ancrage du Parlement sur la mobilisation des ressources de trésorerie de court terme[549].

Le Parlement donne une autorisation globale et laisse au pouvoir règlementaire le soin de fixer, par décret, les conditions spécifiques de recours auxdites ressources au cas par cas[550]. On note d'ailleurs une importante production normative par le Gouvernement en cette matière à savoir la définition des modalités de recouvrement[551], la définition des clés de répartition des produits[552], la définition des barèmes des tarifs, des taxes et redevances[553].

Somme toute, l'article 30 de la loi organique relative aux lois de finances paraît peu précis pour être une véritable disposition d'encadrement du recours à l'emprunt par l'exécutif. En effet, en renvoyant à un décret les conditions et modalités d'émission de la dette publique pour la réalisation de l'équilibre financier, le Parlement semble

---

548 F. COLLY, « Les emprunts de l'Etat et la loi organique du 1er août 2001 relative aux lois de finances », *inEtudes en l'honneur de Loïc PHILIP, Constitution et finances publiques*, Paris, Economica, 2005, p. 365.

549Cette disposition de la LOLF béninoise (article 30) est une reprise de l'article 27 de la directive n°06/2009/CM/UEMOA du 26 juin 2009.

550*Cf.* article 37 de la loi n°2014-25 du 23 décembre 2014 portant loi de finances pour la gestion 2015 au Bénin.

551*Cf.* décret n°2014-572du 07 octobre 2014 portant modalités de perception et de reversement des produits relatifs aux services de recettes des ministères et institutions de l'Etat.

552*Cf.* Arrêté n°2015-4959/MEFPD/DC/SGM/DGTCP/SP portant répartition du produit généré par la communication GSM sur les appels internationaux entrants en République du Bénin du 25 septembre 2015.

553*Cf.* arrêté 2012 n°044/MDCEMTMIP-PR/MEF/DC/SGM/PAC/DGDDI/SA du 28 août 2012.

se dessaisir d'une portion de son espace de décision au profit de l'exécutif.

Il faut cependant souligner qu'avec l'entrée en vigueur de la nouvelle loi organique relative aux lois de finances, l'on note une légère inflexion au niveau du pouvoir de décision du Gouvernement, en ce qui concerne l'inscription des fonds de concours. En effet, la loi organique de 2013 dispose que « *le produit des amendes, les rémunérations pour services rendus... les fonds de concours et le montant des produits exceptionnels divers sont prévus et évalués par la loi de finances de l'année* »[554]. En termes clairs, c'est pendant le processus de la préparation de la loi de finances qu'il faut avoir reçu communication des intentions des donateurs et les soumettre au Parlement, à travers le projet de loi de finances. Cette procédure est en contradiction avec les dispositions de l'ancienne loi organique. Sous le régime de l'ancienne LOLF, les fonds de concours ne sont pas portés dans le projet de loi de finances. Ils sont directement rattachés au budget en cours d'année, par arrêté du Ministre chargé des finances. L'article 26 de ladite loi disposait que « *les fonds versés par les personnes morales ou physiques pour concourir avec ceux de l'État à des dépenses d'intérêt public ainsi que les produits de legs et donations attribuées à l'État ou aux administrations publiques sont directement portés en recettes au Budget* ».

En dépit des nouvelles dispositions, l'année 2015 a encore connu d'inscription de fonds de concours en cours d'année, contrairement aux dispositions de l'article 12 de la nouvelle loi organique. A titre d'exemple, on peut évoquer l'arrêté n°1184/MEFPD/DC/SGM/DGB/DDC/SPB/DPB du 24 mars 2015 rattachant au budget de l'État, la somme de 548 millions de FCFA, à titre de don au profit du Projet Pluriannuel Eau et Assainissement (PPEA), en exécution au ministère de la santé. Il en est de même de l'arrêté n°0488-c/MEFPD/DC/SGM/DGB/DDC/ SPB/DPB du 03 mars 2015 rattachant aux comptes d'affectation spéciale, la somme de 15 249 132 000 de FCFA, à titre de don au profit du compte « Education ». De même, on peut faire cas de l'arrêté n ° 2703/MEFPD/DC/ SGM/DGB/DDC/SPB/DPB du 22 juin 2015 rattachant au budget de l'État, la somme de 693,83 millions de FCFA, à titre de don au profit du Projet Amélioration de la Productivité

[554] *Cf.* Article 12 de la loi n°2013-14 du 27 septembre 2013 portant loi organique relative aux lois de finances.

Agricole en Afrique de l'Ouest (PPAO-Bénin), en exécution au ministère de l'agriculture, de l'élevage et de la pêche.

On pourrait expliquer la poursuite en 2015 de l'ancienne pratique de rattachement des fonds de concours au budget de l'État par le caractère progressif que l'UEMOA même a recommandé pour la mise en œuvre du nouveau cadre harmonisé des finances. Il faut cependant noter que, de façon spécifique, les fonds de concours ne figurent pas au rang des matières pour lesquelles le législateur communautaire a expressément autorisé des différés dans la mise en œuvre de certaines innovations. On pourrait citer, au nombre de ces innovations, la comptabilisation en droits constatés ou encore la déconcentration de la fonction d'ordonnateur[555]. Par ailleurs, il a été noté le rattachement au budget de l'État, en cours d'année, d'emprunt par la mise en œuvre de l'ancien mécanisme d'inscription de fonds de concours[556].

Paragraphe 2-La régulation de l'exécution du budget

La régulation budgétaire, vue comme les inflexions du rythme de la dépense publique que le Gouvernement réalise en cours d'exercice budgétaire, semble évoluer dans son contenu et dans sa mise en œuvre. De plus en plus, elle s'étend de l'encadrement des engagements de dépenses (A) au consentement de dépenses non initialement autorisées (B).

A-L'annulation de crédit

« *Non seulement l'autorisation budgétaire donnée chaque année par le Parlement est imparfaite, et doit donc être révisée en cours d'exercice, mais encore elle est imprécise, et doit donc être complétée*

---

[555]*Cf.* Article 105 de la loi n°2013-14 du 27 septembre 2013 portant loi organique relative aux lois de finances. Les dispositions de l'article 105 de la loi n°2013-14 du 27 septembre 2013 portant loi organique relative aux lois de finance, sont une reprise de celles de l'article 86 de la directive n006/2009/CM/UEMOA du 26 juin 2009 portant loi de finances au sein de l'UEMOA.

[556]*Cf.* Arrêté n°062/MEFPD/DC/SGM/DGB/DDC/SPB/DPB du 16 avril 2015 rattachant au budget de l'Etat, la somme de neuf milliards de FCFA, à titre d'emprunt au profit du Projet d'aménagement Urbain et d'Appui à la décentralisation (PAURAD), en exécution au ministère de de l'urbanisme, de l'habitat et de l'assainissement. On peut également inscrire dans la même veine, l'arrêté n°086/MEFPD/DC/ SGM/DGB/DDC/SPB/DPB du 16 avril 2015 rattachant au budget de l'Etat, la somme d'un milliard de FCFA, à titre d'emprunt au profit du Conseil d'alimentation et de la nutrition (CAN), en exécution à la Présidence de la République.

par des textes règlementaires »[557]. Il paraît alors être déjà, selon une partie de la doctrine, une nécessité que les autorisations budgétaires données par le Parlement puissent être recadrées et adaptées à la réalité au moment de leur exécution. La nature même des autorisations budgétaires données par le Parlement permet cette lecture et cette compréhension de la suite à donner aux crédits votés par le Parlement dans le cadre de la loi de finances de l'année. Il s'agit de données prévisionnelles arrimées aux perspectives économiques qui, elles-mêmes, sont dynamiques. Les autorisations budgétaires sont donc appelées à connaître des ajustements, au fur et à mesure que les conditions économiques qui les ont inspirées évoluent.

Le législateur organique a pris en compte cette spécificité des autorisations budgétaires parlementaires. Il consacre à cette fin la régulation budgétaire qu'il définit comme *« consistant à rendre indisponibles, à titre provisoire ou définitif, des crédits ouverts (autorisation d'engagement/crédit de paiement) sur les budgets des ministères en cours d'exercice afin d'éviter la dégradation de l'équilibre financier défini par la loi de finances* »[558]. A travers cette définition, le législateur organique met en évidence le mécanisme d'exercice de la régulation budgétaire d'une part et la finalité de son institution d'autre part. Il s'agit, comme on peut le percevoir dans la définition donnée par la loi organique, d'un encadrement des engagements pour préserver l'équilibre financier de la loi de finances.

Le pouvoir de réguler le budget de l'État au cours de son exécution est une prérogative reconnue au ministre chargé des finances. La loi organique relative aux lois de finances en donne une meilleure idée à son article 71 en disposant que « *le ministre en charge des finances est responsable de l'exécution de la loi de finances et du respect des équilibres budgétaire et financier définis par ladite loi »*[559]. Autrement dit, c'est au pouvoir exécutif qu'incombe le pilotage de l'exécution du budget de l'État. Ce dernier étant une partie intégrante de la loi de finances, il est bien compréhensible que ce soit le pouvoir exécutif, responsable de l'exécution de la loi aux termes des dispositions de la constitution qui l'assume. De même, le budget de l'État étant une

---

[557] J-L. GUIEZE, *Op.cit.*, p. 168.

[558]*Cf.* Article 1er de la loi n°2013-14 du 27 septembre 2013 portant loi organique relative aux lois de finances.

[559]*Cf.* Article 71 de la loi n°2013-14 du 27 septembre 2013 portant loi organique relative aux lois de finances.

traduction en termes financiers des politiques publiques, il est également conforme à l'esprit et à la lettre de la constitution que les besoins d'ajustement du budget de l'État et leur opérationnalisation puissent ressortir des prérogatives du pouvoir exécutif et plus précisément du Gouvernement.

Pour la mise en œuvre de cette compétence, le législateur a privilégié deux pistes : l'annulation pour la récupération et le redéploiement des crédits devenus, en cours d'année budgétaire, sans objet et l'annulation pour la sauvegarde de l'équilibre budgétaire. Ainsi, le ministre chargé des finances dispose, sur le fondement de l'article 71 de la loi organique relative aux lois de finances, d'un pouvoir de régulation qui lui permet, au cours de l'exécution du budget « *d'annuler un crédit devenu sans objet, au cours de l'exercice* ». En la matière, il n'existe aucune contrainte à proprement parler pour le ministre chargé des finances. La loi ne lui impose autre obligation que celle liée à la consultation de l'ordonnateur principal du budget au sein duquel des crédits sont classés sans objet. Par ailleurs, l'avis du ministre ou du président d'institution consulté ne lie pas le ministre chargé des finances. L'article 71 de la loi organique relative aux lois de finances évoque en son alinéa 2 un « *avis consultatif* » et limite le délai de réaction du ministre ou du président d'institution consulté à « *quinze (15) jours* ».

Ce qui intéresse dans l'appréciation de cette compétence reconnue au Gouvernement par le biais du ministre chargé des finances est qu'il s'agit d'une compétence qui couvre tout le domaine budgétaire. Il n'est pas question d'une compétence dont l'exercice est limité à l'espace budgétaire réservé au pouvoir exécutif, c'est-à-dire au budget des ministères. Telle que libellée, la disposition inclut les institutions constitutionnelles et donc le Parlement. En termes clairs, le Gouvernement peut annuler une partie des crédits budgétaires votés au profit de l'Assemblée Nationale. L'ensemble des institutions y compris le Parlement ont été maintenus hors du champ des annulations de crédits à l'occasion du décret n° 2015-455 du 27 août 2015 portant majoration et annulation de crédits à titre d'avance sur le budget de l'État, gestion 2015[560]. On peut noter dans ce choix opéré par le Gouvernement, une volonté du pouvoir exécutif de préserver les relations de bonne collaboration qui existent entre le pouvoir exécutif et les institutions

---

[560]*Cf.* Tableau des majorations et annulations de crédit annexé au décret n°2015-455 du 27 août 2015 portant majoration et annulations de crédits à titre d'avance sur le budget de l'Etat, gestion 2015.

constitutionnelles. Autrement dit, rien n'empêchait juridiquement le Gouvernement d'étendre les annulations aux budgets des institutions constitutionnelles.

Ceci est d'autant plus vrai que c'est au ministre chargé des finances qu'il revient de déclarer des crédits sans objets. Il a l'initiative et il a le dernier mot. Même si on peut admettre que des ordonnateurs principaux soient juridiquement fondés à demander l'annulation de crédits pour raison d'absence d'objet, c'est au ministre chargé des finances d'apprécier les éléments fournis au soutien de la demande d'annulation et de prendre les actes conséquents. Dans le sens inverse, c'est-à-dire lorsque l'initiative vient du ministre chargé des finances, elle ne reçoit aucune contrainte et ne peut qu'être exécutée, du moment où l'avis de l'ordonnateur principal du budget sur la question ne le lie pas. Autrement dit, quelles que soient les raisons qu'évoquerait le ministre chargé des finances, qu'elles soient pertinentes ou non, elles ne sont pas soumises à une étape de recevabilité. Cette liberté de décision concédée au ministre chargé des finances pourrait être sous-tendue par les impératifs d'équilibre des comptes ou encore le pilotage de la performance dont il est, en dernier ressort, le garant.

Pour l'expérience du décret 2015-455 du 27 août 2015 portant majoration et annulation de crédits à titre d'avances, ce sont les impératifs de dépenses découlant de plusieurs décisions administratives, « *prises pour faire face à des événements d'enjeux nationaux, mais insuffisamment budgétisés au moment de l'élaboration de la loi de finances pour la gestion 2015* »[561], qui sont à l'origine de l'annulation de certains crédits. Ces décisions ont notamment trait « *au financement de la campagne cotonnière 2014-2015, au financement de chantiers routiers très stratégiques, à l'amélioration de la production énergétique et à l'apurement de certains décomptes* »[562]. Par ailleurs, le rapport indique que les annulations et majorations sont faites, « *tout en maintenant l'équilibre global de la loi de finances, gestion 2015, telle que votée par la représentation nationale* » et que pour cela, il s'était « *avéré nécessaire d'identifier les crédits budgétaires qui sont devenus sans objet ou dont la consommation est peu probable avant la fin de la*

[561]*Cf.* Rapport de motivation du projet de loi de ratification des crédits ouverts au moyen du décret 2015-455 du 27 août 2015 portant majoration et annulation de crédits à titre d'avance sur le budget 2015.

[562]*Cf.* Rapport de motivation du projet de loi de ratification des crédits ouverts au moyen du décret 2015-455 du 27 août 2015 portant majoration et annulation de crédits à titre d'avance sur le budget 2015.

gestion 2015 ». Il convient de relever dans le décret d'avance du mois d'août 2015 que ce ne sont pas seulement les crédits devenus sans objet qui ont été annulés. Ceux dont la consommation était jugée peu probable l'ont également été.

On pourrait donc assimiler le pouvoir d'annulation reconnu au ministre chargé des finances, de par les moyens de son expression, à une sorte d'assouplissement de la portée de l'autorisation budgétaire donnée par le Parlement. De même, on peut y voir une forme de restriction des compétences reconnues aux autres ministres et aux présidents des institutions en matière de dépenses. Ceux-ci sont, aux termes des dispositions de la loi organique, *« ordonnateurs principaux des crédits des programmes, des dotations et des budgets annexes de leur ministère ou de leur institution »*[563]. On peut enfin en déduire une sorte de reconstitution du pouvoir du ministre chargé des finances. Juridiquement, il perd, avec la nouvelle loi organique relative aux lois de finances, sa casquette d'ordonnateur principal de tout le budget de l'État. L'on note cependant qu'il continue de tenir une place qui tend à être, plus ou moins, la même dans le processus de la mise en œuvre de la loi de finances.

En effet, le pouvoir d'annulation de crédit lui assure une marge de manœuvre significative, dans la mesure où la loi ne lui impose pas une consultation préalable du Parlement. Il est simplement prévu que *« des crédits budgétaires peuvent être annulés, par arrêté du ministre en charge des finances, après information du ministre sectoriel, lorsqu'ils sont devenus sans objet ou dans le cadre de la mise en œuvre du pouvoir de régulation budgétaire défini à l'article 71 »*[564]. Le cadre juridique de gestion des finances publiques au Bénin consacre ainsi la possibilité d'annulation de crédits budgétaires sans autorisation préalable du Parlement.

Sous le régime de la nouvelle loi organique relative aux lois de finances, la régulation budgétaire, quand bien même elle est maintenue, devrait retrouver une nouvelle forme d'expression, pour correspondre à l'esprit de la réforme du point de vue, non pas budgétaire et comptable mais de celui de management de gestion. Ainsi, la nouvelle gestion

---

[563] *Cf.* Article 72 de la loi n°2013-14 du 27 septembre 2013 portant loi organique relative aux lois de finances.

[564] *Cf.* Article 82 de la loi n°2013-14 du 27 septembre 2013 portant loi organique relative aux lois de finances; disponible également sur www.finances.bj, site internet du ministère de l'économie et des finances.

publique fondée sur *« l'idée de responsabilité et sur le principe suivant : un périmètre, un budget, un responsable »*[565] devrait concilier l'impératif de régulation et la capacité d'exercice de responsabilité managériale. La régulation budgétaire, avec son corollaire de gel budgétaire, est exercée par le Ministre chargé des finances, en dehors de tout dialogue avec les ministres dépensiers[566], encore moins avec le Parlement[567]. Il convient d'apporter une légère inflexion à la toute-puissance du ministre chargé des finances dans l'exercice de cette prérogative. En réalité, les « ... *gels remettent en cause, à défaut du plafond de l'autorisation parlementaire, le sens même de l'autorisation budgétaire, en tant que volonté de financement d'une action publique exprimée par une majorité politique* »[568].

Par ailleurs, il y a un autre mécanisme qui conforte la position du ministre chargé des finances et, par ricochet, du Gouvernement dans le processus budgétaire dans l'État. C'est le pouvoir d'encadrement du rythme d'exécution des dépenses de l'État. La loi lui permet de « *subordonner l'utilisation des crédits par les ordonnateurs, aux disponibilités de trésorerie de l'État* »[569]. Implicitement, même avec la casquette d'ordonnateurs principaux, les ministres et présidents d'institutions constitutionnelles ne peuvent engager de dépense que lorsqu'ils reçoivent le quitus du ministre chargé des finances, relativement à la disponibilité de la trésorerie. Cette prérogative du ministre chargé des finances s'exerce à plusieurs phases du processus budgétaire : en amont au vote de la loi de finances de l'année et puis au cours de l'exécution de la loi de finances de l'année.

En amont à l'introduction du projet de loi de finances de l'année au Parlement, il y a l'étape de validation des instruments de gestion budgétaire. Il s'agit des plans d'engagement de dépenses, des plans de consommation de crédits, des plans de mandatement de dépenses ou encore des plans de passation des marchés publics. A travers la mise en

---

[565] *Cf.* D. CANEPA, « La régulation budgétaire dans la nouvelle gestion de l'Etat », *in* M. BOUVIER (dir.), *Innovations, créations et transformations en finances publiquesOp.cit.*, Paris, LGDJ, 2006, p.26.

[566] On appelle ministres dépensiers, tous les ministres à l'exception du ministre des Finances. *Cf.* F. QUEROL, *Finances Publiques*, Paris, Ellipses, 2ème édition, Tout le droit, 2009, p.17.

[567] *Cf.* D. CANEPA, *in* M. BOUVIER (dir.), *Op.cit.*, p.26.

[568] J-L. GUIEZE, *Op.cit.*, p. 168

[569] *Cf.* Article 71 de la loi n°2013-14 du 27 septembre 2013 portant loi organique relative aux lois de finances.

cohérence de ces différents outils avec les niveaux prévisionnels de recettes, le ministre chargé des finances joue un rôle de centralisation et d'arrimage des impératifs de dépenses aux niveaux envisagés des ressources et, ceci, au mois le mois. C'est dire que c'est au Gouvernement d'autoriser en dernier ressort la consommation des crédits budgétaires. Le vote par le Parlement est un acte déterminant mais il n'est pas suffisant pour garantir l'utilisation effective des crédits. On comprend bien alors le sens et la portée du principe de gestion publique selon lequel, le vote du budget engendre une faculté de dépense et non une obligation de dépense.

On peut noter à ce sujet que le Parlement béninois, ayant pris la mesure de l'incidence du pouvoir de régulation du budget sur la valeur des autorisations budgétaires parlementaires, s'est battu en vain contre l'exercice de ce pouvoir par le Gouvernement et, plus précisément, le ministre chargé des finances. Des préoccupations sont en effet émises dans ce sens par les députés à l'Assemblée Nationale, à chaque occasion de discussion du projet de loi de finances de l'année. Ils affirment, que « *l'exécutif s'est arrogé une part du pouvoir budgétaire, grâce à deux pratiques budgétaires irrégulières : les reports abusifs des crédits et les annulations de crédits non fondées* »[570].

B-La modification de l'autorisation parlementaire

La loi organique précise à son article 67 que « *les opérations d'exécution du budget de l'État incombent aux ordonnateurs ainsi qu'aux comptables publics* ». Ceux-ci relèvent, pour l'essentiel, du pouvoir exécutif. Mais, ce qui intéresse dans cette analyse, ce n'est pas seulement leur positionnement institutionnel, c'est-à-dire leur appartenance au pouvoir exécutif. C'est plutôt et surtout des marges de manœuvre que le législateur organique leur confère qu'il s'agit. Ainsi, tout en disposant que les crédits répartis en programmes ou en dotations et décomposés par nature conformément aux dispositions des articles 14 et 17 constituent des plafonds de dépense qui s'imposent lors de l'exécution de la loi de finances aux ordonnateurs de crédits ainsi qu'aux comptables, la loi prévoit qu'*« à l'intérieur d'un même programme, les ordonnateurs peuvent, en cours d'exécution, modifier la nature des crédits pour les utiliser, s'ils sont libres d'emploi »*[571]. Les conditions énumérées par la loi pour rendre ces modifications possibles

---

[570] J.-L. GUIEZE, *Op.cit.*, p. 176.

[571] *Cf.* Article 18 de la loi n°2013-14 du 27 septembre 2013 portant loi organique relative aux lois de finances.

apparaissent comme une formalité que le Gouvernement peut accomplir en toute liberté. Il va alors sans dire que les autorisations parlementaires ne lient l'exécutif (les responsables de programmes) que dans leurs plafonds. La décision budgétaire, du point de vue du Parlement, est donc globalisante et rattachée aux programmes et aux dotations[572]. Cette option de la LOLF place l'exécutif dans une position de décideur en dernier ressort, même si le sens du mouvement des crédits budgétaires est suffisamment encadré[573].

En réalité, les crédits budgétaires votés par le Parlement semblent ne s'imposer à l'exécutif que par principe. Dans les faits, le Gouvernement dispose de plusieurs possibilités pour les revoir en cours d'année, en fonction des contraintes qui se présentent. Il peut modifier les crédits au sein d'un programme dans un ministère. Il peut modifier aussi les crédits entre des programmes d'un même ministère, tout comme il peut également modifier les crédits entre des programmes en exécution dans différents ministères. En outre, il peut procéder à de nouvelles ouvertures de crédits ou consentir des engagements en dépassement. Ces possibilités sont offertes par la loi organique relative aux lois de finances, à travers plusieurs de ses dispositions[574].

Plusieurs natures ou types de modification sont exercées par le pouvoir exécutif. Aux termes des dispositions de l'alinéa 1er de l'article 24 de la loi organique relative aux lois de finances, il peut s'agir, en termes de modification, de deux opérations distinctes : les opérations de transferts de crédits ou encore des opérations de virement de crédits. En effet, on retient aux termes des dispositions de cet alinéa que « *des transferts et des virements de crédits peuvent, en cours d'exercice, modifier la répartition des crédits budgétaires entre programmes* ». Le choix de l'une ou de l'autre possibilité n'est pas laissé à la discrétion de l'ordonnateur principal ou de l'ordonnateur délégué. Il est dicté par la nature des besoins qui fondent l'initiative de la modification des autorisations parlementaires de même que par le périmètre budgétaire concerné par les opérations de modification.

---

[572] *Cf.* Article 14 de la loi n°2013-14 du 27 septembre 2013 portant loi organique relative aux lois de finances.

[573] Des crédits de personnel peuvent majorer les crédits de biens et services, de transfert ou d'investissement et des crédits de biens et services et de transfert, pour majorer les crédits d'investissement.

[574] *Cf.* Articles 24 à 28 de la *loi organique n°2013-14 du 27 septembre 2013 relative aux lois de finances.*

Ainsi, lorsqu'il s'agit de modifier les crédits au sein d'un même ministère, c'est le virement de crédits qui est approprié. Selon les dispositions de la loi organique, deux cas de figure peuvent se présenter par rapport au virement de crédits entre programmes d'un même ministère. Il s'agit des opérations de virement qui modifient la répartition des crédits entre programmes sans changer la nature des dépenses et de celles qui, à la fois, modifient la répartition des crédits entre programmes et changent la nature des dépenses. L'article 14 de la loi organique qui expose les différentes natures de dépenses distinguent quatre différentes catégories de nature de dépenses. Il dispose, en effet, que « les crédits de chaque programme sont décomposés selon leur nature en crédits de personnel, biens et services, investissement et transferts ».

A chacun des cas ci-dessus évoqués, la loi prévoit le type ou la nature de l'acte règlementaire indiqué. C'est ainsi que dans les cas de modification de crédits non susceptibles d'impacter la nature des dépenses, c'est au niveau ministériel que la décision se prend. Le ministre, ordonnateur principal du budget sectoriel, est fondé dans le cas d'espèce à prendre, de concert avec le ministre chargé des finances, un arrêté pour constater les modifications dans la répartition des crédits. C'est donc un arrêté interministériel qui porte l'acte de modification des crédits ne donnant pas lieu à un changement de nature des dépenses[575]. Selon les nouvelles procédures d'exécution des dépenses publiques, le ministre sectoriel concerné saisit le ministre chargé des finances de la demande de modification de la répartition des crédits entre programmes et ce dernier fait accomplir les diligences techniques pour donner une suite à la demande du ministre sectoriel. Par contre, lorsque la modification de la répartition des crédits entre programmes est suivie de modification de la nature des dépenses, la décision ne peut pas être prise au niveau ministériel. Dans ce cas, la modification est, conformément aux dispositions de l'alinéa 3 de l'article 24 de la loi organique relative aux lois de finances, « *autorisée par décret pris en conseil des ministres, sur rapport conjoint du ministre chargé des finances et du ministre concerné* ».

Il ressort de cette disposition une certaine protection des crédits dans leur nature de dépenses. A première vue, on peut assimiler la rigidité instituée par le législateur organique pour la modification de la nature

[575] *Cf.* article 24 de la loi organique n°2013-14 du 27 septembre 2013 portant loi organique relative aux lois de finances au Bénin.

des dépenses associées aux crédits au moment de leur vote à une préservation du pouvoir de décision du Parlement. En effet, la nature de dépense telle que décidée par l'Assemblée Nationale ne peut être modifiée, qu'à l'issue d'un conclave gouvernemental sanctionné par la prise d'un décret. D'un autre point de vue, l'on peut percevoir à travers les conditions exigées pour la modification de la nature des dépenses, non pas une idée de « sanctuarisation » des autorisations budgétaires données par le Parlement, mais plutôt, la recherche de la cohérence dans l'exécution des politiques publiques.

En effet, les natures de dépenses comptent pour les résultats assignés à la loi de finances. Pour être plus précis, on peut avancer l'idée selon laquelle le financement d'une action ou d'une politique publique relève de la combinaison de plusieurs natures de dépenses. Il y a en réalité comme une forme de dosage stratégique et équilibré du financement en fonction des besoins de ressources et en fonction des natures de dépenses qu'appelle la mise en œuvre de l'action publique ou de la politique publique. Tout bien considéré, le changement de nature de dépense peut être source de changement d'option ou de politique de financement. Or, l'impact économique de chaque nature de dépense est spécifique, de même que les apports de chaque nature de dépense à la réalisation d'un objectif poursuivi. Ce qui justifierait que la décision de modification de la nature des dépenses en cours d'année n'est pas sectorielle mais collégiale. En clair, le Gouvernement est assuré de donner l'orientation qu'il souhaite à son action et aux ressources. C'est alors moins la protection des autorisations budgétaires parlementaires que l'assurance de la cohérence et de la pertinence des choix qui a milité en faveur de la position du législateur organique.

Lorsqu'il est question de transfert de crédits, le périmètre budgétaire concerné n'est plus celui d'une section mais plutôt de plusieurs sections. D'emblée, c'est par décret pris en conseil des ministres, sur rapport conjoint du ministre en charge des finances et du ministre concerné[576], que les transferts de crédits sont autorisés. Tout comme les virements de crédits engendrant la modification des natures de dépenses, les transferts de crédits sont susceptibles d'induire un ajustement des options de financement des politiques publiques. En effet, il consiste à réduire ou à renforcer les crédits initialement alloués à une politique, étant donné que le programme budgétaire « *regroupe*

---

[576]*Cf.* article 24 de la loi organique n°2013-14 du 27 septembre 2013 portant loi organique relative aux lois de finances au Bénin.

les crédits destinés à mettre en œuvre une action ou un ensemble cohérent d'actions représentatif d'une politique publique clairement définie dans une perspective de moyen terme »[577]. L'option de faire relever son opérationnalisation d'une décision gouvernementale s'inscrit dans la même logique que celle exposée plus haut, en ce qui concerne les virements de crédits qui modifient la nature des dépenses.

Ce qu'il convient de retenir, c'est que « des mouvements de crédits peuvent affecter le montant initial dérogeant à l'autorisation du Parlement »[578]. Pour peu que les initiatives du Gouvernement respectent les conditions fixées par la loi, des redéploiements sont possibles à l'intérieur du budget de l'État, sous la seule responsabilité du pouvoir exécutif. La seule contrainte que le législateur organique impose au Gouvernement, en rapport avec le Parlement, est une obligation de communications des actes modificatifs du budget. Les dispositions de la loi organique précisent, en effet, que « les arrêtés et les décrets relatifs aux mouvements de crédits prévus aux articles 24 à 28 sont transmis, dès leur signature, à l'Assemblée Nationale et à la juridiction financière »[579]. Par cette disposition, le législateur garantit le droit d'information du Parlement sur les modifications apportées par le pouvoir exécutif en cours d'année aux autorisations budgétaires parlementaires. Par ailleurs, il organise une sorte de rattrapage de l'autorisation parlementaire. On peut lire à l'article 29 de la loi organique relative aux lois de finances, que « la ratification de ces mouvements est demandée à l'Assemblée Nationale dans la plus prochaine loi de finances relative à l'exercice concerné ». En résumé, le Gouvernement est habilité à prendre, sous certaines conditions, des actes modificatifs du budget de l'État en cours de gestion, mais est au même moment contraint d'assurer, par la suite, l'information du Parlement puis de recourir à la validation législative. La seule limite à cette prérogative reconnue au Gouvernement réside dans le plafonnement du volume de crédits à redéployer au sein d'un programme. Aux termes des dispositions de la loi organique, « le montant annuel cumulé des virements et des transferts affectant un

---

[577] *Cf.* article 14 de la loi organique n°2013-14 du 27 septembre 2013 portant loi organique relative aux lois de finances au Bénin.
[578] F. MORDACQ, *Op.cit.*, p.97.
[579] *Cf.* article 29 de la loi organique n°2013-14 du 27 septembre 2013 portant loi organique relative aux lois de finances au Bénin.

programme ne peut dépasser dix pour cent (10%) des crédits votés de ce programme »[580].

Au-delà de la modification des autorisations budgétaires par la prise d'arrêtés et de décrets portant sur des virements et des transferts de crédits, « le Gouvernement peut ouvrir de *nouveaux crédits par programme, par décret d'avance, en cas d'urgence* »[581]. Le législateur organique du Bénin a établi cette possibilité en disposant qu'« *en cas d'urgence et de nécessité impérieuse d'intérêt national, des crédits supplémentaires peuvent être ouverts par décret d'avances pris en Conseil des ministres »*[582]. C'est donc dire qu'il est possible pour l'exécutif de rallonger certaines dotations au-delà des plafonds fixés par le Parlement.

Il semble bien, cependant, que les ouvertures de crédits en cours d'année ne doivent pas remettre en cause l'équilibre de la loi de finances tel qu'il est arrêté par le Parlement au moment du vote de la loi de finances de l'année. Ainsi compris, les ouvertures de crédits nouveaux doivent reposer sur le gel ou l'annulation d'une partie de ceux existants. Il est précisé à ce propos que pour réaliser une ouverture de crédit en cours de gestion, il revient au Gouvernement « *de gager cette ouverture par des annulations de même montant (ou des recettes entièrement nouvelles), sans modifier l'équilibre initial de la loi de finances* »[583]. Dans la pratique, les dispositions de la loi organique relative aux lois de finances[584] qui imposent le respect de l'équilibre de la loi de finances à l'occasion des opérations d'ouverture de crédits en cours d'année, semblent imprécises.

En réalité, dans la loi de finances, on distingue plusieurs niveaux d'équilibre. Il y a d'un côté les équilibres intermédiaires et de l'autre l'équilibre général. Les équilibres intermédiaires se rapportent à chaque compte du budget. Ainsi, l'on distingue plusieurs soldes à savoir le solde du budget général, le solde des comptes d'affectation spéciale et le solde des budgets annexes. L'agrégation de ces trois soldes donne le montant du solde global du budget de l'État qui peut être déficitaire ou

---

[580]*Cf.* article 24 de la loi organique n°2013-14 du 27 septembre 2013 portant loi organique relative aux lois de finances au Bénin.
[581]F. MORDACQ, *Op.cit.*, p.97.
[582]*Cf.* article 26 de la loi organique n°2013-14 du 27 septembre 2013 portant loi organique relative aux lois de finances au Bénin.
[583]F. MORDACQ, Op.cit., p. 97.
[584]*Cf.* par exemple les dispositions de l'article 1er de la loi organique n°2013-14 du 27 septembre 2013 portant loi organique relative aux lois de finances au Bénin.

excédentaire. En dernier lieu, il y a le solde de la loi de finances de l'année qui intègre les charges de trésorerie de l'État. L'idée de la détermination des soldes intermédiaires est, entre autres, justifiée par la définition proposée par la loi organique relative aux lois de finances de 2013 pour le budget de l'État. Elle dispose, s'agissant du contenu du budget de l'État, que ce dernier comprend « *le budget général, les budgets annexes et les comptes spéciaux du Trésor* »[585]. Dans la loi de finances pour la gestion 2016 par exemple, le solde du budget général ressort déficitaire à 154,647 milliards de FCFA, le solde des budgets annexes ressort déficitaire à 39,473 milliards de FCFA et celui des comptes d'affectation ressort nul. Au total, le solde budgétaire global est ressorti déficitaire à 194, 12 milliards de FCFA. Pour la mise en œuvre des opérations d'ouverture de crédits en cours de gestion, la loi n'a pas précisé à quel niveau d'équilibre il faut s'en tenir. On peut donc logiquement se poser la question de savoir s'il faut respecter les équilibres intermédiaires ou s'il est plutôt suffisant de s'en tenir à l'équilibre général de la loi de finances. Au Bénin, l'expérience du décret 2015-455 du 27 août 2015 portant majoration et annulation de crédits à titre d'avances sur le budget de l'État pour la gestion 2015 montre que le Gouvernement s'en est tenu au montant global de la loi de finances, ensemble des opérations budgétaires et des opérations de trésorerie ; ce qui semble conforme au principe de l'unité budgétaire qui vise le solde global de la loi de finances.

L'omniprésence du pouvoir exécutif sur les différentes phases du processus budgétaire serait la conséquence de nombreux facteurs[586]. Même si elle semble justifiée au regard d'un certain nombre de considérations liées, pour la plupart, aux urgences et aux impératifs de gestion, les mécanismes et procédures propres au fonctionnement du Parlement, de même que des facteurs externes, semblent peser sur l'effectivité de l'exercice par le Parlement de ses pouvoirs financiers.

---

[585] *Cf.* Article 33 de loi organique n°2013-14 du 27 septembre 2013 relative aux lois de finances.

[586] F. DERUEL *Finances Publiques, Budget et pouvoir financier*, 11ème édition, Paris, Dalloz, 1995, pp. 80-81.

CHAPITRE 2

L'INFLUENCE DU PARLEMENTARISME RATIONALISE DANS LA DISCUSSION DU PROJET DE LOI DE FINANCES

Si en matière législative « *le Parlement bénéficie d'une primauté logique* »[587] et que « *quelle que soit l'importance des raisons qui renforcent le pouvoir budgétaire du Gouvernement, le Parlement reste maître de la décision finale* »[588], les conditions de mise en œuvre de ses prérogatives financières ne lui garantissent pas un exercice facile. En réalité, le droit d'amendement, qui peut être considéré en matière budgétaire comme « un droit d'initiative » pour les parlementaires, est largement encadré (section I). De même, l'Assemblé Nationale reste sous la pression constante de divers lobbies dont les mécanismes d'intervention entravent son fonctionnement (section II).

Section 1-Un droit d'amendement fortement encadré

Le cadre légal d'exercice du droit d'amendement dresse un parcours du combattant à l'égard des députés (Paragraphe I). Aussi, la nouvelle approche de gestion publique, qui induit dans la pratique parlementaire l'examen des programmes budgétaires, offre-t-elle peu de marge de manœuvre aux députés (paragraphe 2).

Paragraphe1-Un cadre légal dissuasif

Les contraintes en présence, en matière d'exercice par les parlementaires du droit d'amendement budgétaire, sont liées les unes aux conditions techniques (A) et les autres aux exigences procédurales (B).

A-Les obstacles liés aux conditions techniques

Les conditions techniques définies par les lois et autres textes en vigueur pour l'exercice, par les parlementaires, du droit d'amendement budgétaire constituent un défi permanent et difficile à relever par les députés, même si elles ne sont pas insurmontables. L'essentiel se

587 J. KI ZERBO, « la place du parlement dans les institutions des Etats africains », *Parlement et francophonie*, n° 106, 1998, p. 103.

588F. DERUEL, *Finances Publiques, Budget et pouvoir financier*, 11ème édition, Paris, Dalloz, 1995, p.82.

résume, en effet, au développement de compétence pouvant permettre de proposer et d'apporter de modification au projet gouvernemental sans dégrader l'équilibre de la loi de finances de l'année ou de la loi de finances rectificative. Pour peu donc que l'amendement budgétaire garantisse l'équilibre de la loi de finances, il est recevable et dès qu'il emporte l'adhésion de la majorité des députés votants, il peut être adopté.

Ce qui pourrait alors garantir aux parlementaires l'exercice de leur droit d'amendement, ce sont les compétences qu'ils devront développer, par eux-mêmes ou par le biais de l'institution parlementaire, pour se hisser au niveau de qualification requis pour l'exercice de leur droit. Les finances publiques étant une science pluridisciplinaire, chaque député devra partir de son profil de base pour s'ajuster. Il ne s'agit pas pour le parlementaire de devenir spécialiste du droit budgétaire, encore moins des finances publiques, mais de s'assurer un niveau de compréhension des phénomènes financiers publics pour garantir son droit de modification du budget de l'État. Ainsi, quelle que soit la formation de base d'un parlementaire, il pourra prendre part au débat budgétaire et voir concrétiser ses apports en termes d'amélioration des propositions gouvernementales.

Ceci étant, un minimum de formation de base s'avère nécessaire. Il ne s'agit pas d'une formation spécialisée, surtout que les finances publiques sont, elles-mêmes, un carrefour de sciences ou encore une science carrefour. Le prérequis nécessaire, qu'il soit en droit, en histoire, en sociologie, en philosophie, en géographie, en psychologie, en gestion, en économie ou encore en statistique, compte même s'il n'est pas une exigence légale pour accéder à la fonction de député. En effet, le code électoral n'impose pas aux candidats aux élections législatives un prérequis en termes d'instruction. Les conditions clairement exprimées dans le code électoral sont celles concernant l'âge et la résidence. A ce sujet, la loi dispose seulement que « *nul ne peut être candidat s'il n'est âgé de vingt-cinq (25) ans au moins dans l'année du scrutin* »[589]. En plus de l'âge, le législateur impose au candidat à la députation d'être domicilié en République du Bénin depuis au moins un (01) an, s'il est Béninois. Dans le cas contraire, c'est-à-dire, lorsque le candidat est un étranger naturalisé Béninois, il lui est fait obligation

---

[589]*Cf.* article 359 de la loi n° 2013-06 du 25 novembre 2013 portant code électoral en république du Bénin.

d'être domicilié au Bénin et d'y vivre de façon continue depuis au moins dix (10) ans[590].

Ainsi, les conditions fixées pour être éligible à l'exercice de la fonction de parlementaire, n'intègrent pas, du point de vue du profil, les éléments de réponses aux exigences qui s'imposent au député, dans sa fonction de représentation du peuple. Ce qui paraît être une obligation pour tout candidat à la fonction de député, c'est la connaissance de la langue française. Cette exigence n'est pas directement inscrite dans le règlement intérieur de l'Assemblée Nationale. C'est plutôt la constitution qui dispose en son article 1er que « *la langue officielle est le Français* ». C'est donc dire que la langue de travail à l'Assemblée Nationale est le français et que pour être député, il faut savoir s'exprimer en français. Il n'existe cependant aucun mécanisme de vérification de l'aptitude des candidats aux élections législatives à s'exprimer en français. On a pu noter dans des mandatures parlementaires, la présence de député ne sachant ni lire, ni parler, ni écrire le français. En définitive, il s'agit moins d'une obligation de savoir s'exprimer en français que d'une obligation de n'intervenir dans les discussions parlementaires qu'en langue française. En conséquence, il y a des élus illettrés en français et qui s'excluent, de ce fait, des débats parlementaires. Dans ces conditions, l'aptitude des parlementaires à exercer leur pouvoir de modification du budget de l'État reste problématique. Les contraintes attachées à l'exercice dudit pouvoir ne sont pas compatibles avec un niveau de connaissance nul.

Pour la 7ème mandature du Parlement par exemple, un regard sur les profils des députés montre la présence d'environ trente-huit catégories socio-professionnelles[591]. La catégorie des professeurs d'université arrive en deuxième position avec un effectif de sept (07) députés, soit 8,4%, après celle des opérateurs économiques qui comprend seize (16) députés, avec un pourcentage d'environ 20%. On pourrait même porter cet effectif à dix-huit (18) vu que sur la liste, il y a les catégories de chefs d'entreprise et de directeurs de société qui comptent, chacune, un député. Pour le reste des députés, on note qu'il s'agit des enseignants (4,8%), des militaires retraités (2,4%), des magistrats (1,2%), des ingénieurs de plusieurs spécialités (12%), des économistes, des gestionnaires, des administrateurs, des inspecteurs, des officiers, des

---

[590] Cf. Alinéa 1er de l'article 359 de la loi n° 2013-06 du 25 novembre 2013 portant code électoral en République du Bénin.

[591] *Cf.* Assemblée Nationale, 7ème mandature, liste des députés et leurs fonctions.

instituteurs, des conseillers pédagogiques, etc. Ces données laissent cependant subsister quelques interrogations. En effet, les déclarations fournies par les députés et compilées par le service des relations avec les députés manquent de précision. Si on prend, par exemple, la catégorie socio-professionnelle la mieux représentée, à savoir celle des opérateurs économiques, on n'a, *a priori*, aucune idée sur leur formation de base ou sur leur niveau d'étude, aucun niveau d'étude ou d'instruction n'étant exigé pour exercer en qualité d'opérateur économique. En dehors des corps de métier ayant un statut officiel, les catégories comme celle dite des « opérateurs économiques » sont des habillages élégants pour voiler la condition des députés illettrés et autres personnes de faible niveau d'instruction scolaire.

Hormis le profil des députés qui constitue un élément déterminant pour affronter les conditions techniques attachées à l'exercice du pouvoir d'amendement, il y a l'organisation interne au Parlement ou l'organisation personnelle dont chaque élu parlementaire se dote pour faire efficacement face à sa mission. En réalité, même si l'élu présente un profil d'intellectuel accompli, il ne peut être compétent en toute matière, et surtout pas en finances publiques. « Une science est une langue bien faite », écrit B. DE JOUVENEL.[592] Et la science des finances publiques n'a pas le mérite de la simplicité. On la trouve même aride, trop technique, rébarbative et rebutante[593]. On comprend que le député ait besoin, ce faisant, d'une assistance technique pour l'éclairer dans les domaines où, personnellement, il ne dispose pas d'une expertise suffisante. C'est donc par le biais d'un cabinet attaché à sa personne, où travaille un collège de cadres pluridisciplinaires, que le député peut réaliser des analyses et justifier ses positions sur des dossiers en examen avec un argumentaire fondé sur des données empiriques, théoriques et peut-être géopolitiques.

L'expérience en cours au Bénin, depuis la première mandature parlementaire de l'ère du renouveau démocratique, montre qu'un pareil dispositif de travail n'existe pas autour des élus parlementaires. On note plutôt la présence d'assistants de commission parlementaire au niveau de chaque commission permanente. Pour les cinq (05) commissions parlementaires, les assistants de commission sont, pour la septième

---

[592] B. de JOUVENEL, *Les débuts de l'Etat moderne, une histoire des idées politiques au 19ème siècle,* Paris, Fayard, 1976, p.2.

[593]*Cf.* M. BOUVIER et ali, *Finances publiques*, Paris, LGDJ, 16ème édition, 2017-2018, p.19.

mandature, au nombre de dix (10) et répartis à raison de deux (02) par commission, selon les titres de premier assistant et de deuxième assistant[594]. Ils sont tous rattachés à la direction des services législatifs dont les attributions se résument à la coordination, au suivi et au contrôle des activités au niveau de ses services, à l'exécution des tâches qu'implique la double mission de législation et de contrôle constitutionnellement dévolue à l'Assemblée Nationale, à l'information du public sur les travaux de l'Assemblée Nationale ainsi que sur les activités de son Président, à la valorisation et à la promotion de l'image de l'institution parlementaire[595].

Au regard de leur nombre très limité et des attributions de la direction à laquelle ils sont rattachés, on comprend que les assistants de commission ne sont pas au service des députés pour des études et analyses de dossiers. En effet, par commission, il y a en moyenne quinze (15) députés et il aurait fallu avoir au moins un assistant par député pour le situer dans un rôle de conseiller. Même dans ce cas, le défi d'examen approfondi des dossiers et de participation efficace aux discussions parlementaires serait à peine surmontable. Il est en effet impossible pour un seul assistant de développer des compétences nécessaires pour l'étude des dossiers parlementaires qui peuvent relever de tous les secteurs d'activités et nécessiter, de ce fait, des qualifications pluridisciplinaires. Les assistants de commission, tels qu'ils fonctionnent actuellement et selon l'organisation des travaux à l'Assemblée Nationale, sont plutôt destinés à l'accomplissement de tâches administratives inhérentes au fonctionnement des commissions.

En dehors des assistants de commission, il existe dans le dispositif actuel du Parlement, une volonté d'accompagnement des parlementaires dans l'exercice de leur fonction. Il s'agit d'une politique de recrutement et d'affectation de cadres compétents à chaque député. Ces cadres sont censés être en permanence au service du député. Leur rôle consisterait à faire une lecture technique des dossiers affectés au député et à réaliser au profit de celui-ci une note technique. La suite reviendrait au député qui, une fois informé des considérations techniques qui entourent un dossier, pourra en raison de sa ligne politique et des exigences y relatives décider d'une position ou d'une

---

[594]*Cf.* www.assemblée-nationale.bj, consulté le mardi 2 février 2016 à 5 heures 30 minutes.

[595]*Cf.*Décision n° 98-367 du 6 août 1998 portant attributions, organisation et fonctionnement du Secrétariat Général Administratif de l'Assemblée Nationale.

autre. Cette politique reste pour le moment à mettre en œuvre. L'Assemblée Nationale semble éprouver à ce sujet, des difficultés d'ordre financier pour la prise en charge des droits salariaux des agents à recruter.

La question de l'existence d'un cadre d'étude et de formulation d'avis technique au profit des parlementaires pourrait être abordée autrement. En effet, il semble possible que des solutions à ce défi puissent être trouvées au sein des partis politiques qui ont, entre autres, comme mission « *l'animation de la vie politique au Parlement* »[596]. Ceux-ci sont définis comme étant « *des groupements de citoyens, formés en vue de promouvoir et de défendre des projets de société et des programmes politiques dans le cadre de la Constitution du 11 décembre 1990 et des lois subséquentes* »[597]. En effet, nul ne peut prétendre être candidat aux élections législatives, s'il n'est issu d'un parti politique ou d'un groupe de partis politiques. On peut lire à ce sujet, dans le code électoral, que les obligations relatives à la présentation de candidatures aux élections législatives sont adressées aux « *partis politiques ou groupes de partis politiques qui désirent prendre part aux élections législatives* »[598]. Ainsi, du moment où c'est du rang des partis politiques ou groupes de partis politiques que sortent les candidats aux fonctions de député et, par la suite, les députés, on peut se saisir du creuset des partis politiques et groupes de partis politiques pour régler la question de leur accompagnement au plan technique.

Il peut même se révéler plus efficace d'adresser une réponse à cette question à partir des cercles politiques. En effet, en dernier lieu, c'est à l'aune des considérations politiques et de l'idéologie qui ont présidé à la création d'un parti ou groupe de partis politiques que les décisions se prennent.

Ainsi, les avis techniques devront être rapprochés de la ligne idéologique des partis ou groupes de partis politiques, avant leur exploitation pour la formulation d'une position cohérente au sein des organisations politiques. En préjugeant donc de l'existence d'un code

---

[596] *Cf.* article 2 de la loi n°2001-21 du 21 février 2003 portant charte des politiques en Républiques du Bénin *in,* J. N. ENGLES et al., *Le fonctionnement des partis politiques au Bénin,* Cotonou, COPEF, 2008, p.177.

[597] *Ibidem.*

[598] *Cf.* article 351 de la loi no 2013-06 du 25-11- 2013 portant code électoral en République du Bénin.

de conduite et de discipline au niveau de ces organisations, on peut espérer qu'à la lumière des avis techniques, des positions de groupes peuvent naître et être exposées pendant les discussions parlementaires.

Ceci étant, c'est au sein des partis et groupes de partis politiques qu'il faut créer les cadres techniques d'analyse des dossiers. Cette option reviendrait par ailleurs moins onéreuse et plus adaptée. En effet, au sein des partis et groupes de partis politiques, il ne serait plus question, s'agissant de la prise en charge de l'équipe dédiée à l'analyse des dossiers, de paiement de salaire. L'essentiel des dépenses à faire à ce sujet tournerait autour de mécanismes incitatifs à mettre en place au profit des adhérents nantis de compétences et d'expérience requises pour l'examen et la proposition d'éléments de contribution à verser au débat parlementaire pendant l'étude des dossiers. Les anciens parlementaires du parti ou du groupe de partis politiques pourraient être utilement associés à cet exercice pour apporter le *coaching* politique nécessaire aux membres des équipes techniques. Ce faisant, les avis, recommandations et résolutions à proposer bénéficieraient du double gage nécessaire à savoir l'expertise technique et l'expérience politique.

La seule question qui resterait en suspens est celle du financement du cadre incitatif à mettre en place au profit des militants organisés en groupe d'analyse des dossiers parlementaires des députés. Leur prise en charge pourrait reposer sur les sources traditionnelles de financement des partis politiques. L'article 33 de la loi portant charte des partis politiques dispose, quant au financement des partis politiques, que « *les partis politiques financent leurs activités au moyen de ressources propres ou de ressources externes* »[599]. Les ressources propres des partis politiques concernent, aux termes des dispositions de la loi portant charte des partis politiques, « *les cotisations des membres, les contributions volontaires et les souscriptions des membres, les produits de leurs biens patrimoniaux, les recettes de leurs activités* ». Il s'agit là des ressources générées par le parti politique à partir de sa propre organisation et des activités qu'il mène.

Quant aux ressources extérieures des partis politiques, elles sont relatives à celles qui viennent enrichir le parti politique et qui n'ont pas de lien direct avec son organisation et son environnement. A titre d'exemple de ressources extérieures des partis politiques, on peut citer les aides entrant dans le cadre de la coopération entre partis politiques

[599]*Cf.* J. N. ENGLES et *ali. Op.cit.* p.190.

nationaux et/ou étrangers, les emprunts souscrits conformément aux lois et règlements, les dons et legs et les subventions et autres aides de l'État. Pour cette dernière catégorie, à savoir les aides de l'État, la loi dispose que « *les partis politiques régulièrement inscrits et ayant au moins un (01) député bénéficient d'une aide financière annuelle de l'État* » et que « *le montant de cette aide financière est fixé par décret pris en conseil des ministres* »[600]. Elle fixe par ailleurs un plancher qui est de cinq millions (5.000.000) de francs par député élu. Dans la pratique, ces ressources sont versées aux partis politiques, généralement en fin d'année et le plus souvent pendant la session budgétaire.

B-Les contraintes d'ordre procédural

Le pouvoir de modification concédé au Parlement dans le processus de la prise de décision financière comporte en lui-même des limites. Il s'agit d'abord des limites procédurales, ensuite l'absence de règle de fonds avec pour conséquence les possibilités de crises liées aux techniques d'obstruction et enfin des abus[601]. Ainsi, les obligations que la constitution met à la charge des parlementaires dans l'exercice du droit d'amendement sont des contraintes d'ordre général. Selon l'article 107 de la constitution « l*es propositions et amendements déposés par les députés ne sont pas recevables lorsque leur adoption aurait pour conséquence soit une diminution des ressources publiques, soit la création ou l'aggravation d'une charge publique, à moins qu'ils ne soient accompagnés d'une proposition d'augmentation de recettes ou d'économies équivalentes »*. Ces contraintes évoquées dans la Constitution sont centrées sur la recevabilité. Il s'agit effectivement là d'une condition majeure, voire préalable pour l'exercice du droit d'amendement budgétaire. Elle donne lieu, au plan procédural, à quelques spécificités. En réalité, c'est tout un ensemble de formalités qui permet au parlementaire d'aboutir à l'exercice effectif du pouvoir d'amendement de la loi de finances.

En effet, sur le fondement des dispositions de l'article 107 de la constitution, le législateur a, à travers le règlement intérieur de l'Assemblée nationale, défini les différents niveaux d'amendements ainsi que les différentes étapes qui y sont associées. On retiendra en gros, les amendements portant sur la partie normative de la loi de

---

[600]*Cf.* J. N. ENGLES et *al.*, *Op.cit.* pp.191-192.

[601]*Cf.* P. BINCZAK, « le conseil constitutionnel et le droit d'amendement : entre « errements » et « malentendus » », *Revue Française de Droit Constitutionnel*, 2001/3 n°47, p.479-528.

finances et les amendements portant sur la partie comptable de la loi de finances. On peut, par ailleurs, observer en rapport avec les dispositions du règlement intérieur de l'Assemblée nationale, les amendements portant sur la première partie et ceux portant sur la deuxième partie.

Selon qu'il s'agisse d'un amendement relatif aux éléments normatifs contenus dans la loi de finances ou d'un amendement touchant les crédits budgétaires, il y a un moment précis pour les exercer pendant la procédure d'examen et d'adoption de la loi de finances. Ces différentes articulations constituent pour les parlementaires, des contraintes à prendre en compte pour espérer exercer le droit que le constituant leur a formellement reconnu en matière financière.

Selon les dispositions du règlement intérieur de l'Assemblée Nationale, « *les amendements au projet de la loi de finances de l'année sont reçus par la commission des finances au plus tard quatre jours à compter de la distribution du rapport général pour les articles de la première partie du projet de la loi de finances et les articles de la seconde partie dont la discussion n'est pas rattachée à une rubrique budgétaire* »[602]. Cette disposition du règlement intérieur de l'Assemblée nationale cible ainsi les dispositions à caractère normatif. On constate que celles-ci ne sont pas spécifiquement réservées à une partie précise de la loi de finances. S'il est vrai que, par excellence, c'est dans la première partie de la loi de finances qu'on les retrouve, il n'est pas exclu de retrouver dans la deuxième partie de la loi de finances, des dispositions à caractère normatif, bien que prioritairement la deuxième partie soit réservée aux articles qui portent sur les crédits budgétaires.

En guise d'exemple, on peut faire cas, dans la loi de finances pour la gestion 2016, des dispositions de l'article 38. Celui-ci dispose que « *pour compter de l'année 2016, les prêts consentis par le Trésor Public sont productifs d'intérêt à un taux qui ne peut être inférieur au taux moyen des bons du Trésor. Leur durée de remboursement ne peut excéder deux (02) ans pour le montant de prêt inférieur ou égal à cinq cents millions (500 000 000) de francs CFA et trois (03) ans pour le montant de prêt supérieur à cinq cents millions (500 000 000) de francs CFA* »[603]. Il s'agit bien là d'une disposition qui n'est pas orientée vers une affectation de ressource, mais qui inscrit dans l'ordonnancement juridique du pays, des normes nouvelles.

---

[602] *Cf.* article 96.2 du règlement intérieur de l'Assemblée Nationale.

[603] *Cf.* article n°38 de la loi n° 2015-41 du 29 décembre 2015 portant loi de finances pour la gestion 2016.

On note par ailleurs, qu'un moment précis est dédié aux amendements qui portent sur le volet normatif de la loi de finances. Le règlement intérieur de l'Assemblée nationale indique que lesdits amendements sont reçus par la commission des finances quatre jours au plus tard à compter de la distribution du rapport général produit par la commission des finances sur le projet de loi de finances. On peut en déduire que des amendements visant la partie normative de la loi de finances ne peuvent être recevables que si elles sont formulées et transmises à la Commission des finances dans le délai ainsi indiqué. Or, la distribution du rapport général que produit la commission des finances à l'occasion de l'examen du projet de loi de finances n'est pas inscrite dans un calendrier fixe. Cela dépend du rythme de travail qu'observe chaque année la commission et des contraintes qui sont les siennes. Plus vite elle finit, plus tôt le rapport est distribué. Pour le projet de loi de finances pour la gestion 2014 par exemple, la commission des finances a rendu disponible le rapport le 06 décembre 2013. Ce qu'il importe de souligner, c'est qu'il arrive que la date de distribution du rapport général et celle de la session plénière consacrée à son examen soient si proches, au point d'influencer négativement le délai requis pour la formulation des amendements. Il y a lieu de généraliser la distribution éléctronique du rapport pour en assurer une meilleure exploitation aux Députés.

Autrement, pour pouvoir formuler et transmettre les propositions d'amendement dans des délais utiles, le député se doit d'être à l'affût de la date de distribution du rapport produit par la Commission des finances. Il est vrai que dans la pratique, un dispositif d'information des parlementaires existe. En effet, des agents parlementaires sont responsabilisés pour joindre, par téléphone, les députés et leur indiquer la disponibilité des rapports dans leurs boîtes aux lettres. Ceci ne résout cependant pas la question de la transmission à bonne date des rapports aux parlementaires. Il apparaît que quand bien même l'administration parlementaire justifie, preuve à l'appui, la distribution du rapport à temps dans les boîtes aux lettres des députés, il arrive fréquemment que ceux-ci se plaignent de ne pas être informés du dépôt du rapport ou encore de n'être pas rentrés en possession dudit rapport en temps utile.

Par ailleurs, les propositions d'amendements à la première partie de la loi de finances sont assujetties à une autre contrainte. Celle-ci peut ne pas être effective tous les ans, mais il convient de le souligner. En effet, lorsque pendant l'examen du projet de loi de finances survient une seconde lecture sur tout ou partie du projet de loi de finances, avant le commencement des explications de vote, celle-ci met fin à toute possibilité de modification de la première partie du projet de loi de finances. Le règlement intérieur de l'Assemblée Nationale précise dans le cas d'espèce, qu'« *il ne peut être apporté d'autres modifications aux dispositions de la première partie que celles nécessitées pour la coordination* »[604]. Derrière cette disposition, il y a comme une restriction du pouvoir de modification du projet de loi de finances accordé aux parlementaires. Autrement dit, le moment d'expression du droit d'amendement compte. Si le droit accordé à cette fin par le constituant est exercé en temps utile, il conserve toute sa validité. L'exercice hors délai est donc source d'irrecevabilité.

De pareilles entraves ou conditions additionnelles relevant des procédures d'exercice du pouvoir d'amendement de la loi de finances existent par ailleurs. Il s'agit par exemple du cas des amendements qui interviennent sur un alinéa ou sur un article qui aurait déjà connu des propositions de modifications adoptées. En réalité, lorsque des propositions d'amendements ont été examinées et adoptées sur un article ou sur un alinéa, le règlement intérieur n'admet plus la recevabilité de nouvelles propositions d'amendement sur le même alinéa ou article. On peut lire à cet effet, dans le règlement intérieur de l'Assemblée Nationale que « *lorsque tous les amendements proposés à un alinéa d'un article ou à un article ont été discutés et que l'examen des alinéas ou des articles suivants a commencé, il n'est plus possible de déposer d'amendements aux alinéas ou articles déjà examinés à moins que l'Assemblée nationale n'en décide autrement* »[605].

Aussi, est-il important de souligner que le fait de déposer une proposition d'amendement, fût-il dans les délais et en respect des autres conditions qui entourent l'exercice du droit d'amendement parlementaire, ne suffit pas. Pour être intégré au texte en discussion, la proposition d'amendement doit être soutenue pendant la discussion. Autrement dit, une proposition d'amendement qui n'est pas soutenue au moment de la discussion ne peut pas prospérer. Elle resterait à l'étape de proposition et n'affecterait pas le projet de loi en discussion. Dans tous les cas, « *l'Assemblée nationale ne délibère sur aucun amendement s'il n'est pas soutenu lors de la discussion* »[606].

[604]*Cf.* article 96.4 du règlement intérieur de l'Assemblée nationale.
[605]*Cf.* article 86.6 du règlement intérieur de l'Assemblée nationale.
[606]*Cf.* article 88.1 du règlement intérieur de l'Assemblée nationale.

Les détails que le règlement intérieur de l'Assemblée nationale expose, quant à l'exercice du droit d'amendement budgétaire, ne remettent pas en cause le principe. Ils constituent toutefois des conditions nécessaires à l'effectivité de l'exercice du droit concédé par le constituant. On pourrait inscrire ces détails apportés par le règlement intérieur de l'Assemblée nationale dans le champ des mesures d'encadrement du droit d'amendement parlementaire, comme on le constate sous d'autres cieux. En effet, il est possible que dans le processus de prise de décision financière, la contribution du Parlement, par le truchement des amendements, reçoive un encadrement du juge constitutionnel. Ce qui revient à dire que le Parlement peut bien se voir limité dans son intervention comme il peut se voir laisser aller plus loin. Le même auteur ajoute que limiter le droit d'amendement apparaît comme la seule issue pour protéger le droit d'amendement. Le pouvoir de décision budgétaire appartenant à des pouvoirs constitutionnalisés, il est soumis à des règles précises, d'où son encadrement[607].

Au total, en analysant les conditions sur lesquelles repose l'exercice du droit d'amendement budgétaire, on pourrait arriver à la conclusion selon laquelle une contribution efficace du Parlement à la prise de la décision financière repose sur une bonne communication financière. Sans cette dernière et en dépit de toute bonne volonté, les tentatives d'amendements resteraient vaines. Certaines interrogations émises à cet effet, en disent long : « *Si les assemblées délibérantes qui votent le budget et arrêtent les comptes des collectivités publiques ne connaissent pas les coûts des services produits, si elles ne disposent pas de l'évolution du nombre de personnes qui fréquentent les services publics, si elles n'ont pas connaissance des indicateurs sur le degré de satisfaction des bénéficiaires des politiques publiques, si elles ignorent les délais d'interventions des services publics de proximité, si l'importance et les motifs de réclamations contre l'administration leur sont inconnus, ne risquent-elles pas de mal assurer leur rôle de représentation des citoyens* ? »[608].

Il convient de souligner qu'au-delà des pesanteurs liées aux conditions techniques d'exercice du droit d'amendement et des rigidités

---

[607]*Cf.* T. HOLO, « Emergence de la justice constitutionnelle »,*Pouvoirs*, n° 129, 2009/2, pp. 101-114.

[608] J-C WATHELET, « reddition de comptes et gouvernance des collectivités territoriales françaises », *in Politique et Management public*, vol. 21 n°4, 2003, pp 78-88.

procédurales auxquelles les parlementaires doivent faire face, il y a aussi le défaut du pouvoir de modification du cadre programmatique des actions de l'État.

Paragraphe 2-Un cadre programmatique rigide

Avec le nouveau cadre juridique de gestion des finances publiques, la discussion du projet de loi de finances au Parlement ne peut aboutir à une remise en cause des programmes budgétaires (A). Aussi, la marge de manœuvre du Parlement semble-t-elle se limiter s'agissant de redéploiement des crédits (B).

A-Un verrouillage de l'appréciation de l'opportunité des programmes budgétaires

Les nouvelles dimensions de la discussion du projet de loi de finances de l'année à l'Assemblée Nationale positionnent le Parlement moins comme un compétiteur du Gouvernement que comme l'institution nécessaire à la validation juridique de l'essentiel des choix gouvernementaux[609]. En effet, la nouvelle planification du processus budgétaire distingue l'étape de discussion du projet de loi de finances de celle de l'appréciation de la cohérence et de la pertinence des choix budgétaires. Sous le régime de la loi n° 2013-14 du 27 septembre 2013, les discussions préalables au dépôt du projet de loi de finances de l'année au Parlement offrent déjà, en amont, des occasions au pouvoir exécutif pour s'expliquer devant l'Assemblée Nationale sur ses options budgétaires. De même, elles sont censées permettre à la représentation nationale d'exercer un regard critique sur l'orientation donnée à l'action de l'Etat pour l'année budgétaire ciblée.

En réalité, c'est au cours du débat d'orientation budgétaire, institué par la nouvelle loi organique relative aux lois de finances en son article 59, que les questions d'opportunité, de cohérence stratégique, de pertinence, voire d'aptitude des politiques publiques (à être des vecteurs de solutions pour les problèmes) sont traitées. Il n'est donc plus indispensable, sous peine de redondance, d'inscrire ces questions à l'ordre du jour des débats parlementaires relatifs à l'examen et à la discussion du projet de loi de finances. Ce qui milite en faveur de l'exclusion des questionnements liés à la cohérence stratégique, à l'opportunité et à la pertinence du cadre programmatique des actions de l'Etat à l'étape de l'examen du projet de loi de finances est la possible conciliation des positions des deux institutions à l'issue du débat

[609] G. ORSONI, « Du consentement de la dépense publique», *Op.cit*, p.249.

d'orientation budgétaire. La suite réservée aux recommandations des parlementaires à l'occasion de chaque édition du débat d'orientation budgétaire permet d'envisager la possibilité de conciliation des positions de l'exécutif et du législatif. La clarification qui se dégage du recentrage opéré par la nouvelle loi organique relative aux lois de finances, quant aux objectifs assignés aux étapes de discussion préalable des orientations budgétaires et de discussion du projet de loi de finances, paraît bien logique.

D'un côté, ce recentrage est compatible avec les options fondamentales définies par le constituant de 1990. Il permet, en effet, de réserver essentiellement au pouvoir qui a la charge de la détermination et de la conduite de la politique de la nation, la responsabilité des options budgétaires. On peut donc y lire la prise en compte des dispositions de l'article 54 de la constitution du 11 décembre 1990 selon lesquelles, le président de la République, détenteur du pouvoir exécutif « *détermine et conduit la politique de la nation* ».

De l'autre, la limitation du débat au cadre programmatique des actions de l'Etat à l'étape du débat d'orientation budgétaire, est en phase avec la nouvelle philosophie qui sous-tend le processus de mise en place de la loi de finances. En effet, le débat d'orientation budgétaire se déroule sur la base d'un rapport préparatoire qui comprend, entre autres, le document de programmation budgétaire et économique pluriannuelle et les documents de programmation pluriannuelle des dépenses. Ces derniers, à savoir les documents de programmation pluriannuelle des dépenses, sont ceux qui retracent, par secteur, le cadre de performance de l'action publique. La loi organique relative aux lois de finances les qualifie de « *vecteur principal de la performance* »[610].

De ce point de vue, après avoir pris connaissance des perspectives économiques et financières pour l'Etat à travers le document de programmation budgétaire et économique pluriannuelle, l'essentiel des travaux des parlementaires devrait se cristalliser, au cours du débat d'orientation budgétaire, sur le cadre de performance défini par le Gouvernement et décliné par secteur, à travers les documents de programmation pluriannuelle des dépenses. C'est à travers ces documents que le Parlement prend connaissance des résultats auxquels l'exécutif s'engage pour l'année budgétaire ciblée. Ils représentent, à ce

---

[610] *Cf.* article 1er de la loi n°2013-14 du 27 septembre 2013 portant loi organique relative aux lois de finances.

titre, l'élément fondamental du contrat de performance que le Parlement mettra en place avec le Gouvernement et pour lequel le niveau de ressources requis sera affecté à l'occasion de l'examen du projet de loi de finances. Ceci étant, c'est le niveau de performance arrêté par le Gouvernement et discuté au Parlement à l'occasion du débat d'orientation budgétaire qui sert de référence à l'exercice de budgétisation pour l'élaboration et la soumission à l'Assemblée nationale des projets annuels de performance, par le truchement du projet de loi de finances.

En outre, l'article 1er de la loi organique relative aux lois de finances dispose que « *c'est sur la base de la présentation retenue pour le Document de Programmation Pluriannuelle des Dépenses que sont élaborés les rapports annuels de performance (RAP)* ». Il va sans dire que c'est à l'aune du contenu des documents de programmation pluriannuelle des dépenses que seront évaluées les performances de l'exécutif au moment de la reddition de compte de l'exécution de la loi de finances pour laquelle les documents de programmation pluriannuelle de dépenses sont élaborés et soumis au Parlement.

On peut alors déduire de tout ce qui précède que le débat sur les actions inscrites dans les documents d'opérationnalisation des DPPD, à savoir les projets annuels de performance, ne peut plus porter sur des questions d'opportunité et de pertinence. Si le Parlement devait orienter ses travaux pendant la discussion du projet de loi de finances sur ces aspects, on assisterait à une reprise des débats et à un piétinement du processus de décision budgétaire. Il devrait être beaucoup plus question, à l'étape de l'examen du projet de loi de finances, de l'appréciation des niveaux d'allocation demandés par programme et de leur mise en rapport avec les niveaux de performance inscrits dans les documents de programmation pluriannuelle des dépenses. On pourrait même affirmer que c'est pour cette fin que, les documents de programmation pluriannuelle des dépenses, en dépit du fait qu'ils ont déjà été examinés par la représentation nationale à l'occasion du débat d'orientation budgétaire, sont reproduits comme annexes au projet de loi de finances, conformément aux dispositions de l'article 49 de la loi organique relative aux lois de finances de 2013.

Tout bien considéré, le Parlement est appelé, avec les dispositions de la nouvelle loi organique relative aux lois de finances, à revoir les angles de son intervention et à approfondir, pendant l'examen et la discussion du projet de loi de finances, sa fonction de contrôle plutôt que de s'inscrire dans une logique d'étude de la valeur des choix émis par le pouvoir exécutif à travers les programmes budgétaires. Il pourrait, dans ce cadre, développer le contrôle de la justification des crédits au premier franc, avec à la clé, l'analyse des indicateurs, du point de vue de leur aptitude à rendre compte des résultats à travers les rapports annuels de performance.

Sur cette nouvelle démarche de clarification et de circonscription de rôle au niveau des institutions qui détiennent le pouvoir de décision budgétaire et financière, il est actuellement difficile de recueillir et d'analyser des éléments empiriques pour apprécier l'état de la question en droit budgétaire béninois. En réalité, depuis la transposition de la directive communautaire relative aux lois de finances en septembre 2013, le Bénin a organisé le débat d'orientation budgétaire pour la première fois en 2014 pour le compte de la loi de finances, gestion 2015. Quant au document de programmation pluriannuelle des dépenses, il a été produit et soumis au débat d'orientation budgétaire pour la première fois en 2015 concernant la loi de finances pour la gestion 2016. Il n'a également été produit pour la première fois en annexe au projet de loi de finances que pour la loi de finances, gestion 2016.

Il convient encore de préciser que ces documents auxquels il faut ajouter les projets annuels de performance n'ont été réalisés pour la gestion 2016 qu'à titre expérimental au profit d'environ un tiers des ministères. De même, à l'Assemblée Nationale, ces documents n'ont pu faire l'objet d'un examen approfondi et ceci pour une double raison. Premièrement, le basculement vers la gestion budgétaire en mode programme n'est pas encore effectif et le budget classique reste celui qu'examinent les députés. Deuxièmement, les procédures parlementaires d'examen des projets de loi de finances ne sont pas encore revues. Celles actuellement en vigueur n'offrent pas les mécanismes et méthodes appropriés pour l'examen des programmes budgétaires. On peut donc affirmer que le Parlement béninois continue d'être dans une phase d'incubation, en attendant l'actualisation de ses pratiques en matière de participation à la prise de décision financière publique.

Tout compte fait, même avec les nouvelles dimensions que prendra l'examen parlementaire des projets de loi de finances, il demeure une réalité, comme l'a écrit un auteur, qu'« *en matière financière notamment, les députés... ne peuvent pas modifier librement les choix budgétaires du Gouvernement et leur influence ne s'exerce qu'à la marge sur le contenu des projets de loi de finances* »[611]. L'auteur poursuit et affirme que « *les assemblées ne décident plus effectivement ni de la fiscalité, ni de la politique budgétaire* »[612]. La politique budgétaire relève de la compétence du pouvoir exécutif qui ne peut donc voir ses choix organisés en programmes budgétaires invalidés par le Parlement. Il ne peut non plus se voir imposer un programme budgétaire par le Parlement. Les dispositions de la loi organique relative aux lois de finances de 2013 sont claires à ce sujet. Elles précisent, en effet, que « *l'Assemblée nationale ne peut proposer ni la création ni la suppression d'un programme, d'un budget annexe ou d'un compte spécial du Trésor* »[613].

Ce qu'il convient de retenir, c'est la partition du Parlement dans le processus de prise de la décision financière publique qui connaît des mutations et que le Parlement, pour assurer l'effectivité de sa contribution, doit s'en accommoder. En réalité, son pouvoir n'aura de valeur et ne sera efficace que si son exercice est réorienté. A ce sujet, le professeur Loïc PHILIP s'est exercé à exhorter « *le Parlement à admettre que sa mission a changé de nature et que son rôle n'est plus de faire des choix budgétaires »*[614]. Pour lui, les choix budgétaires incombent au pouvoir exécutif et s'imposent, de ce fait, au Parlement. Aussi, affirme-t-il que la discussion budgétaire a de moins en moins, sous cet angle, de signification. Il propose, enfin, au Parlement d'arborer une casquette de *« vérificateur »*[615]et *« d'exercer une sorte d'audit à la fois sur la transparence et la qualité de données financières de l'Etat et, peut-être plus largement des données financières publiques* »[616].

Avec ces nécessités de réajustement, on pourrait partager avec un auteur que « *l'idée d'un réel pouvoir de décision budgétaire dont disposeraient les représentants de la nation est reléguée aujourd'hui au rang de mythe fondateur des démocraties libérales* »[617]. Il est, en effet, possible de penser que, évincé du domaine des choix budgétaires,

---

[611]A. MAUCOUR-ISABELLE, *La rénovation des pouvoirs budgétaires du parlement sous la Vème république*, Paris, Dalloz, 2005, p.191.
[612]*Ibidem.*
[613]*Cf.* article 62 de la loi n°2013-14 du 27 septembre 2013 portant loi organique relative aux lois de finances.
[614] L. PHILIP cité par A. MAUCOUR-ISABELLE, *Op.cit.*, p.193-194.
[615]*Ibidem.*
[616] L. PHILIP cité par A. MAUCOUR-ISABELLE, *Op.cit.*, p.193-194.
[617]A. MAUCOUR-ISABELLE, *Op.cit.*, p.192.

le Parlement pourrait devenir un simple consommateur ou validateur des propositions gouvernementales. Un premier bémol à une pareille assertion se trouve déjà dans l'association, même si c'est à titre consultatif, du Parlement à l'appréciation des orientations budgétaires à travers le débat d'orientation budgétaire. Un deuxième bémol pourrait se situer dans l'amélioration de la documentation budgétaire que le nouveau cadre juridique de gestion des finances publiques impose de mettre à la disposition du Parlement. On pourrait, enfin, évoquer le statut d'évaluateur dont le Parlement peut s'affubler, dans le cadre du contrôle de l'exécution de la loi de finances et de la reddition de compte.

En définitive, l'approbation des programmes budgétaires reste une attribution du Parlement. Les compétences que le législateur organique lui concède en cette matière semblent cependant être à sens unique : Ou bien le Parlement approuve ou bien le Parlement désapprouve. A défaut de reconnaître au Parlement le pouvoir de suppression de programme, le sens de l'exercice de cette compétence aurait été moins dirigé, si une possibilité de rejet des programmes budgétaires était ouvertement inscrite dans les dispositions de la loi organique de 2013. On est donc tenté de penser à une sorte de compétence liée pour ce qui concerne l'approbation des programmes budgétaires par le Parlement.

Il s'agit, pour le législateur organique de créer par là une rupture définitive avec les discussions budgétaires parlementaires atones sur lesquelles on peut rappeler la formule d'Edgar FAURE ironisant sur *« la léthargie, la liturgie et la litanie du débat budgétaire »*[618].

La conclusion que tire un autre auteur sur les transformations que connaît la forme d'expression du pouvoir budgétaire du Parlement paraît édifiante. L'auteur estime, en effet, que « *si le vote du budget n'est plus, en fait, que l'approbation d'un programme global qui ne peut être modifié que dans le détail, le Parlement n'est pas, pour autant, dépourvu de toute arme : son pouvoir budgétaire est, en réalité, transformé pour devenir une arme politique globale* »[619].

Il n'y a cependant pas de doute sur la possibilité pour le Parlement d'agir sur les répartitions proposés pour les crédits à l'intérieur des programmes.

---

[618] Formule d'E. FAURE citée par A. MAUCOUR-ISABELLE, *op.cit.*, p.197.
[619] F. DERUEL, *Finances Publiques, Budget et pouvoir financier*, Paris, Dalloz, 11ème édition, 1995, p.80.

B-La globalisation des crédits

Avec l'adoption de la gestion budgétaire axée sur la performance, les allocations de crédits ne sont point faites en faveur des services administratifs, mais plutôt en considération des politiques publiques en cours et dont les services administratifs sont responsables de la mise en œuvre. Autrement dit, ce sont les actions programmées pour être exécutées qui reçoivent des affectations de crédits, en fonction de leurs implications en termes de coûts. Il est bien vrai que la première destination des crédits demeure le ministère, identifié dans le vocable des règles de présentation du budget sous l'appellation « section ». En effet, aux termes de l'article 14 du décret n°794 du 31 décembre 2014 portant nomenclature budgétaire de l'Etat, « *la section identifie les ministères ou les institutions constitutionnelles* ». Cependant, à l'intérieur des ministères, premières destinations des crédits, les programmes budgétaires sont les réels bénéficiaires des allocations de crédits. La loi organique relative aux lois de finances de 2013 précise à ce sujet qu'à l'intérieur des ministères, les « *crédits sont décomposés en programmes* »[620] .

L'option du jurislateur communautaire de l'UEMOA de 2009[621] et du législateur organique béninois de 2013[622] de faire transiter les crédits par les ministères avant leurs destinations finales que sont les programmes budgétaires est d'ailleurs discutable. Elle apparaît, en effet, comme une survivance de la logique d'allocation de crédits à des segments administratifs plutôt qu'à des politiques publiques. L'option prise par la France en la matière apparaît mieux adaptée à la gestion budgétaire axée sur les résultats et les politiques publiques. Les crédits du budget général font l'objet d'un vote par mission[623]. On ne tient plus compte d'un cadre institutionnel dans la prise de la décision budgétaire. Celui-ci est devenu virtuel dans la loi de finances. Les programmes sont seulement classés suivant un ordre séquentiel à travers les ministères chargés de leur mise en œuvre.

---

[620]*Cf.* article 14 de la loi n°2013-14 du 27 septembre 2013 portant loi organique relative aux lois de finances.

[621]*Cf.* article 12 de la directive n°06/CM/UEMOA du 26 juin 2009 portant loi organique relative aux lois de finances.

[622]*Cf.* article 14 de la loi n°2013-14 du 27 septembre 2013 portant loi organique relative aux lois de finances.

[623]*Cf.* M. BOUVIER, M-C ESCLASSAN, J-P LASSALE, *Op.cit.*, p.359.

Par rapport à la loi organique relative aux lois de finances de 1986, on note quand même une nette rupture. L'affectation des crédits aux politiques publiques, par le biais des programmes budgétaires, même si c'est toujours par le truchement des ministères, est un point essentiel de l'évolution du cadre juridique de gestion des finances publiques. En effet, sous le régime de la loi n° 86-021 du 26 septembre 1986, ce sont les services publics qui bénéficient en premier et dernier ressort des allocations de ressources. A ce sujet, on pouvait lire à l'article 52 de la loi n° 86-021 du 26 septembre 1986 que « *les crédits ouverts par les Lois de Finances sont mis à la disposition des Institutions et des Ministères* ».

La nouvelle approche, en ce qui concerne la destination des crédits budgétaires, n'est pas restée sans influencer les mécanismes d'examen, voire de vote de la loi de finances. Ainsi, consécutivement au changement de philosophie, c'est-à-dire au passage d'une allocation de crédits basée sur les moyens à une allocation de crédits aux politiques publiques, on a noté en toute logique, une migration au niveau de la destination des crédits. Des « services principaux » (une sorte d'incarnation de ce que la nomenclature budgétaire désigne sous le vocable de « chapitre »), on est passé aux programmes budgétaires qui sont, aux termes de la loi, des « *regroupements de crédits destinés à mettre en œuvre une action ou un ensemble cohérent d'actions représentatif d'une politique publique clairement définie dans une perspective de moyen terme et qui relèvent d'un même ministère* »[624].

La conséquence directe de ce changement de paradigme dans la définition de la destination des crédits est le déplacement subséquent du niveau de spécialisation des crédits. On pouvait lire dans la loi organique de 1986 que les crédits « *sont spécialisés par chapitre groupant les dépenses selon leur nature et leur destination* »[625]. Cette disposition signifie, non seulement que ce sont les services qui reçoivent affectation des crédits, mais aussi et surtout que c'est le chapitre, service public, qui représente le point d'ancrage de la décision budgétaire. Autrement dit, pour analyser le sens et la valeur de l'autorisation budgétaire donnée par le Parlement, il faut se reporter au chapitre. Ce dernier informe sur le domaine fonctionnel du service

---

[624]*Cf.* article 1er de la loi n°2013-14 du 27 septembre 2013 portant loi organique relative aux lois de finances.

[625]*Cf.* article 52 de la loi n°86-02126 septembre 1986 portant loi organique relative aux lois de finances.

public et donc sur la finalité de la dépense. En réalité, le domaine fonctionnel est déterminé par les trois premiers caractères du sous-chapitre[626]. A titre d'exemple, si on considère au sein du budget de l'Etat pour la gestion 2016, le chapitre « Agence Béninoise de Gestion Intégrée des Espaces Frontaliers », codifié sous le numéro « 32 021 365 00 », on y distingue un sous-chapitre codifié « 365 00 », dont les trois premiers caractères représentent la codification du domaine fonctionnel du service public dénommé « Agence Béninoise de Gestion Intégrée des Espaces Frontaliers ». Dans le cas d'espèce, les trois premiers caractères, à savoir (365) désignent le domaine fonctionnel « Affaires et Services concernant la gestion des frontières »[627].

Par contre, avec la loi organique relative aux lois de finances de 2013, « *le programme est l'unité de présentation et de spécialisation des crédits* »[628]. Un raisonnement analogue amène à affirmer que l'appréciation du sens et de la valeur de la décision budgétaire doit s'opérer par référence au programme budgétaire. La différence ici est qu'il ne s'agit pas d'un service public mais d'une politique publique dont la mise en œuvre appelle la contribution de plusieurs services publics principaux, c'est-à-dire ce que la nomenclature désigne comme chapitre. Dans la gestion budgétaire en mode programme, il est associé à chaque programme budgétaire, une cartographie qui renseigne sur les services publics qui concourent à la réalisation des objectifs assignés au programme. Pour le programme « Promotion de la Recherche Scientifique et de l'Innovation Technologique », en exécution au Ministère de l'Enseignement Supérieur et de la Recherche Scientifique, la cartographie des programmes révèle la présence de services principaux tels que la Direction Nationale de la Recherche Scientifique et Technique, le Projet de Renforcement des Infrastructures et Equipements de Recherche, le Centre Béninois de Recherche

---

[626] *Cf.* décret n°99-458 du 22 septembre 1999 portant approbation de la nomenclature budgétaire de l'Etat adaptée aux normes de l'Union Economique et Monétaire Ouest Africaine (UEMOA), page n°12 et suiv. Il faut signaler que malgré l'adoption d'une nouvelle nomenclature en 2014, celle adoptée en 1999 en application de la directive n°4/CM/UEMOA du 22 décembre 1998 portant nomenclature budgétaire de l'Etat continue d'être utilisé, en attendant la bascule complète dans la gestion budgétaire en mode programme.

[627] *Cf.* Annexes du décret n°99-458 du 22 septembre 1999 portant approbation de la nomenclature budgétaire de l'Etat adaptée aux normes de l'Union Economique et Monétaire Ouest Africaine (UEMOA),

[628] *Cf.* article 1er de la loi n°2013-14 du 27 septembre 2013 portant loi organique relative aux lois de finances.

Scientifique et Technique, la Direction du Laboratoire des Stupéfiants, l'Institut des Sciences Bio-médicales Avancées, le Centre Régional pour le Développement de la Santé, le Fonds National de Recherche Scientifique et de l'Innovation Technologique et l'Agence Béninoise de valorisation de la Recherche et de l'Innovation Technologique[629].

Analysé sous l'angle de l'exercice du pouvoir de décision par le Parlement, on note que le changement du niveau de spécialisation des crédits est porteur d'implications majeures. Les plus palpables de ces implications peuvent être interprétées comme une régression de l'ancrage du Parlement sur le segment parlementaire d'examen et d'adoption de la loi de finances. En effet, d'un examen dans le détail, on est passé à une étude « en gros », conformément au niveau de spécialisation des crédits retenu par la loi organique de 2013, c'est-à-dire le programme. Or, la méthode du détail, c'est-à-dire l'examen au niveau chapitre des allocations de crédits, constituait un moyen pour le Parlement de fouiller le fonds des projets de répartition des crédits soumis par le Gouvernement et de prendre la décision d'autorisation budgétaire au cas par cas. Ce procédé emporte une sorte d'expression de pouvoir et de contrôle que le Parlement exerçait sur les responsables de départements ministériels et sur l'architecture budgétaire de leurs organismes. Une telle posture du Parlement dans le processus d'examen de la loi de finances n'est pas plausible dans le contexte de la gestion budgétaire par la performance.

Quant à la méthode de l'étude « en gros », c'est-à-dire l'autorisation de la dépense publique par programme, elle affiche le mérite de simplicité et de possibilité de célérité dans l'examen des documents budgétaires. Ici, il n'est point besoin de chercher à identifier et à doter les services qui, au sein d'un programme, vont concourir à la mise en œuvre des actions regroupées, en cohérence avec une politique publique. Ce qui peut s'analyser en une sorte de globalisation de la décision budgétaire et s'entendre comme une restriction du regard parlementaire sur la ventilation finale des crédits votés. La seule contrainte est que le programme ne peut regrouper d'actions au-delà du périmètre ministériel[630]. Ainsi, il n'y a pas d'obligations spécifiques qui

---

[629]*Cf.* Ministère de l'Enseignement Supérieur et de la Recherche Scientifique, *Document de Programmation Pluriannuelle des Dépenses Publiques (DPPD) 2016-2018.*

[630]*Cf.* article 14 de la loi n°2013-14 du 27 septembre 2013 portant loi organique relative aux lois de finances.

découlent du vote des crédits d'un programme pour les responsables de programmes, en termes d'éclatement des crédits. La répartition de ces derniers à travers les actions et les activités n'intéresse pas le Parlement. Il revient au responsable de programme, sous l'autorité de son ministre de tutelle, de ventiler les crédits budgétaires, de manière à garantir l'atteinte des résultats assignés par le Parlement, à travers l'approbation des programmes et le vote des crédits.

Selon les dispositions du décret n° 794 du 31 décembre 2014 portant nomenclature budgétaire de l'Etat, les programmes budgétaires en cours d'exécution ou de conception dans les ministères sont estimés à quatre-vingt-quatre (84)[631] et les dotations à onze (11)[632]. Pour le budget de l'Etat concernant la gestion 2016, le nombre de chapitres est de deux mille deux cent soixante-six (2266). De façon concrète, si la loi de finances pour la gestion 2016 était élaborée selon l'approche programme et que le Parlement devait l'examiner comme telle, il aurait eu à examiner et à approuver quatre-vingt et quinze (95) programmes et dotations (84 programmes et 11 dotations) en lieu et place de deux mille deux cent soixante-six (2266) chapitres dans le système classique.

Il en est ainsi parce que, conformément aux dispositions de la loi organique de 2013, ce sont les programmes budgétaires qui sont examinés et votés pour les ministères et les dotations pour ce qui concerne les institutions auxquelles on ne peut rattacher des éléments de stratégie et de performance. La loi dispose à cet effet que « *les crédits du budget général font l'objet d'un vote par programme et d'un vote par dotation et que les votes portent à la fois sur les autorisations d'engagement et les crédits de paiement* »[633].

Une comparaison avec la situation en France à l'avènement de la loi organique de 2001 permet de noter que l'intervention de la réforme budgétaire de 2001 a provoqué les mêmes évolutions, en termes de nombre de votes émis par le Parlement à l'occasion de l'autorisation des crédits budgétaires. Un auteur observe à ce sujet que *« La LOLF a accentué le caractère global des votes demandés au Parlement »*[634]. Le

---

[631]*Cf.* liste des programmes, annexe II-1-2, pages 24, 25, 26 et 27 du décret n°794 du 32 décembre 2014 portant nomenclature budgétaire de l'Etat.

[632]*Cf.* liste des dotations, annexe II-1-3, page 28 du décret n°794 du 32 décembre 2014 portant nomenclature budgétaire de l'Etat.

[633]*Cf.* article 64 de la loi n°2013-14 du 27 septembre 2013 portant loi organique relative aux lois de finances.

[634] M. BOUVIER, M.-C. ESCLASSAN, J.-P. LASSALE, *Op.cit.*, p.359.

caractère global évoqué par l'auteur rejoint la logique de la méthode de l'examen « en gros, » développée précédemment, c'est-à-dire l'examen et le vote par programme. Il conclut en rapprochant la situation induite par la loi organique de 2001 de celle qui présidait antérieurement sous le régime de l'ordonnance organique de 1959. L'auteur révèle à ce sujet que « *le nombre de votes était d'environ 130 et que c'était relativement faible par rapport à la IIIème et à la IVème République (de 3000 à 5000 votes), et qu'il n'est plus maintenant que d'environ 50* »[635].

On comprend que ce faisant, les natures de dépenses au sein des programmes importent peu. Le vote est émis de façon globale sans prendre en compte la répartition par nature économique des dépenses à effectuer dans le cadre de la mise en œuvre des programmes. Le caractère global des votes est en lien avec la liberté accordée aux responsables de programmes dans le cadre du pilotage de leurs actions. L'éclatement par nature économique des crédits ne saurait constituer une entrave pendant l'exécution. Au gré des besoins qui s'imposent, le responsable de programme est à même de redéployer les crédits à condition de se soumettre aux exigences du principe de la fongibilité[636]. La loi organique relative aux lois de finances indique qu'elle est asymétrique.

Cependant avec les engagements pour la production de résultats et les possibilités de sanction des responsables de programme, on pourrait assister à une évolution du regard souvent très critique porté sur la discussion budgétaire qui, pour certains, tient plus du sacrifice à une mystique que d'une institution ayant une réelle portée pratique[637].

---

[635] *Ibidem.*

[636] *Cf.* article 1er de la loi n°2013-14 du 27 septembre 2013 portant loi organique relative aux lois de finances. Encore appelée gobaisation des crédits, la fongibilité est la règle selon laquelle « *les ordonnateurs peuvent utiliser indifféremment les crédits relevant de plusieurs lignes budgétaires (paragraphes, articles voire chapitres actuels, au sein d'une même partie par exemple) figurant dans le périmètre de la fongibilité décrété. La fongibilité confère à l'ordonnateur d'importantes marges de manoeuvre pour mobiliser et combiner des ressources et modes d'intervention qu'il juge les plus appropriés aux circonstances. Se trouvent ainsi allégées certaines contraintes traditionnelles du processus d'exécution de la dépense publique, telles que les règles et restrictions aux virements, ou les contraintes liées à la disponibilité des crédits et à la bonne imputation des dépenses* ». *Cf.* UEMOA, *Guide didactique de la directive n° 06/2009/*
CM/UEMOA du 26 juin 2009 portant lois de finances au sein de l'UEMOA.

[637] J-C MARTINEZ et P. Di MALTA cités par M. BOUVIER, M-C ESCLASSAN, J-P LASSALE, *Op.cit.*, p.352.

Section2-Une mise en oeuvre entravée du pouvoir budgétaire du Parlement

Au-delà de la rigidité des procédures et du recul de l'emprise du Parlement sur les options de politique économique et budgétaire du Gouvernement, l'Assemblée nationale est confrontée en son sein à la présence de facteurs défavorables (paragraphe I) et à l'absence d'organes d'appui (Paragraphe II).

Paragraphe1-Les facteurs défavorables

Les facteurs susceptibles d'altérer le pouvoir de décision du Parlement en matière financière peuvent relever du politique ou du juge (A), tout comme ils peuvent être d'origine organisationnelle (B).

A-Du fait majoritaire à la sanction du juge

« *Le discours sur la faiblesse du Parlement et son absence supposée de la prise de décision présente un caractère récurrent* »[638]. En effet, le Parlement, vu comme centre ultime de décision en matière financière publique est, de tout temps, critiqué pour sa faible participation à un processus qui est réputé lui être attaché. C'est ainsi que les qualificatifs de « Parlement-enregistreur » ou de « Parlement-validateur » ne cessent d'être collés à l'Assemblée Nationale dans le domaine de l'exercice de ses prérogatives financières. En réalité, de par le processus qui aboutit au vote de la loi de finances, le Parlement semble ne pas décider de grande chose, ou plutôt ne décide que par le constat et l'alignement sur une décision budgétaire prise par le Gouvernement. Tout porte à croire que le Parlement dispose à peine de marge de manœuvre sur le projet gouvernemental de décision financière. Or, selon un auteur, « la réalité est plus complexe »[639].

En fait, le Parlement est bien titulaire du pouvoir ultime de décision en matière budgétaire et financière publique. Il reste dépositaire du pouvoir du peuple qui, seul, peut décider de sa contribution au financement des charges publiques, par le truchement du consentement à l'impôt. L'onction parlementaire est, à ce titre, l'étape ultime de la décision budgétaire[640]. Seulement, le pouvoir de décision du Parlement fait l'objet de convoitise par différents acteurs et d'encadrement par le juge.

En effet, la décision budgétaire parlementaire engendrant des obligations pour le pouvoir exécutif, ce dernier cherche à la maîtriser en amont, en tentant de lui imposer une orientation souhaitée. C'est

---

[638]C. D. DESMOULIN et G. DESMOULIN (dir.), *Op.cit.*, p.95, Cf. aussi R. M. JENNAR, « Le Parlement : une institution en crise », disponible sur https://www.cairn.info/revue-courrier-hebdomadaire-du-crisp-1983-28-page-2.htm, consulté le 21 avril 2018.

[639]*Ibidem.*

[640] Secrétariat du Conseil du Trésor, *Le processus budgétaire au Gouvernement du Québec, budget de dépense, Document de référence*, Québec, 2004, p. 5. *Cf.* http://bibvir1.uqac.ca/archivage/18187247.pdf.

ainsi que le pouvoir exécutif et ses organes s'ingénient à trouver des mécanismes pouvant leur assurer le contrôle de la décision du Parlement, s'agissant de l'examen et du vote de la loi de finances. En d'autres termes, la mise en œuvre du pouvoir de décision du Parlement en matière budgétaire et financière induit une bataille politique rangée entre les groupes politiques régulièrement représentés au Parlement.

De façon générale, il est reconnu que les délibérations du Parlement en matière financière restent fortement influencées par la configuration politique du Parlement. Traditionnellement s'instaure une bipolarisation de l'espace parlementaire de discussion et de vote de la loi de finances[641]. On évoque la mouvance et l'opposition parlementaires qui s'affrontent entre elles. Chaque camp entend, en effet, profiter du pouvoir législatif qui est un pouvoir de décision, d'orientation du comportement individuel et collectif, mais aussi un pouvoir de décision, de contrôle et d'orientation générale et politique de l'Etat[642], pour servir sa cause.

Dans les faits, on note que les députés qui soutiennent l'action du Gouvernement s'inscrivent dans la dynamique de défense du projet gouvernemental, alors que ceux qui sont de l'opposition semblent engager une discussion fondée sur une analyse de fond du document budgétaire. A ce sujet, un auteur fait observer que dans les discussions parlementaires, « *les députés membres de la majorité au pouvoir ont pour principe essentiel de soutenir l'action gouvernementale et donc de défendre le budget de l'Etat* »[643]. A dire vrai, les parlementaires membres de la majorité au pouvoir partagent avec les membres du Gouvernement une union de pensée et un champ commun de réflexion sur le projet de loi de finances. Il est aisé de constater, dans les propos de ceux-ci, des redites et des reprises de l'exposé gouvernemental. Ce qui a fait penser à un auteur que, pendant les débats budgétaires, « *les parlementaires de la majorité reprennent très souvent les mêmes*

---

[641] *Cf.* A. SCHICK, *Les parlements nationaux peuvent-il retrouver un rôle effectif dans la politique budgétaire* ? *Acte* du colloque « Processus budgétaire : vers un nouveau rôle du Parlement » organisé par l'OCDE, les 24 et 25 janvier 2001, au Sénat à Paris, p.21, cité par M. BACETI, *Op.cit.*, 2014, p.5.

[642] L. PEGORARO, « Centralité et déclin du parlement », *Pouvoirs*, n° 103, 2002/43, p. 105-127.

[643] R. ETIEN, « La participation de l'opposition au débat budgétaire », *in* B. BECK et G. VEDEL (dir.), *Etudes de finances publiques, mélanges en l'honneur de Monsieur le Professeur Paul Marie GAUDEMET,* Paris, Economica, 1984, p.260.

arguments et les mêmes propos que ceux des ministres »[644]. La décision budgétaire parlementaire s'en trouve, ce faisant, écartelée du fait de la défense des intérêts partisans.

Le phénomène ainsi observé est caractéristique de ce qu'il est convenu d'appeler le fait majoritaire, c'est-à-dire une sorte de prolongement du Gouvernement au Parlement qu'un auteur analyse comme pouvant altérer la capacité décisionnelle de l'institution parlementaire[645]. En effet, par le jeu des affinités politiques, il se forme au Parlement une alliance de parlementaires issus de la même sensibilité politique que la majorité au pouvoir à laquelle s'associent des parlementaires partageant les mêmes idéaux politiques que cette majorité. Celle-ci se donne la mission de relayer et de défendre au Parlement les idées et les projets de lois introduits par le Gouvernement dont ils se sentent solidaires.

Le regroupement de parlementaires par affinité n'est pas méconnu du Parlement au Bénin. Il constitue une réalité à laquelle les textes accordent une importance. Le droit de se réunir par affinité politique est, en effet, reconnu aux parlementaires et une organisation spécifique est mise en place à cet effet. A ce sujet, le règlement intérieur de l'Assemblée nationale prévoit que « *les députés peuvent s'organiser en groupes parlementaires par affinité politique* »[646]. Ceci se matérialise par la mise en place de groupes parlementaires dont les modalités de constitution sont bien définies. Aux termes des dispositions du règlement intérieur de l'Assemblée Nationale, « *les groupes se constituent en remettant à la Présidence de l'Assemblée nationale une déclaration politique signée de leurs membres et comportant leurs noms et prénoms ainsi que ceux des députés apparentés et du Président du groupe »*[647].

Il existe toutefois, du point de vue numérique, un encadrement de la possibilité de constitution des groupes parlementaires. Les dispositions juridiques applicables en la matière précisent qu'*« aucun groupe ne peut comprendre moins de 10% de l'effectif total des députés à l'Assemblée nationale* »[648]. Les 10% de l'effectif des parlementaires

---

[644] R. ETIEN, article précité.

[645] *Cf.* Rapport présenté par le Secrétaire Général du Sénat français A. DELCAMP sur l'autonomie des parlements, Cape Town, avril 2008, p. 11 et 38.

[646] *Cf.* article 24.1 du règlement intérieur de l'Assemblée nationale.

[647] *Cf.* article 24.2 du règlement intérieur de l'Assemblée nationale.

[648] *Cf.* article 24.1 du règlement intérieur de l'Assemblée nationale.

représentent aujourd'hui neuf (09) députés. En effet, en termes numériques, l'Assemblée nationale comprend quatre-vingt-trois (83) membres[649]. Il est à préciser que les neuf (09) députés nécessaires pour la constitution d'un groupe parlementaire doivent tous être des membres à part entière. Autrement dit, il n'est pas compté parmi les neuf membres nécessaires, les députés apparentés. Ceux-ci sont, aux termes des dispositions de l'article 24.4 du règlement intérieur de l'Assemblée nationale, des députés qui n'appartiennent à aucun groupe mais qui peuvent se joindre à un groupe de leur choix, avec l'agrément du Bureau de ce groupe. Ils diffèrent des non-inscrits qui sont des députés qui n'appartiennent ou ne s'apparentent à aucun groupe parlementaire.

Le regroupement des députés par affinité politique est, par ailleurs, pris en compte dans la répartition des salles et places au sein de l'hémicycle. En effet, ce dernier est compartimenté en autant de secteurs que de groupes parlementaires. A ce sujet, on peut lire, dans le règlement intérieur de l'Assemblée nationale, qu'« *après la constitution des groupes, le Président de l'Assemblée réunit leurs représentants en vue de procéder à la division de la salle de séance en autant de secteurs qu'il y a de groupes* »[650].

L'impact du fait majoritaire sur l'exercice des prérogatives budgétaires du Parlement est significatif. Il peut altérer totalement le pouvoir de décision de l'institution parlementaire lorsque les groupes parlementaires qui souscrivent aux idéaux du Gouvernement comprennent un nombre de députés suffisant pour faire voter la loi. En effet, les parlementaires partisans de la majorité présidentielle, choisissent de militer pour le vote en l'état des projets de budget plutôt que de s'inscrire dans une logique d'indépendance du Parlement et de préservation de son pouvoir de décision. En réalité, comme l'a écrit un auteur « *les groupes parlementaires, exercent une influence forte lors des débats et en amont à ceux-ci* »[651].

L'influence des groupes parlementaires sur le pouvoir de décision du Parlement est par ailleurs entretenue par la « *"porosité" entre les initiatives des parlementaires de la majorité et celles du*

[649] *Cf.* article 350 de Loi n° 2013-06 du 25 novembre 2013 portant code électoral en République du Bénin.
[650] *Cf.* article 27 du règlement intérieur de l'Assemblée nationale.
[651] C. D. DESMOULIN et G. DESMOULIN (dir.), *Op.cit.,* p.96.

Gouvernement »[652]. Dans la réalité, les initiatives des parlementaires de la majorité présidentielle peuvent ainsi se révéler, dans bien des cas, comme de simples portages d'idées développées et entretenues par le Gouvernement. De même, les points de vue défendus par le Gouvernement peuvent relever d'initiatives souhaitées par des parlementaires, mais portées par l'exécutif pour leur permettre de s'affranchir des règles de gage[653].

En dehors du fait majoritaire qui peut altérer le pouvoir de décision reconnu au Parlement en matière budgétaire, il y a les contrecoups néfastes liés aux crises institutionnelles et aux crises politiques. Ils constituent une sorte d'effet suspensif des prérogatives du Parlement en matière budgétaire. L'exemple le plus concret des effets des crises institutionnelles sur les pouvoirs budgétaires du Parlement au Bénin est celui de l'ordonnance budgétaire de 1994. La réalité est que, pendant les périodes de crise politique, il s'instaure une psychose qui met le Gouvernement dans une posture de passer outre les règles traditionnelles, voire de se substituer au Parlement. Un auteur évoque, à ce sujet, le cas des ordonnances atypiques qui sont, selon lui, comme une épée de Damoclès sur les prérogatives budgétaires du Parlement[654]. L'idée est que pendant les moments d'instabilité politique, le Parlement se voit déposséder de ses pouvoirs, y compris ceux liés à la décision financière publique. Le même auteur conclut que tout semble contraindre, dans le cas d'espèce, le Parlement à se tenir à la disposition de l'exécutif pour enregistrer ou valider ses choix budgétaires, « *faute de quoi, il peut être évincé du processus décisionnel* »[655].

Par ailleurs, outre les structures permanentes ou non qui participent, au sein du Parlement, à la prise de décision financière et dont les interventions sont susceptibles d'influencer la décision, dans un sens comme dans un autre, il y a également des institutions externes qui prennent part au processus décisionnel au niveau du Parlement. De par leur mode d'intervention, elles peuvent agir sur le système décisionnel du Parlement, voire encadrer ou même décider du sens de la décision du Parlement. C'est ce qui a fait penser à un auteur que dans le processus de prise de décision financière, la contribution du Parlement,

---

[652]*Idem.*, p.98.
[653]*Ibidem.*
[654] F. TANO, « Constitutionnalisme et urgence budgétaire à l'épreuve des crises politiques », *Revue Juridique et Politique des Etats Francophones*, n° 2, avril-juin 2011, pp. 147- 150.
[655] F. TANO, article précité.

par le truchement des amendements, reçoit un encadrement du juge constitutionnel. L'auteur estime notamment qu' avec l'intervention de ce dernier, le Parlement peut voir restreindre l'ancrage de son pouvoir, tout comme il peut se voir laisser aller loin[656].

La jurisprudence financière de la Cour constitutionnelle du Bénin est édifiante sur cet aspect des contraintes extérieures qui pèsent sur l'exercice, par le Parlement, de ses prérogatives budgétaires. En effet, saisie le 23 décembre 2013 d'un recours en annulation du vote par l'Assemblée nationale de la loi de finances pour la gestion 2014 et par lequel ladite Assemblée a rejeté cette loi de finances, la Cour a, par sa Décision DCC 13-171 du 30 décembre 2013, jugé que « *la procédure suivie pour le vote de la loi de finances portant budget général de l'Etat, exercice 2014, par l'Assemblée Nationale le jeudi 19 décembre 2013, est contraire à la Constitution* ».

Cette décision du juge constitutionnel révèle la fragilité du pouvoir de décision de l'Assemblée nationale en matière financière. Etant donné que c'est l'interprétation faite par le juge constitutionnel des dispositions de la constitution qui s'impose à tous et que, conséquemment, les décisions de la Cour ne sont pas susceptibles de recours, le Parlement ne peut que subir les effets d'une telle décision. Lesdits effets peuvent s'analyser, non pas seulement comme une annulation d'un vote, mais comme une remise en cause momentanée des prérogatives conférées au Parlement en matière budgétaire[657].

C'est ainsi que, suite aux polémiques suscitées par cette décision, la Cour a cru devoir justifier la régularité de sa décision, dans le but de faire taire les commentaires qui simulent une ingérence de la Cour Constitutionnelle dans le fonctionnement du Parlement. Dans le communique publié à cet effet le 04 février 2014, la Cour a rappelé les dispositions constitutionnelles qui fondent sa décision. Elle estime que

---

[656] P. BINCZAK, *Op.cit.* p.479-528.

[657]Le Parlement est conscient des limites de ses prérogatives face à l'office du juge constitutionnel. Lors de l'ouverture de la première session ordinaire de l'année 2018 de l'Assemblée Nationale le 11 avril 2018, le Président de l'Institution l'a rappelé dans son discours. « *La Constitution est la clé de voûte, la Loi Fondamentale de notre pays ; nul n'est au dessus d'elle. Le juge constitutionnel est chargé de veiller à son respect. Certes nous découvrons qu'à l'occasion de son office, il peut même écarter une loi, tenir en échec le Règlement Intérieur, se substituer à la Constitution elle-même en l'interprétant. Ses décisions sont sans recours, car il est infaillible dans son interprétation* », disponible sur https:// lanouvelletribune.info/ 2018/04/1ere-session-assemblee-discours-president-adrien-houngbedji/. Consulté le 21 avril 2018.

« l'article 114 de la Constitution fait de la Cour Constitutionnelle, entre autres, l'organe régulateur du fonctionnement des institutions et de l'activité des pouvoirs publics et qu'à ce titre, elle est tenue de rappeler auxdites Institutions l'exercice de leurs prérogatives »[658].

Pour la Cour, l'injonction faite au Parlement en lui demandant de *« voter impérativement la loi de finances exercice 2014 le 31 décembre 2013 conformément aux dispositions de l'article 56 de son Règlement Intérieur »*[659] est un rappel de ses obligations. Ce qui était devenu, selon la cour, nécessaire en raison de deux éléments. La Cour évoque d'un côté, *« l'absence de budget provoqué par l'annulation du vote du 19 décembre 2013 »*[660] et de l'autre, les dispositions de l'article 110 de la constitution qui imposent au Parlement de voter le budget au plus tard le 31 décembre. En définitive, quand bien même un auteur défend le contrôle *a priori* du juge constitutionnel comme un moyen de préservation du pouvoir de décision financière du Parlement[661], ce contrôle apparaît beaucoup plus comme une orientation du sens de la décision du Parlement que comme une protection du pouvoir de celui-ci.

Il est vrai que l'exemple du Bénin n'est pas un cas isolé, encore moins une innovation. Le juge constitutionnel français avait déjà emprunté la même piste plus de trois décennies plus tôt. Un auteur rappelle à ce sujet, la décision du Conseil constitutionnel français du 24 décembre 1979 sur le vote de la loi de finances pour l'année 1980 et affirme que *« comme son homologue français, le juge constitutionnel béninois en est venu, trois décennies plus tard, à annuler le vote parlementaire sur le budget »*[662]. L'auteur précise ensuite que dans les deux cas, la procédure budgétaire est en cause et toutefois, les effets sont différents. En effet, *« alors que le juge français annulait contre toute attente un vote positif du Parlement sur la loi de finances, le juge béninois annule plutôt un vote négatif des députés sur le projet de budget »*[663].

---

[658] *Cf.* Communiqué de la Cour constitutionnelle du Bénin en date du 04 février 2014.
[659] *Cf.* Décision DCC 13-171 du 30 décembre 2013.
[660] *Cf.* Communiqué de la Cour constitutionnelle du Bénin en date du 04 février 2014.
[661] T. HOLO « Emergence de la justice constitutionnelle », article précité.
[662] D. OUEDRAOGO, article précité.
[663] *Ibidem.*

Les acteurs externes au Parlement, dont le fonctionnement agit ou interagit sur la décision du Parlement, ne se limitent pas au seul juge constitutionnel.

A-Des lobbies au public

« *Il ne fait nul doute que la légitimité de la prise de décision financière publique prend sa source dans le consentement du Parlement qui est désigné comme le centre ultime du pouvoir* »[664]. Ainsi, le Parlement fait l'objet d'attraction de la part de toutes les composantes de la société. Il ne s'agit donc plus exclusivement d'une tentative d'infiltration du processus décisionnel du Parlement par des acteurs étatiques (juges constitutionnels, groupes parlementaires, majorités présidentielles, etc.), mais plutôt d'une volonté partagée par tous les acteurs de la vie politique, économique et sociale de voir la décision parlementaire refléter leur position. Ceci étant, le Parlement se voit pris d'assaut par des opinions de toutes sortes et désirant une prise en compte parlementaire. Ainsi opérateurs économiques, associations de professionnels de divers métiers, société civile, patronat, organisations du secteur privé, défenseurs des droits de l'Homme et de la participation citoyenne à la prise de décision publiques s'activent autour du Parlement.

Il est vrai que la décision parlementaire, étant opposable à tous, parce que valant loi de la République et applicable dès sa promulgation, elle doit tenir compte de l'intérêt général. Cependant, l'intérêt général n'est pas la somme des intérêts individuels, voire des intérêts corporatistes qui sont défendus par les acteurs ci-dessus cités. Les démarches entreprises par lesdits acteurs ne militent d'ailleurs pas en faveur d'une agrégation des revendications. Elles sont d'abord exposées de façon isolée, en l'absence de toute coordination. Ensuite, elles sont antagonistes entre elles et, enfin, elles manquent souvent d'ancrage avec les repères économiques qui fondent les agrégats budgétaires et le cadre légal ou communautaire de répartition des ressources et de législation financière.

La conséquence de cette divergence de prétentions et de position des acteurs économiques sociaux et politiques au sujet de la décision financière publique est l'émergence et la multiplication de lobbies, dont on peut distinguer au Bénin deux catégories. Il y a d'un côté ceux qui enfilent un manteau officiel et de l'autre ceux qui agissent dans l'ombre

---

[664] C. D. DESMOULIN et G. DESMOULIN (dir.), Op.cit., pp.17-18.

et par des intermédiaires. Les premiers sont insérés dans les séries de rencontres que le Parlement organise préalablement à l'examen du projet de loi de finances. L'objectif poursuivi par le Parlement est de recueillir les préoccupations des uns et des autres afin de se définir des repères pour l'examen du projet de loi de finances de l'année.

A l'intérieur du groupe des lobbies qui fonctionnent de façon officielle et qui sont connus de tous, on distingue plusieurs types d'organisations. Il s'agit par exemple des organisations syndicales dont les préoccupations tournent souvent, sinon toujours, autour de l'amélioration des conditions de vie et de travail des agents de l'Etat ; du Conseil national du patronat dont les inquiétudes sont habituellement centrées sur l'environnement des affaires ; du secteur privé dont le fond du discours est toujours axé sur l'amélioration des régimes fiscaux et de la politique fiscale de l'Etat ; des organisations de la société civile qui prônent, pour l'essentiel, la participation citoyenne à la prise de la décision financière publique, etc.

Un retour sur les travaux budgétaires au Parlement pour le compte de la loi de finances, gestion 2014 permet de toucher du doigt les centres d'intérêts de ces différents interlocuteurs du Parlement. On peut ainsi découvrir dans le rapport général produit par la commission des finances et des échanges que les discussions avec les responsables de centrales syndicales ont montré que ces derniers exigent « *la limitation de l'explosion des salaires liés aux postes politiques, la relecture sans condition et avec la participation des centrales et confédérations syndicales, du Statut Général des Agents Permanents de l'Etat (APE), l'arrêt de toute forme de contractualisation des emplois dans les secteurs de l'éducation et de la santé, le maintien des acquis et autres avantages salariaux octroyés aux travailleurs lors des accords* »[665]. A travers ce rappel des préoccupations des centrales syndicales, on note qu'il s'agit, dans l'ensemble, de préoccupations essentiellement corporatistes. Il est question pour ce regroupement de défendre l'amélioration des conditions de travail et de vie des agents de l'Etat.

Pour le secteur privé, le même rapport rend compte de ce que les discussions ont porté sur l'application des dispositions de l'arrêté N°3177/MEF/DC/CTAF/SP du 27 octobre 2008 portant création du cadre de concertation entre le Ministère chargé des Finances et le

---

[665] Assemblée Nationale, rapport général présenté au nom de la commission des finances et des échanges suite à l'étude du projet de loi de finances pour la gestion 2014, p.44.

secteur privé. Les représentants de ce dernier ont, en effet, fustigé « *le manque de volonté politique* »[666] dans la mise en œuvre des dispositions de l'arrêté ci-dessus cité. Pour venir à bout des difficultés énoncées et, pour rendre obligatoire les dispositions relatives au cadre de concertation secteur public/ secteur privé, ils ont proposé que « *ledit cadre soit créé non plus par arrêté ministériel mais par une loi, notamment par un article à insérer dans la loi de finances* »[667]. A l'analyse, les centres d'intérêts ci-dessus abordés par le secteur privé se résument à son domaine d'activités. On ne peut donc établir un point commun entre les préoccupations des centrales syndicales et celles du secteur privé.

En ce qui concerne la société civile, il est retracé dans le rapport que les acteurs de cette plate-forme « *ont réitéré leur souhait d'être associés à l'élaboration de l'avant-projet du Budget Général de l'Etat afin de faire prendre en compte les aspirations des populations dont ils se réclament être les porte-voix* ». Ces préoccupations rejoignent la nécessité d'un contrôle citoyen. Elles justifient l'appel que la société civile lance au Parlement afin qu'il puisse jouer son rôle de contrôle des ressources publiques en *« exigeant du Gouvernement un budget ouvert aux citoyens* »[668] et en « *interpellant le Gouvernement sur les autorisations budgétaires qu'elle accorde afin d'éviter les dépassements de crédits qui ne font pas toujours l'objet d'un collectif budgétaire* »[669]. En somme, la société civile recommande au Parlement, comme l'a déjà fait un auteur, de « *prescrire, pour sa propre information, dans les lois de finances, les mesures de contrôle sur la gestion des finances publiques* »[670].

S'agissant de l'examen du budget de l'Etat pour la gestion 2014, le Parlement a également reçu et écouté l'Association nationale des communes du Bénin. A ce niveau, il a été évoqué, entre autres, la nécessité de la participation de l'association au processus de préparation du Budget de l'Etat par le biais du « *cadre paritaire de la*

---

666 Assemblée Nationale, *Rapport général présenté au nom de la commission des finances et des échanges suite à l'étude du projet de loi de finances pour la gestion 2014*, p.45.
667 *Ibidem.*
668 Assemblée Nationale, *Rapport général présenté au nom de la commission des finances et des échanges suite à l'étude du projet de loi de finances pour la gestion 2014*, p.46.
669 *Ibidem.*
670 M. LEROY, *Op.cit.* p.14.

commission nationale des finances locales pour discuter des préoccupations nationales des communes »[671].

La synthèse de ces préoccupations montre qu'il s'agit effectivement des revendications qui n'ont pas de point de convergence. En conséquence, il y a autant d'interlocuteurs que de lobbies qui tentent d'influencer la décision du Parlement sur un point ou sur un autre. Il faut toutefois souligner que parmi les acteurs ci-dessus cités, ce sont la société civile, les organisations syndicales et le secteur privé qui possèdent les moyens de pression les plus persuasifs. Les deux premiers acteurs, à savoir la société civile et les organisations syndicales, font porter leurs préoccupations par l'opinion publique au moyen de battage médiatique, avec comme finalité de faire porter une responsabilité au Parlement au cas où sa décision ne prendrait pas en compte un certain nombre de préoccupations. L'opinion publique exerce avec les débats parlementaires qui ont une fonction amplificatrice, un devoir d'alerte et anticipe ou annonce des prises de décisions futures[672].

Il y a cependant un élément qui peut être considéré comme commun aux différentes préoccupations, même s'il n'est pas perceptible partout. Il s'agit du contrôle des finances publiques. Il s'agit là d'une préoccupation centrale qui va au-delà des intérêts des groupes socio-professionnels qui le revendiquent. Son absence et sa faible prise en compte dans la dimension parlementaire du processus de prise de décision financière sont nuisibles au pouvoir du Parlement. Comme l'a souligné l'un des acteurs de premier plan de la nouvelle gestion publique en France, « *le contrôle parlementaire n'est pas encore totalement entré dans les mentalités, tant au niveau du contrôleur que du contrôlé* ». Ici, le contrôleur c'est le Parlement qui est invité à faire évoluer sa partition au processus budgétaire en renforçant sa présence sur la dimension « *contrôle* ».

Il apparaît, de ce fait, nécessaire que la culture de l'évaluation et du contrôle intègre ou se cristallise dans la pratique parlementaire de participation à la prise de décision financière. En l'absence de son renforcement, le nouveau positionnement du Parlement dans le processus budgétaire ne lui apporterait rien. En effet, « *le vote d'une loi, d'une réforme, comme l'a indiqué Didier MIGAUD, ne suffit pas à*

---

671 *Ibid*em.
672 C. D. DESMOULIN et G. DESMOULIN (dir.), *Op.cit.*, pp.95-101.

changer les choses »[673]. Autrement dit, les changements attendus de la réforme sont conditionnés par l'application effective des nouvelles règles. Il faut donc veiller, recommande le praticien, à l'application des règles et permettre aussi les changements de mentalités et de logiques suscités par la réforme[674]. C'est à ce titre qu'il recommande aux parlementaires de *« refuser de céder à la logique de la soumission et de la démission qu'impliquent trop souvent le fait majoritaire et le parlementarisme rationalisé »*[675].

Pour le second groupe de lobbies, il s'agit fondamentalement d'acteurs individuels qui prennent position autour du Parlement pour la défense des intérêts essentiellement individuels et centrés sur la protection de leurs affaires ou de leurs biens. De ce point de vue, ils ne peuvent être listés comme faisant partie de la catégorie des lobbies officiels, du moment où ils ne figurent pas sur la liste des acteurs que reçoit le Parlement en amont à l'étude du projet de loi de finances de l'année. Il s'agit plus ou moins pour cette catégorie d'acteurs d'une lutte de classe qui s'opère à travers des porte-voix au sein du Parlement.

Dans tous les cas, les lobbies, qu'ils relèvent de la catégorie de ceux qui s'affichent et qui vont au contact du Parlement pour se faire entendre ou de la catégorie de ceux qui travaillent dans la discrétion, ils s'organisent par chapelle de revendication et définissent des moyens d'action spécifiques pour faire imposer leurs désidératas. L'Assemblée nationale ressent la pression de ces chapelles selon sa sensibilité aux méthodes et pistes empruntées pour l'aborder. Sur cet aspect, on peut partager avec un auteur, l'idée que l'influence de ses groupes d'intérêt « *dépend de l'approche de la décision publique »*[676]. Selon A. EINSTEIN en effet, « *la taxation reflète les idéologies des groupes d'intérêt et dans la conception marxiste ou dans la conception élitiste, un groupe dominant voit ses intérêts surreprésentés »*. Dans la conception pluraliste, par contre, selon le même auteur, « *les groupes de pression s'équilibrent sur le marché politique »*[677].

La décision budgétaire au Parlement est, en somme, sensible aux groupes de pressions et autres lobbies. On constate en effet, comme

---

[673] D. MIGAUD, Allocution de clôture, *in* M. BOUVIER (dir.), *Innovations, créations et transformations en finances publiques*, *Op.cit.*, p 320.
[674]*Ibidem.*
[675]*Ibidem.*
[676] A. EIENSTEIN cité par M. LEROY, *Op.cit.*, p.14.
[677]*Ibidem.*

c'est le cas ailleurs, que se trouvent à la périphérie du Parlement, des groupes d'intérêts, des centres de réflexion, voire des experts internationaux. Il y a aussi « *les interlocuteurs obligés du Parlement* » formant des cercles concentriques, à savoir les cabinets et les services des ministères et parfois les partenaires du Parlement dans la prise de décision ou la finalisation d'amendements, tels que les corps de contrôle et d'inspection[678].

Au même moment que le Parlement se trouve obligé de faire face aux pressions de différents acteurs et lobbies pour assurer une effectivité à son pouvoir de décision, il se fait qu'il souffre de structures techniques dédiées à l'accompagner dans la mise en œuvre de ses prérogatives budgétaires.

Paragraphe 2-L'absence d'organes d'appui

L'exercice de prérogatives budgétaires par le Parlement repose sur l'accompagnement technique d'un certain nombre d'organes. Ceux-ci sont aussi bien internes (A) qu'externes (B) à l'Assemblée nationale.

A-Des organes internes mal en point

L'examen de l'environnement institutionnel et organique du Parlement montre que l'Assemblée nationale n'a pas manqué de s'investir dans la réunion des compétences susceptibles de lui assurer l'efficacité dans l'exercice de ses fonctions. En dehors des organes purement administratifs, à l'instar du secrétariat général administratif, dont la mission est d'exécuter tous travaux liés au fonctionnement régulier des services parlementaires, on note la présence d'organes dédiés à la promotion et au renforcement des capacités techniques du Parlement et des parlementaires.

Ces derniers travaillent pour une prise en charge effective par le Parlement de ses prérogatives. Ceux de ses organes dont l'existence et le bon fonctionnement sont censés contribuer à l'amélioration de la prestation du Parlement en matière budgétaire et financière sont au nombre de trois. Il s'agit notamment de l'Unité d'Analyse, de Contrôle et d'Evaluation du Budget de l'Etat (UNACEB), de la Cellule d'Analyse des Politiques de Développement de l'Assemblée Nationale (CAPAN) et du Projet d'Appui au Renforcement et à la Modernisation de l'Assemblée Nationale (PARMAN)[679]. Tous placés auprès du

---

[678] C. D. DESMOULIN et G. DESMOULIN (dir.), *Op.cit.*, p.96.
[679] *Cf.* site de l'Assemblée Nationale du Bénin, www.assemblee-nationale.bj *consulté le 05 mars 2016.*

Parlement, ces organes poursuivent des objectifs qui leur sont spécifiques mais qui concourent ensemble aux mêmes fins.

En réalité, l'Unité d'Analyse, de Contrôle et d'Evaluation du Budget de l'Etat (UNACEB) est née d'un projet cofinancé par l'Assemblée Nationale et le Programme des Nations Unies pour le Développement (PNUD). Elle a démarré ses activités en 2001 et fait actuellement partie intégrante de l'administration parlementaire. Les objectifs qui ont présidé à la création de l'UNACEB sont au nombre de deux. Il est question, d'un côté, du renforcement de la capacité technique de l'Assemblée Nationale en matière d'analyse, de contrôle et d'évaluation du budget de l'Etat et, de l'autre, de réduire le déficit de communication entre l'Assemblée Nationale et les populations en matière de contrôle du budget de l'Etat[680].

A travers la création de cette unité, le Parlement devrait pouvoir prendre la mesure de l'importance de sa mission, en ce qui concerne sa participation à la vie financière de l'Etat. En réalité, il espère mieux se positionner, à travers le fonctionnement de cet organe, sur l'appréciation de la valeur des propositions budgétaires du Gouvernement par une meilleure compréhension du document budgétaire. Il compte par ailleurs, toujours sur le fondement des plus-values attendues de l'UNACEB, mieux assurer sa fonction de représentation des populations, de par la qualité des informations à leur apporter sur la gestion des finances publiques. L'idée d'évaluation introduite dans les attributions de l'UNACEB révèle la volonté du Parlement, non seulement d'informer sur le contenu du budget de l'Etat, mais également de développer sa capacité d'évaluation[681] pour rendre compte des résultats issus de l'exécution de la loi de finances.

L'analyse des objectifs assignés à l'UNACEB, sur le prisme de leur agencement, amène à lire derrière les préoccupations qui ont conduit l'Assemblée nationale et le Programme des Nations Unies pour le Développement à initier la création de cette unité, un lien entre l'exercice effectif des prérogatives parlementaires et l'accomplissement de la fonction de représentation du peuple. Tout laisse à croire, selon l'articulation des deux objectifs, que c'est la finalité de la réduction du

---

[680] *Cf.* site de l'Assemblée nationale du Bénin, www.assemblee-nationale.bj *consulté le 05 mars 2016.*

[681] Sur la question de l'importance du développement de la fonction d'évaluation dévolue au Parlement, lire N. MEDE, « La nouvelle gestion budgétaire : l'expérience des budgets de programmes au Bénin », *Afrilex,* N°4, décembre 2004.

déficit d'information des populations sur la collecte et l'utilisation des ressources publiques qui est visée. Ceci commanderait, au premier chef, un plein exercice des prérogatives parlementaires, dont celles liées à l'examen, au vote et au suivi de l'exécution de la loi de finances.

L'équipe de l'UNACEB comporte quatre (04) experts pluridisciplinaires y compris le Directeur. Elle réalise ses activités à travers des séminaires, des formations, des études, des publications de documents, des actions diverses d'appui technique de renforcement institutionnel sur la base d'un programme annuel élaboré et soumis à l'appréciation des autorités parlementaires.

En ce qui concerne le projet d'appui au renforcement et à la modernisation de l'Assemblée nationale (PARMAN), il est né, tout comme l'Unité d'Analyse, de Contrôle et d'Evaluation du Budget de l'Etat, d'une coopération entre l'Assemblée Nationale et le Programme des Nations Unies pour le développement (PNUD). La volonté conjuguée des deux institutions pour la conception et la mise en œuvre de ce projet est fondée, entre autres, par la nécessité de renforcer les capacités de l'Assemblée Nationale en matière de législation et de contrôle de l'action gouvernementale, de renforcer la fonction de représentation de l'Assemblée Nationale et ses capacités en matière de communication dans le but d'améliorer son image auprès des citoyens béninois, de faire un plaidoyer pour l'adoption de nouveaux textes de lois en faveur de la promotion de la femme et de la protection de l'enfant et d'assurer une meilleure connaissance des Objectifs du Millénaire pour le développement (OMD) ainsi que du Document de Stratégie Croissance pour la Réduction de la Pauvreté par les députés et cadres parlementaires.

Les objectifs du PARMAN semblent aller au-delà de la prise en charge, par le Parlement, de ses prérogatives financières. L'ensemble du domaine d'activités de l'Assemblée nationale est pris en compte. Ce qui intéresse à ce niveau le pouvoir de décision du Parlement en matière financière, c'est le volet des objectifs qui est axé sur le contrôle de l'action du Gouvernement. Ce pan des objectifs revêt, sous l'égide du nouveau cadre juridique de gestion des finances publiques, une importance de premier plan. Le pouvoir budgétaire du Parlement est dorénavant logé dans l'aptitude de l'institution parlementaire à exercer un contrôle et à demander des comptes à ceux qui ont reçu la mission du pilotage des programmes budgétaires. La mise en œuvre du projet PARMAN devrait donc induire une amélioration de la capacité d'action du Parlement en matière de contrôle et de suivi de l'exécution de la loi de finances.

Quant à la Cellule d'Analyse des Politiques de Développement de l'Assemblée Nationale (CAPAN), elle a été créée suivant le même mécanisme de collaboration entre le Parlement et un partenaire technique et financier. En effet, la CAPAN est née de la coopération entre la Fondation pour le Renforcement des Capacités en Afrique (ACBF) et l'Assemblée nationale. Conçue comme une structure pérenne rattachée à l'Assemblée nationale, elle a démarré ses activités en 2003.

L'analyse des objectifs assignés à la CAPAN montre qu'elle est pratiquement sur le même champ d'activités que l'UNACEB et le PARMAN. La seule spécificité que présente cette cellule, par rapport aux autres organes, est liée au volet des relations de l'Assemblée nationale avec les Parlements de la sous-région. En résumé, outre l'amélioration des échanges d'expériences entre l'Assemblée Nationale et les Parlements de la sous-région, la CAPAN a pour mission d'aider à l'amélioration des capacités de l'Assemblée Nationale en matière d'analyse et de conception des politiques de développement, à l'amélioration des capacités de l'Assemblée Nationale en matière d'élaboration des propositions de lois et d'analyse des projets de lois, à l'amélioration des capacités de l'Assemblée Nationale en matière d'analyse et de contrôle du Budget de l'Etat et à la réduction du déficit de communication entre l'Assemblée Nationale et le public[682].

Les activités de la CAPAN sont cofinancées par un don de la Fondation pour le Renforcement des Capacités en Afrique (ACBF), une contrepartie de l'Assemblée Nationale et des ressources exceptionnelles provenant des partenaires au développement et de la cellule elle-même. On note que pour les deux premières phases de la CAPAN, les activités de la cellule ont été financièrement soutenues par l'ACBF à travers des dons à hauteur de trois millions de dollars US. Ce financement est réparti sur les deux phases à une part égale de 1 500 000 dollars US. Le financement de la première phase s'est opéré au moyen de l'accord de don n°53 s'étalant sur la période allant de l'année 2001, date d'engagement, à l'année 2005, date de clôture, alors que celle de la deuxième phase a reposé sur l'accord de don n°218 avec pour date d'engagement, l'année 2007 et pour date de clôture, l'année 2011.

[682] *Cf.* site de l'Assemblée nationale du Bénin, www.assemblee-nationale.bj *consulté le 06 mars 2016.*

L'approbation des accords de dons par le conseil d'administration de l'ACBF remonte respectivement à l'année 2000 pour l'accord de don n°53 et à mai 2007 pour celui n°218[683].

Le mode opératoire de la CAPAN, tout comme celui de l'UNACEB, consiste en la réalisation d'activités à travers des séminaires, des formations, des études, des publications de documents, des actions diverses d'appui technique de renforcement institutionnel sur la base d'un programme approuvé par le Comité technique de la Cellule et conçu à partir des requêtes spéciales provenant des parlementaires et des autorités de l'administration parlementaire[684]. La cellule est animée par une équipe pluridisciplinaire composée de sept (07) experts, y compris le Directeur, d'un personnel administratif et du personnel d'appui.

Appréciant la création de ces institutions, en l'occurrence la CAPAN et l'UNACEB, un auteur relève que leur création fait suite au constat d'inefficacité du contrôle parlementaire de l'action gouvernementale et vise, en conséquence, « *la constitution d'un brain-trust dont la raison d'être est de permettre aux élus d'acquérir la compétence nécessaire à l'accomplissement des tâches qui leur sont assignées par la constitution* »[685]. La vocation des organes d'appui du Parlement paraît ainsi consubstantielle à sa mission. Ainsi, on pourrait lier, voire conditionner, l'accomplissement positif de la mission parlementaire de contrôle de l'action du Gouvernement au succès de la mise en œuvre effective des attributions dévolues aux organes d'appui. L'idée, selon le même auteur, étant de rendre possible « *l'analyse des politiques de développement d'une manière générale et de manière spécifique l'évaluation de l'impact économique, financier et social des lois de finances initiales, des lois de finances rectificatives, des lois de règlement* », il est donc difficile de concevoir un fonctionnement optimal du Parlement, en l'absence de l'accompagnement des organes d'appui ci-dessus évoqués.

Mais en dépit des initiatives ayant conduit à la création desdits organes, il persiste un doute sur la volonté réelle de l'Etat et du

---

[683] *Cf.* site de la Fondation pour le Renforcement des Capacités en Afrique http://www.acbf-pact.org/fr, consulté le 06 mars 2016.
[684] *Cf.* site de l'Assemblée nationale du Bénin, www.assemblee-nationale.bj *consulté le 06 mars 2016.*
[685] N. MEDE, « La nouvelle gestion budgétaire : l'expérience des budgets de programmes au Bénin », article précité.

Parlement de doter l'institution parlementaire des moyens techniques et humains nécessaires à l'exercice efficace des fonctions qui sont les siennes. Ce qui fonde cette lecture, c'est d'abord le mode de création des organes techniques d'appui au Parlement et, ensuite, le mode de financement desdits organes.

En effet, du point de vue de la classification fonctionnelle des missions dévolues au Parlement, l'Assemblée nationale se retrouve dans le champ d'action des fonctions liées à la souveraineté de l'Etat. Ainsi, les initiatives allant dans le sens du renforcement des capacités de l'Assemblée nationale devraient être vues comme participant de l'entretien de la souveraineté étatique. La question de fond est que ces initiatives devraient être pour l'essentiel endogènes à l'Etat, avec la possibilité pour les partenaires au développement de les abonder de ressources additionnelles pour plus d'efficacité. Ce qui devrait se traduire par l'allocation de ressources budgétaires suffisantes et la mise en place par le Parlement d'une grille de lecture du fonctionnement efficient desdits organes.

Pour le cas des organes créés autour du Parlement au Bénin pour l'aider dans l'accomplissement de sa mission, il semble bien que les initiatives n'ont pas été aussi propres au Parlement qu'on aurait espéré. Bien que provenant des entrailles de l'Assemblée Nationale, lesdites initiatives ont été insuffisamment portées par l'institution elle-même ou par le Gouvernement. De toutes les façons, on note qu'il s'agit d'initiatives conjointement menées par le Parlement et des partenaires au développement. L'ancrage juridique donné aux organes d'appui est peu confortable pour des missions déterminant pour le bon fonctionnement de la représentation nationale.

Un auteur fait observer à propos de la CAPAN et de son statut qu'elle est créée par « *décision du président de l'Assemblée nationale et définie comme un projet initié par une fondation étrangère* »[686]. Il apparaît déjà là une faible emprise du Parlement sur l'initiative. L'auteur poursuit en affirmant que « le *fonctionnement de la CAPAN est assuré par des organismes internationaux et l'Assemblée nationale* ». Ce qui suppose qu'en l'absence des ressources des partenaires au développement, le projet n'aurait pas vu le jour. Les difficultés et insuffisances liées au montage du projet se rapportent à sa pérennité. On a déjà noté dans l'existence de la CAPAN un fonctionnement discontinu. En effet, après

---

[686] *Ibidem.*

la clôture de la première phase en 2005, la deuxième phase n'a démarré qu'en 2007 après l'approbation par le conseil d'administration de l'ACBF de l'accord de don n°218.

Cette analyse est extensible à un autre organe d'appui du Parlement : l'Unité d'Analyse, de Contrôle et d'Evaluation du budget de l'Etat. Même si du point de vue de son ancrage institutionnel, il y a une meilleure visibilité par rapport au cas de la CAPAN, il subsiste cependant des préoccupations. On sait que l'UNACEB est directement rattachée au secrétariat général administratif de l'Assemblée nationale et que la rémunération de son personnel est prise en charge par le budget de l'Etat. La question qui reste néanmoins en suspens est celle du financement des activités de l'UNACEB. Etant donné que ce sont les ressources destinées au financement des salaires et autres accessoires qui sont garanties par le budget national, tout retrait de partenaires au développement est une probable source de léthargie et de mauvais fonctionnement.

Il va sans dire qu'au moment où il est prôné ailleurs l'institution d'un vérificateur général au côté du Parlement[687], la nécessité de penser, au Bénin, à une meilleure structuration des organes d'appui du Parlement et à un mode de financement qui garantisse leur pérennité est établie. Ceci apparaît d'autant plus nécessaire que, délaissée en son sein par les organes d'appui, l'institution parlementaire n'est pas mieux servie par les organes d'appui qui lui sont extérieurs.

B-Une juridiction financière en quête d'identité

Dans le cadre du contrôle des finances publiques, la loi n° 2013-14 du 27 septembre 2013 portant loi organique relative aux lois de finances fait du juge financier un bras technique du législateur. Elle dispose en effet que « *l'Assemblée nationale peut demander à la juridiction financière, la réalisation de toutes enquêtes nécessaires à son information* »[688]. Partant, la juridiction financière est appelée à mettre en œuvre, lorsqu'elle est sollicitée, son expertise pour une meilleure information du Parlement sur des dossiers que ce dernier aurait jugé utile de lui confier. On peut donc déduire de cette collaboration légalement instituée entre le Parlement et la juridiction financière que,

---

687 *Cf.* Secrétariat du Conseil du Trésor, *Le processus budgétaire au Gouvernement du Québec, budget de dépense, Document de référence, Op.cit,* p. 11. *Cf.* http://bibvir1.uqac.ca/archivage/18187247.pdf.

688 *Cf.* Article 93 de la loi n°2013-14 du 27 septembre 2013 portant loi organique relative aux lois de finances.

sur certains dossiers en instruction au Parlement, la réaction de la juridiction financière pourrait déterminer la célérité avec laquelle l'institution parlementaire s'acquitterait de sa mission. Même dans ce cas, le Parlement ne saurait délibérer en l'absence d'informations qu'elle aurait sollicitées pour éclairer sa décision.

De toute évidence, l'efficacité du Parlement dans l'examen de certaines questions pourrait ne plus dépendre uniquement de lui, mais également de son co-équipier à savoir la juridiction financière. Il apparaît à ce sujet nécessaire que la juridiction financière s'organise de sorte à répondre en temps utile au Parlement en vue d'éviter à ce dernier de se retrouver dans une situation d'impossibilité de décision ou de décision peu rationnelle. L'état de la juridiction financière, ses moyens, ses méthodes d'interventions, son organisation, ses procédures, son architecture institutionnelle et son statut comptent pour un accompagnement efficace du Parlement.

Selon l'organisation du pouvoir judiciaire au Bénin, les attributions de la juridiction financière sont dévolues à la Cour Suprême, en sa qualité de haute juridiction en matière des comptes de l'Etat. Le constituant de 1990, qui a consacré la Cour Suprême dans cette attribution, dispose que « *la Cour suprême est la plus haute juridiction de l'Etat en matière administrative, judiciaire et des comptes de l'Etat* »[689]. C'est donc au sein de la Cour Suprême qu'il est créé, tout comme la chambre administrative et la chambre judiciaire, une chambre des comptes qui officie en qualité de juridiction financière. La Cour Suprême est composée, selon les dispositions de la loi, « *d'une chambre administrative, d'une chambre judiciaire, d'une chambre des comptes, d'un parquet général et d'un greffe central* »[690].

L'organisation ainsi décrite de la juridiction financière reste perfectible à bien des égards, pour permettre à la chambre des comptes de jouer la partition qui est la sienne dans le contrôle des finances publiques et au service du Parlement. Telle qu'incrustée au sein de la Cour Suprême, elle peut être confrontée à plusieurs difficultés liées, les unes à son autonomie d'action et les autres à ses moyens d'actions.

---

[689] *Cf.* article 131 de la constitution du 11 décembre 1990. Cf. également article 1er de la loi n°2004-07 du 23 octobre 2007 portant composition, organisation, fonctionnement et attributions de la Cour Suprême.

[690] *Cf.* article 13 de la loi n°2004-07 du 23 octobre 2007 portant composition, organisation, fonctionnement et attributions de la Cour Suprême.

Pour ce qui concerne son autonomie d'action, on peut craindre que la chambre des comptes, évoluant sous la direction d'une juridiction multidimensionnelle, manque de rayonnement en raison de sa spécificité. En effet, le jugement des comptes des comptables publics mobilise moins l'attention de l'opinion publique que les autres activités juridictionnelles qui impliquent directement des individus. Il s'agit des activités de la chambre judiciaire et de celles de la chambre administrative. Par voie de conséquence, la prise en compte des activités de la juridiction financière dans les programmes de travail de la Cour Suprême pourrait souffrir du peu d'intérêt que suscite la question de justice financière. Ainsi, l'ancrage institutionnel de la juridiction financière au Bénin semble être déjà une entrave pour son bon fonctionnement et reste à parfaire au regard de plusieurs directives et recommandations.

En effet, en analysant le positionnement administratif de la chambre des comptes, qui fait office de juridiction financière au Bénin, on constate que le statut que ce positionnement lui confère n'est pas en adéquation avec les conditions requises pour un exercice efficace du contrôle externe des finances publiques. Au nombre de ces conditions, on peut insister sur l'autonomie d'action de la juridiction financière. L'indépendance semble, en effet, être une condition sans laquelle le contrôle juridictionnel des finances publiques ne saurait s'épanouir. Son absence est alors vue comme une source d'inefficacité de l'institution qui en a la charge. En définitive, ce qu'il convient de retenir est que l'autonomie d'action de la juridiction financière est perçue comme gage de son efficacité et de la crédibilité de ses résultats.

La question d'indépendance de la juridiction financière est si importante qu'elle constitue un sujet de préoccupation permanente, non seulement pour les animateurs des institutions de contrôle des finances publiques, mais également pour les organisations qui veillent à une meilleure utilisation des ressources publiques. Ainsi, à double reprise, les institutions de contrôle des finances publiques, réunies au sein de l'organisation internationale des institutions supérieures de contrôle des finances publiques (INTOSAI), s'en sont préoccupées à travers quelques déclarations. On peut citer, à titre d'exemples, la Déclaration de LIMA de 1977 sur les lignes directrices du contrôle des finances publiques[691] et la Déclaration de MEXICO de 2007 sur l'indépendance

---

[691]*Cf.* Déclaration de Lima sur le contrôle des finances publiques sur le site : http://www.intosai.org .

des Institutions supérieures de Contrôle des Finances publiques (ISC)[692].

Dans la Déclaration de Lima sur les lignes directrices devant encadrer l'indépendance des structures dédiées au contrôle externe des finances publiques, l'accent a été mis sur l'indépendance des juridictions financières, dans ses diverses variantes. Il s'agit de l'indépendance organique des institutions supérieures de contrôle des finances publiques, de l'indépendance personnelle des membres et des cadres des institutions supérieures de contrôle des finances publiques et de l'indépendance financière des institutions supérieures de contrôle des finances publiques.

Pour ce qui concerne l'indépendance organique des institutions supérieures de contrôle des finances publiques, le IXème congrès de l'organisation Internationale des Institutions Supérieures de Contrôle des Finances Publiques (INTOSAI), réuni à Lima, est d'avis que « *les Institutions supérieures de contrôle des finances publiques ne peuvent accomplir leurs tâches de manière objective et efficace que si elles sont indépendantes du service contrôlé et si elles sont soustraites aux influences extérieures* »[693]. Autrement dit, l'institution supérieure de contrôle des finances publiques ne doit pas dépendre au plan institutionnel des organes dont elle est chargée de juger les comptes. Cette condition est toutefois à relativiser. En effet, le contrôle s'exerce sur les finances de l'Etat, y compris sur celles de ses démembrements. La juridiction financière étant une composante de l'appareillage institutionnel de l'Etat, son indépendance absolue peut paraître théorique.

Ce qu'il convient de retenir, s'agissant du statut des institutions supérieures de contrôle des finances publiques, c'est que l'indépendance à laquelle aspirent lesdites institutions est une indépendance fonctionnelle et organisationnelle. L'INTOSAI semble bien être consciente de cet état de choses. Elle affirme au sujet du type et de la nature de l'autonomie nécessaire à un exercice efficace du contrôle externe des finances publiques, ceci : « *Les institutions de l'Etat ne peuvent être absolument indépendantes de celui-ci puisqu'elles en font partie, les institutions supérieures de contrôle des finances*

---

[692]*Cf.* Déclaration de Mexico sur l'indépendance des Institutions supérieures de Contrôle des Finances publiques sur le site : http://www.intosai.org .

[693]*Cf.* Déclaration de Lima sur le contrôle des finances publiques sur le site : http://www.intosai.org .

publiques doivent pouvoir jouir de l'indépendance fonctionnelle et organisationnelle nécessaire à l'accomplissement de leurs tâches »[694].

L'indépendance des membres des institutions supérieures de contrôle des finances publiques et l'indépendance financière desdites institutions constituent, quant à elles, des éléments de garantie de l'indépendance institutionnelle et organisationnelle. L'INTOSAI estime à ce sujet que « *l'indépendance des institutions supérieures de contrôle des finances publiques est indissolublement liée à celle de ses membres* »[695] et que « *les institutions supérieures de contrôle des finances publiques doivent être dotées des moyens financiers qui leur permettront d'accomplir leur mission* »[696].

Outre les précisions apportées dans la déclaration de Lima, l'INTOSAI s'est exercée à travers la déclaration de Mexico à définir les principes directeurs régissant le contrôle externe des finances publiques. Il s'agit d'un corpus de règles bâties autour de la question de l'indépendance, de l'accès aux sources d'information et des méthodes et mécanismes de fonctionnement. En résumé, l'INTOSAI dresse une liste de six principes en ces termes : « *l'existence d'un cadre constitutionnel, législatif, juridique approprié et efficace et l'application de facto des dispositions de ce cadre ; l'indépendance des dirigeants des ISC et des "membres", y compris l'inamovibilité et l'immunité dans l'exercice normal de leurs fonctions ; un mandat suffisamment large et une entière discrétion dans l'exercice des fonctions de l'ISC ; Un accès sans restriction à l'information ; le droit et l'obligation de faire rapport sur leurs travaux ; la liberté de décider du contenu et de la date de leurs rapports de contrôle, de les publier et de les diffuser ; l'existence de mécanismes efficaces de suivi des recommandations des ISC ; une autonomie financière et de gestion/d'administration et un accès aux ressources humaines, matérielles et financières appropriées* »[697].

Si on considère les conditions et principes énoncés par l'INTOSAI pour qualifier ou définir une institution supérieure de contrôle des finances publiques, c'est-à-dire la juridiction financière pour ce qui

---

[694] *Ibidem.*
[695] *Ibidem.*
[696] *Ibidem.*
[697] *Cf.* Déclaration de Mexico sur l'indépendance des Institutions supérieures de Contrôle des Finances publiques sur le site : http://www.intosai.org .

concerne le Bénin, on voit bien que d'énormes efforts restent à consentir à un double niveau.

Le premier niveau est celui de la mutation institutionnelle de la chambre des comptes en une Cour des comptes, conformément aux orientations de l'Union Economique et Monétaire Ouest-Africaine (UEMOA)[698]. En effet, la structure institutionnelle actuelle de la chambre des comptes ne lui confère pas l'indépendance organique, première caractéristique d'une institution supérieure de contrôle des finances publiques. Il est vrai que la juridiction financière au Bénin n'est pas sous l'influence directe du pouvoir exécutif dont elle est chargée de juger les comptes financiers. Toutefois, les procédures de nomination de ses responsables et de ceux de la Cour Suprême ne laissent pas espérer la garantie de l'indépendance organique dont doit jouir une juridiction financière. En effet, le Président de la Cour Suprême est lui-même nommé par le Président de la République, tout comme le Président et les conseillers de la chambre des comptes[699].

Le deuxième palier des efforts à consentir pour la mise aux normes de la juridiction financière du Bénin se situe au niveau des moyens humains et financiers nécessaires à mobiliser pour l'accomplissement de la mission de contrôle externe des finances publiques. La juridiction financière devant exercer sa fonction sur l'ensemble des opérations financières publiques, il est nécessaire de la doter d'un nombre suffisant d'agents qualifiés et de ressources financières adéquates. Par ailleurs, les profils de compétences devront être diversifiés au niveau de la juridiction financière pour tenir compte des spécificités des secteurs dans lesquels le juge financier est appelé à officier. On peut ainsi affirmer que l'efficacité d'une juridiction financière passe d'une part, par l'affirmation et l'effectivité de son autonomie organisationnelle et d'autre part, par la disponibilité en son sein de ressources humaines qualifiées. Les conclusions d'un auteur sur l'état des juridictions financières en Afrique concordent avec cette lecture de l'importance du capital humain et de la liberté organisationnelle dans l'exercice des fonctions juridictionnelles de contrôle des finances publiques. L'auteur a, en effet, fait le constat que *« privées de cadre organisationnel adéquat et surtout des ressources humaines compétentes suffisantes, les juridictions financières de l'UEMOA n'ont même pas pu assurer la*

[698] Le Traité de l'UEMOA du 10 janvier 1994, prescrit, en son article 68 alinéa 2, à chaque Etat membre, d'instituer une Cour des comptes.
[699] *Cf.* Articles 133 et 134 de la constitution du 11 décembre 1990.

couverture du tiers de leurs champs de compétence »[700]. La question paraît plus cruciale au Bénin où l'auteur fait état de l'existence d'un nombre de magistrats financiers très réduit par rapport au volume des travaux[701].

Au-delà de la question du statut et des moyens financiers nécessaires pour que la juridiction financière retrouve une identité, il y a un réel besoin de recrutement et de formation comme c'est le cas pour toutes les juridictions financières de l'espace UEMOA.[702].

---

[700] M. B. AKAKPO, *Démocratie financière en Afrique Occidentale francophone*, Cotonou, Fredrich Ebert Stiftung, 2015, p.87.

[701] En 2014, le Bénin dispose seulement de quatre (04) magistrats-rapporteurs. *Cf.* M. B. AKAKPO, *Op.cit.*, p.88.

[702]*Cf.* S. YONABA, « l'expérience africaine du modèle français du contrôle juridictionnel des finances publiques : traits communs et diversité », *RFFP,* n°101, P.61-77, mars 2008.

Conclusion du titre 2 de la première partie

A l'analyse, quoique les préroragtives budgétaires et financières publiques sont bien réparties et que les domaines d'intervention de chacun des pouvoirs qui concourent à la prise de la décision financière publique sont bien délimités, on note une forte emprise du Gouvernement et des entraves à l'exercice des pouvoirs du Parlement. La prépondérance du Gouvernement est favorisée par plusieurs facteurs dont les plus illustratifs sont, entre autres, le délai relativement long dont dispose le Gouvernement pour l'exercice de ses prérogatives, la permanance des techno-structures. Du côté du Parlement, les conditions techniques qu'exige l'exercice du droit d'amendement et le fait majoritaire sont autant d'éléments qui justifient la faible jouissance par l'institution de ses prérogatives en matière budgétaire et financière

CONCLUSION DE LA PREMIERE PARTIE

La décision financière publique, parcequ'elle est le résultat de la mise en œuvre des compétences d'organes distincts, engendre bien des fois des rivalités. Les controverses qui en découlent tirent leur fondement de la volonté d'affirmation par chaque organe de ses prérogatives mais également des tentatives réciproques d'empiètement des domaines de compétences des uns et des autres.

De plus en plus, la concurrence que le Gouvernement et le Parlement entretiennent au sujet de la décision financière publique, engendre des contestations devant le juge constitutionnel. Ce qui montre clairement l'attachement des institutions intervenant dans le processus budgétaire à la protection de leurs domaines de compétences. La sollicitation du juge constitutionnel pour la sanction des immixtions dans les attributions dévolues à un tiers pouvoir témoigne de ce que l'enjeu de pouvoir est effectif.

PARTIE II
LA DECISION FINANCIERE PUBLIQUE : UN VECTEUR DE MUTATION

La décision financière publique, de par ses paramètres, ses référents et ses déterminants, est encline à un processus dynamique. Les facteurs qui influencent ce processus peuvent être internes à l'Etat lui-même, tout comme ils peuvent lui être externes. Au sein de l'Etat, il peut s'agir d'une révision du domaine de compétence des acteurs classiques de la décision financière (pouvoir exécutif et pouvoir législatif), de l'admission de nouveaux acteurs étatiques comme non étatiques ou encore de la révision des procédures. Au plan externe par contre, c'est-à-dire, au niveau international et au niveau communautaire, il peut plutôt être question de l'adhésion à une organisation d'intégration ou à une organisation de coopération. Dans ce dernier cas, les implications ne sont pas les mêmes.

De ce point de vue, la décision financière publique apparaît comme un facteur de changement, mieux un levier sur lequel on peut s'appesantir pour opérer des ajustements dans la gouvernance publique. Cette aptitude de la décision financière est tant et si bien partagée que les communautés étatiques qui ambitionnent d'œuvrer à l'essor économique des pays membres lui consacrent plusieurs de leurs dispositions statutaires et textes dérivés[703]. Quant aux populations, elles la perçoivent comme le chemin par lequel elles peuvent imprimer à l'action publique leur volonté et leurs attentes. C'est ainsi que la Communauté Economique des États de l'Afrique de l'Ouest (CEDEAO) et l'Union Economique et Monétaire Ouest-Africaine (UEMOA) mettent en relief, dans leurs textes fondateurs, la problématique de l'amélioration de la gestion financière publique et la convergence économique dans les pays membres[704]. Les

[703]C'est le cas, par exemple de l'Union Economique et Monétaire Ouest-Africaine et de la Communauté Economique des Etats de l'Afrique de l'Ouest.

[704]A titre d'exemples de dispositions ayant trait à la décision financière publique dans les textes fondateurs ou dans les textes dérivés des statuts des Communautés d'Etats, on peut évoquer l'article 67 des statuts de l'UEMOA qui dispose que « *l'Union harmonise les législations et les procédures budgétaires, afin d'assurer notamment la synchronisation de ces dernières avec la procédure de surveillance multilatérale de l'Union* » et l'article 1er de la Décision A/DEC.7/12/99 de la CEDEAO relative à

organismes et autres institutions à but non lucratif prônent, quant à eux, la participation citoyenne comme élément de transparence et de démocratisation de la gestion des finances publiques.

A dire vrai, le processus de décision financière publique est un processus sous influence. Des auteurs estiment, par exemple, s'agissant de l'influence communautaire, qu'elle touche les finances publiques non pas simplement dans leur administration, c'est-à-dire dans leur mode de gestion, mais aussi et surtout dans leur structure. Dans bien des cas, en effet, c'est aussi bien le contenu, les choix de politiques publiques que les techniques de gestion[705] qui reçoivent l'influence des décisions communautaires.

La question que pose l'ouverture du champ de la décision financière publique aux orientations, voire aux règlements d'organismes interétatiques ou internationaux est celle liée à la place qui peut encore être réservée aux organes traditionnellement titulaires du pouvoir normatif financier et du pouvoir budgétaire dans les États. Le moins qu'on puisse affirmer aujourd'hui, au regard des articulations qui existent entre les centres de décisions communautaires et les pouvoirs nationaux de décision et de gestion des finances publiques, est que les concessions de souveraineté, au moyen des adhésions aux organisations d'intégration[706], affectent le pouvoir de décision financière publique au sein de l'Etat (Titre I). Il faut donc s'ajuster et admettre que l'édiction de norme en matière de finances publiques, à l'origine réservée aux seuls Parlements nationaux, est de nos jours partagée avec des organisations supranationales sur fond d'émergence d'une forme de délocalisation des sources de normes[707]. A la question de légitimité que soulève l'emprise desdites organisations créatrices de normes financières, on est bien tenté d'affirmer que c'est une ère de métamorphose de l'Etat qui s'est ouverte (Titre II).

---

l'adoption des critères de convergence macroéconomique dans le cadre du programme de coopération monétaire de la CEDEAO.

[705]*Cf.* G. ORSONI « Les finances publiques sont-elles encore les finances de l'Etat », *inMélanges à Paul AMSELEK*, Bruxelles, Bruylant, 2005, p. 648.

[706]Sur les considérations liées aux concessions partielles de souveraineté dans le cadre de la participation des Etats aux organisations d'intégration, *cf.* L. KAMARA, B. d'HAUTEVILLE, « Aspects juridiques de l'intégration économique en Afrique », *Revue Tiers Monde*, 1972, pp.531-539.

[707] C. D. DESMOULIN et G. DESMOULIN (dir.), *Op.cit.*, pp.20-21.

TITRE 1
L'INFLEXION DE LA SOUVERAINETE DE L'ETAT

Directement ou indirectement, les ressorts de la décision financière publique au plan interne semblent s'aligner sur des décisions externes à l'Etat. Celles-ci émanent non seulement d'organisations sous-régionales, régionales ou internationales de droit public, mais aussi d'organismes internationaux de droit privé qui tentent de fixer et d'imposer des modèles standardisés comme normes de références en matière de gouvernance financière des États ou de bonnes pratiques de gestion publique. Au titre des organismes de droit public, on peut citer de façon préférentielle les cas de l'Union Economique et Monétaire Ouest Africaine (UEMOA) et de la Communauté Economique des Etats de l'Afrique de l'Ouest (CEDEAO). Pour ce qui concerne les organismes de droit privé, on peut évoquer le cas *d'International Budget Partnership* (IBP) qui est une organisation américaine qui œuvre pour la participation citoyenne en matière de gestion financière publique. On peut assimiler cette évolution à un changement de paradigme qui se traduit par la référence au cadre juridique communautaire (Chapitre I) et la concession de légitimité au profit de décisions émanant d'organismes supra nationaux (Chapitre II)

CHAPITRE 1
UN CADRE JURIDIQUE DECOULANT DES NORMES COMMUNAUTAIRES

De par les engagements qui le lient aux organisations communautaires d'intégration économique, l'Etat béninois n'est pas maître, à part entière, des champs de compétence que l'attribut de la souveraineté internationale lui confère. Bien que cela résulte au départ, c'est-à-dire à la constitution desdites organisations communautaires, de volonté librement consentie, les implications de la concession partielle de la souveraineté étatique apparaissent comme des obligations fortes. Au plan juridique et des bonnes pratiques de gestion, elle appelle une harmonisation de la législation nationale avec celle communautaire, dans les domaines où la souveraineté est concédée (Section I). En matière de modèle économique de développement, elle oblige à la prise en compte des contraintes édictées au niveau des communautés (Section II).

Section 1-L'alignement sur les orientations du droit communautaire

Qu'elle découle du droit communautaire originel ou du droit communautaire dérivé, l'influence de la législation communautaire sur le cadre juridique et technique de gestion des finances publiques au Bénin est palpable. De façon synthétique, on peut distinguer deux blocs d'implications. Il y a d'un côté les conséquences sur le pouvoir de décision budgétaire (Paragraphe 1) et de l'autre, les conséquences sur le pouvoir normatif financier (paragraphe 2).

Paragraphe 1-Des règles budgétaires inspirées du droit communautaire

Le processus de décision budgétaire au Bénin a connu des évolutions successives. Celles-ci sont principalement d'origine communautaire. Actuellement, le point culminant de ces évolutions est la bascule dans une nouvelle approche de gestion budgétaire (A), avec pour corollaire de nouvelles procédures et règles de présentation et de gestion (B).

A-La logique de gestion

Avec les crises économiques[708], les crises financières[709] et autres perturbations de l'ordre économique et de l'ordre social, l'humanité n'a cessé de s'ajuster, tant en ce qui concerne la conception des systèmes de gestion publique, la philosophie qui les sous-tend, qu'en ce qui concerne les pratiques qui en découlent. En matière de finances publiques, les implications des évolutions de doctrine et de culture de gestion ne sont pas absentes. L'histoire des finances publiques classiques et des finances publiques modernes traduit bien la sensibilité de la conception et de la gestion des finances de l'Etat à l'esprit et aux valeurs du présent[710].

Pour ce faire, chaque Etat, au regard des principes qu'il entend promouvoir et des valeurs qu'il entend conférer à ces principes, définit et institue les règles de gouvernance en matière de finances publiques. On note à cet effet que, de tradition, l'institution de corpus de règles dédiées à la gestion des finances publiques a lieu au moyen de loi. Ainsi, *« dans la plupart des pays, à défaut d'être présentes in extenso dans la Constitution elle-même, les règles financières publiques sont assemblées dans une loi organique relative aux lois de finances, encore désignées par l'expression de « constitution financière »*[711]. A titre d'exemple, le Bénin s'est doté, pour la première fois, d'un cadre juridique de son organisation financière à travers la loi n° 86-021 du 26 septembre 1986 relative aux lois de finances. En droit comparé, on peut noter que la France l'a réalisé vingt-sept (27) ans plus tôt, mais au moyen d'une ordonnance[712].

Dans l'ensemble, les lois organiques relatives aux lois de finances consacrent les règles qui régissent la préparation, le vote, l'exécution et

---

[708]L'exemple de la crise économique de 1929.

[709]L'exemple de la crise financière de 2008.

[710]Les différentes réformes qui s'enchaînent de par le monde, en ce qui concerne la gestion des finances publiques, visent à conformer la gouvernance financière publique aux exigences et aux modes émergents en matière d'affactation et d'utilisation des ressources publiques. En clair, elles reposent sur la nécessité d'incrire la gestion des finances publiques dans leur environnement.

[711] E. TONI, « La loi organique béninoise relative aux lois de finances : 25 ans après », Article précité.

[712] Il s'agit par exemple pour la France de l'ordonnance du 02 janvier 1959 qui a été révisée en 2001 à travers la loi organique n° 2001-692 du 1 août 2001 relative aux lois de finances.

le contrôle de l'exécution de la loi de finances[713].Il s'agit des règles fondamentales qui définissent les options de gestion budgétaire ainsi que les procédures d'encadrement des activités relevant de l'élaboration, du vote, de l'exécution et du contrôle de l'exécution de la loi de finances. C'est ainsi qu'on note, par exemple, dans la loi organique relative aux lois de finances de 2013 qu'elle a vocation de fixer « *les règles relatives au domaine, à la classification, au contenu, à la présentation, à l'élaboration, à l'adoption, à l'exécution et au contrôle des lois de finances* »[714]. Cette disposition se retrouve presque à l'identique dans les lois organiques relatives aux lois de finances de la Côte d'Ivoire[715] et du Togo[716].

Il va donc sans dire que, hormis les grandes lignes des règles budgétaires inscrites dans les constitutions[717], c'est dans les lois organiques relatives aux lois de finances que les États affirment les principes de gestion financière publique, en arrêtant notamment le contenu des lois de finances de l'année. La maîtrise du processus de décision financière publique, qu'il s'agisse de l'exercice du pouvoir d'autorisation budgétaire ou de l'exercice du pouvoir normatif financier, repose ainsi sur l'indépendance dont jouit l'Etat dans la prise de la loi organique relative aux lois de finances. On peut rappeler, à ce sujet, les choix librement faits par le Bénin dans sa première loi organique relative aux lois de finances. En termes d'option de gestion budgétaire et de règles de procédures, ladite loi organique dispose que « *le projet de Loi de Finances de l'année fixe pour le Budget général le montant global des crédits applicables aux services votés et arrête les*

[713]*Cf.* E. TONI, article précité.

[714]*Cf.* article 2 de la loi n°2013-14 du 27 septembre 2013 portant loi organique relative aux lois de finances.

[715]*Cf.* article 1er de la loi n°2014-336 du 5 juin 2014.

[716]*Cf.* article 1er de la loi n°2014-013 du 27 juin 2014.

[717] Il y a de plus en plus une présence remarquable de règles financières dans les Constitutions des Etats au point de faire penser à certains auteurs à une sorte de constitutionnalisation des normes financières. Dans la constitution béninoise du 11 décembre 1990 par exemple, on en compte plusieurs. L'article 99 aborde le contenu des lois de finances et le rôle des lois de règlement ; l'article 107 évoque les conditions d'exercice du droit d'amendement budgétaire ; l'article 109 présente les dispositions relatives au dépôt du projet de loi de finances initiale au Parlement ; l'article 110 met en relief les dispositions régissant les conditions de vote du budget et de la mise en vigueur par ordonnance du budget ; l'article 111 précise les conditions de recours aux douzièmes provisoires ; l'article 112 consacre ses dispositions au contrôle *a posteriori* des lois de finances, etc.

dépenses applicables aux autorisations nouvelles par section et par Ministère »[718].

En clair, à travers le cadre juridique de gestion des finances publiques institué au moyen de la loi organique de 1986, on peut considérer que le Bénin a opté pour une gestion budgétaire axée sur les moyens[719]. La notion de « services votés » qu'on y retrouve permet de s'en convaincre, de même que l'absence de la notion de résultat. En réalité, les « services votés » constituent un minimum de dotations que le Gouvernement juge indispensable pour poursuivre l'exécution des services publics dans les conditions qui ont été approuvées l'année précédente par le Parlement[720]. Ainsi, sous l'égide de cette loi que le Bénin s'est donnée, sans contrainte communautaire, la pratique budgétaire a été gouvernée par une sorte de fétichisation des crédits votés. La décision budgétaire était assez limitée puisqu'elle ne portait en réalité que sur les mesures nouvelles. Les organismes publics bénéficiaires ne sont pas directement contraints par un cadre de performance.

Ces options sont restées immuables sur une longue période et ont inspiré des commentaires visant à attribuer à la loi n ° 86-021 « *une exceptionnelle longévité* »[721]. Une longévité qui s'est réalisée en dépit des évolutions observées dans les pratiques de gestion publique et qui font de la gestion par la performance, le nouveau mode d'administration des ressources de l'Etat et de celles de ses démembrements. Or, la loi organique relative aux lois de finances de 1986, ayant consacré le cadre institutionnel, en l'occurrence les ministères et Institutions de l'Etat, comme référence aux allocations de ressources « *intègre*

---

[718]*Cf.* article 38 de la loi n°86-021du 26 septembre 1986 portant loi organique relative aux lois de finances.

[719] Selon le Professeur N. MEDE, « *dans son esprit et dans sa lettre, la loi organique n° 86-021 du 26 septembre 1986 est le fondement juridique des budgets classiques dits budgets de moyens* ». *Cf.* N. MEDE, « La nouvelle gestion budgétaire : l'expérience des budgets de programme au Bénin », *Afrilex* n° 4, 2004, p.61

[720] Les crédits votés constituent le « *volume de crédits considérés comme nécessaire pour reconduire à périmètre constant les actions publiques qui ont fait l'objet d'une autorisation budgétaire l'année précédente* », *cf.* UEMOA, Guide didactique de la directive n° 06/2009/CM/UEMOA du 26 juin 2009 portant lois de finances au sein de l'UEMOA, p.94..

[720] *Cf.* article 40 de la loi n°86-021du 26 septembre 1986 portant loi organique relative aux lois de finances.

[721] E. TONI, article précité.

insuffisamment ce souci de performance dans la gestion financière publique »[722].

Ce cadre de gestion est resté inchangé, en dépit de quelques tentatives de changement de la logique de gestion qui sont restés comme des essais[723]. En effet, malgré la consécration par une norme de rang constitutionnel de la gestion budgétaire axée sur les moyens, le Bénin a pris le Décret n° 2005-789 du 29 décembre 2005, portant approbation du Cadre de Réforme de la Gestion Budgétaire Axée sur les Résultats (Car-GBAR). Sur le fondement des dispositions de ce décret, il a été expérimenté une budgétisation en mode programme, avec une table de passage du budget classique au budget de programme. L'exercice restait cependant purement un apprentissage, du moment où le budget de l'Etat était toujours voté et exécuté au format classique.

Depuis la création de l'UEMOA[724], en complément à l'Union Monétaire Ouest-Africaine (UMOA), au lendemain de la dévaluation du franc CFA en janvier 1994[725], les États francophones d'Afrique de l'Ouest ayant le FCFA en partage[726] ont franchi un pas supplémentaire dans le processus d'intégration. Désormais, en plus de la monnaie dont les compétences nationales ont été abandonnées par chacun des États au profit de la Communauté, il y a aussi les questions économiques qui évoluent sur la base des orientations communautaires. Ce qui n'a pas épargné les finances publiques et le cadre budgétaire des États, vu qu'il y a dorénavant une articulation entre le budget et l'économie. Ce faisant, le processus d'harmonisation de la législation financière au plan communautaire, de même que les innovations qui l'accompagnent ont engendré une revue des cadres juridiques nationales de gestion des finances publiques.

---

[722]*Ibidem.*

[723]Le Bénin a adopté en 2005, le décret n°2005-789 du 29 décembre 2005, portant approbation du Cadre de Réforme de la Gestion Budgétaire Axée sur les Résultats (Car-GBAR).

[724]Les difficultés nées du maintien du cours du franc CFA et qui ont engendré sa dévaluation ont amené les Etats membres de l'UMOA à décider de créer l'UEMOA, de coordonner et de conjuguer les efforts pour une croissance économique au soutien de la monnaie.

[725] Le Francs CFA est défini comme étant le Franc des Communautés Financières Africaines.

[726] Il s'agit du Bénin, du Burkina Faso, de la Côte d'Ivoire, de la Guinée Bissau, du Mali, du Niger, du Sénégal et du Togo.

En conséquence, les directives communautaires régissant le processus de décision financière au sein de l'UEMOA s'imposent à l'Etat béninois qui ne peut que s'aligner, même s'il faut passer par l'étape d'internalisation. En cette matière, on peut citer, dans l'ordre de leur adoption, la directive n°05/97/UEMOA du 16 décembre 1997 amendée par la directive N ° 02/99/CM/UEMOA du 21 décembre 1999 et la directive n° 06/2009/CM/UEMOA du 26 juin 2009, toutes relatives aux lois de finances au sein de l'UEMOA. On note cependant, dans les faits, que le Bénin n'a pu actualiser la loi organique relative aux lois de finances de 1986 au goût des directives de 1997 et de 1999. Il est vrai que cette internalisation, si elle était intervenue, n'aurait pas engendré de modifications majeures en ce qui concerne la logique de gestion. En réalité, ces directives consacrent, tout comme la loi organique béninoise de 1986, la gestion budgétaire axée sur les moyens. On l'entrevoit à travers les dispositions qui abordent les modes de gestion. Celles-ci organisent l'articulation des crédits autour de l'architecture institutionnelle des ministères. A titre d'exemple, l'article 9 de la directive n°05/97/UEMOA dispose que « *les crédits ouverts par les lois de finances sont affectés à un service ou un ensemble de services* [*et qu'ils*] *sont spécialisés par chapitre groupant les dépenses selon leur nature ou leur destination* ». La loi organique béninoise de 1986 comportait en son article 52 des dispositions presque identiques[727].

Mais avec les directives du nouveau cadre harmonisé des finances publiques de l'UEMOA, on a noté un changement de cap caractérisé par une mutation de logique et de mode de gestion. C'est le cas s'agissant spécifiquement de la directive n°06/2009/CM/UEMOA du 26 juin 2009. Elle pose les principes d'une gestion budgétaire axée sur les résultats[728] et impose un délai d'environ trente (30) mois aux États pour actualiser les législations nationales et engager la mise en œuvre des nouvelles règles budgétaires. L'article 86 de la directive dispose que les nouvelles dispositions sont applicables, avec un différé de cinq

---

[727] Aux termes des dispositions de l'article 52 de la loi n°86-021 du 26 septembre 1986, les crédits ouverts par les Lois de Finances sont mis à la disposition des Institutions et des Ministères. Ils sont affectés à un service ou à un ensemble de services. Ils sont spécialisés par chapitre groupant les dépenses selon leur nature et leur destination.

[728] Il s'agit, entre autres, de la décomposition des crédits en programmes, avec association aux programmes d'objectifsprécis, arrêtés en fonction de finalités d'intérêt général et des résultats attendus (article 12 de la directive).

(05) ans s'agissant de certaines règles[729]. Le délai supplémentaire de cinq (05) ans est, par ailleurs, prorogé de deux (02) ans[730] pour ce qui concerne la mise en œuvre des principes de la comptabilité générale.

Sous l'impulsion de la communauté, le Bénin a revu son cadre juridique de gestion des finances publiques. La loi n° 86-021 du 26 septembre 1986 a été abrogée par la loi organique n° 2013-14 du 27 septembre 2013 relative aux lois de finances. Cette dernière apparaît comme une reproduction au plan interne des innovations initiées au plan communautaire en matière de gestion financière publique. Tout comme on peut juger de ce que « *la rédaction des directives est assez claire sur l'orientation de la gestion budgétaire à insuffler dans les États membres* »[731], on peut autant attester de ce que la loi organique béninoise de 2013 relative aux lois de finances est caractérisée par l'incorporation des repères fondamentaux nécessaires pour une gestion budgétaire par la performance. Elle comporte, à l'instar du texte communautaire, « *les constantes de la gestion budgétaire axée sur la performance* »[732]et conforte, comme lui, « *le choix de modernisation des finances publiques* »[733].

Plusieurs éléments dans la nouvelle loi organique relative aux lois de finances du Bénin montrent l'alignement du législateur national sur les pistes tracées par le jurislateur communautaire. En termes de logique

---

[729] Les Etats membres, aux termes des dispositions de l'article 86 de la directive, ont jusqu'au 1er janvier 2017 pour procéder à l'application intégrale des dispositions relatives :

- à la déconcentration de la fonction d'ordonnateur principal telle que prévue à l'article 68 de la directive ;
- aux programmes et aux dotations tels que prévus notamment aux articles12, 13, 14,15 et
16 de la directive, ainsi que des annexes y relatives dans les articles 46,47et 50 de la directive ;
- à la programmation pluriannuelle des dépenses, telle que prévue à l'article53 dela directive;
- aux tableaux matriciels croisés prévus au point 7 de l'article 46 de la directive;
- aux règles et procédures découlant du principe de la constatation des droits et obligations régissant la comptabilité générale prévue à l'article 72 de la directive.

[730]*Cf.* article 86 de la directive n°06/2009/CM/UEMOA.

[731] N. MEDE, *Finances publiques Espace UEMOA/UMOA*, *Op.cit,* pp. 173-210.

[732]*Ibidem.*

[733]*Ibidem.*

de gestion, la rupture observée au niveau communautaire est reprise presque *in extenso* dans la loi nationale. A son article 56 par exemple, la loi organique de 2013 dispose que *« le projet de loi de finances de l'année est élaboré par référence au document de programmation budgétaire et économique pluriannuelle couvrant une période minimale de trois (03) ans »*. Cette disposition est une reprise du premier paragraphe de l'article 52 de la directive communautaire de 2009 sur la loi de finances. Dans le même sillage, on peut évoquer l'article 56 de la loi organique béninoise de 2013 qui est une réplique des dispositions de l'article 53 de la directive sur la loi de finances au sein de l'UEMOA.

A travers ces dispositions, le Bénin inscrit la gestion budgétaire dans un cycle de programmation pluriannuelle. L'intérêt de cette mutation est la prise en compte du moyen terme dans la budgétisation des actions inscrites au sein d'un programme, *« le programme étant lui-même un ensemble cohérent de ressources et d'actions orientées vers la réalisation d'une politique publique "dans une perspective de moyen terme »*[734].

La question de la gestion budgétaire par la performance a également constitué un élément de convergence du texte communautaire et de la loi organique béninoise de 2013. A l'article 12 de la directive et à l'article 14 de la loi organique, on lit, en effet, que les *« les programmes budgétaires sont assortis "d'objectifs précis, arrêtés en fonction de finalités d'intérêt général et des résultats attendus"* ». La reconduction du texte communautaire, en plusieurs de ses dispositions, dans la loi nationale est révélatrice de ce que l'alignement sur les dispositions communautaires est allé au-delà de l'esprit des textes.

D'autres dispositions de formulations identiques existent et attestent que c'est aussi bien dans leur esprit que dans leur lettre que les directives communautaires sont prises en compte au Bénin. On peut citer, en guise d'illustration, les dispositions de l'article 16 de la directive qui précisent que *« Le budget général de l'Etat, les budgets annexes et les comptes spéciaux du Trésor sont présentés selon les classifications administrative, parprogramme, fonctionnelle etéconomique »*. Les dispositions de l'article 19 de la loi n° 2013-14 du 27 septembre 2013 sont libellées dans les mêmes termes. La même

---

[734]*Ibidem.Cf.* également l'article 12 de la directive relative et article 14 de la loi organique béninoise de 2013 relative aux lois de finances.

tendance d'alignement est observée en ce qui concerne les règles de présentation.

B-Les règles de présentation

L'harmonisation des règles de gestion des finances publiques au sein de l'Union Economique et Monétaire Ouest-Africaine (UEMOA) s'est étendue, au-delà de la philosophie, de l'esprit et de la logique de gestion, aux règles de présentation et aux procédures budgétaires. C'est ce qui explique, à chaque occasion d'adoption ou d'actualisation de la directive portant loi organique relative aux lois de finances, la prise d'un certain nombre de directives connexes ou d'application. Pour l'exemple le plus récent, c'est-à-dire, la dernière génération des directives du cadre harmonisé des finances publiques, la directive portant loi organique relative aux lois de finances est accompagnée de plusieurs autres directives[735].Ces dernières viennent, pour la plupart, préciser les nouvelles options pour chacune des dimensions de la gestion des finances publiques. Il s'agit par exemple des règles spécifiques relatives à la comptabilité publique, aux opérations financières de l'État, au plan comptable de l'État, à la comptabilité matière et à la nomenclature des opérations budgétaires de l'État.

Ainsi, aussi bien en matière de loi organique relative aux lois de finances que de ses textes d'application, les initiatives du Bénin depuis l'avènement de l'UEMOA ne sont plus autonomes. Elles s'inscrivent en droite ligne des dispositions communautaires. L'ensemble des textes qui régissent la gestion des finances publiques actuellement au Bénin sont donc des dispositions communautaires transposées en droit interne.

Parmi les textes d'application de la loi organique relative aux lois de finances, le cas des règles de présentation du budget de l'État est un exemple concret de soumission du Bénin aux orientations décidées par la communauté. Depuis 1992 en effet, lesdites règles ont connu une double évolution. Ces règles sont liées, toutes deux, aux changements d'option intervenus au niveau communautaire. Il s'agit successivement de la révision en 1999 du décret n° 92-57 du 6 mars 1992 portant nomenclature du budget général de l'État et de la modification en 2014

[735]Il s'agit de la directive n°08/2009/CM/UEMOA du 26 juin 2009 portant nomenclature budgétaire de l'Etat au sein de l'UEMOA ; de la directive n°09/2009/CM/UEMOA du 26 juin 2009 portant plan comptable de l'Etat (PCE) au sein de l'UEMOA , de la directive 10/2009/CM/UEMOA du 26 juin 2009 portant tableau des opérations financières de l'État (TOFE UEMOA) au sein de l'UEMOA, etc.

du décret n°99-458 du 22 septembre 1999 portant approbation de la nomenclature budgétaire de l'État adaptée aux normes de l'Union Economique et Monétaire Ouest Africaine (UEMOA). La révision du décret n° 92-57 du 6 mars 1992 a donné lieu à l'adoption de celui n°99-458 du 22 septembre 1999 portant approbation de la nomenclature budgétaire de l'État adaptée aux normes de l'Union Economique et Monétaire Ouest Africaine (UEMOA). Ce dernier a, par la suite, été abrogé par le décret n° 2014-794 du 31 décembre 2014 portant nomenclature budgétaire de l'État.

Le titre du décret de 1999[736] montre bien le mobile de l'adoption d'un nouveau cadre juridique relatif aux règles de présentation du budget de l'État. On comprend à sa lecture que l'élaboration et la prise d'un nouveau décret sur la nomenclature budgétaire de l'État sont motivées par la nécessité d'ajuster les règles autrefois en vigueur à celles nouvellement admises par l'UEMOA en la matière. En effet, le 22 décembre 1998, l'UEMOA a adopté la directive n°04/98/CM/UEMOA portant nomenclature budgétaire de l'État. Selon les dispositions du nouveau texte communautaire, les États membres devront prendre « *au plus tard le 31 décembre 1999, les mesures nécessaires à l'application effective de l'ensemble des dispositions* »[737]. Une mesure de contrainte a été également prévue à cet effet. Il s'agit de la prise d'un règlement applicable à compter du 1er janvier 2000 pour rendre applicables les nouvelles dispositions relatives aux règles de présentation du budget de l'État dans les pays membres de la Communauté.

On lit à travers les indications relatives à l'entrée en vigueur des nouvelles règles de présentation du budget de l'État, une incitation des États à observer une célérité dans l'internalisation des dispositions de la directive. Ce qui fait davantage voir, dans cette démarche, le caractère impératif de l'application des mesures communautaires au plan interne, c'est la disposition qui prévoit la prise d'un règlement pour rendre applicables les nouvelles dispositions pour compter du 1er janvier 2000. A y voir de près, il s'agit d'une mesure de contrainte qui amène les États à s'aligner sur les nouvelles dispositions dans un délai imposé par la communauté. Ce qui suppose, soit une transposition dans

---

[736]Décret portant approbation de la nomenclature budgétaire de l'État adaptée aux normes de l'Union Economique et Monétaire Ouest-Africaine (UEMOA).
[737]*Cf.* article11 de la directive n°04/98/CM/UEMOA du 22 décembre 1998.

les délais[738], soit une mise en application d'office à compter de janvier 2000. En clair, la marge de manœuvre laissée aux États est bien restreinte.

L'actualisation périodique des règles de présentation des données budgétaires au Bénin se fait ainsi au rythme des réformes au niveau de l'UEMOA et non plus en fonction des besoins ressentis au plan interne comme ce fut le cas en 1992. Dans ce cas précis, la prise du décret n° 92-57 du 06 mars 1992 portant nomenclature du budget général de l'État reposait exclusivement sur la volonté nationale d'introduire dans la présentation des documents budgétaires, des critères et éléments susceptibles de faciliter l'analyse des données. On note également, au soutien de l'adoption de ce décret, une volonté d'anticipation sur l'immanquable informatisation de la gestion financière publique. C'est ainsi qu'on lit dans la note de présentation du décret que ce sont *« les besoins accrus de l'analyse budgétaire et les perspectives du traitement informatique »*[739] qui ont conduit la Direction du Budget à envisager une amélioration de la présentation des données.

Il s'agissait, à travers le nouveau décret, d'atteindre, pour ce qui est des recettes, *« un classement cohérent des rubriques budgétaires, avec une distinction précise des recettes courantes et des recettes en capital et des dons, et pour les recettes courantes un classement distinguant les*

---

[738]Il faut noter que bien souvent, les Etats ne respectent pas les délais fixés pour l'internalisation des normes communautaires. Ainsi, considérant que le renforcement des capacités des Etats membres est indispensable à la transposition efficace dans les délais des directives du cadre harmonisé des finances publiques, le Conseil des Ministres de l'UEMOA a, par décision n° 33/2009/CM/UEMOA du 17 décembre 2009, adopté le Programme d'Appui aux reformes du cadre harmonisé des Finances Publiques au sein de L'UEMOA (PAFP). En dépit de l'adoption de ce programme, les six directives de l'UEMOA de 2009 : Directive 01/2009/CNM/UEMOA portant code de transparence ; Directive 06/2009/CM/UEMOA relative aux lois de finances ; Directive 07/2009/CM/UEMOA portant règlement général sur la comptabilité publique (RGCP) ; Directives 08/2009/CM/UEMOA portant nomenclature budgétaire de l'Etat (NBE) ; Directive 09/2009/CM/UEMOA relative au plan comptable de l'Etat (PCE) ; Directive 10/2009/CM/UEMOA relative au tableau des opérations financières de l'Etat (TOFE) n'ont pu être transposées dans les législations nationales des Etats membres au plus tard le 31 décembre 2012, tel que prévu. « *En octobre 2014, quatre pays ont effectivement transposé l'ensemble des directives. Trois pays ont adopté une ou deux directives et sont en train de travailler sur les autres textes et un pays n'a pas encore commencé le travail* », *cf.* B. IMBERT, « Bilan des réformes de finances publiques de l'UEMOA », disponible sur http://blog-pfm.imf.org/files/bilan-des-r%C3%A9formes-de-finances-publiques-de-luemoa.pdf.
[739]*Cf.* introduction au décret n°92-57 du 06 mars 1992, p.3.

recettes fiscales et les recettes non fiscales ». La recherche d'une meilleure classification et catégorisation des recettes clairement exprimée à travers la réforme « endogène » (pensée et mise en œuvre au plan interne) ne s'est pas arrêtée à ce seul aspect des données budgétaires. Les dépenses, l'autre agrégat du budget de l'État, ont également nourri la réforme de 1992 sur la présentation des données. L'exposé fait à la page 3 du décret en ce qui concerne les objectifs de la prise du décret de 1992 en donne une meilleure idée. Par exemple, il y est mentionné que pour les dépenses, l'objectif est d'aboutir à une clarté absolue au niveau des dotations budgétaires, grâce à la définition de modules élémentaires pour la codification permettant une meilleure analyse de l'impact économique des dépenses publiques.

La prise du décret de 1999 qui abroge celui de 1992 s'inscrit, par contre, en droite ligne du respect des règles nouvellement édictées au niveau communautaire pour la présentation des données budgétaires. En réalité, à travers l'avènement de l'UEMOA, il est visé[740] la création d'un cadre commun harmonisé de gestion et d'analyse macroéconomique et permettant aux Institutions de l'Union l'exercice de la surveillance multilatérale des politiques budgétaires nationales. Les rédacteurs du décret de 1999 sur la nomenclature budgétaire de l'État ont d'ailleurs souligné que la prise du nouveau décret entrait dans ce cadre. On peut alors lire dans la partie introductive du décret que la mise en œuvre de nouvelles directives relatives à la nomenclature entraîne pour le Bénin *« l'élaboration d'une nomenclature consacrant au plan interne la description de l'ensemble des comptes budgétaires de l'État définis et classés suivant les principes et les règles qui sont édictés »*[741]. Plus loin, dans le texte du décret, les mêmes rédacteurs relèvent que l'initiative de prise d'un nouveau décret pour régir les règles liées au classement et à la présentation des données de la loi de finances était une obligation communautaire. Ils affirment notamment que « *la nécessité* [...] *de se doter d'une nouvelle nomenclature réside dans l'obligation faite aux États membres de l'UEMOA de prendre et*

[740]Dans le préambule du Traité de l'UEMOA, il est affirmé, entre autres, « *la nécessité de favoriser le développement économique et social des Etats membres, grâce à l'harmonisation de leurs législations, à l'unification de leurs marchés intérieurs et à la mise en oeuvre de politiques sectorielles communes dans les secteurs essentiels de leurs économies* ».

[741]*Cf.* introduction au décret n°99-458 du 22 septembre 1999.

d'appliquer de nouveaux textes conformes aux directives de l'UEMOA »[742].

La dynamique de fédéralisation du cadre juridique de gestion des finances publiques engagée au niveau communautaire par l'adoption de nouvelles directives implique ainsi, au plan interne pour les États, l'actualisation des cadres juridiques nationaux pour la prise en compte des nouvelles règles communautaires. Pour le cas du Bénin et s'agissant particulièrement des règles concernant la nomenclature budgétaire, les orientations contenues dans la directive 04/98 ne constituent pas, dans leur ensemble, des innovations pour le Bénin. Pour ce qui est des critères de classification des ressources par exemple, le modèle défini dans la directive correspond à une classification selon l'assiette. Or, ce critère est déjà adopté et mis en vigueur au Bénin six (06) ans plus tôt. Il en est de même des appellations « titre », « article » et « paragraphe »[743].

L'idée qui ressort du recoupement de certains principes et règles préalablement en vigueur dans les États membres avec les nouvelles règles des directives de l'union est que les textes nationaux peuvent également constituer une source d'alimentation du droit communautaire. En effet, lorsque de bonnes pratiques sont observées dans un État membre, elles peuvent être cooptées par l'union et proposées aux autres États par la voie de directives ou de règlement. Les cas précités du Bénin démontrent bien cette possibilité. On peut également mieux s'en convaincre en se référant à la pratique de gestion budgétaire axée sur les résultats initiée et expérimentée par le Bénin depuis l'année 2005[744]. Même si l'insertion de l'obligation de l'élaboration et l'exécution de la loi de finances en mode programme n'est intervenue qu'à l'occasion de l'internalisation de la directive communautaire sur la loi de finances, la pratique de budget de programme était bien en cours, comme une sorte d'apprentissage.

Depuis le 31 décembre 2014, les règles de présentation des données budgétaires instituées au moyen du décret 99-458 du 22 septembre 1999 ne sont plus en vigueur ou ne régissent que de façon transitoire le classement des opérations de recettes et de dépenses de l'État. Ce changement de référentiel est une preuve additionnelle de l'influence

---

[742]*Ibidem.*
[743]*Ibidem.*
[744]*Cf.* décret n°2005-789 du 29 décembre 2005, portant approbation du Cadre de Réforme de la Gestion Budgétaire Axée sur les Résultats (Car-GBAR).

du droit communautaire sur la législation nationale. On notera à ce niveau, tout comme en 1999, que c'est moins une initiative autonome du Bénin de modifier le cadre juridique de présentation des données financières et budgétaires de l'État qu'une obligation communautaire. En effet, l'abrogation du décret de 1999 sur la nomenclature intervient comme une conséquence logique du changement du cadre juridique de gestion des finances publiques au niveau communautaire. Elle participe de la bascule voulue par la communauté vers la gestion budgétaire par la performance.

De façon concrète, le nouveau cadre harmonisé des finances publiques de l'UEMOA dont les principales directives ont été adoptées le 26 juin 2009 repose sur la gestion budgétaire axée sur les résultats. L'innovation fondamentale que recèle ce choix, en ce qui concerne les règles de présentation des données budgétaires, est l'introduction des programmes budgétaires qui sont, à la fois, unité de vote du budget de l'État et niveau de spécialisation des crédits. Or la directive 04/98 relative à la nomenclature budgétaire de l'État n'était pas en mode programme et retenait toujours le chapitre comme unité de vote et de spécialisation des crédits. Il y avait donc une nécessité et une obligation indirectes pour l'État béninois de réviser le texte national pour conformer ses dispositions à celles de la directive 08/2009/CM/UEMOA du 26 juin 2009 relative à la nomenclature budgétaire de l'État.

Partant, le Bénin a internalisé les nouvelles dispositions communautaires au moyen du décret n° 2014-794 du 31 décembre 2014. Ce dernier a repris *in extenso* plusieurs articles de la directive de référence[745]. Le nouveau décret rend obligatoires quatre (04) référentiels de classification des données budgétaires au lieu de deux qu'exigeaient la directive 04/98 et le décret de 1999 qui l'a internalisé au Bénin. Désormais, en plus des référentiels administratif et économique, il est prévu dans le nouveau décret les référentiels fonctionnel et programmatique[746].

Ce qui semble véritablement incarner une innovation dans le nouveau décret portant nomenclature budgétaire de l'État au Bénin, tout

---

[745] A titre d'exemple, on peut noter que les articles 14 et 15 du décret n°2014-794 du 31 décembre 2014 sont respectivement des reprises des dispositions des articles 9 et 10 de la directive n° 08/2009/CM/UEMOA du 26 juin 2009 portant nomenclature budgétaire de l'Etat au sein de l'UEMOA.

[746]*Cf.* article 4 du décret n°2014-794 du 310 décembre 2014.

comme dans la directive communautaire qui l'a inspiré, c'est le référentiel programmatique. Ce dernier ne figurait, par le passé, dans aucun texte, ni au plan communautaire, ni au plan national. Par contre, le référentiel fonctionnel était déjà présent dans plusieurs décrets régissant les règles de présentation des données budgétaires au Bénin. A titre d'exemple, le décret n° 92-57 du 6 mars 1992 avait prévu au rang des principes régissant la codification des dépenses, « *la codification fonctionnelle utilisant deux caractères, le premier pour la fonction principale et le second pour la sous-fonction* »[747]. Quant au décret n ° 99-458 du 22 septembre 1999 portant approbation de la nomenclature budgétaire adaptée aux normes de l'UEMOA, il comprend trois classifications principales que sont la classification des dépenses, la classification par nature et la classification fonctionnelle. Seulement, quoique présent dans les textes depuis au moins 1992, l'usage de la classification fonctionnelle n'était pas rendu obligatoire.

Par ailleurs, dans la directive 08/2009/CM/UEMOA du 26 juin 2009, il y a eu, en terme d'innovation, une sorte de recomposition des fonctions qui sont passées de quatorze dans l'ancienne directive à dix (10) dans la nouvelle directive de 2009[748]et, par ricochet, dans le décret n° 2014-794 du 31 décembre 2014[749].

On note cependant que l'obligation d'alignement national sur les orientations communautaires décidées par voie de directive semble laisser quelques marges de manœuvre aux États. On pourrait même assimiler les orientations communautaires à un niveau minimum. A titre d'exemple, on retrouve, dans la nomenclature budgétaire de l'État du Bénin de 2014, trois niveaux de déclinaison de la classification programmatique. L'article 5 du décret n° 2014-794 du 31 décembre 2014 prévoit, en effet, que *« les crédits budgétaires sont décomposés en programmes regroupés en missions et déclinés en actions à l'intérieur des ministères »*. Ainsi le référentiel programmatique se décline d'abord en « mission » qui est un niveau supérieur de regroupement des programmes, ensuite en « programme », et enfin en « action » qui est le premier niveau de désagrégation du programme. Or la directive 08/2009/CM/UEMOA du 26 juin 2009 dispose simplement

---

[747]*Cf.* décret n°92-57 du 6 mars 1992 portant nomenclature du budget général de l'Etat, p.9.

[748]*Cf.* article 9 de la directive n°08/2009/CM/UEMOA du 26 juin 2009.

[749]*Cf.* article 14 du décret n°2014-794 du 31 décembre 2014 portant nomenclature budgétaire de l'Etat.

que « *les crédits budgétaires sont décomposés en programmes à l'intérieur des ministères* »[750].

L'alignement sur les directives communautaires est également ressenti dans les domaines de compétences des acteurs de la décision financière publique.

Paragraphe 2-Des règles normatives financières aménagées

Dans la perspective de réaliser l'émergence d'une zone économique homogène au niveau de l'espace UEMOA[751], les autorités communautaires ont institué des règles pour l'harmonisation des pratiques fiscales dans les États membres de la communauté (A). Au plan strictement financier, l'harmonisation des pratiques fiscales s'est accompagnée d'un réaménagement des domaines de compétences des acteurs étatiques classiques (B).

A-Les contraintes de plafond et de fourchette

La coordination des politiques fiscales des États membres est l'un des objectifs principaux poursuivis par l'Union Economique et Monétaire Ouest-Africaine (UEMOA). L'article 4 de son statut révisé l'a bien souligné. Il prévoit, en effet, l'harmonisation, « *dans la mesure nécessaire au bon fonctionnement du marché commun, les législations des États membres et particulièrement le régime de la fiscalité* »[752].

Au regard des textes adoptés, l'engagement de l'UEMOA pour l'harmonisation du cadre juridique de la fiscalité intérieure des États semble avoir connu une réelle concrétisation. L'Union Économique et Monétaire Ouest Africaine (UEMOA) est, en effet, considérée comme « *l'une des régions du monde où la coordination fiscale entre États souverains est la plus avancée* [...] »[753]. En effet, « *alors que l'Union Européenne peine à établir une réelle coordination de l'impôt sur les sociétés, l'UEMOA a défini l'assiette de cet impôt et encadré son taux entre 25 % et 30 %* »[754]. Ce succès est imputable, selon l'auteur de

---

[750]*Cf.* article 8 de la directive n°08/2009/CM/UEMOA du 26 juin 2009.

[751] L'espace UEMOA est constitué des espaces nationaux des Etats membres dont les premiers étaient : le Bénin, le Burkina Faso, la Côte d'Ivoire, le Mali, le Niger, le Sénégal et le Togo qui ont ratifié le traité dès août 1994. La Guinée-Bissau est devenue le huitième membre de l'UEMOA le 2 mai 1997.

[752]*Cf.* article 4 du Traité de l'UEMOA du 29 janvier 2003.

[753] M. MANSOUR et G. ROTA-GRAZIOSI, « Coordination fiscale dans l'Union Économique et Monétaire Ouest-Africaine », *Revue d'économie du développement*, 2012/3 Vol. 26, p. 9-34. DOI : 10.3917/edd.263.0009.

[754]*Ibidem.*

l'affirmation, à des considérations historiques mais également à l'efficacité affichée par les organes techniques chargés de la mise en œuvre de la vision de l'union. Il s'expliquerait « *en partie par une histoire coloniale commune que partagent sept des huit États membres (Bénin, Burkina Faso, Côte d'Ivoire, Guinée Bissau, Mali, Niger, Sénégal et Togo), mais elle est également le résultat des efforts de la Commission de l'UEMOA* »[755].

On note ainsi, à quel degré se situe au sein de l'UEMOA le processus d'intégration économique et on aperçoit ses implications en termes d'orientation des pratiques et de définition de repère pour les États membres. Plusieurs actes du droit communautaire dérivé attestent de la volonté de l'UEMOA d'harmoniser en son sein les pratiques fiscales et de faire de la zone un espace économique viable et fiscalement attrayant pour les investisseurs. On peut, à titre d'exemple, citer la directive 02/1998/CM/UEMOA qui visait à homogénéiser l'application de taxe sur la Valeur Ajoutée (T.V.A) dans les États membres ou encore la directive n° 01/2008/CM/UEMOA portant harmonisation des modalités de détermination du résultat imposable des personnes morales au sein de l'UEMOA.

Les mesures instituées au plan communautaire au moyen de directives et de règlements sont prises dans le dessein d'aménager le cadre juridique de la fiscalité intérieure des États, en liaison avec la dynamique de libéralisation des échanges. En effet, face à la mondialisation et à la globalisation des échanges, la nécessité de fluidifier les échanges intra-communautaires commande une revue et une amélioration du cadre juridique des relations commerciales internes à l'espace UEMOA. En réalité, c'est une sorte de coordination du droit fiscal et de la fiscalité interne des États qui s'est mise en place au niveau communautaire pour promouvoir l'intégration économique régionale. Un auteur affirme s'agissant de cette coordination, qu'elle vise notamment à créer « *un cadre fiscal propice à l'intégration économique régionale, à assurer la transition fiscale en substituant les recettes de la fiscalité intérieure à celles douanières compromises par la libéralisation des échanges internationaux et à mobiliser les recettes fiscales* »[756].

---

[755]*Ibidem.*
[756]*Ibidem.*

L'idée de transition fiscale[757] qu'évoque cet auteur renseigne sur une autre finalité poursuivie à travers la réforme du cadre juridique de mise en œuvre des prélèvements et autres droits au sein de l'espace UEMOA. Au-delà de l'harmonisation des tarifs qui vise la facilitation de la libre circulation des biens et des services, il y a la question sous-jacente de l'amenuisement des recettes de porte des États. Cet amenuisement qui découle du désarmement tarifaire nécessite, pour ne pas engendrer un bouleversement des finances publiques des États, qu'une politique alternative de mobilisation de recettes à l'intérieur des États soit développée. La finalité est de faire progresser la capacité de recouvrement des recettes fiscales intérieures des États, de sorte à rattraper les pertes potentielles de recettes[758] que pourrait engendrer l'opérationnalisation de la libre circulation des biens et des personnes.

Au-delà des engagements pris à travers le traité fondateur de l'union, en ce qui concerne l'homogénéisation de l'environnement fiscal, il faut se référer au droit dérivé[759] de la communauté pour s'apercevoir du chemin parcouru dans cette entreprise. C'est dire que « *outre les normes de droit originaire, l'appréhension des dispositions fondamentales du droit communautaire financier impose de dépasser très largement le simple cadre des traités pour prendre en compte différents actes de*

---

[757]Par transition fiscale, il faut entendre « *le passage des régimes fiscaux nationaux actuels vers un régime fiscal communautaire conçu dans l'optique de l'intégration économique des pays de l'Union* ». *Cf* H. DLATA, A N'GAKOSSO, « L'intégration et la nécessité d'une transition fiscale : Cas de la TVA dans les pays de l'Union Africaine », *Revue Africaine de l'Intégration*, n° 1, vol 1, 2007.

[758]Selon G. CHAMBAS, « l'ouverture commerciale entraînera à terme la disparition en moyenne d'environ 30 % des recettes budgétaires des pays africains ». *Cf.* G. CHAMBAS, « TVA et transition fiscale en Afrique : les nouveaux enjeux », *Afrique contemporaine*, n° 215, 2005.

[759] Le droit dérivé de l'UEMOA est constitué par les règlements, les directives, les décisions, les recommandations et les avis (*cf.* article 42 modifié du traité de l'UEMOA). Les règlements sont définis comme ayant une portée générale, comme étant obligatoires dans tous leurs éléments et comme étant directement applicables dans tout Etat membre (Traité UEMOA, article 43). Les directives « lient tout Etat quant aux résultats à atteindre », tout en laissant aux instances nationales la compétence quant à la forme et aux moyens. Les décisions sont obligatoires dans tous leurs éléments pour les destinataires qu'elles désignent. Elles sont notifiées à leurs destinataires et prennent effet à compter de leur date de notification (Traité UEMOA, articles 43 et 45). Quant aux recommandations et avis ils n'ont pas de force exécutoire.

droits dérivés »[760]. Plusieurs types d'impôts, qu'ils soient de la catégorie des impôts directs ou de celle des impôts indirects, ont fait l'objet d'encadrement communautaire. La Taxe sur la Valeur ajoutée (TVA), les impôts sur le bénéfice, les impôts sur les dividendes, les redevances et rémunérations de service ainsi que les impôts sur les intérêts font partie des prélèvements pour lesquels le jurislateur communautaire a mis en place des normes[761].

Ce faisant, on peut considérer que les orientations communautaires en matière de finances publiques (droit budgétaire, droit fiscal, droit de la comptabilité publique, etc.) touchent plus ou moins directement les cadres juridiques nationaux de gestion et, au-delà des cadres juridiques, les citoyens. Leur application est, en effet, susceptible d'influencer directement les contribuables et redevables, pour ce qui concerne les dispositions ayant trait à la fiscalité. Un auteur en déduit qu'« *en toute logique, l'incidence du droit communautaire financier, c'est-à-dire, celle du droit de nature budgétaire, fiscale ou monétaire..... se fait directement sentir sur les droits nationaux correspondants* »[762].

Le contenu de certaines directives adoptées au plan communautaire, dans la sphère de la fiscalité, mérite d'être mis en relief, de même que le processus de l'intégration de leurs dispositions dans l'ordonnancement juridique du Bénin. De façon sélective, on s'intéressera à la directive portant harmonisation des législations des États membres en matière de TVA, à la directive portant harmonisation des modalités de détermination du résultat imposable des personnes morales et à la directive portant harmonisation des taux de l'impôt sur les bénéfices des personnes morales.

Pour ce qui concerne l'harmonisation des modalités de détermination du résultat imposable des personnes morales, c'est au moyen de la directive n° 01/2008/CM/UEMOA que l'UEMOA définit les orientations communautaires. Ces dernières concernent plusieurs domaines à savoir le champ d'application de l'impôt sur les bénéfices, les modalités de détermination des bénéfices et des revenus imposables, les différentes charges déductibles (frais généraux, amortissements,

---

[760] L. LEVOYER, *Op.cit.*, p.3.

[761] *Cf.* Conseil français des investisseurs en Afrique, Commission juridique et fiscale, *Harmonisation fiscale dans les pays de la Zone Franc, p.5. Cf.https://cms.law/fr/MAR/Publication/Harmonisation-fiscale-dans-les-pays-de-la-Zone-Franc-UEMOA.*

[762] L. LEVOYER, *Op.cit.*, 2002, p.3.

provisions), les différents régimes d'impositions, les obligations des contribuables, le contrôle des déclarations ainsi que les personnes morales exemptées d'impôt sur les bénéfices[763]. Adoptée à Dakar au Sénégal le 28 mars 2008, la directive prévoit que les États membres de l'Union doivent prendre « *les dispositions législatives, réglementaires et administratives nécessaires pour se conformer à la présente Directive, au plus tard le 31 décembre 2009* »[764].

Les dispositions de cette directive ont été effectivement introduites dans l'ordonnancement juridique du Bénin dans les délais prescrits. Pendant le processus budgétaire de l'année suivant celle de l'année d'adoption de la directive, les justifications et les mécanismes appropriés ont été mis à contribution pour l'insertion des nouvelles dispositions fiscales d'origine communautaire dans la loi de finances. La conséquence immédiate de l'internalisation des dispositions de cette directive est l'actualisation du Code Général des Impôts (CGI). On peut lire, à ce propos, dans la documentation de la loi de finances pour la gestion 2009 que pour conformer les dispositions de l'article 3 du Code Général des Impôts (CGI) à celles de la Directive n°01/2008/CM/UEMOA du 28 mars 2008, portant harmonisation des modalités de détermination du résultat imposable des personnes morales au sein de l'UEMOA, il convient de les modifier[765]. On note conséquemment dans la loi 2008-09 du 02 janvier 2009 portant loi de finances pour la gestion 2009 qu'au titre des mesures nouvelles, plusieurs dispositions sont consacrées aux bénéfices imposables et aux personnes morales[766].

De même, la loi n° 2008-09 du 02 janvier 2009 portant loi de finances pour la gestion 2009 a servi de cadre légal de transposition des dispositions de la directive n° 08/2008/CM/UEMOA du 26 septembre 2008 portant harmonisation des taux de l'impôt assis sur les bénéfices des personnes morales dans les États membres de l'UEMOA. Plusieurs arguments ont été évoqués dans les exposés de motifs qui ont introduit les dispositions de cette directive à la validation législative. Dans le décret portant transmission à l'Assemblée Nationale du projet de loi de

[763] *Cf.* article 13 de la directive n° 01/2008/CM/UEMOA du 28 mars 2008.
[764] *Cf.* article 24 de la directive n° 01/2008/CM/UEMOA du 28 mars 2008.
[765] *Cf.* décret portant transmission à l'Assemblée Nationale du projet de loi de finances pour la gestion 2009.
[766] *Cf.* articles 7 et suivant de la loi 2008-09 du 02 janvier 2009 portant loi de finances pour la gestion 2009

finances pour la gestion 2009, les arguments exposés sont de plusieurs natures.

D'abord, il a été mis en relief le caractère spécifique des dispositions fiscales du Bénin en la matière. Il est observé à ce titre, que « *la plupart des États membres de l'Union Economique et Monétaire Ouest-Africaine, appliquent pour la détermination de l'impôt sur les Bénéfices Industriels et Commerciaux, un taux compris entre 20% et 30% au bénéfice imposable, alors que le Bénin applique les taux de 38 % aux sociétés et 35 % aux personnes physiques* »[767]. A la lecture de cette observation, il ressort que les taux retenus par le Bénin pour frapper les bénéfices réalisés par les personnes morales étaient les plus élevés. Ceux-ci s'établissent entre cinq (05) et huit (08) points de pourcentage au-dessus de la fourchette des taux appliqués au sein des autres pays de l'UEMOA.

Ensuite, il a été mis en relief le traitement divergeant que le Bénin réserve aux sociétés unipersonnelles constituées par une personne physique. En effet, le Bénin traite, au plan fiscal, les sociétés unipersonnelles constituées par une personne physique comme des entreprises individuelles, alors que les dispositions de la Directive n° 01/2008/CM/ UEMOA du 28 mars 2008, portant harmonisation des modalités de détermination du résultat imposable des personnes morales au sein de l'UEMOA, en son article 5 considèrent, entre autres, les sociétés unipersonnelles comme des personnes morales. Il se posait, de ce point de vue, pour le Bénin, la nécessité de se conformer, au-delà des taux d'imposition, au classement opéré par la communauté en ce qui concerne la nature des sociétés.

Enfin, il y a une troisième raison évoquée au soutien de la modification souhaitée des dispositions relatives au taux d'imposition des bénéfices des personnes morales. Il s'agit de la durée couverte par la réduction des taux d'imposition, prévue en faveur des adhérents aux Centres de Gestion Agréés. Cette préoccupation, quand bien même elle ne rentre pas en ligne de compte de la transposition de la directive n°08/2008/CM/UEMOA du 26 septembre 2008, a été soulevée comme une raison additive pour solliciter de l'Assemblée Nationale, l'adoption des nouvelles règles prévues à cet effet dans le projet de loi de finances pour la gestion 2009.

---

[767]*Cf.* décret portant transmission à l'Assemblée Nationale du projet de loi de finances pour la gestion 2009.

Ainsi, sous l'impulsion de la communauté, le Bénin a revu le régime juridique de l'impôt sur le bénéfice des personnes morales. Les nouvelles dispositions inspirées par la directive communautaire sont intégrées au Code Général des Impôts (CGI) par le biais de l'article 15 de la loi n° 2008-09 du 02 janvier 2009 portant loi de finances pour la gestion 2009[768]. Il en est de même pour plusieurs autres matières relevant du domaine de la fiscalité. On peut citer, notamment, les droits d'accises qui ont fait l'objet de la directive n° 03/98/CM /UEMOA du 22 décembre 1998 portant harmonisation des législations des États membres en matière de Droits d'Accises internalisée par le truchement de l'ordonnance n° 2000-01 du 02 janvier 2000 portant loi de finances pour la gestion 2001. C'est également le cas de la directive n°03/2009/CM/UEMOA du 27 mars 2009 portant modification de la Directive n°03/98/CM/UEMOA du 22 décembre 1998 portant harmonisation des législations des États membres en matière de droits d'accises internalisée à travers la loi n° 2011-43 du 22 décembre 2011 portant loi de finances pour la gestion 2012.

B-La restriction du domaine de compétence de l'Etat

Plusieurs éléments ou considérations permettent de démontrer le recul des prérogatives de l'Etat dans le domaine de l'exercice du pouvoir normatif en matière financière. Déjà, on l'entrevoit à travers les différentes formes d'encadrement développées ci-dessus à savoir les définitions de fourchette, de plafonds et même des critères de classement des personnes morales et physiques. En effet, lorsque l'Etat, sur le domaine de la fixation des barèmes d'imposition, ne peut agir qu'en se conformant à des référentiels préétablis par un organe qui lui est extérieur, ses compétences s'analysent comme relevant de la catégorie des compétences liées.

Les autres éléments qui expriment davantage la restriction du domaine de compétence de l'Etat en matière d'exercice à l'interne du pouvoir normatif financier sont les différents prélèvements communautaires auxquels les Etats sont astreints. Il s'agit, pour ce qui concerne le Bénin, du prélèvement communautaire de solidarité (PCS) et du Prélèvement Communautaire (PC). Le premier est dû à l'Union Economique et Monétaire Ouest-Africaine (UEMOA) qui l'utilise, entre autres, pour la dotation des fonds structurels et le financement du

---

[768]*Cf.* article article 4 nouveau, article article 6 nouveau et article 25 nouveau du Code Général des Impôts aux pages 5,6, 7,8 et 9 de la loi n°2008-09 du 02 janvier 2009 portant loi de finances pour la gestion 2009.

fonctionnement de l'Union[769], alors que le second est destiné à la Communauté Economique des États de l'Afrique de l'Ouest (CEDEAO).

En termes de socle juridique, le prélèvement communautaire de solidarité (PCS) est institué par acte additionnel n° 04/96 de la Conférence des Chefs d'Etat et de Gouvernement de l'UEMOA en date du 10 mai 1996. Son taux est fixé à 0,5 % de la valeur en douane des marchandises importées des pays tiers par les États membres de l'Union. Ce taux a été porté à 1 % de la même valeur depuis 1999. L'article 1er de l'acte additionnel de révision du taux de prélèvement du PCS dispose que « *le Prélèvement Communautaire de Solidarité (PCS)* [...] *fixé, par l'acte additionnel n° 04/96 du 10 mai 1996 susvisé, à 0,5 % de la valeur en douane des marchandises importées des pays tiers par les États membres de l'Union, est porté à 1 % de la même valeur* »[770]. Depuis l'année 2017, l'acte additionnel de 1999 a été modifié et le taux du prélèvement communautaire de solidarité est désormais ramené à 0,8% de la valeur en douane des marchandises importées des pays tiers par les États membres de l'Union[771].

Quant au prélèvement communautaire (PC), il est institué par les dispositions statutaires de la Communauté Economique des États de Afrique de l'Ouest[772]. L'article 72 du traité révisé de cette institution indique qu'il est destiné « *à générer des ressources pour financer les activités de la Communauté* » et qu'il représente « *un pourcentage de la valeur imposable des marchandises importées dans la Communauté en provenance de pays tiers* ». S'agissant des conditions d'application du Prélèvement communautaire, des modalités de transfert des recettes à la Communauté ainsi que de l'utilisation des ressources, elles sont renvoyées à un protocole y afférent. Aux termes de l'article 7 du protocole A/P1/7/96 du 27 juillet 1996, le taux du prélèvement communautaire est à « *0,5% de la valeur des marchandises importées des pays tiers* ».

---

[769]*Cf.* article de l'acte additionnel n° 04/96 instituant un régime tarifaire préférentiel transitoire des échanges au sein de l'UEMOA et son mode de financement.
[770]*Cf.* acte additionnel n° 07/99 portant relèvement du prélèvement communautaire de solidarité (PCS).
[771]*Cf.* Article 1er de l'acte additionnel n° 003/2017/CCEG/UEMOAdu 10 avril 2017, portant réduction du Prélèvement Communautaire de Solidarité (PCS).
[772]*Cf.* article 72 du traité révisé de la Communauté Economique des Etats de l'Afrique de l'Ouest (CEDEAO) du 24 juillet 1993.

De l'analyse des destinations ciblées pour les produits qui sont attendus du prélèvement communautaire de solidarité (PCS) et du prélèvement communautaire (PC), on s'aperçoit que ce sont des recettes orientées vers la couverture des dépenses des organes communautaires. A ce titre, on peut considérer qu'il s'agit d'une partie des recettes intérieures des États concédées aux organisations communautaires.

Cette lecture paraît toutefois discutable. Etant donné que les prélèvements en question sont institués par et pour le compte d'organisations communautaires, il y a une interrogation sur le classement de leurs produits. La question est de savoir s'il faut les considérer comme des recettes de l'Etat versées aux organisations communautaires pour leur fonctionnement ou s'il faut plutôt les analyser comme des recettes propres auxdites institutions. Autrement dit, c'est la nature des produits générés par les prélèvements communautaires qui est en cause. Il s'agit, en effet, d'examiner le mécanisme de liquidation et de recouvrement des prélèvements au profit des organisations communautaires pour conclure, enfin, s'il s'agit de recettes affectées ou non.

Qu'il s'agisse du prélèvement communautaire de solidarité ou du prélèvement communautaire, le mécanisme de liquidation, de recouvrement et de reversement à l'Union Economique et Monétaire Ouest-Africaine et à la Communauté Economique des Etats de l'Afrique de l'Ouest laisse apparaître pour l'Etat un rôle d'accompagnement plutôt qu'un rôle de décision. Pour ce qui est du prélèvement communautaire de solidarité, l'article 21 de l'acte additionnel qui l'a institué dispose que « *les produits du PCS sont directement perçus par l'Union* ». Ce qui n'est pas le cas lorsqu'il s'agit d'affectation de recettes. A ce niveau, c'est l'Etat qui apprécie et fixe la proportion d'affectation à appliquer, qui recouvre et qui procède, par la suite, à une ventilation des produits. Le même texte prévoit à ce sujet que *« les administrations nationales de recouvrement sont habilitées à les encaisser et à les reverser dans un compte ouvert au nom de l'Union à la Banque Centrale des États de l'Afrique de l'Ouest (BCEAO)* ». On voit ainsi les administrations nationales, en l'occurrence les services de l'administration douanière, opérer dans une posture de prestataires de services.

En ce qui concerne le prélèvement communautaire, la liquidation et le recouvrement sont assurés par les administrations nationales des douanes des États membres sous plusieurs contraintes. En effet, les receveurs ou les chefs des bureaux des douanes compétents pour liquider et recouvrer les sommes dues au titre du prélèvement communautaire doivent ouvrir « *une ligne supplémentaire dans leurs livres où sont portées journalièrement les sommes recouvrées au titre du prélèvement communautaire* »[773]. Ce qu'il convient de retenir de cette exigence faite aux responsables en charge du recouvrement des prélèvements opérés au titre du PC, c'est qu'il s'agit de recettes distinctes des produits affectés à l'Etat. Autrement dit, les produits issus de la collecte du prélèvement communautaire sont exclus du champ de contrôle des États. L'ouverture de lignes spécifiques dans les livres comptables pour leur enregistrement peut, à ce titre, relever d'une volonté de tenir une statistique séparée et ou de soumettre à audit, les documents comptables y relatifs.

Cette possibilité est clairement prévue par exemple pour l'Union Economique et Monétaire Ouest-Africaine dans le protocole additionnel qui a institué le prélèvement communautaire de solidarité. La Commission de l'Union Economique et Monétaire Ouest-Africaine est, en effet, habilitée à exercer « *un droit de regard sur toutes les opérations effectuées par les administrations nationales au titre du P.C.S* »[774]. Elle est fondée à le faire selon des procédures et mécanismes bien décrits. Il s'agit de procéder par « recoupement avec les livres comptables des services des douanes et de ceux du trésor au constat de l'évolution de la matière imposable, du montant des droits liquidés, de la situation des recouvrements, des versements en espèces ou des virements des recettes dans le compte approprié et d'une manière générale du niveau d'ensemble d'application des règles du P.C.S »[775].

La protection du produit du PC du contrôle étatique se lit également dans l'encadrement de la périodicité de reversement des prélèvements et des privilèges qui leur sont attachés. Entre le recouvrement et le reversement à la Communauté Economique des Etats de l'Afrique de l'Ouest, il ne doit pas s'écouler une période de plus d'un mois[776]. Le

---

[773] *Cf.* article 8 du protocole A/P1/7/96 de la CEDEAO du 27 juillet 1996 relatif aux conditions d'application du prélèvement communautaire.

[774] *Cf.* article de l'acte additionnel n° 04/96 instituant un régime tarifaire préférentiel transitoire des échanges au sein de l'UEMOA et son mode de financement.

[775] *Cf.* article de l'acte additionnel n° 04/96 instituant un régime tarifaire préférentiel transitoire des échanges au sein de l'UEMOA et son mode de financement.

[776] *Cf.* article 10 du protocole A/P1/7/96 de la Communauté Economique des Etats de l'Afrique de l'Ouest du 27 juillet 1996 relatif aux conditions d'application du prélèvement communautaire.

protocole d'application du prélèvement indique à ce sujet que « *le produit du prélèvement communautaire est reversé par l'administration nationale des douanes selon une périodicité n'excédant pas un mois à compter de la date de recouvrement* »[777]. Tout comme pour le prélèvement communautaire de solidarité, le texte indique, par ailleurs, que le versement du produit du prélèvement communautaire se fait dans un compte ouvert au nom de la Communauté Economique des États de l'Afrique de l'Ouest dans les livres de la Banque centrale de chaque Etat membre, pour les pays ayant une Banque centrale propre et auprès de l'agence nationale de la Banque Centrale des États de l'Afrique de l'Ouest, pour les pays membres de l'Union Economique et Monétaire Ouest Aficaine.

Les spécificités reconnues aux prélèvements opérés dans les États au profit des organisations communautaires, en l'occurrence le prélèvement communautaire de solidarité et le prélèvement communautaire, montrent qu'au plan fiscal, lesdites organisations exercent peu ou prou les mêmes droits que les États. On note entre les États et les organisations communautaires, un partage de territoire, voire d'administrations[778]. Ce sont, en réalité, les services qui officient pour l'Etat en matière de recouvrement des créances fiscales qui sont par ailleurs commis pour le faire au profit de l'Union Economique et Monétaire Ouest Aficaine et de la Communauté Economique des États de l'Afrique de l'Ouest. Les conventions par lesquelles les États entrent en communauté paraissent aussi favorables à l'exercice à part entière de certaines compétences par les organisations communautaires sur le territoire national.

On peut évoquer, à l'appui de cette observation, certaines dispositions du protocole de la Communauté Economique des États de l'Afrique de l'Ouest relatives à la mise en œuvre du prélèvement communautaire. On y lit, en effet, que « *les sûretés et privilèges accordés aux États en matière de recouvrement de créances fiscales sont étendus aux droits régulièrement liquidés au titre du prélèvement communautaire* »[779]. C'est dire que tout comme l'Etat qui dispose du privilège du trésor pour le recouvrement des droits et taxes devant

[777]*Idem*.

[778] Qu'il s'agisse du PCS ou du PC, les mécanismes de recouvrements des produits prévoient que ce sont les administrations nationales des douanes qui liquident et recouvrent les produits.

[779]*Cf.* article 9 du protocole A/P1/7/96 de la CEDEAO du 27 juillet 1996 relatif aux conditions d'application du prélèvement communautaire.

alimenter le budget national, les organisations communautaires, à l'instar de la Communauté Economique des États de l'Afrique de l'Ouest et de l'Union Economique et Monétaire Ouest-Aficaine disposent également de pareils privilèges sur les territoires des États pour la collecte des prélèvements institués à leur profit.

Les modes ci-dessus évoqués en ce qui concerne la liquidation, le recouvrement et le reversement à l'Union Economique et Monétaire Ouest Aficaine et à la Communauté Economique des États de l'Afrique de l'Ouest des prélèvements opérés à leur profit inspirent, en théorie, un débat sur la place de ces recettes dans le budget de l'Etat ou encore dans la loi de finances[780]. Cette interrogation est nourrie par le fait qu'il s'agit de ressources destinées à des personnes morales distinctes de l'Etat et de ses démembrements. L'inscription de ces ressources dans le budget supposerait la mise en œuvre, par la suite, d'une procédure d'affectation, c'est-à-dire la détermination d'une clé de répartition du produit des prélèvements entre l'Etat et les organisations communautaires. Elle supposerait également l'application de ce taux à la masse de recettes constituée périodiquement sur les droits et taxes ciblés, puis le reversement aux bénéficiaires finaux. Or, les procédures instituées pour l'accomplissement des actes de collecte du prélèvement communautaire de solidarité et du prélèvement communautaire ne concordent pas avec une pareille méthodologie. Pour le prélèvement communautaire et le prélèvement communautaire de solidarité, les liquidations se font de façon séparée avec les liquidations au profit de l'Etat et de ses démembrements.

Pour les parlementaires, l'absence des prélèvements au profit des organisations communautaires dans la loi de finances serait synonyme d'une perte de pouvoir de leur institution sur une partie des ressources prélevées auprès de leurs mandants. Sur la question, un auteur affirme que « *le budget communautaire est la traduction financière des traités, c'est-à-dire de la part de souveraineté que le peuple a librement consenti à transférer, ce qui ne peut guère être remis en cause par la représentation nationale* »[781]. A travers ce point de vue, il convient de concevoir la non-soumission des prélèvements communautaires au vote

---

[780] Selon L. LEVOYER, aborder la question du vote du Parlement sur le prélèvement communautaire n'est pas sans provoquer quelques interrogations bien au contraire. La querelle du dessaisissement du Parlement à ce propos affirme l'auteur, est ancienne, suscitant dès la création des ressources propres, de vives réactions des parlementaires de tout bord. *Cf.* L. LEVOYER, *Op.cit.*, p.41.
[781] L. LEVOYER, *Op.cit.*, pp.35-36.

du Parlement comme une suite logique de la concession faite par l'Etat d'une partie de sa souveraineté en adhérant aux organisations communautaires. Il faut cependant, selon le même auteur, « *comprendre, malgré tout, le scepticisme des parlementaires* »[782], car « *le Parlement se trouve donc, face aux dépenses communautaires transitant par le budget de l'Etat, dans une position de simple observateur, témoin extérieur d'un phénomène de substitution politique, corollaire de la substitution financière* »[783].

Au regard des développements précédents, il apparaît logique de penser que « *le Parlement a donc naturellement perdu son pouvoir d'autorisation budgétaire sur l'ensemble de cette masse conséquente de recettes* »[784]. Il est cependant une réalité que le défaut de prise en compte des prélèvements communautaires dans le texte de la loi de finances comporte un risque pour l'appréciation des performances de l'Etat sur un certain nombre d'indicateurs. Le plus illustratif de ces indicateurs est celui relatif à la pression fiscale. En effet, au sein de l'Union Economique et Monétaire Ouest-Aficaine par exemple, la pression fiscale qui se définit, par ailleurs, comme le taux de fiscalisation de l'économie, doit être supérieure ou égale à 20%[785].

En réalité, le total des recettes fiscales prélevées auprès des contribuables et dont le rapport avec le produit intérieur brut (PIB) devrait ressortir au moins à 20% pourrait être faible par rapport à la réalité des montants collectés. En effet, faute d'inscription en loi de finances, les recettes prélevées au profit des organisations communautaires pourraient ne pas être comptabilisées et intégrées au calcul devant conduire à la détermination de la pression fiscale. Or, ces prélèvements affichent un montant à tout le moins significatif. A titre d'exemple, le prélèvement communautaire de solidarité (PCS) représente au Bénin, sur la période de 2011 à 2015, une moyenne annuelle de 2,4% du produit net des taxes sur le commerce extérieur[786]. En valeur absolue, ils ressortent à 40, 4 milliards de FCFA sur la période

[782] *Ibidem.*
[783] *Idem.* p.65.
[784] *Idem.*, p.41.
[785] *Cf.* Article n°8 de l'acte additionnel n°01/2015/CEG/UEMOA instituant un pacte de convergence, de stabilité, de croissance et de solidarité entre les Etats membres de l'Union Economique et Monétaire Ouest-Africaine (UEMOA).
[786] *Cf.* Bordereaux de développement des recettes de la Direction Générale des Douanes et droits Indirects (DGDDI) au Bénin.

sous revue. En rapport avec le produit intérieur brut, le PCS ressort en moyenne à 0,181%[787] sur la période de 2011 à 2015.

En ce qui concerne le prélèvement communautaire, son poids sur les taxes sur le commerce extérieur est moins important que celui du PCS. En effet, sur la période de 2011 à 2015, il est recouvré à hauteur de 22,5 milliards de FCFA[788], soit une moyenne annuelle de 1,4% contre 2,4% pour le PCS sur la même période. Mis en rapport avec le produit intérieur brut, le produit du PC sur la période sous revue affiche une moyenne annuelle de 0,101%[789]. Au regard du montant représenté par les prélèvements cumulés du PCS et du PC sur la période de 2011 à 2015, on peut comprendre le sentiment de perte d'une partie de pouvoir d'autorisation budgétaire qu'expriment les politiques.

Jusqu'à l'ordonnance n° 2014-01 du 02 janvier 2014 portant loi de finances pour la gestion 2014, aucune trace prévisionnelle de ces produits n'est perceptible dans la loi de finances. En revanche, depuis la gestion 2015, le Bénin a fait l'option d'intégrer au texte de loi de finances, des dispositions relatives aux prélèvements opérés en faveur de la Communauté Economique des États de l'Afrique de l'Ouest et de l'UEMOA. A défaut de fondre les prévisions des produits du PCS et du PC dans les recettes, la loi prévoit au titre des autres dispositions, le niveau de la contribution du Bénin au budget desdites organisations. En 2016, les recettes prévues pour être recouvrées au profit de la Communauté Economique des États de l'Afrique de l'Ouest et de l'UEMOA sont de 13,9 milliards de FCFA[790], contre 13,718 milliards de FCFA pour la gestion 2015[791].

Sous d'autres cieux par contre, la question a dû être soumise au juge et c'est au prétoire que la délimitation des compétences au plan budgétaire entre les organes nationaux et les organes communautaires

---

[787] Données issues de nos propres calculs sur la base des niveaux de réalisation du PCS de 2011 à 2015 et des niveaux du PIB en milliards de FCFA tirés du Rapport de la Mission du Fonds Monétaire International au Bénin de juin 2016.

[788] *Cf.* Ministère de l'Economie et des Finances, bordereaux de développement des recettes de la Direction Générale des Douanes et droits Indirects (DGDDI).

[789] Données issues de nos propres calculs sur la base des niveaux de réalisation du PCS de 2011 à 2015 et du PIB en milliards de FCFA tiré du Rapport de la Mission du Fonds Monétaire International au Bénin de juin 2016.

[790] *Cf.* article 19 de la loi n°2015-41 du 23 décembre 2015 portant loi de finances pour la gestion 2016.

[791] *Cf.* article 30 de la loi n°2014-25 du 23 décembre 2015 portant loi de finances pour la gestion 2015.

a été reprécisée. Un auteur affirme à ce propos que « *face aux réticences des politiques à tirer toutes les conséquences de la répartition des compétences entre l'Etat et les institutions communautaires, telle qu'elle résulte des traités régulièrement ratifiés, c'est finalement au pouvoir prétorien qu'est revenue cette mission, juridiquement établie mais politiquement délicate* »[792].

En effet, à la question « peut-on juridiquement maintenir le prélèvement communautaire dans le budget de l'Etat ? », la cour des comptes française, conformément à l'article 4 de l'ordonnance organique du 02 janvier 1959 qui prévoit l'inscription évaluative en loi de finances des seuls impôts dont le produit est affecté à l'Etat, s'est prononcée très clairement dans un sens négatif. La juridiction des comptes a délibéré que « *ces recettes propres des communautés* [...] *n'ont pas leur place dans le budget français. Tout au plus, peuvent-elles apparaître hors budget dans des comptes de trésoreries* »[793].

Les orientations communautaires qui apparaissent comme un moule dans lequel les États doivent s'insérer, en respect de leur engagement à la signature des traités, sont assorties de critères d'appréciation de leur mise en œuvre. Ces derniers sont utilisés par les organes de surveillance multilatérale de la communauté pour maintenir la pression sur les États en vue de l'inscription dans les réalités nationales des dispositions supranationales.

Section 2-La camisole des critères de convergence

Depuis que la Communauté Economique de l'Afrique de l'Ouest (CEAO)[794] s'est muée en Union Economique et Monétaire Ouest-

---

[792] L. LEVOYER, *Op.cit.*, p.47.

[793] L. LEVOYER, *L'influence du droit communautaire sur le pouvoir financier du Parlement français*, Paris, L.G.D.J, 2002, p.43.

[794]La CEAO regroupe les Etats de l'Afrique de l'Ouest qui en 1972 à Bamako et en 1973 à Abidjan, ont signé respectivement les protocoles d'application instituant une zone harmonisée d'échanges commerciaux et d'intégration économique. Il s'agit d'un regroupement de six Etats liés par l'histoire, la géographie, la langue officielle, la monnaie à savoir la Côte d'Ivoire, la Haute Volta, le Mali, la Mauritanie, le Niger et le Sénégal. L'article 3 du traité de la CEAO signé le 17 avril 1973 et entré en vigueur le 1er Janvier 1974 dispose que « *la communauté a pour mission de favoriser le développement harmonisé et équilibré des activités économiques des Etats membres en vue de parvenir à une amélioration aussi rapide que possible du niveau de vie de leur population* ».

Africaine (UEMOA)[795] pour faire face aux défis de croissance économique et d'équilibre des comptes macroéconomiques[796], des contraintes additionnelles se sont imposées aux États membres. Ainsi, outre la politique monétaire dont la définition et la mise en œuvre relèvent de l'Union, la politique économique et budgétaire reçoit un réel encadrement communautaire. Les nouvelles exigences de l'UEMOA, ajoutées à celles de la Communauté Economique des États de l'Afrique de l'Ouest (CEDEAO) dans le domaine, font naître pour le Bénin un carcan économique (Paragraphe I) et un étui budgétaire (Paragraphe II).

Paragraphe 1-Le carcan économique

Pour la convergence des économies des pays membres de l'UEMOA et de la CEDEAO, des repères d'analyse et de surveillance sont définis. Au nombre de ceux-ci figurent, au premier rang, le solde budgétaire (A) et la capacité d'endettement public (B).

A-Un niveau de déficit budgétaire réglementé

L'Union Economique et Monétaire Ouest-Africaine s'est engagée depuis le 10 janvier 1994, date de sa création, dans un processus d'encadrement des principaux agrégats économiques et budgétaires dans les pays membres. Il est, à cet effet, mis en place dès l'année 1999, le pacte de convergence, de stabilité, de croissance et de solidarité entre les États membres de l'Union[797]. Celui-ci est censé servir de socle ou de référentiel à l'exercice de la surveillance multilatérale, une sorte de mécanisme de suivi de la marche des États membres vers la réalisation des objectifs d'intégration économique.

---

[795] *Cf.* F. SAWADOGO, *De la CEAO à l'UEMOA ou la genèse d'une intégration sous-régionale réussie*, Paris, L'Harmattan, 2015.

[796] La dévaluation du Franc CFA de 50 % par rapport au Franc français est intervenue le 11 janvier 1994. L'opération visait à rétablir la compétitivité externe des pays de la zone Franc, à réduire les déficits budgétaires et à favoriser la croissance. En effet, durant les années 1980, les effets conjugués de la dépréciation du dollar et de la baisse des cours (exprimés dans cette monnaie) des principales matières premières exportées par les États membres de la zone Franc ont profondément affecté les équilibres économiques de ces États. Les termes de l'échange s'étaient alors dégradés de 45% entre 1985 et 1992. *Cf.* M. MANSOUR et G. ROTA-GRAZIOSI, « Coordination fiscale dans l'Union Économique et Monétaire Ouest-Africaine », *Revue d'économie du développement*, 2012/3 Vol. 26, p. 9-34. DOI : 10.3917/edd.263.0009.

[797] *Cf.* Acte additionnel n° 04/99 portant pacte de convergence, de stabilité, de croissance et de solidarité entre les États membres de l'Union Économique et Monétaire Ouest-Africaine (UEMOA) du 08 décembre 1999.

La programmation, dans le temps, des étapes à franchir, individuellement puis collectivement par les États, engendre pour eux des efforts de redressement interne, en termes d'amélioration de divers agrégats économiques et budgétaires. C'est ainsi que le ratio du solde budgétaire de base rapporté à la valeur nominale du Produit Intérieur Brut (PIB) est retenu parmi les agrégats ciblés par le pacte de convergence, de stabilité, de croissance et de solidarité. Il semble d'ailleurs représenter l'un des critères les plus suivis et les plus déterminants pour le succès de l'entreprise d'intégration économique dans laquelle se sont engagés les États francophones de l'Afrique de l'Ouest. En réalité, au sein du dispositif de surveillance multilatérale institué en 1999, le critère de solde budgétaire de base rapporté à la valeur nominale du PIB est assorti de deux spécificités.

En premier lieu, le solde budgétaire de base rapporté à la valeur nominale du PIB compte pour un critère de premier rang[798]. Autrement dit, son observation relève d'une obligation plus impérieuse que lorsqu'il est question d'un critère de second rang. Les organes ayant à charge la surveillance multilatérale veillent particulièrement au profil de cet agrégat. Ils détiennent à cette fin des moyens d'actions susceptibles de conduire tout État qui s'écarterait de la norme retenue à revenir aux valeurs cibles arrêtées. On peut lire à ce sujet, dans les textes de base de mise en œuvre de la convergence des économies au sein de l'UEMOA, que le non-respect de ce critère entraîne « *la formulation explicite de directives par le Conseil demandant à l'État membre concerné, d'élaborer et de mettre en œuvre un programme de mesures rectificatives* »[799].

En second lieu, le solde budgétaire de base rapporté à la valeur nominale du PIB est un critère clé. Selon les dispositions de l'acte additionnel instituant les indicateurs de convergence, il s'agit du critère dont le non-respect est susceptible de déclencher le mécanisme des sanctions. Ainsi, contrairement aux autres critères relevant aussi du premier rang, dont la spécificité est la mise en œuvre d'un programme

[798]*Cf.* article 18 de l'acte additionnel n° 04/99 portant pacte de convergence, de stabilité, de croissance et de solidarité entre les États membres de l'Union Économique et Monétaire Ouest Africaine (UEMOA) du 08 décembre 1999.

[799]*Cf.* article 1er de l'acte additionnel n° 04/99 portant pacte de convergence, de stabilité, de croissance et de solidarité entre les États membres de l'Union Économique et Monétaire Ouest-Africaine (UEMOA) du 08 décembre 1999.

de correction, le non-respect du critère clé donne lieu, quant à lui, à l'application de sanctions. Il convient toutefois de préciser que même en cas de non-respect, la sanction n'est pas déclenchée pour les contrôles de milieu d'année, c'est-dire au titre des rapports du premier semestre. En effet, « *seul le non-respect constaté lors de l'examen des réalisations à fin décembre est susceptible de déclencher le mécanisme de sanction* »[800]. En ce qui concerne la nature du critère clé, l'état de non-respect est prononcé lorsque l'évolution du solde budgétaire de base rapporté au PIB nominal n'est pas jugée conforme[801].

Les sanctions prévues en cas de non respect du critère paraissent aussi lourdes que les contraintes qui conduisent à son respect. Ainsi, à l'opposé des actions incitatives dont pourrait bénéficier un État qui se conforme aux critères[802], on peut citer comme mesures punitives pour les États retardataires, *« la publication par le Conseil d'un communiqué, éventuellement assorti d'informations supplémentaires sur la situation de l'État concerné ; le retrait annoncé publiquement, des mesures positives dont bénéficiait éventuellement l'État membre ; la recommandation à la BOAD de revoir sa politique d'interventions en faveur de l'État membre concerné ; la suspension des concours de l'Union à l'État membre concerné* »[803].

Certes, la force punitive de ces dispositions peut être relativisée ou disputée. Toutefois, il s'avère justifié qu'en analysant l'éventail des sanctions prévues pour obliger les États à œuvrer pour le respect des repères de la convergence et de la stabilité, on peut déduire la volonté de la communauté de voir évoluer ses États membres dans une dynamique d'ensemble vers les différents paliers de l'intégration économique. On lit cet attachement à travers les implications en termes de sanctions pour les États, en cas de non-respect des critères,

---

[800]*Cf.* article 12 de l'acte additionnel n° 04/99 portant pacte de convergence, de stabilité, de croissance et de solidarité entre les États membres de l'Union Économique et Monétaire Ouest-Africaine (UEMOA) du 08 décembre 1999.

[801]*Idem.*

[802] Aux termes des dispositions de l'article 74 modifié, la mise en place effective, constatée par la Commission, d'un programme reconnu conforme au sens de l'article 73, offre à l'Etat membre concerné le bénéfice de mesures positives qui comprennent notamment (i) la publication d'un communiqué de la Commission ; (ii) le soutien de l'Union dans la recherche du financement requis pour l'exécution du programme de mesures rectificatives, conformément aux dispositions de l'article 75 ; (iii) un accès prioritaire aux ressources disponibles de l'Union, etc.

[803]*Cf.* Article 74 modifié du traité de l'UEMOA.

notamment ceux du premier rang et plus spécifiquement par rapport au critère clé. En réalité, la mise en œuvre des mesures correctives sur injonction de la communauté et le déclenchement des sanctions, montrent le degré de contrainte que revêtent les critères de convergence en général et le critère clé en particulier.

La structuration du critère du solde budgétaire de base rapporté au PIB appelle cependant quelques observations quant aux instruments économiques dont voudraient se servir les États pour leur essor économique. En effet, à travers le critère clé du pacte de convergence de l'UEMOA, les marges de manœuvre des États membres sur le déficit budgétaire sont réduites, voire remises en cause. Selon l'acte additionnel de 1999, le solde budgétaire de base défini comme étant la différence entre les recettes totales (hors dons), les dépenses courantes et les dépenses d'investissements financés sur ressources intérieures[804], doit ressortir nul ou positif. Autrement dit, le déficit budgétaire ne doit plus être de mise avec l'entrée en vigueur de l'acte additionnel. Selon les textes, il n'y a même pas de délai de grâce pour la mise à niveau de cet indicateur. L'acte additionnel prévoit qu'« *en phase de convergence comme en phase de stabilité, le mécanisme des sanctions prévues à l'article 74 du Traité s'applique de plein droit* »[805].

Ce qui ressort de la méthode de calcul et des variables prises en compte pour la détermination du solde budgétaire de base, c'est que cet agrégat est orienté vers l'appréciation de la capacité budgétaire des États. Il s'agit, dans un premier temps, de l'appréciation de la capacité des États à couvrir, sur ressources propres, leurs besoins primaires et, dans un deuxième temps, leur capacité à dégager un espace budgétaire pour les dépenses d'investissements. A ce titre, le critère de solde budgétaire de base rapporté au PIB peut être analysé comme un référentiel d'appréciation de l'équilibre interne des finances publiques. L'UEMOA soutient à ce sujet que le solde budgétaire de base *« permet*

---

[804]*Cf.* article 18 du de l'acte additionnel n° 04/99 du 08 décembre 1999 portant pacte de convergence, de stabilité, de croissance et de solidarité entre les Etats membres de l'UEMOA.

[805]*Cf.* article 15 du de l'acte additionnel n° 04/99 du 08 décembre 1999 portant pacte de convergence, de stabilité, de croissance et de solidarité entre les Etats membres de l'UEMOA.

d'évaluer l'équilibre des finances publiques indépendamment de l'aide au développement ».[806]

Le respect du critère clé de convergence dans la zone UEMOA semble ainsi relever d'un défi pour les États. Il nécessite un resserrement des charges publiques. Ce qui s'inscrit dans une dynamique progressiste, avec une nécessité de sensibilisation et, peut-être, un changement de mode de gestion. La logique qui devrait guider ce retour à la discipline budgétaire requiert alors, pour connaître un succès durable, des méthodes et des mécanismes de gestion que les programmes d'accompagnement d'une durée de deux ans ne portent pas pour le moment.

Le challenge semble alors plus important, car ce qu'impliquent l'adoption et la mise en œuvre du cadre de convergence, de stabilité, de croissance et de solidarité pour les États membres de l'UEMOA est la maîtrise des dépenses publiques, par une limitation des charges. Ces dernières doivent donc pouvoir être encadrées et tenir dans les marges des recettes disponibles. Il s'agit d'une sorte de recherche d'un équilibre réel au niveau des recettes et des dépenses intérieures de l'État. Dans le cas d'espèce, on peut, toutefois éliminer, dans la formule de détermination du solde budgétaire de base, les charges financières de la dette. Ces dernières ne sont, en effet, pas comptabilisées comme une dépense courante.

Nonobstant l'isolement des charges financières de la dette des données à prendre en compte pour la détermination du solde budgétaire de base, le critère clé de convergence économique au sein de l'UEMOA reste bien contraignant. Les programmes pluriannuels définis pour conduire chaque État à la norme n'ont pu produire en temps réel, les résultats escomptés. Aux termes des dispositions de l'acte additionnel de 1999, l'horizon temporel de deux ans était suffisant pour atteindre l'étape de la stabilité, soit le 31 décembre 2002. Cependant, à cette échéance, seuls le Bénin, la Côte d'Ivoire et le Sénégal auraient respecté ce critère, avec respectivement, des excédents de 0,8 %, 0,3 % et 2,0 %[807].

[806] Union Economique et Monétaire Ouest-Africaine, *Guide didactique de la directive n°06/2009/ CM/ UEMOA du 26 juin 2009 portant loi de finances au sein de l'UEMOA*, p.94.

[807] Commission de l'Union Economique et Monétaire Ouest-Africaine, *Rapport Semestriel d'Execution de la Surveillance Multilatérale*, décembre 2002, p.60.

A l'analyse, il ressort que plus de 60% des États membres de l'UEMOA n'ont pas pu réaliser à l'échéance du 31 décembre 2002, le critère clé de convergence de la zone, à savoir le solde budgétaire de base rapporté au PIB nominal qui devrait ressortir supérieur ou égal à zéro. La situation de ce critère dans les pays ne l'ayant pas rempli[808] montre que des efforts importants restent à faire en termes, soit de renforcement de la capacité de mobilisation de recettes intérieures par les régies financières, soit en termes de rationalisation et de maîtrise des charges publiques.

Plus d'une décennie après, la situation du respect du critère clé au sein de l'UEMOA reste toujours un défi en dépit des divers aménagements qui sont intervenus. On observe que de décembre 1999 à décembre 2013, environ la moitié des États membres de l'Union ont pu respecter le critère clé, sans qu'il ne s'agisse d'une performance linéaire, malgré les multiples reports d'échéances. En effet, le 29 janvier 2003, il a été procédé à la prise de l'acte additionnel n°03/2003 modifiant l'acte additionnel n°04/99 du 08 décembre 1999 portant pacte de convergence, de stabilité, de croissance et de solidarité entre les États membres de l'UEMOA. Aux termes des dispositions de cet acte additionnel, l'horizon temporel pour la convergence est repoussé au 31 décembre 2005 et la période de la stabilité devrait être amorcée pour compter du 1er janvier 2006.

Les résultats obtenus à cette deuxième phase de mise en œuvre des programmes nationaux de convergence ne semblent non plus reluisants. Seuls deux des trois pays qui avaient atteint le critère clé en 2002 ont réitéré leur performance[809]. Quant au Bénin, on constate une dégradation de la performance de 2002. L'indicateur est, en effet, passé de 0,8% en 2002 à -0,9% en 2005. Deux autres États ont tout de même atteint le niveau recherché. C'est le cas du Togo et du Mali[810]. Ainsi, sur les huit (08) pays, quatre ont réalisé le critère clé, après trois années supplémentaires d'effort de redressement. La situation est restée identique avec la prise de l'acte additionnel n°02/2006 du 27 mars 2006 portant modification de l'acte additionnel n°04/99 du 08 décembre 1999

---

[808]Il s'agit, entre autres, du Burkina Faso -3,1% ; de la Guinee Bissau -4,3% ; du Mali -0,1%, du Niger -1,4%. *Cf.* Rapport Semestriel d'Execution de la Surveillance Multilatérale de la Commission de l'Union Economique et Monétaire Ouest-Africaine de décembre 2002.

[809]Il s'agit de la Côte d'Ivoire et du Sénégal.

[810]Commission de l'Union Economique et Monétaire Ouest Africaine, *Rapport Semestriel d'Execution de la Surveillance Multilatérale*, décembre 2005, p.86.

modifié. A l'arrivée, c'est-à-dire à fin décembre 2008, quatre États sur huit, comme en 2005, ont respecté le critère clé[811].

Même avec un report de l'échéance de convergence et de stabilité à l'an 2013 dès le 19 mars 2009[812], il n'y a pas eu plus d'avancée que précédemment[813]. Le réajustement de la valeur cible du critère traduit peut être la quasi impossibilité pour l'Union à conduire les États à l'observer en l'état.

La nouvelle valeur cible du critère clé, avec sa nouvelle dimension, c'est-à-dire un solde budgétaire global, dons compris, rapporté à la valeur nominale du PIB supérieur ou égal à -3%[814], paraît plus flexible à observer pour les États. Cependant, des difficultés persistent. En dépit du desserrement de la contrainte, seule la moitié des États membres ont pu réaliser le critère clé en 2014. Il s'agit du Bénin, du Burkina Faso, de la Côte d'Ivoire et du Mali dont les niveaux de déficit se situaient respectivement à -1,5%, -1,9%, -2,2% et -1,3%. Le Niger tenait en 2014 le plus haut niveau de déficit avec -5,7%[815].

Un an plus tard, le Bénin voit son déficit se dégrader pour se situer à -7,9% du PIB. Ce qui a déterminé l'Union à formuler en direction du Bénin, des recommandations consistant à demander au pays de (i) prendre les mesures appropriées afin de renforcer la croissance économique et de diversifier la base productive de l'économie ; (ii) de poursuivre les efforts de recouvrement des recettes budgétaires et la lutte contre la fraude afin d'améliorer le taux de pression fiscale pour faire face à la forte croissance des dépenses en capital ; (iii) d'assurer une maîtrise des dépenses courantes, notamment, celles relatives à la masse salariale et aux transferts et (iv) de poursuivre l'effort

[811]Il s'agit du Bénin, de la Côte d'Ivoire, de la Guinée Bissau et du Niger. *Cf.* Commission de l'Union Economique et Monétaire Ouest-Africaine, *Rapport Semestriel d'Exécution de la Surveillance Multilatérale*, décembre 2005, p.102.

[812]*Cf.* acte additionnel n° 05/2009/CCEG/UEMOA portant modification de l'acte additionnel n° 04/99 du 08 décembre 1999, modifié relatif au pacte de convergence, de stabilité, de croissance et de solidarité du 17 mars 2009.

[813]Seulement trois (03) pays ont atteint le critère clé en 2013 contre 4 en 2012. *Cf.*Commission de l'Union Economique et Monétaire Ouest-Africaine, *Rapport Semestriel d'Exécution de la Surveillance Multilatérale*, décembre 2014, p.111.

[814]Pour compter de 2013, les dons sont intégrés aux recettes budgétaires. Ce qui allège un peu la contrainte quant au niveau du solde. *Cf.* article 7 de l'acte additionnel n°01/2015/ CCEG/UEMOA du 19 janvier 2015 instituant un pacte de convergence, de stabilité, de croissance et de solidarité.

[815]*Cf.*Commission de l'Union Economique et Monétaire Ouest-Africaine, *Rapport Semestriel d'Exécution de la Surveillance Multilatérale*, décembre 2014, p.111.

d'industrialisation de l'économie à travers la mise en œuvre d'une politique industrielle efficace et adéquate qui favorise un soutien au secteur industriel[816].

Les contraintes attachées au critère clé, s'agissant des indicateurs de convergence dans la zone UEMOA, tout comme celles inhérentes à d'autres critères sont si pierreuses que l'on observe des reports successifs des échéances. A plusieurs reprises, en effet, de nouveaux engagements sont pris avec de nouvelles échéances, sans que des résultats concluants sanctionnent leur mise en œuvre. Le niveau des contraintes explique peut-être l'absence de mise en œuvre des sanctions prévues aux dispositions de l'article 74 modifié du traité de l'UEMOA.

B-Une capacité d'endettement public encadrée

Outre le fait que les dépenses courantes financées au moyen des recettes budgétaires propres restent contenues, en raison du critère clé de convergence pour la stabilité, la croissance et la solidarité en zone UEMOA, le niveau d'endettement pour le financement des dépenses, notamment des dépenses en capital n'est non plus laissé à la libre appréciation des États[817]. Au nombre des critères de premier rang du cadre de convergence, de stabilité, de croissance et de solidarité, on note la présence d'un critère spécifiquement dédié au suivi du cadre d'endettement dans les États. Il s'agit du critère défini comme étant le ratio de l'encours de la dette publique intérieure et extérieure rapporté au PIB nominal. Il ne devrait pas excéder 70% en l'an 2002[818].

En termes de contraintes, le critère de ratio de l'encours de la dette intérieure et extérieure rapporté au PIB nominal semble moins exigeant. En réalité, il n'y a pas de mécanisme de sanction qui soit attaché à son non-respect comme c'est le cas pour le critère clé. Tout au plus, il est

---

[816] Commission de l'Union Economique et Monétaire Ouest-Africaine, *Rapport Semestriel d'Exécution de la Surveillance Multilatérale*, juin 2016, p.21.

[817] L'encadrement de l'endettement public dans les pays membres de l'UEMOA peut, par ailleurs, s'expliquer par la progression rapide entregistrée quant à l'endettement dans la zone. En effet, entre 1970 et 1988, l'endettement dans les Etats de l'Afrique subsaharienne est passé de 5,8 milliards de dollars à 139,6 milliards de dollars. *Cf.* V. KESSLER, « La dette du Tiers Monde : 1970-1990 », *Revue d'économie financière*, 1990, pp.157-199.

[818] *Cf.* article 18 de l'acte additionnel n° 04/99 portant pacte de convergence, de stabilité, de croissance et de solidarité entre les États membres de l'Union Économique et Monétaire Ouest-Africaine (UEMOA) du 08 décembre 1999.

prévu que des programmes de corrections soient suggérés à l'État concerné[819].

Toutefois, l'institution de ce critère au sein de la zone UEMOA emporte une exigence complémentaire pour les États en ce qui concerne la conception des choix de politique économique. Le paramètre de l'endettement est devenu une donnée, voire une variable à prendre en compte et non à moduler. Autrement dit, dans la définition du cadrage macroéconomique et macro budgétaire, le niveau de l'endettement nécessaire pour couvrir le besoin de financement ne doit porter l'encours de la dette publique, dans sa double variante intérieure et extérieure, au-delà de 70% du Produit Intérieur Brut.

A y voir de près, à côté de la vertu de la rationalisation et de la maîtrise des charges publiques qu'induirait le critère clé, les États se voient privés de la possibilité de l'utilisation du budget comme un instrument de politique économique. La théorie de déficit systématique qui postule la possibilité d'une admission volontaire du déficit pour un rétablissement futur de l'équilibre budgétaire ne peut donc trouver application dans la zone UEMOA, sous le régime des critères de convergence. Or, en théorie économique, le déficit budgétaire traduit le besoin de financement qu'éprouve l'État pour assurer l'exécution de son budget. En effet, le déficit peut être le résultat d'une politique volontariste des pouvoirs publics pour relancer l'économie, en cas de creux économique, de récession ou de dépression. L'idée étant qu'en période de croissance économique forte ou de retour de l'activité, les flux générés par le déficit budgétaire vont, à moyen et long termes, contribuer à reconstituer les investissements, à soutenir la consommation et à assurer le plein emploi.

Même si le niveau de déficit autorisé, c'est-à-dire 3% du PIB, rend le besoin de financement moins lourd et par voie de conséquence la pression sur l'encours de la dette faible, il n'en demeure pas moins vrai qu'une contrainte nouvelle est née. A défaut d'affirmer de façon cartésienne que le recours à la théorie du déficit systématique est proscrit, on peut toutefois admettre sa limitation. Une analyse séparée des cas des États, en lien avec le stock de la dette publique existante avant l'instauration du critère permettrait d'apprécier à quel degré chaque État

---

[819]En l'absence de précisions additives, comme c'est le cas pour le critère clé,
les critères de premier rang sont ceux dont le non respect entraîne la formulation exp
licite de directives par le
Conseil, demandant à l'Etat membre concerné, d'élaborer et de mettre en œuvre un programme de mesures rectificatives.

est limité, dans l'administration de son économie et dans la gestion de ces finances publiques, par le critère de ratio de l'encours de la dette publique intérieure et extérieure rapporté au PIB.

Des huit États membres de l'UEMOA, trois à savoir le Bénin, le Burkina Faso et le Sénégal auraient respecté ce critère en 2002[820]. Le rapport de surveillance de 2002 précise que la Côte d'Ivoire, la Guinée Bissau, le Mali et le Togo auraient des taux d'endettement supérieurs à 100 %[821] mais pourraient voir leur situation s'améliorer au regard du bénéfice des allègements attendus par certains États des initiatives en faveur de l'allègement de la dette publique des États.

Pour ce qui concerne le Bénin, la situation plus ou moins admissible de l'état d'endettement, en rapport avec le critère de suivi de cet agrégat dans la zone UEMOA, est favorisée par un certain nombre de facteurs dont notamment, les initiatives multilatérales en matière d'annulation de la dette publique. A titre d'illustration, on peut évoquer l'action de la Banque Mondiale, du Fonds Africain de Développement et du Fonds Monétaire International en direction du Bénin en 2006. En effet, par le truchement de l'Initiative d'Allègement de la Dette Multilatérale (IADM)[822], ces trois institutions ont prononcé au profit du Bénin, un allègement d'environ trente-six millions de DTS, soit 52 millions de Dollars US.[823].

L'impact de cet allègement sur l'encours de la dette publique du Bénin est significatif. Le mode opératoire de sa mise en œuvre touche directement le stock de la dette et non les services de la dette publique (amortissements plus les charges financières) qui s'étalent dans le temps. Contrairement aux allègements de l'Initiative Pays Pauvres Très Endettés (IPPTE), dont la stratégie consiste en une orientation des ressources devant couvrir le service de la dette vers des dépenses visant

---

820 *Cf.* Commission de l'Union Economique et Monétaire Ouest-Africaine, *Rapport Semestriel d'Exécution de la Surveillance Multilatérale*, décembre 2012, p.60.

821 *Idem.*

822 L'initiative d'allégement de la dette multilatérale (IADM) vise l'annulation intégrale des créances admissibles de trois institutions multilatérales sur un ensemble de pays à faible revenu, afin d'aider ces pays à progresser sur la voie des objectifs du Millénaire pour le développement (OMD) des Nations Unies, dont le but essentiel est de réduire de moitié, à l'horizon 2015, le nombre de personnes vivant dans la pauvreté. *Cf.* fiche technique FMI du 31 mars 2014 sur le site https://www.imf.org/external/np/exr/facts/fre/mdrif.htm.

823 *Cf.* Fiche technique du FMI sur *L'initiative d'allégement de la dette multilatérale (IADM).*

la réduction de la pauvreté[824], l'IADM consiste en un effacement à concurrence de son montant, du stock de la dette.

Dès janvier 2006, le Bénin à l'instar de dix-neuf autres pays était admissible à bénéficier immédiatement d'un allégement au titre de l'IADM. Il s'agit de pays qui avaient déjà dépassé le point d'achèvement au titre de l'initiative PPTE[825]et de deux pays ne l'ayant pas atteint. Ainsi, grâce aux efforts d'allègement de la dette publique par les créanciers bilatéraux et multilatéraux, le Bénin a vu le ratio de l'encours de la dette publique extérieure et intérieure rapporté au produit intérieur brut baissé de façon significative. En l'an 2006, on pouvait le situer autour de 11% contre près de 35% précédemment.

On peut donc retenir que, du fait des techniques de rééchelonnement de la dette publique sous l'impulsion du Club de Paris[826], le critère de surveillance de la convergence en matière de l'endettement public pourrait être le critère le plus respecté depuis l'adoption du pacte de convergence, de stabilité, de croissance et de solidarité en 1999. A titre d'exemples en l'an 2006, seuls deux pays n'ont pas pu le réaliser. Il s'agit de la Guinée Bissau (219,3) et du Togo (70,3)[827]. De 2012 à 2014 par contre, l'ensemble des pays ont eu le ratio encours de la dette publique

---

[824]En réalité, l'allègement de la dette selon le mécanisme PPTE libère des ressources pour les dépenses sociales. L'idée est donc de doper les dépenses sociales et d'inverser la tendance d'absorption de la majorité des ressources par les services de la dette. *Cf.* fiche technique du FMI sur l'allègement de la dette au titre de l'initiative en faveur des pays pauvres très endettés (PPTE), *sur le site* https://www.imf.org/*external /np/exr/facts/fre/mdrif.htm.*

[825]Ces pays sont : Bolivie, Burkina Faso, Éthiopie, Ghana, Guyana, Honduras, Madagascar, Mali, Mauritanie, Mozambique, Nicaragua, Niger, Ouganda, Rwanda, Sénégal, Tanzanie et Zambie. Les deux autres pays non PPTE dont le revenu par habitant était inférieur au seuil de 380 dollars et qui avaient une dette non remboursée envers le FMI au titre de l'IADM étaient le Cambodge et le Tadjikistan.

[826] Le Club de Paris est un groupe informel de créanciers publics dont le rôle est de trouver des solutions coordonnées et durables aux difficultés de paiement de pays endettés. Les créanciers du Club de Paris leur accordent un allègement de dette pour les aider à rétablir leur situation financière. Cet allègement de dette peut être obtenu par un rééchelonnement ou, en cas de traitements concessionnels, une réduction des obligations du service de dettes pendant une période définie (traitements de flux) ou une date fixée (traitements de stock).

[827]*Cf.*Commission de l'Union Economique et Monétaire Ouest-Africaine, *Rapport Semestriel d'Exécution de la Surveillance Multilatérale*, décembre 2008, p.102.

intérieure et extérieure rapporté au produit intérieur brut en dessous de la norme communautaire[828].

Il est évident que les différentes initiatives en matière d'allègement de la dette publique apparaissent comme une aubaine pour l'Union Economique et Monétaire Ouest-Africaine (UEMOA) quant à l'atteinte d'un profil pour l'indicateur de surveillance de l'endettement public. L'institution communautaire semble en être consciente et on peut s'en rendre compte à travers son commentaire sur l'état de respect de cet indicateur en 2008. Le rapport de surveillance multilatérale de 2008 expose, en effet, que « *la Côte d'Ivoire respecterait, pour la première fois ce critère, suite aux annulations obtenues avec la Banque Mondiale et la BAD [et que] l'atteinte du point d'achèvement par la Côte d'Ivoire, la Guinée-Bissau et le Togo réduirait davantage ce ratio* »[829].

Même si actuellement les États semblent bien se porter par rapport au critère de convergence, en ce qui concerne l'endettement public, il n'est pas à exclure que dans le futur, peut-être un futur proche, que des difficultés s'observent à ce niveau. Au fond, lorsque les étapes de convergence et de stabilité deviendraient une réalité et que l'Union devra aborder la phase de la croissance, il pourrait être observé un accroissement de la demande en termes de financement. Autrement dit, la croissance étant au bout de l'investissement, la nécessité de plus d'endettement pour plus d'investissement pourrait être établie.

On observerait en conséquence une tendance au non-respect de ce critère de surveillance de l'endettement public. Ceci pourrait être encouragé par le caractère souple des implications qui découlent de son non-respect. Celles-ci se limitent à des recommandations et à des engagements pour la prise de mesures correctrices.

L'évolution de l'indicateur de surveillance de l'endettement public au Bénin, au cours des trois dernières années, montre que le volume de la dette publique est susceptible de connaître un rapide accroissement. La conséquence qui découlerait de cet état de chose pourrait être la limitation de la capacité future de financement de l'État, par le biais de la contraction de nouveaux prêts.

---

[828]*Cf.* Commission de l'Union Economique et Monétaire Ouest-Africaine, *Rapport Semestriel d'Exécution de la Surveillance Multilatérale*, décembre 2014, p.111.

[829]*Cf.*Commission de l'Union Economique et Monétaire Ouest Africaine, *Rapport Semestriel d'Exécution de la Surveillance Multilatérale*, *Op.cit.*, p.99.

En effet, le taux d'endettement public est passé de 26% en décembre 2013 à 30,9%[830] à fin décembre 2014. On note une accélération du rythme d'endettement de 4,9 points. Ce taux est passé de 41,5% en décembre 2015 pour s'établir à 47,1% en juin 2016. En l'espace de trois ans, le taux d'endettement public aurait donc évolué de 21,1%[831]. A fin décembre 2017, l'encours de la dette publique rapporté au PIB s'établirait à 54,6% contre 47,6% en 2016, soit une augmentation de 7 points de pourcentage[832]. A cette allure, le plafond communautaire de 70% pourrait être atteint, voire franchi d'ici quelques années. Ce qui pose véritablement le problème du contrôle de l'endettement.

Les facteurs favorables notés, de part et d'autre en ce qui concerne les indicateurs économiques, notamment le taux d'endettement public, sont moins présents pour les indicateurs de convergence de nature budgétaire. On peut donc affirmer que l'étui budgétaire emporte davantage de contraintes que le carcan économique.

Paragraphe 2-L'étui budgétaire

Dans la dynamique de l'instauration de valeurs partagées pour la conduite de la politique économique et budgétaire dans l'espace UEMOA, la structure du budget général[833] n'a pas été occultée (A), encore moins le niveau de fiscalisation de l'économie (B).

A-La prédéfinition des grilles d'allocation de ressources

Les indicateurs de convergence de nature budgétaire étaient, pour l'essentiel, classés au niveau des critères de second rang. Il s'agissait, selon les dispositions de l'acte fondateur du cadre de référence de la convergence économique et budgétaire au sein de l'UEMOA[834], de

---

[830] *Cf.* Ministère des Finances, de l'Economie et des Programmes de Dénationalisation, Caisse Autonome d'Amortissement, *Bulletin Statistique de la Dette publique au 30 juin 2015*,P.7.

[831] *Cf.* Ministère de l'Economie et des Finances, Caisse Autonome d'Amortissement, *Bulletin Statistique de la Dette publique au deuxième trimestre 2016*,P.6.

[832] Ministère de l'Economie et des Finances, *Stratégie d'endettement de l'Etat (annexe à la loi de finances, gestion 2018)*, p.7.

[833] Aux termes des dispositions de la nouvelle loi organique relative aux lois de finances au Bénin, le budget général est une composante du budget de l'Etat. Il recouvre le périmètre d'activité des ministères et des Institutions de l'Etat. Cf. article 33 de la loi n°2013-14 du 27 septembre 2013 portant loi organique relative aux lois de finances.

[834] On entend par acte de référence en matière de convergence, de stabilité, de croissance et de solidarité, dans ce travail, l'acte additionnel fondateur du pacte. Il s'agissait de l'acte additionnel n°04/99 du 08 décembre 1999 portant pacte de

quatre (04) critères dont deux semblent orientés vers l'encadrement des allocations de ressources au sein des budgets des États membres. Il s'agit notamment du ratio de la masse salariale sur les recettes fiscales et du ratio des investissements publics financés sur ressources internes rapportés aux recettes fiscales qui a cessé, quant à lui, d'être un critère de convergence de l'UEMOA[835] depuis janvier 2015.

Pour chacun de ces deux critères, une valeur cible est fixée comme niveau à atteindre, en accord avec la feuille de route définie pour la convergence économique et budgétaire au sein de la zone UEMOA. Aux termes des dispositions de l'acte additionnel ayant institué le cadre de convergence, la masse salariale ne devrait pas à l'horizon 2002, tout comme à l'horizon 2019 après la révision des critères, excéder 35% des recettes fiscales[836]. On note ainsi que certaines variables clés de la structure du budget de l'État ont un profil prédéfini au plan communautaire et que la marge de manœuvre, s'il en existe encore pour les États membres, est à sens unique.

Tout bien considéré, la proportion des recettes fiscales à consacrer à la masse salariale peut se situer en deçà de 35% des recettes fiscales ou ressortir tout au plus à 35% desdites recettes. Ces dispositions communautaires, prises sous le couvert d'instauration d'un cadre de discipline collective pour les États, apparaissent comme un pas supplémentaire de l'Union dans le partage, avec les organes nationaux, des pouvoirs financiers de l'État. Pour le pouvoir exécutif réputé, par le passé, détenteur exclusif des prérogatives en matière d'élaboration de la loi de finances[837], ces dispositions s'analysent en un recul de

---

convergence, de stabilité, de croissance et de solidarité entre les Etats membres de l'UEMOA.

[835]*Cf.* article 7 de l'acte additionnel n°01/2015/CCEG/UEMOA du 19 janvier 2015 portant pacte de convergence, de stabilité, de croissance et de solidarité entre les Etats membres de l'UEMOA.

[836]*Cf.* également l'article 7 de l'acte additionnel n°01/2015/CCEG/UEMOA du 19 janvier 2015 portant pacte de convergence, de stabilité, de croissance et de solidarité entre les Etats membres de l'UEMOA.

[837]Sous l'égide de la loi n°86-021 du 26 septembre 1986 portant loi organique relative aux lois de finances, l'élaboration de la loi de finances est exclusivement réservée au gouvernement. Mais avec la loi n°2013-14 du 27 septembre 2013 portant loi organique relative aux lois de finances, la fonction d'élaboration de la loi de finances demeure certes une prérogative du pouvoir exécutif. Cependant, on note une relative inflexion, du fait de l'obligation qui lui est faite de soumettre préalablement au dépôt du projet de loi de finances, des orientations économiques et budgétaires au Parlement.

prérogatives. L'appréciation du niveau des ressources intérieures à consacrer aux investissements publics ne relève plus entièrement de la volonté de l'exécutif. De façon systématique, voire mécanique selon l'esprit du critère de convergence y relatif, il faut dégager au moins vingt pour cent des recettes fiscales et les destiner aux investissements publics.

Ce qui illustre la perte de pouvoir des institutions nationales, c'est la limitation du pouvoir d'appréciation du *quantum* de ressources fiscales à affecter aux investissements publics. Car, du point de vue des politiques publiques à financer, le critère de l'UEMOA ne semble pas engendrer de contraintes pour le Gouvernement. Celui-ci demeure responsable des secteurs prioritaires vers lesquels il faut orienter les investissements et des choix stratégiques et opérationnels à exécuter dans la mise en œuvre de l'action publique. On peut rappeler à ce sujet les dispositions de la loi organique relative aux lois de finances qui prévoient que *« le projet de loi de finances de l'année est élaboré par référence au document de programmation budgétaire et économique pluriannuelle couvrant une période minimale de trois (03) ans »*[838].

A priori, l'élaboration du document de programmation budgétaire et économique pluriannuelle étant du ressort du Gouvernement, ce dernier est logiquement responsable de son contenu, c'est-à-dire des choix économiques et budgétaires qu'il comporte. On peut en déduire que la loi organique établit l'autorité des organes nationaux, notamment l'exécutif sur la définition du contenu du document de programmation budgétaire et économique pluriannuelle. Ce qui permet de soutenir l'idée que les effets des critères de convergence assis sur des agrégats budgétaires se limitent au volume des ressources à consacrer aux matières ciblées (masse salariale et investissements publics sur ressources intérieures). En réalité, l'UEMOA n'impose pas aux États les profils des agents à recruter et dont la somme agrégée des rémunérations ne devrait pas excéder les 35% des recettes fiscales. La référence obligatoire[839] au pacte de convergence, de stabilité, de croissance et de solidarité que la loi organique impose ne saurait donc restreindre les prérogatives de décision des organes nationaux, en ce qui concerne les choix.

---

[838]*Cf.* article 56 de la loi n°2013-14 du 27 septembre 2013 portant loi organique relative aux lois de finances.

[839]L'article 56 de la LOLF prévoit, en effet, que les objectifs d'équilibre budgétaire et financier sur le moyen terme sont fixés en application des dispositions du Pacte de convergence, de stabilité, de croissance et de solidarité de l'Union Economique et Monétaire Ouest-Africaine (UEMOA).

Quand bien même les orientations de l'UEMOA semblent s'inscrire dans une dynamique de promotion d'une structure type pour le budget général[840] dans les pays membres, il n'est pas exclu qu'elles deviennent des sources de difficultés. En réalité, la contexture du budget général, en termes d'espaces budgétaires réservés aux charges courantes, aux charges financières et aux investissements est déterminée par l'état de l'économie et des finances publiques de chaque État. Ainsi, le passé budgétaire d'un État est un déterminant pour la structure future de son budget général. Plus explicitement, un État qui a un encours de dette significatif devra réserver un espace budgétaire conséquent aux charges financières. Aussi, l'État qui emploie un personnel doit pouvoir faire face à la rémunération qui en découle.

Par conséquent, la décision subite de normalisation ou de standardisation des allocations de crédits semble ne pas tenir compte de ces éléments qui sont des contraintes réelles. L'absence, au départ de l'initiative de la convergence, de la prise en compte des spécificités des États membres, pourrait apparaitre comme l'emprunt d'un rythme plus important que celui qui s'impose au regard des réalités. Ce qui pourrait fragiliser à terme la progression vers la normalisation souhaitée des repères de budgétisation et de programmation du développement.

Pour ce qui concerne spécifiquement le ratio lié aux investissements, il paraît moins pertinent et plus difficile à cerner. La notion d'investissement selon le budget ne recouvre pas forcément la même réalité qu'en économie. En effet, d'importants crédits budgétaires sont aujourd'hui orientés vers la production de biens et services nécessaires pour le futur mais ne sont pas captés sous formes d'investissements. Il s'agit des ressources allouées à des secteurs comme celui de la santé et celui de l'éducation[841], notamment sous forme de transfert[842]. Il s'agit

---

[840] Il s'agit du budget des ministères et Institutions de l'Etat.

[841]Les ressources orientées vers ces secteurs financent, en effet, des dépenses d'avenir. *Cf.* M. BOUVIER, « Concevoir une méthodologie pour des finances publiques dans un monde en transition », *RFFP*, n°135, septembre 2016.

[842]Selon la nomenclature budgétaire de l'Etat, les dépenses d'investissements sont essentiellement codifiées par des comptes de classe 2. A titre d'exemple, on peut citer le compte budgétaire "22" du décret n°2014-794 du 31 décembre 2014 portant nomenclature budgétaire de l'Etat qui est intitulé « acquisitions et aménagements des sols et sous-sols ». Il en est de même du compte "23" qui s'intitule « Acquisitions, constructions et grosses réparations des immeubles », sans oublier le compte "24" « acquisition et grosse réparation du mobilier ». Cf. annexe du décret n°2014-794 du 31 décembre 2014 consacrée à la classification économique des dépenses. Les

également des ressources affectées qui alimentent certains comptes d'affectations spéciales et qui ne sont pas prises en compte dans le calcul du ratio des 20% fixé pour les investissements sur financements intérieurs. Or, les ressources affectées constituent une partie des recettes fiscales en particulier et des recettes intérieures en général. Il est donc utile que, à l'instar de certaines dépenses de fonctionnement qui intègrent la rubrique des dépenses d'investissement[843], les dépenses non codifiées pour être directement considérées comme formation brute de capital fixe mais qui finalement y contribuent, soient rattachées au stock des dépenses en capital.

Le Bénin a pourtant montré une bonne disponibilité et une capacité de discipline susceptibles de lui permettre de respecter ces critères communautaires qui semblent régenter les allocations de ressources au sein du budget général. Selon les rapports de surveillance de la commission de l'UEMOA, « *Le ratio de la masse salariale sur recettes fiscales serait de 32,7 % en 2002* »[844]. Le rapport précise, par ailleurs, que ce ratio se serait établi à 30,6 % s'il n'y avait pas eu *« un dégel partiel des incidences financières des avancements des Agents Permanents de l'État »*[845]. En ce qui concerne le ratio investissements publics financés sur ressources internes rapportés aux recettes fiscales, il serait porté à *« 22,0 % en 2002 pour un objectif de 25,7 % »*[846]. *Selon l'UEMOA, « l'accroissement des investissements en faveur des secteurs sociaux dans le cadre des programmes de réduction de la pauvreté »*[847] est à l'origine de ce résultat. En 2013, le même ratio ressort à 22,9% et maintient toujours le Bénin dans la dynamique du respect de ce critère[848].

S'agissant de la masse salariale, la situation du Bénin par rapport au ratio communautaire ne cesse de se dégrader. Des 30,6% en 2002, le ratio

---

transferts et subventions, quant à elles, se retrouvent dans des comptes de la classe "6".

[843]C'est le cas des rubriques « 61 » personnel et « 62 » achats de biens et services ou encore « 64 » transferts courant que l'on retrouve dans l'éclatement des dépenses d'investissement.

[844]*Cf.*Commission de l'Union Economique et Monétaire Ouest Africaine, *Rapport Semestriel d'Exécution de la Surveillance Multilatérale*, décembre 2002, p.13.

[845]*Ibidem.*

[846]*Ibidem.*

[847]*Ibidem.*

[848]*Cf.*Commission de l'Union Economique et Monétaire Ouest Africaine, *Rapport Semestriel d'Exécution de la Surveillance Multilatérale*, juin 2013, p.104.

est passé à 48,2% à fin juin 2016[849]. Ce qui suppose qu'il aurait fallu évaluer les engagements de l'État vis-à-vis de son personnel, ainsi que ceux découlant des plans validés de recrutement et de formation pour fixer les éléments du critère relatif à la masse salariale. Cet exercice aurait permis de définir le profil non flexible de la masse salariale dans le temps et de projeter les niveaux potentiels de dépenses brutes d'investissement.

Le cas du Bénin recommande fortement une telle démarche, au regard de la relation établie entre l'évolution de la masse salariale et la progression des dépenses d'investissement. Les résultats d'une étude menée à ce sujet prouvent, en effet, que « *la masse salariale* [...] *a une influence positive sur l'investissement public au Bénin et que son coefficient (0,259310) est significatif à long terme au seuil de 5%* »[850]. Autrement dit, « *une hausse d'un (01) point de la masse salariale entraîne une augmentation de 0,259310 point du taux d'investissement public* »[851].

Le recul, du moins la revue opérée par l'Union Economique et Monétaire Ouest-Africaine (UEMOA) au niveau des critères du pacte de convergence, de stabilité, de croissance et de solidarité, apparaît à cet égard salutaire. Les déterminants structurels de chaque État doivent être pris en compte pour la formulation des indicateurs. Le constat effectué par l'Union et qui établit qu'*« en dépit des efforts fournis par les États membres, les performances économiques de l'UEMOA pour la période 2000-2013 ont été contrariées, en partie par la faiblesse de la croissance économique imputable au plan interne à des facteurs institutionnel et structurel* [...] »[852], justifie la nécessité d'observer une certaine spécificité par pays, même si l'approche globale doit rester de mise.

Le retrait du nouvel acte additionnel du critère relatif au ratio des investissements publics financés sur ressources fiscales et du critère relatif aux arriérés pourrait s'analyser comme une avancée dans la prise en compte des spécificités propres à chaque pays. Il a le mérite de lever

---

[849] *Cf.*Commission de l'Union Economique et Monétaire Ouest Africaine, *Rapport Semestriel d'Exécution de la Surveillance Multilatérale*, juin 2016, p.91.

[850] Institut Numérique, A*nalyse de l'incidence de la masse salariale sur les investissements au Benin*, Mars 2013.*Cf.*http://www.institut-numerique.org/chapitre-2-analyse-de-lincidence-de-la-masse-salariale-sur-les-investissements-au-benin-514955c4026f8.

[851] *Ibidem.*

[852] *Cf.* acte additionnel n°01/2015/CCEG/UEMOA 19 janvier 2015 portant pacte de convergence, de stabilité, de croissance et de solidarité entre les Etats membres de l'UEMOA.

la restriction du champ des investissements publics sur ressources intérieures, précédemment confiné à l'espace budgétaire consacré aux projets d'investissements publics à financement intérieur. En effet, les acquisitions et grosses réparations jusque-là logées dans les budgets d'équipements socio-administratifs intègrent les dépenses contribuant à la formation brute du capital fixe.

Au surplus, la limitation des contraintes d'allocation budgétaire à la masse salariale est suffisante pour orienter le reste du budget vers le financement du développement, que ce soit directement au moyen des investissements directs (dépenses en capital et formation brute du capital fixe) ou au moyen des transferts et des subventions dont les effets induits en termes de résultats, représentent une véritable condition pour le succès des investissements durs.

Le mieux qui paraisse comme une condition *sine qua non* pour l'atteinte et la consolidation des phases de convergence, de stabilité, de croissance et de solidarité, c'est une meilleure mobilisation des ressources nationales, une meilleure planification et programmation du développement. Le nouvel acte additionnel, celui de 2015, semble lever l'option pour ces orientations. La redéfinition du niveau de fiscalisation de l'économie en est une illustration.

B-La fixation d'un taux de fiscalisation[853] de l'économie

Les dispositions et pratiques fiscales au sein de l'espace UEMOA semblent relever d'un intérêt particulier pour le jurislateur communautaire. Ainsi, juste quelques années après sa création, l'UEMOA s'est engagée dans l'harmonisation de la fiscalité au sein des États membres. En effet, « *la coordination fiscale au sein de l'espace UEMOA a débuté avec les directives en matière de fiscalité indirecte : TVA et accises en 1998* »[854]. L'inscription au rang des critères de convergence d'un indicateur sur le degré de fiscalisation de l'économie participe de cette option de l'UEMOA de cerner le périmètre de la fiscalité dans chaque État et de l'encadrer.

Dans l'acte fondateur de l'Union, comme dans les actes additionnels au traité de base de création de l'Union, on note la présence de dispositions encadrant la fiscalité. Alors que le traité de l'Union établit lui-même *« l'harmonisation des systèmes fiscaux nationaux comme une*

[853]Il s'agit du taux de pression fiscale.

[854] M. MANSOUR et G. ROTA-GRAZIOSI, « Coordination fiscale dans l'Union Économique et Monétaire OuestAfricaine », *article précité.*

condition nécessaire au bon fonctionnement du marché commun »[855], les protocoles et actes additionnels révèlent la volonté de l'Union de dicter un comportement aux États en matière de mobilisation des ressources fiscales[856].

S'agissant spécifiquement des actes additionnels et plus particulièrement de leurs dispositions qui prévoient un niveau de fiscalisation de l'économie, la philosophie de leur édiction ne s'inscrit pas forcément dans la même veine que celle ayant présidé à la formulation des dispositions de l'article 4 du traité. Au-delà de la problématique d'harmonisation des législations nationales fiscales en faveur du développement du marché communautaire, c'est du poids des ressources fiscales dans le budget de l'État que traitent les textes dérivés. L'exemple le plus illustratif de la finalité de ces nouvelles dispositions est celui des actes additionnels relatifs au pacte de convergence, de stabilité, de croissance et de solidarité entre les pays membres de l'UEMOA. En effet, de 1999 à 2015, il n'y a pas eu d'acte additionnel relatif au pacte de convergence qui n'ait consacré plusieurs de ses lignes aux questions de la fiscalité, notamment la pression fiscale[857].

Les disposions de l'acte additionnel n°01/2015/CCEG/UEMOA du 19 janvier 2015 portant pacte de convergence, de stabilité, de croissance et de solidarité entre les États membres de l'UEMOA portent la pression fiscale à au moins 20%[858] de la valeur nominale du produit intérieur brut contre un minimum de 17% retenus dans les actes additionnels successifs depuis 1999. On peut alors lire à travers le nouveau taux minimum arrêté

---

[855]*Ibidem*. *Cf.* également, l'article 4 du traité de l'UEMOA.

[856]*Cf.* acte additionnel n°01/2015/CCEG/UEMOA du 19 janvier 2015 portant pacte de convergence, de stabilité, de croissance et de solidarité entre les Etats membres de l'UEMOA.

[857]*Cf.* acte additionnel n° 04/99 portant pacte de convergence, de stabilité, de croissance et de solidarité entre les États membres de l'Union Économique et Monétaire Ouest Africaine (UE MOA) du 08 décembre 1999 ; acte additionnel n°03/2003 du 29 janvier 2003modifiant l'acte additionnel n°04/99 du 08 décembre 1999 portant pacte de convergence, de stabilité, de croissance et de solidarité entre les Etats membres de l'UEMOA ; acte additionnel n°02/2006 du 27 mars 2006 portant modification de l'acte additionnel n°04/99 du 08 décembre 1999 et acte additionnel n°01/2015/CCEG/UEMOA du 19 janvier 2015 portant pacte de convergence, de stabilité, de croissance et de solidarité entre les Etats membres de l'UEMOA.

[858]*Cf.* article 8 de l'additionnel n°01/2015/CCEG/UEMOA du 19 janvier 2015portant pacte de convergence, de stabilité, de croissance et de solidarité entre les Etats membres de l'UEMOA.

pour la pression fiscale, le souci de la communauté d'inciter les États à mieux organiser leur fiscalité pour s'assurer le plus de produits pour le budget de l'État.

Ainsi, on ne saurait l'analyser comme une contrainte additionnelle défavorable pour les États membres. En réalité, au nombre des cinq critères de convergence actuellement retenus au sein de l'UEMOA[859], le critère axé sur la pression fiscale poursuit un but bien différent, même si des analyses pourraient indirectement postuler l'idée contraire. La première différence d'avec les autres critères est qu'elle porte sur la sphère des recettes budgétaires. Ce qui n'est pas le cas pour les autres qui, tous, sont pour l'essentiel orientés sur la dépense publique et sa maîtrise.

En ce qui concerne les critères de premier rang, chacun d'eux est censé apporter une contribution à l'encadrement de la dépense publique. Derrière la limitation du déficit budgétaire, il est poursuivi un objectif de limitation des dépenses publiques, l'idée étant d'imposer à l'État un niveau de dépenses, en fonction de la valeur ajoutée projetée au niveau de la production nationale. L'encadrement de la capacité d'endettement public s'inscrit dans la même perspective que la fixation d'un niveau maximum de déficit budgétaire. En réalité, au-delà de la soutenabilité budgétaire, il faut limiter le volume des charges financières liées à l'endettement public et libérer d'espace dans le budget pour le financement des besoins des populations.

Parmi ceux de second rang, il est évident que le ratio de la masse salariale rapportée aux recettes fiscales représente la contrainte la plus précise et la plus fossoyeuse du pouvoir de décision des organes nationaux, en l'occurrence le pouvoir exécutif. Avec le retrait du critère lié aux allocations de recettes fiscales aux investissements publics, il ne reste au titre des critères de second rang, après le ratio de la masse salariale, que le taux de pression fiscale, qui semble être le critère spécifiquement orienté vers les recettes.

Ainsi, de par ses spécificités, le critère dédié à la surveillance de la fiscalisation de l'économie mérite d'être analysé sous un angle différent. Si, tout comme les autres critères, il constitue un objectif à atteindre, il n'influence pas directement, voire même indirectement le pouvoir de décision des pouvoirs publics. On pourrait même considérer qu'il est de

---

[859]Il s'agit du ratio du solde budgétaire global, dons compris, rapporté au PIB nominal, le taux d'inflation, le ratio de l'encours de la dette intérieure et extérieure rapporté au PIB, le ratio de la masse salariale sur les recettes fiscales et le taux de pression fiscale.

nature à améliorer leur marge de manœuvre. En effet, si les systèmes mis en place par l'État, après la mise en œuvre des directives liées à l'harmonisation fiscale, permettent de collecter suffisamment de recettes, l'État voit l'espace budgétaire de la loi de finances s'élargir. Ce qui implique un renforcement de ses moyens pour la mise en œuvre des politiques publiques et la prise en compte de nouvelles priorités ou des priorités susceptibles d'être évincées du budget faute d'espace.

Au regard du développement précédent, le classement du taux de pression fiscale comme une contrainte reste, du point de vue du processus de sa consécration et de son origine communautaire, valable. Mais au fond, le taux de pression fiscale n'en est véritablement pas un, surtout en ce qui concerne la prise de la décision financière publique. On peut même estimer que son institution est une solution pour la limitation des dérogations parfois très importantes que des États peuvent consentir à accorder en matière fiscale. Il s'agit des dépenses fiscales qui s'analysent comme « *des dispositions législatives ou réglementaires dont la mise en œuvre engendre la renonciation volontaire de recettes par l'État, et donc pour les contribuables, un allègement de leur charge fiscale par rapport à ce qui résulterait de l'application de la norme, c'est-à-dire des principes généraux du droit fiscal béninois* »[860].

Du fait des règles plus ou moins flexibles qui régissent la mise en œuvre des dérogations fiscales, beaucoup évoquent des pratiques peu ou prou contrôlées et affirment que l'harmonisation fiscale « *demeure inachevée, notamment compromise par des initiatives nationales telles que des exonérations de TVA ou les codes des investissements nationaux qui octroient de multiples avantages fiscaux et douaniers* »[861].

A titre d'exemple, pour l'année 2015, le rapport de surveillance multilatérale produit par la commission de l'UEMOA situe le taux de pression fiscale au Bénin à 14,7%, soit à 5,3 points de pourcentage du minimum de 20% recommandé par l'UEMOA[862]. Or, pour l'année 2015, les dépenses fiscales sont estimées à 94,87 milliards de FCFA contre 90,68 milliards au 31 décembre 2014. En 2015, les crédits intérieurs

---

[860]*Cf.* Documentation de la loi de finances pour la gestion 2016, *Evaluation des dépenses fiscales au titre de l'année 2015*, p.24.

[861] M. MANSOUR et G. ROTA-GRAZIOSI, « Coordination fiscale dans l'Union Économique et Monétaire OuestAfricaine », *Article précité.*

[862]*Cf.* article 7 de l'acte additionnel n°01/2015/CCEG/UEMOA du 19 janvier 2015 portant pacte de convergence, de stabilité, de croissance et de solidarité entre les Etats membres de l'UEMOA.

représentent un montant de 46,96 milliards de FCFA, soit une proportion de 50,5% des dépenses fiscales totales de l'année 2015 contre 47,90 milliards de FCFA pour les crédits douaniers, représentant une part de 49,5% des exonérations fiscales totales en 2015[863].

Au regard de l'état des lieux ci-dessus dressé pour l'année 2015, tout semble laisser croire que la fixation par la communauté d'un taux de pression fiscale s'analyse en une contrainte virtuelle. Cette analyse tient beaucoup plus du caractère antagoniste de la situation observée en 2015. Il s'agit du bas niveau du taux de pression fiscale en 2015 (14,7%) et de l'importance des dépenses fiscales pour la même année (94,96 milliards de FCFA)[864].

Le caractère significatif des exonérations fiscales de 2015 est en lien avec le niveau global de la richesse créée pour l'année sous revue. En effet, pour l'année 2015, le produit intérieur brut ressort, en valeur nominale, à 5 018 milliards de FCFA[865]. Lorsqu'on met le total des exonérations fiscales de cette année en rapport avec le PIB 2015 en valeur, on approche les 2% (1,89%). Ainsi, si l'État béninois n'avait pas du tout renoncé à une partie des recettes fiscales par le truchement des exonérations, le taux de pression fiscale pour l'année 2015 allait se situer autour de 16,7%. Bien qu'il paraisse pratiquement inconcevable d'exiger un niveau d'exonération nul d'une économie dont les bases structurelles restent faibles, notamment en ce qui concerne le degré d'industrialisation. Cependant, par respect pour l'engagement communautaire, le niveau des dépenses fiscales aurait pu être mieux maîtrisé, et ceci, au profit de l'amélioration du taux de pression fiscale.

Ceci étant, l'absence d'encadrement ou la liberté souveraine dont jouissent les États en matière de consentement d'exonération les amène à enfreindre aux dispositions en vigueur. L'exemple du Bénin qui accorde des exonérations fiscales sur des matières relevant des champs d'application du Prélèvement Communautaire (PC) et du Prélèvement Communautaire des Solidarité (PCS) est bien illustratif de la question. Ce type d'exonérations irrégulières a engendré pour la communauté,

---

[863] *Cf.* Ministère de l'Economie et des Finances, *Rapport sur l'évaluation des dépenses fiscales au titre de 2015*, p.10.

[864] La situation n'est pas spécifique au Bénin. A. BAUDU estime qu'il faut explorer la piste de la mise en place de dispositions constitutionnelles pour maîtrise l'évolution de la dépense fiscale. *Cf.* A. BAUDU, *Contribution à l'étude des pouvoirs budgétaires du Parlement en France*, Université de Toulouse, 2008, p.325.

[865] *Cf.* Ministère de l'Economie et des Finances du Bénin, *Tableau des Opérations Financières à fin décembre 2015*.

entre janvier et juin 2014 pour ce qui concerne le Bénin, un manque à gagner de recettes en matière de prélèvement communautaire de solidarité (PCS) d'environ 370.710.390 FCFA[866].

Hormis les contraintes d'ordre communautaire qui semblent restreindre la marge de manœuvre des États en ce qui concerne la prise de la décision financière publique, il y a également d'autres sources qui justifient le fléchissement des prérogatives des pouvoirs exécutif et législatif en matière financière. La nécessité de la rationalisation de la dépense publique s'est imposée et oblige à impliquer de nouveaux acteurs dans le processus de la décision budgétaire.

---

[866]*Cf.* lettre n° 08735/PC/DSAF/DTC/DRT du 03 septembre 2014 du Président de la Commission au Ministre des Finances du Bénin.

CHAPITRE 2
L'ASSUJETTISSEMENT A DES NORMES D'ORIGINE EXTERNE

Depuis la crise des années 1970[867], il s'est développé à travers le monde, des règles et principes de référence pour la bonne gestion des finances publiques en particulier et pour l'amélioration de la gouvernance des États en général. Ces règles et principes qui procèdent, pour les uns, des institutions internationales (Section I) et, pour les autres, de simples déclarations de groupes d'État et ou d'organisations non étatiques (Section II), semblent de plus en plus s'imposer, quand bien même ils ne relèvent pas directement ou explicitement des cadres juridiques nationaux ou communautaires.

Section1-L'influence des standards internationaux

La volonté de développer l'idéologie de la bonne gouvernance[868], dans un contexte économique et budgétaire difficile, apparaît désormais comme une réalité partagée[869]. Ainsi, on note une sorte de rénovation

---

[867]*Cf.* B. MARCEL et J. TAÏEB, *Les grandes crises : 1873-1929-1973-2008,* Paris, Armand Colin, 2016, p.11 et suivantes.

[868]Dans un rapport paru en 1992 et intitulé "Gouvernance et développement", la Banque mondiale définit la bonne gouvernance comme étant « *la manière dont le pouvoir est exercé pour gérer les ressources nationales économiques et sociales consacrées au développement* ». Elle identifie par ailleurs, trois aspects distincts de la gouvernance : a) la forme de régime politique ; b) la manière dont l'autorité est exercée pour gérer les ressources nationales économiques et sociales consacrées au développement ; c) la capacité des gouvernements à concevoir, formuler et réaliser des actions et à s'acquitter de leurs fonctions. *Cf.* Fonds International de Développement Agricole, Conseil d'administration - Soixante-septième session, *La bonne gouvernance : une mise au point*, Rome, 8-9 septembre 1999, disponible sur https:// webapps .ifad.org/ members/eb/ 67/docs/french/EB-99-67-INF-4.pdf. Pour le Fonds Monétaire International, il associe la bonne gouvernance à la lutte contre la corruption, notamment dans son « Guide de 1997 sur l'approche du FMI concernant la bonne gouvernance et la lutte contre la corruption », et donne à ce terme un sens purement économique. La bonne gouvernance inclut la transparence et la responsabilité en matière de gestion des ressources publiques et s'applique aussi au secteur financier. *Cf.* FMI, *Le FMI et la bonne gouvernance,* fiche technique disponible sur http://www.imf.org/external/np/exr/facts/fre/govf.htm.

[869] M. DENIAU et B. CHEVRIER,« Vers la bonne gouvernance financière dans le monde : approche comparée des réformes », *inLa bonne gouvernance des finances*

des pratiques de gestion publique (Paragraphe 1) dont la mise en œuvre semble être assurée par le développement de nouvelles méthodologies d'évaluation des finances publiques (Paragraphe 2).

Paragraphe1-L'universalisation des bonnes pratiques

De plus en plus, de nouveaux principes de gouvernance (A) s'insèrent dans le dispositif de gestion des ressources publiques, avec pour conséquence l'actualisation du processus classique de prise et d'exécution de la décision financière publique (B).

A-Les principes émergents

La nécessaire mobilisation de ressources extérieures et de ressources de marché, en complément des recettes budgétaires, pour le financement du déficit du budget de l'État implique, pour le Gouvernement, l'observation d'un certain nombre de principes et règles admis comme sources de bonnes pratiques. Le besoin presque structurel du Bénin pour le financement du déficit budgétaire le rend davantage exposé au diktat des apporteurs de capitaux, tout comme les autres États en développement. En effet, les budgets successifs du Bénin cumulent des déficits dont le financement est conjointement assuré par des ressources des Partenaires au développement et des ressources du marché.

Entre 2006 et 2014, le déficit budgétaire global, dons compris, est passé de 0,8% à 1,9% du produit intérieur brut. Pour le budget 2015, il ressort à 7,8%[870] alors que pour les prévisions budgétaires de 2017, le déficit budgétaire est projeté à 12,3% du PIB[871].En plus des charges de trésorerie à honorer au cours de la gestion 2017, les ressources de financement du projet de loi de finances pour la gestion 2017 se chiffrent à 1 002, 681 milliards de FCFA dont 285,3 milliards à rechercher auprès des Partenaires au développement et 716,6 milliards à mobiliser sur le marché financier régional de l'UEMOA[872].

Ce niveau de besoin de ressources de financement, évoqué à titre illustratif, atteste de la dépendance des États en développement vis-à-vis des ressources autres que celles budgétaires. L'importance des

---

publiques dans le monde, compte rendu des tables-rondes de l'université de printemps de finances publiques, FONDAFIP, septembre 2008, p.7.

[870]*Cf.* Tableau des Opérations Financières du Bénin à fin décembre 2015.

[871]*Cf.* Décret n°615 du 05 octobre 2016 portant transmission à l'Assemblée Nationale du projet de lois de finances pour la gestion 2017.

[872]*Ibidem.*

ressources budgétaires nécessaires pour faire face aux impératifs de dépenses en matière de mise en œuvre des politiques économique et sociale de l'État explique cette tendance à la mobilisation des ressources complémentaires.

L'absence de marge de manœuvre des gouvernants sur le niveau des charges, que ceux-ci expliquent par les effets d'hystérésis des politiques antérieures[873], peut également être analysée sous l'angle de la perte de maîtrise du processus de prise de la décision financière publique. Non seulement les gouvernants doivent rechercher les moyens pour la satisfaction des besoins présents des populations, mais ils doivent également assurer la continuité de l'État en honorant les engagements du passé.

Or, avec la cage de verre de l'économie contemporaine, la situation des finances publiques de chaque État est connue, en même temps que les systèmes de gestion en usage. L'information étant disponible, les apporteurs de capitaux les analysent et définissent les précautions sécuritaires nécessaires à l'encadrement et à l'utilisation des ressources mobilisables dans le cadre des accords de financement.

Ainsi, qu'il s'agisse de partenaires bilatéraux ou de partenaires multilatéraux, chacun définit les principes et règles qui devront prévaloir dans l'utilisation des ressources. Les États acceptent généralement les conditions des accords et conventions de financement et s'engagent ainsi pour la mise en œuvre des règles et principes inclus dans les documents conventionnels. Ces règles et principes sont, pour la plupart, promus par des institutions internationales dont notamment la Banque Mondiale et le Fonds Monétaire International.

En définitive, le fait que les recettes propres d'un État ne suffisent pas à elles seules pour faire face à ses besoins de ressources pour le financement de ses politiques et programmes de développement explique, en partie, la disponibilité des États à s'engager dans des contrats qui les contraignent à l'observance de règles et principes dits de bonne gouvernance. Le souci d'assurer un service public de qualité aux citoyens pourrait ainsi expliquer l'érosion de la marge de manœuvre des pouvoirs publics dans les négociations des conventions de financement. A titre d'illustration, les réalisations des recettes des

[873]P. Le LIDEC et A. SINE, « L'ordre budgétaire. L'économie politique des dépenses de l'Etat », *in Politique et Management Public*, vol. 24, n°3, 2006, Tome 1. Pp.182-186.

régies financières sur les cinq dernières années (depuis 2011) au Bénin n'ont guère excédé les 80%[874].

Ceci étant, le recours au financement des Partenaires au développement et au financement du marché devient incontournable. Or, avec les différentes crises qu'a connues le monde ces dernières années (crise financière et économique de 2008 à 2009, chute du cours des matières premières des années 2015 et 2016, etc.), les aides budgétaires et autres ressources concessionnelles enregistrent un tassement. Par voie de conséquence, les conditions pour leur levée deviennent de plus en plus corsées, avec en toile de fond un regard critique sur la gouvernance des États demandeurs.

La gestion des finances publiques[875] est, à ce sujet, perçue comme une dimension essentielle de la gouvernance publique et un instrument qui détermine l'efficacité de la coopération au développement et des efforts des pays en développement eux-mêmes. Selon la Banque mondiale par exemple, la gestion des finances publiques joue un rôle important dans les réformes de gouvernance et les prêts en faveur de réformes[876]. Quant au département britannique pour le développement international (DFID), « *le risque fiduciaire dans la mise en œuvre de ressources destinées à la coopération au développement revêt trois aspects : les ressources ne sont pas utilisées pour réaliser l'objectif prévu ; elles ne sont pas mises en œuvre de manière économique, efficace et efficiente (optimisation des ressources) et les informations sur leur utilisation ne sont pas suffisantes* »[877].

Les instruments ou critères de mesure de la qualité de la gouvernance financière publique sont ainsi érigés en prisme d'analyse de la qualité de la gouvernance et de la capacité des États à garantir l'absence de risques fiduciaires[878] sur les ressources.

---

874 *Cf.* Tableau des Opérations financières de l'Etat sur les cinq (05) dernières années au Bénin.

875 L'expression gestion des finances publiques sert depuis quelques années de cadre à un débat animé sur les capacités et la réforme des finances publiques dans les pays en développement.

876 http://www.banquemondiale.org/ida.

877 S. LEIDERER et P. WOLFF, « Gestion des finances publiques : une contribution à la bonne gouvernance financière », *Annuaire suisse de politique de développement* [En ligne], Vol. 26, n°2 | 2007, mis en ligne le 22 juin 2009, Consulté le 01 octobre 2016. URL : http://aspd.revues.org/142, p.182.

878 Il s'agit des risques liés non seulement à la qualité des procédures d'exécution des dépenses sur les ressources mais surtout de la destination des ressources. La question

L'un des principes cardinaux qui s'imposent aux États en développement, dans leur relation avec les partenaires au développement, est la transparence. Elle devient le socle de l'action publique et le déterminant de l'engagement des partenaires financiers. Pour ce qui concerne notamment les ressources issues de coopération bilatérale, le souci de la transparence dans l'utilisation des ressources se fonde sur l'origine des ressources en jeu. Pour l'essentiel, elles seraient constituées de contributions des citoyens des pays donateurs, de telle sorte que la garantie de leur utilisation rationnelle est un devoir pour l'État donateur.

Dans la mise en œuvre, la recherche de la garantie de la bonne gestion des ressources se concentre sur les procédures qui doivent garantir la transparence, l'efficacité et l'efficience des dépenses publiques, y compris dans l'utilisation de l'argent des donateurs. Cette concentration s'explique, selon certains auteurs, « *par l'existence des risques fiduciaires, qui découlent, aux yeux des donateurs, de l'implication des systèmes budgétaires des pays en développement dans la gestion de l'aide extérieure* »[879]. En effet, selon différentes assertions, « plus la gestion des finances publiques d'un pays est transparente et efficace, moins les risques fiduciaires paraissent élevés »[880]

L'UEMOA l'a si bien compris qu'elle a adopté en 2009, une directive sur la transparence dans la gestion des finances publiques[881]. Le domaine d'application des dispositions de cette directive est bien défini et s'étend à l'ensemble des compartiments de la gestion financière publique. Les dispositions de l'alinéa 1er de l'article 2 indiquent notamment que, « *la Commission et les États membres prennent les dispositions nécessaires pour conformer la préparation et l'adoption des textes se rapportant directement ou indirectement à la gestion des finances publiques aux principes et règles définis par ledit Code* ».

Les textes visés et qui sont cités à l'alinéa 2 du même article sont la loi de finances, le règlement général sur la comptabilité publique, le

fondamentale étant le souci de voir les ressources aller effectivement aux finalités pour lesquelles elles ont été obtenues.

879 S. LEIDERER et P. WOLFF, *Op.cit.*, p.177.

880 *Ibidem.*

881 Il s'agit de la directive n°01/2009/CM/UEMOA portant code de transparence dans la gestion des finances publiques au sein de l'UEMOA.

plan comptable de l'État, la nomenclature budgétaire de l'État, le tableau des opérations financières de l'État, le plan comptable et la nomenclature budgétaire des collectivités locales.

L'autre principe dont l'introduction dans la pratique de gestion des finances publiques des États de l'Afrique de l'Ouest, notamment francophones, et qui relève beaucoup plus d'une contrainte que d'une volonté endogène des États, est le passage d'une gestion axée sur les moyens vers la gestion axée sur les résultats. Pour qualifier ce repositionnement stratégique dans l'administration et la gestion des deniers publics, on conçoit qu'il soit assimilé à une fièvre de la quête de la performance qui s'est emparée des États de l'Afrique de l'Ouest francophone[882].

En réalité, sous l'impulsion d'une réforme communautaire, les États de l'Afrique de l'Ouest francophone s'inscrivent depuis peu dans une dynamique de refonte des textes fondamentaux de la gestion publique pour les aligner sur les bonnes pratiques, en l'occurrence la recherche et la réalisation d'une articulation entre allocation de ressources et résultats.

Les partenaires au développement y attachent un intérêt particulier. Le resserrement des opportunités de financement au plan international et les conditions contractuelles qui ciblent désormais la qualité de la gouvernance, accentuent le regard sur l'appropriation par les États de la pratique de la bonne gouvernance. Les apporteurs de capitaux, qui sont désignés aujourd'hui par le vocable ''partenaires au développement'' estiment, en effet, que « *l'importance de la GFP découle du rôle central que jouent les finances publiques dans un État démocratique désireux de se développer* »[883]. *Pour eux, « une politique budgétaire axée sur des objectifs et une gestion budgétaire transparente sont à la base de prestations publiques visant à réduire la pauvreté et à atteindre les Objectifs du Millénaire pour le développement (OMD) dans les pays en développement* »[884].

L'évolution des relations du Bénin avec ses partenaires au développement montre bien que les préoccupations liées à la transparence des opérations financières publiques, le passage à la gestion budgétaire axée sur les résultats et bien d'autres spécificités

---

[882] *Cf.* N. MEDE, « L'Afrique francophone saisie par la fièvre de la performance financière », *in RFFP*, n°135, sepembre 2016.
[883] S. LEIDERER et P. Wolff, *Op.cit.,* p.175.
[884] *Ibidem.*

caractérisent la coopération. Le protocole d'accord entre le Gouvernement du Bénin et des partenaires au développement relatif aux appuis budgétaires signé le 4 décembre 2007 et qui continue d'être le repère de la collaboration mentionne assez clairement ses exigences. On note, par exemple, dans ledit protocole, avant même les principes généraux, des conditions générales d'éligibilité. Il s'agit, entre autres, du maintien de la stabilité macroéconomique à travers l'évaluation du cadre macroéconomique par le FMI et de la mise en œuvre de mesures visant à rendre la gestion des finances publiques plus transparente, fiable et efficace[885]. De façon spécifique, on peut relever dans l'accord, en ce qui concerne les responsabilités spécifiques dans la gestion des finances publiques que le Gouvernement s'engage à « *exécuter le budget de façon satisfaisante en particulier dans les secteurs prioritaires et à coopérer pleinement lors des exercices d'évaluation de la performance du système de gestion des finances publiques, tels que le PEFA, le CFAA, le CPAR, en tant qu'instruments communément agréés par les Partenaires Techniques et Financiers* »[886].

Au-delà de ces conditions dites générales, il y a les principes généraux au nombre desquels l'amélioration de la prévisibilité des ressources à moyen terme et l'alignement des versements des PTF sur le cycle budgétaire, le renforcement du processus de dialogue sur les performances des politiques publiques en y associant les acteurs non étatiques et l'intégration du mécanisme de suivi et d'évaluation des appuis des PTF dans les dispositifs de suivi-évaluation du Gouvernement[887].

Le principe lié à l'association des acteurs non étatiques au processus budgétaire semble être même plus prépondérant que d'autres, vu la place et l'importance que lui réservent les institutions internationales et autres organisations œuvrant pour des finances publiques citoyennes[888]. En effet, selon certains auteurs, *« Le respect des principes fondamentaux des droits humains – en particulier du droit à la participation, de l'égalité des chances et de la non-discrimination – permet pour le moins d'assurer*

---

[885]*Cf.* point 7 du protocole d'accord entre le Gouvernement du Bénin et des partenaires au développement relatif aux appuis budgétaires signé le 4 décembre 2007, p.4.

[886]*Cf.* point 8.3 du protocole d'accord entre le Gouvernement du Bénin et des partenaires au développement relatif aux appuis budgétaires signé le 4 décembre 2007, p.4.

[887]Cf. point 7 du protocole d'accord entre le Gouvernement du Bénin et des partenaires au développement relatif aux appuis budgétaires signé le 4 décembre 2007, p.3.

[888]*Cf. RFFP* n°135 de 2016 consacrée au thème « finances publiques et citoyenneté ».

que les préoccupations des pauvres soient prises en compte dans l'élaboration et l'administration du budget »[889].

Au demeurant, « *la transparence des finances publiques de même que la participation de la population et de groupements de la société civile à l'établissement du budget témoignent du bon fonctionnement d'un système fondé sur l'obligation des autorités de rendre compte de leur action. A ce titre, des systèmes de GFP transparents et participatifs contribuent à faire respecter les droits humains, au sens d'autonomisation (empowerment)* »[890].

Face à la rareté des ressources publiques et à l'immensité des besoins d'intérêt général à satisfaire, les règles de bonne gouvernance semblent prendre de l'ascendant sur les procédures et mécanismes classiques de prise de la décision financière publique. Ainsi, la question de légitimité devient une question centrale. Elle postule que les choix de politique publique, qu'ils interviennent dans le cadre du budget ou en dehors de ce processus, doivent être faits avec l'accord de tous les décideurs capables de les modifier en cours d'exécution. Elle soutient également que les décisions prises dans le cadre de l'élaboration et de l'exécution du budget doivent être principalement des décisions de politique publique.

Ainsi, avec sa variante binaire, le principe de légitimité a deux corollaires : d'une part, c'est aux services opérationnels qu'il appartient de décider de l'emploi optimal des intrants ; d'autre part, les décisions doivent être prises par la communauté et le secteur privé quand ceux-ci sont les mieux placés pour prendre de telles décisions.

En définitive, le pouvoir de décision financière, quand bien même, il semble relever des organes nationaux, les options et décisions de ces derniers semblent parfois orientées et guidées de l'extérieur. Le cas de la Pologne explique à suffisance cette réalité devenue aussi partagée en Afrique francophone qu'ailleurs dans le monde entier d'après le constat de Teresa LUBINSKA, directrice de la chaire des finances à la faculté des sciences d'économie et de gestion de Szczecin et ancienne ministre des finances de Pologne. Selon elle, « *la volonté d'adhésion de la Pologne à l'Union européenne a joué le rôle de catalyseur dans cette démarche, en la poussant à adopter des mesures inspirées des standards internationaux en la matière,* »[891].

---

[889]*Cf.* S. LEIDEREr et P. WOLFF, Op.cit., p.178.

[890] S. Leiderer et P. Wolff, Op.cit., p.175.

[891]M. DENIAU et B. CHEVRIER,« Vers la bonne gouvernance financière dans le monde : approche comparée des réformes », *Op.cit.*, p.7.

B-La rénovation du processus de prise de décision

De plus en plus, les donateurs ont convenu de confier la mise en œuvre de leurs contributions aux systèmes nationaux de gestion des finances publiques dans les pays qui respectent déjà les bonnes pratiques en la matière ou qui ont lancé les programmes de réforme requis[892].Mieux, les réformes politiques sont également ciblées au regard de leur partition à la bonne gouvernance en général[893].

Les initiatives de rénovation des processus décisionnels en matière financière publique, visent donc l'intégration, dans les procédures de prise de décisions budgétaires et de décisions internes à caractère normatif financier, de pratiques considérées comme des références. La transparence budgétaire qui tend à être appréhendée sous le vocable « ouverture du budget »[894] et la démocratisation des processus budgétaires par l'implication de plusieurs acteurs traduisent une volonté des partenaires de faire du pouvoir normatif financier et du pouvoir budgétaire, des prérogatives dont l'exercice se fait sous le contrôle[895] et la participation du citoyen. Le Bénin s'est inscrit dans cette dynamique en faisant prendre par arrêté ministériel en 2016 le processus devant conduire à l'élaboration du budget 2017.

A la lecture des dispositions de cet arrêté n°0849-c/MEFPD/DC/SGM/DGB/DPB portant fixation du *planning* des tâches relatives à l'élaboration de la loi de finances 2017 et du budget pluriannuel 2017-2019 du 10 mars 2016, on note qu'il y a l'implication de plusieurs acteurs qui *a priori*, ne comptaient pas pour l'exercice d'une compétence qui relève du pouvoir exécutif[896]. Plusieurs activités dont notamment les revues de dépenses, les ateliers de définitions des orientations économiques et budgétaires, les conférences de performance, les conférences de budgétisation et autres activités connaissent la participation de plusieurs acteurs non étatiques (Organisations Non Gouvernementales, Organisations d'employeurs du secteur privé, Association des communes du Bénin, etc.).

---

[892] S. LEIDERER et P. WOLFF, *Op.cit.*, p.180.

[893]CODESRIA, OSIWA, Projet de suivi de la gouvernance en Afrique de l'Ouest, *Etat de la gouvernance en Afrique de l'Ouest : Bénin*, 2011, P.11.

[894]*Cf.* www.internationalbudget.org.

[895]*Cf.* arrêté n°0849-c/MEFPD/DC/SGM/DGB/DPB portant fixation du planning des tâches relatives à l'élaboration de la loi de finances 2017 et du budget pluriannuel 2017-2019 du 10 mars 2016.

[896]*Cf.* article 109 de la Constitution du 11 décembre 1990.

Pour la plupart, les innovations apportées au calendrier des travaux budgétaires le sont dans le souci d'une conformité aux évolutions enregistrées ailleurs et portées par certaines institutions comme sources de valeurs positives pour la gouvernance.

Pour l'essentiel, les principes qui intègrent les processus budgétaires pour leur rénovation, sont censés orienter les textes qui régissent l'organisation des services financiers publics vers des valeurs telles que la légitimité pour la légitimation démocratique des décisions de politique financière. La légitimité englobe une participation appropriée, équilibrée et non discriminatoire de la population (égalité entre femmes et hommes). Sur ce dernier aspect de l'égalité entre femme et homme, en ce qui concerne le budget de l'État, des initiatives sont également prises pour leur effectivité dans la loi de finances au Bénin.

En termes d'initiatives pour l'intégration de l'égalité entre la femme et l'homme, s'agissant de la décision financière publique, il n'est pas question de réaliser une répartition de façon égalitaire entre les hommes et les femmes, ni de réaliser une inclinaison des normes financières en faveur de la femme ou de l'homme. Il s'agit plutôt de rendre le processus qui conduit à la formulation et à la prise de la décision financière publique sensible à l'approche genre[897]. Ce que certains appellent la budgétisation sensible au genre[898].

L'expérience béninoise en la matière révèle une démarche plutôt progressiste et prudente. En effet, afin d'intégrer la dimension genre[899]

---

[897]Le genre est un concept qui renvoie à la répartition des rôles et à la nature des relations entre les femmes et les hommes. Contrairement au sexe biologique, cette construction sociale des rapports de genre évolue dans le temps et dans l'espace. Ainsi, les statuts, rôles et responsabilités ainsi que le pouvoir attribués aux individus peuvent-ils varier en fonction d'autres critères que la seule appartenance à l'un ou l'autre sexe ; en fonction du pays, de la culture, de l'âge, de l'ethnie, du statut politique, du groupe socio-économique, de la caste, de la religion, de l'orientation sexuelle. *Cf.* VENRO, *Le genre dans la coopération au Développement*, 2009, *Cf.*http://www.venro.org/fileadmin/Publikationen/gender/ Gender_F_v03_WEB.pdf consulté le 23 janvier 2018 9h10.

[898] « La budgétisation sensible au genre est une application de l'intégration de la dimension de genre dans le processus budgétaire. Cela signifie une évaluation des budgets basée sur la dimension de genre, en incorporant une perspective de genre à tous les niveaux du processus budgétaire et en restructurant les recettes et les dépenses dans le but de promouvoir l'égalité des genres ». *Cf.* Conseil de l'Europe, *Rapport d'activités 2005*, p.140.

[899] La notion de « genre » vient de l'anglais et fait une distinction linguistique entre le « sexe social » (*gender*) et le « sexe biologique » (sex). Par « genre », on entend les

au budget de l'État, il est nécessaire d'en savoir un peu sur les termes dans lesquels la question se pose par secteur et d'identifier les stratégies les plus appropriées pour une solution efficace. Dans cette perspective, le ministère de l'économie et des finances a commandité, avec l'appui financier de la coopération technique allemande, une étude diagnostique de la mise en œuvre de la dimension genre dans le processus budgétaire. Le rapport de cette étude a été validé au premier trimestre de l'année 2016.

En clair, l'étude montre que « *tenir compte des besoins spécifiques des hommes et des femmes dans la planification des actions de développement et l'affectation des ressources conséquentes est un gage d'efficacité et d'efficience* »[900]. Il est pourtant mis en relief, selon les résultats de l'étude, une insuffisante appropriation de la démarche et une faible prise en compte de la dimension genre dans le processus budgétaire. Les éléments qui expliqueraient cet état de choses seraient, entre autres, *« la mauvaise perception du concept, le fait que les femmes soient peu promues à des postes de responsabilité, le manque de volonté politique des acteurs à accompagner le concept, c'est-à-dire à décider et à donner les moyens pour une réelle application de cette approche, la non prise en compte de la dimension genre dans les méthodes de planification et de budgétisation et le manque de stratégie et de méthode »*[901].

Le groupe de l'Agence Française de Développement, en considération de ces insuffisances et pour ce qui concerne ses activités en tant qu'agence de développement, a progressivement déployé, au cours de la dernière décennie, « *des pratiques d'intégration opérationnelle du genre*

---

différences entre hommes et femmes conditionnées par la société. Des comportements de rôle différents et des stéréotypes traditionnels en font tout autant partie que les rapports entre les deux sexes. Le genre est donc également un indicateur pour les rapports de force et la discrimination. Le genre est construit socialement et culturellement et dépend donc des conditions générales culturelles, sociales, économiques et historiques respectives. Comme les rôles de genre sont appris, ils sont aussi modifiables.

[900]Ministère de l'Economie, des Finances et des Programmes de Dénationalisation, *Rapport de l'étude diagnostique de la mise en œuvre de la dimension genre dans le processus budgétaire*, mars 2016, p.6.

[901]*Ibidem.*

danscertains secteurs et opérations pilotes (hydraulique, agriculture et marchés urbains notamment) »[902].

Parmi les facteurs ci-dessus énumérés, deux semblent déterminants. Il s'agit du manque de stratégie et de méthode. En réalité, ce sont les stratégies qui orientent dans le choix des actions/activités à mettre en œuvre pour espérer résoudre une question qui se pose. Or, dans la plupart des secteurs où l'étude a été menée, les politiques publiques semblent moins réceptives à la question du genre. Par voie de conséquence, les stratégies sont moins porteuses de propositions et d'éléments pour une intégration poussée du genre dans les processus budgétaires.

En principe, on n'aurait pas à voir dans cette dynamique d'intégration du genre au processus budgétaire, une quelconque forme d'orientation exogène des centres d'intérêt de la décision financière publique. On l'aurait admis comme un engagement normal de l'État pour une politique publique visant la réduction des inégalités liées au sexe. Or, l'option pour un budget sensible au genre n'est vraisemblablement pas une initiative libre du Gouvernement. Bien entendu qu'il peut s'y opposer. Mais ce n'est pas le cas.

Tout comme d'autres initiatives étatiques suscitées par des partenaires au développement, l'engagement pour la sensibilité du budget de l'État aux questions liées au genre semble être dicté par des conditionnalités relatives aux aides et autres ressources extérieures. La Coopération Technique Allemande[903], les Pays Bas, l'Agence

---

[902]Agence Française de Développement, *Le genre et la réduction des inégalités femmes-hommes, Cadre d'intervention transversal 2014-2017*, p.11. *Cf.* http://www.afd.fr/fr/cadre-intervention-genre-reduction-inegalites consulté le 23 janvier 2018 à 9h21.

[903] Une stratégie importante appliquée depuis de nombreuses années par la coopération internationale au développement consiste à promouvoir l'égalité entre hommes et femmes en intégrant systématiquement la dimension du genre dans toutes ses activités. Bon nombre de commettants de la GIZ se sont engagés en faveur de l'égalité des sexes, et la prise en compte des aspects du genre joue un rôle important dans la programmation, la conception et la planification des actions de développement. Ainsi, les critères d'attribution de marchés du BMZ (2001) contiennent des directives politiques claires à l'endroit des organismes d'exécution de la coopération bilatérale allemande au développement, qui sont tenus d'effectuer une analyse de genre au début de chaque nouveau projet. L'exécution d'analyses de genre est également une priorité dans le cadre de la stratégie genre de la GIZ. Depuis février 2011, le ZAK doit vérifier lors de ses réunions si une analyse de genre a été réalisée dans le cadre de l'examen d'un projet et de la préparation de l'offre et si les résultats sont intégrés au système d'objectifs établi et à l'approche méthodologique choisie. Si

Française de développement[904], la Banque Mondiale[905], le Fonds Monétaire International et autres font de la question du genre des éléments de conditionnalités pour le décaissement de leurs ressources.

On note conséquemment, dans le processus de prise de la décision financière publique, une double prise en compte de la question liée au genre. Premièrement, la préoccupation de l'intégration du genre au processus budgétaire transparait clairement dans les orientations économiques du budget[906]. Elle semble même tenir une place privilégiée. Pour l'ensemble des orientations, elle constitue un élément transversal, c'est-à-dire à prendre en compte dans la formulation de la quasi-totalité des actions devant permettre d'opérationnaliser les décisions de politiques économiques et budgétaires. La question du genre bénéficie en réalité du même degré d'importance que des sujets de préoccupation majeure, voire universelle, telles que la lutte contre les changements climatiques, l'emploi des jeunes et la lutte contre la corruption. Ainsi, lit-on dans le décret portant transmission à l'Assemblée Nationale du projet de loi de finances pour la gestion 2016 que « *les choix budgétaires opérés à partir des axes d'intervention* […] *restent, comme en 2015, sensibles à la bonne gouvernance, à la*

---

aucune analyse de genre n'a été exécutée, le groupe veille à ce que cette lacune soit comblée. *Cf.* GIZ : « L'égalité, un atout pour tous, FAQ Analyse de genre», sur https://www.giz.de/expertise/downloads/FR-FAQ_Analyse_de_genre.pdf.

[904] On peut noter, par exemple, au niveau de l'Agence française de développement qu'il existe des principes directeurs de la coopération financière et qui sont libellés de la façon suivante : « Prévenir les inégalités femmes-hommes dans les opérations de l'AFD », « Promouvoir le genre comme un des objectifs des interventions de l'AFD », « Accompagner l'évolution des sociétés sur les enjeux de genre ». *Cf.* Agence Française de développement, *Notes méthodologiques présentant des lignes directrices pour améliorer les pratiques de l'agence*.

[905]Un rapport de la Banque Mondiale révèle que les pays pauvres sont aujourd'hui encore contraints d'accepter un nombre inacceptable – et croissant – de conditions s'ils veulent accéder aux fonds de développement de la Banque Mondiale et du FMI. En moyenne, les pays pauvres sont soumis à au moins 67 conditions pour obtenir un prêt de la Banque Mondiale. Certains pays ont même dû accepter un nombre bien plus élevé de conditions : l'Ouganda, par exemple, où 23% des enfants de moins de 5 ans souffrent de malnutrition, s'est vu imposer le nombre incroyable de 197 conditions dans le cadre du financement que lui a accordé la Banque Mondiale en 2005. *Cf. La conditionnalité de la Banque Mondiale et du FMI : une injustice pour le développement*, Eurodad. Juin 2006.

[906]*Cf.* Document de Programmation Budgétaire et Economique Pluriannuelle 2015-2017, p.29 ; *Document de Programmation Budgétaire et Economique Pluriannuelle 2016-2018*, pp, 5, 7 et 34.

promotion de l'emploi, au genre et à la lutte contre les effets néfastes des changements climatiques »[907].

Par ailleurs, en matière d'allocation de ressources, on observe que la plupart des ministères programment des ressources dans leur budget pour la lutte contre les inégalités liées au genre et ceci, en application des orientations visant la prise en compte de cette nouvelle dimension de développement. On retrouve dans les budgets, des chapitres budgétaires dédiés à des cellules genres avec des libellés différents mais convergents dans leur finalité. C'est ainsi que, par exemple, on peut lire dans le budget du ministère de la justice qu'il y a « la cellule genre et développement du ministère » ; « la cellule d'appui à la cellule genre » au ministère de l'économie et des finances ou encore « la cellule femme dans le développement agricole et rural » au ministère de l'Agriculture, de l'élevage et de la Pêche[908].

Hormis les questions de transparence et de genre, d'autres obligations traitées comme des conditionnalités de décaissement de ressources extérieures, se trouvent introduites dans les accords et conventions destinés à la mobilisation de ressources des partenaires au profit de l'action publique. On peut affirmer à ce propos que l'introduction par les PTFs de règles et principes à vocation d'encadrement, dans les systèmes nationaux de gestion des finances publiques des États, est devenue une réalité partagée.

A ce titre, on peut évoquer l'obligation de reddition de compte qui comprend la responsabilité et l'obligation des instances étatiques de rendre compte de leurs actes aux citoyens. On peut également évoquer l'efficacité et l'efficience de l'administration des finances publiques qui dépendent de la possibilité dont bénéficient et usent la société et ses citoyens de demander des comptes à l'État. C'est la même chose pour la légalité. Elle se veut un principe qui oblige les gouvernants et l'administration financière publique à respecter un cadre légal valable pour tous, équitable et impartial. En d'autres termes, la légalité des finances publiques garantit principalement leur prévisibilité et leur contrôle en toute fiabilité.

Pour les partenaires au développement, on comprend qu'il est question de faire la promotion de principes, hormis ceux liés strictement

---

[907]*Cf.* Décret n°2015- 526 du 06 octobre portant transmission à l'Assemblée Nationale du projet de loi de finances pour la gestion 2016, p.3.

[908]Ministère de l'Economie et des Finances, *Tomes des budgets classiques des ministères et Institutions de l'Etat*. *Cf.* www.finances.bj.

à la bonne administration, notamment ceux qui se réfèrent aux valeurs fondamentales qui régissant l'activité étatique à savoir la justice sociale et la durabilité écologique. Ces valeurs doivent transparaître non seulement dans les recettes, mais aussi dans les dépenses de l'État. L'élaboration d'un code de bonne conduite par le FMI et qui pose quatre principes essentiels, à savoir « *la définition claire des attributions et des responsabilités, au sein du périmètre public, la détermination d'un processus budgétaire clair, l'accès du public à l'information, l'existence d'un contrôle interne et d'un audit indépendant* »[909], participe de cette volonté des partenaires au développement.

On observe donc une volonté de globalisation des standards internationaux en matière de gestion des finances publiques. Cette recherche de cohérence et de bonnes pratiques financières au niveau international, laisse espérer une intégration grandissante de la nouvelle gouvernance financière au sein des États[910].

En somme, le Code de bonnes pratiques du FMI en matière de transparence des finances publiques souligne que (i) le secteur de l'administration publique doit être clairement séparé du reste de l'économie et que la répartition des attributions entre politique et administration doit être clairement définie ; (ii) la gestion des finances publiques doit s'inscrire dans un cadre juridique et administratif clair ; (iii) le public doit être pleinement informé de l'activité financière passée, présente et prévue de l'administration publique ; (iv) le service public doit s'engager à diffuser en temps voulu des informations sur les finances publiques ; (v) la documentation budgétaire doit préciser les objectifs en matière de finances publiques, le cadre macroéconomique, les politiques budgetaires et les principaux aléas budgétaires identifiables ; (vi) les informations budgétaires doivent être présentées de manière à satisfaire aux besoins de l'analyse des politiques et de la clarté des comptes ; (viii) les modalités d'exécution et de suivi des dépenses approuvées doivent être clairement définies ; (ix) des rapports

---

[909] B. CAILLEMER et M.VALENTE, « Les standards de la bonne gouvernance financière publique», *inLa bonne gouvernance des finances publiques dans le monde*, compte rendu des tables-rondes de l'université de printemps de finances publiques, FONDAFIP, septembre 2008, p.5.

[910] A. LACHEZE et F.WASERMAN, « Les chemins de la bonne gouvernance financière publique », *inLa bonne gouvernance des finances publiques dans le monde*, compte rendu des tables-rondes de l'université de printemps de finances publiques, FONDAFIP, septembre 2008, p.6.

complets et fiables doivent être publiés dans les délais prévus et mettre en évidence les tendances dans les finances publiques et (x) les informations relatives aux finances publiques doivent faire l'objet d'un examen public et indépendant[911].

Autrement dit, *« bien que les finances publiques relèvent d'une tradition démocratique confiant aux seuls Parlements un pouvoir normatif en matière financière, on assiste en effet dans ce domaine à l'essor d'une production de normes par des organismes internationaux indépendants et par conséquent extérieurs aux États comme aux Parlements internationaux »*[912].

Toute analyse faite, les institutions qui se sont engagées dans la promotion des règles et principes de bonne gouvernance semblent avoir mis en place des mécanismes de suivi de l'appropriation par les États, en l'occurrence le Bénin, des principes érigés au rang de bonnes pratiques.

Paragraphe 2-Les évaluations des systèmes de gestion des finances publiques

La saine gestion des finances publiques est une composante essentielle de la croissance économique et de la réduction de la pauvreté dans les pays en développement. Les exercices d'évaluation du système de gestion des finances publiques, sous le prisme de critères précédemment insérés dans les accords de financement constituent, pour les partenaires au développement, la clé de contrôle de la gouvernance financière publique et de la vérification de l'appropriation par les États des bonnes pratiques de gestion publique[913]. En la matière, les missions du FMI semblent bien contraignantes pour les États (A). Les exigences quant aux évaluations de la gestion des finances publiques, selon les méthodologies PEFA et PEMFAR, ne sont pas du reste (B).

---

[911]Deutsche Gesellschaft für Technische Zusammenarbeit (GTZ), Good Financial Governance – Good Governance in Public Finance, Fiscal Studies, n° 3, Eschborn, GTZ, 2006, cité par S. LEIDERER et P. WOLFF, « Gestion des finances publiques : une contribution à la bonne gouvernance financière», *inAnnuaire suisse de politique de développement* [En ligne], Vol. 26, n°2 | 2007, mis en ligne le 22 juin 2009, Consulté le 01 octobre 2016. URL : http://aspd.revues.org/142, p.183.

[912] M. BOUVIER (dir), *Réforme des finances publiques, démocratie et bonne gouvernance*, L.G.D.J, Paris, 2004, p.87.

[913]En témoignent les nombreux rapports d'évaluation commandités ou suscités par les partenaires au développement dans les Etats de l'UEMOA.

A-Les missions d'évaluation du FMI

Par référence au contexte de sa naissance, il peut être admis que le Fonds Monétaire International (FMI) ait été créé en 1944 pour des finalités diverses mais convergentes (rétablissement et consolidation de la balance des paiements des États membres)[914]. On comprend mieux ce déterminant de la création du FMI, lorsque qu'on se rapporte à ses buts et qu'on les passe à l'analyse, sous le prisme des problèmes que connaît le monde à la sortie de la deuxième guerre mondiale. Entre autres missions, on retient que le FMI envisage de *« donner confiance aux États membres en mettant les ressources générales du Fonds temporairement à leur disposition moyennant des garanties adéquates, leur fournissant ainsi la possibilité de corriger les déséquilibres de leurs balances des paiements sans recourir à des mesures préjudiciables à la prospérité nationale ou internationale »*[915].

L'idée de la mise à disposition des États de ressources pour faire face à des difficultés, qu'elles soient passagères ou structurelles, appelle, telle que libellée dans les statuts du FMI, la mise en place d'un certain nombre de garantie et le respect d'un ensemble de critères. Les conditionnalités qu'engendrent l'obligation de mise en place de garantie et la satisfaction d'un certain nombre de critères, permettent déjà de repérer, tout au moins, une certaine volonté de suivi du système de gestion des États bénéficiaires des ressources, ou du moins la mise en place d'un mécanisme d'encadrement de la gestion financière publique dans les États membres bénéficiaires. Ce qui justifie l'affirmation selon laquelle, « *des conditions s'attachent toujours aux prêts du FMI* »[916].

Les dispositions de l'article 4 des statuts du Fonds Monétaire International précisent, avec beaucoup de clarté, les obligations auxquelles doivent s'astreindre les États en termes de surveillances exercées par le FMI. Elles prévoient, en effet, que « *le Fonds exerce une ferme surveillance sur les politiques de change des États membres et adopte des principes spécifiques pour guider les États membres en ce qui concerne ces politiques* »[917]. En sus, chaque État membre est tenu de *« fournir au Fonds les informations nécessaires à cette surveillance*

914*Cf.* Statuts du Fonds Monétaire International en son article 1er.

915*Cf.* Statuts du Fonds Monétaire International en son article 1er.

916 FMI, Fiche technique, disponible sur https://www.imf.org/external/np/exr/facts/fre/pdf/conditiof.pdf , avril 2015, p.2.

917*Cf.* article 4, sections 4-5 du Fonds Monétaire International.

et, à la demande du Fonds, à des consultations avec ce dernier sur ces politiques »[918].

L'objectif recherché à travers la mise en place de mécanismes spécifiques de surveillance du système de gestion des finances des États serait de garantir la bonne et efficace utilisation des ressources. Le suivi, lorsqu'il est efficace, devrait permettre de mettre les États emprunteurs en capacité de remboursement. Ce qui, logiquement, devrait permettre au Fonds de redéployer les ressources et d'accorder de prêts à d'autres États. C'est donc l'impératif de recyclage des ressources pour plus d'appui aux États qui justifieraient les mécanismes de surveillance instaurés (mission d'évaluation sur la base de l'article 4 de la charte et mission périodique de surveillance et de contrôle d'exécution des programmes conclus par les États avec le FMI)[919].

On comprend, dès lors, pourquoi *« lorsqu'un pays emprunte auprès du FMI, ses autorités acceptent d'ajuster les politiques économiques pour surmonter les problèmes qui les ont conduites à solliciter l'aide financière de la communauté internationale »*[920].

Ce qui apparaît comme une évolution en défaveur des États dans les relations qu'ils entretiennent avec le FMI, c'est le durcissement des conditionnalités et le renforcement de l'encadrement des autorités nationales dans l'administration et la gestion des ressources publiques. Il y a comme une complexification du mécanisme ou des conditions d'accès aux ressources du Fonds Monétaire International. Les analyses produites à cet effet par les services internes du Fonds l'attestent. Elles montrent, par exemple, que *« jusqu'au début des années 80, la conditionnalité du FMI était essentiellement axée sur les politiques macroéconomiques »*[921] et que *« par la suite, l'éventail et la complexité des conditions structurelles se sont accrues du fait de l'engagement croissant du FMI dans les pays à faible revenu et les pays en transition, où de graves problèmes structurels compromettaient la stabilité et la croissance économiques*[922].

---

[918] *Ibidem*

[919] FMI, Fiche technique, disponible sur https://www.imf.org/external/np/exr/facts/fre/pdf/conditiof.pdf , avril 2015, p.1.

[920] *Ibidem.*

[921] FMI, Fiche technique, disponible sur https://www.imf.org/external/np/exr/facts/fre/pdf/conditiof.pdf , avril 2015, p.2.

[922] *Ibidem.*

Ainsi, en sus des critères quantitatifs de réalisation pour évaluer les progrès d'un pays membre par rapport aux objectifs d'un programme donné, des objectifs indicatifs peuvent être également fixés. Les mêmes analyses des services du Fonds Monétaire International laissent apparaître que *« parfois, ils (les objectifs indicatifs) sont définis lorsque les critères de réalisation quantitatifs ne peuvent pas être établis à cause d'incertitudes statistiques quant aux tendances économiques (par exemple les mois ultérieurs d'un programme) et que « une fois que ces incertitudes se dissipent ces objectifs deviennent normalement des critères de réalisation quantitatifs avec les modifications qui s'imposent »*[923].

Par ailleurs, des mesures de réforme sont également introduites, le cas échéant, dans les programmes que le Fonds Monétaire International conclut avec les États. Dans le langage du Fonds, il s'agit de *« repères structurels* [...] *(souvent non quantifiables) essentiels pour atteindre les objectifs du programme »*[924] *et qui « servent de références pour évaluer la mise en œuvre du programme durant une revue »*[925]. En clair, il s'agirait d'une panoplie de précautions ou de mesures préventives promues par le Fonds pour garantir un succès sans condition à la mise en œuvre des programmes. Ces mesures varient d'un programme à l'autre et peuvent, par exemple, prendre la forme d'initiatives visant à améliorer le fonctionnement du secteur financier [...] ou à renforcer la gestion des finances publiques[926].

Ce qu'il importe également de relever ici, au-delà du durcissement des conditions d'accès aux ressources du Fonds Monétaire International, ce sont les revues périodiques et notamment celles qui n'ont pas pour ressort juridique l'article 4 des statuts du FMI. Elles révèlent en effet, de par leur mode opératoire, l'influence des exercices d'évaluation sur le pouvoir réel de décision en matière financière des États. En réalité, les évaluations du Fonds Monétaire International ne portent pas que sur la gestion courante. Elles se réfèrent au passé et aux dérives de gouvernance qui auraient été observés et s'attardent sur le présent pour apprécier les changements qualitatifs intervenus dans la gestion des finances publiques. C'est ce que justifie l'approche d'évaluation adoptée par le Fonds et qui révèle que *« les revues*

---

[923] *Ibidem.*
[924] *Ibidem.*
[925] *Ibidem.*
[926] *Ibidem.*

combinent une évaluation rétrospective (pour répondre à la question de savoir si les conditions du programme ont été observées dans les délais convenus) et une démarche prospective (pour répondre à la question de savoir si le programme a besoin d'être modifié au vu de l'évolution de la situation) »[927].

L'analyse de la sphère des discussions pendant les évaluations périodiques permet, par ailleurs, de relever que les champs ciblés pour les exercices de revue périodique ou d'évaluation sont en lien étroit avec le domaine de la décision financière publique. En réalité, le principal objectif étant de déceler les risques qui peuvent peser sur la stabilité intérieure et internationale et préconiser d'éventuels ajustements des politiques économiques ou financières, *« les entretiens portent principalement sur le taux de change, les politiques monétaire, budgétaire et financière, ainsi que sur les réformes structurelles essentielles au plan macroéconomique »*[928]. En outre, il convient de noter que l'action du FMI *« en matière de surveillance comporte deux volets fondamentaux : la surveillance bilatérale, qui consiste à évaluer les politiques de chaque pays membre et à lui donner des conseils, et la surveillance multilatérale, dont la portée est mondiale »*[929].

On comprend ainsi que sur le fondement des dispositions de l'article 4 du FMI, la surveillance n'épargne aucun pays membre, du fait de l'influence plausible de la politique économique d'un État sur un autre et, surtout, en raison du phénomène de la globalisation de l'économie[930]. Il est cependant une réalité que c'est la surveillance bilatérale axée sur un programme en cours avec le fonds qui semble le plus affaiblir les autorités nationales dans l'exercice des prérogatives qui leur sont constitutionnellement reconnues. Elles aboutissent à plusieurs types de sanctions, des mises en garde, des refus ou différés de décaissement.

A titre d'illustration, en 2015 au Bénin, alors que les autorités nationales ont fait remarquer que la privatisation des télécommunications devrait réduire les besoins de financement intérieur, *« les services du FMI les ont mis en garde contre la possibilité que les recettes de privatisation ne se concrétisent pas totalement, étant donné que les investisseurs*

---

927 *Idem*, p.1.

928 *Cf.* http://www.imf.org/external/np/exr/facts/fre/pdf/survf.pdf, consulté le 08 décembre 2016 à 16 heures.

929 *Ibidem.*

930 *Ibidem.*

internationaux sont moins disposés à prendre des risques »[931]. De même, ils ont estimé que les critères actuels et le mécanisme existant et visant la mesure du respect des indicateurs d'analyse du cadre macroéconomique comportent un certain nombre de déficiences. Pour eux par exemple, *« le critère essentiel relatif au déficit budgétaire de base a souvent été violé et, après l'allégement de la dette, le critère afférent à la dette (plafond de 70 % du PIB) n'est plus contraignant et risque maintenant d'être élevé du point de vue de la vulnérabilité d'endettement »*[932].

En ce qui concerne spécifiquement le Bénin, les constats, analyses et recommandations du FMI montrent bien l'orientation des réformes suggérées, voire imposées, de sorte qu'on peut interpréter l'accord de conclusion d'un programme avec le FMI comme ayant le caractère « d'un contrat d'adhésion ». Les formulations des conclusions démontrent, par elles-mêmes, qu'il incombe aux autorités d'agir au plus tôt pour transformer les recommandations en plan d'actions pour l'amélioration de la gouvernance financière publique. Ce qui induit, d'une manière ou d'une autre, un fléchissement soit dans la décision, soit dans l'approche décisionnelle.

Des éléments tirés du rapport publié par le FMI en janvier 2016 sur la situation économique et budgétaire du Bénin attestent du caractère presque obligatoire de la mise en œuvre des conclusions des missions d'évaluation du Fonds. On y lit par exemple, concernant les administrations des impôts et des douanes, que *« l'absence de coordination entre ces deux administrations empêche d'utiliser de façon cohérente l'Identifiant Fiscal Unique, l'une des réformes fondamentales du récent programme appuyé par le FMI* [et que] *dans une économie aussi dépendante des échanges, l'information douanière est essentielle pour élargir la base des contribuables intérieurs, mais [que] la coordination fait défaut »*[933]. Le Même rapport indique, s'agissant de l'administration des impôts, que « *les travaux sur un projet de réforme complet et détaillé de cette administration sont en cours depuis plusieurs années, notamment avec l'assistance technique du Département des finances publiques, mais sans résultats définitifs* »[934].

La preuve que les conclusions formulées par le FMI, à la suite de ses missions, constituent une source de transformation de l'arsenal juridique

---

[931]*Cf.* Rapport du FMI n°16/6 de janvier 2016 sur le Bénin, p.15.
[932]*Cf.* Rapport du FMI n°14/84 de mars 2014, sur le Bénin, p.11.
[933]*Cf.* https://www.imf.org/external/french/pubs/ft/scr/2016/cr1606f.pdf.
[934]*Ibidem*

de gestion des finances publiques et sont perceptibles dans la loi de finances pour la gestion 2017. En effet, la question de l'Identifiant Fiscal Unique a été prise en compte et mieux orientée sur les contribuables. Du reste, les dispositions de l'article 15 de la loi n° 2010-46 du 30 décembre 2010 portant loi de finances pour la gestion 2011 qui avait institué l'Identifiant Fiscal Unique sont modifiées et reprises. Ainsi, selon la loi de finances pour la gestion 2017, « *le numéro d'Identifiant Fiscal Unique (IFU) servira à la mise en place du répertoire national des contribuables* »[935].

Il est vrai que dans l'exposé des motifs qui ont conduit à la modification de la loi de finances pour la gestion 2011 dans ses dispositions relatives à l'Identifiant Fiscal Unique, il n'est pas évoqué le rapport du Fonds monétaire International. Seulement l'argumentation qui sous-tend l'exposé des motifs de ladite modification n'est pas sensiblement différente de celle évoquée par le Fonds Monétaire International dans son rapport[936].

Par ailleurs, il est également possible d'administrer une preuve additionnelle de l'alignement de l'État sur les orientations du FMI et affirmer ainsi que la faiblesse des décideurs nationaux est lisible dans le même rapport. Ainsi par exemple, en ce qui concerne la gestion de la dette, le FMI semble décerner un satisfécit à la Caisse Autonome d'Amortissement pour la mise en œuvre des réformes qui lui sont recommandées. Le rapport précise à ce sujet que « *conformément aux recommandations de l'assistance technique du FMI, la Caisse Autonome d'Amortissement (CAA) a récemment réaménagé ses missions avec la Direction du Trésor, réorganisé sa structure sous la forme d'un front-office, d'un middle-office et d'un back-office et mis au point sa stratégie* »[937].

L'appréciation positive ainsi formulée à l'endroit de la CAA et l'appel de la Direction Générale du Trésor et de la Comptabilité Publique à lui emboîter le pas démontrent le caractère quasi impératif des conclusions du Fonds Monétaire International.

---

[935]*Cf.* article 21 de la loi n°2016-33 du 26 décembre 2016 portant loi de finances pour la gestion 2017.

[936]*Cf.* Rapport publié par le FMI en janvier 2016 sur le Bénin et le décret n°2016-615 du 05 octobre 2016 portant transmission à l'Assemblée Nationale du projet de loi de finances pour la gestion 2017,

[937]*Cf.* https://www.imf.org/external/french/pubs/ft/scr/2016/cr1606f.pdf, *Op.cit.* p.13.

Aussi, les évaluations pilotées par le FMI ne sont-elles plus les seules, en matière de surveillance de la gestion financière publique et de l'appropriation des bonnes pratiques.

B-Les évaluations PEFA et PEMFAR

La multiplication des méthodologies et autres mécanismes d'évaluation du système de gestion des finances publiques des États semblent servir de contrepoids pour l'exercice indépendant et autonome du pouvoir de décision budgétaire et du pouvoir normatif financier dans les États en développement[938]. En effet, les protocoles et méthodologies d'évaluation utilisés sont source de contraintes, voire d'obligation d'assujettissement pour les États. Les cas des évaluations du système de gestion des finances publiques selon la méthodologie PEFA et la méthodologie PEMFAR corroborent l'influence des systèmes d'évaluations initiés et conduits par les Partenaires au développement sur l'autorité décisionnelle des pouvoirs ayant constitutionnellement en charge la décision financière publique.

A priori, la crédibilité que les résultats et conclusions des évaluations menées selon les méthodologies précitées inspirent aux partenaires au développement expliquerait les effets que ces résultats et conclusions produisent sur l'exercice du pouvoir de décision financière publique à l'intérieur des États. Du reste, les rapports PEFA et PEMFAR apparaissent comme des miroirs à travers lesquels les « apporteurs de capitaux » apprécient le système de gestion des finances publiques de chaque État. Pour être plus clair, on peut affirmer que ce sont ces rapports qui constituent des sources de référence pour la formulation des critères et la définition des conditionnalités pour la conclusion des conventions de financement.

L'orientation et la finalité de certaines méthodologies d'évaluation laissent entrevoir la volonté des initiateurs des évaluations d'ériger, les

---

[938]A titre d'exemple, on peut évoquer l'élaboration des outils d'information et d'assistance : « tout d'abord un manuel de transparence des finances publiques et des rapports d'observation sur les normes et les codes (ROSC) établi sur la base d'un volontariat de la part des Etats, et dans un second temps un manuel de statistiques des finances publiques consacré à l'application d'une comptabilité en droits constatés »[938]. Il en est de même de l'institution d'outils de diagnostic par la Banque Mondiale (la démarche PEFA qui se décline en une trentaine d'indicateurs). *Cf.* B. CAILLEMER et M.VALENTE « Les standards de la bonne gouvernance financière publique», *in*, *La bonne gouvernance des finances publiques dans le monde, compte rendu des tables-rondes de l'université de printemps de finances publiques*, FONDAFIP, septembre 2008, p.6.

rapports qui en découlent, en des documents de référence pour la fixation des socles des relations financières entre les États et les partenaires au développement. L'analyse des indicateurs PEFA confirme cette assertion. Du reste, *« Les indicateurs PEFA portent sur le fonctionnement des principaux éléments du système de gestion des finances publiques plutôt que sur les éléments et les moyens qui permettent au système d'atteindre un certain niveau d'efficacité »*[939]. A titre d'illustration, on peut évoquer les rapports des évaluations PEFA des années 2007, 2012 et 2014 des finances publiques du Bénin.

L'exemple le plus emblématique en la matière au Bénin semble relever du domaine des finances locales. En effet, en ce qui concerne la gestion budgétaire au niveau communal, le rapport PEFA de 2007 révèle que *« la principale contrainte pesant sur la gestion budgétaire des communes résulte des retards dans la mise en place des crédits qui leur sont alloués (transferts) ou dans les reversements de recettes provenant de la fiscalité »*[940]. Cet exemple pourrait paraître sortir du champ des présentes recherches axées sur les finances de l'État et non sur les finances locales. On peut, toutefois, justifier la pertinence de l'exemple précité étant donné que ce sont les relations entre les finances de l'État et les finances locales qui sont en jeu.

En effet, selon les conclusions du même rapport et en référence aux dispositions de l'article 26 de loi 98-007 du 15 janvier 1999 portant régime financier des communes en République du Bénin, *« les informations relevant des services de l'État et indispensables à l'établissement du budget communal doivent être communiquées au plus tard deux mois avant le vote du budget, la date limite fixée par le régime financier pour l'adoption du budget communal étant le 31 mars de l'année à laquelle il s'applique, il en découle que les informations relatives aux transferts de l'État aux communes doivent leur parvenir au mieux le 31 octobre de l'année précédant l'exercice budgétaire concerné et au plus tard le 31 janvier de l'année à laquelle se rapporte le budget »*[941].

---

[939]*Cf.* PEFA, *Cadre d'évaluation de la gestion des finances publiques*, février 2016, p.5.

[940] Programme FED de l'Union Européenne Pour le Bénin, Evaluation des finances publiques selon la méthodologie PEFA (*Public Expenditure and Financial Accountability),* Contract n° 2007/138517 (FWC BENEF Lot n° 11), élaboré par A. ACHOUR, S. BRIGNONEN et M. ZOUNON, Septembre 2007, p.39.

[941]*Cf.*Rapport final, Seconde évaluation de la performance de la Gestion et du Système des Finances Publiques au Bénin selon la méthodologie PEFA, Novembre 2014, p.52.

Pour étayer ses conclusions, les évaluateurs PEFA ont mis en relief deux exemples. Ceux du Fonds d'Appui au Développement des Communes (FADeC) affecté et du Fonds d'Appui au Développement des Communes (FADeC) non Affecté. Les rapports exposent qu'« *en ce qui concerne les transferts FADeC non affectés au titre de la gestion 2013, les communes n'ont été informées des montants qui leur sont alloués qu'après la session de la Commission Nationale des Finances Locales (CONAFIL), qui s'est tenue les 29 et 30 janvier 2013* »[942] alors que, pour ce qui concerne les transferts FADeC investissement affectés, « *les communes n'en sont informées qu'après la mise en place du budget général de l'État qui intervient généralement au cours de la première quinzaine du mois de janvier de l'année à laquelle se rapporte le budget* »[943].

Dès 2015, on constate que les observations faites en 2014 à travers l'évaluation des finances publiques selon la méthodologie PEFA apparaissent dans l'avenant n°2 à la convention de financement n° BJ/FED/022-015 portant modification des dispositions techniques et administratives puis réallocation budgétaire, sous la forme de conditionnalité. En effet, le point III.6 dudit avenant mentionne clairement que « *l'amélioration de l'exécution des budgets communaux et de leur suivi par l'État* » est un critère de décaissement de l'appui budgétaire »[944].

Ainsi, on peut affirmer que les contraintes identifiées par les rapports PEFA quant à la gestion budgétaire communale (retard observé par les services centraux de l'État dans l'accomplissement des formalités de transfert des ressources aux communes), sont à la base de l'insertion de nouveaux critères dans les accords de financement. Tout porte à croire que la récurrence de ces conclusions dans les derniers rapports PEFA serait à l'origine de la formulation de l'indicateur dédié à la bonne exécution des budgets communaux dans l'avenant n°2 à la convention de financement BJ/FED/022-015. Cette analyse semble bien plausible, au regard du Partenaire Technique et Financier en question : l'Union Européenne. En réalité, l'Union Européenne formeavec la Banque

---

[942]*Cf.* Rapport final, Seconde évaluation de la performance de la Gestion et du Système des Finances Publiques au Bénin selon la méthodologie PEFA, Novembre 2014, pp.51-.52.

[943]*Idem*, pp.51-.52.

[944]*Cf.* Avenant n°2 à la convention de financement n° BJ/FED/022-015 portant modification des dispositions techniques et administratives puis réallocation budgétaire, p.6.

Mondiale, la Coopération Suisse, les Pays-Bas et la Coopération Allemande (KFW), le groupe des partenaires au développement qui participent principalement au financement du Fonds d'Appui au Développement des Communes (FADeC), guichet unique du financement de la décentralisation au Bénin.

Ainsi, à y voir de près, les évaluations PEFA ne visent pas à scruter les éléments du système de gestion des finances publiques en vue de proposer aux gouvernants les réformes nécessaires pour leur amélioration. L'objectif poursuivi, semble-t-il, est plutôt de constater l'état de fonctionnement des éléments du système de gestion des finances publiques et de révéler en quoi leur amélioration constitue une condition pour la performance du système de gestion des finances publiques.

La suite que le pouvoir exécutif a réservée aux constats et recommandations des rapports PEFA renseigne mieux sur l'influence que les partenaires au développement exercent sur la décision financière publique dans les États, notamment ceux en développement. En effet, le Gouvernement a décidé de corriger les insuffisances relevées et qui sont susceptibles de compromettre la mobilisation des financements extérieurs au profit du processus de la décentralisation. L'ordonnancement juridique applicable à la gestion des finances publiques a été enrichi de nouvelles dispositions qui contraignent les services centraux à observer une célérité et des échéances bien définies pour l'engagement, l'ordonnancement et le décaissement des ressources au profit des collectivités locales[945].

Ainsi, hormis l'enrichissement de la documentation budgétaire par la production d'une note analytique sur les finances locales, des dispositions législatives sont introduites dans la loi de finances pour la gestion 2016 et reconduites dans la loi de finances pour la gestion 2017. Désormais, le Ministre chargé des finances et le Ministre chargé de la décentralisation sont tenus de notifier « *aux communes, par arrêté interministériel, après la transmission du projet de budget de l'État à l'Assemblée Nationale et avant l'ouverture de la session budgétaire des*

---

[945] La prise des arrêtés n°260-c/MEF/MDGL/DC/SGM/DGB/DPSELF/SP-CONAFIL/SP/0010/SGG17 du 1er février 2017 portant répartition des prévisions de dotations du Fonds d'Appui au Développement des Communes (FADeC) au titre de la gestion 2017 et n°261-c/MEF/MDGL/DC/SGM/DGB/DPSELF/SP-CONAFIL/SP/0010/SGG17 du 1er février 2017 portant répartition des dotations du Fonds d'Appui au Développement des Communes (FADeC) au titre de la gestion 2017, est une preuve additionnelle de la manifestation de l'influence des recommandations des PTFs sur le processus de décision financière publique.

communes, les montants cumulés du FADeC non affecté et du FADeC affecté répartis par commune bénéficiaire »[946]. On comprend à travers ces dispositions que le législateur, sur initiative du Gouvernement, entend lever les goulots d'étranglement relevés dans les rapports PEFA, pour une meilleure gestion budgétaire communale. En réalité, c'est de la confiance des partenaires au développement en la crédibilité de la gestion financière[947] des collectivités locales au Bénin que dépend la poursuite de leur appui financier au processus de la décentralisation.

In fine, le Programme d'examen des dépenses publiques et d'évaluation de la responsabilité financière (PEFA)[948] créé en 2001 par sept partenaires internationaux du développement (la Commission européenne, le Fonds monétaire international, la Banque mondiale, et les Gouvernements britannique, français, norvégien et suisse), « *recense les sept piliers de la performance d'un système de Gestion Financière Publique (GFP) ouvert et cohérent. Ces sept piliers constituent [selon la méthodologie PEFA], les éléments clés d'un système de GFP et définissent également ce qu'il est souhaitable et possible de mesurer, à savoir : (i) la fiabilité du budget ; (ii) la transparence des finances publiques ; (iii) la gestion des actifs et des passifs ; (iv) la stratégie budgétaire et l'établissement du budget fondés sur les politiques publiques ; (v) la prévisibilité et le contrôle de l'exécution du budget ;*

---

[946]*Cf.* Article 39 de la loi n°2015-41 du 29 décembre 2015 portant loi de finances pour la gestion 2016 et article 50 de la loi n°2016-33 du 26 décembre 2016 portant loi de finances pour la gestion 2017.

[947]La crédibilité, au sens des bonnes pratiques de la gestion des finances publiques (GFP), est évaluée par l'écart entre les prévisions initiales et les réalisations en matière de recettes et dépenses. *Cf.* Rapport sur l'évaluation des finances publiques selon la méthodologie PEFA (Public Expenditure and Financial Accountability), septembre 2007, p.23.

[948]Pour la création du PEFA, l'idée était au départ d'harmoniser l'évaluation de la GFP par les entités partenaires. Le programme a été créé afin de mettre au point une méthode normalisée et un outil de référence pour les évaluations de la GFP. Il fournirait également une base de dialogue sur les stratégies et les priorités de réforme de la gestion des finances publiques, ainsi qu'une base de données qui permettrait d'élargir les recherches et études dans ce domaine. Depuis 2001, le Cadre PEFA est devenu la base de référence pour les évaluations de la gestion des finances publiques. Au 31 décembre 2015, plus de 500 rapports d'évaluation de la GFP dans 149 pays avaient été publiés. *Cf.* Préface PEFA, *Cadre d'évaluation de la gestion des finances publiques*, février 2016.

(vi) la comptabilité et reporting ; (vii) la supervision et l'audit externes »[949].

En revanche pour ce qui est du PEMFAR, l'objectif poursuivi semble être d'améliorer le suivi des dépenses publiques et les réformes de finances publiques, en (i) évaluant leur impact sur la performance des secteurs ciblés ; (ii) en faisant ressortir les facteurs explicatifs des contreperformances et en formulant des recommandations visant une meilleure allocation des ressources, plus d'équité dans leur répartition, plus d'efficacité et d'efficience dans leur gestion opérationnelle et administrative et (iii) en appuyant les efforts du Gouvernement dans la mobilisation concertée des ressources des partenaires techniques et financiers »[950].

En réalité, si le PEFA semble se limiter aux constats et recommandations, les évaluations selon la méthodologie PEMFAR semblent orienter vers l'identification et la correction des insuffisances relevées. Logiquement, les contraintes qui découlent des conclusions des évaluations PEMFAR sont porteuses de plus de pression sur les acteurs, en termes d'amélioration de la gestion des finances publiques.

En considérant les restitutions des résultats des évaluations PEMFAR réalisées au Bénin et les orientations qui les ont accompagnées, on perçoit le caractère plus impératif des rapports PEMFAR que des rapports PEFA.

Les axes de travail et de réformes qui découlent de la revue des dépenses dans les secteurs de la santé et de l'éducation pour la gestion 2014, mettent en relief les exigences de performance qui sont attachées aux conclusions des missions d'évaluations. A titre d'exemple, il a été noté en général qu'aussi bien pour le secteur de la santé que pour le secteur de l'éducation, « *la mesure des performances liées aux ressources budgétaires affectées reste difficile compte tenu de contraintes liées au choix d'indicateurs annuels pertinents et aussi à la répartition et la gestion fonctionnelle des ressources* »[951].

---

[949]*Cf.* PEFA, *Cadre d'évaluation de la gestion des finances publiques*, février 2016, pp.2-3.

[950]*Cf.* Communication PEMFAR – Bénin 2014, *Revue des Dépenses Publiqueset de la Responsabilité financière de l'Etat*, présentée par M. A. HINKATIN, Spécialiste principal en gestion financière au Bureau de la Banque mondiale au Bénin, Juillet 2015.

[951]*Ibidem.*

Contrairement au PEFA dont les rapports se limitent à des constats et à des recommandations, les rapports PEMFAR indiquent les pistes de solutions. On notera par exemple que le rapport PEMFAR insiste sur les réformes et actions correctrices à mener. Ainsi, compte tenu des insuffisances relevées en 2014, les actions pour l'amélioration du système GFP au Bénin sont proposées pour être concentrées sur (i) l'amélioration des capacités de prévision et de gestion des recettes internes ; (ii) la mise en place des prérequis pour assurer l'efficacité de la gestion budgétaire axée sur les résultats ; (iii) la fluidification de la chaîne de la dépense publique[952].

L'établissement d'un ordre de priorité pour les actions à mener a même été fait. Ainsi, parmi les recommandations formulées par la mission, la mise en œuvre d'une douzaine devrait faire l'objet à court terme d'un traitement prioritaire par le gouvernement du Bénin[953].

Par ailleurs, la partition de certaines organisations, dans la définition des principes et règles de gestion promus renforce, en outre, l'idée d'une tentative d'harmonisation des règles et pratiques de gestion des finances publiques à travers le monde. L'Organisation pour la coopération et le

---

[952] *Cf.* Communication PEMFAR–Bénin 2014, Revue des Dépenses Publiques et de la Responsabilité financière de l'Etat, présentée par M. A. HINKATIN, Spécialiste principal en gestion financière au Bureau de la Banque mondiale au Bénin, Juillet 2015. D'importantes actions ont été identifiées à cet effet. Il s'agit par exemple, 1) du recadrage de la réforme de la passation des marchés vers la performance et l'efficacité ; 2) de la restructuration et de la rénovation de la fonction de contrôle des finances publiques ; 3) du recadrage de la réforme sur les finances locales et l'amélioration de la gouvernance locale ; 4) de l'amélioration de la gouvernance des établissements publics autonomes ; 5) de l'amélioration du système d'information de gestion comptable et budgétaire et le renforcement des capacités de pilotage de la Trésorerie de l'Etat et 6) du développement des mécanismes de contrôle citoyen et de la réorganisation des organes judiciaires en vue d'un traitement diligent et indépendant des dossiers de corruption et de fraude.

[953] Il s'agit, entre autres, de réviser le cadre institutionnel de la réforme des finances publiques et de le faire adopter par décret (adopter en particulier une approche de programmation pluriannuelle de la réforme avec un phasage et un séquençage adéquat), de réviser le calendrier budgétaire de l'Etat pour y intégrer les étapes manquantes et former l'ensemble des ministères sectoriels à l'élaboration des Documents de Programmation Pluriannuelle des Dépenses (DPPD) et au pilotage adéquat de la gestion budgétaire, de mettre en place un mécanisme de financement des études de faisabilité et de renforcement des capacités d'estimation de coûts réalistes pour les projets d'investissement à inscrire au Budget Général de l'Etat, d'accompagner la mise en place au niveau des ministères sectoriels d'indicateurs pertinents de résultats des programmes, facilement mesurables chaque année et servant de base pour les négociations et arbitrages budgétaires.

Développement Economique (OCDE) affirme par exemple qu'elle s'est « *attachée à définir les prérequis nécessaires à chaque État pour l'intégration des nouveaux principes internationaux en matière de bonne gouvernance des finances publiques et que ces prérequis reposent sur quatre critères : une répartition clarifiée des compétences entre les pouvoirs politiques et au sein des administrations, un cadre légal approprié (adoption de la comptabilité en droits constatés), un contrôle interne efficace, et un contrôle externe indépendant et professionnel* »[954].

Section 2-L'accommodation aux règles du droit mou[955]

Les acteurs légaux de la prise de décision financière publique semblent ne plus être tenus uniquement par les règles et principes édictés en la matière par le droit positif interne, qu'ils soient d'inspiration communautaire ou nationale. Des exigences issues de déclarations sanctionnant certains fora internationaux sont susceptibles d'orienter la décision financière au plan national. L'identification des secteurs prioritaires (paragraphe I) et les tentatives de définition des seuils d'allocation (paragraphe II) par des instances internationales pourraient atténuer l'autorité décisionnelle des pouvoirs nationaux.

Paragraphe 1-L'alignement sur le domaine fonctionnel des dépenses défini par le FMI

Les organes de décision de l'État (pouvoir exécutif, pouvoir législatif, etc.) n'ont de raison d'être que la recherche permanente de la satisfaction des besoins des populations[956], la protection et la défense du territoire national et l'exercice d'un pouvoir politique qui s'impose au peuple dans son ensemble. La satisfaction des obligations découlant de la mission ci-dessus rappelée passe par la définition des dimensions

---

[954] B. CAILLEMER et M.VALENTE, « Les standards de la bonne gouvernance financière publique», in *La bonne gouvernance des finances publiques dans le monde, compte rendu des tables-rondes de l'université de printemps de finances publiques*, FONDAFIP, septembre 2008, p.6.

[955]Le droit mou ou encore droit souple est, tout d'abord, un droit ouvert. « *Cette ouverture est intrinsèquement liée à la nature de ce droit qui invite plus qu'il ne contraint, qui propose plus qu'il n'impose, qui dirige plus qu'il ne force* ». *Cf.* M. MEKKI, « Propos introductifs sur le droit souple », *in* Association Henri Capitant des Amis de la Culture Juridique Française, *Le droit souple, Actes du colloque « Le droit souple » organisé avec le concours de la Faculté de droit et du Laboratoire de Recherche Juridique de l'Université du Littoral - Côte d'Opale,* Dalloz, *2009,* p.110.

[956]La population, le territoire et le pouvoir politique constituent les éléments substantiels pour la reconnaissance d'un Etat.

de l'action publique (A) et le ciblage de certains centres d'intérêt, en fonction des ressources dont dispose l'État (B).

A-L'internalisation de la classification fonctionnelle des dépenses

Les administrations publiques ont deux fonctions principales : fournir à la collectivité des biens et des services non marchands, et redistribuer le revenu et la richesse[957]. L'accomplissement de ces fonctions nécessite un cadrage des interventions publiques. C'est vrai qu'on peut supposer que les champs d'actions de l'État sont connus, au regard de la mission précitée et des fonctions principales à savoir la fourniture de biens non marchands et la redistribution des revenus. Ainsi, les questions liées à la santé publique, à la sécurité publique, à la défense du territoire et à l'éducation semblent s'afficher comme champs d'intervention de la puissance publique sans qu'il y ait besoin de procéder à un dessin de la carte des champs d'interventions de l'État.

En matière de dépenses publiques, la carte du champ d'intervention de l'État est pourtant nécessaire. Elle a l'avantage d'être un outil d'aide à la décision budgétaire ou même à la décision normative financière. En outre, l'établissement d'une liste des champs d'intervention de l'État permet de faciliter la hiérarchisation des priorités et l'orientation des allocations de ressources. Ainsi, selon les impératifs du moment, les ressources pourront être allouées en toute connaissance de cause.

Au plan purement budgétaire, la définition et la classification des champs d'intervention de l'État offrent la possibilité d'une meilleure lecture de la décision budgétaire. De même, elles permettent, selon le volume des ressources consacrées à chaque compartiment des fonctions de l'État, de savoir les ambitions que porte la loi de finances de l'année ou, le cas échéant, la loi de finances rectificative.

Ce qui milite en faveur d'une analyse qui met en relief un défaut d'affirmation de l'autorité nationale sur la question est beaucoup moins le résultat que le processus. En réalité, si ce n'est que le résultat, la mission d'un État ne diffère pas fondamentalement de celle d'un autre. L'élément qui peut varier, c'est le prisme sous lequel chaque État place l'intervention publique pendant une année budgétaire donnée ou pendant un cycle budgétaire donné. De toutes les façons, il n'y a pas

---

[957] *Cf. Manuel de statistiques du Fonds Monétaire International*, point n°16, disponible sur http://docplayer.fr/5762732-Statistiques-de-finances-publiques.html#show_full_text.

d'État où il n'y a pas comme champs d'actions, la santé, la sécurité publique, l'éducation, etc.

Seulement, en termes de processus de délimitation des compartiments d'intervention de l'État, il y a comme une référence de l'État à des normes et pratiques internationales non intégrées au corpus des principes et règles nationaux. Il s'agit principalement des normes/orientations du Fonds Monétaire International qui déterminent carrément les options nationales.

Pour des raisons de comparabilité des opérations financières à l'échelle mondiale, le Fonds Monétaire International a mis en place la classification fonctionnelle des dépenses de l'État. C'est une sorte de définition de la destination, voire de la finalité de la dépense publique. Pour les exemples les plus récents, le Fonds Monétaire International a déterminé des secteurs d'activités au sein desquels on retrouve des fonctions principales et des fonctions secondaires. L'allocation des ressources se trouve ainsi ciblée et la destination de la dépense est appréhendée, déjà au moment de la mise en place des crédits et, ceci, à travers la nomenclature budgétaire de l'État.

Ceci étant, si l'opportunité et la pertinence d'une telle classification ne sont plus à démontrer, il est une réalité qu'au Bénin le souci de la mise en place d'une clarification fonctionnelle de la dépense publique semble n'avoir intégré sommairement la nomenclature budgétaire de l'État qu'en 1992[958]. Avec l'histoire récente de la création de l'Union Economique et Monétaire Ouest-Africaine et la mise en place d'un cadre harmonisé des finances publiques dans l'espace communautaire, l'insertion d'un référentiel fonctionnel dans les segments de la nomenclature budgétaire de l'État est ressortie comme une exigence communautaire.

C'est ainsi que la directive n° 04/ 98/CM/UEMOA portant nomenclature budgétaire de l'État a fait de la classification par secteur une innovation, avec « *une articulation autour des secteurs suivants : Souveraineté, Défense, Ordre et Sécurité, Administration générale et financière, Enseignement, Formation et Recherche, Culture, Sport et Loisirs, Santé et Action sociale, Administration et Développement des Infrastructures, Production et Commerce et Autres Services* »[959]. On

---

[958]*Cf.* Décret n°92-57 du 06 mars 1992 portant nomenclature du budget général de l'Etat.

[959]*Cf.* Annexe à la directive n° 04/ 98/CM/UEMOA portant nomenclature budgétaire de l'Etat, p.7.

aurait pu penser qu'il ne s'agit pas de l'influence du droit mou[960]dès lors que ce référentiel est intégré dans les dispositions des textes du cadre harmonisé des finances publiques de l'UEMOA. Quand bien même il s'agit de directives communautaires qui ne s'imposent que dans sa finalité[961], cet aspect est assorti d'un caractère obligatoire[962] dans la dernière génération des directives de l'UEMOA (génération 2009).

Néanmoins, la classification fonctionnelle n'est rentrée dans le corpus des règles financières de l'UEMOA que par mimétisme, c'est-à-dire par la volonté du jurislateur communautaire de conformer les règles du droit positif financier de l'espace UEMOA aux standards internationaux. Du coup, les propositions de l'UEMOA pour la classification par destination ne sont qu'une reprise de la classification arrêtée par des organisations internationales, notamment par l'Organisation de Coopération et de Développement Economique (OCDE) et publiée par la Division de statistiques des Nations Unies[963]. Ceci explique, en fait, le conformisme qu'on a pu observer au niveau de l'évolution de la classification fonctionnelle. Dans un premier temps, l'UEMOA a utilisé le concept de secteur pour cerner les différents domaines qui appellent l'intervention de l'État, dans le cadre de la réalisation de l'intérêt général. C'est la formule utilisée par le Fonds Monétaire International dans le système national de comptabilité dans sa version de 1993 (SNC 1993). Puis, il y a eu une évolution au niveau

---

[960]Le droit mou (*soft law* en anglais) est un ensemble de règles dont la "juridicité" est discutée. Ce sont des règles de droit non obligatoires, ce qui *est a priori*contraire à l'essence du droit. Un texte crée du droit mou quand il se contente de conseiller sans poser d'obligation juridiquement annoncée.

[961] Les directives lient tout Etat membre quant aux résultats à atteindre. *Cf.* article 43, alinéa 2 du traite modifie de l'Union Economique et Monétaire Ouest Africaine (UEMOA).

[962]*Cf.* Article 2 de la Directive n°08/2009/CM/UEMOA portant Nomenclature Budgétaire de l'Etat au sein de l'UEMOA du 26 juin 2009.

[963]*Cf.* Guide didactique de la directive n° 08/2009CM/UEMOA du 26 juin 2009 portant Nomenclature Budgétaire de l'Etat, p.15.

du Fonds Monétaire International qui a engendré les concepts de division[964], de groupe[965] puis de classe.

Dans sa dynamique de conformisme aux standards internationaux, l'Union Economique et Monétaire Ouest-Africaine a procédé, à l'occasion de la révision de la directive de 1997 relative à la nomenclature budgétaire de l'État, entre temps modifiée par une directive de 1998[966], pour muer la codification fonctionnelle en division, groupe et classe[967].

Tout comme l'institution communautaire, l'État aussi s'est ajusté. Le droit budgétaire est enrichi de nouveaux principes régissant la classification des dépenses. Toutefois, si en 1999, le Bénin a mis en application les dispositions de la directive n° 04/ 98/CM/UEMOA portant nomenclature budgétaire de l'État, dans sa lettre, comme s'il s'agissait d'un règlement[968], le processus n'a pas été le même, s'agissant de l'internalisation de la directive de 2009. On a pu trouver dans le décret n ° 2014-794 du 31 décembre 2014, des aspects, voire des segments qui n'étaient pas prévus dans la directive n°08/2009/CM/UEMOA du 26 juin 2009 portant nomenclature budgétaire de l'État au sein de l'UEMOA. A titre d'illustration, on peut évoquer le redimensionnement opéré par le Bénin sur le segment programmatique de la nomenclature budgétaire de l'État.

---

[964] Les divisions peuvent être considérées comme les objectifs généraux des administrations publiques. *Cf.* Guide didactique de la directive n° 08/2009CM/UEMOA du 26 juin 2009 portant Nomenclature Budgétaire de l'Etat, p.16.

[965] Les groupes et les classes donnent le détail des moyens par lesquels les objectifs généraux sont atteints. *Cf.* Guide didactique de la directive n° 08/2009CM/UEMOA du 26 juin 2009 portant Nomenclature Budgétaire de l'Etat, p.16.

[966]*Cf.* Directive n° 04/ 98/CM/UEMOA portant nomenclature budgétaire de l'Etat au sein de l'UEMOA.

[967] Pour rappel, en termes de groupe faisant office de fonction, on est passé de neuf (09) secteurs subdivisés en fonctions principales et secondaires à dix (10) groupes subdivisés en groupes et classes. Les fonctions de l'Etat (groupes, en termes de nomenclature) sont : "services généraux des administrations publiques", "défense", " ordre et sécurité publics", "affaires économiques", "protection de l'environnement", "logements et équipements collectifs", "santé", "loisirs", "culture et culte", "enseignement" et "protection sociale.

[968] Les règlements ont une portée générale. Ils sont obligatoires dans tous leurs éléments et sont directement applicables dans tout Etat membre. *Cf.* article 43, alinéa 1er du traite modifie de l'Union Economique et Monétaire Ouest-Africaine (UEMOA).

En réalité, les dispositions de la directive n° 08/2009/CM/UEMOA du 26 juin 2009 portant nomenclature budgétaire de l'État au sein de l'UEMOA a limité le référentiel programmatique au programme budgétaire[969]. Mais les rédacteurs du texte de transposition de la directive en droit budgétaire béninois ont estimé qu'il faille partir des missions et sous-missions pour définir le programme budgétaire. En effet, pour le Bénin, les crédits budgétaires sont décomposés en programmes regroupés en missions et déclinés en actions à l'intérieur des ministères.

La mission, aux termes des dispositions du décret portant nomenclature budgétaire de l'État au Bénin, est *« une division du budget de l'État regroupant un ensemble de programmes ou de dotation concourant à la mise en œuvre d'une même politique publique »*[970]. Elle est codifiée sur quatre (4) caractères. « *Les deux (02) premiers caractères identifient les missions d'État et les deux (02) derniers la sous-mission dénommée budgétaire* »[971].

On comprend, à travers cette innovation, que le Bénin considère que les programmes budgétaires ne naissent que pour participer à la mise en œuvre d'une mission. Le décret dresse à cet effet, une liste de missions (missions d'État et missions budgétaires) qui devraient inspirer la création d'un programme budgétaire.

En termes de missions d'État, le décret n° 2014-794 du 31 décembre 2014, portant nomenclature budgétaire de l'État en dénombre sept (07) à savoir « souveraineté », « Planification et finances », « Equipement », « Soutien au développement », « éducation », « mission sociale et environnementale », et « mission administrative »[972]. Quant aux missions budgétaires qui sont des déclinaisons des missionsd'État, et qui devraient donner lieu à la création des programmes budgétaires, elles sont libellées comme ci-après : Pouvoirs Publics, Défense, Sécurité, Affaires Etrangères, Justice, Budgets Annexes, Comptes Spéciaux du Trésor (CST), Planification, Politique de Développement, Politiques Financières, Provisions, Travaux Publics et Transport, Eau

---

[969]C'est-à-dire un ensemble de crédits budgétaires destinés à la mise en œuvre d'un ensemble d'activités ou d'actions représentatives d'une politique publique. *Cf.* article 14 de la loi n°2013-14 du 27 septembre 2013 portant loi organique relative aux lois de finances au Bénin.

[970]*Cf.* Article 6 du décret n°2014-794 du 31 décembre 2014, portant nomenclature budgétaire de l'Etat.

[971]*Ibidem.*

[972]*Ibidem.*

et énergie, Urbanisme, Technologie de l'Information et de la Communication, Agriculture, Elevage et Pêche, Mines, Industrie et Commerce, Artisanat et Tourisme, Enseignements Maternel et Primaire, Enseignement Secondaire Général, Enseignement Supérieur, Enseignement Supérieur Technique et Professionnel, Alphabétisation, Sports et Loisirs, Cultures, Santé, Famille, Environnement, Habitat, Fonction Publique, Travail et Emploi, Réforme, Gouvernance Locale, Relation avec les Institutions, Budget[973].

En fin de compte, ce qui est perçu comme une innovation de la part du Bénin dans l'espace communautaire UEMOA ne relève pas moins d'imitation de ce qui se fait sous d'autres cieux et qui est révélé comme un modèle, toujours en cours de perfectionnement. En réalité, si le jurislateur communautaire s'est inspiré de la loi organique française relative aux lois de finances de 2001[974], il n'est pas allé aussi loin que le législateur béninois. En réalité, la notion de mission est présente dans la LOLF française[975] mais absente dans la directive n°2009/CM/UEMOA du 26 juin 2009 qui est la référence communautaire de la loi n° 2013-14 du 27 septembre 2013 portant loi organique relative aux lois de finances.

Seulement, en décidant de faire plus que ne prescrit la directive communautaire, le législateur béninois n'a pas pris en considération l'histoire de l'institution de la mission dans le référentiel programmatique en France. En effet, c'est le Parlement initiateur de la loi organique en France qui l'a introduit, pour se donner plus de marge de manœuvre quant au contrôle de l'action publique et l'atteinte de résultat. C'est ce qui explique d'ailleurs qu'en France, l'unité de vote

---

[973]Pour plus d'informations, *cf.* annexe II-1 du décret n°2014-794 du 31 décembre 2014, portant nomenclature budgétaire de l'Etat.

[974] La loi organique française du 1er août 2001 relative aux lois de finances (LOLF) est la première dans l'histoire de la France. Avant son avènement, c'est l'ordonnance de 1959, que certains considéraient d'influence keynésienne qui constituait le cadre juridique de gestion des finances publiques en France. *Cf.* J-F. CALMETTE., « La loi organique relative aux lois de finances (LOLF) : un texte, un esprit, une pratique », *Revue française d'administration publique*, n°117, 1/2006, p. 43-55.

[975] Aux termes des dispositions de la LOLF française, « *les crédits ouverts par les lois de finances pour couvrir chacune des charges budgétaires de l'Etat sont regroupés par mission relevant d'un ou plusieurs services d'un ou plusieurs ministères* ». Cf. article 7 de la Loi organique n° 2001-692 du 1 août 2001 relative aux lois de finances. *Cf.* aussi J-F. CALMETTE., « La Lolf comme nouvelle approche des politiques publiques », *Informations sociales*, 6/2008 (n° 150), p. 22-31. URL: http://www.cairn.info/revue-informations-sociales-2008-6-page-22.htm.

est la mission[976] et non le programme, comme c'est le cas au Bénin[977] où, en dépit de la consécration de la mission, les crédits budgétaires continuent d'être répartis entre les ministères qui, à leur tour, les ventilent par programme[978]. Or avec la gestion budgétaire axée sur les résultats, les moyens doivent être directement alloués aux politiques publiques et non à des entités administratives[979].

Au-delà de l'accommodation à des règles non impératives, le Bénin, tout comme d'autres États francophones de l'Afrique de l'ouest, connaît une autre réalité qui, elle non plus, n'est pas de nature à protéger son autonomie décisionnelle interne en matière de finances publiques, plus particulièrement en matière de dépenses publiques.

B-L'orientation des domaines de concentration de l'action publique

Les finances publiques se caractérisent bien plus qu'autrefois par un enchevêtrement sans précédent de multiples structures et acteurs tant nationaux qu'internationaux. A vrai dire, les parties prenantes à la décision financière publique se multiplient et exercent, chacune selon sa puissance, son influence sur le pouvoir de décision des acteurs politiques. Il s'agit, selon certains auteurs, « *d'institutions de marché privées, engagées dans le processus de mondialisation internationale, par l'intermédiaire des ONG, des organisations relatives aux droits de l'Homme et des organisations relatives aux droits environnementaux, des organisations ou mouvements religieux internationaux et parfois des mafias et armées mercenaires* »[980].

---

[976] *Cf.* article 43 de la Loi organique n° 2001-692 du 1er août 2001 relative aux lois de finances. Il dispose notamment que « la discussion des crédits du budget général donne lieu à un vote par mission. Les votes portent à la fois sur les autorisations d'engagement et sur les crédits de paiement ».

[977] *Cf.* article 64 de la loi n°2013-14 du 27 septembre 2013 portant loi organique relative aux lois de finances.

[978] *Cf.* article 14 de la loi n°2013-14 du 27 septembre 2013 portant loi organique relative aux lois de finances.

[979] *Cf.* J.-F. Calmette., « La Lolf comme nouvelle approche des politiques publiques », *Informations sociales*, 6/2008 (n° 150), p. 22-31. URL: http://www.cairn.info/revue-informations-sociales-2008-6-page-22.htm.

[980] R. B. HALL, T., BIERSTECHER, *The Emergence of private Authority in Global Governance*, cambridge University Press, 2002, P.4, cité par B. FARAJOLLAHI, *La production de normes et standards budgétaires et comptables publics par les institutions internationales spécialisées*, Université Paris 1, 2006, p 14.

L'émergence des organisations non étatiques mais prenant part, d'une manière ou d'une autre, à la décision financière publique, semble être entretenue par deux facteurs : le processus de la mondialisation qui a tendance à véhiculer des modèles de normes ou de « bonnes pratiques » et l'apparition de thématiques nouvelles, auxquelles les États peuvent difficilement résister à souscrire. C'est le cas, par exemple, de la dimension genre qui devient un enjeu important dans la négociation de certains financements. C'est le cas également de l'environnement et des changements climatiques dont les actions, en termes d'adaptation[981] ou d'atténuation[982], appellent l'attention de l'État au plan budgétaire. C'est enfin, et pour ne pas être exhaustif, le cas de la promotion de la femme, qui se distingue bien des activités liées au genre.

Les acteurs non-étatiques se procurent une certaine légitimité auprès des populations et s'imposent presque comme parties prenantes du processus de décision financière publique. En effet, ces acteurs « *agissent et sont reconnus comme légitimes par un public dépassant le cadre des États en tant qu'acteurs politiques et producteurs des normes (...) aussi bien au niveau national qu'international. En outre, ils semblent dotés d'une sorte d'autorité légitime* »[983]. Le degré de leur implication dans l'orientation des ressources, au moyen de divers lobbies, a pu faire dire qu'il « *apparaît que l'État n'est plus l'unique, ni la principale source d'autorité tant au niveau national qu'au niveau international* »[984]. Le Professeur M.BOUVIER est resté dans la même logique en affirmant que l'État n'est plus la matrice des finances publiques[985].

---

[981] Pour plus d'information sur le concept d'adaptation en matière de changement climatique, *cf.* M. CLAUDE, H. BERNARD, « Le changement climatique : s'adapter ou disparaître ? », *inNatures Sciences Sociétés*, 1/2009 (Vol. 17), p. 1-2. URL : http://www.cairn.info/revue-natures-sciences-societes-2009-1-page-1.htm.

[982] Pour plus d'information sur le concept d'atténuation en matière de changement climatique, *cf.* X. DESJARDINS, « Pour l'atténuation du changement climatique, quelle est la contribution possible de l'aménagement du territoire ? », *inCybergeo : European Journal of Geography* [En ligne], Aménagement, Urbanisme, document 523, mis en ligne le 22 mars 2011, consulté le 22 janvier 2017. URL : http://cybergeo.revues.org/23531 ; DOI : 10.4000/cybergeo.23531.

[983] R. B. HALL, T., BIERSTECHER, *Op.cit.,* P.4, cité par B. FARAJOLLAHI, *Op.cit,* p 14.

[984] *Ibidem.*

[985] M. BOUVIER, « Mutations des finances publiques et crise du pouvoir politique ? », *RFFP*, n° 79, 2002, p. 241.

Il est évident que, même avant l'amplification du processus de la mondialisation et l'apparition des thématiques ci-dessus évoquées, avec leur implication en termes de multiplication des acteurs non étatiques, les pouvoirs publics n'avaient pas la compétence exclusive d'orientation des ressources inscrites au budget de l'État. Il y avait bien, tout comme aujourd'hui, des destinations de ressources qui s'imposent aux pouvoirs publics titulaires de la compétence de décider du budget et des normes financières.

Le cas le plus palpable est celui des fonds de concours dont la loi organique relative aux lois de finances subordonne l'utilisation au respect des intentions des parties versantes[986]. En effet, les fonds de concours sont des sommes versées par des personnes physiques ou morales et qui *« contribuent entièrement ou en partie à des dépenses d'intérêt public [et qui] peuvent être constitués de dons ou de legs et, dans le cas particulier des pays en développement, des contributions des Partenaires Techniques et Financiers »*[987].

Pour ce qui les concerne, la question de la participation de la partie versante d'une somme privée, mais destinée désormais à servir l'intérêt général, semble relever d'une évidence. Autrement dit, c'est une sorte de désignation des services publics comme maîtres d'ouvrage pour la réalisation d'un bien ou d'un service d'intérêt général préalablement identifié. La décision d'allocation de fonds de concours est donc, elle-même, déterminée par le ciblage préalable du bien ou du service public à offrir. En définitive, l'orientation préalable des ressources issues de fonds de concours est le principe.

Ce dont il est question, et qui participe d'un recul de la prédominance du politique dans la prise de la décision financière publique, ce sont les incursions d'acteurs non-étatiques, apporteurs ou non de capitaux, à l'exception des fonds de concours, dans le processus de décision budgétaire et de législation financière. Les accords de financement regorgent de nombreuses conditionnalités qui, bien souvent, ne sont autres choses que les centres d'intérêt des organisations précitées[988]. Le

---

[986]*Cf.* article 1er de la loi n°2013-14 du 27 septembre 2013 portant loi organique relative aux lois de finances.

[987]*Ibidem.*

[988]Il s'agit, par exemple du respect des droits de l'Homme, de la promotion de la participation citoyenne, du renforcement de la démocratie à la base à travers l'effectivité des transferts de compétences et de ressources, de la bonne gouvernance, de la lutte contre la corruption, etc.

cas de la budgétisation sensible au genre développée plus haut[989]et les conditionnalités liées aux questions environnementales sont illustratifs de la contrainte qui pèse sur les organes nationaux dans l'orientation et l'allocation des ressources. Ce qui amène à taxer les décisions financières des États d'être bridées par des engagements internationaux[990].

On tend, peut-être, vers une confiscation, par des acteurs de tout genre, du pouvoir de décision en matière financière des États, par le biais du processus de la globalisation de l'économie, des crises économiques et financières internationales et puis des nouvelles problématiques liées au développement international (le genre, l'environnement, les changements climatiques, etc.). Or, l'exercice même virtuel, du pouvoir de décision financière publiquepar des acteurs autres que ceux habilités, s'inscrirait en violation de la constitution béninoise du 11 décembre 1990 qui met en cause, dans son préambule, toute sorte de confiscation de pouvoir[991].

En définitive, on se rend compte que, sous la pression des contraintes ci-dessus énumérées, la décision financière semble s'afficher au profit des partenaires au développement contre les citoyens (conséquences des aides, dons et prêts extérieurs). En réalité, les dirigeants sont en position de justifier leur politique à l'égard des donneurs plutôt qu'à l'égard des citoyens. Le processus s'en trouve orienté vers l'extérieur et contre les citoyens. Ainsi, le pouvoir de décision échappe aux nationaux, citoyens et politiques et les institutions ne sont que des faire-valoir[992].

Le cas du ciblage de la promotion de la femme comme domaine de concentration de l'action publique est presque unique en son genre. Tout comme pour d'autres questions, mais de façon plus ou moins singulière, l'Organisation des Nations Unies a identifié les tours et contoursdes axes d'intervention devant conduire à la promotion de la femme. Il s'agit, entre autres, de thématiques comme les femmes et la pauvreté, l'éducation et la formation des femmes, les femmes et la

---

[989]*Cf.* Page 244 et suivantes.
[990] F. TANO, « Constitutionnalisme et urgence budgétaire à l'épreuve des crises politiques », article précité.
[991] T. HOLO, arricle précité.
[992]*Cf.* S. GUERINEAU, S. GUILLOMONT, « Le temps retrouvé de l'endettement en Afrique ? le cas de l'UEMOA », *Revue Française d'Economie*, vol. 22, n°1, 2007, pp. 73-105.

santé, la violence envers les femmes, les femmes et les conflits armés, les femmes et l'économie, les femmes au pouvoir et dans la prise de décision, mécanismes institutionnels œuvrant à la promotion de la femme, les droits humains et les femmes, les femmes et les médias, les femmes et l'environnement, la petite fille[993].

Sur cette tendance d'orientation de l'action publique sur la promotion de la femme, le Bénin n'est pas resté en marge du cri de ralliement de l'Organisation des Nations Unies (ONU). Un portefeuille ministériel consacré à la femme est créé[994]. Dans l'architecture institutionnelle de ce dernier, on note la présence de structures telles que la Direction de la Promotion de la Femme. Par ailleurs, un institut dédié spécifiquement à la promotion de la femme[995] est créé et rattaché à la Présidence de la République. S'il est vrai qu'avec le changement de Gouvernement[996], le ministère chargé de la promotion de la femme a disparu de l'architecture gouvernementale, l'Institut National pour la Promotion de la femme a, quant à lui, résisté à la rationalisation des structures publiques ayant conduit à la suppression de plusieurs organismes publics[997].

On comprend par-là, à quel degré les autorités nationales sont prêtes à suivre et mettre en œuvre des orientations internationales, même si elles ne sont pas consacrées par des textes qui les lient. On note simplement, avec la mondialisation, une forme de Gouvernement du monde, par des Institutions Internationales. Et comme il a été démontré plus haut, les différentes méthodologies d'évaluations permettent aux

---

993 http://www.unwomen.org/fr/news/in-focus/csw/feature-stories.

994 *Cf.* liste portefeuilles ministériels sous le Président Boni YAYI. Non seulement on a pu constater la création d'un ministère dédidé à la Promotion de la Femme (dont le titulaire était Madame G DANSOU), il y a eu également un ministère chargé de la promotion de l'emploi des femmes. Cf. décret n°2012-069 du 10 avril 2012 portant composition du Gouvernement).

995 L'Institut National pour la Promotion de la Femme a été créé par décret n° 2009-728 le 31 décembre 2009. Ce dernier a été modifié par le décret 2015-161 du 13 Avril 2015 qui fait de l'INPF un Office à caractère social et scientifique, doté de la personnalité juridique et de l'autonomie financière au sens de la loi 94-009 du 26 juillet 1994 portant création, organisation et fonctionnement des offices à caractères social, culturel et scientifique.

996 A l'issue de l'élection présidentielle de mars 2016, un nouveau Président de la République est élu et une nouvelle architecture du Gouvernement a été définie. *Cf.* décret n° 2016-264 du 06 avril 2016 portant composition du Gouvernement.

997 Il s'agit par exemple du Haut Commissariat à la Gouvernance Concertée ; du Bureau de l'Auditeur Général ; de l'Agence des Grands Travaux, etc.

« décideurs internationaux », de s'assurer de la mise en œuvre de leur orientations et choix stratégiques.

En dernière analyse, le Bénin, tout comme la France qui a constaté que la décision de la « dépense publique », prise en tant que telle, comme pouvoir de modeler la société [998]échappe, par intégration européenne de plus en plus à la compétence, voire à la connaissance même du Parlement[999] doit se questionner sur ce qui lui reste dans l'orientation et le pouvoir de décision des organes nationaux, en matière financière.

Plusieurs conséquences peuvent naître de ce phénomène. L'une d'entre elles pourrait être la sous consommation des crédits, du fait du défaut d'adéquation des centres d'intérêts de l'action internationale avec les exigences nationales. Une autre, qui découlerait de la première, pourrait être la consommation sans cause des ressources ou encore la rupture avec l'esprit de résultats. En réalité, « *en pratique, la sociologie administrative nous enseigne que les agents publics, détenteurs d'un pouvoir de décision financière, ont une propension naturelle à "vider leurs comptes"* ».[1000].

Ce qui semble justifier cette posture des gestionnaires des crédits est leur conception de la notion des crédits budgétaires. Les crédits budgétaires constituent des lignes de dépenses ouvertes dans le budget de l'État pour la couverture des charges qui découleraient de l'action publique. Autrement dit, l'utilisation des crédits budgétaires ne devient obligatoire que lorsque l'action publique en arrive à créer des actes générateurs de dépenses. Or, tout semble indiquer que, pour les gestionnaires de crédits, l'inscription au budget d'une ligne de dépense appelle une obligation de consommation.

C'est ce qui fait dire à l'auteur que les gestionnaires de crédits s'inscrivent dans une dynamique d'assécher « *les lignes budgétaires sur lesquelles ils ont des reliquats de crédit, et donc à inventer, initier ou proposer des actions desquelles il résultera des dépenses pour la puissance publique, à due concurrence des crédits qu'ils risquent de perdre à la clôture de l'année budgétaire [et que] l'expérience montre que cette consommation forcenée de crédit débouche, de façon tendancielle, sur du gaspillage de ressources, car le mobile de l'action*

---

[998]R. HERTZOG, « le pouvoir dépensier », *RFFP*, n°41, 1993, P.99.
[999]L. LEVOYER, *Op.cit.* p.56.
[1000] N. MEDE, article précité.

en ces occasions est de consommer des crédits en souffrance et non d'atteindre un résultat »[1001].

De surcroit, la crainte d'une confiscation du pouvoir de décision financière par des organisations internationales et nationales, autres que les organes constitutionnellement habilités, va au-delà des pressions pour l'orientation des ressources vers des centres d'intérêts précis et prédéterminés. L'idée d'une tentative de définition de clés d'affectation des ressources n'est pas absente.

Paragraphe 2-Une tentative de pré-affectation ciblée des crédits budgétaires

Il s'est développé, ces dernières décennies, un phénomène qui ne reste pas sans influence sur le pouvoir de décision interne des États en matière budgétaire et financière. Il s'agit des engagements politiques d'allocation de ressources pris par des commis de l'État lors de fora initiés par des organisations internationales en association avec les États, notamment lors de sommets d'instances interétatiques. Ces engagements de politique budgétaire, quand bien même ils ne sont pas suivis de procédures formelles de ratification, semblent constituer une référence de fait. Un exemple emblématique se veut être la fixation des portions de ressources publiques (B) à consacrer à certaines fonctions de l'État (A).

A-Les secteurs visés

Les obligations de l'État vis-à-vis des citoyens sont immenses. Les fonctions définies à cet effet par les organisations internationales, avec en tête le Fonds Monétaire International en sont une réelle expression. A titre de rappel, et suivant le jargon des statistiques de finances publiques, on peut parler de dix (10) divisions (fonctions principales) déclinées en soixante-neuf (69) groupes (fonctions secondaires) et cent dix-huit (118) classes (fonctions de base).

La dimension des implications, en termes de dépenses, de l'accomplissement desdites fonctions, est assez importante. Rien que pour l'éducation, la facture n'est pas maigre. En matière de santé publique, la dynamique des dépenses publiques est la même et plusieurs autres exemples peuvent expliquer l'immensité de la sphère de l'action publique et des charges qui en découlent.

[1001] *Ibidem.*

Or, de plus en plus, les ressources budgétaires et financières se raréfient. Pour la gestion budgétaire 2015 au Bénin, les objectifs de recettes de l'administration douanière ont été ramenés à la baisse, soit 43,705 milliards de FCFA[1002] correspondant à une baisse de 10,4% des prévisions initiales. En ce qui concerne l'année budgétaire 2016, les prévisions initiales brutes de la Douane (hors prélèvement communautaire et prélèvement communautaire de solidarité) sont passées de 413,702 milliards de FCFA[1003] à 363,702 milliards de FCFA[1004], soit une baisse de 50 milliards de FCFA équivalant à 12,1% des prévisions initiales. Si cette tendance se poursuivait, l'année budgétaire 2017 pourrait également conduire à une révision à la baisse des objectifs des régies financières, en dépit de la prudence qui a caractérisé la fixation des objectifs de recettes de 2017, en lien avec la récession économique au Nigéria et la dévaluation du Naïra[1005].

Les incertitudes sur les ressources intérieures de l'État trouvent leur explication dans plusieurs facteurs. Au Bénin, il y a d'abord la stagnation de la croissance économique autour de 5% en moyenne. On observe, ensuite, l'insuffisance de la circonscription de la matière imposable et il y a surtout, enfin, le développement sans cesse croissant du secteur informel, dont le poids dans les transactions économiques avoisinerait, en moyenne 68%[1006] entre 2006 et 2010. A ces facteurs, on peut ajouter, par exemple, l'influence du développement du numérique sur la fiscalité des États[1007]. En effet, en raison de la dématérialisation des opérations qu'effectuent les opérateurs économiques et de la mobilité de plus en plus croissante des contribuables, la maîtrise des assujettis aux prélèvements obligatoires et celle de la matière imposable deviennent difficiles, voire problématiques. Le niveau de pénétration numérique de 17,4% (fracture

---

[1002]*Cf.* décret d'avance n°2015-455 du 27août 2015 portant majoration et annulation de crédits à titre d'avance sur le budget de l'Etat, gestion 2015, ratifié par la loi n°2016-01 du 29 février 2016.

[1003]*Cf.* loi n°2016-14 du 20 juillet 2016 portant loi de finances rectificative pour la gestion 2016.

[1004]*Ibidem.*

[1005]*Cf.* Rapport de présentation de la loi de finances pour la gestion 2017.

[1006]*Cf.* Conseil Economique et Social, *Rapport d'auto-saisine sur le thème « Secteur informel au Bénin : problématique et perspectives de contribution à l'économie nationale* », juillet 2011

[1007]*Cf.* M. BOUVIER *in*http://www.lemonde.fr/idees/article/2017/02/15/le-prochain-president-aura-a-donner-un-sens-a-ce-monde-en-transition-et-a-le-piloter_5080057_3232.html.

numérique) pourrait, pour le moment, atténuer le phénomène au Bénin, mais son effet sur la difficulté de mobilisation des ressources n'est pas nul[1008].

Ainsi, face au resserrement des ressources publiques, la bonne volonté des pouvoirs publics à faire face aux obligations de leur essence, ne suffit plus. Le tassement des moyens financiers constitue un frein pour l'action publique. Pour amoindrir l'effet de la déficience de ressources, il faut pouvoir établir les priorités et parfois même établir, ensuite, les priorités des priorités. L'idée est de pouvoir tout mettre en œuvre pour orienter les maigres ressources vers les actions qui procureraient une satisfaction au plus grand nombre possible de citoyens et qui garantiraient, au même moment, l'impérieuse nécessité de croissance pour demain. C'est en cela que l'équation est difficile pour les États.

Par voie de conséquence, l'action publique ne couvre pas convenablement certaines fonctions. Autrement dit, en termes d'affectation de ressources, certains pans d'activités du domaine régalien de l'État sont mal lotis. La situation du Bénin en la matière est particulièrement critique, au regard de la structure du budget de l'État et de la loi de finances. Le profil des ressources tel qu'indiqué plus haut se développe de façon timide, alors que les besoins et leur expression ne font que prendre de l'ascendance. A titre d'exemple, les crédits budgétaires pour la gestion 2017, s'élèvent à 1697,985 milliards de FCFA, alors que les recettes budgétaires ressortent, quant à elles, à 1007,7 milliards de FCFA. Ce qui dégage un gap de financement de plus de 690 milliards de FCFA[1009] contre environ 191 milliards au titre de la gestion 2016[1010].

La nécessité de ciblage de certains secteurs en ce qui concerne les allocations de ressources budgétaires pourrait trouver son explication de la sensibilité desdits secteurs ou de leur contribution au bien-être général. En d'autres termes, les dix (10) fonctions principales qui fondent l'essence de l'État ne contribuent pas, au même degré, à la satisfaction de l'intérêt général. C'est ce qui explique, peut-être, que des voix s'élèvent pour que certaines de ces fonctions deviennent des

---

[1008] Autorité de Régulation des Communications Electroniques et de la Poste, *Analyse de la tendance du secteur des télécommunications au Bénin*, juin 2014.
[1009] *Cf.* loi n°2016-14 du 20 juillet 2016 portant loi de finances rectificative pour la gestion 2016.
[1010] *Ibidem.*

priorités de l'État, pendant que d'autres sont proposées pour maintenir leur niveau de priorité élevé ou pour gravir encore des marches en termes de la hiérarchisation des priorités de l'État.

L'exemple le plus illustratif du secteur autour duquel on note le plus d'engagement de différentes instances pour une meilleure prise en compte dans le budget de l'État, semble être le secteur de l'agriculture. Les considérations liées à la sécurité alimentaire et à la contribution de la branche agriculture à la constitution du produit intérieur brut expliqueraient, peut-être, la flopée de déclarations ou de décisions réclamant des allocations conséquentes de ressources au secteur[1011].

Sans être exhaustif, on peut évoquer quelques déclarations et décisions ayant pour objet une amélioration de la dotation budgétaire au profit du secteur agricole. Il s'agit de la Déclaration de Malabo sur la croissance et la transformation accélérées de l'agriculture en Afrique pour une prospérité partagée et de meilleures conditions de vie[1012]. Elle est intervenue à l'issue de la conférence des chefs d'État et de Gouvernement de l'Union Africaine, réunis en la vingt-troisième session ordinaire de l'institution à Malabo, en Guinée équatoriale, les 26 et 27 juin 2014. Cette déclaration coïncide avec le dixième anniversaire de l'adoption du Programme Détaillé pour le Développement de l'Agriculture en Afrique (PDDAA)[1013].

Il y a, par ailleurs, la Déclaration de Maputo de 2003 sur l'agriculture et la sécurité alimentaire en Afrique[1014]. Il y a aussi la Déclaration de Syrte de 2004 sur les défis de la mise en œuvre du développement intégré et durable de l'agriculture et des ressources en eau en Afrique et

---

[1011] L'Afrique a reconnu qu'améliorer le rendement agricole permet de favoriser la croissance et la réduction de la pauvreté au vue de son impact direct sur : - la création d'emplois et d'opportunités en particulier pour les femmes et les jeunes ; - la sécurité alimentaire et l'amélioration de la nutrition ; et le renforcement de la résilience. *Cf.* http://www.un.org/fr/africa/osaa/peace/caadp.shtml.

[1012]*Cf.* doc. assembly/au/2(xxiii).

[1013] Le Programme détaillé pour le développement de l'agriculture en Afrique définit le cadre de la politique pour l'Afrique pour la transformation de l'agriculture, la création de richesse, la sécurité alimentaire et la nutrition, la croissance économique et la prospérité pour tous. C'est lors du Sommet de l'Union africaine organisé en 2003, à Maputo, en Mozambique, que le PDDAA s'est vu déclaré partie intégrante du Nouveau Partenariat pour le développement de l'Afrique (NEPAD) pour la première fois.*Cf.* http:// www.un.org/fr/africa/osaa/peace/caadp.
shtml.

[1014]Annexe 3: Conférence de l'Union Africaine, (Deuxième session ordinaire, 10-12 juillet 2003, Maputo (Mozambique)).

la Déclaration de Syrte de 2009 sur l'investissement dans l'agriculture pour la croissance économique et la sécurité alimentaire. Les décisions sur le sommet d'Abuja de 2007 participent également de la volonté affichée au plan régional de *booster* l'agriculture par l'augmentation de l'espace budgétaire qui lui est réservé dans les lois de finances des États.

A ce titre, on peut faire notamment référence à la décision de 2007 sur le Sommet spécial de l'UA d'Abuja sur les engrais[1015] et à la décision de 2007 sur le Sommet d'Abuja sur la sécurité alimentaire en Afrique[1016].

En dehors du secteur de l'agriculture, il y a les secteurs de la santé et de l'éducation. Pour le premier, la Déclaration d'Abuja sur le VIH/SIDA, la tuberculose et autres maladies apparentées appelle les États à accorder toute l'importance nécessaire au secteur de la santé, en renforçant principalement les moyens de lutte contre ces maladies. Pour ce qui concerne le volet éducation, deux déclarations paraissent importantes pour être soulignées, en termes de dispositions incitatives à l'accroissement des moyens destinés au financement de l'enseignement et de l'apprentissage. Ce sont la Déclaration mondiale sur l'éducation pour tous, adoptée par la Conférence mondiale sur l'éducation pour tous, tenue à Jomtien, Thaïlande du 5 au 9 mars 1990. Elle est assortie d'un cadre d'actions susceptibles de répondre aux besoins éducatifs fondamentaux et à l'engagement de 2005 de la conférence des Ministres de l'Education de l'Union Africaine renouvelée en 2007.

Les collectivités territoriales bénéficient également de plaidoyer pour l'accroissement des transferts de ressources en leur direction. Dans l'espace communautaire UEMOA, un ouvrage a même été publié à ce sujet. Iintitulé *liivre blanc de la décentralisation financière dans l'espace UEMOA : Éléments pour le renforcement des processus*, l'ouvrage vise principalement « *à initier un processus de renforcement de l'ancrage social des États par le renforcement en amont des financements des processus de décentralisation dans l'espace UEMOA* »[1017]. Il s'agit d'initier, selon les auteurs, à l'échelle de cette organisation d'intégration, un processus de réforme des politiques de

---

[1015]*Cf.* Assembly/AU/Dec.117 (VII).
[1016]*Cf.* Assembly/AU/Dec.135 (VIII).
[1017] P. HOCHET et *al.*, *Livre blanc de la décentralisation financière dans l'espace UEMOA : Éléments pour le renforcement des processus,* Labo Citoyennetés, décembre 2014, p.7.

décentralisation permettant « *la mise d'au moins 20 % des ressources publiques à la disposition des collectivités territoriales pour la prise en charge des compétences qui leur sont transférées* »[1018]. Ce niveau d'allocation serait au regard des analyses et de la dynamique de la dépense publique dans les collectivités décentralisées, « *la condition pour réussir le développement local, renforcer l'assise sociale de l'État et faire face au défi de la stabilité et de la sécurité* »[1019].

B-Les proportions d'affectation et leur valeur juridique

La volonté des États et autres organisations internationales d'arriver à bout de certaines pandémies ou de promouvoir le développement de certains secteurs jugés stratégiques s'accompagne souvent de mesures ou de déclarations d'intention liées à l'amélioration des allocations de ressources. Plusieurs secteurs enregistrent des engagements d'amélioration du niveau de ressources consacrées aux actions publiques les concernant. On s'en tiendra, dans ce développement, à quelques secteurs, notamment la santé, l'éducation, l'agriculture et la décentralisation.

S'agissant des deux premiers, santé et éducation qu'on peut regrouper dans la catégorie des secteurs sociaux, on note que les Gouvernements africains ont, à plusieurs reprises, pris des engagements concernant la part du budget qu'ils souhaitent allouer aux secteurs sociaux. En 2001, par exemple pour ce qui est du secteur de la santé, les Chefs d'État de l'Organisation de l'Unité Africaine ont signé la Déclaration d'Abuja sur le VIH/SIDA, la tuberculose et autres maladies apparentées. Dans cette déclaration, « *ils promettent d'allouer au moins 15% de leur budget annuel à l'amélioration du secteur de la santé* »[1020]. Quant au secteur de l'éducation, « *en 2005 et de nouveau en 2007, la Conférence des Ministres de l'Education de l'Union Africaine s'engageait à dépenser 20% des budgets nationaux pour*

[1018]*Ibidem.*

[1019]*Ibidem.*

[1020]*Oxford Policy Management*, Unité de coordination et de suivi de la politique économique (UCSPE, UNICEF), Note de synthèse politiques Sociales, « Espace fiscal et dépenses publiques liées aux enfants au Sénégal », juillet 2010. *Cf.* file:///C:/Users/ENVY/Desktop/RECHERCHE%202016/ Déclaration% 20 affectation % 20ressources/Espace_fiscal_et_depenses_publiques_pour_les_enfants_du_Senegal.pdf.

l'éducation »[1021]. Pour les deux secteurs ci-dessus, on se retrouve face à un engagement annuel cumulé de 35% du budget général.

Quant au secteur de l'agriculture, les Chefs d'État et de Gouvernement de l'Union africaine, réunis en la deuxième session ordinaire de la Conférence du 10 au 12 juillet 2003 à Maputo (Mozambique), se sont engagés, à *« mettre d'urgence en œuvre le Programme Détaillé pour le Développement de l'Agriculture Africaine (PDDAA) et les projets pilotes prévus et les plans d'action évolutifs pour le développement agricole aux niveaux national, régional et continental* »[1022]. À cette fin, ils ont déclaré « *convenir d'adopter des politiques saines de développement agricole et rural et d'allouer chaque année au moins 10 pour cent de leurs budgets nationaux à leur mise en œuvre, dans un délai de cinq ans* »[1023].

S'agissant de la décentralisation, le livre blanc de la décentralisation financière dans l'espace UEMOA propose le transfert d'au moins 20 % des ressources publiques aux collectivités dans un horizon de cinq et expose que cette proportion paraît tout à fait réaliste surtout *« quand on sait qu'un pays comme le Ghana est à un niveau de 20 % de ses ressources qui sont allouées à ses collectivités et que le Maroc reverse 30 % de la TVA aux siennes »*[1024]. Il s'agit, en fait d'un plaidoyer dont *« le but est l'atteinte d'un taux de transfert de 20 à 30 % des ressources budgétaires nationales au profit des collectivités territoriales, et ce, à l'horizon 2025* »[1025].

Selon les auteurs de l'ouvrage, cette fourchette tient compte des aspirations et revendications constatées dans les différents pays. Ils exposent la situation de revendication de transfert de ressources de certains pays de l'UEMOA qui militerait en faveur de la fourchette de 20% évoquée dans le livre blanc. Ainsi, affirment-ils, qu'« *au Mali, il est question de mettre à peu près 30 % des ressources publiques à la disposition des collectivités à l'horizon 2018 ; au Sénégal, les élus*

[1021] *Ibidem.*

[1022] *Cf.* Conférence de l'Union Africaine, (deuxième session ordinaire, 10-12 juillet 2003, Maputo (Mozambique), déclaration sur l'Agriculture et la Sécurité Alimentaire en Afrique.

[1023] *Cf.* Conférence de l'Union Africaine, (deuxième session ordinaire, 10-12 juillet 2003, Maputo (Mozambique)), déclaration sur l'Agriculture et la Sécurité Alimentaire en Afrique.

[1024] P. HOCHET et *al., Op.cit.*, p.35, disponible surhttp://www.resacoop.org/sites/default/files/ decentralisation_ financiere_uemoa.pdf.

[1025] *Idem,* p.48.

locaux réclament une part de 15 % du produit de la TVA, au Bénin, un plaidoyer de l'ANCB[1026] *visait* [...] *15 % des ressources à la disposition des collectivités tandis que le président Yayi Boni avance le seuil de 20 % des ressources au profit des collectivités territoriales* »[1027].

Les niveaux de ressources que le livre blanc sur la décentralisation financière rapporte ne sont fondés que sur les aspirations des animateurs (élus locaux) et promoteurs de la décentralisation (partenaires au développement intervenant dans le secteur de la décentralisation). Ils ne reposent pas, en réalité, sur une évaluation du coût de la mise en œuvre des compétences transférées, à l'exception du Bénin qui est « le seul pays de l'espace UEMOA à réaliser une évaluation des coûts des compétences transférées »[1028]. Le coût total des actions éligibles aux sept domaines de compétences transférées par la loi aux communes, à savoir (i) le développement local, l'aménagement, l'habitat et l'urbanisme[1029] ; (ii) les infrastructures, l'équipement et les transports[1030] ; (iii) l'environnement, l'hygiène et la salubrité[1031] ; (iv) l'enseignement primaire et maternel[1032] ; (v) l'alphabétisation et l'éducation des adultes[1033] ; (vi) la santé et l'action sociale et culturelle[1034] et (vii) les services marchands et les investissements économiques[1035], a été évalué à 10 % du Budget de l'État (BE) en 2010. La somme des dépenses annuelles relatives à ces domaines s'est élevée en moyenne entre 2004 et 2009 à environ 67 milliards de FCFA (évaluation base 2010), ce qui correspond à environ 9,18 % du BE. Malgré ce constat, l'État n'aurait effectivement décaissé en termes de

---

[1026]Association Nationale des Communes du Bénin.

[1027] P. HOCHET et *al.*, *Op. Cit., p.48.*

[1028]*Idem, p.66.*

[1029]*Cf.* articles 84, 58 et 86 de la loi n°97-029 du 15 janvier 1999 portant organisation des communes en République du Bénin.

[1030]*Cf.* articles 87, 88, 89, 90, 91 et 92 de la loi n°97-029 du 15 janvier 1999 portant organisation des communes en République du Bénin.

[1031]*Cf.* articles 93, 94, 95 et 96 de la loi n°97-029 du 15 janvier 1999 portant organisation des communes en République du Bénin.

[1032]*Cf.* articles 97 et 98 de la loi n°97-029 du 15 janvier 1999 portant organisation des communes en République du Bénin.

[1033]*Cf.* article 99 de la loi n°97-029 du 15 janvier 1999 portant organisation des communes en République du Bénin.

[1034]*Cf.* articles 100, 101, 102 et 103 de la loi n°97-029 du 15 janvier 1999 portant organisation des communes en République du Bénin.

[1035]*Cf.* articles 104, 105, 106 et 107 de la loi n°97-029 du 15 janvier 1999 portant organisation des communes en République du Bénin.

transferts aux communes qu'un montant d'environ seize (16) milliards de FCFA[1036].

Dans l'ensemble, et rien que pour les secteurs retenus pour cette analyse, les propositions d'affectation paraissent bien ambitieuses pour les États, notamment ceux francophones de l'Afrique de l'Ouest. En effet, tout semble prioritaire pour ces derniers au regard des problèmes et attentes des populations. Ces problèmes et attentes, qui constituent une forme de pression constante sur les gouvernants, sont en réalité susceptibles d'engendrer une forme de saupoudrage des ressources et une prise de distance vis-à-vis des proclamations d'intention d'allocation de ressources qui restent ainsi sans suite, du fait aussi de leur portée juridique.

De surcroît, la valeur métajuridique des déclarations et décisions d'instances supra nationales, dont les pouvoirs de légiférer au nom des États restent virtuels, explique les suites souvent négatives qui sont réservées par les États aux contenus des Déclarations et Décisions de sommets réunissant pourtant de hauts représentants d'États et d'organisations internationales. En réalité, les États n'ont d'obligations formelles que celles qui découlent des lois nationales puis des traités, accords, conventions et autres protocoles, qui représentent une manifestation de volonté créant un engagement, lequel doit être respecté par les États parties, sous peine de voir engagée leur responsabilité internationale[1037].

Les Déclarations et Décisions en question ne s'insèrent pas dans un dispositif de transformation des engagements en des obligations légales (traité). Or, l'importance des traités qui se définissent comme « *un accord écrit entre sujets du droit international et destiné à produire des effets de droit* »[1038] est attestée par le fait que certains théoriciens placèrent la maxime *pacta sunt servanda* au sommet d'une pyramide formée par les normes du droit international[1039].

Pour le cas de la déclaration de Maputo sur la sécurité alimentaire et l'agriculture par exemple, les parties ont pris conscience de la nécessité d'accomplir les formalités requises pour conférer une force exécutoire

---

[1036] P. HOCHET et *al.*, *Op. Cit.* p.66.
[1037] A. EISEMANN, « Accords & traités internationaux», *Encyclopædia Universalis* [en ligne], consulté le 26 février 2017. URL : http://www.universalis.fr/ encyclopedie/accords-et-traites-internationaux
[1038] *Ibidem.*
[1039] *Ibidem.*

à la déclaration. Ainsi, « *afin de donner suite immédiatement à la Déclaration de Maputo, le 17 septembre 2003, M. Hélder Muteia, Ministre de l'agriculture du Mozambique, en qualité de Président de la Conférence des ministres de l'agriculture de l'Union Africaine, a présidé une réunion sur la mise en œuvre du PDDAA au Siège de la FAO à Rome* »[1040]. A cette réunion étaient présents les ministres de l'agriculture ou leurs représentants de dix-neuf (19) États membres du Comité chargé de la mise en œuvre, un représentant du Président du Comité directeur du NEPAD, de la Banque Africaine de Développement (BAD), de la Banque Mondiale, du Fonds International de Développement Agricole (FIDA), du Programme Alimentaire Mondial (PAM), de la FAO et de la Société Civile.

Entre autres résolutions de cette réunion, on note l'engagement des participants à entreprendre trois activités, afin de parvenir à mobiliser les ressources nécessaires conformément à l'engagement de l'Union Africaine, pris au niveau des Chefs d'État et de Gouvernement, d'accroître les financements en faveur du secteur rural. Au nombre de ces activités, figure l'idée de « *préparer des programmes d'investissement à moyen terme pour chaque pays, conformément à l'engagement figurant dans la Déclaration de Maputo des Chefs d'État et de Gouvernement de l'Union africaine à allouer 10 pour cent au moins du budget national à l'agriculture dans un délai de cinq ans et, le cas échéant, à les traduire en projets de loi devant être présentés par les Gouvernements aux Parlements* »[1041].

Cette volonté de passer du droit mou à un droit assorti d'obligations d'application est restée sans suite, du moins pour le Bénin. Actuellement, aucune loi en République du Bénin n'est consacrée au financement de l'agriculture, avec la définition d'une proportion du budget national à allouer à la sécurité alimentaire et à l'agriculture.

Toutefois, on a pu noter des efforts de mise en œuvre de l'accord de Maputo, en l'absence de toutes dispositions législatives aussi bien au niveau du Gouvernement qu'au niveau du Parlement.

[1040] *Cf.* Organisation des Nations Unies pour l'Alimentation et l'Agriculture (FAO), Compte rendu de la vingt-troisième conférence régionale pour l'Afrique, *Mise en œuvre du programme détaillé du NEPAD pour le développement de l'agriculture africaine, examen de l'état d'avancement*, Johannesburg (Afrique du Sud), 1er-5 mars 2004.

[1041] *Ibidem.*

En effet, pour ce qui concerne le pouvoir exécutif, ces efforts se traduisent par la recherche d'une meilleure compréhension du périmètre d'activités couvert par la Déclaration du Maputo. Bien que ce soit une décennie après le sommet des Chefs d'État et de Gouvernements ayant donné naissance à la Déclaration, le Bénin a engagé une concertation avec l'Organisation des Nations Unies pour l'Alimentation et l'Agriculture (FAO) pour la clarification des points d'application de la Déclaration de Maputo de 2003 relative à la sécurité alimentaire et à l'agriculture. Il a été retenu, à l'issue des concertations, que les points d'application de la Déclaration de Maputo en matière de sécurité alimentaire et d'agriculture soient le secteur rural y compris les pistes rurales, les eaux et forêts, l'hydraulique villageoise, la micro finance et les activités génératrices de revenus impactant positivement la réduction de la pauvreté[1042]. Le champ d'application ainsi défini a été validé par le Conseil des ministres en sa séance extraordinaire du mercredi 31 juillet 2013[1043].

Sur la base des simulations faites par rapport au périmètre de couverture ainsi défini, le Bénin a estimé les allocations de ressources du budget national au secteur agricole et au monde rural à 15,84% du budget général (hors budgets annexes et comptes d'affectation spéciale) et 13,43% du budget de l'État (budget général, budgets annexes et comptes d'affectation spéciale) en 2010. Pour les années 2011, 2012 et 2013, les estimations en pourcentage du budget général et du budget de l'État sont respectivement de 12,25% et 10,61% ; 12,97% et 11,80% et 11,81% puis 10,80%[1044].

Une étude montre cependant qu'« *en moyenne sur la période 2003-2010, aucune sous-région n'a atteint l'objectif de la Déclaration de Maputo de consacrer 10 pour cent du total des dépenses au secteur de l'agriculture. L'Afrique de l'Est (7,4 pour cent) et l'Afrique de l'Ouest (7 pour cent) ont les parts de dépenses publiques annuelles (DPA) les*

[1042]*Cf.* Communication n°767/13 relative aux points d'application du financement de l'agriculture et mesures de rationalisation du portefeuille actif des projets du ministère de l'Agriculture, de l'Elevage et de la Pêche.

[1043]*Cf.* Extrait du relevé n°10 des décisions prises par le Conseil des Ministres en sa séance extraordinaire du mercredi 31 juillet 2013.

[1044]*Cf.* tableau n°2 de la communication n°767/13 relative aux points d'application du financement de l'agriculture et mesures de rationalisation du portefeuille actif des projets du ministère de l'Agriculture, de l'Elevage et de la Pêche.

plus élevées »[1045]. La divergence entre les résultats de cette étude et les chiffres affichés plus haut pour le Bénin pourrait être imputable aux points d'application définis au Bénin, en ce qui concerne la mise en œuvre de la Déclaration de Maputo. Les statistiques du Bénin portent sur l'agriculture et le monde rural, alors que l'étude a ciblé les ressources consacrées au PDDAA.

Il ressort, par ailleurs, de l'étude que « *sur les 52 pays d'Afrique dont l'information est disponible pour le Système régional d'analyse stratégique et de gestion des connaissances (ReSAKSS), seul 13 pays ont consacré, au moins en une année, plus de 10 pour cent de leur budget à l'agriculture. Il s'agit : du Burundi, du Burkina Faso, de la République du Congo, de l'Éthiopie, du Ghana, de la Guinée, du Madagascar, du Malawi, du Mali, du Niger, du Sénégal, de la Zambie, et du Zimbabwe* »[1046]. Or, le seuil de 10% (part des dépenses publiques d'un pays allouées à l'agriculture) correspondait, selon les estimations de la recherche en 2003, aux dépenses publiques nécessaires dans les pays africains pour réduire significativement la faim. Selon les calculs de l'IFPRI[1047] sur l'ensemble de l'Afrique, une augmentation de 1% des dépenses agricoles était susceptible d'entraîner une augmentation de 0,36% de la croissance agricole[1048].

Tout comme le pouvoir exécutif, le législateur béninois n'est pas non plus resté insensible aux recommandations de sommets et autres fora touchant les affectations de ressources au sein du budget de l'État. Les préoccupations liées au respect de la Déclaration de Maputo, en ce qui concerne l'allocation d'au moins dix pour cent des ressources budgétaires au financement de l'agriculture, sont devenues récurrentes pendant l'examen des projets de loi de finances initiales[1049]. La même volonté du législateur de voir appliquées des recommandations de sommets et autres foras touchant les affectations de ressources au sein du budget de l'État est exprimée dans les récentes affirmations d'un parlementaire au sujet du financement de la santé. Ce dernier a souligné l'engagement du Parlement à « *s'assurer que le taux de 15% est*

[1045]*Cf.* I. WADE et A. NIANG, « L'engagement de Maputo: le mot d'ordre a-t-il été respecté? », *Passerelle*, volume 15, n°3, 15 juillet 2014.

[1046]*Ibidem.*

[1047]Il faut entendre par l'IFPRI, *l'International Food Policy Research Institute*.

[1048]*Cf.* Bulletin de synthèse souveraineté alimentaire, n°9, mars 2012, disponible sur le http://www.inter-reseaux.org/IMG/pdf/BDS_Maputo_mis_en_page_FINAL_.pdf.

[1049]*Cf.* Rapport général de la Commission des Finances et des Echanges sur le projet de loi de finances initiales de 2010 à 2017.

respecté dans la lettre de cadrage annuel conformément au tableau de bord de l'Afrique sur les financements nationaux pour la santé »[1050].

La question de la possible altération du pouvoir de décision financière des organes nationaux est ainsi bien perceptible. En effet, comme il a été démontré dans le développement précédent, aussi bien le Gouvernement que le Parlement se sont engagés dans la mise en œuvre de décisions prises au niveau international en matière d'affectation des ressources du budget de l'État et qui n'ont pas intégré le corpus du droit applicable.

[1050] *Cf.* Communication du Docteur B. AGUEMON, Député à l'Assemblée Nationale, 1er Vice-Président de la Commission de l'Education, de la Culture, de l'Emploi et des Affaires Sociales sur le thème « Rôle du Parlement béninois dans le plaidoyer pour une augmentation du budget de la santé », délivrée lors du dialogue national sur le financement de la santé », tenu à Cotonou le vendredi 10 février 2017.

Conclusion du titre 1 de la deuxième partie

Les finances publiques ne sont plus introverties. Elles sont sensibles aux implications de la globalisation de l'économie et aux philosophies qui sous-tendent la création de diverses organisations sous-régionales, régionales voire internationales. Ainsi, les dynamiques de conception et de gestion des finances publiques adoptées hors de l'Etat affectent non seulement le mode de gestion interne des finances publiques, mais également, et plus globalement, l'orientation de l'action publique.

Les conséquences de cette tendance de standardisation des normes de gestion financière publique s'analyse en un réglage des disposifs internes des États sur les modèles définis à l'international.

TITRE 2
LE CHANGEMENT DE PARADIGME

Les temps ont changé. La conception de l'État a évolué. Les implications cumulées de cette double évolution de la transformation de l'État n'ont pas épargné la gestion des finances publiques, principalement en ce qui concerne le processus de prise de la décision financière publique, les acteurs, voire le cadre législatif et réglementaire. Aujourd'hui, la décision financière n'a qu'une autonomie relative, pilotée et prise exclusivement au plan interne. Elle intègre et entérine, pour une part importante, des décisions prises antérieurement et isolement[1051].

Cette réalité est partagée au sein de l'espace communautaire UEMOA et la mise en place d'un nouveau cadre harmonisé des finances publiques en est une preuve palpable. Dans l'ensemble des nouveaux textes communautaires, la directive relative à la loi de finances[1052] tient une place privilégiée. Sa transposition en droit positif béninois aligne le Bénin dans la catégorie des États qui ont rejoint le mouvement de fonds, initié par les pays anglo-saxons, traduit sous l'appellation de « nouvelle gestion publique » et qui vise à appliquer à la sphère publique les meilleures pratiques de la gestion d'entreprise.

Ainsi, au Bénin, après l'adoption de la loi organique de 2013, les pratiques de la gestion publique s'articulent autour des axes suivants : responsabilité des acteurs, liberté de gestion, mesure de performance, transparence des informations, déconcentration des décisions, globalisation des crédits, contractualisation des objectifs et des moyens, contrôle de gestion, gestion des ressources humaines, des emplois et des compétences.

On note dans le domaine de la gestion publique, l'ouverture à une approche gestionnaire (Chapitre VII) avec des implications en termes de mutations procédurales et institutionnelles (chapitre VIII).

[1051] *Cf.* E. ANDREANI, « Budget de programme et rationalité de la décision publique », *Revue Economique*, vol. 19, n°4, 1968, pp.638-673.

[1052] Il s'agit de la directive n°06/2009/CM/UEMOA du 26 juin 2009 portant lois de finances au sein de l'UEMOA.

CHAPITRE 1
L'OUVERTURE A UNE APPROCHE GESTIONNAIRE

La loi organique relative aux lois de finances du Bénin de 2013 consacre le passage d'une gestion budgétaire axée sur les moyens à une gestion budgétaire axée sur les résultats. Cela se comprend bien quand on sait que c'est l'arrimage moyen-résultat qui constitue la trame de la nouvelle génération des LOLF qui ouvrent les finances publiques à un référentiel gestionnaire[1053]. On peut citer, à ce propos, le professeur M. BOUVIER qui estime que la LOLF repose sur cette conception managériale de gestion[1054].

Ce qu'il faut déduire de cette nouvelle donne dans la gestion de la chose publique, c'est la rupture d'avec le concept d'État-providence, le « *Welfare State* », qui impliquait l'existence « *d'un décideur ayant la maîtrise du calcul économique, se situant au-dessus de la mêlée, et agissant souverainement au mieux des intérêts bien compris de la collectivité* »[1055]. Ce postulat ayant été démenti[1056], la recherche de la cohabitation d'une logique gestionnaire et d'une logique politique s'impose (Section I). Il s'en suit indubitablement l'apport d'une caution des politiques à la contribution des experts (Section II).

Section 1-La juxtaposition d'une double légitimité

La modernisation des pratiques de gestion, c'est-à-dire l'appropriation par le secteur public des outils de gestion conçus pour un management privé, n'est pas sans incidence sur l'organisation et la répartition traditionnelles des pouvoirs financiers dans l'État. On assiste à un « *affrontement entre deux types de légitimités : une légitimité politique ancienne et une légitimité gestionnaire* »[1057]. Ainsi, en

---

[1053] M. LEROY, « Les périmètres publics et privés des finances publiques », *RFFP*, n° 120, novembre 2012, pp.7-37.

[1054] M. BOUVIER, *in* M. BOUVIER (dir.), *Op.Cit.*, p 3.

[1055] *Ibidem.*

[1056] *Ibidem.*

[1057] *Cf.* M. BOUVIER, « Experts et politiques face à la gouvernance des sociétés complexes », in L. FAVOREU, R. HERTZOG et A. ROUX, Constitution et finances publiques, Etudes en l'honneur de Loïc PHILIP, Paris, Economica, 2005, pp. 295-307.

redoutant que la traditionnelle légitimité politique en matière de décision financière publique ne s'effrite, l'admission de la légitimité gestionnaire (Paragraphe I) doit préserver le maintien de la légitimité politique (Paragraphe II).

Paragraphe 1-L'admission de la légitimité gestionnaire

La poussée des exigences de redevabilité, de transparence, d'efficacité, voire d'efficience détermine, de nos jours, les options de politique budgétaire et de politique financière des autorités investies de la gestion financière publique. L'alliance du décideur politique et du gestionnaire[1058] devient presque un passage obligé pour l'implémentation des outils de management privé dans le secteur public (A) aux fins de l'optimisation de la dépense publique (B).

A-Le secteur public dans la dynamique d'adoption d'un nouveau mode de gestion

Le « *secteur public* [...] *est devenu un monstre administratif difficile à gérer* »[1059], tout comme sa colonne vertébrale que représentent les finances publiques. La revue des modes de gestion du secteur public est quasi inévitable et les solutions les plus appropriées sont explorées pour une amélioration du niveau de vie des populations, par le truchement de l'amélioration de la gouvernance financière publique. Dans cette logique, le passé et le présent offrent des grilles de lecture des pratiques, outils, techniques, pour la prise d'options désormais rationnelles. C'est donc de toute évidence que les « *réformes des systèmes financiers publics de ces quarante dernières années constituent le socle dans lequel se cherche et tente de se formaliser une nouvelle gouvernance* »[1060].

Ce qui s'offre aujourd'hui comme modèle de gestion, et qui pourrait induire une forme de révolution dans les pratiques en cours dans le secteur public, semble être le modèle gestionnaire du secteur privé. Il repose sur l'adoption et l'utilisation de techniques et d'outils, dont notamment le contrôle de gestion, la comptabilité d'analyse des coûts,

---

[1058] M. BOUVIER, *in* M. BOUVIER (dir.), *Op.Cit.*, p 3.

[1059] R.A THIETART., « Public-privé : une guerre de frontières », *Revue Française de Gestion*, n°20, 1979, cité par J. LACHMANN,« Management privé et management public: la fin des frontières? », *inEtats Généraux du Management* (EGM), Strasbourg, 2012.

[1060] M.BOUVIER, « Cybernétique financière publique et fin du politique ?», *in Pouvoirs Locaux*, n°102, III/2014, p. 94.

le tableau de bord, les contrats de performances, la consécration de centre de responsabilité.

Le passage de la logique classique d'administration de la cité à la logique de gestion en cours dans le secteur privé apparaît *a priori* opératoire sans grande difficulté. En effet, il suffira de s'approprier le style de management du secteur privé et d'actualiser le modèle sur lequel repose la gouvernance financière publique. Cependant, une question délicate mais pas insoluble se pose. Un système de gouvernance repose sur deux piliers : des acteurs et des modes de gestion (outils, techniques, procédures).

Par rapport au volet mode de gestion, la difficulté est mineure sinon inexistante. L'essentiel est d'administrer aux agents de l'État, une bonne incubation d'une nouvelle culture de gestion et de procéder à un renforcement des capacités des acteurs. En effet, le contrôle de gestion qui est le mécanisme d'assurance de la qualité et d'efficacité dans les unités de production du secteur privé n'est pas l'apanage dudit secteur. Certains soutiennent, en réalité, que le management assis sur le contrôle de gestion et le contrôle de la performance n'est pas spécifique au secteur privé. L'idée est qu'« *il n'y a pas deux contrôles de gestion, l'un public, l'autre privé* »[1061]. Ce qui importe en théorie, c'est que « *dans chaque situation particulière, il s'agit, à partir d'un diagnostic de cette situation, d'effectuer un choix dans la gamme d'outils et de démarches disponibles, d'adapter "sur mesure" cette solution aux spécificités du problème qui est posé* »[1062].

Ainsi, au plan technique, les moyens qu'utilisent les unités de production du secteur privé pour garantir le résultat sont également exploitables dans le secteur public. L'essentiel est de poser un diagnostic spécifique et de choisir l'instrument de contrôle de gestion qui apparaît le plus approprié pour favoriser le règlement des défis révélés par le diagnostic. Dans ce cas, il faudra faire recours à « *l'offre de contrôle de gestion [qui] porte sur un nombre limité d'outils, de concepts et de démarches* »[1063]. On peut citer, entre autres, la comptabilité analytique, les contrats de performance, les plans de

---

[1061] R. DEMEESTÈRE, « Y-a-t-il une spécificité du contrôle de gestion dans le secteur public ? »,*Politiques et management public*, vol. 7, n° 4, 1989, numéro spécial - Formation au management public. pp. 33-45. *Cf.* http://www.persee.fr/doc/pomap_0758-1726_1989_num_7_4_2920.

[1062] *Ibidem.*

[1063] *Ibidem.*

travail annuels et les tableaux de bord. Seulement, « *ces outils généraux ont de nombreuses variantes et ne prennent leur sens que lorsqu'ils sont conçus et adaptés à une utilisation bien précise, dans un contexte donné* »[1064].

On note effectivement au Bénin, s'agissant du volet appropriation des outils de contrôle de gestion, un progrès remarquable, notamment depuis la transposition des directives de la génération 2009 de l'UEMOA sur le cadre harmonisé de gestion des finances publiques. La nouvelle loi organique relative aux lois de finances institue, entre autres, la comptabilité d'analyse des coûts. Elle dispose clairement que la comptabilité de l'État comprend la comptabilité budgétaire, la comptabilité générale, la comptabilité des matières et la comptabilité d'analyse des coûts[1065]. L'article 82 de la même loi organique précise que « *la comptabilité d'analyse des coûts a pour objet de faire apparaître les éléments de coûts des actions engagées dans le cadre des programmes de mise en œuvre des politiques publiques* [et qu'] *elle permet de justifier les crédits indispensables à la conduite des actions et de mettre en évidence les éléments nécessaires à la mesure de la performance au sein des programmes* ».

Rien que par l'introduction, dans les pratiques de gestion du secteur public de la comptabilité d'analyse des coûts et de la comptabilité générale ou patrimoniale, l'État s'engage dans le *New Public Management*. En effet, la comptabilité générale est une comptabilité d'entreprise. Elle est articulée autour d'une méthode d'enregistrement des opérations financières destinée à mettre en relief les résultats d'un exercice selon les séquences de résultat brut, de marge brute, de résultat d'exploitation, de résultat financier et de résultat net. *In fine*, la comptabilité générale est de nature à traduire pour une période, l'évolution du patrimoine, avec une lumière sur les actifs non financiers et financiers, la trésorerie ainsi que sur le passif de l'État-entreprise, dans ses différentes variantes (évolution du capital, dynamique du passif circulant, etc.).

La comptabilité d'analyse des coûts, quant à elle, s'inscrit dans la pratique de la balance coût-résultat. Elle table sur les intrants et les extrants et permet de tester la productivité, à l'aune des moyens déployés et sa finalité est de rendre disponibles les éléments de

---

[1064] *Ibidem.*

[1065] *Cf.* article 78 de la loi n°2013-14 du 27 septembre 2013 portant loi organique relative aux lois de finances.

jugements de l'opportunité d'adopter telle approche ou d'épouser telle logique pour la production des biens et services non marchands ou encore d'emprunter telle ou telle piste dans la redistribution des revenus nationaux.

L'exercice de la comptabilité analytique reste cependant embryonnaire dans l'administration publique béninoise. La raison du faible niveau d'appropriation et de mise en œuvre de ce mode de gestion est le caractère encore nouveau ou récent de l'introduction de la réforme. Des exemples d'essais existent toutefois. A ce titre, on peut évoquer les exercices de détermination de ce que coûte à l'État un candidat à un examen national.

En effet, avec l'aide du ministère de l'économie et des finances, il a été procédé à l'intégration par les services des examens et concours des coûts des différentes étapes que connaissent les examens. Il s'est agi, en réalité, d'agréger les coûts de production des feuilles de composition, les coûts de préparation des centres d'examen, les coûts d'étude des dossiers de candidatures, les coûts de communication par les masses media et autres canaux de publicité sur les examens, les primes et indemnités de supervision, les primes et indemnités de surveillance, les primes et indemnités de correction, les primes et indemnités de secrétariat, les coûts de production et de la multiplication des épreuves, les primes et indemnités de délibération, les coûts de délivrance des relevés et des attestations de diplôme, etc. et de rapporter l'agrégat au nombre de candidats. Pour le Brevet d'Etudes du Premier Cycle (BEPC) de l'année scolaire 2016 par exemple, le ratio coût/candidat est ressorti à 14 274 FCFA alors que pour l'année 2017, le même ratio est projeté pour se situer à 13 006 FCFA[1066].

A analyser de près les nouvelles modalités de gestion des finances au Bénin, on est bien tenté d'affirmer que les composantes doctrinales qui prédominent dans l'approche conceptuelle du *new public management (NPM)* sont en cours d'expérimentation. Il s'agit, par exemple, selon C. HOOD, du pilotage et du contrôle des organisations confiés à des professionnels nommés à leur tête et qui doivent jouir d'une totale autonomie de gestion demandant plus de transparence et plus de responsabilisation dans l'action des cadres, tout en séparant la prise de décision stratégique (politique) de la gestion opérationnelle

---

[1066] *Cf.* Procès-verbal des séances d'arbitrage du budget pour l'organisation des examens au titre de l'année scolaire 2016-2017 au niveau du ministère des enseignements secondaire, technique et de la formation professionnelle.

(administration)[1067]. Il s'agit aussi, entre autres, (i) de la définition d'objectifs, de standards et d'indicateurs de performances ; (ii) de l'importance du développement du contrôle des résultats ; (iii) de l'évolution vers des unités décentralisées, des centres de responsabilités ou des agences, des « organisations gérables » ; (iv) de l'introduction d'une « *logique de marché et de concurrence/compétition* », basée sur la contractualisation avec des engagements précis et chiffrés ; (v) du recours à des pratiques managériales empruntées au secteur privé et (vi) de l'importance de la rigueur managériale, de l'efficience dans l'utilisation optimale des ressources disponibles ou mises à disposition et le développement du concept du faire plus avec moins »[1068].

En ce qui concerne le deuxième volet des piliers d'une gouvernance financière, la question est un peu plus sensible et « *pourrait opposer à la légitimité politique traditionnelle une légitimité gestionnaire portée par des experts, voire des systèmes-experts* »[1069]. En effet, les outils de gestion en cours d'implémentation sont des produits d'expertise et nécessitent, pour une utilisation conséquente et efficace, l'accompagnement des experts. Or, traditionnellement les prérogatives de prise de la décision financière publique sont comme un attribut pour les pouvoirs publics désignés à cette fin.

Le problème qui se pose aujourd'hui est que les organes investis du pouvoir de décision financière dans l'État ne sont pas dans le secret des nouveaux instruments de gestion par la performance. Ils demeurent dans leur posture traditionnelle d'administration (bureaucratie), alors que l'État n'agit plus seulement pour la simple garantie des fonctions régaliennes. Même si c'était le cas, il devra le faire désormais avec l'obligation de performance et de résultat. Or, aujourd'hui, l'État est un acteur de l'économie, même s'il n'est pas à la hauteur de ce qu'a soutenu J. M.KEYNES. Un autre auteur fait observer que « *conçus dans des contextes économiques, sociaux, politiques, largement différents de ceux d'aujourd'hui, ils [les systèmes financiers publics] ne sont plus adaptés aux besoins d'une société globalisée en perpétuelle recherche d'équilibre* »[1070].

1067 J. LACHMANN, *Op.cit.*

1068 *Ibidem.*

1069 M.BOUVIER, « Cybernétique financière publique et fin du politique ?», *Op.cit.* p.94.

1070 M. BOUVIER, «Recentralisation ou intégration verticale des systèmes financiers publics ?», *RFFP*, n°111, Septembre 2010, pp V-VI.

Il est donc attendu « *une transformation de la philosophie de l'État et plus fondamentalement de la démocratie à travers l'introduction d'une conception gestionnaire de la prise de décision financière par le recours à des techniques sophistiquées dans la gestion des fonds publics* »[1071]. Ce qui implique une alliance entre experts et politiques et une révolution dans la pratique classique de gestion des finances publiques. Il paraît, à ce sujet et selon certains auteurs, que les décideurs publics ont compris l'enjeu et se seraient déjà mis à la tâche. Le professeur M. BOUVIER estime s'agissant de cette problématique que *« beaucoup d'éléments sont en effet déjà là qui laissent augurer qu'une configuration de la gestion du secteur public fondée sur la généralisation d'automatismes financiers s'est amorcée* »[1072]. Au Bénin, la mise en place du Modèle de Simulation et d'Analyse des Réformes Economiques (MOSARE) en est une illustration.

Au même moment, il est important de souligner que les experts qui se comportent en apporteurs de solutions et de techniques de gestion sophistiquées n'ont pas l'onction politique et, par voie de conséquence la légitimité requise pour décider de l'orientation et du mode de gestion des finances publiques. Et c'est à ce niveau que l'équation paraît délicate. L'échec ou l'incapacité au plan managérial et au plan technique des systèmes classiques de gestion des finances publiques appelle une remise en cause et la prise de nouvelles options. « *Autant dire qu'au regard des enjeux majeurs pour l'avenir, il est fondamental d'identifier correctement les voies dans lesquelles la réforme des circuits de la décision financière publique doit s'engager et cela à tous les niveaux* »[1073]. Ce circuit, pour sauvegarder l'idéal démocratique doit déterminer les conditions de collaboration entre politiques et experts de sorte à garantir le pouvoir consacré des autorités politiques (exécutif et Parlement) dans la prise de la décision financière publique.

B-La recherche de la qualité de la décision et de l'optimisation de la dépense publique

Si la question d'abandon des anciennes pratiques de gestion des finances publiques ou plutôt celle de la modernisation des instruments et modes de gestion des finances publiques à l'époque contemporaine se pose et prend de jour en jour de l'importance, c'est pour une et une

[1071]*Cf.* C. D. DESMOULIN et G. DESMOULIN (dir.), *OP. cit. p79.*

[1072]M.BOUBIER, « Cybernétique financière publique et fin du politique ? », *in PouvoirsLocaux*, n°102 III/2014, p. 94.

[1073] M. BOUVIER, article précité.

seule finalité : l'optimisation des dépenses publiques. Le caractère de plus en plus impécunieux de l'État et la croissance continue des dépenses publiques[1074] obligent l'État, devant ses ressources réduites, à opter pour l'optimisation[1075] des dépenses publiques, c'est-à-dire faire mieux avec peu ou les mêmes moyens, en dépit des contraintes majeures[1076] qui se posent à lui sur ce chemin. En effet, c'est de crainte qu'on en arrive à la faillite de l'État, du fait des crises successives et du déséquilibre budgétaire croissant que des réflexions se mènent et s'amplifient au sujet du modèle optimal de gestion des ressources publiques.

En effet, la maxime selon laquelle « *le budget est une gigantesque pompe aspirante et foulante* »[1077] demeure. Seulement, les ressources à aspirer deviennent de plus en plus maigres, alors que les besoins à servir, eux, maintiennent un rythme de croissance à peine soutenable. Il est ainsi apparu la nécessité de révision de l'approche de gestion dans la sphère des administrations publiques. La tendance dans cette quête de mutation, il faut l'avouer, s'analyse en un mimétisme, à tout le moins intelligent. Il semble que la piste empruntée pour y arriver est celle du *bench marking*. Pour tout dire, c'est une forme d'alignement du secteur public sur les bonnes pratiques de gestion en vogue au niveau du secteur privé.

Effectivement, la nécessité politique du management public devant des résultats généralement décevants des politiques publiques est presque incontournable. A l'image des pays occidentaux où les Gouvernements ont été contraints par la pression de la population à mettre en place des réformes visant l'introduction d'une « culture de la performance », les États africains, principalement ceux de l'Afrique de l'ouest francophone, ne sont pas épargnés. Le courant de pensée libérale

---

1074 Selon A. WAGNER, « il existait une véritable loi de la croissance continue des dépenses publiques », *cf.* P. LOÏC, *Finances Publiques*, 5ème édition, Cujas, Paris, 1995, P. 37.

1075 Expression choisie par la France pour introduire dans son système financier, le *planning-programming-budgeting system* mis en place par les américains en 1961. *Cf.* E. ANDREANI« Budget de programme et rationalité de la décision publique », *Revue* économique, volume 19, n°4, 1968. pp. 638- 673.

1076 N. MEDE, « La nouvelle gestion budgétaire : l'expérience des budgets de programmes au Bénin », article précité.

1077 M. DUVERGER, *Les finances publiques,* Paris, PUF, Collection Que sais-je ?, 1950, P.9, cité par N. MEDE, *Finances Publiques, Espace UEMOA/UMOA*, Dakar, L'Harmattan, 2016, P.248.

du *new public management* (NPM)[1078] qui en a été la base, semble n'avoir pas de frontière, vu la similitude des problèmes qui minent les États.

Le Bénin ambitionne, avec l'adoption du nouveau cadre juridique de gestion des finances publiques, de devenir, comme la Nouvelle Zélande[1079], un État-Enterprise, c'est -à- dire, devenir une entité capable de déterminer son actif et son passif, de considérer l'année budgétaire comme une exploitation, de déterminer en fin de période un résultat et de commencer l'année nouvelle avec un bilan d'ouverture. C'est ce qui fonde la démarche de *bench marking* évoquée plus haut et qui se manifeste par la cooptation dans le secteur public des outils destinés à rationaliser la gestion des finances publiques. De façon embryonnaire et avant une consécration légale de la gestion budgétaire axée sur les résultats, le Bénin a entrepris de réaliser des budgets de programme et de mettre en place un tableau de passage du budget classique vers le budget de programme.

C'est déjà depuis le début des années 2000 que cette pratique a pris forme avec l'expérimentation des outils comme le tableau de bord, le plan de travail annuel, les objectifs stratégiques et opérationnels, les indicateurs de résultat dans la triple dimension extrant-effet-impact[1080]. On peut ajouter à ces outils, les plans de passation de marché, les plans d'engagement, les plans de consommation des crédits. Ces éléments ont été renforcés par l'adoption de la loi organique relative aux lois de

---

1078 J. LACHMANN, « Management privé et management public : la fin des frontières ? », *in Etats généraux du Management (EGM), Strasbourg, 2012.*

1079 La Nouvelle-Zélande soumet son rapport annuel vérifié trois mois après la fin de l'exercice. Ce rapport contient une comparaison détaillée des montants inscrits au budget et des résultats obtenus, ainsi qu'une analyse succincte des principaux écarts et une description des progrès accomplis par les pouvoirs publics dans l'application de la stratégie budgétaire, telle que présentée dans le rapport de stratégie budgétaire (établi avant le budget). Les budgets et les prévisions sont préparés sur la même base comptable (essentiellement IFRS) que les comptes. Les prévisions sont également établies conformément aux normes comptables de la Nouvelle-Zélande qui disposent, entre autres, que les prévisions doivent être préparées conformément à des règles comptables qui s'appliqueront aux rapports rétrospectifs et sur la base d'hypothèses « raisonnables et justifiables », cohérentes et publiées. *Cf.* Fonds Monétaire International, Transparence, *système de responsabilité et risques budgétaires*, août 2012, p.36.

1080 N. MEDE, « La nouvelle gestion budgétaire : l'expérience des budgets de programmes au Bénin », disponible sur http : // Afrilex, www.afrilex.u-bordeaux4.fr, pp. 56-86.

finances, avec l'exigence additive, l'élaboration d'un plan de trésorerie prévisionnel mensualisé[1081].

Ailleurs, il semble que la démarche ait été la même. Le professeur M. BOUVIER affirme, par exemple pour ce qui concerne le cas de la France, que « *la nouvelle approche de gestion financière publique (responsabilisation des acteurs politiques et administratifs) a conduit à l'adoption de pratiques managériales empruntées aux entreprises (analyse financière, tableaux de trésorerie, comptabilité d'exercice... contrôle de la dette,...)* »[1082]. L'idée de la responsabilisation des acteurs publics, quant à l'atteinte des résultats, s'est développée. Les exigences de reddition de compte ont également pris de l'ascension, et à l'auteur de conclure que c'est cette conception managériale de la gestion financière publique qui a renouvelé la question de la responsabilisation des acteurs financiers publics[1083].

Cependant l'alignement des pratiques administratives sur le modèle de management inspiré de celui en cours dans le secteur privé n'est pas resté sans susciter des commentaires défavorables. Des arguments ont été avancés pour tenter de démontrer le caractère inapproprié de l'expérimentation du management privé dans le secteur public. Pour certains, « *le management, c'est de la manipulation* [...] *et le secteur public n'en veut pas* »[1084]. Ils fondent leur argumentaire sur l'opposition des objectifs poursuivis par le secteur privé et par l'État. Le premier vise uniquement la rentabilité et le profit, alors que l'essence du second est la recherche et la satisfaction de l'intérêt général[1085].

Face à la réticence de certains vis-à-vis du management, d'autres estiment cependant que « *même si les collectivités publiques rendent des services publics et n'ont pas pour objectif la rentabilité et le profit, elles doivent pouvoir mesurer les coûts des dépenses et garantir une gestion publique économe de l'argent public* »[1086]. Ce dernier courant semble être en adéquation avec la nouvelle logique de gestion induite par la LOLF et qui justifie la modernisation des pratiques de gestion dans l'administration publique. En effet, l'application de l'adage

---

[1081]*Cf.* article 49 de la loi n°2013-14 du 27 septembre 2013 portant loi organique relative aux lois de finances.

[1082]M. BOUVIER, *in* M. BOUVIER (dir.), *Op.cit.*, p 3.

[1083]*Ibidem.*

[1084] J. LACHMANN, article précité.

[1085]*Cf.* N. MEDE, *Finances Publiques, Espace UEMOA/UMOA*, *Op.cit.*, p.40.

[1086]F. MORDACQ, *Les Finances publiques, Que sais-je?*, *Op.Cit.* p13.

« *dépenser mieux* » est sous la nouvelle LOLF une obligation pour les pouvoirs publics.

Il est, par ailleurs, évident que l'assemblage des outils de gestion moderne et la consécration de l'expérimentation du management dans le secteur public ne suffisent pas pour faire face à la crise des finances publiques que vit l'État. Il faut aller au-delà et viser prioritairement la qualité de la décision publique, avant même sa mise en œuvre. Et c'est à ce niveau que l'État a, à nouveau besoin, de l'expertise nouvelle qu'il n'est pas certain de retrouver dans l'administration publique. Or, l'urgence des questions à résoudre et les actions que ceci appelle des pouvoirs publics ne peuvent attendre le renforcement des capacités internes de l'administration ou carrément le développement de nouvelles compétences en phase avec les nouveaux impératifs de gestion publique.

Cette équation n'est pas spécifique au Bénin, ni aux autres pays avec lesquels il partage l'espace UEMOA. Au-delà même de l'Afrique, elle est une réalité dans les États membres de l'Organisation pour la Coopération et le Développement Economique (OCDE)[1087]. L'enjeu, ce n'est pas le conservatisme des acquis ou des pratiques, mais plutôt l'obligation d'adaptation de la gestion des finances de l'État aux mutations du moment. Le secteur public devra conserver son identité et approfondir sa mission tout en s'engageant à la remplir désormais de façon optimale, c'est-à-dire mieux servir l'intérêt général avec peu ou moins de moyens. A vrai dire, « *c'est la culture financière publique qu'il convient de changer de l'intérieur* »[1088]. Il s'agit plus fondamentalement d'intégrer une légitimité politique fondée en droit et une légitimité professionnelle fondée sur l'expertise gestionnaire[1089].

Cette nécessité de l'alliance entre la légitimité politique et la légitimité professionnelle fondée sur l'expertise, est une réalité au Bénin. Sur les différents compartiments de la gestion des finances publiques, ce pays n'hésite pas à recourir à l'avis des professionnels

---

[1087]La question de l'amélioration de la gouvernance financière publique est une quête quotidienne pour les Etats y compris ceux développés. L'Organisation pour la Coopération et le Développement Economique (OCDE) poursuit à ce sujet les réflexions sur la meilleure approche de la réforme budgétaire. *Cf.* A. SCHICK, « Opportunité, stratégie et tactique pour la réforme de la gestion publique, *Revue de l'OCDE sur la réforme budgétaire*, Vol 2, n° 3, 2002, pp. 7-39.

[1088]M.BOUVIER, « Cybernétique financière publique et fin du politique ?», *Pouvoirs Locaux*, n°102 III/2014, p. 94.

[1089]*Ibidem.*

titulaires d'une expertise avérée. Cette démarche emprunte deux pistes : la consultation de l'expertise interne à l'administration, quand elle est disponible et puis le recours aux experts du Fonds Monétaire International (FMI).

Par rapport à la première piste, on note de plus en plus que les décisions qui impactent directement la gestion des finances publiques sont prises suite à des conclusions d'experts des technostructures[1090] de l'administration. Dans la pratique, ce sont des comités *ad hoc* qui sont créés pour réfléchir et éclairer le politique sur une décision de gestion en gestation. C'est le cas, par exemple de la levée des goulots d'étranglements qui minent l'accélération de l'exécution de la dépense publique et qui sont inhérents au contrôle *a priori*. Des études internes à l'administration ont été menées et des propositions de décision ont été faites à l'autorité politique qui les a entérinées[1091]. On peut évoquer également la récente organisation institutionnelle et fonctionnelle de l'administration de la Direction générale du budget (DGB). Pour anticiper sur les implications institutionnelles et fonctionnelles induites par l'adoption de la loi n° 2013-14 du 27 septembre 2013, la DGB a recruté un expert dont les travaux ont permis de projeter dans l'avenir les nouvelles dimensions de la mission de la Direction générale du budget et de proposer une architecture institutionnelle. Les propositions contenues dans le rapport de l'étude menée par l'expert ont reçu une validation politique à travers la prise de l'arrêté n°2849-C/MEF/CAB/SGM/DGB/SP du 11 août 2016 portant attributions, organisation et fonctionnement de la Direction Générale du Budget[1092].

La deuxième piste, c'est celle du recours à l'assistance technique des experts internationaux pour l'amélioration du processus et de la qualité de la décision publique dans le domaine des finances publiques. Ainsi, pour l'essentiel, ce sont les experts du Centre régional pour l'assistance

---

[1090] Evoquant la sociologie de la gestion financière, H. M. CRUCIS souligne l'emprise de la Direction du Trésor sur les secteurs de l'économie et des finances en faisant référence aux travaux de Y. MAMOU (Une machine de pouvoir-la Direction du Trésor : La découverte, 1988). Il rappelle que l'on stigmatise classiquement l'hégémonie de l'Administration des Finances au sein de l'appareil administratif de l'Etat. *Cf.* H.M. CRUCIS, *Finances publiques*, Paris, Montchrestien, 2ème édition, Focus droit, p. 232 et suivantes.

[1091] *Cf.* arrêté n°0006/MEFPD/DC/SGM/CF/SP du 5 janvier 2015 portant généralisation de l'allègement du contrôle *a priori* sur certains titres de paiement.

[1092] *Cf.* Ministère de l'Economie et des Finances, *Rapport de l'étude fonctionnelle pour la restructuration de la Direction générale du budget au format de la nouvelle LOLF*, décembre 2015.

technique du Fonds Monétaire International[1093]qui accompagnent le Bénin. On peut, en effet, évoquer plusieurs missions d'AFRITAC de l'Ouest au Bénin sur des questions techniques certes, mais qui appellent des décisions politiques. Sans être exhaustif, on peut citer la mission d'assistance technique sur la déconcentration de la fonction d'ordonnateur[1094], la mission sur la préfiguration de l'exécution de la dépense publique en mode programme[1095], la mission d'assistance technique sur la finalisation du guide de fonctionnement des comptes du nouveau plan comptable de l'État[1096], la mission d'assistance technique sur la gestion des investissements publics[1097], etc. Les mémoires et conclusions rendus à l'issue de ces missions inspirent, pour une bonne part, les décisions des politiques dans le domaine des finances publiques. Bien des fois, ils donnent lieu à des feuilles de route pour la mise en œuvre des recommandations.

Sous d'autres cieux, et toujours dans le souci d'assurer à la décision financière publique une meilleure qualité, des réflexions sont menées. On note dans le courant de ceux qui pensent que l'État doit améliorer son processus de décision, et par ricochet la qualité de la décision elle-même, que l'idée d'un encadrement des auteurs de la décision financière publique (les politiques) n'est pas exclue. La réalité est là, palpable que les titulaires traditionnels du pouvoir budgétaire et du pouvoir normatif financier dans l'État ne sont toujours qualifiés pour appréhender et apprécier les contraintes que l'évolution contemporaine leur impose.

Ainsi, la probabilité d'une décision moins orientée ou carrément en marge des réalités contemporaines existe. C'est ce qui a,

---

[1093]Pour l'Afrique, le Fonds Monétaire International a créé deux centres d'assistance technique aux Etats. L'un pour l'Afrique de l'ouest (AFRITAC OUEST) et l'autre pour l'Afrique du centre (AFRITAC Centre).

[1094]*Cf.* Compte rendu de la mission d'assistance technique d'AFRITAC de l'Ouest sur l'appui à la rationalisation des procédures d'exécution de la dépense publique, dans le cadre de la mise en œuvre de la déconcentration de l'ordonnancement et de la gestion en mode programme, septembre 2015.

[1095]*Cf.* Compte rendu de la mission d'assistance technique d'AFRITAC de l'Ouest sur la gestion de la dépense publique en mode programme, octobre 2016.

[1096]*Cf.* Compte rendu de la mission d'assistance technique d'AFRITAC de l'Ouest sur la finalisation du guide de fonctionnement des comptes du nouveau plan comptable de l'Etat (PCE), mai-juin 2016.

[1097]*Cf.* Compte rendu de la mission d'assistance technique d'AFRITAC de l'Ouest sur la gestion des investissements publics en Autorisation d'Engagement (AE) et en Crédits de Paiement (CP), novembre 2014.

vraisemblablement, donné naissance à l'idée de la cybernétique financière qui procède de la volonté de *« mettre en place des systèmes experts visant à garantir une autorégulation des finances publiques et sur le fond à faire échapper la décision et l'exécution budgétaire aux aléas des faiblesses humaines, notamment celles des politiques, ou à l'absence de professionnalisme supposé ou avéré des gestionnaires »*[1098].

La probable efficacité de cette formule, dont la finalité est d'opérer une sorte de maximisation sous contrainte dans le domaine de la gestion des finances publiques, n'a pas fait perdre de vue à ces auteurs, les risques inhérents à la mise en place des automatismes gestionnaires sur un champ qui est, par définition, un champ politique. Ils ont eux-mêmes évoqué, à titre d'exemple, l'une des formes que pourraient prendre les automatismes budgétaires et relever aussitôt l'implication négative qui s'y attache. En réalité, soutient le professeur M.BOUVIER, « *un tel projet peut conduire à substituer des "automatismes budgétaires" à la décision politique et ce par exemple à travers la constitutionnalisation des normes financières ne laissant aux responsables politiques qu'une marge de manœuvre très limitée ou bien encore par la mise en place de normes d'évolution automatiques des dépenses ou des recettes* »[1099].

En définitive, la solution des automatismes budgétaires reste perfectible. Pour être applicable, sans engendrer une remise en cause de la partition des politiques, titulaires du pouvoir de décision financière dans l'État, les pouvoirs publics doivent être mis en position d'approbation et d'assujettissement de leur opérationnalisation à leur onction.

Paragraphe 2-Le maintien de la légitimité politique

L'enjeu aujourd'hui est de parvenir à « *intégrer dans une logique économique, prioritairement gestionnaire, un processus de décision budgétaire d'essence politique et qui relève de la tradition démocratique* »[1100]. Il se décline donc en la nécessité de préserver les prérogatives reconnues au pouvoir exécutif par la constitution (A) et en celle de sanctuariser le pouvoir de décision du Parlement, en tant qu'acteur ultime de l'effectivité de la décision financière publique (B).

[1098]M.BOUBIER, « Cybernétique financière publique et fin du politique ?», *Op.cit.*, p. 94.
[1099]*Ibidem.*
[1100] . D. DESMOULIN et G. DESMOULIN (dir.), *Op.cit.*, p.19.

A-La conservation des prérogatives du pouvoir exécutif

L'exercice du pouvoir de décision financière est au prime abord réservé aux pouvoirs qui en détiennent la compétence. Mais dans la réalité, une multiplicité d'acteurs intervient de sorte à vouer à un intérêt historique l'idée selon laquelle le pouvoir financier dans l'État se trouve aux mains de l'exécutif et du législatif. L'équation qui se pose donc par ces temps de crises durables des finances publiques, c'est la question de l'ouverture du débat sur le processus de décision financière publique à des acteurs non consacrés par la constitution mais dont les apports apparaissent aujourd'hui indiscutables[1101] ; ceci, en raison de la rationalité et de l'efficacité qui devront dorénavant caractériser la gestion financière publique. Les acteurs non consacrés dont il s'agit sont principalement les experts, qu'ils opèrent en indépendants ou qu'ils soient organisés en cabinet de consultance ou d'assistance technique. Autrement dit, ce sont des acteurs du secteur privé qui sont formés aux nouvelles méthodes de gestion et aux techniques et outils modernes d'analyse et de prise de décision sur la sphère des finances publiques.

Ce qui préoccupe dans l'implication de nouveaux acteurs dans le processus budgétaire public, ce n'est pas, en réalité, le recours à l'expertise privée. Ceci est devenu une nécessité et semble même s'imposer aux gouvernants qui sont à la recherche du meilleur choix, en termes de politiques publiques, de méthodologie de travail, d'efficacité de l'action publique ou encore en termes de transparence fiscale. La difficulté se trouve plutôt dans l'obligation de préservation et de respect de la tradition budgétaire en matière de répartition des prérogatives budgétaires entre les organes publics. Ainsi, s'il n'est plus à rappeler que l'exécutif et le Parlement sont les dépositaires desdites prérogatives. Il reste un enjeu de réaliser l'alliance entre experts et politiques, sans altérer les pouvoirs constitutionnellement reconnus aux seconds. La nécessité de cette alliance étant prégnante, voire urgente

---

[1101] L'initiative prise par le Mali dans ce sens en est une illustration. *Cf.* K. CISSOKO, R. TOURE, « Participation des acteurs sociaux et gouvernance d'Etat, le cas du cadre stratégique de lutte contre la pauvreté au Mali », *Politique Africaine*, n° 99, 2005, pp. 142-154. *Cf.* auusi, G. PERROULAZ, « Le rôle des ONG dans la politique de développement : forces et limites, légitimité et contrôle », *Annuaire suisse de politique de développement*, n° 23, 2004, pp.9-24.

vu, par ailleurs, que « l*e système financier n'est plus réductible comme à l'époque classique aux finances de l'État…* »[1102].

Pour être plus précis, il est question d'éviter une relégation au second plan, voire un effacement du pouvoir exécutif dans la gestion des finances publiques. La crainte que les experts du secteur privé se substituent aux organes du pouvoir exécutif ne découle pas de la volonté d'un acteur. Comme il a été démontré plus haut dans cette étude, l'articulation des finances publiques avec l'économie, depuis la fin des finances publiques classiques, implique des considérations techniques importantes, en ce qui concerne la gouvernance financière publique. Le pouvoir exécutif, fût-il dépositaire de prérogatives financières dans l'État, notamment en matière d'initiative de la loi, ne peut mieux les exercer qu'avec l'éclairage technique, voire managérial d'acteurs qui ne relèvent pas de lui. En clair, « *la gouvernance doit donc être pensée dans le cadre d'une économie cognitive* »[1103]. Elle semble corroborer l'idée selon laquelle l'alliance experts-population-pouvoir, est le seul gage pour éviter l'effacement du politique en matière de finances publiques.

Ce qui est nécessaire dans cette inévitable collaboration entre acteurs publics et acteurs privés, c'est de faire en sorte que l'exigence ou le caractère indispensable de l'expertise privée n'occulte, en aucun cas, l'impérieuse nécessité de pérenniser la légitimité démocratique du fonctionnement des institutions publiques. Le Gouvernement doit demeurer l'initiateur de la décision budgétaire et de la décision normative en matière financière, même s'il doit s'appuyer sur des éclairages techniques ou même sur des propositions venues d'autres acteurs. L'essentiel ne se résume donc pas à la question de savoir de qui l'idée ou la suggestion d'une approche de décision en matière financière publique provient. Tout repose sur les institutions qui portent ces idées et propositions.

On comprend, dès lors, que dans la gestion des finances de l'État, la technique ne doit pas prendre le pas sur le politique[1104]. Quoique que nécessaire, voire désormais indispensable, elle doit se mettre à la disposition du politique (le pouvoir exécutif dans le cas d'espèce) pour aider à la prise de décision. Ainsi, les propositions techniques les plus efficaces et les plus efficientes ne peuvent être opérationnalisées que si

---

[1102]M. LEROY, *Op.cit*, p.31.
[1103] A. LACHEZE et F.WASERMAN, *Op.cit*, p.4.
[1104]*Idem*, p.3.

elles ont reçu l'onction du Gouvernement. Celle-ci se traduit par la prise d'un acte réglementaire lorsque l'aspect abordé ne relève pas du domaine de la loi ou par la prise d'un projet de loi, transmis par le pouvoir exécutif au Parlement qui décide en dernier ressort, quant à l'examen et au vote du projet gouvernemental.

L'engagement pour la préservation du rôle du pouvoir exécutif dans la gestion financière publique participe, selon le professeur BOUVIER, de la nécessité de « [...] *ne pas négliger le caractère politique des finances publiques et de leurs mutations* »[1105]. La science des finances publiques est, par essence, étroitement liée à la science politique. Cette dernière étant à l'origine de l'inspiration des institutions politiques, elle ne saurait ne pas être le déterminant de l'ossature des institutions à qui sont dévolues les prérogatives en matière de décision financière publique, en l'occurrence le pouvoir exécutif. Selon le même auteur et dans la même logique, on peut affirmer que l'engagement pour la sauvegarde du rôle du Gouvernement dans la gestion des finances publiques « *relève d'un choix de société qui s'inscrit dans la longue tradition optimiste développée depuis plusieurs siècles par tous les progressistes* [...] *qui estiment que les hommes et leurs cités sont toujours perfectibles »*[1106]. Il est donc tout à fait normal que le pouvoir exécutif s'inscrive dans une logique de perfection de l'exercice de ses prérogatives, sans se les laisser usurper par d'autres acteurs. La dynamique du recours aux experts répond donc à la doctrine des progressistes qui s'inscrivent dans une amélioration continue et permanente des institutions et de leurs modes de gouvernance.

En réalité, c'est cette prédisposition du pouvoir exécutif à s'améliorer qui doit justifier le recours à l'expertise privée, dans un environnement de gestion publique devenu hyper technique et hyper cognitif. Aussi, cette prédisposition peut, par ailleurs, conduire le pouvoir exécutif à développer la nécessité « *d'intégrer la logique gestionnaire au sein de la logique démocratique, autrement dit inventer une nouvelle gouvernance financière publique* »[1107]. Ceci explique le fait qu'« *un peu partout dans le monde, on assiste à un mouvement de mise en place d'une nouvelle gouvernance financière fondée sur la responsabilisation des acteurs* [...] *administratifs* »[1108].

[1105]M. BOUVIER, « Editorial » *RFFP*, n°94, Mai 2006, pp V-VI.
[1106]*Ibidem.*
[1107]*Ibidem.*
[1108] J.F. COPE*in* M. BOUVIER (dir.), *Op.cit.*, p 2.

La responsabilisation des acteurs administratifs implique pour le pouvoir exécutif, d'aller au-delà des chiffres dans le montage des instruments de gestion publique et d'insérer des déterminants non financiers, à savoir des objectifs stratégiques, des objectifs opérationnels, des indicateurs d'extrants, d'effet et d'impact. Il convient donc de relever que l'exercice de modernisation du processus décisionnel en matière d'élaboration et d'exécution de la loi de finances ne doit pas se reposer sur les experts privés. Ce sont bien les agents administratifs qui doivent apprendre de l'expertise privée pour assurer une légitimité politique aux décisions inspirées par des avis d'experts. C'est ce qui explique, on peut l'affirmer, la pratique des assistants techniques ou des coopérants techniques, ou encore de *Task force*. Il s'agit, pour l'essentiel, des agents normalement pétris d'expérience qui sont placés auprès de certains services techniques pour un transfert de compétence dans un style d'apprentissage par la pratique[1109].

De tout point de vue, « *il ne faudrait pas, tout au moins en ce qui concerne les pays qui s'attachent à respecter un fonctionnement démocratique et transparent au regard des finances publiques, qu'au nom de la modernité et de la rationalité financière, l'expert en vienne à se substituer à l'élu* »[1110]. On peut partager à ce sujet l'idée que l'expert consultant examine la situation globale ou spécifique des finances publiques, en rapport avec un projet de décision du Gouvernement et lui suggère des solutions sans pour autant intervenir dans les décisions de ce dernier.[1111]De même, conclut l'auteur, l'expert « *n'exerce aucune responsabilité vis-à-vis du personnel local et n'a le droit d'engager aucune sorte de négociation ou transaction au nom de l'administration concernée, sauf à y être invité à la suite d'un changement des termes de son contrat.*»[1112].

Seulement, les évolutions qu'on note ici et là à travers le monde montrent qu'il y a de réels efforts à fournir pour maintenir le pouvoir

---

[1109] L'idée d'envoyer des experts internationaux vers les pays en voie de développement, que ce soit dans le cadre de la coopération multilatérale ou dans le cadre de la coopération bilatérale, répondait initialement à la nouvelle donne du sous-développement économique et de l'insuffisance des capacités humaines et matérielles dont souffraient ces derniers. *Cf.* B. FARAJOLLAHI, *Op.cit.*, 2006, p16.

[1110] M. BOUVIER (dir.), *Réforme des finances publiques, démocratie et bonne gouvernance*, Paris, L.G.D.J, 2004, p.6.

[1111] A.BENZEKRI, *Le régime juridique des experts internationaux et leur rôle dans le processus du développement*, Université Paris I Panthéon Sorbonne, 1999, p. 41.

[1112]*Ibidem.*

de décision du Gouvernement en matière financière dans son statut traditionnel. Le monde évolue et il y a énormément de transformations, voire d'enchevêtrements d'institutions et de pouvoirs que le conservatisme en la matière, quoique fondamental, est difficile et, à la limite, utopique. Par exemple, les organisations nées juste après la deuxième guerre mondiale, n'étaient créées que pour réguler les relations internationales[1113], et non pour suivre en détail la gestion financière des États. Mais progressivement, cette doctrine a évolué. Le cas le plus édifiant est celui du Fonds Monétaire International qui devrait uniquement s'occuper de la balance des paiements, des taux de change et du contrôle des changes et non pas des politiques nationales ou des priorités des États.

Cependant, on a noté un glissement qui bouscule le pouvoir exécutif dans ses attributs traditionnels en matière financière. Le Fonds a revu sa politique d'intervention et l'a rendu un peu plus corsée. Celle-ci lui laisse une marge de manœuvre en ce qui concerne l'intervention plus ou moins directe dans les politiques publiques internes aux États. Certains voient dans cette pratique, la mise en place d'un régime conditionné pour l'utilisation des ressources du FMI qui s'accompagne de mesures de performance ciblées et d'ultimatums[1114]. L'intervention du Fonds recouvre désormais, « *non seulement le budget, les taxes et les monnaies mais aussi les subventions, les politiques de rémunération, le droit de compétition, la gouvernance coopérative mais aussi les pratiques comptables*[1115]. Ainsi, tous ces aspects de la vie économique de l'État sont devenus des objets d'examens, de discussions et d'obligations[1116]. Dans ces conditions et vu l'état des ressources de l'État face à ses ambitions ou ses contraintes, on constate et on l'a démontré plus haut, une forme d'alignement, l'essentiel étant de décrocher des ressources pour éteindre des foyers de tensions ou de profiter du parapluie que constitue le cachet du Fonds pour la mobilisation de ressources d'autres bailleurs.

Pour le cas des organisations internationales, on peut encore dire que c'est moins compliqué. Au moins à ce niveau, le principe est acquis en

---

[1113]*Cf.* Article 2, paragraphe 7, de la charte des Nations Unies.

[1114] A. F. LOWENFELD, "*The international Monetary System and the Erosion of Sovereignty : essay in Honor of Cynthia Liechtenstein*", *in* : *Boston College International and Comparative Law Review,* vol.XXV, n°2, Spring, p.124, cité par B. FARAJOLLAHI, *Op.cit.*, pp 16-17.

[1115]*Ibidem.*

[1116]*Ibidem.*

théorie que le pouvoir de décision revient au Gouvernement, qui n'est donc pas tenu de suivre à la lettre les propositions qui lui sont faites. L'alignement plus ou moins systématique évoqué ci-dessus est le fait de la faiblesse des économies des États qui sont, en conséquence, amenés à accepter « n'importe quelles conditionnalités », pourvu qu'il y ait de ressources à décrocher. Peu importe la compatibilité desdites ressources avec les priorités et choix intrinsèques des gouvernants.

Mais là où cela paraît plus difficile, c'est non seulement au niveau de l'idée qui semble postuler la reconnaissance de la légitimité à des autorités privées, pourvu qu'elles soient à même d'apporter de solution à des préoccupations non encore résolues par les autorités publiques[1117], mais aussi la logique de délégation d'autorité[1118]. Le débat que suscite cette philosophie, révèle que « *même si l'autorité est exclusivement accordée aux acteurs publics dès lors qu'il y a consentement et reconnaissance sociale, un acteur, même privé, peut avoir le droit, la légitimité ainsi que les responsabilités d'une autorité* »[1119]. Même si les défenseurs de cette thèse émettent certaines conditions pour la reconnaissance de la légitimité à une autorité privée et proposent un encadrement de l'exercice de l'autorité, il reste que l'idée fondatrice altère le pouvoir traditionnellement reconnu aux organes élus et donc dotés d'une légitimité instantanée. Même s'il est défendu qu'« *on ne saurait accepter que cette autorité privée s'empare du Gouvernement,*

[1117] Par exemple au Bénin et « *dans certains pays d'Afrique, aujourd'hui, les compagnies privées utilisent leurs propres ressources pour protéger les installations, mettre en vigueur les régulations et discipliner les personnels et ce à l'intérieur d'enceintes peu soumises à l'influence des droits locaux. L'autorité est alors réellement privatisée. ..... On ne peut manquer de s'interroger sur la portée et la complexité de l'émergence de ces autorités dans le système international. Les marchés, les acteurs des marchés, les mouvements transnationaux, et parfois les mafias sont reconnus socialement en possession de l'autorité à certains égards. Leurs autorités sont considérées à ce point « légitimes », qu'ils acquièrent un pouvoir sur ceux qui sont gouvernés et respectent des droits dans ce domaine* ». *Cf.* R. B HALL, T. BIERSTECHER, *The Emergence of private AuthorityinGlobal Governance,* Cambridge University Press, 2002, P.4, cité par B. FARAJOLLAHI, *Op.cit.*, p 15.

[1118]La formule de la délégation de l'autorité sociale existe et paraît également comme une entorse à l'exercice par les pouvoirs compétents de leurs prérogatives. « U*ne délégation explicite ou implicite de l'autorité sociale aux acteurs privés requiert le consentement public. En effet, les acteurs privés fonctionnement avec un système moins formalisé s'agissant des normes, des règlements et des procédures. Cette autorité assied principalement ses pouvoirs sur sa capacité professionnelle et son haut niveau d'expertise* ». *Cf.*B. FARAJOLLAHI, *Op.cit.*, 2006, p14.

[1119]*Ibidem.*

d'une part parce qu'il n'y aura aucune garantie de prise en charge des responsabilités inhérentes par tradition à l'État, et d'autre part, parce qu'il faut des garanties pour lutter efficacement contre les abus possibles de cette autorité »[1120], la question de la préservation de l'exclusivité du pouvoir de décision aux organes consacrés demeure.

B-La sanctuarisation du pouvoir de décision du Parlement

Le maintien de la légitimité politique passe, en plus de la préservation des prérogatives budgétaires et du pouvoir normatif financier de l'exécutif, par l'affirmation et le respect des pouvoirs du Parlement en matière de décision financière publique. Il n'est, en effet, nullement besoin de rappeler que « *la légitimité de la prise de décision financière publique repose sur le principe selon lequel le Parlement est le centre ultime du pouvoir* »[1121]. La prise en compte de cette réalité au Bénin, État dont le fonctionnement des institutions est fondé sur la séparation des pouvoirs, est fondamentale à l'ère de l'admission d'une légitimité gestionnaire dans la gestion des finances publiques. Car on le sait, l'admission d'une légitimité gestionnaire dans le secteur public, implique l'entrée en scène de nouveaux acteurs dont les activités pourraient faire craindre un dévoiement du pouvoir de décision des organes politiques, notamment le Parlement.

On sait déjà que, de par notre appartenance à une zone communautaire, le Parlement est peu ou prou encadré dans sa liberté de légiférer. Avec les directives communautaires, et comme on l'a montré plus haut, le législateur national est tenu d'exercer ses prérogatives en restant en harmonie avec le jurislateur communautaire. Ceci n'est pas spécifique au Bénin, pays membre de l'UEMOA. Par exemple, en droit comparé français, les « *mécanismes de coordination communautaire des politiques économiques nationales accentuent fortement l'encerclement de la compétence budgétaire traditionnelle du Parlement français* »[1122].

[1120] B. FARAJOLLAHI, *Op.cit.*, p 16.

[1121]M.BOUBIER, « Cybernétique financière publique et fin du politique ?», *Op.cit*, p. 94.

[1122]L. LEVOYER, *Op.cit.*, p.69.Par ailleurs, le même auteur estime (P.4), *qu'« outre les principes généraux encadrant la procédure budgétaire et son déroulement, les règles fondamentales du Traité CE régissant les finances publiques communautaires définissent les compétences respectives des institutions en ce domaine ainsi que les règles relatives à l'exécution et au contrôle budgétaire* ».

On sait, par ailleurs, que les crises politiques sont un vecteur de confiscation du pouvoir du Parlement et de transformation du pouvoir de décision financière en un pouvoir unilatéral. Les pouvoirs financiers du Parlement ne semblent donc garantis qu'en l'absence de crises politiques[1123]. Cependant, pendant les périodes de crise, la reconduction du précédent budget voté par le Parlement simulerait (contre la mise à l'écart d'office), la préservation du pouvoir de décision du Parlement. Même si c'est au prix du mépris des nouvelles donnes de l'environnement économique auquel le budget se doit d'intégrer[1124]. L'exemple ivoirien est d'ailleurs évocateur. La nouvelle constitution financière de la Côte d'Ivoire, semble avoir intégré une disposition susceptible de protéger le pouvoir de décision financière du Parlement en période de crise[1125].

Ce qu'il convient d'éviter avec l'admission d'une légitimité gestionnaire dans le secteur public, c'est l'immixtion d'acteurs privés, qu'ils soient nationaux ou qu'ils soient internationaux, dans le champ de la législation financière nationale sans y être autorisés, tout au moins à travers une forme de concession de la part de l'État, comme c'est le cas pour les organisations d'intégration sous régionales et régionales. Aujourd'hui, on constate déjà que « *bien que les organisations internationales n'aient pas reçu de pouvoir de législation, leur influence sur les législations nationales et leurs exigences envers les États, font d'elles des acteurs au niveau national, et ce sans délégation de droit ou de compétence de la part des populations concernées* »[1126].

Par ailleurs, le développement de l'expertise privée s'accompagne d'une multiplication d'acteurs. En effet, si la connaissance technique devient indispensable pour que la décision soit en adéquation avec les données conjoncturelles et structurelles de son temps, c'est tout simplement parce qu'elle fournit des éléments pointus de référence pour l'éclairage de l'autorité qui a compétence pour la prise de la décision. Or, le caractère approfondi et la pertinence des éléments fournis par les détenteurs de compétences techniques sont étroitement liés à la démultiplication des centres d'intérêt de la recherche technique ou de l'innovation technologique. Il y a donc le développement de la

---

1123 F. TANO « Constitutionnalisme et urgence budgétaire à l'épreuve des crises politiques », article précité.
1124 *Ibidem.*
1125 *Ibidem.*
1126 B. FARAJOLLAHI, *Op.cit.*, p.17.

spécialisation qui induit une multiplication des acteurs impliqués dans la prise de la décision publique.

Cela se comprend du fait de la complexification de l'économie et des finances publiques. Une décision publique en matière financière revêt plusieurs dimensions et engendre, conséquemment, le recours à une variété d'expertises et donc d'acteurs (spécialistes). Les implications de ce phénomène, en ce qui concerne les mutations et transformations qu'enregistrent les finances publiques, semblent être, entre autres, « *l'émergence de nouveaux acteurs qui fonctionnent comme des régulateurs et des producteurs de normes au sein de la communauté internationale* »[1127]. En d'autres termes, il y a une idée de mise en place de modèles standardisés (les informaticiens parleraient de logiciels) de prise de décision, élaborés sur la base des références techniques et scientifiques, prêts à être exportés partout. Ce qui contraste avec le cadre procédural de prise de décision au Bénin tout comme dans les autres États démocratiques où il existe une répartition claire et un chaînage démocratiquement vertueux des processus décisionnels.

C'est en cela que la question de l'affirmation de la « sacralisation » des prérogatives budgétaires et financières de l'État se pose et garde toute sa pertinence, dans le nécessaire changement de paradigme parlant de gestion financière publique. Ceci doit se réaliser sans qu'il y ait une remise en cause de l'idéal démocratique de l'État, c'est-à-dire en l'absence de toute idée de rupture ou de remise en cause de la répartition des pouvoirs telle que consacrée par la constitution. C'est à cette réalité que pense certainement un auteur, en affirmant qu'il « *se pose* [...] *la question de la légitimité des sources non démocratiques dans la gestion publique* »[1128]. En réalité, dans un régime démocratique, pour agir au nom du peuple, il faut être détenteur d'un mandat du peuple. Le processus d'obtention du mandat peut être direct ou dérivé, mais nul ne peut imposer à un peuple démocratique une décision qui n'a pas reçu l'onction, tout au moins, de ses mandataires, dans le cas d'espèce, des parlementaires.

Un défaut de fermeté et d'exigence sur cet aspect dans le processus de l'admission de la logique gestionnaire, au sein du secteur public amènerait à une remise en cause du « *rôle de l'État en tant qu'unique décideur dans le domaine des finances publiques et surtout en tant que*

[1127]*Idem*, pp 11-12.
[1128]*Ibidem*.

garant de l'intérêt public »[1129]. En conséquence, il convient de renoncer ou de faire échec à « *la recherche de dispositifs visant à garantir une autorégulation des finances publiques et au fond à faire échapper la décision budgétaire aux aléas des faiblesses humaines* [...] »[1130].

Or, si les institutions démocratiques en arrivent, à l'issue de ces procédés, à perdre toute marge de manœuvre sur la décision financière publique, la quête d'efficacité de l'action publique par l'institutionnalisation d'un management par la performance dans le secteur public serait vaine. En considérant que « *l'essence même de l'autorité est son consentement par le peuple* [...] »[1131], les acteurs privés ne doivent avoir de place dans le processus de prise de la décision financière publique que lorsqu'ils s'insèrent dans les procédures définies à cette fin à l'intérieur de l'État. Par exemple, des normes financières mises en place au niveau international, quelles que soient leurs qualités opérationnelles, managériales, voire en termes d'impulsion de la performance, ne peuvent être d'application d'office, sous la pression d'acteurs privés, mêmes si ces derniers sont des apporteurs de capitaux, de nouvelles innovations technologiques et autres. La validation législative devra rester impérative, pour peu qu'une organisation d'intégration à laquelle l'État est partie ne les a érigées en règlements, par le truchement de son pouvoir législatif dérivé.

La validation législative, pour être de qualité, suppose un minimum de connaissance d'appropriation et de compréhension du sujet et des liens avec les autres déterminants de la vie économique et financière de l'État. A ce sujet, il est presque unanimement reconnu en théorie que les assemblées législatives, en commençant par celle béninoise, ne possèdent pas des capacités techniques requises pour émettre un vote en toute connaissance de cause. Il est même écrit toujours à ce propos, que « *la contradiction est fondamentale entre la doctrine de la primauté du Parlement et l'infirmité des assemblées en matière de finances publiques* »[1132]. Cependant, cette infirmité, si réelle soit-elle, ne peut constituer un argument pour mettre entre parenthèses le fond démocratique que doit revêtir la décision publique en matière financière.

[1129] *Ibidem.*

[1130] C. D. DESMOULIN et G. DESMOULIN (dir.), *Op.cit.*, p.21.

[1131] B. FARAJOLLAHI, *Op.cit.*, p.15.

[1132] L. LEVOYER, *Op.cit.*, 2002, p.17.

En cela, il faut reconnaître que, loin d'être une simple question de légitimité qu'il faut distinguer de la légalité, c'est d'abord de la représentation qu'il s'agit. Dans une démocratie représentative comme celle qu'expérimente le Bénin depuis la conférence des forces vives de la nation de février 1990, une institution, qui veut avoir l'autorité d'agir au nom du peuple, doit d'abord remplir le critère de représentativité. Ainsi, le Parlement ayant reçu la dévolution constitutionnelle de vote de la loi, les dimensions de la décision financière publique relevant de la loi ne doivent pas lui échapper.

En définitive, les acteurs privés pour lesquels il est nécessaire d'accepter la participation au processus de prise de décision financière, ne sont éligibles au rang d'autorité comme les institutions constitutionnelles et légales. Par exemple, une autorité/institution constitutionnelle ou légale peut agir en marge du cadre réglementaire et législatif et garder toute sa légitimité. L'essentiel est que les populations au nom desquelles elle agit accueillent favorablement les actions menées en marge des textes en vigueur. C'est ce que confirme l'assertion selon laquelle, « *si une autorité commence à agir dans un cadre non règlementaire et non précisé dans une constitution, elle sera toujours légitime, si ses activités sont admises par le peuple ou par ceux qui y sont assujettis* »[1133].

C'est pourquoi il est nécessaire qu'en dépit de ce que « *les finances publiques se caractérisent bien plus qu'autrefois par un enchevêtrement sans précédent de multiples structures et acteurs tant nationaux qu'internationaux* »[1134], il faut sanctuariser les prérogatives du Parlement en matière financière. Plutôt que d'accepter l'idée d'une démission de l'État qui favoriserait l'incursion desdites autorités privées dans la sphère publique, il faut anticiper et inventer les formes de collaboration qui garantissent le contrôle de l'État, notamment celui du Parlement sur le volet législatif. Ainsi, sur la question de l'émergence des autorités privées, le courant d'idée qui soutient que l'autorité privée s'est imposée elle-même, impliquant par-là que l'État n'a pas eu d'autres choix que de permettre son émergence[1135], est à recadrer au même titre que celui qui estime que « *l'autorité a été*

[1133] B. FARAJOLLAHI, *Op.cit*, p.15.

[1134] *Cf.* M. BOUVIER, M-C ESCLASSAN, J-P LASSALE, *Finances Publiques*, Paris, L.G.D.J, 15ème édition, 2016.

[1135] *Cf.* R. B. HALL et T. BIERSTECHER, *Op.cit.*, P.15.

délibérément saisie par les acteurs privés »[1136]. Par contre, ceux qui affirment que « *l'autorité privée a été habilitée par les États à exercer ces fonctions à titre temporaire* »[1137] paraissent plus en phase avec les exigences démocratiques.

Quoique l'État rencontre des problèmes dont les données sont fournies essentiellement par la technique et bien que le sens politique, l'intuition et l'idéologie ne suffisent plus à donner de solution à des problèmes dépendant de facteurs plus concrets et plus techniques, l'État doit maintenir ses prérogatives pour assurer l'intérêt général. La tentation des économistes et des financiers à se fier à la cybernétique et l'envie des technocrates à imaginer une machine à penser, voire une machine à gouverner qui résoudrait d'une manière automatique tous les problèmes posés par la direction d'un pays[1138], doivent recevoir une résistance pédagogique des pouvoirs publics, rien que pour la préservation de l'idéal démocratique et la défense de l'intérêt général.

[1136] *Ibidem.*

[1137] *Ibidem.*

[1138] M. A. A.EL BANNA, *Le particularisme du pouvoir d'autorisation budgétaire*, Paris, LGDG, 1968, p.2.

Section 2-La fondation d'une nouvelle culture de gestion financière publique

Semer et entretenir les pratiques, techniques et outils de gestion du secteur privé dans l'administration publique font appel à des défis. Le premier, c'est l'émergence de ressources humaines de qualité au sein du secteur public (Paragraphe I) et le second, c'est la connaissance de la dimension scientifique des finances publiques par les acteurs de la gestion financière publique (Paragraphe II).

Paragraphe 1-Le développement de l'expertise au sein de l'administration publique

La détention de l'expertise dans une discipline ou dans un domaine donné suppose l'existence et la familiarisation à une méthodologie (A). Au-delà de l'utilisation mécanique, voire aveugle des techniques et autres outils du domaine, elle exige la compréhension de la philosophie et de la finalité de leur création (B)

A-La définition d'une nouvelle méthodologie

« Prendre position sur les affaires de la communauté et le faire du point de vue de la rationalité... nécessite de comprendre de quoi il s'agit et de pouvoir apprécier ce qui est en jeu »[1139]. Cette citation démontre, par elle-même, à quel point la compréhension des phénomènes financiers publics ne relève plus simplement d'une nécessité mais d'une obligation pour les acteurs publics. Les décideurs publics et les gestionnaires des finances de l'État ne peuvent plus continuer à opérer dans l'ignorance de ce qui constitue la trame des finances publiques ou, plus exactement, de la science des finances publiques. C'est ce qui impose l'impératif de la maîtrise de la méthodologie qui gouverne le management des ressources publiques et de l'accommodation à leur évolution.

On l'a déjà dit, mais il n'est pas superfétatoire de le rappeler. Le monde évolue. Les États se modernisent. Les modes de gouvernance changent. Les acteurs sont appelés à compter avec ces mutations et à se perfectionner pour être à la hauteur des implications de ces divers mouvements en termes d'acquisition de nouvelles cultures. Rien que l'exemple de l'adoption d'une nouvelle approche de gestion, suffit pour

---

1139 E. Weil, *Philosophie politique (1985),* cité par M. BOUVIER, « Editorial », *RFFP*, n°32, 1990.

exprimer la nécessité d'un réarmement méthodologique au sein de l'administration publique.

La nouvelle philosophie de gestion, il faut l'appréhender. Les nouveaux instruments de gestion, il faut en connaître les déterminants logiques et les articulations qu'ils recèlent. Il faut connaître leurs contenus et apprécier les changements qu'il faut introduire dans les pratiques anciennes ou les ruptures qu'il faut opérer d'avec les anciennes modalités de gestion et de management des ressources publiques. Il s'agit, à titre d'exemple, de prendre en charge, de façon optimale, l'élaboration de la loi de finances suivant une nouvelle méthodologie et de gagner en expertise par rapport à l'élaboration des instruments de programmation, de budgétisation et de gestion, tels que les DPPD, les PAP, le plan prévisionnel de trésorerie, la comptabilité d'exercice, les états financiers et la certification des comptes. Ce sont les exigences de la loi 2013-14 du 27 septembre 2013 portant loi organique relative aux lois de finances.

Le défaut de maîtrise de la décision financière publique, des innovations induites par la loi organique de 2013 concernant la gestion budgétaire axée sur les résultats, présente un risque important. Celui-ci est lié à la préservation de la démocratie et des pouvoirs dévolus aux institutions de l'État. En effet, faute de connaissance et pris à défaut par les évolutions doctrinales et pratiques sur la gouvernance financière publique, le pouvoir exécutif et le Parlement deviendraient des spectateurs du processus de décision financière publique plutôt que d'en être les acteurs. Ceci, d'autant plus que la mise en œuvre des réformes qui recommandent l'opérationnalisation des innovations précitées est assortie de délai[1140].

[1140] L'article 86 de la directive n°06/2009/CM/UEMOA du 26 juin 2009 précise que les dispositions de la Directive sont appliquées au plus tard le 1er janvier 2012. Toutefois, les Etats membres ont jusqu'au 1er janvier 2017 pour procéder à l'application intégrale des dispositions relatives à la déconcentration de la fonction d'ordonnateur principal, telle que prévue à l'article 68 de la directive, aux programmes et aux dotations, tels que prévus notamment aux articles 12, 13, 14, 15 et 16 de la directive, ainsi que des annexes y relatives dans les articles 46, 47 et 50 de la directive, à la programmation pluriannuelle des dépenses, telle que prévue à l'article 53 de la directive, aux tableaux matriciels croisés prévus au 7° de l'article 46 de la directive, aux règles et procédures découlant du principe de la constatation des droits et obligations régissant la comptabilité générale prévue à l'article 72 de la présente Directive. Pour ce dernier cas, les Etats membres qui le souhaitent disposent d'un délai supplémentaire de deux (2) ans.

De façon concrète, le dévoiement du pouvoir des institutions de l'État se ferait de la manière suivante, en cas de défaut de définition et de diffusion des méthodologies appropriées. Sous la pression communautaire et démuni de ressources humaines qualifiées pour la conduite des réformes et l'opérationnalisation des innovations, l'État n'aurait de choix que de faire recours à des acteurs qui ne relèvent pas du secteur public. Les innovations en question n'étant, pour l'essentiel, que la réplique des règles et modes de gestion en vigueur dans le secteur privé, les experts privés les pratiquent depuis de longues dates et savent, conséquemment, les manipuler, au point même de pouvoir endoctriner ceux qui n'y sont pas initiés. Cooptés par l'administration publique elle-même ou imposés par des partenaires au titre des appuis techniques, ceux-ci deviendraient de véritables acteurs de la décision financière publique en lieu et place de leur fonction de conseiller. L'exemple des assistants techniques ayant opéré dans le secteur public dans le cadre de la mise en œuvre des programmes d'ajustement structurel des institutions de Breton Wood est là et édifiant.

Il est évident que les connaissances requises aujourd'hui ne sont pas celles pour lesquelles les acteurs publics actuels ont été formés hier. Cependant, avec la réalité que *« les systèmes financiers publics en viennent à se trouver exagérément éloignés des citoyens ainsi que des élus »*[1141], il est un devoir pour l'État de s'ajuster et de ne pas s'abandonner aux mains d'experts qui n'ont en réalité aucune responsabilité. La redevabilité ne repose pas sur eux mais plutôt sur les gouvernants élus ou détenteurs d'une légitimité dérivée. Il faut impérativement à ce sujet imaginer et mettre en place un système de contrôle des experts et de garantie des prérogatives des institutions républicaines.

A vrai dire, aujourd'hui déjà, comme on peut le noter, la mise en place de la nouvelle gouvernance financière publique fait observer « *l'intervention croissante d'experts assumant parfois de fait, la responsabilité des décisions* »[1142]. On n'est donc pas loin, à l'instar de ce qu'on a pu appeler « la république des juges » aux États-Unis, de la « république des experts » dans les États en crises de ressources humaines qualifiées, mais contraints à la mise en place d'un système de gouvernance moderne axé sur l'utilisation de techniques et outils

[1141]M. BOUVIER, « Réhabiliter et refonder la science des finances publiques », *in Mélange, Paul Amselek*, Bruxelles, Bruylant, 2005, p. 136.
[1142]*Ibidem*.

nouveaux puis dynamiques. L'exemple du Bénin et celui de ses pairs de l'UEMOA sont assez illustratifs à ce sujet. En effet, la nouvelle gestion publique (budgétisation axée sur les résultats et exécution en mode programme), inspirée du nouveau cadre harmonisé des finances publiques et rendue obligatoire dans l'ensemble des pays membres de cet espace communautaire à travers la nouvelle génération des lois organiques relatives aux lois de finances, reste à implémenter dans ses mutiples compartiments.

En réalité, la nouvelle architecture du budget de l'État, notamment en ce qui concerne le segment programmatique de la nomenclature budgétaire de l'État emporte une exigence infrastructurelle pointue. Il s'agit du système d'information qui nécessite, non seulement de l'investissement financier important mais également d'ingéniosité et de connaissance technique. En vérité, si l'échéance de 2017 fixée pour le passage de l'exécution en mode classique à l'exécution en mode programme n'a pas tenu, c'est beaucoup plus par défaut d'infrastructures informatiques et de connaissances approfondies. Le Burkina Faso semble avoir réussi à adapter son système d'information, le Circuit Informatisé des Dépenses (CID), à la nouvelle architecture budgétaire.

Tous les autres États continuent de se battre, avec des cortèges d'experts privés, pour la construction d'un système d'information moderne et capable d'accueillir les quatre segments de la nouvelle nomenclature budgétaire de l'État et d'intégrer les opérations de préparation, d'exécution (au plan budgétaire et au plan comptable) et de reddition de compte. En dehors du Burkina Faso, la Côte d'Ivoire s'appuie également, de façon substantielle, sur une expertise locale développée par la Société Nationale de Développement Informatique (SNDI). Pour le reste des États, l'expertise est beaucoup plus apportée par le privé. Au Bénin, comme au Sénégal, il y a eu un effort des professionnels de l'informatique en matière d'adaptation. Une préfiguration de l'exécution en mode programme est espérée avec des logiciels adaptés. Quant au nouveau système, sa réalisation est confiée à une équipe mixte d'experts (nationaux et étrangers), au sein de laquelle, l'essentiel de l'expertise est attendue du privé.

Ce que craint, dans ces conditions le Professeur M. Bouvier va au-delà de ce qu'il convient d'appeler « république des experts ». Pour lui, « *plus redoutable encore qu'une "république des experts",* c'est la mise en place de systèmes fonctionnant selon des logiques propres sans que quiconque ne puisse en maîtriser les effets, toute capacité d'appréhension globale étant devenue impossible ».[1143]Et c'est ici tout l'intérêt que revêtent la recherche et l'instauration d'une nouvelle méthodologie pour la gestion des finances publiques. Ce n'est plus une faculté pour les États, mais plutôt un passage obligé. Elles s'imposent pour une meilleure compréhension des phénomènes financiers publics qui deviennent, par ailleurs, complexes.

L'obstacle, on le connaît et il faut anticiper pour le lever. C'est le manque d'instruments de compréhension en adéquation avec la variété et la dynamique du système financier public, pensée en silos. Le fondement de l'anticipation se trouve dans le caractère inévitable de la cohabitation entre le secteur public et les experts privés. Ce qui importe est d'éviter au secteur public de valider des propositions d'experts sans rien y comprendre. C'est cela qui incarnerait et donnerait de la vitalité à la « république des experts » au détriment des institutions démocratiques. Il n'est pas tard de s'en rendre compte et de se déterminer à jouer sa partition.

Dans tous les cas, *« il s'en est produit un rapprochement remarqué entre les décideurs politiques et les experts du contrôle de la gestion financière qui n'est pas sans conséquence sur la démocratie Parlementaire »*[1144]. Il faut simplement adhérer à l'idée selon laquelle *« les phénomènes financiers publics sont [……] le produit d'interactions de tous ordres, faisant intervenir une grande variété de structures et d'acteurs, ce qui les rend par ailleurs sensibles aux transformations qui s'opèrent au sein des sociétés »*[1145]. Aujourd'hui, la réforme des finances publiques ne procède plus d'un simple angle de vue national, ni communautaire où la modernisation de la gestion publique serait rendue nécessaire par le besoin de partager rationnellement les économies[1146]. En toute vérité, depuis la crise financière de l'État des années 1970, l'État n'est plus capable d'assumer toutes ses fonctions et est amené à se dégager sur d'autres[1147].

[1143]M. BOUVIER, « Réhabiliter et refonder la science des finances publiques», *in Mélange, Paul Amselek*, Bruxelles, Bruylant, 2005, p. 136.

[1144] C. D. DESMOULIN et G. DESMOULIN (dir.), *La décision financière publique*, *Op.cit.*, p.18.

[1145]M. BOUVIER, «Réhabiliter et refonder la science des finances publiques», *Op.cit.*, p.134.

[1146] M.BOUBIER, « Cybernétique financière publique et fin du politique ?», *Op.cit.*, p. 99.

[1147]M. BOUVIER *in* M. BOUVIER (dir), *Op.cit.*, p 2.

Ainsi, avec la crise désormais structurelle des finances publiques, la fin du rapprochement n'est pas pour demain, car la performance en gestion du secteur privé est palpable et continuera de constituer une référence. Bien que les acteurs privés ne soient pas contraints à des obligations républicaines comme ceux du secteur public (notamment en ce qui concerne la recherche, la promotion et la préservation de l'intérêt général), l'évidence de la performance en termes d'efficience et d'efficacité fera toujours école chez eux. C'est apparemment plus facile de viser uniquement la réalisation du profit et de s'astreindre à l'observance des règles de rationalisation des charges. Mais de plus en plus l'idée de la responsabilité sociale de l'entreprise émerge et engendre des charges additionnelles qui n'ont cependant pas, pour le moment, remis en cause l'efficacité du secteur privé. Elle oblige, par exemple, une entreprise qui opère dans le domaine de l'environnement à se préoccuper de l'équilibre naturel et donc à prendre des initiatives de renouvellement du couvert végétal, si son activité était de nature à créer de dommage à l'environnement.

Ce qu'il convient, par ailleurs, d'admettre, c'est que la définition et la maîtrise de la méthodologie en matière de gestion des finances publiques ne suffisent pas à elles seules pour assurer une bonne capacité d'appréciation et de mise en œuvre des outils et autres techniques aux cadres des administrations financières publiques. Il faut, en outre, avoir une bonne connaissance de la philosophie qui a présidé à la mise en place de tel ou tel instrument et en maîtriser la finalité.

B-L'appropriation de la philosophie des outils et techniques de gestion

« C'est la théorie qui décide de ce que nous observons »[1148] dit-on. L'application des instruments et outils modernes de gestion, nécessite, pour être intelligible, que les praticiens se familiarisent avec la théorie ou le courant de pensée qui a guidé l'invention de tels instruments ou la mise en place de tels autres outils. C'est dire qu'on ne pourra faire un bon usage d'un instrument, si les usagers ou les utilisateurs ne connaissent pas la finalité de la création de l'instrument et à quelle philosophie son introduction dans le dispositif de gestion publique répond.

[1148] *Cf.* http://mediateur.blog.lemonde.fr/2014/09/15/la-pensee-liberale-et-albert-einstein/. A. Einstein est un Physicien allemand né à Ulm le 14 Mars 1879.

En d'autres termes, dans la sphère de la gestion financière publique, il ne doit pas être admis une application mécanique des nouveaux outils et instruments de gestion. Il faut éviter la robotisation des ressources humaines des administrations publiques et faire prévaloir l'intelligence humaine et l'aptitude des hommes à la perfection. L'appropriation de la philosophie des outils et techniques modernes de gestion répond à cette exigence qui est à la fois liée à la dimension anthropique des acteurs, mais également la dynamique évolutive des systèmes financiers publics. Les transformations institutionnelles désormais rapides et permanentes des finances publiques appellent plutôt une capacité d'adaptation rapide. Or, s'il n'y a pas eu au prime abord un degré appréciable de culture théorique et philosophique des instruments et outils en usage, nul ne peut anticiper sur leur redimensionnement ou réorientation.

Il importe d'évoquer au soutien du plaidoyer en faveur de l'appropriation des techniques et outils de gestion qu'« *en sciences sociales l'appropriation est définie à la fois comme état psychologique et comportement de l'individu »*[1149]. On peut comprendre par-là que les évolutions dans la gestion des finances publiques qui sont à l'origine de la création de nouvelles méthodes de gestion et de nouveaux instruments et outils doivent s'accompagner aussi de changement au niveau du comportement des acteurs, mais aussi et surtout au niveau de leur psychologie. L'exigence de cette double dimension dans la caractérisation du profil des acteurs des finances publiques est le répondant de la double facette que présente le phénomène de l'appropriation. En effet, « *tandis que l'appropriation en tant que comportement peut être observé et qualifié par des acteurs autres que l'individu lui-même, l'appropriation en tant qu'état psychologique de l'individu ne peut être caractérisée que par celui-ci »*. A y voir de près, un acteur contemporain de la gestion des finances publiques doit être capable de réaliser en lui-même cette double mutation, étant donné que « *ces deux "indicateurs" de l'appropriation sont complémentaires l'un de l'autre et permettraient de mieux tenir compte de la complexité du phénomène* »[1150].

Sur le plan sémantique, en effet, « *le mot appropriation se compose du mot latin "proprius" et du suffixe "ation" [et] "Propius" signifie à*

[1149]*Cf.*http : //www.strategie-aims.com/events/conferences/4-xxeme-conference-de-l-ims/ communica tions / 1226- proposition- dune- echelle-de- mesure-psychometrique-de- lappropriation-individuelle-dun-outil-informatique/download.
[1150]*Ibidem.*

la fois "celui que je suis" et "ce qui m'appartient en propre" et le suffixe "ation" signifie "l'action en train de s'accomplir"[1151]. La mobilisation du concept d'appropriation dans différentes disciplines reste toutefois diversifiée, au-delà de l'acceptation commune de l'étymologie du mot[1152]. On aperçoit clairement avec cette définition, la prégnance de la dimension anthropienne dans le processus de l'appropriation qui permet peut-être d'affirmer que "*le processus d'appropriation peut-être compris selon trois perspectives interdépendantes socio-politique, psycho-cognitive et rationnelle*"[1153]. En définitive, l'homme, qui est à l'œuvre dans les administrations financières publiques, doit être au cœur des changements qu'il est appelé à vivre et à gérer.

Ce qu'il ne faut jamais laisser s'installer, c'est le phénomène que A. EINSTEIN caractérise en écrivant que "*la théorie, c'est quand on sait tout et que rien ne fonctionne* [et que] *la pratique, c'est quand tout fonctionne et que personne ne sait pourquoi*"[1154]. Pour faire face aux défis que posent par ces temps nouveaux les phénomènes financiers publics, la conjonction des deux aspects des instruments et outils de gestion s'avère nécessaire. Il ne doit pas avoir de théorie sans pratique et il ne doit pas non plus avoir de pratique sans théorie. C'est en cela que les efforts de modernisation du cadre de gestion des finances publiques pourront s'accomplir et porter la promesse des philosophies qui les ont inspirés. Si à ce niveau, il est observé un défaut d'articulation, la conception des nouveaux outils qui participent d'une politique d'anticipation n'aura pas servi à grande chose, car "*le perfectionnement des outils suppose une capacité à penser et très vite s'établissent des relations de complémentarité entre l'activité et la réflexion*"[1155].

On le sait, la gestion des finances publiques est devenue exigeante parce que contingente. Les prévisions sont moins solides que jamais avec les crises et les chocs de tout genre. En outre, depuis la fin du XVIIIème

[1151] *Ibidem.*
[1152] *Ibidem.*
[1153] F. X. De VAUJANY« Pour une théorie de l'appropriation des outils de gestion : vers un dépassement de l'opposition conception-usage », *Management & Avenir*, n° 9, 3/2006 p. 109-126.URL : http://www.cairn.info/revue-management-et-avenir-2006-3-page-109.htmDOI : 10.3917/mav.009.0109.
[1154] A. Einstein est un Physicien allemand né à Ulm le 14 Mars 1879. *Cf.* http : //evene. lefigaro.fr/ citation/theorie-sait-tout-rien-fonctionne-pratique-tout-fonctionne-pers-14093.php..
[1155] *Cf.* A. LEROI-GOURHAN., *«* Le geste et la parole », *in Revue française de sociologie*, 1966, Vol 7 n° 1pp. 92-94.

siècle, les doctrines financières publiques associent démocratie, transparence et éthique politique[1156]. C'est assez complexe pour admettre une déficience de la connaissance théorique des instruments et outils à partir desquels cette alliance pourrait être réalisée. Sans doute, chacun est conscient du fait que l'écart entre la politique et l'éthique est bien profond. Le rapprochement des deux ne relève pas de la technique financière ni des outils de gestion financière. C'est peut-être pour cela que la transparence des finances publiques est apparue dans l'agencement. Bien mise en œuvre dans ses différents compartiments, elle (la transparence budgétaire), pourrait contribuer au rattrapage de l'écart entre la politique et l'éthique. Sa relation avec la qualité du vivre-ensemble en dit long. Pour tout dire, *"la transparence des finances publiques est inséparable d'une conception de la qualité du lien social de ce qui est estimé juste pour la vie en société"*[1157].

Dès lors, on comprend plus la nécessité de l'appropriation et même son caractère fondamental dans la vie financière contemporaine de l'État, vu que le combat des États aujourd'hui ne s'arrête plus simplement à la fonction d'assurer la production des biens et services non marchands et la redistribution des revenus. C'est d'abord la maîtrise de la progression des dépenses publiques dans un contexte de rareté des ressources. Tout ceci fait que "*l'appropriation est un phénomène complexe qui nécessite l'activation de trois 'regards' afin d'être appréhendée dans toute sa richesse*"[1158]. Le challenge, il ne faut pas se le cacher, c'est de comprendre comment un ou plusieurs acteurs rendent un outil de gestion propre à un usage par le partage des points de vue de divers groupes.

D'abord, il s'agit des points de vue du ou des co-concepteurs et des formateurs-diffuseurs de l'outil. Ici, il est pris en compte la question du pourquoi. Autrement dit, les points de vue du concepteur et des formateurs diffuseurs s'inscrivent dans une perspective de régulation, de contrôle, avec des préoccupations d'efficacité et d'efficience. C'est, en fait, le contenu de la perspective rationnelle de l'appropriation évoquée plus haut. Le cas du document de programmation budgétaire et économique pluriannuelle introduit dans le nouveau cadre harmonisé des

---

[1156] *Cf.* M BOUVIER, M.-C., Esclassan., J.-P, Lassale, *Finances publiques*, *Op.cit.*
[1157] *Ibidem.*
[1158] F. X. De VAUJANY,« Pour une théorie de l'appropriation des outils de gestion : vers un dépassement de l'opposition conception-usage », *Management & Avenir*, 3/2006 (n° 9), p. 109-126.URL : http://www.cairn.info/revue-management-et-avenir-2006-3-page-109.htmDOI : 10.3917/mav.009.0109.
[1158] *Cf.* A. LEROI-GOURHAN., article précité.

finances publiques de l'UEMOA pourrait constituer un exemple. Ce qu'implique l'appropriation, dans son volet rationnel, c'est un partage de points de vue entre les rédacteurs des directives, ceux qui sont à l'origine de la conception du nouvel instrument, et ceux qui sont chargés de faire sa transposition en droit interne des États. A ce niveau, les échanges doivent porter sur les fondements philosophiques et théoriques en lien avec la finalité, en termes de rationalité et robustesse des prévisions macro-économiques et macro-budgétaires.

Ensuite, ce sont les points de vue des utilisateurs-finaux. Ils répondent à des dynamiques d'apprentissage-représentation de l'outil, par lesquelles les utilisateurs finaux vont cadrer leur utilisation de l'outil dans une logique de régulation autonome perspective. On est ici dans l'explication de la perspective dite "psycho-cognitive" du processus de l'appropriation. Ce qu'il importe de souligner ici, c'est en réalité des échanges de points de vue qui doivent conduire à un transfert de compétences. Les formateurs-diffuseurs de l'outil de gestion sont appelés, non seulement à restituer aux utilisateurs finaux la philosophie et la finalité de la conception du nouvel outil, mais ils doivent également amener les utilisateurs à un niveau de compréhension qui leur permette de s'autonomiser. Il s'agit de l'autonomie dans l'utilisation de l'outil mais également de l'indépendance personnelle en termes de réflexion pour une meilleure intégration de l'outil dans le dispositif existant de gestion. L'exemple du document de programmation budgétaire et économique pluriannuelle reste édifiant. En réalité, c'est à cette étape que les utilisateurs finaux doivent se faire une idée sur la mutation qu'il faut réaliser par eux-mêmes, pour passer de l'ancienne note d'orientation économique du budget au DPBEP.

Enfin, il y a le croisement des points de vue des utilisateurs-finaux et des processus sociologiques par lesquels passe l'appropriation afin de constituer une régulation autonome. C'est la dimension perspective dite "socio-politique"[1159] de l'appropriation. Au Bénin, par exemple, après des rencontres des responsables du pôle de Dakar (institution financée, entre autres, par le PNUD pour la vulgarisation du nouveau cadre harmonisé des finances publiques), il a été, question de définir un canevas qui fusionne la note d'orientation économique et budgétaire (l'ancêtre du DPBEP) et la note d'orientation du programme d'investissement public.

[1159]*Cf.* A. LEROI-GOURHAN., « Le geste et la parole »article précité.

In fine, l'outil de gestion étant un ensemble de règles et d'objets[1160] intégrés de façon systématique dans une logique fonctionnelle (ou toute autre logique d'acteur), il est propre à un besoin tout aussi spécifique. Ainsi, "*en pratique, l'outil est donc souvent difficile à dissocier des règles qu'il intègre*"[1161]. Enfin, un dispositif de gestion est un ensemble d'éléments de *design* organisationnel porté par une intention stratégique, produit et géré par le centre ou le pivot d'un collectif organisé, et qui vise à intégrer les outils et les acteurs de façon cohérente, et dans le respect de certaines règles de gestion[1162]. D'où l'inévitable nécessité d'appropriation.

Sur cette base, on peut assimiler, par exemple, le code de bonne conduite élaboré par le FMI à un outil de gestion. Ce mode pose quatre principes essentiels : "*la définition claire des attributions et des responsabilités, au sein du périmètre public, la détermination d'un processus budgétaire clair, l'accès du public à l'information, l'existence d'un contrôle interne et d'un audit indépendant*"[1163] à un outil de gestion. Il en est de même de la démarche PEFA qui se décline en une trentaine d'indicateurs[1164] et qui est une initiative de la Banque Mondiale, du manuel de transparence des finances publiques et des rapports d'observation sur les normes et les codes (ROSC), établi sur la base d'un volontariat de la part des États (90 à l'heure actuelle), du manuel de statistiques des finances publiques consacré à l'application d'une çomptabilité en droits constatés »[1165], des critères de gouvernance promus par l'OCDE[1166].

[1160] Un objet de gestion correspondra à tout signe, technique ou savoir-faire local et élémentaire dont le but est d'orienter ou de faciliter une action collective et micro-sociale. Les termes techniques, mais aussi les schémas, croquis, représentations graphiques, les lignes de codes, les interfaces d'outils informatiques, les concepts ou slogans "à la mode" ou bien encore les indicateurs, sont autant d'objets de gestion, dès lors qu'ils sont envisagés comme des supports isolés dans l'action organisationnelle. *Cf.* F. X. De VAUJANY« Pour une théorie de l'appropriation des outils de gestion : vers un dépassement de l'opposition conception-usage », *Management & Avenir*, 3/2006 (n° 9), p. 109-126.URL : http://www.cairn.info/revue-management-et-avenir-2006-3-page-109.htmDOI : 10.3917/mav.009.0109.

[1161] *Ibidem.*

[1162] *Ibidem.*

[1163] B. CAILLEMER et M.VALENTE « Les standards de la bonne gouvernance financière publique», *Op.cit.*, p.5.

[1164] *Idem*, p.6.

[1165] *Idem, p.5.*

[1166] *Idem*, p.6.

L'appropriation, vue comme « une opportunité de repenser les rapports entre conception et usage »[1167] repose donc sur des prérequis de la part des acteurs. Au-delà des expériences accumulées, une connaissance scientifique, fût-elle embryonnaire, paraît nécessaire pour le succès de l'appropriation.

Paragraphe 2-La prise en compte de la dimension scientifique des finances publiques

En affirmant que « *les conditions d'exercice du pouvoir dans la société contemporaine ont changé* »[1168], le professeur M. BOUVIER faisait fondamentalement allusion au pouvoir budgétaire et au pouvoir normatif financier. Effectivement, le pouvoir de décision financière dans l'État appelle, plus que jamais, technicité, expertise et connaissance scientifique. C'est ce qui justifie la nécessité du développement de la diffusion du savoir scientifique en la matière (A), pour une amélioration de la capacité d'adaptation des acteurs (B).

A-La promotion de la recherche appliquée en finances publiques

L'université doit sortir de la tour d'ivoire et mettre les résultats des recherches au service du développement[1169]. Ces propos rappellent, s'il en est encore besoin, la nécessaire conjugaison des efforts entre théoriciens (principalement universitaires) et technocrates pour le succès de la mise en œuvre des politiques publiques dans les différents compartiments des fonctions de l'État. Il s'agit, à la fois, d'une mise en commun des savoirs théoriques et pratiques pour plus d'efficacité, mais également d'une mise en commun des ressources (humaines, matérielles et autres infrastructures…) pour apporter une solution scientifique à des problèmes complexes. En fait, il y a lieu de travailler à l'éclosion d'une alliance entre les praticiens des finances publiques et les théoriciens qui se consacrent à la recherche fondamentale et à la recherche appliquée dans le domaine des finances publiques.

L'utilité d'une telle démarche semble évidente. Les implications de l'évolution de la société sur l'organisation des pouvoirs publics et sur

---

[1167] A. GRIMAND, *L'appropriation des outils de gestion : vers de nouvelles perspectives. Cf.*<u>*https://books.google.fr/books?isbn=286272419X*</u>Amaury Grimand - 2006 - Management.

[1168] M BOUVIER, M.-C., ESCLASSAN., J.-P LASSALE,Finances publiques, LGDJ, 13e éd., 2014, p.109.

[1169]*Cf.* propos du Professeur N. AWANOU, Recteur de l'Université d'Abomey-Calavi dans son discours lors du colloque international tenu à Cotonou en 2010 sur l'état des juridictions financières en Afrique de l'ouest francophone.

les finances de l'État sont là, palpables et se posent en des défis qu'il faut relever. La pérennité de l'État en dépend, vu l'étroitesse des relations entre les finances publiques et le pouvoir politique. Même s'il faut admettre que l'État n'est plus la matrice des finances publiques, ces dernières restent indéniablement un facteur de la définition et de l'existence de l'État. Les développements précédents au profit du maintien de la légitimité politique, dans la perspective de l'admission d'une légitimité gestionnaire dans la sphère publique participe de l'acceptation de cette réalité. En d'autres termes, il faut garantir l'existence du pouvoir politique pour assurer l'existence de l'État. Ce qui revient à travailler à asseoir l'autorité du pouvoir politique sur le processus de décision financière publique.

Or, comme il a été démontré, la maitrise par les pouvoirs publics du processus de décision financière publique est aujourd'hui conditionnée par un minimum de savoir, non plus seulement pratique, technique mais scientifique. Ce qui revient à dire, au minimum, qu'il faut pouvoir en appréhender l'objet et en cerner la dimension, avec la dynamique évolutive que connaît la discipline d'une part et, en maitriser la méthode d'étude, d'autre part. L'association des experts technocrates et théoriciens spécialistes s'analyse donc comme la piste, la seule pour renforcer les capacités de l'État à sauvegarder son pouvoir de décision.

Au regard de ce qui précède, au plan de la gestion des finances publiques, ce sont les commis de l'État qui se situent sur la chaîne de la préparation, du vote, de l'exécution et du contrôle de la loi de finances qu'il faut doper en connaissance scientifique pour gagner le pari. Dans le contexte du Bénin, et en vertu des dispositions de la constitution du 11 décembre 1990[1170], il s'agit des animateurs des technostructures financières du pouvoir exécutif[1171], des parlementaires et des animateurs des organes d'appui technique au Parlement, en matière d'exercice de ses prérogatives financières et il s'agit, enfin, des animateurs du volet financier du pouvoir judiciaire. Pour le moment, c'est encore la chambre des comptes, incrustée au sein de la Cour

[1170] *Cf.* Loi N° 90-32 du 11 Décembre 1990 portant Constitution de la République du Bénin

[1171] Il faut entendre, par-là, les agents ayant à charge la mise en œuvre de la mission d'Etat dénommée « planification et finances » ou la fonction « affaire économique », suivant le manuel de statistiques de finances publiques du fonds Monétaire International. Cf. décret n°2014-794 du 31 décembre 2014 portant nomenclature budgétaire de l'Etat.

suprême, en attendant la création de la cour des comptes, telle que recommandée par l'UEMOA[1172].

Les agents des organes ci-dessus cités ne peuvent rien, ou pas grande chose, quelle que soit leur volonté de servir efficacement et loyalement l'État, si leur capacité de compréhension et d'utilisation de la méthode d'analyse appropriée n'est constamment entretenue et scientifiquement renforcée. En effet, la simple pratique sans connaissance scientifique, c'est l'empirisme et la routine[1173]. Autrement dit, sans connaissance scientifique de base et renouvelée au fil des changements et transformations qu'enregistrent les finances publiques, la valeur ajoutée ou la contribution des acteurs sera nulle ou presque nulle. Ce qui est en jeu, c'est l'éclairage de la pratique par la connaissance théorique et l'exploitation des problèmes enregistrés dans la pratique pour approfondir la connaissance théorique.

Il va sans dire que « *ceux qui n'ont pas médité longuement avec la méthode scientifique, les problèmes financiers sont incapables de diriger les finances publiques d'un État* »[1174]. Et pour cause, ils ne sauront appréhender les phénomènes financiers publics dans leur juste dimension et ne pourront s'appuyer sur des ressorts scientifiques et techniques pour orienter la décision financière. C'est dire qu'il faut une certaine incubation théorique et pratique dans les évolutions des finances publiques et avoir une idée plus ou moins juste des défis futurs en matière financière pour opiner ou agir efficacement dans le domaine des finances publiques. Comme l'a souligné l'auteur, « *il leur est matériellement impossible de trouver les solutions des grands problèmes financiers. Ils manquent de hardiesse ; ils s'en tiennent à ce qui existe ; ils s'arrêtent au détail* »[1175]. Il ne s'agit pas forcément d'une question d'initiation profonde à la science des finances publiques, mais

---

[1172] L'article 68 du Traité de l'Union Économique et Monétaire Ouest Africaine (UEMOA) prescrit à chaque État membre de l'Union de créer une Cour des comptes nationale autonome qui pourra garantir la fiabilité des comptes publics. L'obligation de créer une Cour des comptes autonome a été reprise par la Directive n° 002/2000/CM/UEMOA du 29 juin 2000 portant code de transparence dans la gestion des finances publiques au sein de l'UEMOA et par celle n°01/2009/CM/UEMOA portant code de transparence dans la gestion des finances publiques au sein de l'UEMOA

[1173] G. JEZE, *Cours de finances publiques, 1926-1927; professé à la Faculté de droit de l'Université de Paris pendant le premier semestre 1926-1927*, Paris, M. Giard, 1927.

[1174] *Ibidem.*

[1175] *Ibidem.*

tout au moins d'accoutumance et de prise de contact avec la réalité scientifique des finances de l'État.

En définitive, le fait de lier ou de gager la solidité du pouvoir politique à la compétence technique dont devraient faire montre les animateurs de l'appareil financier de l'État n'emporte pas une dépendance du pouvoir politique de la technocratie. Les spécialistes des finances publiques qui officient dans les administrations publiques sont sous ordre du pouvoir politique auquel ils ne peuvent s'opposer. Le président de la République au Bénin dispose, aux termes des dispositions de la constitution, de l'administration[1176]. Le facteur politique étant un élément essentiel de l'organisation de la société[1177], il ne saurait en être autrement. Ainsi, le fait que le prisme technique domine et s'avère de plus en plus nécessaire pour appréhender les phénomènes systémiques dans des sociétés cognitives[1178], n'est pas à percevoir comme un ombrage de la science et de la connaissance professionnelle à l'exercice du pouvoir politique.

Comme c'est déjà le cas dans certains secteurs de l'administration publique, le développement de la recherche scientifique et de la recherche appliquée dans le domaine des finances publiques doit être promu. Aux côtés des administrateurs des finances, des administrateurs du trésor, des administrateurs des impôts, des administrateurs des banques et institutions financières doivent évoluer des chercheurs en fiscalité, en droit de la comptabilité publique, en droit budgétaire, etc. De même, les ingénieurs en planification et en statistique ont besoin d'être en phase avec les développements scientifiques récents ou nouveaux qui affectent leur domaine de compétence.

Le cas qui semble le plus illustratif actuellement au Bénin est celui du secteur agricole où on observe une volonté affichée de l'État de faire

---

[1176] *Cf.* Article 54 de la Constitution béninoise du 11 décembre 1990.

[1177] A. LACHEZE et F. WASERMAN, « Les chemins de la bonne gouvernance financière publique », *in, La bonne gouvernance des finances publiques dans le monde*, compte rendu des tables-rondes de l'université de printemps de finances publiques, FONDAFIP, septembre 2008, p.3.

[1178] Il faut entendre par sociétés cognitives, les sociétés dans lesquelles le savoir, la connaissance, la compétence, et pour tout dire l'intelligence, toutes nouvelles matières premières, sont le ciment qui tient ensemble les briques de la maison Etat. *Cf.* A. LACHEZE et F. WASERMAN « Les chemins de la bonne gouvernance financière publique », *in, La bonne gouvernance des finances publiques dans le monde*, compte rendu des tables-rondes de l'université de printemps de finances publiques, FONDAFIP, septembre 2008, p.3.

avancer la recherche appliquée au même titre que la recherche fondamentale. La manifestation de cette volonté, qui n'est pas aussi récente qu'on puisse le croire, est la création et le maintien de l'Institut National des Recherches Agricoles du Bénin (INRAB) dans l'architecture institutionnelle du ministère chargé de l'agriculture, la création d'une université thématique dédiée à l'agriculture[1179]. Cet institut a survécu à plusieurs Gouvernements et continue de tenir sa position dans l'architecture institutionnelle du ministère chargé de l'agriculture de l'Elevage et de la Pêche, en dépit de la revue des politiques publiques opérée par le Gouvernement à la suite de l'alternance politique d'avril 2016. Il fonctionne avec un personnel à statut mixte. Il y a les chercheurs, qui sont pour la plupart des docteurs dans diverses disciplines des sciences agronomiques et les administratifs, parmi lesquels on note des ingénieurs agronomes, spécialisées dans diverses branches de l'agriculture. Cet institut est, en quelque sorte, le trait d'union entre les laboratoires de la Faculté des Sciences Agronomiques qui font la recherche fondamentale et les directions techniques chargées de la promotion de l'agriculture[1180].

S'il est vrai qu'il faut accéder à la thèse qui postule que c'est l'importance de l'agriculture pour le développement du Bénin qui aurait milité en faveur de l'investissement de l'État dans la promotion de la recherche agricole, beaucoup de facteurs existent aujourd'hui et plaident en faveur de la mise en place d'une véritable politique publique en matière de recherche en finances publiques. Il n'est pas nécessaire que cela soit sous la forme de la création d'un institut dédié comme on a pu le constater au niveau du secteur de l'agriculture. L'essentiel est que les finances publiques ne soient plus pilotées sans l'éclairage scientifique nécessaire.

Avant d'aborder d'autres facteurs, il convient de souligner que la question de financement de l'action publique, de par son ampleur aujourd'hui, suffit à elle seule pour motiver l'incitation à la recherche

---

[1179]Il s'agit de l'Université nationale d'agriculture chargée, conformément au décret n°2017-125 du 27 février 2017, d'assurer la formation des cadres professionnels, la recherche scientifique et l'appui au développement dans les domaines des sciences agronomiques, agropastorales, halieutiques, forestières, environnementales .

[1180] Créé par décret n° 92-182 du 6 Juillet 1992, l'Institut National des Recherches Agricoles du Bénin (INRAB) est la seule institution nationale qui s'inscrit dans la recherche agricole au Bénin. Il répond, avec les différents acteurs du monde agricole, aux enjeux nationaux et internationaux de l'agriculture et du développement. *Cf.* http://inrab.org/index.php/qui-sommes-nous/inrab-en-bref.

en matière de finances publiques. La volonté affichée de l'État en matière de recherche agricole au Bénin soulignée plus haut, n'aboutirait pas aux résultats escomptés, en l'absence d'une politique publique de financement efficace. En conséquence, ce sont les finances publiques qui méritent, en premier, une attention soutenue des décideurs publics, puisqu'elles constituent, par ailleurs, le moyen d'affirmation de leur autorité.

En effet, la nécessité, plus accrue aujourd'hui qu'hier, de gérer les finances publiques à travers des options et des décisions plus que jamais rationnelles trouve son fondement dans l'accentuation du décalage entre les ressources et les charges publiques. C'est une réalité partagée aujourd'hui que le déséquilibre des finances publiques est présent dans presque tous les pays. Pour le Bénin et les autres pays de l'UEMOA, il y a des raisons particulières à la crise des finances publiques, en dehors de ce que partagent en commun les États du tiers monde, à savoir principalement le tassement des ressources extérieures (baisse de l'aide publique au développement et rareté des prêts concessionnels). Ceci est fondamentalement lié à la décélération de la croissance économique dans les États développés.

Ces raisons particulières sont de deux ordres, il y a d'un côté la mise en œuvre du tarif extérieur commun (TEC) qui a induit un fléchissement au niveau des ressources de porte. En effet, avec l'entrée en vigueur du TEC, il y a un désarmement tarifaire sur la circulation des biens et des personnes, avec comme conséquence, le renoncement de l'État à la perception de certains droits et taxes de douanes. Au même moment, les mécanismes de compensation prévus au plan communautaire pour atténuer les pertes de recettes publiques au niveau des États n'ont pas encore atteint un niveau de mise en œuvre satisfaisant[1181].

D'un autre côté, il y a la suspension, à partir de l'année 2002, des avances statutaires de la Banque Centrale des États de l'Ouest (BCEAO) aux États membres. Auparavant, et sur le fondement des dispositions de l'article 20 des statuts de la banque centrale, des avances

---

[1181] Il s'agit, par exemple : - de la Taxe Dégressive de Protection (T.D.P), *cf.* Règlement N° 03/99/CMIUEMOA du 25 Mars 1999 portant adoption du mécanisme de la Taxe Dégressive de Protection au sein de l'U.E.M.O.A ;
- de la Taxe Conjoncturelle à l'Importation (T.C.I), *cf.* Règlement N° 06/99/CMIUEMOA du 17 Septembre 1999 portant adoption du mécanisme de la Taxe Conjoncturelle à l'Importation (la T.C.I).; - des mesures spécifiques, *cf.* Règlement N° 04/99/CM/UEMOA du 25 Mars 1999 portant adoption d'un système d'évaluation en douane dénommé Valeur de Référence au sein de l'U.E.M.O.A.

de trésorerie sont consenties aux États en début d'année. Des ressources équivalant à 20% des recettes fiscales de l'année précédente étaient, en effet, rendues disponibles sur les comptes des États ouverts dans les livres de la banque. Mais, vu que les ressources décaissées au profit des États à titre d'avance n'étaient pas régulièrement remboursées par la plupart des États, la pratique qui tendait à devenir une forme d'émission monétaire (logique de planche à billet) a été suspendue. Un moyen alternatif de financement a été offert aux États en remplacement des avances statutaires. C'est la création du marché régional des titres publics qui est destiné à faciliter aux États, la mobilisation des ressources, soit pour le financement des investissements, soit pour couvrir certaines dépenses ordinaires, en attendant la réalisation des recettes qui sont prévues pour les financer.

Or, l'intervention sur le marché financier n'est pas aussi simple que la mise à disposition des avances statutaires. Elle répond à des règles bien précises selon l'instrument de mobilisation qu'on compte utiliser (titres obligataires ou bons de trésor). Il faut mettre en place un calendrier d'émission. En clair, cette alternative renforce le besoin de connaissance scientifique et professionnelle des acteurs. Les instruments en question méritent d'être mieux connus du point de vue de ses aspects théoriques et dans la philosophie de leur intégration au dispositif des instruments de financements de l'État. Autrement dit, c'est la quête de nouvelles connaissances qui s'impose, de même que le développement d'un nouveau corps de métier dans l'administration publique : les spécialistes en valeur du trésor.

Face à ces défis de connaissances scientifiques des finances publiques, il existe des lueurs d'espoir au Bénin. Un laboratoire spécialisé dans la recherche fondamentale et dans la recherche appliquée est créé à l'Université d'Abomey-Calavi, par arrêté rectoral n°74-10/UAC/SG/VR/AAIP/SA du 23 décembre 2010 dans les domaines de l'Administration et des Finances. Il s'agit du Centre d'Etude et de Recherche sur l'administration et les Finances (CERAF) dont les activités permettent de gager un approfondissement de l'étude des questions liées aux finances publiques au Bénin. A titre d'exemple, on peut citer les séries de réflexion organisées sur des thématiques d'actualité en matière de gouvernance financière publique, telles que l'état des juridictions financières en Afrique de l'ouest francophone, la réforme de l'État[1182], la mise en œuvre de la nouvelle loi organique relative aux lois de finances[1183].

Il reste que la collaboration entre les technostructures financières et ce laboratoire et avec bien d'autres encore soit renforcée. Pour une bonne coordination de la collaboration entre les chercheurs et les praticiens, il est peut-être nécessaire d'envisager la création, au sein du ministère chargé des finances, d'une Direction Générale de la Recherche en Finances Publiques ou d'un Institut National de la Recherche en Finances Publique ou une section « recherche » au sein de l'Unité de Gestion de la réforme du Système de gestion des finances publiques. Le recyclage et l'adaptation du profil des animateurs de la vie financière de l'État en dépendent.

B. L'adaptation du profil des acteurs

Les caractéristiques des finances publiques ne sont pas statiques. Elles s'actualisent au rythme de l'évolution de la discipline. Elles se corrigent ou s'adaptent selon que le contexte économique change, selon que l'organisation institutionnelle du pouvoir connaît un redimensionnement ou encore selon que de nouvelles règles de gestion sont introduites dans l'arsenal juridique de gestion des finances publiques. Les finances publiques sont donc dynamiques, évolutives et emportent, par conséquent, une mise à jour permanente des connaissances et des repères d'appréhension et d'analyse. Les qualifications de finances publiques classiques, de finances publiques modernes, de finances publiques de l'UEMOA, de finances publiques de la CEMAC ou encore, en droit comparé occidental, de finances publiques européennes montrent bien que la matière admet une variété de caractéristiques selon l'époque, selon l'idéologie économique en vogue ou encore selon le cadre géographique et communautaire considéré.

[1182]Les actes de ce colloque, tenu au Bénin les 18 et 19 juin 2013, de concert avec l'Association Béninoise des Anciens Elèves de l'ENA France, l'Observatoire des Fonctions Publiques Africaines et l'Ecole Nationale d'Administration et de Magistrature du Bénin, ont été publiés la même année. Cf. N. MEDE (dir.), *La réforme de l'Etat au Bénin : état de la réforme et perspectives,* Abomey-Calavi, Centre des publications universitaires, 4ème trimestre 2013, 485 p.

[1183]Les actes de ce colloque, tenu au Bénin les 13 et 14 février 2015, de concert avec le Centre de Formation Professionnelle de la Direction Générale du Budget, ont été publiés la même année. Cf. N. MEDE (dir.), *La LOLF dans tous ses états, Abomey-Calavi, Centre des publications universitaires, 4ème trimestre 2015, 620 p.*

Les implications de cette dimension des finances publiques, pour ceux qui en sont les acteurs, sont presque évidentes. C'est plus d'efforts pour la maîtrise des phénomènes financiers publics, c'est un retour fréquent aux méthodes d'analyse pour une meilleure acclimatation et c'est, finalement, un renouvellement systématique du recyclage des praticiens des finances publiques, suivant le rythme des changements. L'exemple le plus récent de changement qui induit une prise en charge, en termes de recyclage et de formation, c'est le passage du budget objet au budget de programme dans les zones UEMOA[1184] et CEMAC[1185].

Face au caractère mouvant des finances publiques, sous l'impulsion des facteurs ci-dessus énumérés (mutation de l'architecture des Institutions Politiques, évolution du contexte économique, mise en place de nouvelles réformes, etc.), l'adaptation conséquente du profil des ressources humaines de l'administration publique ayant en charge la mission d'accompagnement des politiques dans la gestion des finances publiques est indispensable. Les spécialistes de la planification financière, les spécialistes des prévisions économiques et budgétaires du secteur public, les comptables, les spécialistes du contrôle juridictionnel des finances publiques, les organes d'appui au Parlement dans le cadre du contrôle politique sont appelés, non seulement à améliorer leur pratique des instruments mais aussi à saisir les forces et faiblesses des innovations.

Le défi pour une bonne gouvernance des finances publiques semble ainsi se résumer, outre la discipline que doivent s'imposer les décideurs politiques, à l'amélioration des connaissances théoriques, techniques et instrumentales des agents qui participent au processus d'aide à la décision financière dans le secteur public. Les partenariats entre les administrations financières publiques et les centres de recherches des entités universitaires dans les domaines de l'économie, du droit, de l'administration, de la gestion paraissent, à cet effet, une piste privilégiée. On peut citer, à titre d'exemple, l'Ecole Nationale d'Administration et de Magistrature, la Faculté de Droit et de Science Politique, la Faculté des Sciences Economiques et de Gestion, l'Ecole Nationale d'Economie Appliquée et de Management, etc.

[1184]*Cf.* génération 2009 des directives de l'UEMOA sur le cadre harmonisé des finances publiques.

[1185]*Cf.* Directive n°1/11-UEAC-190-CM-22 du 19 décembre 2011 relative aux lois de finances.

La question de renforcement des capacités des acteurs est ainsi essentielle dans le pilotage et le succès de toutes réformes. Elle doit être pensée et traitée au même moment que les options de réformes se font. Autrement dit, le contenu des actions de formations doit découler des choix opérés en matière de réforme. A chaque point clé de la réforme doivent être associées des idées et stratégies de formations adéquates afin de préparer les acteurs à une bonne assimilation et à une bonne inculturation. C'est ce que promeut l'Initiative Africaine pour une Réforme Budgétaire Concertée (CABRI) qui estime qu'il faut *« établir un équilibre entre les réformes et la croissance de capacités [et que] les faibles capacités en ressources humaines et des systèmes peuvent faire échouer toute initiative de réforme »*[1186].

En réalité, les finances publiques sont, elles-mêmes, pluridisciplinaires et pluridimensionnelles. La compréhension de l'interrelation ou de l'articulation entre les différents compartiments commandent « *d'adopter une attitude intellectuelle transversale, autrement dit systémique, prenant en compte la logique de réseaux qui est aux fondements des choix financiers publics* »[1187]. Ceci a pour avantage, de favoriser une appréciation globale des phénomènes financiers publics et, par voie de conséquence, une meilleure maîtrise des facteurs déterminants de l'évolution des recettes et des dépenses publiques.

Les paramètres à prendre en compte pour l'adaptation du profil des acteurs de la gestion des finances publiques se doivent ainsi d'être endogènes. Ils doivent être révélés par une étude diagnostique qui mettrait en relief les défis qu'implique, en termes de capacités techniques et de connaissances théoriques, l'opérationnalisation des options de réforme retenues. Il peut, par exemple, être question de renforcer simplement les capacités du personnel présent par des formations complémentaires ou des visites en administration comparée ou d'identifier de nouveaux besoins de compétences non encore disponibles dans le secteur public et de procéder à des recrutements directs.

Il n'est donc pas exclu que le besoin d'adaptation des profils des acteurs de la gestion des finances publiques aux exigences des réformes conduise à l'apparition de nouvelles fonctions, à la création et à la

---

[1186] CABRI, *Op.cit.*, P.15.

[1187] M. BOUVIER, « Concevoir une méthodologie pour des finances publiques dans un monde en transition », *RFFP*, n°135, septembre 2016.

description de nouveaux postes ou encore à la revue des *curricula* de formation. Tout réside dans les nécessités nées du diagnostic, en rapport avec les mutations espérées. Si on considère le nouveau cadre harmonisé de gestion des finances publiques au Bénin, on peut noter l'obligation, désormais légale, de la mise en place du contrôle interne, du contrôle de gestion, de la comptabilité patrimoniale ou encore de la certification des comptes de l'État. Pour l'essentiel, il s'agit, pour les exemples ci-dessus cités, de nouveaux corps qui n'existaient pas dans l'administration et qu'il faut créer.

Le moins qu'on puisse dire, en observant les activités menées au niveau communautaire et dans les pays de l'espace UEMOA, c'est qu'il y a effectivement une prise de conscience de la nécessité de rendre disponibles les compétences appropriées pour la conduite de la réforme. Ainsi, si au niveau communautaire, la démarche observée est la mise en œuvre d'une stratégie de diffusion des bonnes pratiques instaurées par les nouveaux textes, au niveau des États, c'est la formation des acteurs à l'exercice des nouvelles fonctions et responsabilités qui a cours. En effet, l'Union Economique et Monétaire Ouest-Africaine (UEMOA) a engagé, après l'adoption des directives, une campagne de communication et de sensibilisation des acteurs budgétaires au nouveau cadre harmonisé des finances publiques. L'objectif poursuivi est d'expliquer à chaque acteur, les principales innovations qui y sont contenues[1188].

Au niveau étatique, le Bénin a lancé en novembre 2015 la formation intensive des acteurs de la chaîne des dépenses publiques. Initiée conjointement par l'Unité de gestion du système de gestion de la réforme des finances publiques et la Direction générale du budget, la formation vise à donner aux directeurs de la programmation et de la prospective et aux responsables en charge de la gestion des ressources financières, des outils pour mieux comprendre les nouvelles orientations décidées au plan communautaire et intégrées au cadre juridique de gestion des finances publiques au Bénin. Les autorités béninoises considèrent, en effet, la formation comme « l'un des paramètres du succès de la mise en œuvre de la réforme des finances publiques »[1189] et espèrent conduire les praticiens à « une mobilisation

---

[1188]C'est le cas de la session de formation/sensibilisation de Ouagadougou (11 au 14 septembre 2012).

[1189]*Cf.* Discours de M. Servais ADJOVI, Directeur de Cabinet du Ministre d'Etat chargé de l'Economie, des Finances et des Programmes de Dénationalisation à générale et un réarmement technique pour relever les défis qu'imposent les réformes »[1190].

Les autres États de la communauté ont quasiment adopté la même démarche que le Bénin. L'essentiel des activités, en ce qui concerne l'adaptation du profil des acteurs, se résume, en la mise œuvre des actions de renforcement de capacités, avec ou sans la définition au préalable d'un plan de formation en bonne et due forme. Pour le Togo, on peut évoquer, à titre d'exemple, la formation des acteurs des structures impliquées dans le processus budgétaire[1191], en l'occurrence, les cadres de la direction du budget ainsi que ceux de la cour des comptes sur « le nouveau cadre légal et réglementaire de la gestion des finances publiques au sein de l'UEMOA » et « le processus budgétaire, l'élaboration de la loi de finances et les annexes budgétaires ».

Il faut, toutefois, noter que la démarche au Sénégal apparaît un peu plus rationnelle. Il a été procédé au recrutement, par appel d'offre, d'un consultant pour élaboration d'un Plan national de formation des acteurs budgétaires, comptables et autres acteurs non étatiques sur les modules de formation labellisés UEMOA et d'exécution des formations[1192].

Le consultant recruté a eu pour mission d'assister le Ministère de l'Economie et des Finances (MEF), représenté par le Secrétariat exécutif du Projet de Coordination des Réformes Budgétaires et Financières (SE/PCRBF), dans l'élaboration et la mise en œuvre d'un plan national pluriannuel de formation (2013-2015), en matière de préparation, d'exécution et de contrôle du budget de l'État sur la base du cadre législatif et réglementaire issu de la transposition du nouveau cadre harmonisé des Finances publiques de l'UEMOA.

Cette démarche répond à l'idée de diagnostic préalable évoquée plus haut et qui devrait déterminer les actions de réforme à entreprendre. Elle s'aligne, par ailleurs dans la dynamique de la convocation du savoir scientifique à l'éclairage des décisions publiques, à travers l'expertise qui est aujourd'hui considérée comme « *un mode de connaissance*

---

l'occasion du lancement, le mercredi 26 novembre 2015, de la formation intensive des acteurs des finances publiques.

[1190] *Ibidem.*

[1191] Cet atelier fait partie des activités de renforcement des capacités prévues dans le cadre de l'exécution du Projet d'Appui à la Mobilisation des ressources et au renforcement des Capacités Institutionnelles (PAMOCI). Il a été financé par la Banque Africaine de Développement (BAD).

[1192] *Cf.* Dossier d'appel d'offre 47/2012/MEF.

pratique jouant un rôle de légitimation politique dans les sociétés modernes »[1193].

De par ses exigences en termes d'adaptation des profils et de prise en compte de nouvelles pratiques de gestion, d'émergence de nouvelles fonctions et de nouveaux corps de métier dans l'administration publique, la décision financière publique est indubitablement source de transformation institutionnelle.

[1193]M. LEROY, *Op.cit.*, p.84.

CHAPITRE 2
LES MUTATIONS INSTITUTIONNELLES

Les innovations en finances publiques sont sources de métamorphose de l'État[1194]. A mesure que la philosophie et les modes de gestion des opérations financières publiques évoluent, l'organisation institutionnelle de l'État connaît, elle aussi, un ajustement pour se mettre en conformité avec les implications des évolutions qu'enregistre le cadre de gestion des finances publiques. Les technostructures sont ainsi en perpétuelle mutation, au rythme du renouvellement de la conception et des méthodes de gouvernance financière publique (Section I). Il en est ainsi des institutions spécialisées du Parlement traitant de la décision financière publique (Section II).

Section 1-La revue de l'architecture institutionnelle des technostructures

Les changements de règles régissant la gouvernance financière publique ne sont pas que sources de révision des procédures budgétaires, comptables et de gestion des statistiques de finances publiques. Bien au contraire. Ainsi, aujourd'hui au Bénin, en France comme dans la plupart des pays du globe, *« les finances publiques apparaissent comme le moteur de transformation de l'État et plus largement de la société dans son ensemble »*[1195]. En conséquence, l'internalisation au Bénin des textes du nouveau cadre harmonisé des finances publiques de l'UEMOA est susceptible d'engendrer des aménagements institutionnels aussi bien au niveau de l'administration centrale des finances (Paragraphe I) qu'au niveau sectoriel (Paragraphe II).

Paragraphe 1-Les mutations institutionnelles sur le domaine de l'ordonnateur

Les aménagements institutionnels enregistrés sur le domaine de l'ordonnateur suite à la transposition de la directive 06/2009/CM/UEMOA du 26 juin 2009 portant loi de finances au sein

---

[1194]M. BOUVIER *in* M. BOUVIER (dir), *Op.cit.*, p 1.

[1195]M. BOUVIER, « Réhabiliter et refonder la science des finances publiques», *article précité.*

de l'UEMOA sont appréhendés à un double niveau. Le premier est celui des structures centrales de la chaîne des dépenses (A) et le second est celui de l'administration financière sectorielle (B).

A-L'évolution institutionnelle des services centraux

L'exécution de la dépense publique en mode programme induit des changements majeurs par rapport au cadre institutionnel et aux procédures d'exécution budgétaire dans l'approche classique. Les finalités d'intervention de telle structure ou de telle autre ne sont plus les mêmes au point où une revue fonctionnelle et institutionnelle s'impose. La relecture des procédures d'exécution des opérations financières publiques au Bénin découle de cette réalité et les nouveaux guides élaborés semblent être porteurs des valeurs actualisées et des principes nouveaux en matière d'exercice de la loi de finances.

Le recentrage des rôles et responsabilités des structures centrales officiant sur la chaîne des opérations d'exécution de la dépense publique est plus qu'une nécessité. Elle est une conséquence inéluctable de la réforme portée par la loi organique de 2013 et dont l'un des volets importants est la responsabilisation. Sur le domaine de l'ordonnateur, la promotion de la responsabilisation des acteurs dans la gestion financière publique est marquée par une forme de décentralisation de ladite fonction. Ainsi, les agencements institutionnels et procéduraux qui sont réalisés sur le fondement de la logique de centralisation du pouvoir d'ordonnancement dans les mains du ministre chargé des finances devraient connaître une révision. C'est le cas, par exemple, des rôles et responsabilités des structures centrales telles que la Direction Générale du Budget, le Contrôle Financier, la Direction Nationale de Contrôle des Marchés Publics, la Direction Générale du Trésor et de la Comptabilité Publique.

En réalité, le fondement d'une pareille démarche réside dans la nécessité de faire assurer les services, autrefois prestés par les structures centrales au profit des ministères, par les organes relevant organiquement d'eux. L'idée, n'est pas de rechercher une déconnexion ombilicale desdites structures au plan national, mais de fluidifier le fonctionnement des organes intervenant dans les opérations de dépenses au niveau sectoriel. Autrement dit, l'enjeu est de garantir à l'ordonnateur principal du secteur un pouvoir de management des organes devant concourir à la mise en œuvre des politiques publiques du secteur.

Dans le fonds, ce qu'on pourrait appeler dessaisissement des structures centrales de leurs attributions sectorielles est une implication de la dimension performance de la nouvelle gestion publique incarnée, par ailleurs, par la LOLF de 2013. Au-delà des moyens financiers, les moyens techniques conditionnent l'atteinte des résultats. La combinaison des deux apparaît de ce fait indispensable pour asseoir la responsabilité de l'ordonnateur principal sectoriel et d'exiger de lui, par la suite, des résultats à la hauteur des moyens institutionnels, financiers et humains mis à sa disposition.

Au total, on peut convenir avec certains auteurs que « *la décision budgétaire* [...] *oblige à modifier en profondeur les procédures, la législation mais aussi les manières de faire [*et que*] en ce sens, c'est bien l'État qui se transforme à travers un remodelage général des pouvoirs et des compétences* »[1196].

Cette manifestation inhérente aux changements d'orientations dans la gestion des finances publiques est perceptible dans l'opérationnalisation des innovations induites par le nouveau cadre harmonisé de gestion des finances publiques au sein de l'UEMOA, lequel cadre a été transposé dans le dispositif juridique de gestion des finances publiques au Bénin. On a pu noter, en effet, une revue de l'organigramme de plusieurs structures, dans le sens de la mise en cohérence de leur structuration et de leur mission, en lien avec les implications de la mise en œuvre de la LOLF de 2013. Il s'agit aussi bien de structures opérant sur la phase administrative de la dépense que de structures officiant sur la phase comptable du paiement de la dépense publique.

L'exemple le plus illustratif est celui de la Direction Générale du Budget. Cette dernière jouait, sous l'égide des textes antérieurs à ceux induits par le nouveau cadre harmonisé de gestion des finances publiques de l'UEMOA, un rôle d'ordonnateur national du budget de l'État. En effet, avec la loi n° 86-21 du 26 septembre 1986 portant loi organique relative aux lois de finances et le décret 2000-601 du 29 novembre 2000 portant réforme des procédures d'exécution du budget général de l'État, la fonction d'ordonnateur était exclusivement exercée par le Ministre chargé des finances[1197] et, par délégation, par la

---

[1196]M. BOUVIER, M-C ESCLASSAN, J-P LASSALE, *Finances Publiques*, 12ème édition, *Op.cit*. p.322.

[1197]*Cf.* Article 2 du décret n° 2000-601 du 29 novembre 2000 portant réforme des procédures d'exécution du budget général de l'Etat qui précise que « le Ministre

Direction Générale du Budget[1198], la Caisse Autonome d'Amortissement[1199]. Cette philosophie a inspiré une certaine structuration de la Direction Générale du Budget. Ainsi, on peut noter au sein de l'architecture institutionnelle de la Direction Générale du Budget, des directions opérationnelles qui ont une compétence plurisectorielle voire nationale, notamment sur le volet de l'exécution de la loi de finances. C'est le cas principalement, avant l'adoption de la LOLF de 2013, de la Direction de l'Exécution du Budget et de la Direction du Budget des Investissements[1200].

Ces deux directions avaient notamment compétence, l'une pour l'engagement et la liquidation des dépenses d'équipement et d'investissement ainsi que des dépenses non réparties entre les institutions de l'État et les ministères et, l'autre, pour gérer les dépenses relatives à l'exécution des projets entièrement financés sur le budget général de l'État et les dépenses afférentes aux contreparties du Bénin dans les projets cofinancés avec les partenaires étrangers. Il s'agissait donc, à travers ces structures opérationnelles de la Direction Générale du Budget, d'exécuter certaines dépenses pour le compte des autres ministères et institutions et de suivre la mise en œuvre d'autres dépenses, toujours pour le compte du ministre chargé des finances, ordonnateur principal du budget de l'État.

Le décret n° 2000-601 du 29 novembre 2000 portant réforme des procédures d'exécution du budget général de l'État, en disposant en son article 1er de la déconcentration de la fonction d'ordonnateur aurait pu être à l'origine d'une restructuration de la Direction Générale du Budget. Mais cela n'a pas été le cas[1201].Tout en instituant la fonction d'ordonnateur délégué de dépenses au niveau des ministères et

---

chargé des finances est l'ordonnateur principal unique du Budget Général de l'Etat » et qu'il « peut déléguer ses pouvoirs ».

[1198] *Cf.* Article 5 du décret n° 2000-601 du 29 novembre 2000 portant réforme des procédures d'exécution du budget général de l'Etat.

[1199] *Cf.* Article 6 du décret n° 2000-601 du 29 novembre 2000 portant réforme des procédures d'exécution du budget général de l'Etat.

[1200] *Cf.* Article 2 de l'arrête n°100/MFE/DC/SGM du 18 février 2000 portant attributions, organisation et fonctionnement de la Direction générale du Budget.

[1201] La portée du décret n°2000-601 du 29 novembre 2000, en matière de révision du statut d'ordonnateur de dépenses budgétaires est à relativiser, même si le décret est porteur d'une avancée significative. En réalité, le décret consacre la déconcentration en lieu et place de la centralisation et de l'unicité de la fonction d'ordonnateur.

Institutions de l'État[1202], certaines dépenses budgétisées pour des sections autres que le Ministère de l'Economie et des Finances sont exécutées par les services du ministre chargé des finances pour le compte des autres sections. C'est le cas notamment de la solde des agents de l'État qui, malgré l'inscription des crédits y relatifs dans le budget des sections budgétaires, continue d'être gérée par les services du ministre chargé des finances.

L'exécution du budget étant désormais par secteur, de même que le suivi et la production de rapport de performance[1203], la Direction Générale du Budget se devait de revoir son architecture institutionnelle et d'ajuster le périmètre d'actions de ses structures opérationnelles aux activités centrales d'appui à l'élaboration et à l'exécution de la loi de finances. L'analyse de la nouvelle architecture institutionnelle de la Direction générale du Budget semble avoir pris en compte le centrage du périmètre d'activités de la Direction Générale du Budget. On note principalement l'absence de la Direction de l'Exécution du Budget qui, à elle seule, incarnait l'ancienne logique de gestion budgétaire centralisée[1204].

L'autre structure dont la mutation institutionnelle et fonctionnelle paraît importante à souligner en faveur des implications institutionnelles du processus de la décision financière publique est le contrôle financier. Avant la loi organique relative aux lois de finances de 2013, le contrôle financier s'occupait du contrôle *a priori* classique de régularité de la dépense des ministères et organismes publics. Mais, avec le nouveau cadre juridique de gestion des finances publiques, en l'occurrence la LOLF et ses décrets d'application, le contrôle financier connaît une avancée notable dans son fonctionnement et dans sa mission sans afficher une restructuration d'envergure telle qu'on a pu constater pour la direction générale du budget.

[1202]*Cf.* Article 10 du décret n° 2000-601 du 29 novembre 2000 portant réforme des procédures d'exécution du budget général de l'Etat.

[1203]Avec la mise en œuvre de la gestion budgétaire en mode programme, il y aura autant de Rapport Annuel de Performance que de Programmes Budgétaires.

[1204]Aux termes des dispositions de l'article 8 de l'arrêté n°2849-c/MEF/CAB/SGM/DGB/SP du11 aout 2016 portant attributions, organisation et fonctionnement de la Direction Générale du Budget, la DGB comprend la Direction de la Préparation et du Suivi de l'Exécution de la Loi de Finances, la Direction du Suivi des Provisions, la Direction des Pensions et des Rentes Viagères, la Cellule de Réforme Budgétaire, la Cellule de Gestion de la Solde, la Cellule d'Analyse Budgétaire et de la Statistique, etc.

En ce qui concerne la mission, la loi organique béninoise relative aux lois de finances de 2013 n'a pas consacré le recul du contrôle *a priori* tel qu'on aurait prédit avec la prise de relief attendue et effective de la responsabilisation des acteurs de la chaîne des dépenses publiques. En effet, l'article 73 de la LOLF de 2013 prévoit que « *les contrôleurs financiers peuvent émettre des avis sur la qualité de la gestion des ordonnateurs, la conduite des programmes et leurs performances* ». Il convient là de préciser que c'est une forme de contrôle *a posteriori* qui s'introduit dans l'exercice du contrôle financier. Cette analyse découle du fait que, globalement, la gestion budgétaire axée sur les résultats est basée sur l'absence de tous facteurs de décélération de la dépense en cours d'année. On pourrait ainsi conclure à une extension du contrôle *a priori* vers un contrôle *a posteriori*. La disposition de la LOLF de 2013 qui prévoit que le « *Contrôle financier [est une] structure chargée d'exercer les contrôles a priori et a posteriori des opérations budgétaires de l'État* »[1205] confirme cette analyse.

On note, par ailleurs, au regard de la même loi organique relative aux lois de finances de 2013, que le contrôle financier s'est défini un périmètre d'activité qui prend en compte l'analyse des facteurs explicatifs de la dépense et du coût des politiques publiques[1206], la vérification du caractère sincère des prévisions de dépenses[1207] et le contrôle du document annuel de programmation budgétaire initial, les documents prévisionnels de gestion, leurs modifications en cours de gestion[1208].

S'agissant de son fonctionnement à la période post adoption de la loi organique de 2013, on note comme souligné plus haut des efforts d'inscription du contrôle *a priori* dans la vraie nature de l'environnement de gestion budgétaire axée sur les résultats. Les manifestations de ces efforts sont plus visibles dans les ministères sectoriels qu'au niveau central.

Ce qui paraît essentiel à retenir à cette étape des implications institutionnelles du processus de décisions financières publiques en ce qui concerne le Bénin, c'est que le phénomène est présent. La preuve en est que, en rendant public le compte-rendu de la séance du conseil

---

[1205] *Cf.* Article 1er de la LOLF béninoise de 2013.
[1206] *Cf.* www. Finances.bj.
[1207] *Ibidem. Cf.* également l'article 8 de la LOLF béninoise de 2013 sur la base duquel le contrôle financier a récupéré cette attribution dans le périmètre de sa mission.
[1208] *Ibidem.*

des ministres du mercredi 25 mai 2016, au cours de laquelle le projet de décret portant attribution, organisation et fonctionnement (AOF) du ministère de l'économie et des finances a été examiné et adopté, le ministre d'État Secrétaire Général de la Présidence de la République a exposé que *« l'organisation du ministère a été mise en conformité avec la loi organique relative aux finances publiques ».*[1209]

Ainsi, la question du renforcement du cadre institutionnel de la gouvernance financière publique est générale. Ceci justifie, sans doute, le fait que « *beaucoup de pays en Afrique ont reconnu la nécessité d'aborder les faiblesses institutionnelles et ont lancé la réforme des cadres juridiques, des institutions et des processus à travers le cycle de gestion des ressources publiques* »[1210]

B-Les changements attendus au niveau sectoriel

L'exécution des dépenses publiques dans les sections budgétaires, autres que le ministère chargé des finances, ne peut plus se faire, à l'ère de la loi n° 2013-14 du 27 septembre 2013 portant loi organique relative aux lois de finances au Bénin, comme ce fut le cas sous l'égide de la loi n° 86-021 du 26 septembre 1986 régissant la même matière. Au nombre des fondements qui sous-tendent ce changement majeur, il y en a un qui tient une place de choix : la responsabilisation des acteurs. En effet, le législateur organique du Bénin, dans l'esprit du jurislateur communautaire de l'UEMOA, a posé le principe de la responsabilisation pour soutenir la colonne vertébrale de la réforme budgétaire portée par le nouveau cadre harmonisé de gestion des finances publiques de l'UEMOA à savoir la gestion par la performance.

La sectorialisation de la gestion des finances publiques, à travers notamment l'octroi du statut d'ordonnateurs principaux du budget aux présidents d'institutions constitutionnelles et aux ministres sectoriels, est comme une implication logique du choix de la performance comme fil conducteur de la gestion financière publique. Autrement dit, la performance, avant d'être globale, est sectorielle. A ce titre, il faut pouvoir identifier les différents maillons qui concourent à la performance globale au niveau étatique et appréhender leur responsabilité et les amener à jouer leur partition dans la limite des moyens qui leur sont alloués.

[1209] http://fr.allafrica.com/stories/201605261139.html
[1210] CABRI, *Op.cit.*, P.7.

Dans le cas d'espèce, les maillons auxquels on peut penser pour la mise en œuvre des politiques publiques, ce sont les ministères. Pour être complet sur le domaine budgétaire, on pourrait y ajouter les institutions constitutionnelles. C'est en cela que l'affranchissement de la gestion des crédits de ces entités du ressort du pouvoir du ministre chargé des finances, sous réserve de l'exercice du pouvoir de régulation[1211], est une innovation de grande portée pour le succès de la gestion budgétaire axée sur les résultats.

Au plan de la procédure d'exécution des dépenses publiques, du point de vue des structures qui interviennent, l'autonomisation du pilotage au niveau sectoriel requiert la présence des correspondants de certains services centraux dans les ministères et institutions de l'État. Il s'agit de l'ensemble des services centraux intervenant dans la chaîne de l'exécution des dépenses publiques. Plus spécifiquement, pour ce qui concerne la phase administrative de la dépense publique, on peut parler du contrôle financier et de la direction nationale de contrôle des marchés publics.

En ce sens, une réorganisation des délégations des services ci-dessus cités dans les ministères s'avère importante. L'idée est de faire en sorte que les délégations couvrent l'ensemble du domaine de compétence des structures dont elles sont une représentation. Autrement dit, pour des niveaux de dépenses retenus sur la base de textes bien précis, le ministre sectoriel ordonnateur principal du budget de son ministère, n'a pas besoin de faire recours au ministre des finances, du moins à ses services centraux intervenant dans le processus d'engagement, de liquidation et d'ordonnancement des dépenses, pour conduire à terme le processus d'exécution de la dépense publique.

Le cas de la direction nationale de contrôle des marchés publics est un cas concret. Après l'entrée en vigueur de la loi organique relative aux lois de finances de 2013, le Bénin a adopté la loi n° 2017-04 du 19 octobre 2017 portant code des marchés publics en République du Bénin. Cette dernière a prévu un cadre institutionnel qui place au niveau sectoriel plusieurs organes. On peut distinguer au nombre de ces

[1211]A travers le pouvoir de régulation budgétaire, le ministre chargé des finances peut encadrer, voire empêcher, non pas sans raison, la consommation d'un crédit budgétaire. *Cf.* Article 71 de la loi n°2013-14 du 27 septembre 2013 portant loi organique relative aux lois de finances. *Cf.* également développement précédent sur la régulation de l'exécution du budget notamment en son point A sur l'annulation de crédit.

organes, la personne responsable des marchés publics. Elle est « *habilitée à signer le marché au nom de l'autorité contractante* »[1212]. La même loi précise qu'elle est chargée de mener l'ensemble du processus devant aboutir à la désignation de l'attributaire et à l'approbation du marché définitif.

A ce titre, il est institué et mis à son service, la commission de passation des marchés publics[1213] qui est un organe *ad hoc*. Aussi, une cellule de contrôle des marchés publics est-elle créée au niveau sectoriel[1214] et dirigée par un représentant du ministre chargé des finances[1215]. Etant donné que ces organes (personne responsable des marchés publics, commission de passation des marchés publics et cellule de contrôle des marchés publics) travaillent auprès d'un ministère ou d'une entité étatique, on peut estimer que la question ne se pose plus en ce qui concerne les organes devant appuyer l'ordonnateur. Auprès de la personne responsable des marchés publics, la commission accomplit d'importants travaux.[1216].

Cependant, malgré l'affirmation de l'autorité des responsables sectoriels sur la conduite du processus d'identification de l'attributaire des marchés publics, il semble bien que le processus ne peut pas connaître un dénouement sans l'intervention du ministre chargé des finances dans tous les cas de passation de marchés. Pour les marchés de l'État, c'est le ministre en charge des finances qui est compétent pour prononcer l'approbation lorsque les marchés sont au-dessus de seuils fixés par décret pris en Conseil des Ministres[1217].

Ce qu'il convient d'apprécier, c'est l'organisation mise en place par le code des marchés publics de 2017 et qui montre la volonté du

---

[1212]*Cf.* Article 10 de la loi n°2017-04 du 19 octobre 2017 portant code des marchés publics en République du Bénin.

[1213]*Ibidem.*

[1214]*Cf.* Article 15 de la loi n°2017-04 du 19 octobre 2017 portant code des marchés publics en République du Bénin.

[1215] « *Pour les départements ministériels, les institutions de l'Etat et les préfectures, les chefs des Cellules de contrôle des marchés publics sont des agents désignés par la DNCMP en tant que Délégué de contrôle des marchés publics auprès desdites autorités contractantes* », *Cf.* alinéa 3 de l'artice 15 de la loi n°2017-04 du 19 octobre 2017 portant code des marchés publics en République du Bénin.

[1216]*Cf.* Article 10 du décret n°2018-226 du 13 juin 2018 portant attribution, organisation et fonctionnement de la personne responsable des marchés publics et de la commissions de passation des marchés publics.

[1217]*Cf.* Article 95 de la loi n°2017-04 du 19 octobre 2017 portant code des marchés publics en République du Bénin.

législateur de consacrer une déconcentration des travaux inhérents à la passation de marchés publics. Du moment où l'initiative du marché ne peut plus être pris au niveau de l'administration centrale pour le compte des administrations des ministères et institutions[1218], on peut conclure que le code de 2017 a répondu aux défis[1219] qui ont conduit à son élaboration, à son vote et à sa promulgation.

En l'état, la loi n° 2017-04 du 19 octobre 2017, malgré les innovations ci-dessus citées, reste perfectible pour soutenir la mise en œuvre de la loi organique relative aux lois de finances de 2013. Le fait que le processus ne puisse être bouclé au niveau sectoriel pourrait être une entrave à la responsabilisation des acteurs dans le cadre de la gestion axée sur les résultats. La reddition de compte pourrait ainsi souffrir d'une absence de circonscription des domaines de compétence qui, en réalité, est une source de globalisation de la responsabilité. Ce qui peut aboutir, par conséquent, à la promotion de l'absence de responsabilité personnelle.

En la matière, l'évolution attendue, c'est l'enracinement de la réforme du système de passation des marchés publics jusqu'à le hisser à un niveau de décentralisation. Ce qui suppose la dislocation du pouvoir d'approbation des marchés publics. Il est question de reconnaître aux autorités contractantes, le pouvoir d'approuver les marchés et de faire la notification à l'attributaire pour l'accomplissement des formalités d'enregistrement et d'exécution du marché.

Sur cet aspect, le code des marchés publics de 2017 semble ne pas être allé plus loin que le décret du 12 septembre 2014 par lequel le Gouvernement avait accordé aux ministres sectoriels un pouvoir d'approbation délégué en matière de passation de marchés. Les dispositions du décret prévoient que « *sans préjudice aux règles applicables aux demandes de cotation, le pouvoir d'approbation des marchés publics reconnu au ministre chargé de l'économie, des*

[1218]Les personnes responsables des marchés publics, les commissions de passation de marché publics et les commissions de contrôle de marchés publics sont placés au niveau des ministères et des autres administrations publiques.

[1219]Il s'agit principalement de la déconcentration pour obtenir plus de célérité dans les procédures d'exécution de la dépense publique et, par conséquent, une meilleure consommation des crédits ouverts en lois de finances.

finances et des programmes de dénationalisation par l'article 91 de la loi n° 2009-02 du 07 août 2009, est délégué aux ministres [...] »[1220].

Depuis l'entrée en vigueur de la loi organique relative aux lois de finances de 2013, le Bénin semble donc être décidé à opérer les réformes requises pour conformer le cadre institutionnel, voire procédural de gestion, aux exigences nouvelles.

Le nouveau code des marchés publics en République du Bénin va plus loin sans apporter toute la solution à la décentralisation du pouvoir d'approbation. On lit à son article 95 que les marchés publics, selon la qualité de l'autorité contractante, sont transmis par l'organe de contrôle des marchés publics compétent pour approbation. Le texte précise que, s'agissant des marchés de l'État, qu'ils sont transmis « *aux ministres sectoriels dans la limite d'un seuil défini par décret pris en conseil des ministres et au Ministre en charge des finances au-dessus de ce seuil* ». Le cadre de gestion des marchés publics devra continuer à s'améliorer.

En attendant, les responsables de programme au niveau des ministères peuvent déjà bénéficier, non seulement de l'accompagnement technique des spécialistes en passation de marchés, mais également de leur rapprochement avec le pouvoir d'approbation. Les lenteurs inhérentes au transfert des dossiers au ministère chargé des finances pourraient s'estomper.

Sur la phase administrative des procédures d'exécution des dépenses publiques, les mutations institutionnelles au niveau sectoriel, quant au contrôle financier, sont également importantes.

Au regard de la place du contrôle *a priori* dans le dispositif de gestion institué par la loi organique relative aux lois de finances de 2013[1221], une métamorphose, au niveau sectoriel, de l'organisation du contrôle financier paraît également indispensable. Il est, en effet, utile que l'architecture de la délégation du contrôle financier soit revue pour être une administration susceptible d'accomplir l'ensemble des missions dévolues au contrôle financier. Ceci est d'autant plus important que la loi portant code des marchés publics et des délégations de services publics en République du Bénin reconnaît aux ministres

---

[1220] *Cf.* Article 1er du décret n°2014-546 du 12 septembre 2014.

[1221] *Cf.* Article 73 de la loi n°2013-14 du 27 septembre 2013 portant loi organique relative aux loix de finances.

sectoriels le pouvoir d'approbation[1222] des marchés publics et délégations de services publics.

Les délégations du contrôle financier dans les ministères devront être organisées de sorte à assumer, comme il est expliqué plus haut, la plénitude de leur mission auprès du ministère pour le compte desquels elles exécutent des activités de contrôle *a priori*. Il est donc nécessaire de passer de la conception de délégué du contrôleur financier en tant qu'individu à celle de délégations bien structurées. En termes de réformes en la matière, c'est de faire en sorte qu'il y ait une forme de transposition de l'architecture institutionnelle du niveau central au niveau sectoriel.

Toute analyse faite, ce sens de la réforme semble être la piste empruntée par les autorités béninoises. On note, en effet, l'insertion dans le corpus des textes d'encadrement de l'exercice du contrôle *a priori*, de nouvelles dispositions d'ordre règlementaire qui semblent promouvoir une certaine autonomisation de la fonction de contrôle *a priori* au niveau sectoriel. Il convient de faire référence aux dispositions du décret n° 2016-624 du 12 octobre 2016 portant attributions, organisation et fonctionnement du contrôle financier et à celles de l'arrêté n°4096-c/MEF/DC/SGM/CF/SP/121/SGG16 du 12 décembre 2016 fixant les modalités d'application du décret n° 2016-624 du 12 octobre 2016 portant attributions, organisation et fonctionnement du contrôle financier[1223].

Hormis l'extension du champ d'exercice du contrôle *a priori*[1224], les nouveaux textes régissant le contrôle financier étendent le contrôle *a priori* à la vérification de la sincérité budgétaire. Aussi, en termes d'organisation, l'article 57 de l'arrêté ci-dessus cité dispose-t-il que chaque délégation du contrôle financier comprend le secrétariat de la délégation, le service des titres et de la comptabilité administrative et le service des actes de carrière. Ce qui rejoint la nécessité soulignée plus haut de la mise en place d'une administration en bonne et due forme

---

[1222]Il faut signaler qu'il s'agit toutefois d'un pouvoir limité. La limite en question ne se trouve pas dans la plénitude de la conduite du processus conduisant à l'approbation des marchés publics ou des délégations de services publics, mais au niveau des seuils de compétence. *Cf.* article 95 du projet de loi portant code des marchés publics et des délégations de services publics en République du Bénin.

[1223]*Cf.* article 2 du décret n°2016-624 du 12 octobre 2016 portant attributions, organisation et fonctionnement du contrôle financier, notamment aux points 6,7 et 8.

[1224]Il s'agit en dehors des ministères et des établissements publics, des collectivités territoriales.

pour les délégations du contrôle financier. L'entrée en vigueur d'un nouveau type de visa à savoir le visa sous réserve[1225] du contrôleur financier sur les titres d'engagement et de paiement des dépenses publiques est une évolution majeure à souligner. Son opérationnalisation devrait permettre de garantir la célérité de l'exécution de la dépense, en attendant que les compléments jugés obligatoires par le contrôle financier soient acheminés à la Direction Générale du Trésor et de la Comptabilité Publique.

Paragraphe 2-Les mutations institutionnelles sur le domaine du comptable public

Les travaux préparatoires du passage à la gestion budgétaire en mode programme font apparaître des besoins de modification de l'architecture institutionnelle classique d'exercice de la fonction de comptable public. La restructuration touche aussi bien le niveau central (A) que le niveau sectoriel (B).

A-Au niveau de l'administration centrale des finances

Comme l'a affirmé un auteur, la loi organique relative aux lois de finances est un grand levier de réforme de l'Etat et, en même temps, une occasion unique de moderniser en profondeur l'administration[1226]. Ainsi, à l'image des structures supports de l'exercice de la fonction d'ordonnateur, celles du comptable public ont également connu des évolutions en termes de structuration.

Au niveau central, c'est-à-dire, au niveau du ministère de l'économie et des finances, l'organigramme de la direction générale du trésor et de la comptabilité publique a été revu pour tenir compte des implications de la loi organique de 2013 en ce qui concerne l'exercice de la fonction comptable. En effet, avant la promulgation en septembre 2013 de la LOLF, la Direction générale du trésor et de la comptabilité publique était organisée en huit (08) structures. Il s'agit de l'Inspection Générale des Services, du Centre de la Formation Professionnelle du Trésor, de la Direction des études et de la réglementation comptable, de la Direction de la centralisation des comptes de l'Etat, de la Direction de

---

[1225]Aux termes des dispositions de l'article 2 du décret n° 2017-385 du 04 août 2017 portant autorisation de mise en œuvre à titre expérimental du « visa sous réserve » du Contrôleur Financier sur les titres d'engagement et de paiement des dépenses publiques, « *le visa sous réserve, à la différence du visa différé, permet au Contrôleur Financier de viser les titres d'engagement et de paiement en attendant la satisfaction par l'ordonnateur des observations de formes soulevées* ».

[1226] J.F. COPE, *in* M. BOUVIER (dir.), *Op.cit.* p. 6.

la Gestion des ressources, de la Direction de la Gestion de l'Information, de la Recette Générale des finances et de la Direction des affaires monétaires et financières[1227].

Après l'entrée en vigueur de la loi organique de 2013, cette structuration a connu de modification. Au-delà du nombre de structures rattachées au directeur général, on note une organisation en deux groupes des directions techniques. D'un côté, il y a les directions techniques hors réseau comptable et, de l'autre, les directions techniques du réseau comptable.

Ainsi, aux termes des dispositions de l'article 99 du décret n° 2016-421 du 20 juillet 2016 portant Attributions, Organisation et Fonctionnement du ministère de l'Economie et des Finances, les directions techniques hors du Réseau Comptable du Trésor Public sont la direction du trésor, la direction de la comptabilité publique, la direction de la gestion de l'information et des archives, le centre de la formation professionnelle du Trésor, la direction de la gestion des ressources. Quant aux directions techniques du réseau comptable du trésor, ce sont la recette générale du trésor, la paierie générale du trésor et l'agence comptable centrale du trésor.

Cette nouvelle structuration de la direction générale du trésor et de la comptabilité publique ne résulte pas d'un nouveau dimensionnement du champ de compétence de la Direction générale du trésor et de la comptabilité publique en lien avec la LOLF de 2013. En effet, que ce soit sous l'égide de la loi organique relative aux lois de finances de 1986 ou sous celle de 2013, la mission de la direction générale du trésor et de la comptabilité publique est restée inchangée. A titre d'illustration, l'arrêté n°1188/MEF/DC/ SGM/DA du 14 décembre 1998 portant attributions, organisation et fonctionnement de la Direction générale du trésor et de la comptabilité publique prévoit que cette dernière exerce deux missions à savoir la mission « trésor » et la mission « comptabilité »[1228]. Il en est de même du décret n° 2012-428 du 06 novembre 2012 portant attributions, organisation et fonctionnement du ministère de l'économie et des finances qui prévoit pour la Direction générale du trésor et de la comptabilité publique, les mêmes

[1227] *Cf.* Article 95 du décret n° 2012-428 du 06 novembre 2012 portant AOF du ministère de l'Economie et des Finances, p. 39.

[1228] *Cf.* article 1er de l'arrêté n°1188/MEF/DC/SGM/DA du 14 décembre 1998 portant attributions, organisation et fonctionnement de la Direction Générale du Trésor et de la Comptabilité Publique.

missions[1229]. Ainsi, les dispositions de l'article 98 du décret n° 2016-421 du 20 juillet 2016 portant attributions, organisation et fonctionnement du ministère de l'économie et des finances qui prévoient que la Direction générale du trésor et de la comptabilité publique a une mission « trésor » et une mission « comptabilité publique » ne sont qu'une reprise des dispositions de textes antérieurs à l'entrée en vigueur de la LOLF de 2013.

Ce qui justifierait la restructuration des services de la Direction générale du trésor et de la comptabilité publique, c'est l'ambition de réorganisation des fonctions de la Direction générale du trésor et de la comptabilité publique. Le décret de 2016 relatif à la définition des attributions, de l'organisation et du fonctionnement du ministère de l'économie et des finances est, en effet, allé au-delà des missions. Il a mis en relief les fonctions principales de la direction générale du trésor et de la comptabilité publique que sont la fonction « Trésor », la fonction « Règlementation de la Comptabilité Publique » et la fonction « Comptable ».

Sans doute, ce décret reprend et donne un ancrage règlementaire plus important aux dispositions de l'article 1er de l'arrêté n°5005/MEFPD/DC/SGM/DGTCP/SP du 1er octobre 2015. Il réaffirme pour la Direction générale du trésor et de la comptabilité publique, la fonction « Trésor », la fonction « Règlementation de la Comptabilité Publique » et la fonction « Comptable ». Cette tendance est restée la même dans le décret n° 2017-041 du 25 janvier 2017 portant attributions, organisation et fonctionnement du Ministère de l'Economie et des Finances.

La structuration retenue pour la direction générale du trésor et de la comptabilité publique, en se basant sur les fonctions principales, semble contribuer à la résolution du problème de concentration de la fonction de comptable principal dans les mains du seul receveur général des finances. En effet, sur le fondement de l'arrêté n°1188/MEF/DC/SGM/DA portant attributions, organisation et fonctionnement de la DGTCP, il n'y avait qu'un seul comptable principal pour les opérations budgétaires, que ce soit en recettes ou en dépenses. On peut lire à ce sujet que « *le receveur général des finances est le comptable principal de l'Etat* ». Or, les nouvelles dispositions

---

[1229]*Cf.* article 94 du décret n° 2012-428 du 06 novembre 2012 portant AOF du ministère de l'économie et des finances.

instituent pour le trésor un réseau comptable à plusieurs pôles : un pôle dépenses, un pôle recettes et un pôle comptabilité.

Aux termes des dispositions de l'article 40 de l'arrêté n°5005/MEFPD/DC/SGM/DGTCP/SP du 1er octobre 2015, les services centraux du réseau comptable du Trésor Public sont la Recette Générale du Trésor, la Paierie Générale du Trésor et l'Agence Comptable Centrale du Trésor. En optant pour une organisation institutionnelle qui distingue l'un de l'autre, le comptable chargé de la recette générale de l'Etat, celui chargé de la paierie générale et enfin l'agent comptable du trésor, les rédacteurs de l'arrêté n°5005/MEFPD/DC/SGM/DGTCP/SP du 1er octobre 2015 amorcent une réforme institutionnelle et organisationnelle profonde.

En effet, à l'analyse des dispositions de l'arrêté n°5005/MEFPD/DC/SGM/DGTCP/SP du 1er octobre 2015, on s'aperçoit qu'il est engagé une désagrégation de la fonction de comptable principal de l'Etat. Ainsi, au niveau du ministère chargé des finances, le receveur général des finances ne serait plus le seul justiciable des opérations de décaissement et de réalisation de recettes budgétaires. Cette désagrégation de la fonction de comptable principal de l'Etat conduit à une démultiplication des agents habilités à produire des comptes à la juridiction financière. Ceci peut être souligné comme un pas important dans la revue du fonctionnement des institutions pour le succès de la gestion budgétaire axée sur les résultats.

Les dispositions de l'arrêté n°5005/MEFPD/DC/SGM/DGTCP/SP du 1er octobre 2015 portant organisation et fonctionnement de la Direction générale du trésor et de la comptabilité publique restent cependant perfectibles pour marquer le progrès attendu. Dans l'état actuel des textes, en effet, il n'est affirmé nulle part dans l'arrêté n°5005/MEFPD/DC/SGM/DGTCP/SP du 1er octobre 2015, le statut de comptable principal, ni du receveur général des recettes, ni du payeur général du trésor, ni de l'agent comptable central du trésor. Pour le receveur général des recettes et le payeur général du trésor, les dispositions de l'arrêté prévoient seulement qu'ils sont des comptables supérieurs des comptables des services extérieurs du trésor[1230]. Quant à l'agent comptable central du trésor, l'article 56 de l'arrêté précité qui fixe les conditions de sa nomination est resté muet sur son statut.

[1230] *Cf.* articles 42 et 48 de l'arrêté n°5005/MEFPD/DC/SGM/DGTCP/SP du 1er octobre 2015 portant organisation et fonctionnement de la direction générale du trésor et de la comptabilité publique.

Au-delà de la réorganisation entamée au niveau central, l'inscription de la fonction comptable au plan sectoriel reste l'un des grands défis que la LOLF de 2013 semble relever, en ce qui concerne le volet comptable. Les transformations découlant de cette nouvelle option méritent d'être soulignées.

B-Au niveau sectoriel

Avant l'entrée en vigueur de la loi organique relative aux lois de finances de 2013, il n'y avait pas une organisation de la fonction comptable au niveau sectoriel, c'est-à-dire au niveau des ministères et institutions de l'Etat. L'organisation financière inspirée par la loi n° 86-021 du 26 septembre 1986 n'en a pas fait une exigence. Ceci s'explique, peut-être, par le fait que la gestion budgétaire classique ne nécessite pas une autonomisation aussi poussée des acteurs de la chaîne des dépenses afin d'exiger d'eux des comptes. Tout au plus, il y a sous l'égide de la LOLF de 1986 dans les ministères, des régisseurs d'avance et des chefs de services comptabilité ou chefs de services des affaires financières et comptables.

Ces derniers relèvent tous de l'ordonnateur et non du comptable public. A titre d'illustration, on peut évoquer le cas du ministère de l'économie et des finances. Le décret n° 2012-428 du 06 novembre 2012 portant attributions, organisation et fonctionnement dudit ministère dispose que la direction des ressources financières et du matériel comprend, entre autres, le service du budget et de la comptabilité et une régie centrale[1231].

Le cas du régisseur d'avance semble cependant un peu différent de celui du chef de service comptabilité. Dans les ministères sectoriels, ce dernier apparaît comme un prolongement du receveur général des finances, comptable public principal de l'Etat. Autrement dit, quand bien même le régisseur d'avances est institutionnellement sous la responsabilité administrative de l'ordonnateur dans les ministères sectoriels, il ne peut manier le denier public que sous l'ombre du comptable principal de l'Etat. C'est ce qui justifie, sans doute, la mise en place d'une procédure spécifique pour les opérations qu'il effectue.

En termes de procédures spécifiques, il s'agit des mises à dispositions d'avances et du renouvellement desdites avances par mandatement du niveau de justification des ressources obtenues à titre

---

[1231]*Cf.* article 78 du décret n°2012-428 du 06 novembre 2012 portant attribution, organisation et fonctionnement du ministère de l'économie et des finances.

d'avances. Dans la pratique, en début d'année, il est établi au profit du régisseur d'avance, un ordre de paiement. C'est une sorte de dérogation à la procédure normale d'exécution des dépenses publiques qui permet de mettre des ressources à disposition pour effectuer des paiements sans que le service fait soit établi en amont. Par voie de conséquence, il est fait obligation au régisseur d'avance de produire au comptable public, les pièces justificatives d'une partie ou de la totalité du montant décaissé par ordre de paiement à son profit avant de pouvoir entrer en possession de nouvelles ressources pour l'alimentation de sa caisse.

Ce qui sous-tend cette procédure et qui montre, par ailleurs, l'inexistence d'une véritable fonction comptable dans les ministères sectoriels sous l'égide de la LOLF de 1986, c'est le fait que ce soit le receveur général des finances qui rende compte des opérations menées par le régisseur d'avance. En dépit de ce que le régisseur d'avance est un agent assermenté, il n'est pas formellement justiciable de la juridiction financière. On perçoit bien par-là que l'organisation de la fonction comptable est fondamentalement assurée depuis le niveau central pour le compte des ministères et institutions.

De même, le fait que le régisseur d'avance ne puisse effectuer que des opérations limitativement définies participe également de la restriction de son autonomie fonctionnelle dans le maniement des deniers publics. En effet, sur la régie d'avance, il ne peut être pris en charge que les dépenses liées aux évacuations sanitaires, aux premières avances sur caisses de menues dépenses, aux frais de mission à l'intérieur et à l'extérieur et aux frais de carburant et lubrifiants[1232].

L'encadrement des opérations exécutées par le régisseur d'avance semble ainsi renforcer l'analyse précédente qui révélait la dépendance fonctionnelle du régisseur d'avance du comptable principal de l'Etat, malgré son rattachement institutionnel à l'ordonnateur délégué dans les ministères.

Ainsi, ce qu'on peut noter dans les ministères et institutions de l'Etat, en termes d'évolution institutionnelle de la fonction comptable, relativement à la mise œuvre de la LOLF de 2013, n'est pas une transformation. C'est plutôt de la déconcentration de la fonction comptable dans les ministères sectoriels qu'il est question. Autrement dit, il s'agit du développement dans les ministères sectoriels d'une

---

[1232]*Cf.* Article 1er de l'arrêté n°845/MEF/CAB/SGM/DGB/DEB/SOCA du 03 juin 2009 portant mesures de réduction de régie d'avance et limitation des Ordres de Paiement.

fonction financière qui puisse prendre une place de choix dans le pilotage des différentes phases du volet comptable de l'exécution de la dépense publique. Il s'agit, en l'occurrence, du visa du titre de paiement de la dépense publique, de la prise en charge de la dépense publique, du règlement et de la mise en paiement de la dépense publique.

En définitive, les mutations institutionnelles, au plan sectoriel, sur le domaine du comptable public, sont beaucoup plus d'ordre procédural et organisationnel. Elles ne sont pas nécessairement incarnées par la création de nouvelles structures ou la réforme d'anciennes au niveau de l'organigramme des ministères sectoriels. Toutefois, on pourra noter la présence au sein des ministères sectoriels de comptables publics principaux pour assurer le pilotage de la fonction comptable ministérielle. Ceux-ci combinent le rôle de payeur[1233] et de comptables caissiers[1234].

On comprend, dès lors, le mutisme des textes portant attributions, organisation et fonctionnement des ministères, adoptés au lendemain de l'entrée en vigueur de la LOLF de 2013, sur la fonction comptable au niveau ministériel. La modification de l'architecture institutionnelle des ministères pour y insérer des postes de comptable payeur et de comptable caissier n'est, en effet, pas nécessaire. Cela reviendrait à placer le comptable public sous l'autorité de l'ordonnateur. Ce qui serait en contradiction avec le principe de la séparation des comptables et des ordonnateurs.

L'architecture institutionnelle propice au développement de la fonction financière ministérielle, avec en toile de fond la mise en relief de la fonction comptable, n'est donc pas à rechercher dans les textes portant attribution, organisation et fonctionnement des ministères sectoriels. La fonction comptable dans l'Etat devant être coordonnée, c'est à la direction générale du trésor et de la comptabilité publique qu'il revient de prendre les dispositions nécessaires pour la création, dans son organigramme, des postes de comptables ministériels.

C'est ce qui justifie, sans doute, la prise en charge par la DGTCP de cette dimension dans la mise en œuvre de la réforme portée par la LOLF. Les dispositions de l'arrêté n ° 5005/MEFPD/DC/SGM/ DGTCP/SP du 1er octobre 2015 portant organisation et fonctionnement

---

[1233]Il s'agit du contrôle de régularité des titres de paiement et du paiement juridique de la dépense.

[1234]Le rôle de caissier du comptable a trait au maniement des deniers publics au paiement effectif de la dépense.

de la direction générale du trésor et de la comptabilité publique prévoient, en effet, la création de services comptables du Trésor dans les ministères et Institutions de l'Etat pour exécuter « *pour le compte des comptables principaux de l'Etat, les opérations de recettes et de dépenses de l'Etat dans les Ministères et Institutions de la République* »[1235].

Il est à noter que les évolutions institutionnelles engendrées par la loi organique relative aux lois de finances de 2013 ne se limitent pas à la sphère du pouvoir exécutif. Des changements sont également attendus au niveau du pouvoir législatif pour l'application effective de la loi n° 2013-14 du 27 septembre 2013 portant loi organique relative aux lois de finances.

Section 2-Les transformations attendues dans la sphère du pouvoir législatif

Avec la révision du cadre juridique de gestion des finances publiques au Bénin, les différents acteurs intervenant dans la chaîne de la décision financière publique sont contraints d'actualiser leur mode d'intervention pour être en phase avec la nouvelle loi organique relative aux lois de finances. Ainsi, au niveau du pouvoir législatif, l'actualisation des procédures parlementaires d'examen des documents budgétaires s'impose (Paragraphe I). Ce qui implique une revue de l'orientation des activités de la Commission des Finances et des Echanges (Paragraphe II).

Paragraphe 1-La révision du règlement intérieur du Parlement

Le rapport 2009 de CABRI sur la gouvernance africaine a constaté qu'il existait « *des signes encourageants, puisque les Parlements* [...] *s'acquittent mieux de leurs responsabilités constitutionnelles* »[1236]. Cependant, il n'en demeure pas moins que des efforts restent à faire pour une prise en charge pleine et efficace par le Parlement, de sa mission en matière de décision financière publique. Conséquemment, la mise en place d'une procédure spécifique pour l'organisation du débat d'orientation budgétaire (A) reste un défi, de même que la définition de nouvelles règles d'examen et de vote de la loi de finances (B).

[1235]*Cf.* articles 70 de l'arrêté n°5005/MEFPD/DC/SGM/DGTCP/SP du 1er octobre 2015 portant organisation et fonctionnement de la direction générale du trésor et de la comptabilité publique.
[1236] CABRI, *Op.cit*, p.71.

A-La formalisation d'une procédure spécifique pour le Débat d'Orientation Budgétaire

L'institution par la loi n° 2013-14 du 27 septembre 2013 portant loi organique relative aux lois de finances du débat d'orientation budgétaire met fin à l'hégémonie du pouvoir exécutif en matière de définition des orientations économiques et budgétaires pour la loi de finances de l'année. Le débat d'orientation budgétaire (DOB), visant à renforcer les pouvoirs de d'orientation de l'Assemblée Nationale et à améliorer l'information des parlementaires sur l'évolution des finances publiques à moyen terme est désormais obligatoire[1237].

En effet, à son article 59, la loi organique relative aux lois de finances de 2013 dispose que « *le document de programmation budgétaire et économique pluriannuelle* [...] *éventuellement accompagné des documents de programmation pluriannuelle des dépenses [...] est adopté en Conseil des ministres [et que] ces documents sont* [...] *soumis à un débat d'orientation budgétaire à l'Assemblée Nationale au plus tard à la fin du deuxième trimestre de l'année* ».

Ce faisant, le législateur organique impute au Parlement une responsabilité certaine dans le processus de formulation de la loi de finances qui, sous l'égide de la loi n° 86-021 du 26 septembre 1986, était exclusivement du ressort du pouvoir exécutif.

Il convient, comme il a été souligné dans les développements précédents, de clarifier la place du débat d'orientation budgétaire dans l'adoption des orientations économiques et budgétaires de la loi de finances. Quand bien même la soumission du document de programmation budgétaire et économique pluriannuelle (DPBEP), éventuellement accompagné des documents de programmation pluriannuelle des dépenses (DPPD) à l'Assemblée Nationale, relève d'une obligation de portée constitutionnelle[1238], les délibérations du Parlement sur ces documents ne lient pas le pouvoir exécutif. Il s'agit, pour ainsi dire, d'un exercice d'échange et de persuasion du Parlement sur les orientations économiques et budgétaires.

Du fait de son caractère obligatoire, le débat d'orientation budgétaire, dont la finalité consiste en la formulation d'avis ou de

---

[1237] *Cf.* Article 1er de la loi n°2013-14 du 27 septembre 2013 portant loi organique relative aux lois de finances.

[1238] La loi organique faisant partie du bloc de constitutionnalité, ses dispositions ont une valeur constitutionnelle.

recommandations sur les orientations contenues dans le DPBEP et déclinées dans les DPPD, constitue désormais une étape clé du processus budgétaire. Ainsi, le Gouvernement se doit de saisir, chaque année, le Parlement pour sa tenue. Autrement, il violerait la loi et la procédure budgétaire serait viciée. La preuve est que depuis l'entrée en vigueur de la loi organique relative aux lois de finances de 2013, le Gouvernement a toujours satisfait cette obligation dans le délai légal, soit au plus tard à la fin du deuxième trimestre de l'année. On peut rappeler, à titre d'illustration, les sessions plénières du Parlement du 30 juin 2014, du 23 juin 2015, du 30 juin 2016 et du 30 juin 2017, toutes consacrées au débat d'orientation budgétaire.

Si le pouvoir exécutif s'est accommodé de la nouvelle donne en insérant la production du DPBEP et des DPPD dans le calendrier budgétaire et en définissant la procédure de leur soumission au Parlement pour le DOB, il est à noter que ce dernier n'a pas encore mis en place une procédure dédiée à l'organisation du débat d'orientation budgétaire. La première et la deuxième édition se sont déroulées suivant une procédure de communication gouvernementale, alors que celle de 2016 a connu une affectation du dossier à la commission des finances et des échanges. Cette dernière a produit un rapport qui a été soumis à un débat parlementaire à la session plénière du 30 juin 2016. Ce qui pose le problème de la définition des règles d'encadrement de la procédure parlementaire d'examen du DPBEP et des DPPD et de tenue du débat d'orientation budgétaire. Pour ce faire, il apparaît nécessaire de faire des options claires et de modifier en conséquence le règlement intérieur de l'Assemblée Nationale pour y inscrire les règles d'encadrement du DOB.

En effet, le règlement intérieur de l'Assemblée nationale, tel qu'il se présente aujourd'hui, ne mentionne aucunement la procédure à suivre pour le dépôt du rapport préparatoire au débat d'orientation budgétaire. Il ne précise non plus la procédure d'examen dudit rapport, encore moins celle devant régir sa soumission à une session plénière du Parlement. Cela se comprend du moment où le DOB, en tant qu'étape de la procédure budgétaire, est d'institution récente. La procédure utilisée jusque-là, et qui pourrait s'assimiler à la procédure régissant les communications du Gouvernement devant le Parlement, n'est pas propre à la loi de finances mais plutôt au contrôle parlementaire[1239].Même si les dispositions de l'article premier de la loi

[1239]*Cf.* articles 105 à 118 du règlement intérieur de l'assemblée Nationale au Bénin.

organique de 2013 relative aux lois de finances définissent le DOB comme un moyen de renforcement des pouvoirs de contrôle du Parlement, le débat d'orientation budgétaire est assez spécifique et mérite de faire l'objet d'une procédure particulière.

Ainsi, en dépit de la similitude qu'on peut noter entre les débats liés au contrôle parlementaire et le débat d'orientation budgétaire, par rapport à l'absence de vote, on ne saurait appliquer la procédure définie pour le contrôle parlementaire au débat d'orientation budgétaire. Il y a lieu d'opérer un séquençage adéquat des activités inhérentes à l'organisation par le Parlement dudit débat et de les insérer dans un texte, en l'occurrence le règlement intérieur de l'Assemblée Nationale. Les séquences qui pourraient être définies pour l'étape parlementaire du débat d'orientation budgétaire peuvent être résumées en quatre points clés, si on s'en tient à la pratique en cours depuis l'année 2014. Il s'agit de la nature de l'acte de transmission au Parlement du rapport préparatoire au débat d'orientation budgétaire (DPBEP et DPPD), de la période de dépôt du rapport préparatoire au DOB au Parlement, de la présentation par le ministre chargé des finances du rapport préparatoire au DOB devant la commission budgétaire (réunion de la commission des finances et des échanges et de la commission du plan, de l'équipement et de la production) et de la tenue de la séance plénière consacrée au débat d'orientation budgétaire.

S'agissant de la nature de l'acte de transmission du rapport préparatoire au débat d'orientation budgétaire au Parlement, la question se pose de voir s'il s'agit d'une simple lettre de l'exécutif en direction du Parlement ou si, comme c'est le cas pour le projet de loi de finances, le Gouvernement doit prendre un décret pour saisir le Parlement. On aurait pu opter pour une simple lettre de transmission, étant donné que la suite attendue du Parlement n'est pas l'adoption d'un texte de loi[1240]. Ce n'est donc pas un projet de loi qui est transmis. Il s'agit, comme l'a mentionné la loi organique relative aux lois de finances[1241], d'un partage d'informations avec le Parlement pour le renforcement des capacités de contrôle de ce dernier et son implication dans

[1240]L'UEMOA a émis la possibilité de cette option. On lit à ce propos dans le guide didactique de la directive 06/2009/CM/UEMOA su 26 juin 2009 qu' « une fois le DPBEB initial établi et validé par le Conseil des ministres, le Ministre chargé des finances le transmet au Parlement afin que puisse se dérouler le débat d'orientation budgétaire ». *Cf.* explication de l'article 52 de la directive à la page 60 du guide.

[1241]*Cf.* Article 1er de la loi n°2013-14 du 27 septembre 2013 portant loi organique relative aux lois de finances.

l'amélioration des choix de gouvernance économique et financière opérés par le pouvoir exécutif.

Cependant, la loi ayant précisé que le document de programmation budgétaire et économique pluriannuelle, accompagné éventuellement des DPPD, est adopté en Conseil des ministres, elle semble indiquer la procédure de transmission du rapport préalable au débat d'orientation budgétaire au Parlement ainsi que la nature de l'acte qui doit communiquer ledit rapport au Parlement. En effet, en disposant à son article 59 que le DPBEP est adopté en Conseil des ministres avant d'être soumis au débat d'orientation budgétaire, le législateur organique semble imposer au pouvoir exécutif l'obligation de prouver au pouvoir législatif que le document a été discuté en réunion du Conseil des ministres et adopté. Les délibérations du Conseil des ministres se matérialisant, pour l'essentiel, par des décrets, il semble bien que l'acte approprié pour la transmission du DPBEP au Parlement devait être un décret pris par le président de la République en Conseil des ministres et cosigné par les ministres concernés.

La précision sur la co-signature du décret paraît importante. Il ne s'agit pas d'un acte règlementaire pris unilatéralement par le président de la République. Le contreseing gouvernemental est obligatoire, vu que le législateur organique précise qu'il s'agit d'une décision prise en Conseil des ministres. On peut comprendre par cette précision de la loi, que le législateur organique recherche une certaine collégialité gouvernementale dans les choix économiques et budgétaires. Ceci s'explique, peut-être, par l'intérêt que le législateur organique accorde aux orientations économiques et budgétaires de la loi de finances de l'année, en raison de ce que leur mise en œuvre engage l'avenir de tout le pays.

Pour ce qui concerne la période de transmission du rapport préparatoire au DOB au Parlement, les dispositions de la loi organique de 2013 présentent une certaine ambiguïté. En effet, l'article 59 de ladite loi précise, tel que rappelé ci-dessus, que le DPBEP et les DPPD sont publiés et soumis à un débat d'orientation budgétaire à l'Assemblée Nationale au plus tard à la fin du deuxième trimestre de l'année. Cette formulation de la loi manque de clarté en ce qui concerne la distinction nécessaire de la période de transmission des documents au Parlement de la date de tenue de la session plénière consacrée au débat d'orientation budgétaire. En réalité, en mettant l'accent simplement sur la soumission des documents au débat d'orientation budgétaire, sans préciser par ailleurs la période de leur transmission au Parlement ou sans affirmer qu'il revient au Parlement de décider de la date de tenue du débat d'orientation budgétaire, une fois les documents transmis par le Gouvernement, la loi laisse subsister uneincertitude. En termes clairs, si on considère que la soumission équivaut à la tenue du débat d'orientation budgétaire, il y a à préciser la date de transmission des documents, vu que la communication des documents doit être effective avant l'organisation proprement dite du débat au Parlement.

Le défaut de clarification noté dans la directive 06/2009/CM/UEMOA du 26 juin 2009 et reporté dans la loi n° 2013-14 du 27 septembre 2013 portant loi organique relative aux lois de finances au Bénin a été quelque peu rattrapé par l'Union Economique et Monétaire Ouest africaine. Dans le guide didactique de la directive relative aux lois de finances au sein de l'UEMOA, il est, en effet, clairement mentionné que la date butoir de tenue du débat d'orientation budgétaire est le 30 juin de l'année[1242]. Le guide précise, par ailleurs, que l'élaboration du DPBEP doit intervenir tôt dans le processus budgétaire pour servir de base de discussion au débat d'orientation budgétaire organisé chaque année au plus tard à la fin du deuxième trimestre[1243]. Il est toutefois nécessaire de souligner que le guide didactique n'a pas une valeur juridique et ne saurait, de ce point de vue, être opposable aux États. Les précisions nécésaires méritent donc d'être portées au texte communautaire.

Ceci étant, on peut considérer, comme c'est déjà le cas au Bénin et dans la plupart des États membres de l'UEMOA, que la période de fin du deuxième trimestre de l'année retenue par la directive[1244] et les lois organiques nationales relatives aux lois de finances[1245] pour la soumission des documents au débat d'orientation budgétaire est la date butoir de tenue effective du débat d'orientation budgétaire. Les expériences enregistrées dans les pays attestent, par ailleurs, de ce que

---

[1242] *Cf.* Guide didactique de la directive n°06/2009/CM/UEMOA du 26 juin 2009, p.60.

[1243] *Cf.* Guide didactique de la directive n°06/2009/CM/UEMOA du 26 juin 2009, p.63.

[1244] *Cf.* Article 93 de la directive n°06/2009/CM/UEMOA du 26 juin 2009 portant lois de finances au sein de l'UEMOA.

[1245] Articles 59 de la loi n°2013-14 du 27 septembre 2013 portant loi organique relative aux lois de finances au Bénin ; article 57 de la loi organique n° 2014 - 013 du 27 juin 2014 relative aux lois de finances au Togo ; article 55 de la loi organique n° 2014 - 336 du 05 juin 2014 relative aux lois de finances en Côte d'Ivoire.

les États se sont résolus à faire organiser le débat d'orientation budgétaire au plus tard à la fin du deuxième trimestre de l'année[1246].

Afin d'assurer une bonne préparation du débat et un examen approfondi du dossier, il serait nécéssaire de garantir un délai raisonnable au Parlement pour s'organiser et étudier le document de programmation budgétaire et économique pluriannuelle et les documents de programmation pluriannuelle des dépenses qui constituent des déclinaisons sectorielles des orientations contenues dans le DPBEP. En l'absence de dispositions organiques ou légales qui fixent la date de transmission du rapport préparatoire au DOB, comme c'est le cas pour le projet de loi de finances initiales[1247] ou pour le projet de loi de règlement[1248], il est nécessaire de combler ce vide en insérant des dispositions y relatives dans le règlement intérieur de l'Assemblée Nationale. On sait que généralement, le règlement intérieur de l'Assemblée Nationale ne fait que reprendre les dispositions légales relatives au délai de transmission de dossiers au Parlement, lorsqu'elles existent[1249]. Dans le cas d'espèce, il faut bien définir ledit délai, vu qu'aucun texte ne l'a prévu auparavant.

Une concertation entre le gouvernement et le Parlement serait indiquée pour la définition d'accord partie du délai raisonnable de transmission au Parlement des documents supports du débat d'orientation budgétaire. Le Gouvernement semble déjà se déterminer pour la date de 15 juin de l'année au plus tard pour la transmission au Parlement des documents supports du débat d'orientation

[1246]Depuis l'année 2014, le Bénin a régulièrement organisé le débat d'orientation budgétaire au cours du deuxième trimestre de l'année. La première édition a eu lieu le 30 juin 2014, la deuxième le 23 juin 2015, la troisième le 30 juin 2016 et la quatrième le 30 juin 2017.

[1247] L'article 109 de la loi n°90-032 du 11 décembre 1990 portant constitution de la République du Bénin précise que « l'Assemblée nationale est saisie du projet de loi de finances au plus tard une semaine avant l'ouverture de la session d'octobre.

[1248]L'article 66 de la loi n°2013-14 du 27 septembre 2013 portant loi organique relative aux lois de finances dispose que « *le projet de loi de règlement est déposé au plus tard le premier jour de l'ouverture de la session budgétaire qui suit l'année d'exécution du budget* ».

[1249]C'est le cas du délai de transmission du projet de loi de finances au parlement. Le règlement intérieur du Parlement précise en son article 94 que, conformément aux dispositions de l'article 109 de la Constitution, « *l'Assemblée nationale est saisie du projet de loi de finances au plus tard une semaine avant l'ouverture de la session d'octobre* ».

budgétaire[1250]. Ce délai paraît assez raisonnable vu l'enchainement des tâches des phases de formulation et de programmation budgétaire.

Une fois les documents supports du débat d'orientation budgétaire transmis au Parlement, ils méritent de faire objet d'une procédure également appropriée. Pour un examen approfondi des orientations économiques et budgétaires décidées par le Gouvernement, la commission budgétaire devra être saisie du rapport préparatoire au DOB pour l'étudier de fond en comble et éclairer les parlementaires. La pertinence et l'adaptation des options retenues aux défis qui se posent au pays, en relation avec les contraintes internationales, régionales, sous-régionales et nationales, devront être mises en relief. En somme, c'est un rapport en bonne et due forme que la commission budgétaire doit produire sur le rapport préparatoire au DOB.

Les travaux de la commission budgétaire doivent, à cet effet, pouvoir recevoir, autant que de besoin, l'éclairage du Gouvernement à travers la présentation, par le ministre chargé des finances, du DPBEP et des DPPD devant la commission budgétaire. Aussi, la commission devra-t-elle être mise en capacité de convoquer les ministres pour audition pendant le processus d'examen du rapport préparatoire au DOB et de préparation du rapport à soumettre aux parlementaires à la session plénière. Ceci paraît davantage nécessaire en raison de ce que les DPPD constituent les vecteurs de la performance dans la mise en œuvre des politiques publiques au sein de l'espace communautaire UEMOA. La compréhension des déclinaisons sectorielles des orientations économiques et budgétaires puis l'appréciation des engagements des ministres pour la performance au niveau de leurs secteurs méritent des échanges approfondis qui ne sauraient se faire en l'absence des chefs de département ministériel. Au-delà de ces derniers, les responsables des programmes budgétaires en cours de mise en œuvre devront être associés pour aider le chef de département ministériel à convaincre la commission budgétaire sur la stratégie programme et son aptitude à produire les résultats escomptés.

Ceci étant, le rapport d'étude en commission des documents supports du DOB pourra être assez étoffé pour permettre aux parlementaires d'opiner en toute connaissance de cause au cours de la session plénière consacrée au débat d'orientation budgétaire. Les éléments de procédures ci-dessus énumérés sont donc de nature à crédibiliser le

---

[1250]*Cf.* Direction Général du Budget, projet de calendrier de déroulement des activités relatives à la préparation de la loi de finances et du budget pluriannuel.

débat d'orientation budgétaire et à l'affranchir de la routine observée jusque-là et qui pourrait l'inscrire dans un registre de formalisme qui n'apporte, en vérité, rien à la qualité du processus budgétaire. Au total, si le Bénin réussit à articuler la procédure du débat d'orientation budgétaire autour des éléments et des étapes ainsi définis, il réussirait à élever la qualité de la procédure budgétaire au-dessus de la moyenne. Il connaîtrait, ce faisant, une amélioration de la procédure budgétaire au point de rompre avec la conclusion de CABRI selon laquelle, « *à travers l'Afrique, la performance des parlements dans le processus budgétaire est mitigée, avec des Parlements obtenant de meilleurs résultats en moyenne dans les processus ex ante que dans les processus ex post* »[1251].

Ce ne sera pas cependant une fin en soi. Les procédures d'examen du projet de loi de finances méritent, elles aussi, d'être mises en conformité avec la nouvelle philosophie de gestion budgétaire dans l'État.

B-La définition d'une procédure d'adoption du budget de l'État en mode programme

L'examen et le vote de la loi de finances dans une approche de gestion budgétaire par la performance ne peuvent s'opérer suivant les règles qui régissaient l'examen et le vote du budget classique. La structure du budget de l'État a changé et des éléments nouveaux y apparaissent et nécessitent un traitement autre que ce qui était en vigueur sous l'autorité de la loi n° 86-021 du 26 septembre 1986 portant loi organique relative aux lois de finances, abrogée par la loi n° 2013-14 du 27 septembre 2013 portant loi organique relative aux lois de finances. Le changement de mode de gestion porté par la loi organique relative aux lois de finances de 2013 au Bénin nécessite donc au niveau du Parlement, la révision du mode d'examen de la loi de finances et, plus particulièrement, du budget de l'État. Les centres d'intérêt du projet de loi de finances, avec l'opérationnalisation des dispositions de la loi organique en vigueur, doivent être identifiés et des procédures spécifiques de leur traitement mises en place.

Il convient, dès lors, d'analyser les instruments soumis au Parlement pour examen et vote dans le cadre de l'adoption de la loi de finances de l'année et de définir les procédures devant leur garantir un examen efficace. Il faut, à cet effet, faire référence aux dispositions du nouveau

---

[1251] CABRI, *Op.cit.*, P.71.

cadre juridique de gestion des finances publiques pour les identifier. Les éléments constitutifs de chacun d'eux pourraient, par la suite, être mis en évidence afin que les moyens appropriés d'analyse et de votation puissent être déterminés. Les principes procéduraux définis par la loi organique relative aux lois de finances demeurent toutefois un repère. En conséquence, les évaluations des recettes feront l'objet d'un vote d'ensemble pour les recettes du budget général et d'un vote par budget annexe et compte spécial du trésor[1252]. Quant aux crédits, ils font l'objet d'un vote par programme, par dotation, par budget annexe et par compte spécial du trésor[1253]. Ainsi, au-delà des règles organiques régissant le vote des recettes et des crédits budgétaires au sein du budget général, des budgets annexes et des comptes spéciaux, l'activité parlementaire de vote du budget de l'État en mode programme nécessite un travail plus approfondi.

En ce qui concerne le point des instruments à soumettre au Parlement dans le cadre du projet de loi de finances, on note qu'en dehors du texte de loi, la documentation budgétaire est riche d'environ une demi-douzaine de documents. Il s'agit, aux termes des dispositions de loi n° 2013-14 du 27 septembre 2013, du rapport définissant l'équilibre économique et financier ; du plan de trésorerie prévisionnel et mensualisé de l'exécution du budget de l'État ; de la note analytique sur le programme de développement ; du document de programmation budgétaire et économique pluriannuelle ; des documents de programmation pluriannuelle des dépenses, ayant servi de base à la préparation des budgets des ministères ; du document de stratégie d'endettement et des annexes explicatives[1254].

Hormis ces documents spécifiquement cités par la loi organique relative aux lois de finances, le Bénin a fait l'option d'insérer dans la documentation budgétaire d'autres documents. Il s'agit notamment de la note analytique sur les finances locales et du rapport synthèse de présentation de la loi de finances. On peut ainsi conclure que le Bénin considère la liste des documents exigés par la communauté comme un

---

[1252] *Cf.* Article 64 de la loi n°2013-14 du 27 septembre 2013 portant loi organique relative aux lois de finances au Bénin. *Cf.* aussi N. MEDE, *Finances publiques, Espace UEMOA/UMOA*, Dakar, L'Harmattan, décembre 2016, p.251.

[1253] *Cf.* Article 64 de la loi n°2013-14 du 27 septembre 2013 portant loi organique relative aux lois de finances au Bénin. *Cf.* aussi N. MEDE, *Finances publiques, Espace UEMOA/UMOA*, *Op.cit.*, p.250-251.

[1254] *Cf.* Article 49 de la loi n°2013-14 du 27 septembre 2013 portant loi organique relative aux lois de finances au Bénin.

cadre minimum. Ce qui n'est pas contraire à l'esprit de la directive qui, par définition, met en place un cadre de référence qui peut être amélioré à sa mise en œuvre par les États membres de la communauté.

Sur la liste de ces documents, deux font déjà l'objet d'examen et de discussion au Parlement, trois mois avant leur renvoi à l'Assemblée Nationale, à l'occasion de la transmission au début du mois d'octobre du projet de loi de finances au pouvoir législatif[1255]. Ce sont le document de programmation budgétaire et économique pluriannuelle (DPBEP) et les documents de programmation pluriannuelle des dépenses (DPPD). Ainsi, au regard du temps relativement court dont dispose le Parlement pour étudier et voter le projet de loi de finances de l'année, on peut s'abstenir de redéfinir une procédure spécifique pour l'examen desdits documents. Tout au plus, un bref regard pourrait être porté sur ces documents pour apprécier les évolutions qu'ils auraient connues depuis l'organisation en juin du débat d'orientation budgétaire.

Ce sur quoi il est alors nécessaire de mettre l'accent à l'étape de la discussion du projet de loi de finances au Parlement, ce sont le projet de texte de loi de finances de l'année, le rapport définissant l'équilibre économique et financier, le plan de trésorerie prévisionnel et mensualisé de l'exécution du budget de l'État, la note analytique sur le programme de développement, le document de stratégie d'endettement à moyen terme. Une attention devra également être portée sur les annexes explicatives qui sont accompagnées, selon la loi[1256], des projets annuels de performance et qui sont, ce faisant, censés aider à une meilleure compréhension des documents sus mentionnés.

Cependant, en regroupant ces documents par centre d'intérêt, on peut avoir à faire à trois blocs de documents. Il y a d'un côté le texte de loi auquel on peut associer le rapport économique et financier et le plan de trésorerie prévisionnel mensualisé. Il y a d'un autre côté, la note analytique sur le programme de développement qu'on examinera concomitamment avec les projets annuels de performance. Un troisième centre d'intérêt peut être organisé sur la question de la soutenabilité de la dette publique telle que proposée par le pouvoir exécutif et retracée dans le document de stratégie d'endettement à moyen terme.

[1255]Ce sont les documents supports du débat d'orientation budgétaire : DPBEP et DPPD.

[1256]*Cf.* Article 49 de la loi n°2013-14 du 27 septembre 2013 portant loi organique relative aux lois de finances au Bénin.

Ainsi, s'agissant du premier centre d'intérêt de l'examen du projet de loi de finances élaboré sur le fondement des dispositions de la loi organique de 2013, le nouvel élément à prendre en compte dans l'étude est le plan prévisionnel mensualisé de trésorerie. Avant l'entrée en vigueur de la loi organique de 2013, ce document ne figurait pas sur la liste de ceux définis comme devant accompagner le projet de loi de finances de l'année[1257]. Il représente donc l'une des innovations du nouveau cadre harmonisé des finances publiques et mérite, à ce titre, de faire l'objet d'un examen particulier.

En effet, le plan de trésorerie prévisionnel mensualisé est un instrument d'affinement de l'évaluation des ressources et des charges de l'État. Le guide didactique de la directive 06/2009/CM/UEMOA du 26 juin 2009 l'assimile à un outil complémentaire de l'évaluation en loi de finances des ressources[1258]. Sa finalité est de mettre en balance, au mois le mois, les prévisions de ressources et de charges et de déterminer le solde. Il s'agit donc d'un instrument important pour le succès de l'exécution de la loi de finances. Une bonne articulation du plan de trésorerie permet, en effet, d'éviter une exécution heurtée de la dépense publique en cours de gestion.

L'examen, par le Parlement du document devrait donc consister en l'analyse du profil proposé par le Gouvernement pour les ressources et pour les charges sur les douze mois de l'année budgétaire. La ventilation mensuelle des ressources doit être adossée à la rentabilité fiscale de chaque mois. La saisonnalité des recettes (fiscale ou non fiscale) devrait être cernée et exploitée comme un indicateur ou une référence dans l'agencement du volet ressources du plan de trésorerie. Quant aux charges, la pertinence de leur programmation mensuelle doit être appréhendée au regard des impératifs de décaissement. Ainsi, il est nécessaire que dans l'examen du plan de trésorerie, le Parlement recourt à la hiérarchisation des dépenses, en prenant comme boussole, le caractère incompressible de celles-ci.

Certaines données paraissent, à ce titre, indispensables pour l'analyse parlementaire du plan de trésorerie prévisionnel mensualisé de l'exécution des dépenses. Il s'agit notamment de la série des niveaux mensuels de réalisation des recettes fiscales et non fiscales, de même

---

1257 *Cf.* article 39 de la loi n°86-021 du 21 septembre 1986 portant loi organique relative aux lois de finances.

1258 *Cf.* UEMOA, Guide didactique de la directive n°06/2009/CM/UEMOA du 26 juin 2009 portant lois de finances au sein de l'UEMOA, p.43.

que la série de l'exécution mensualisée des dépenses. Ces informations doivent être produites sur une période de trois ans au minimum afin que le Parlement puisse se faire une idée de leur évolution dans le passé et opiner sur leur projection dans le futur. L'analyse du plan de trésorerie est donc de nature à permettre au Parlement de juger de la sincérité des soldes prévus et de la pertinence du plan de financement des déficits qui auraient été constatés pendant les périodes creuses, c'est-à-dire les périodes de faibles rentabilités fiscales.

Pour ce qui concerne l'examen des dispositions du texte de loi de finances, il n'y a pas de changements majeurs. La nouvelle loi organique précise que « *la seconde partie de la loi de finances de l'année ne peut être mise en discussion devant le Parlement avant le vote de la première partie* »[1259]. N. MEDE affirme, en analysant l'intérêt de cette disposition de la loi organique relative aux lois de finances, que le souci majeur du législateur organique est de « *préserver l'équilibre budgétaire et financier fixé dans la première partie* »[1260].

Cet ordonnancement des travaux parlementaires d'examen et de vote du texte de loi de finances de l'année était déjà contenu dans les règles qui encadrent le vote de la loi de finances de l'année. La seule spécificité aujourd'hui est que cette disposition a acquis une valeur juridique supérieure. Autrement dit, ce n'était véritablement pas une disposition légale à part entière. La règle était contenue dans le règlement intérieur de l'Assemblée Nationale. On y lit, en effet, qu'« *à l'issue de l'examen des articles de la première partie du projet de loi de finances et avant de passer à l'examen de la seconde partie, il peut être procédé dans les conditions fixées à l'article 89 du présent règlement intérieur, à une seconde délibération de tout ou partie de la première partie* »[1261].

Le deuxième centre d'intérêt de l'étude au Parlement du projet de loi de finances de l'année se rapporte à l'examen des projets annuels de performance (PAP) en lien avec la note analytique sur le programme de développement. Les projets annuels de performance opérationnalisent les documents de programmation pluriannuelle des dépenses (DPPD) qui, eux, constituent une déclinaison sectorielle du document de programmation budgétaire et économique pluriannuelle (DPBEP). Or,

[1259]*Cf.* Article 63 de la loi n°2013-14 du 27 septembre 2013 portant loi organique relative aux lois de finances au Bénin.
[1260]N. MEDE, *Finances publiques, Espace UEMOA/UMOA*, *Op.cit.*, p.247.
[1261]*Cf.* Article 96.3 du règlement intérieur de l'Assemblée Nationale.

les orientations économiques et budgétaires retenues dans le DPBEP sont définies pour la mise en œuvre du programme national de développement. Ainsi, les projets annuels de performance doivent être cohérents avec les ambitions de développement affichées dans le programme national de développement. L'étude conjointe des PAP et de la note analytique sur le programme de développement paraît donc logique.

La démarche pour l'examen des PAP et de la note analytique du programme de développement doit consister à apprécier les objectifs stratégiques des programmes budgétaires et à les rapprocher de la synthèse des défis de développement. Le même exercice doit être fait pour ce qui concerne les perspectives de développement arrêtées pour la gestion budgétaire concernée. Le but de cette étude croisée est, pour le Parlement, de s'assurer de comment les programmes budgétaires constituent une réponse pour les défis de développement identifiés et synthétisés dans la note analytique sur le programme de développement. Une analyse intégrée du cadre programmatique du développement et du cadre de programmation budgétaire permet donc d'apprécier la vision du Gouvernement et la cohérence des actions qu'il entend mettre en œuvre par le truchement de son instrument privilégié d'action (le budget de l'État) pour l'opérationnalisation des ambitions de développement.

L'analyse de cohérence doit succéder à l'analyse de performance. A cet effet, les cadres de performance de chaque programme budgétaire doit être étudié par le Parlement. Ceci permet non seulement au Parlement de vérifier la qualité de l'articulation moyen-résultat mais aussi et surtout de s'approprier la logique d'intervention de chaque programme pour mieux assurer en gestion le contrôle de l'action gouvernementale. Ceci étant, l'examen des PAP s'inscrit dans la poursuite des travaux déjà réalisés sur les DPPD pendant le débat d'orientation budgétaire. A l'étape de la discussion du projet de loi de finances, les éléments qui étaient absents dans les DPPD initiaux en juin sont censés apparaître dans les PAP. Ce qui devrait donner une meilleure idée aux parlementaires sur les stratégies programme et les cadres de performance par programme.

Ainsi, les travaux de la commission des finances sur le projet de loi de finances de l'année devront encore inclure l'audition des responsables de programmes. Les activités à mettre en œuvre étant connues, les tableaux de bord de gestion doivent être exposés aux parlementaires. Leur cohérence avec le précis stratégique des programmes doit être démontrée pour prouver aux parlementaires l'aptitude des activités retenues à produire les résultats escomptés. Il s'agit donc de justifier la cible proposée et de montrer comment, au regard des contraintes de moyen et d'environnement de mise en œuvre du programme, les choix d'activités opérés sont les meilleurs et les indicateurs retenus répondent aux critères de définition à savoir être clairs, être mesurables, être atteignables et être réalistes. Autrement dit, on peut parler de la représentativité des indicateurs, de leur commodité ou encore de leur mesurabilité.

Un autre pan du travail parlementaire sur les projets annuels de performance à l'étape de la discussion de la loi de finances, c'est l'analyse des objectifs définis par programme, au regard de la prise en compte des points de vue des différentes couches de la population. Ceci est d'autant plus important que les parlementaires sont les représentants du peuple. Ainsi, les objectifs stratégiques et opérationnels doivent être analysés du point de vue de leur efficacité socio-économique, du point de vue de la qualité de service et du point de vue de l'efficience de gestion[1262].

A travers l'analyse des objectifs des programmes budgétaires du point de vue de l'efficacité économique, les parlementaires devront examiner le bénéfice que pourrait attendre de l'action de l'État le citoyen, en termes de modification de la réalité économique, sociale, environnementale, culturelle ou sanitaire dans laquelle il vit. L'analyse des objectifs du point de vue de la qualité de service devrait viser l'appréhension du changement que la mise en œuvre de l'action publique pourrait engendrer pour les usagers de l'administration publique en termes d'amélioration de la qualité du service. Quant à l'analyse des objectifs du point de vue de l'efficience de gestion, elle devrait consister à cerner les gains de productivité attendus dans l'utilisation des moyens dont dispose un programme budgétaire. Il s'agit, si on peut ainsi dire, d'une analyse coût-résultat qui pourrait en même temps tenir lieu de la vérification de la justification au premier franc de l'action publique.

Le dernier point des centres d'intérêt identifiés pour l'analyse au Parlement du projet de loi de finances et de sa documentation annexe concerne l'endettement public. En principe, en ce qui concerne le

[1262]*Cf.* Direction Générale du Budget, Guides méthodologiques d'élaboration des documents de programmation et des projets annuels de performance.

volume de l'endettement public au cours d'une année budgétaire, la question ne devrait plus être prioritaire pour le Parlement. En effet, le volume de dette à contracter par le Gouvernement pour la mise en œuvre de la loi de finances de l'année est encadré par l'UEMOA. Il devrait correspondre au maximum à trois pour cent de la valeur nominale du produit intérieur brut en 2019[1263]. Il reste cependant utile que le Parlement s'assure de l'orientation donnée aux ressources issues de prêts aux fins de garantir une destination rentable et susceptible d'aider au remboursement du principal et au paiement des charges financières. De même, la nature de l'instrument d'endettement choisi pourrait aussi faire l'objet d'un regard critique de l'Assemblée Nationale.

La démarche d'examen ainsi proposée mérite une meilleure organisation de la commission des finances et, plus largement, de la commission budgétaire.

Paragraphe 2-La réorganisation de la Commission budgétaire

L'application, au niveau parlementaire, des dispositions de la loi organique relative aux lois de finances de 2013 passe, entre autres, par une nouvelle orientation des travaux en commission. Les innovations requises à cet effet pourraient consister en la mise en place d'un référentiel propre au Parlement pour l'appréciation des propositions du pouvoir exécutif (A) et en la création, à cette fin, de groupes de travail spécialisés (B).

A-L'institution d'un rapport sur les thématiques et stratégies de développement

La question de la mise en place d'un cadre de référence pour l'examen des documents budgétaires au Parlement paraît essentielle. Elle pourrait être, en effet, considérée comme une conséquence du changement de paradigme intervenu depuis l'entrée en vigueur de la loi n° 2013-14 du 27 septembre 2013 portant loi organique relative aux lois de finances au Bénin. En réalité, le budget de l'État étant dorénavant construit sur le fondement des politiques publiques et des stratégies y afférentes, la grille de lecture et d'appréciation des documents budgétaires ne saurait se déconnecter du cadre programmatique du développement national.

[1263]*Cf.* Article 7 de l'acte additionnel n°01/2015/CCEG/UEMOA instituant un pacte de convergence, de stabilité, de croissance et de solidarité entre les Etats membres de l'Union Economique et Monétaire ouest Africaine (UEMOA).

Autrement dit, la référence pour l'examen parlementaire des documents budgétaires doit être construite à partir des documents de planification du développement disponibles et des politiques publiques en cours de mise en œuvre. Le Parlement, en sa qualité d'évaluateur de la gestion du Gouvernement, se doit d'avoir des repères d'appréciation, d'orientation et d'évaluation de la mise en œuvre des politiques publiques.

De tradition, c'est le plan national de développement qui renseigne sur ces éléments constitutifs des repères du Parlement[1264]. Le plan national de développement étant comme un document de consensus national sur la projection du développement, il s'impose au Gouvernement dans la définition des politiques publiques et la mise en œuvre de l'action publique. Il va ainsi de soi que le Parlement s'assure de son opérationnalisation au nom du peuple et également de la pertinence, voire de l'efficacité des stratégies définies par le Gouvernement à cet effet, et ceci dans son rôle d'approbation des politiques et rouages essentiels d'indication des préférences de la société[1265].

Pour ce qui concerne le Bénin, il n'existe pas, pour le moment, un plan national de développement. Cependant des documents de référence en matière de planification de développement sont présents et peuvent en tenir lieu, en attendant l'aboutissement du processus d'élaboration et de validation du plan national de développement. Ceci étant, dans l'état actuel des choses, le cadre programmatique du développement au Bénin se limite au document intitulé « Bénin Alafia 2025 »[1266], au Document de Stratégie de Croissance pour la Réduction de la Pauvreté[1267], au Programme d'Actions du Gouvernement et aux documents de politiques sectorielles. Ainsi, ce sont ces documents

---

[1264]Au Burkina Faso, le plan en cours de mise en œuvre est le "Plan national de développement économique et social" (PNDES) 2016-2020. En Côte d'Ivoire, c'est le Plan National de Développement 2016-2020.

[1265]M. MOINDZE, « *Le Parlement et le processus budgétaire dans les pays en développement* », p.2. *Cf.* http://blog-pfm.imf.org/files/le-r%C3%B4le-du-parlement-dans-le-processus-budg%C3%A9taire-1.pdf

[1266] Il s'agit du document de planification de développement de référence du Bénin pour les vingt-cinq premières années du 21 ème siècle.

[1267]Au Bénin, la 3ème génération du Document de Stratégie de Croissance pour la Réduction de la pauvreté est arrivée à terme en 2015. Les travaux de son renouvellement sont en cours.

réunis qui représentent le cadre d'inspiration des programmes budgétaires et des stratégies de leur opérationnalisation.

Le rapport annuel sur les thématiques et stratégies de développement se veut donc être un document d'analyse typiquement élaboré par les services parlementaires ou des structures indépendantes du Gouvernement pour cerner le sens de l'évolution des défis, apprécier les stratégies d'actions et explorer les nouvelles dimensions des attentes des populations. Il devrait constituer une synthèse, secteur par secteur, des éléments de diagnostic avec des propositions de pistes d'actions pour la résolution des problèmes de développement qui se posent au pays.

Le bien-fondé de la production, par le Parlement ou autres organismes, d'un document de référence pour l'exercice de ses prérogatives réside dans la nécessité du renforcement de la contribution du Parlement à l'amélioration de la politique économique et budgétaire de l'État. Ainsi la faculté d'appréciation des choix économiques et budgétaires du Gouvernement s'exercerait sur une base quasiment scientifique ou, à tout le moins, en référence à des supports bien déterminés. En conséquence, les considérations politiques ne seront plus les seuls déterminants de la position des parlementaires sur les options proposées par le Gouvernement.

De même, l'existence d'une pareille production documentaire au soutien à l'action de la commission des finances et des échanges, dans le cadre de l'examen des documents budgétaires, pourrait constituer un facteur d'harmonisation des points de vue et une source de consensus autour de la loi de finances. En effet, ce qui constitue, la plupart du temps, un sujet de discorde entre le pouvoir exécutif et le pouvoir législatif, c'est la base des prévisions budgétaires et les fondements des stratégies budgétaires. Or, le rapport sur les thématiques et stratégies de développement est susceptible d'offrir aux parlementaires des clés pour apprécier ces deux éléments.

En réalité, la situation à laquelle on peut aboutir est de deux ordres. Soit le rapport sur les thématiques et stratégies de développement et les propositions de l'exécutif révèlent une convergence de vue sur la conjoncture économique et les défis inhérents à la prégnance des thématiques, soit à la lecture des agrégats économiques et de la définition de leur profil dans le temps, le rapport indépendant produit par le Parlement et les propositions du Gouvernement montrent des conclusions différentes par rapport au futur proche (le court et le moyen terme). Dans le premier cas, la convergence de vue peut conduire à une accélération dans l'adoption des mesures proposées par le Gouvernement au plan normatif financier ainsi qu'à la validation des allocations des ressources proposées dans le budget de l'État par programme budgétaire.

Dans le cas où le rapport indépendant sur les thématiques en vogue et les propositions d'actions et de stratégies gouvernementales en arrivent à des divergences, cela pourrait engendrer des efforts d'explication et de démonstration de la part du Gouvernement pour faire adhérer les parlementaires à ses propositions. Ainsi vont se jouer, et ceci dans un débat d'idées, les discussions entre le Gouvernement et le Parlement. Le moins qu'on puisse souhaiter est que ces discussions permettent un meilleur éclairage des uns et des autres afin que la décision financière qui résultera de ces échanges soit celle qui serve le mieux les intérêts de la population pour laquelle le Gouvernement et le Parlement sont censés travailler.

En tout état de cause, la réalité économique étant une donnée, ce qui compte, c'est comment elle est appréhendée puis, comment et avec quelles stratégies on compte combiner les forces, faiblesses, menaces et opportunités pour améliorer le bien-être des populations. Ainsi, la question qui se pose est en termes du choix de l'instrument de politique économique le plus efficace. Les conclusions et avis sur la conjoncture économique ne devraient pas donner lieu à des divergences. A tout le moins, on peut s'attendre à des interprétations dépendantes des grilles de lecture des uns et des autres, c'est-à-dire en fonction des écoles de chacun.

Il est donc nécessaire que le Parlement se donne les moyens de se faire sa propre idée de la conjoncture économique et des thématiques qui mobilisent les acteurs de développement et la communauté internationale. Ainsi, la commission des finances et des échanges, en liaison, avec les autres organes d'appui au Parlement, devrait disposer d'une synthèse sur l'évolution des agrégats de définition des grands équilibres macro-économiques (taux de croissance, inflation, solde courant coutant de la balance de paiement et le crédit à l'économe). Elle devrait également, de façon régulière, analyser les stratégies adossées aux politiques publiques aux fins de pouvoir opiner sur leur validité au regard de l'évolution des données de la conjoncture et des nouvelles dimensions des questions touchant le développement.

Ainsi, la finalité pour le Parlement ne devrait donc pas consister à engager une concurrence avec le Gouvernement dans la production des supports économiques du projet de budget de l'État. Il s'agit, pour le Parlement, de s'approprier, par lui-même, les perspectives économiques nationales, sous régionales et internationales. Il se ferait ainsi une idée autonome afin de jeter un regard indépendant et non biaisé par les données fournies par le pouvoir exécutif. Ceci est d'autant plus important que si la référence n'est pas solide, la loi de finances elle-même ne peut pas être réaliste.

En réalité, pour ne s'en tenir qu'aux implications positives de la production d'un document de référence neutre pour l'élaboration de la loi de finances, il ne semble pas obligatoire que le document soit produit par le Parlement lui-même. L'essentiel est qu'il provienne d'un organisme neutre, c'est-à-dire un organisme autre que le Gouvernement. Dans le contexte béninois, on peut estimer que la Chambre des Compte de la Cour Suprême pourrait jouer un pareil rôle. En effet, selon la loi organique relative aux lois de finances, elle peut être chargée de mener certains travaux pour le compte du Parlement. Il est vrai qu'il s'agit des travaux entrant dans le cadre parlementaire. Cependant, à y voir de près, les travaux d'examen des documents supports du projet de loi de finances de l'année ne sont pas loin d'un exercice de contrôle. Il s'agit, peut-on affirmer, d'un contrôle de fiabilité et de conformité à la conjoncture économique des données contenues dans les documents supports du projet de loi de finances.

En dernière analyse, la proposition de la mise à disposition des parlementaires d'un document de référence pour l'appréciation des documents produits par le Gouvernement pour le débat d'orientation budgétaire et en annexe au projet de loi de finances, participe de la recherche des ressorts d'efficacité de l'action parlementaire en matière de décision financière. En réalité, la promotion de la discipline financière globale qui incombe au Parlement[1268] nécessite l'examen du caractère raisonnable des prévisions économiques et financières du Gouvernement. La prise en compte des risques et la solidité des hypothèses de prévision devraient ainsi être analysées.

Il en est de même de la contribution du Parlement à l'efficience des allocations de ressources. Le pouvoir législatif, décideur en dernier ressort en matière d'allocation de ressources est censé vérifier la

---

[1268]M. MOINDZE, *Op.cit.*, p.10.

compatibilité des dépenses projetées par le Gouvernement avec les priorités déclarées et les résultats recherchés[1269]. Ce volet de l'action parlementaire permet aux parlementaires d'opiner sur l'influence des nouvelles dépenses prévues sur les programmes existants et les rendements[1270].

Par ailleurs, il peut également être question du contrôle de l'efficacité opérationnelle des actions budgétisées. A ce niveau, le Parlement doit chercher à savoir si les dépenses projetées par l'exécutif sont fondées sur des analyses de rentabilité et si elles reflètent la nécessaire optimisation des deniers publics, en lien avec les bonnes pratiques et les politiques globales et sectorielles du Gouvernement[1271].

Au regard des exigences ci-dessus rappelées et qui sont attachées à la partition du Parlement dans la gestion des finances publiques, l'idée de l'institution d'un rapport indépendant, à titre de document de référence pour le Parlement en matière d'appréciation des documents budgétaires du pouvoir, exécutif est acceptable.

Au surplus, il apparaît opportun de « *faire des Parlements des destinataires de plein droit des rapports et études réalisés par les organes du contrôle interne a posteriori ainsi que des travaux d'évaluation et des études réalisées à l'initiative des bailleurs de fonds et des institutions de coopération* »[1272]. L'objectif poursuivi, ce faisant, serait de renforcer l'information des parlementaires par la mise à disposition d'informations crédibles sur les évaluations de la mise en œuvre des politiques publiques dans différents secteurs. Il s'agit notamment des rapports indépendants tels les rapports PEFA et PEMFAR ainsi que ceux commandités par le Programme des Nations Unies pour le Développement (PNUD), la Délégation de l'Union Européenne (DUE), etc.

De même, le renforcement des capacités des parlementaires, en l'occurrence celles des membres de la commission des finances ainsi que celles des assistants de la Commission des Finances et des Echanges, paraît indispensable. Les sujets à aborder dans le cadre de la formation des parlementaires et de leurs assistants pourraient concerner les concepts généraux du développement et les théories et pratiques des stratégies de développement basées sur les DSRP et les ODD ; les

---

1269 *Ibidem.*
1270 *Ibidem.*
1271 *Ibidem.*
1272 *Idem*, p. p.45.

concepts et pratiques des mécanismes de suivi et d'évaluation ; le parlement et ses fonctions de contrôle ; le rôle et les responsabilités de la société civile ; la préparation de rapports ; la compréhension des budgets nationaux ; le cadre juridique, la présentation et le rôle des parlementaires dans le processus budgétaire et les objectifs de lutte contre la pauvreté[1273]. Tout ceci participe du renforcement des capacités du Parlement à faire face à son rôle désormais accru qui consiste « *à débattre des grandes orientations des pays et à contribuer ainsi à les définir, à adopter les lois, à allouer des ressources aux Gouvernements pour la mise en œuvre des politiques, et en contrôler l'application* »[1274].

En définitive, l'organisation de la procédure budgétaire en deux temps au niveau du Parlement (la discussion des orientations économiques et budgétaires au premier semestre de l'année et la discussion du projet de loi de finances dès le mois d'octobre) exige du pouvoir législatif une revue organisationnelle, à tout le moins au niveau de la commission budgétaire.

B-L'adoption d'une nouvelle organisation du travail

Avec le renforcement de la mission parlementaire dans l'appréciation des politiques publiques et l'évaluation de la mise en œuvre des programmes budgétaires, la commission des finances et des échanges de l'Assemblée Nationale semble être tenue de réajuster ses moyens institutionnels et organisationnels. En effet, étant donné qu'il n'est plus question de valider des chiffres (crédits budgétaires) sans en mesurer les impacts, il faut davantage de travail pour une meilleure préparation de la décision financière. A titre d'illustration, il s'agira de mettre en relation les documents budgétaires, les documents de politiques publiques, les documents de stratégies et les documents d'analyse de conjoncture pour mieux en appréhender le contenu.

Au-delà de la masse de documents à étudier, ce sont des logiques qui sous-tendent leur élaboration qu'il est question. Les parlementaires commissaires de la commission des finances et des échanges avec leurs collègues de la commission du plan, de l'équipement et de la production devront s'approprier la cohérence globale des documents budgétaires et s'exercer, par la suite, à leur analyse et à leur appréciation. Ceci est notamment important pour eux parce qu'ils sont censés avoir l'avantage d'une connaissance poussée de la question budgétaire et financière pour

---

1273 *Ibidem.*

1274 M. MOINDZE, *Op.cit.*p.2.

l'éclairage de leurs pairs. Ainsi, par exemple, il est nécessaire que la relation entre le DPBEP et les DPPD soit bien appréhendée par les membres de la Commission budgétaire pour un exercice aisé d'examen des documents. Ce qui demande un investissement important en termes de travail.

Si on prend le cas de l'architecture gouvernementale du Bénin selon le décret n° 2016-264 du 06 avril 2016 portant composition du Gouvernement, le Bénin compte vingt (20) portefeuilles ministériels, c'est-à-dire les ministères chargés de mettre en œuvre des politiques publiques. Ceci étant, pour l'année 2017 par exemple, les orientations nationales contenues dans le Document de Programmation Economique et Budgétaire Pluriannuelle (DPBEP) couvrent l'ensemble de ces portefeuilles et la commission budgétaire devrait identifier les liens ombilicaux entre ces documents et le DPBEP. Autrement, elle produirait un rapport désincarné et donc moins intéressant pour la suite du processus budgétaire. La conséquence logique de cette réalité désormais propre au parlement, c'est davantage de formation, de ressources humaines mais aussi et surtout une nouvelle organisation susceptible de porter la mission et les résultats escomptés de la partition du Parlement au processus budgétaire.

Au regard des facteurs ci-dessus cités à savoir l'accroissement de la responsabilité du Parlement dans le processus budgétaire, l'importance du volume des documents à examiner et la nécessité d'appréhension et de mise en synergie de logiques, le Parlement ne peut que se donner de nouveaux moyens pour répondre aux attentes liées à sa mission. Le fait qu'« *il semble y avoir un vaste consensus, sinon une unanimité chez les parlementaires et les observateurs parlementaires quant à la nécessité que le Parlement et ses comités deviennent plus efficaces dans l'examen des dépenses publiques* »[1275], justifie la nécessité d'une meilleure prise en charge par le Parlement de sa mission.

L'idée qu'il convient de développer au sujet de la nécessité d'un meilleur rendement du Parlement en matière de prise de décision financière publique pourrait se résumer à une spécialisation par secteur des équipes de travail de la commission budgétaire. La stratégie consisterait à créer des pôles de travail sur des thématiques en vogue, en relation avec les fonctions de l'État. On aboutirait ainsi à former et à aguerrir les assistants parlementaires et autres agents des unités

[1275] J. STILBORN, « Examen parlementaire du budget des dépenses : initiatives et perspectives d'avenir », *Revueparlementaire canadienne*, 2006-2007, p.23.

d'appui au Parlement dans le domaine de l'analyse des données budgétaires par secteur. Indirectement, on travaillerait à atténuer les observations de certains auteurs qui font valoir que « *les comités parlementaires ne sont pas utilisés à leur pleine mesure pour l'examen des prévisions budgétaires* »[1276].

Ce montage institutionnel utile en début de processus pourrait également influencer positivement le processus de reddition de compte. Ainsi, avec une meilleure connaissance des objectifs et finalités poursuivis à l'étape de l'élaboration du projet de loi de finances de l'État, les parlementaires et les équipes qui les accompagnent seraient, en principe, mieux aguerris à l'étape de la reddition de compte pour examiner les performances atteintes. Le Bénin pourrait également éviter, ce faisant, la critique formulée à l'endroit des Parlements à travers le monde en matière d'évaluation des programmes budgétaires et selon laquelle, ils s'acquitteraient « *particulièrement mal de l'évaluation des résultats atteints dans le cadre des programmes* »[1277].

Pour plus de pertinence dans les choix à opérer en ce qui concerne la constitution des pôles d'analyse des documents budgétaires sectoriels, le Parlement pourrait choisir les mêmes éléments de référence de classement des ministères que le Gouvernement. En effet, sur la base de l'architecture définie par le décret n° 2016-264 du 06 avril 2016 portant composition du Gouvernement, une analyse fondée sur le périmètre fonctionnel desdits portefeuilles ministériels a été conduite. Elle a abouti àla constitution de trois groupes de ministères organisés en divisions fonctionnelles.

Primo, il y a la division des affaires économiques qui regroupe les ministères dont les périmètres d'actions couvrent ceux de certaines fonctions définies dans le décret portant nomenclature budgétaire de l'État, notamment les fonctions « affaires économiques », « protection de l'environnement » puis « logement et équipement collectif »[1278]. Les portefeuilles ministériels constituant cette division fonctionnelle sont le Ministère du Plan et du Développement, le Ministère de l'Economie et des Finances, le Ministère des Infrastructures et des Transports, le Ministère de l'Economie Numérique et de la Communication, le Ministère de l'Energie, de l'Eau et des Mines, le Ministère de l'Elevage

---

[1276] *Ibidem.*
[1277] *Ibidem.*
[1278] *Cf.* Article 14 du décret n°2014-794 du 31 décembre 2014 portant nomenclature budgétaire de l'Etat.

et de la Pêche, le Ministère de l'Industrie, du Commerce et de l'Artisanat et le Ministère du Cadre de Vie et du Développement Durable[1279].

Secundo, il y a la division des affaires sociales qui regroupe les ministères dont les champs de compétence se situent sur le périmètre des fonctions « protection sociale », « santé », « loisirs, sports, cultures et cultes » et « enseignements »[1280]. Pour cette division, les ministères qui y sont classés sont le Ministère de l'Enseignement Supérieur et de la Recherche Scientifique, le Ministère des Enseignements Maternel et Primaire, le Ministère de l'Enseignement Secondaire, Technique et de la Formation Professionnelle, le Ministère du Travail, de la Fonction Publique et des Affaires Sociales, le Ministère de la Santé, le Ministère des Sports, le Ministère du Tourisme et de la Culture et le Ministère de la Justice et de la Législation[1281].

Tertio, il y a la division de la souveraineté qui regroupe le Ministère des Affaires Etrangères et de la Coopération, le Ministère de la Décentralisation et de la Gouvernance Locale, le Ministère de Défense Nationale et le Ministère de l'Intérieur et de la Sécurité Publique[1282]. Il s'agit, pour ce troisième groupe de ministères, de ceux officiant dans le domaine des fonctions « défense », « sécurité et ordre public » et « services généraux des administrations publiques »[1283].

La constitution des groupes de ministères ainsi basée sur les relations fonctionnelles entre différents portefeuilles ministériels présente l'avantage d'une cohérence en amont de l'articulation des politiques publiques. En réalité, ce regroupement permet, *in fine*, de mettre en relief les inter-relations qu'il y a entre certains secteurs de l'administration publique. L'exemple le plus illustratif dans les regroupements ci-dessus exposés est le classement dans une même division que les ministères économiques, du ministère chargé du cadre de vie et du développement durable, c'est-à-dire le ministère chargé de l'environnement. S'il était procédé autrement, le risque d'assister à une

---

[1279]*Cf.* Note de service n°16/MEF/DC/SGM/DGB/DPSELF/SP du 09 décembre 2016.
[1280]*Cf.* Article 14 du décret n°2014-794 du 31 décembre 2014 portant nomenclature budgétaire de l'Etat.
[1281]*Cf.* Note de service n°16/MEF/DC/SGM/DGB/DPSELF/SP du 09 décembre 2016.
[1282]*Ibidem.*
[1283]*Cf.* Article 14 du décret n°2014-794 du 31 décembre 2014 portant nomenclature budgétaire de l'Etat.

politique économique globale qui ne tienne pas compte des implications environnementales pourrait être important.

Par voie de conséquence, les politiques publiques à mettre en œuvre ou en cours dans les ministères relevant de la division des affaires économiques méritent d'être mises en synergie. Les effets des unes sur les autres devraient être clarifiés, de même que les approches de solutions de leur maîtrise ou leur mitigation. L'intérêt d'une telle démarche est donc de soustraire les résultats attendus de la mise en œuvre des politiques publiques d'un ministère de l'influence des implications négatives de la mise en œuvre des politiques publiques dans d'autres ministères.

Le Parlement, en partant de la cohérence intersectorielle, pour asseoir ses travaux sur l'examen des choix de politiques publiques et leurs stratégies de mise en œuvre, s'assurerait d'une étude de fond et non plus seulement d'une appréciation superficielle des documents d'accompagnement du projet de loi de finances de l'année. Le Parlement béninois est cependant loin d'être le seul à recevoir des critiques dans ce sens. Même les pays qui sont vus comme des modèles en matière de gestion publique, continuent de souffrir d'une action parlementaire moins efficace que prévue dans le domaine de la participation à la prise de décision financière publique. A titre d'exemple, on note qu'au Canada, « *la plupart des séances consacrées à l'examen du budget des dépenses [...] ont donné lieu à des échanges de portée générale et relativement partisans sur les priorités politiques et les orientations stratégiques des ministères, et* [que] *les questions de fond relatives aux budgets ont reçu très peu d'attention* »[1284].

Il est donc nécessaire, voire indispensable, que le Parlement améliore sa prestation et produise les résultats attendus de son implication dans le processus budgétaire. A ce titre, l'adoption de la stratégie proposée plus haut et qui consiste en une organisation par grand secteur de l'étude des documents budgétaires apparaît comme une piste privilégiée. Il en est de même de la proposition d'audition des ministres et des responsables de programme lors de l'examen en commission du Document de Programmation Budgétaire et Economique Pluriannuelle (DPBEP) et des Documents de Programmation Pluriannuelle des Dépenses Publiques (DPPD). En effet, l'examen desdits documents en amont au Débat d'Orientation

---

[1284] J. STILBORN, « Examen parlementaire du budget des dépenses : initiatives et perspectives d'avenir », article précité.

Budgétaire constitue le socle de la participation parlementaire à la définition du profil de performance pour les années budgétaires ciblées.

Le Parlement devra, par ailleurs, nourrir ses travaux des recommandations et observations contenues dans les différents rapports produits par le Gouvernement au niveau de chaque ministère. Ceux-ci représentent, en effet, une source d'informations susceptibles d'éclairer ses décisions. Il s'agit, par exemple, des rapports annuels de performance[1285] et de tous autres documents d'évaluation de la mise en œuvre des politiques publiques. Sous d'autres cieux, ces documents ont « *une importance immédiate, en ce sens qu'ils constituent une base d'information que les parlementaires peuvent utiliser pour évaluer les budgets des dépenses des ministères* »[1286].

[1285]Dans une approche de comparaison, on note que les rapports annuels de performance au Bénin semblent être l'équivalent des rapports sur le rendement et la planification dans le système canadien. Ces derniers se révèlent utiles pour permettre d'évaluer les programmes ministériels et pour rédiger des rapports sur le rendement des programmes, l'optimisation des ressources ou les plans de dépenses à venir en dehors du processus officiel d'examen budgétaire.*Cf.*J. STILBORN, « Examen parlementaire du budget des dépenses : initiatives et perspectives d'avenir », article précité.

[1286] J. STILBORN, « Examen parlementaire du budget des dépenses : initiatives et perspectives d'avenir », article précité.

Conclusion du titre 2 de la deuxième partie

En somme, l'argent public est de plus en plus rare et la qualité de la dépense publique prend une dimension importante, avec en toile de fond l'éfficacité et l'efficience de l'action publique. Ces paramètres fondent l'inscription de la gestion financière publique dans une nouvelle approche : celle de la gestion par la performance. L'adoption de cette dernière par les États provoque une évolution de fond dans les pratiques de gestion publique. Ce qui conduit le Bénin, à l'ère de l'expérimentation des innovations contenues dans la loi organique relative aux lois de finances de 2013, à opérer le choix d'une approche gestionnaire et à engager l'adaptation des organes chargés de la gestion financière publique aux exigences de la gestion budgétaire par la performance.

Conclusion de la deuxième partie

La décision financière publique n'est pas moins un instrument d'orientation de la politique générale de l'Etat. De par la philosophie dont elle est empreinte, elle peut être porteuse de réformes majeures et provoquer, conséquemment, des transformations institutionnelles importantes. Ainsi, en admettant l'intervention d'acteurs non consacrés par les textes, en raison de leurs apports techniques, en ce qui concerne l'inscription de la gestion financière publique dans une logique de résultats, la décision financière publique engendre un changement de fond important.

L'incidence de ce mouvement de fond sur l'ossature des institutions prenant part à la décision financière publique est aussi significative. Les revues de procédures enregistrées au Bénin suite à l'internalisation de la directive n° 06/2009/CM/UEMOA du 26 juin 2009 portant lois de finances au sein des États membres de l'UEMOA, le prouvent, de même que les réorganisations institutionnelles sous-jacentes.

CONCLUSION GÉNÉRALE

Les analyses menées sur le sujet et sous divers angles démontrent que la décision financière publique au Bénin laisse entrevoir une concurrence de compétences tronquées par un déséquilibre fonctionnel. De même, l'option faite par le Bénin pour une gestion budgétaire axée sur les résultats est un facteur de transformation, non seulement des relations de pouvoir entre les institutions de l'Etat, mais également de métamorphose institutionnelle.

Au plan des prérogatives, il ressort de l'étude que les dispositions constitutionnelles, organiques, légales et du règlement intérieur de l'Assemblée Nationale reconnaissent le pouvoir exécutif comme l'organe responsable de l'élaboration du projet de loi de finances de l'année. La lecture approfondie desdites dispositions montre qu'il s'agit d'une responsabilisation entière du pouvoir exécutif et non seulement d'une responsabilité de montage technique du projet de loi de finances. On note à cet effet que c'est le Gouvernement qui définit les orientations économiques et qui décide du contenu du projet de loi de finances. Les travaux techniques ne sont donc qu'une prise en charge de la délibération gouvernementale.

Cette dévolution de responsabilité n'a pas connu d'évolution outre mesure avec la transposition en droit béninois de la directive n°06/2009/CM/UEMOA du 26 juin 2009 portant loi de finances au sein de l'UEMOA. Les dispositions de la nouvelle loi organique relative aux lois de finances prescrivent l'association du Parlement au processus de préparation du budget certes. Cependant, aucune altération des prérogatives du pouvoir exécutif en matière d'élaboration du projet de loi de finances n'est notée.

En effet, aux termes des dispositions de l'article 59 de la loi n° 2013-14 du 27 septembre 2013 portant loi organique relative aux lois de finances, le Document de Programmation Budgétaire et Economique Pluriannuelle est, après examen et adoption en Conseil des Ministres, transmis au Parlement. Il est soumis par la suite, et ceci au plus tard le 30 juin, à un débat d'orientation budgétaire. Ce débat n'est pas suivi de vote. Par voie de conséquence, il n'y a pas de délibération à l'issue du débat d'orientation budgétaire. Le Gouvernement reste totalement dans ses prérogatives de définition des orientations et de décision du contenu du projet de loi de finances de l'année.

Depuis l'entrée en vigueur de la loi organique de 2013, le Bénin a organisé à quatre reprises le débat d'orientation budgétaire, soit pour les lois de finances des années 2015, 2016, 2017 et 2018. Certaines des recommandations formulées à l'issue de ses débats, lorqu'elles participent à l'amélioration des orientations gouvernementales, sont exploitées. Ce qui semble à cet égard important d'être souligné, c'est la contrainte légale faite au Gouvernement d'informer tout au moins le Parlement des orientations économiques et budgétaires avant de les prendre pour socle pour l'élaboration du projet de loi de finances.

La loi organique relative aux lois de finances de 2013 est, à cet effet, source d'une évolution majeure dans les procédures conduisant à la mise en place du budget de l'Etat. La phase de la préparation de la loi de finances n'est plus uniquement du ressort du pouvoir exécutif. Le débat d'orientation budgétaire impose à l'exécutif d'associer le législatif à la phase de la préparation du budget et offre à ce dernier l'occasion de prendre connaissance, à l'avance, des déterminants économiques et budgétaires du projet de loi de finances qu'il aura à examiner.

En dernière analyse sur le plan formel, le pouvoir exécutif reste l'organe détenteur des prérogatives d'élaboration du projet de loi de finances, en dépit de l'adoption d'une nouvelle constitution financière. L'institution du débat d'orientation budgétaire, laquelle induit un léger fléchissement au caractère absolu de la détention de l'information économique et budgétaire par le Gouvernement jusqu'au dépôt du projet de loi de finances, n'engendre pas une remise en cause de la compétence du pouvoir exécutif.

Les résultats aux termes des recherches confirment également la compétence exclusive du Parlement sur le vote de la loi de finances. Nulle part dans les dispositions qui encadrent le processus de décision financière publique, la création des impôts et taxes et l'autorisation de la dépense publique n'ont été soulignées comme ne relevant pas de la compétence du Parlement. La loi n° 2013-14 du 27 septembre 2013 portant loi organique relative aux lois de finances l'a réaffirmé. Elle dispose, en effet, qu'« *aucune recette ne peut être liquidée ou encaissée, aucune dépense publique ne peut être engagée ou payée si elle n'a été préalablement autorisée par une loi de finances* »[1287].

Le libellé de cette disposition organique semble suffisamment clair sur l'attribution formelle au Parlement du pouvoir de vote en dernier ressort de la loi de finances. Il en est de même des dispositions de la constitution et de celles du règlement intérieur de l'Assemblée Nationale qui ne laissent subsister aucune ambiguïté sur l'organe détenteur du pouvoir de vote de la loi de finances.

On note cependant l'existence d'une marge de manœuvre pour le pouvoir exécutif en la matière. Il ne s'agit pas d'une possibilité pour lui d'exercer la fonction législative en lieu et place du législateur, mais de prendre des actes et de les soumettre à l'approbation du législateur dans la plus prochaine loi de finances. Cette marge de manœuvre laissée par la loi au Gouvernement n'entame pas les prérogatives reconnues au Parlement. Elle constitue plutôt des points d'exception qui confirment le Parlement comme titulaire du pouvoir de vote de la loi de finances.

Primo, il s'agit des recettes. En principe, aucune recette ne peut être liquidée et encaissée sans que le Parlement ait autorisé le Gouvernement à le faire. Néanmoins, en cas de nécessité, le pouvoir exécutif peut lever des recettes sans que celles-ci aient été prévues par une loi. La loi organique relative aux lois de finances prévoit à cet effet que « *des recettes non prévues par une loi de finances initiale peuvent être liquidées ou encaissées, à condition d'être autorisées par un décret pris en Conseil des ministres et régularisées dans la plus prochaine loi de finances* »[1288].

Secundo, en cas de non respect par le Parlement du délai d'examen et de vote de la loi de finances, le Gouvernement est fondé à mettre en œuvre, par ordonnance, le projet de loi de finances, tel qu'il a été soumis au Parlement[1289]. La possibilité est cependant donnée au Parlement de se prononcer sur ledit projet de loi. L'article 110 de la constitution prévoit à cet effet que « *le Gouvernement saisit, pour ratification, l'Assemblée nationale convoquée en session extraordinaire dans un délai de quinze jours [*et que*] si l'Assemblée nationale n'a pas voté le budget à la fin de cette session extraordinaire, le budget est établi définitivement par ordonnance* ».

[1287]*Cf.* Article 6 de la loi n°2013-14 du 27 septembre 2013 portant loi organique relative aux lois de finances en République du Bénin.
[1288]*Idem.*
[1289]*Cf.* Article 110 de la Constitution du 11 décembre 1990.

Il importe de souligner que cette possibilité énoncée par la constitution en son article 110 est encadrée par une condition fondamentale. Avant de prendre appui sur le retard parlementaire dans l'examen du projet de loi de finances de l'année pour recourir à une ordonnance budgétaire, le Gouvernement doit avoir transmis le projet de loi de finances dans le délai au Parlement. C'est seulement à cette condition et en cas de non délibération parlementaire sur ce projet de loi que ce qui est qualifié de sanction gouvernementale du retard parlementaire peut valablement intervenir.

Tertio, il y a la mise en exécution de la loi de finances par le recours aux mesures exceptionnelles. Dans ce cas, le Parlement est évincé du processus de mise en place de la loi de finances, sans que cela constitue une violation du domaine des prérogatives parlementaires. La seule condition posée par le juge constitutionnel, c'est le respect des procédures inhérentes à la prise des mesures exceptionnelles, c'est-à-dire, dans le cas d'espèce, les décisions budgétaires.

Ce troisième point des exceptions n'enlève pas non plus au Parlement sa compétence formelle sur le vote de la loi de finances. Le recours aux mesures exceptiponnelles en matière budgétaire constitue, en effet, une dérogation que le juge constitutionnel ne trouve pas contraire à la sanctuarisation de la compétence parlementaire en matière d'examen et de vote de la loi de finances.

Au total, la décision financière publique au Bénin relève de la compétence des pouvoirs exécutif et législatif. Le Gouvernement détient presque exclusivement la responsabilité de la préparation de la loi de finances, alors que le Parlement est désigné comme le décideur final. La loi de finances dans les Etats francophones d'Afrique de l'Ouest et principalement au Bénin est ainsi une œuvre du Gouvernement et du Parlement. Comme l'affirme J. P. CAMBY, elle est « un acte hybride » qui met en évidence une compétence partagée entre le pouvoir exécutif et le pouvoir législatif[1290].

En ce qui concerne l'équilibre des pouvoirs (exécutif et législatif) en la matière, il est à noter que les domaines de compétences sont bien séparés entre le législateur et le pouvoir exécutif. Cependant, pour ce qui concerne le vote de la loi de finances qui, formellement, relève de la compétence du pouvoir législatif, il existe plusieurs dérogations.

[1290] J.P CAMBY, « la prise de décision budgétaire de l'Etat : quels changements, quels enjeux à l'horizon 2006 ? » *RFFP*, n°88, 2004, p.7.

Celles-ci permettent au Gouvernement de prendre des actes visant la mise en place de la loi de finances. On pourrait évoquer à ce niveau un fléchissement des prérogatives parlementaires qui renforce l'intervention du pouvoir exécutif dans le processus d'élaboration et d'adoption de la loi de finances.

On peut ajouter à ces éléments qui sont de nature à altérer l'effectivité du pouvoir parlementaire d'examen et de vote de la loi de finances, le difficile excercice du droit d'amendement. Non seulement il y a les impératifs de respect des conditions d'équilibre budgétaire[1291], mais il y a également que le Gouvernement peut s'opposer à tout amendement qu'il juge non conforme aux options de base du projet de loi de finances.

Les éléments de conclusion ci-dessus relevés montrent qu'au sein même de l'Etat, la répartition formelle du pouvoir de décision financière publique est assortie de flexibilités au profit du pouvoir exécutif[1292]. Dans la pratique, cette flexibilité s'ajoute aux infirmités techniques et fonctionnelles des organes du Parlement. Cette double limitation du Parlement est de nature à le faire supplanter par le pouvoir exécutif en matière de prise de la décision financière publique.

Les ordonnances prises au Bénin sur la base des mesures exceptionnelles, chaque fois que la discussion au Parlement du projet de loi de finances est non concluante, sont la manifestation de la flexibilité de l'effectivité des prérogatives budgétaires du pouvoir législatif. Les cas évoqués dans les développements précédents révèlent que les ruptures de dialogue entre le Gouvernement et le Parlement au sujet du projet de loi de finances constituent un obstacle à l'effectivité de l'exercice par le Parlement de sa compétence.

Autrement dit, en dépit de la consécration formelle du Parlement comme le décideur en dernier ressort de la décision financière publique, le Gouvernement semble exercer un pouvoir de reconnaissance de ses droits dévolus au Parlement par le pouvoir constituant. Cette conclusion repose sur le fait qu'en cas de désaccord sur le contenu du projet de loi de finances, c'est le Parlement qui finit toujours par céder. Il s'aligne sur la position gouvernementale et exerce son pouvoir de vote de la loi

---

[1291] *Cf.* Article 107 de la Constitution du 11 décembre 1990.

[1292] Le Professeur N. MEDE parle à ce propos de recours banalisé aux pouvoirs de crise, lorsque les projets de loi de finances sont en souffrance au Parlement. *Cf.* N. MEDE, *Finances Publiques, Espace UEMOA/UMOA*, L'Harmattan, Dakar, Sénégal, 2016, P.255

de finances. Le désaccord survenu au sujet de la loi de finances pour la gestion 1994 au Bénin en donne une bonne illustration. Le Parlement a examiné et voté la loi de finances mais le Gouvenement a estimé que le contenu final ne réflète pas la politique économique et budgétaire qu'il entend appliquer. La discorde s'est soldée par la prise, sur la base des dispositions de l'article 68 de la constitution, d'ordonnances pour la mise en exécution du projet de loi de finances et du projet de programme d'investissement public.

A la lumière des relations qu'entretiennent les deux pouvoirs (exécutif et législatif) au sujet de la prise de la décision financière publique, l'effectivité des prérogatives financières du Parlement semble être conditionnée par une entente entre le Gouvernement et le Parlement sur le contenu du projet de loi de finances. Ce qui met le Parlement dans une simple fonction d'enregistrement des décisions prises en dehors de lui.

En ce qui concerne les acteurs de la décision financière publique, ils semblent se limiter au plan formel aux acteurs institutionnels déjà mis en relief à savoir le Gouvernement et le Parlement. L'étude a révélé que d'autres catégories d'intervenants participent au processus de prise de la décision financière publique. Ils sont aussi bien internes qu'externes à l'Etat.

A l'intérieur de l'Etat, il s'agit principalement des organisations non gouvernementales et des acteurs du secteur privé. Les premières se fondent sur les exigences de la transparence budgétaire pour réclamer non seulement l'information budgétaire mais aussi une véritable participation au processus d'élaboration, du vote et d'exécution de la loi de finances. Les seconds s'attardent sur le volet normatif de la décision financière publique. Ils s'organisent en réseaux pour formuler et défendre l'insertion dans le texte de loi de finances des mesures devant favoriser des allègements fiscaux.

A l'extérieur de l'Etat, il s'agit d'abord des partenaires techniques et financiers avec leurs experts, des acteurs des marchés et des agences de notation mais aussi et surtout des organisations étatiques d'intégration et autres lobbies.

Les partenaires techniques et financiers interviennent dans le processus de prise de la décision financière publique par le biais des conventions de financements signées avec l'Etat. Celles-ci recèlent, en effet, des conditionnalités dont le respect impose une orientation prédéfinie des décisions relatives aux allocations de ressources et à l'établissement des normes financières. Les exigences de transparence, avec le pilotage de différentes évaluations, leur permettent également de faire des recommandations qui sont considérées comme des critères de bonne gouvernance et dont l'observation est synonyme de respect des engagements pris avec les bailleurs.

Quant aux acteurs de marchés, leur intervention dans la prise de la décision financière publique est liée par le recours des États aux marchés financiers pour la couverture du déficit budgétaire et des opérations de trésorerie. En réalité, c'est la rareté des ressources publiques face à l'accroissement continu des charges de l'Etat qui justifie l'intervention des acteurs des marchés dans le domaine de la gestion financière publique. Tout comme les partenaires techniques financiers, les acteurs des marchés imposent, pour l'accès aux ressources commerciales, des normes de gestion susceptibles de garantir une soutenabilité des finances publiques. Ce qui les pousse à faire un suivi presque quotidien de la vie financière de l'Etat, par le truchement des agences de notation. Celles-ci apparaissent comme des acteurs indirects de l'exercice de définition des orientations économiques et surtout de la définition de la politique de financement du déficit budgétaire.

En dehors de la soumission des États à des évaluations et à des notations, il y a le recours à l'expertise dans la gestion des finances publiques qui peut affaiblir le pouvoir de décision en matière budgétaire du Gouvernement et du Parlement. Avec la modernisation des finances publiques et l'introduction de méthodes sophistiquées dans le montage du budget de l'Etat, la connaissance d'un certain nombre d'outils est indispensable. Il s'agit d'outils mathématiques, statistiques, économétriques et informatiques qui permettent de définir le profil des recettes et des dépenses sur une période donnée.

Les données de projection, de prévision et d'estimation produites par les experts sont, pour la plupart, validées en l'état. Ainsi, on pourrait conclure à un début de glissement du pouvoir de décision vers un pouvoir de validation. Il est évident que rien n'empêche formellement le pouvoir politique de remettre en cause le travail produit par les experts. Cependant, la pertinence technique des résultats qui, souvent, sont soutenus par les partenaires techniques et financiers, constitue une pression virtuelle sur le Gouvernement. En gros, le recours sans cesse renouvelé à l'expertise participe d'une probable érosion du pouvoir de décision des organes constitutionnels investis des prérogatives de décider en matière financière et budgétaire.

Or, les organes qui détiennent le pouvoir de décision financière publique sont des institutions dotées de légitimité démocratique. Il y a donc lieu de préserver leur autorité sur le processus de prise de la décision financière publique, en dépit de la nécessité de l'association des experts à l'exercice. En d'autres termes, le pouvoir de décision financière publique ne peut être principalement exercé que par ces organes. C'est ce que défendent A. LACHEZE et F.WASERMAN. Ils estiment que « *l'exigence d'expertise ne doit en aucun cas occulter l'impérieuse nécessité de pérenniser la légitimité démocratique du fonctionnement des institutions publiques* [et que] *la technique ne doit pas prendre le pas sur le politique* »[1293].

Les organisations sous-régionales ou régionales d'intégtration constituent, quant à elles, une source d'édiction de normes qui influencent significativement le pouvoir de décision des organes nationaux en matière budgétaire et financière. Le cas de l'UEMOA et de la CEDEAO sont, pour le Bénin, assez illustratif. Les règlements pris par ces institutions communautaires impactent directement le cadre juridique de gestion des finances publiques. Quant aux directives, elles sont transposées et mises en application.

Ainsi, les règles et principes du droit budgétaire au Bénin intègrent celles édictées au niveau communtaire. Le législateur national intervient certes pour la transposition, mais le fond des textes communautaires constitue toujours la trame du droit national. La forme et le contenu de la loi de finances correspondent, en termes de présentation, aux modèles décidés au niveau communautaire et réceptionnés en droit national. A titre de comparaison, on peut évoquer l'exemple de la France où R. HERTZOG estime que le droit financier échappe de plus en plus au Parlement. Autrement dit, les principes de base qui forment le cadre juridique de gestion des finances de l'Etat sont de moins en moins décidés par le législateur national. Selon lui, « *s'il faut admettre que le Parlement français n'a jamais été complètement le lieu où s'écrit le droit financier, ni celui où se décident*

[1293] A. LACHEZE et F.WASERMAN « Les chemins de la bonne gouvernance financière publique », *in, La bonne gouvernance des finances publiques dans le monde, compte rendu des tables-rondes de l'université de printemps de finances publiques, FONDAFIP, septembre 2008, p.4.*

les contenus du budget (...), il l'a certainement été davantage dans le passé »[1294].

Ce qu'il convient de retenir à ce sujet, c'est que, quel que soit le caractère mineur de son aspect normatif, la décision financière publique, pouvoir de décider de l'impôt et pouvoir d'autorisation d'en dépenser les revenus, reste et demeure le fruit d'une délibération législative. Elle conserve sa qualité de loi. Elle est toujours initiée par le Gouvernement et est votée par le Parlement, en dépit de tout affaiblissement des pouvoirs de ce dernier[1295]. Ce qui signifie qu'il n'y a pas de proposition de loi de finances de l'année, mais toujours de projet de loi de finances de l'année, comme l'a indiqué un auteur en affirmant que « *la loi de finances est toujours à l'origine un projet de loi* »[1296].

L'enjeu est donc d'assurer le maintien et l'entretien de la légitimité politique aux côtés d'une légitimité gestionnaire qui prend de l'ascension. Les responsables politiques doivent, pour la préservation de leurs prérogatives budgétaires et financières, s'accoutumer aux nouveaux outils de gestion. A défaut, la décision financière publique échappera aux politiques pour être exclusivement exercée par les technocrates de l'administration et les experts officiant pour les partenaires techniques et financiers ainsi que pour les acteurs des marchés financiers. Ce qui pourrait remettre en cause l'idée selon laquelle, *« les budgets publics sont l'ossature du pouvoir politique* »[1297]

La complexification technique des méthodes de gestion devra ainsi induire, au niveau des pouvoirs publics, un réarmement technique, voire technologique. La légitimité politique passe en définitive, par « *la*

[1294]R. HERTZOG, « L'avenir du pouvoir financier du parlement : miroir des ondes ou garant de l'équilibre du " gouvernement général"», P.121, in L. PHILIP (dir.), *L'exercice du pouvoir financier du parlement, théorie, pratique et évolution*, Paris, Economica, P.U.A.M., 1996.

[1295] Ces drernières années, les spécialistes de la constitution britannique lui donnent un éclairage nouveau par la mise en valeur d'un glissement de pouvoir du Parlement au cabinet et au Premier ministre, voire de la couronne à l'Exécutif. Ils estiment que le Parlement, Outre-Manche, n'a jamais exercé l'essentiel du pouvoir politique. *Cf.* M.CHARLOT, *Le pouvoir politique en Grande-Bretagne*, Paris, PUF, Thémis, 1990, p. 75.

[1296]F. QUEROL, *Finances Publiques,* Paris, Ellipses, 2ème édition, Tout le droit, 2009, p 16.

[1297]*Cf.* M. BOUVIER in http://www.lemonde.fr/idees/article/2017/02/15.

diffusion du savoir la plus large possible, par la compréhension du plus grand nombre »[1298].

En somme, la mutiplicité d'acteurs qu'on note autour de la décision financière publique est la conséquence de l'ouverture du processus budgétaire à l'ensemble des acteurs qui y jouent un rôle, à quelque titre que ce soit. Cela y va de la transparence budgétaire[1299] et de la promotion de la participation publique au débat sur la gouvernance financière publique. « *On peut discerner, au-delà de ce processus de décloisonnement de la décision budgétaire et financière, la recherche d'une mobilisation d'acteurs qui dépasse largement à la fois un premier cercle très restreint, celui des spécialistes des finances publiques et, un second cercle plus large, celui de l'ensemble des décideurs politiques et sociaux* »[1300].

Par ailleurs, le changement de paradigmes dans la gestion financière publique est source de restructuration des institutions. Dans le cas de l'espace UEMOA en général et du Bénin en particulier, l'adoption de la gestion budgétaire en mode programme, en remplacement de la gestion budgétaire classique, a induit quelques ajustements institutionnels. Consécutivement à la transposition de la directive n°06/2009/CM/UEMOA du 26 juin 2009, plusieurs structures ont vu leur organigramme repris pour la prise en charge des attributions liées à la nouvelle philosophie de la gestion publique.

Il en a été ainsi, par exemple, du ministère en charge de l'économie et des finances qui s'est doté d'un nouveau décret portant attributions, organisation et fonctionnement en vue d'intégrer la nouvelle dimension de la gestion financière publique dans sa mission. Par voix de conséquence, les structures techniques, telles que la Direction Générale du Budget, la Direction Générale du Trésor et de la Comptabilité Publique, le Contrôle Financier, etc. ont vu leurs textes portant

---

[1298] A. LACHEZE et F.WASERMAN « Les chemins de la bonne gouvernance financière publique *», in, La bonne gouvernance des finances publiques dans le monde, compte rendu des tables-rondes de l'université de printemps de finances publiques, FONDAFIP, septembre 2008, p.4.*

[1299] La transparence représente une valeur essentielle dans la gestion des ressources publiques. La disponibilité de l'information fiable, régulière, circonstanciée, utile et accessible, sur les décisions relatives aux ressources, est un préalable à la gestion responsable des deniers publics. *Cf.* CABRI, Rapport d'activité, *La bonne gouvernance financière en Afrique*, 2011, P.9.

[1300] C. D. DESMOULIN et G. DESMOULIN (dir.), *La décision financière publique*, Paris, L.G.D.J, 2013, p.24.

attributions, organisation et fonctionnement actualisés. De nouvelles structures sont créées alors que d'autres sont, soit fusionnées, soit supprimées.

Les mutations institutionnelles inhérentes aux changements de paradigmes dans la gestion financière publique touchent aussi le domaine du pouvoir législatif. Même si actuellement au Bénin, l'adoption de la gestion budgétaire axée sur les résultats n'a pas encore conduit à une restructuration de la commission budgétaire, les réflexions sont en cours à cette fin. Le règlement intérieur du Parlement est en cours de relecture. Sa nouvelle version est censée intégrer une recomposition des structures parlementaires, en l'occurrence celles ayant en charge la préparation de la décision du pouvoir législatif en matière budgétaire et financière.

Au total, c'est une véritable transformation de la décision financière publique qui s'opère. Celle-ci tient compte de plusieurs facteurs.

Le premier est celui lié à la réorganisation de l'Etat lui-même. A mesure que le rôle des pouvoirs publics évolue, et ceci en lien avec une restructuration de l'Etat, la décision financière publique est, elle aussi, indirectement impactée dans le processus de sa formulation. Il en est ainsi parce que ce sont les relations fonctionnelles que la constitution établit entre les pouvoirs ayant à charge la conduite de la décision financière publique qui déterminent le moment et l'action du Parlement ainsi que du Gouvernement.

Le deuxième facteur qui est tout aussi important que le premier est la nécessité d'accepter des acteurs dépourvus de légitimité politique dans le processus de la décision financière publique. Il s'agit, à titre principal, des experts, détenteurs de savoir et de la maîtrise des nouvelles techniques associées à la programmation des recettes et des dépenses de l'Etat. En termes plus clairs, la gestion financière publique appelle l'introduction d'une « *conception gestionnaire de la prise de décision financière par le recours à des techniques sophistiquées dans la gestion des fonds publics* »[1301]. C'est aussi, comme l'a souligné le professeur M. BOUVIER, la nécessité de l'intégration du technique et du politique[1302].

[1301] C. D. DESMOULIN et G. DESMOULIN (dir.), *La décision financière publique*, Paris, L.G.D.J, 2013, p.19.

[1302] M. BOUVIER (dir.), *Réforme des finances publiques, démocratie et bonne gouvernance*, L.G.D.J, Paris, 2004, p.6.

Le troisième facteur est le développement de standards internationaux en matière de gestion financière publique. En réalité, il est noté l'émergence au plan international de normes promues par la plupart des institutions comme participant de la bonne gouvernance. Ces normes finissent par constituer un bloc de normes de références en matière de gestion financière publique. Sans être formellement assorties d'une force obligatoire d'application, les législations et règlementations nationales en matière budgétaire et financière leur restent sensibles. Autrement dit, la décision financière publique reste sensible au vent de la globalisation[1303].

Le quatrième facteur est lié à l'érection de la transparence dans la gestion des finances publiques. Il constitue une condition *sine qua non* pour la crédibilité de l'action publique et pour l'accès aux ressources concessionnelles et aux ressources de marché. Les pouvoirs publics sont ainsi tenus de ne pas conduire le processus d'élaboration, d'adoption et d'exécution de la loi de finances en vase clos. La promotion de la participation citoyenne au processus budgétaire s'impose aux pouvoirs publics[1304]. Ce qui implique la mise à disposition des citoyens en général et des organisations non gouvernementales en particulier, des informations budgétaires. L'idée est que « *le renforcement du contrôle des finances publiques et la vérification des comptes de l'Etat contribuent à fortifier le système de poids et des contrepoids dans le processus budgétaire* »[1305].

En dernier lieu, l'institution par l'UEMOA du Débat d'Orientation Budgétaire est source d'une altération notable de l'exclusivité de l'information jusque-là dévolue au Gouvernement sur les données de

---

[1303] M. BOUVIER (dir.), *La cohérence des finances publiques au Maroc et en France*, Paris, LGDJ, 2012, pp.15-50.

[1304] Le Bénin a réceptionné dans le cadre juridique de la mise en œuvre de la transparence, les dispositions de la Directive n°01/2009/CM/UEMOA du 27 mars 2009 portant Code de transparence dans la gestion des finances publiques au sein de l'UEMOA. *Cf.* Décret n°2015-035 du 29 janvier 2015 portant Code de transparence dans la gestion des finances publiques en République du Bénin.

[1305] La gouvernance du budget fait référence aux institutions, individus, intérêts et motivations qui gouvernent la formulation, l'approbation, l'exécution, la supervision et le contrôle du budget.*Cf.* A. SCHICK, *A Contemporary Approach to Public Expenditure Management*, Washington, DC, WBI, 1998. *Cf.* C. SANTISO, « Combattre la corruption et améliorer la gouvernance financière : les institutions financières internationales et le renforcement du contrôle budgétaire dans les pays en développement », *Revue française d'administration publique*, 2006/3 no 119, p. 459-492. DOI : 10.3917/rfap.119.0459.

base de construction de la loi de finances. La présentation des orientations économiques et budgétaires au Parlement avant l'élaboration du projet de loi de finances est, en effet, devenue une obligation légale. Le DOB assure ce qu'on peut qualifier d'information préalable du pouvoir législatif sur les hypothèses économiques et budgétaires auxquelles s'adosse le projet de loi de finances.

L'idée de renforcement du pouvoir de contrôle du Parlement dans la loi organique relative aux lois de finances de 2013 au Bénin est en partie liée à cette volonté du législateur organique. La recherche de la garantie d'un délai raisonnable au Parlement pour s'approprier les hypothèses économiques et budgétaires retenues par le Gouvernement a certainement été à la base de cette innovation du jurislateur communuautaire. Les expériences faites par le Bénin en cette matière permettent d'affirmer que le Parlement a vu sa position renforcée dans le processus budgétaire.

Ce qui participe davantage du renchérissement des prérogatives parlementaires en matière d'établissement de la loi de finances, c'est le type de contrôle que le législateur est désormais habilité à effectuer. Le Parlement peut procéder à l'audition des ministres[1306]. Cette audition s'effectue en deux temps. Il y a le moment de discussion du projet de loi de finances où les ministres, en plus de l'obligation de justifier l'évolution des crédits (comme ce fut le cas par le passé), doivent prouver la pertinence des stratégies et des indicateurs.

Le sceau législatif posé par le Parlement par l'adoption du projet de loi de finances implique la justification, en fin d'année, des crédits mis à disposition par programme budgétaire. C'est ici un autre moment d'audition des ministres par le Parlement : une audition concernant la reddition des comptes. Celle-ci est d'autant plus importante que la loi organique a procédé à la fixation d'un délai pour le dépôt du projet de loi de règlement et son examen. Ce faisant, le moment d'examen du projet de loi de règlement peut être, pour le Parlement, une véritable occasion d'expression de pouvoir. En lieu et place de l'examen classique et sans intérêt, la loi de règlement pourrait devenir le champ de bataille des pouvoirs exécutif et législatif. Le mode de gestion par la performance mis en place au sein de l'UEMOA étant au format de celui qu'expérimente la France, depuis la loi organique relative aux lois de finances de 2001, on peut admettre au Bénin l'idée que « *le Parlement*

[1306] Article 93 de la loi n°2013-14 du 27 septembre 2013 portant loi organique relative aux lois de finances.

accorde une grande confiance a priori au gestionnaire qui a pour corrolaire, un contrôle plus strict a posteriori »[1307].

Le management moderne des ressources publiques, sous la pression des crises, voire de l'explosion démographique, commande que les acteurs légaux de la prise de la décision financière publique s'engagent pour une adaptation à la nouvelle gestion publique. Le Parlement[1308], sanctuaire historique et actuel de l'acte ultime de la formalisation de la décision financière publique[1309], se doit d'inscrire l'exercice de ses prérogatives dans une approche cognitive. Il doit, à cet effet, innover dans son approche et s'ajuster par rapport à la finalité de sa partition dans le processus de prise de la décision financière publique. De même, il doit s'approprier la théorie ainsi que la philosophie des outils et conceptions contemporaines en matière de gestion financière publique.

[1307] E. ARKWRIGHT et *al.*, *Les Finances Publiques*, Paris, La documentation française, 2013, p.8.

[1308] Le Parlement joue un rôle déterminant dans la gestion des finances publiues. *Cf.* E. ARKWRIGHT et al., Les *Finances Publiques*, Paris, La documentation française, 2013, p.100.

[1309] Au plan historique et à titre comparatif, on peut rappeler que depuis le refus par le Parlement de Paris de la réforme fiscale de 1787 qui a accéléré la convocation des états généraux en 1789, le Parlement a acquis un pouvoir resté presque intact. En effet, dès le 17 juin, l'Assemblée nationale a déclaré nuls et illégaux, tous les impôts existants, puisque établis sans le consentement de la Nation. Le 23 juin 1789, LOUIS XVI accepte que toute création ou prorogation fiscale soit d'abord soumise au consentement des députés de la Nation ». *Cf.* La documentation française, Découverte de la vie publique, *Les finances publiques et la réforme budgétaire*, Corlet, 5ème édition, Condé-sur-Noireau, octobre 2009, p.10. Les dispositions de la constitution béninoise du 11 décembre 1990 consacrent en la matière les mêmes pouvoirs au Parlement.

BIBLIOGRAPHIE

OUVRAGES GENERAUX

1. ACQUAVIVA (J.-C.), *Droit constitutionnel et institutions politiques*, Paris, Gualino, 11ème éd., 2008, 224 p.

2. AHANHANZO GLELE (M.), *Naissance d'un Etat noir, l'évolution politique et constitutionnelle du Dahomey, de la colonisation à nos jours*, Paris, L.G.D.J, 1969, 537 p.

3. AÏVO (J.) (dir.), *La Constitution béninoise du 11 décembre 1990 : un modèle pour l'Afrique ?*, Paris, L'Harmattan, 2014, 800 p.

4. ALLAIRE (F.), *L'essentiel du droit des marchés publics*, Paris, Gualino, 4ème éd., 2011, 118 p.

5. ALLAIRE (F.), *L'essentiel du Droit des marchés publics*, Paris, Gualino, 5ème éd., 2012, 130 p.

6. ALLAND (A.), et RIALS (S.) (dir.), *Dictionnaire de la culture juridique*, Paris, PUF, 2012, 1649 p.

7. ARDANT (G.), *Institutions politiques et droit constitutionnel*, Paris, L.G.D.J, coll. Manuel, 13ème éd., 2001, 608 p.

8. ARDANT (G.), *Institutions politiques et droit constitutionnel*, Paris, L.G.D.J, coll. Manuel, 20ème éd., 2008, 610 p.

9. AUBY (J.-B.), BRACONNIER (S.) (dir), *SPIC : questions actuelles*, Paris, L.G.D.J, coll. décentralisation et développement local, 2003, 255 p.

10. AUDIT (M.), *Conflits des lois et régulation économique*, Paris, L.G.D.J, coll. Droit et économie, 2008, 281 p.

11. AVRIL (P.), GICQUEL (J.), *Droit parlementaire*, Paris, Montchrestien, 4e éd., 2010, 482 p.

12. BARILARI (A.), *L'Etat de droit : réflexion sur les limites du juridisme*, Paris, L.G.D.J, coll. Systèmes, 2000, 119 p.

13. BEAUD (M.), *L'art de la thèse, comment préparer et rédiger une thèse de doctorat, un mémoire de DEA ou de maîtrise ou tout autre travail universitaire*, Paris, Editions la Découverte, 1998, 173 p.

14. BELLAMY (D.), *Geoffroy de Montalembert*, Rennes, PUR, coll. Histoire, 2006, 340 p.

15. BODIN (J.), *Les six livres de la république*, Paris, Librairie générale française, 1583, réédition en 1993, 607 p.

16. BOUVIER (M.), *L'Etat sans politique, tradition et modernité*, Paris, L.G.D.J, 1986, 267 p.

17. BRANCHET (B.), *La fonction présidentielle sous la Vème République*, Paris, L.G.D.J, coll. Systèmes, 2008, 220 p.

18. CABANIS (A.), MARTIN (M. L.), *Le constitutionnalisme de la troisième vague en Afrique francophone*, Louvain-La-Neuve, Academia-Bruylant, 2010, 227 p.

19. CAILLOSSE (J.), *Introduction au Droit*, Paris, Montchrestien, 3ème éd., 1998, 160 p.

20. CALAMARTE-DOGUET (M.-G.), *Le droit de la recherche*, Paris, L.G.D.J, 2005, 164 p.

21. CALLON (M.), LASCOUMES (P.), BARTHE (Y.), *Agir dans un monde incertain, essai sur la démocratie technique*, Paris, Seuil, 2001, 357 p.

22. CAMBY (J.-P.), SERVENT (P.), *Le travail parlementaire sous la cinquième République*, Paris, Montchrestien, 3ème éd., coll. Clefs, 1997, 156 p.

23. CARCASSONNE (G.), *Petit dictionnaire de droit constitutionnel,* Essais, 2014, 205 p.

24. CARRE de MALBERG (R.), *Contribution à la théorie générale de l'Etat*, Paris, Dalloz, 2004, t. 2, 638 p.

25. CHANTEBOUT (B.), *Droit constitutionnel,* Paris, 30e éd., Sirey, 2013, 656 p.

26. CHAPUS (R.), *Droit administratif général*, Paris, Montchrestien, 12ème éd., coll. Domat droit public, tome 2, 1999, 775 p.

27. CHAPUS (R.), *Droit administratif général*, Paris, Montchrestien, coll. Domat droit public, tome 1, 15ème éd., 2001, 1427 p.

28. CHAPUS (R.), *Droit du contentieux administratif*, Paris, Montchrestien, 12ème éd., Domat droit public, 2007, 1487 p.

29. CHARLOT (M.), *Le pouvoir politique en Grande-Bretagne*, Paris, PUF, Thémis, 1990, 470 p.

30. CHIAVERINI (P.), *Tribunaux administratifs et cours administratives d'appel*, Paris, L.G.D.J, coll. Systèmes, 1996, 148 p.

31. CORNU (G), (dir), *Vocabulaire juridique*, Paris, PUF, 2014, 1100 p.

32. DABIN (J.), *L'Etat ou le politique, essai de définition*, Paris, Dalloz, 1957, 290 p.

33. de BUJADOUX (J.-F.), *La « Constitution de la IIIe République »*, Paris, L.G.D.J, coll. Systèmes cours, 2015, 175 p.

34. de JOUVENEL (B.), *Les débuts de l'Etat moderne, une histoire des idées politiques au 19ème siècle,* Paris, Fayard, 1976, 338 p.

35. de LAUBADERE (A.), VENEZIA (J.-C.), GAUDEMET (Y.), *Traité de droit administratif*, Paris, L.G.D.J, tome 1, 15ème éd., 1999, 1107 p.

36. DEBBASCH (C.), PONTIER (J M.), RICCI (J. C.), BOURDON (J.), *Droit constitutionnel et institutionspolitiques*, 4e éd., Paris, Economica, 2001, 1033 p.

37. DUGUIT (L.), *Traité de droit constitutionnel*, Paris, Anncienne Ecole Fontemoing et Compagnie, Editeurs, 3ème édition, tome deuxième, *La théorie générale de l'Etat*, 888 p.

38. DUHAMEL (O) et MENY (Y), *Dictionnaire constitutionnel*, Paris, PUF, 1922, 1112 p.

39. FALL I. M., *Le pouvoir exécutif dans le constitutionnalisme des États* d'Afrique, Paris, L'Harmattan, 2008, 310 p.

40. FOVOREU (L.), LEBRETON (G.), *Mélanges Patrice Gélard, Droit constitutionnel*, Paris, Montchrestien, 2000, 489 p.

41. FRIER (P.-L.), *Précis de droit administratif*, Paris, Montchrestien, 3ème éd., 2004, 531 p.

42. FRIER (P-L.), PETIT (J.), *Droit administratif, Paris,* L.G.D.J, 9e édition, 628 p.

43. G. JUCQUOIS, *Rédiger, présenter composer, l'art du rapport et du mémoire*, Bruxelles, De Boeck et Larcier S.A, 1998, 75 p.

44. G. ORSONI (dir.), *Finances publiques, Dictionnaire encyclopédique*, 2ème édition, Presse Universitaire d'Aix-Marseille, 2017, 992 p.

45. GAUDEMET (J.), *Les naissances du droit,* Paris, Domat Montchrestien, 3ème éd., 2001, 389 p.

46. GESLIN (A.), *Relations internationales*, Paris, Hachette supérieur, 2006, 255 p.

47. GHERARI (H.), *Relations internationales*, Paris, L.G.D.J, coll. Systèmes, 2010, 199 p.

48. GICQUEL (J.), *Droit constitutionnel et institutions politiques*, Paris, Montchrestien, 21ème éd., 2007, 792 p.

49. GUETTIER (C.), *Droit administratif*, Paris, Montchrestien, 2ème éd., 2000, 255 p.

50. GUGLIELMI (G.-J.), *Introduction au droit des services publics*, Paris, L.G.D.J, coll. Systèmes, 1994, 177 p.

51. HAMON (F.), TROPER (M.) et BURDEAU (G.), *Droit constitutionnel*, Paris, L.G.D.J, 25ème éd., coll. Manuel, 1977, 759 p.

52. HAMON (F.), TROPER (M.), BURDEAU (G.), *Droit constitutionnel*, Paris, L.G.D.J, 27ème éd., 2001, 805 p.

53. HAMON (F.), TROPER (M.), *Droit constitutionnel*, Paris, L.G.D.J, 30ème éd., 2007, 908 p.

54. HAMON (F.), TROPER (M.), *Droit constitutionnel*, Paris, LGDJ, 29ème éd., 2005, 896 p.

55. HASSENTEUFEL (P.), *Sociologie politique : l'action publique*, Paris, Armand Colin, 2008, 294 p.

56. J. L. BERGEL, *Méthodologie juridique*, Paris, PUF, 2001, 405 p.

57. JOIN-LAMBERT (C.) (dir), *L'Etat moderne et l'administration*, Paris, LGDJ, 1994, 170 p.

58. KIRAT (T.), BAYON (D.), *Les marchés publics de la défense*, Bruxelles, Bruylant, 2006, 130 p.

59. LATOURNERIE (M.-A.), *Point de vue sur le domaine public*, Paris, Montchrestien, 2004, 160 p.

60. LONG (M.), *Associations et pouvoirs publics*, Paris, LGDJ, 2010, 228 p.

61. LUGAN (B.), *Histoire de l'Afrique des origines à nos jours*, Paris, Ellipses, 2009, 1245 p.

62. MASPETIOL (R.), *L'Etat, réalité politique*, Paris, Montchrestien, 64ème édition, 1945, 22 p ;

63. MATHIEU (B.), *La loi*, Paris, Dalloz, 2ème édition, 2044, 142 p.

64. MORABITO (M.), *Histoire constitutionnelle de la France*, Paris, Domat Montchrestien, 7ème éd., 2002, 430 p.

65. MORAND-DEVILLER (J.), *Droit administratif*, Paris, L.G.D.J, 13ème éd., 2013, 800 p.

66. MORAND-DEVILLER (J.), *Droit administratif*, Paris, Montchrestien, 10ème éd., 2007, 864 p.

67. MULLER (P.), *L'analyse des politiques publiques*, Paris, Montchrestien, coll. Clefs, 1998, 156 p.

68. NAY (O.), *Histoire des idées politiques : la pensée politique occidentale de l'antiquité à nos jours*, Paris, Armand Colin, 2ème édition, Collection U science politique, 2016, 627 p.

69. ORSONI (G.), *L'administration de l'économie*, Paris, LGDJ, coll. Systèmes, 1995, 194 p.

70. PAPADOPOULOS (Y.), *Complexité sociale et politiques publiques*, Paris, Montchrestien, 1995, 156 p.

71. PARIENTE (A.) (dir), *La séparation des pouvoirs, théorie contestée, pratique renouvelée*, Paris, Dalloz, 2007, 153 p.

72. PHILIP (L.) (dir), *Dictionnaire encyclopédique de finances publiques*, Paris, Economica, 1991, 1647 p.

73. QUANTIN (P.) (dir), *Gouverner les sociétés africaines, acteurs et institutions*, Paris, Karthala, 2005, 347 p.

74. RIALS (S.), *Textes constitutionnels étrangers*, Paris, PUF, Que sais-je ?, 2007, 127 p.

75. ROUSSEAU (D.), *Droit du contentieux constitutionnel*, Paris, Montchrestien, 8ème éd., 2008, 544 p.

76. SAINT BONNET (F.), *Histoire des institutions*, Paris, Domat Montchrestien, 3ème éd., 2008, 468 p.

77. TRAORE (S.), *L'usager du service public*, Paris, L.G.D.J, 2012, 212 p.

78. TROPER (L.), *La séparationn des pouvoirs et l'histoire constitutionnelle française*, Paris, L.G.D.J, 1980, 249 p.

79. TÜRK (P.), *Le contrôle parlementaire en France*, Paris, L.G.D.J, 2011, 256 p.

80. TÜRK (P.), *Les institutions de la Vème République*, Paris, Gualino, 2008, 234 p.

OUVRAGES SPECIALISES

1. ABATE (B.), *La nouvelle gestion publique- Ce que nous avons appris*, Paris, LGDJ, Systèmes, 2ème édition, 2014, 157 p.

2. ABATE (B.), *La nouvelle gestion publique*, Paris, LGDJ, Systèmes, 2000, 152 p.

3. ADAM (F.), FERRAND O., RIOUX (R)., *Finances publiques*, Paris, 3e éd., Presses de Sciences po et Dalloz, 2010, 653 p.

4. AKAKPO (M. B.), *Démocratie financière en Afrique Occidentale francophone*, Cotonou, Fredrich Ebert Stiftung, 2015, 165 p.

5. AKHOUNE (F.), *La réforme de la gestion budgétaire et comptable publique,* Paris, LGDJ, 2013, 253 p.

6. ALBERT (J. L.), *Finances publiques*, 8e éd., Paris, Dalloz, 2013, 912 p.

7. ALBERT (J.-L.), *Fiscalité et développement*, Paris, Ed. Cujas, 2006, 271 p.

8. ALBERT (J-L.), *Fiscalité et personnes publiques*, Paris, LGDJ, 2012, 184 p.

9. ALVENTOSA (J-R.), *Management public et gestion des ressources*, Paris, LGDJ, 2012, 233 p.

10. ARKWRIGHT (E.) *et al.*, *Economie Politique de la LOLF*, Paris, La Documentation Française, 2007, 350 p.

11. ARKWRIGHT (E.), et *al.*, Les *Finances Publiques*, Paris, La documentation française, 2013, 195 p.

12. ARKWRIGHT (E.), *Les finances publiques et la réforme budgétaire*, Paris, La Documentation française, 2005, 175 p.

13. ARTHUIS (J.), *SOS Finances publiques, Osons les vraies réformes*, Paris, Calmann Lévy, 2011, 200 p.

14. BANGO (A.), *L'élaboration et la mise en œuvre de la fiscalité dans les pays de la communauté économique et monétaire de l'Afrique Centrale (CEMAC)*, Université Lyon 3, 2009, 702 p.

15. BARILARI (A.), M. BOUVIER, *La LOLF et la nouvelle gouvernance financière de l'Etat*, Paris, LGDJ, 2ème éd., 2007, 230 p.

16. BARILARI (A.), M. BOUVIER, La *LOLF et la nouvelle gouvernance financière de l'Etat*, Paris, LGDJ, 3ème éd., 2010, 261 p.

17. BARILARI (A.), M. BOUVIER, *La nouvelle gouvernance financière de* l'Etat, Paris, LGDJ, Systèmes, 1ère éd., 2004, 207 p.

18. BAUDU (A.), *Droit Fiscal 2013-2014*, Paris, Lextenso éditions, 2013, 285 p.

19. BAUDU (A.), *Droit fiscal*, Paris, Lextenso éditions, 2016, 261 p.

20. BAUDU (A.), *L'essentiel du droit des procédures fiscales*, Paris, Gualino, 2013-2014, 160 p.

21. BENSOUDA (N.) *Analyse de la décision fiscale au Maroc*, Paris, La croisée des chemins, 2008, 477 p.

22. BENZEKRI (A), *Le régime juridique des experts internationaux et leur rôle dans le processus du développement*, thèse, Université Paris 1 Panthéon-Sorbonne, 1999, 265 p.

23. BEZES (P.) et (A.) SINE (dir.), *Gouverner (par) les finances publiques,* Presses de Sciences Po (P.F.N.S.P.), 526 p.

24. BLUNTSCHLI (M.), *Théorie générale de l'Etat*, Paris, Librairie Guillaumin Et Cie, 1877, 260 p.

25. BOUDET (J-F.), CABANNES (X.), *Finances publiques citoyennes*, Paris, LGDJ, 2017, 320 p.

26. BOUONY (L.), TOURNIE (G.), *Les finances publiques : instruments des politiques publiques*, Paris, Presses universitaires de Toulouse, 1998, 266 p.

27. BOUTAYEB (C.), *La constitution, l'Europe et le droit, Mélanges en l'honneur de Jean-Claude Masclet*, Paris, Publications de la Sorbonne, 2013, 1088 p.

28. BOUTHEVILLAIN (C.), DUFRENOT (G.), FROUTE (P.), PAUL (L.), *Les politiques budgétaires dans la crise*, Louvain-la-Neuve, De Boeck, 2013, 353 p.

29. BOUVIER (E.), *La Science et la législation financières dans les facultés de droit*, Paris, L.G.D.J, 1906, 35 p.

30. BOUVIER (M) (dir.), *La gouvernance financière des villes au Maroc et en France*, Actes du 9e colloque international de finances publiques, Paris, L.G.DJ., 2016, 235p.

31. BOUVIER (M) (dir.), *Pouvoir politique et finances publiques : Quels enjeux au Maroc et en France*, Actes du 10e colloque international de finances publiques, Paris, LGDJ, 2017, 200 p.

32. BOUVIER (M.) (dir), *Actes de la première Université de Printemps. Réforme des finances publiques, démocratie et bonne gouvernance*, Paris, L.G.D.J, 2004, 396 p.

33. BOUVIER (M.) (dir.), *L'Etat territorial au Maroc et en France : quelles synergies entre les finances de l'Etat et les finances*

territoriales ?, Actes du 8e colloque international de finances publiques, Paris, LGDJ, 2014, 141 p.

34. BOUVIER (M.) (dir.*), Actes de la deuxième Université de Printemps. Innovations, créations et transformations en finances publiques*, Paris, L.G.D.J, 2006, 326 p.

35. BOUVIER (M.) (dir), *Actes de la quatrième Université de Printemps. La bonne gouvernance des finances publiques dans le monde*, Paris, LGDJ, 2009, 313 p.

36. BOUVIER (M.) (dir), *Actes de la troisième Université de Printemps. Réforme des finances publiques : la conduite du changement*, Paris, LGDJ, 2007, 315 p.

37. BOUVIER (M.) (dir), *Réforme des finances publiques, démocratie et bonne gouvernance*, Paris, L.G.D.J, 2004, 396 p.

38. BOUVIER (M.) (dir.), *La cohérence des finances publiques au Maroc et en France*, Actes du 5ème colloque international de Rabat, Paris, LGDJ, 2012, 194 p.

39. BOUVIER (M.) (dir.), *La transparence des finances publiques : vers un nouveau modèle*, Actes du 6ème colloque international de Rabat, Paris, LGDJ, 2013, 184 p

40. BOUVIER (M.) (dir.), *Quel pilotage des réformes en finances publiques au Maroc et en France ?*, Actes du 7ème colloque international de Rabat, Paris, LGDJ, 2014, 241 p.

41. BOUVIER (M.), (dir.), *Innovations, créations et transformations en finances publiques*, Paris, L.G.D.J, 2006, 326 p.

42. BOUVIER (M.), ESCLASSAN (M.-C.), LASSALE (J.-P.), *Finances publiques*, Paris, LGDJ, 11ème éd., 2012, 1066 p.

43. BOUVIER (M.), ESCLASSAN (M.-C.), LASSALE (J.-P.), *Finances publiques*, Paris, LGDJ, 12ème éd., 2013, 875 p.

44. BOUVIER (M.), ESCLASSAN (M.-C.), LASSALE (J.-P.), *Finances publiques*, Paris, LGDJ, 13ème édition 2014, 906 p.

45. BOUVIER (M.), ESCLASSAN (M.-C.), LASSALE (J.-P.), *Finances publiques*, Paris, LGDJ, 16e édition, 2017, 944 p.

46. BOUVIER (M.), *Introduction au droit fiscal général et à la théorie de l'impôt*, Paris, LGDJ, 12éme éd., 2014, 316 p.

47. BOUVIER (M.), *Introduction au droit fiscal général et à la théorie de l'impôt*, Paris, LGDJ, 13éme éd., 2016, 264 p.

48. BOUVIER M. (dir.), *La cohérence des finances publiques au Maroc et en France*, Paris, L.G.D.J, 2012, 194 p.

49. BRONNEC (T.), FARGUES (L.), *Bercy au cœur du pouvoir, enquête sur le ministère des Finances*, Paris, Ed. Denoël, 2011, 282 p.

50. CAMBY (J-P.), *La réforme du budget de l'État : la LOLF*, 3ème éd., Paris, LGDJ, 2011, 422 p.

51. CATTEAU (D.), *La LOLF et la modernisation de la gestion publique, la*

52. COULIBALY (A.), *Les finances publiques de la République de Côte d'Ivoire : introduction au droit budgétaire financier ivoirien*, Paris, L'Harmattan, 2000, 387 p.

53. CRUCIS (H. M.), *Finances publiques*, Paris, Montchrestien, 2ème édition, Focus droit, 2009, 270 p.

54. CUNIBERTI (G.), *Grands systèmes de droit contemporain*, Paris, LGDJ, 2007, 418 p.

55. DAMAREY (S.), *Finances Publiques*, Paris, Gualino, 2013, 222 p ;

56. de BELLESCIZE (R.), *Le système budgétaire des Etats-Unis*, Paris, LGDJ, 2015, 232 p.

57. de JASAY (A.), *L'Etat, La logique du pouvoir politique*, Paris, Les belleslettres, 1994, 500 p.

58. de LAROSIERE (J.), *50 ans de crises financières*, Paris, Odile Jacob, 2016, 260 p.

59. DELON DESMOULIN (C.), DESMOULIN (G.), *La décision financière publique*, Paris, LGDJ, 2013, 219 p

60. DEMESSTERE (R.), *Le contrôle de gestion dans le secteur public*, Paris, L.G.D.J, 2ème éd., 2005, 224 p.

61. DERUEL (F), BUISSON (J.), *Finances publiques, budget et pouvoir financier*, Paris, Dalloz, 13ème éd., 2001, 284 p.

62. DESMOULIN (C. D.), DESMOULIN (G.) (dir.), *La décision financière publique*, Paris, L.G.D.J, 2013, 219 p.

63. DESMOULIN (G.), *Finances publiques de l'Etat*, Paris, Vuibert, 2008, 249 p.

64. DIOUKHANE (A.), *Les finances publiques dans l'UEMOA : le budget du Sénégal*, Paris, L'Harmattan, 2015, 267 p.

65. DONFACK (L.), *Finances publiques camerounaises*, Boulogne-Billancourt, Berger-Levrault, 1987, 490 p.

66. DOUAT (E.), BADIN (X.), *Finances publiques*, Paris, Presse Universitaire de France, Thémis droit, 1999, 485 p.

67. DOUAT (E.), *Finances publiques*, Paris, PUF, Thémis, 1999, 523 p.

68. DUVERGER (M.), *Finances publiques*, 10e éd., Paris, PUF, 1984,462 p.

69. EL BANNA (M. A. A.), *Le particularisme du pouvoir d'autorisation budgétaire*, Paris, LGDG, 1968, 321 p.

70. El OMARI ALAOUI (S. M.) et MAFTAH (S.), *La finance islamique au Maroc, les voies de la normalisation*, Rabat, Imprimerie El Maarif Al Jadida, 2012, 143 p.

71. FABRE (F.-J.), FROMENT-MEURICE (A.), BERTUCCI (J.-Y.), GROPER (N.), *Les grands arrêts de la jurisprudence financière*, Paris, Dalloz, 5ème éd., 2007, 590 p.

72. FARAJOLLAHI (B), *La production de normes et standards budgétaires et comptables publics par les institutions internationales spécialisées*, Université Paris 1, Panthéon Sorbonne, 2006, 444 p.

73.
RIEDMAN (M.), *Capitalisme et liberté*, Paris, Leduc. Editions, 2010, 320 p.

74. FROMENT-MEURICE (A.), BERTUCCI (J-Y), MICHAUT (C.), SITBON (P.), GROPER (N.), *Les grands arrêts de la jurisprudence financière,* Paris, Dalloz, 6ème édition, 2014, 629 p.

75. GALBRAITH (J.), *L'Etat prédateur*, Paris, Seuil, 2009, 312 p.

76. GAUDEMET (P. M.) et MOLINIER (J.), *Finances publiques*, Paris, Montchrestien, 1996, t. 1, 577 p.

77. GAUDEMET (P.-M.), MOLINIER (J.), *Finances publiques – Budget et Trésor*, Paris, Montchrestien, 7ème éd., 1996, 577 p.

78. GAUDEMET (P.-M.), MOLINIER (J.), *Finances publiques – Fiscalité*, Paris, Montchrestien, 6ème éd., 1997, 493 p.

79. GILLES (W.), *Les principes budgétaires et comptables publics*, Paris, L.G.D.J, 2009, 248 p.

80. GREFFE (X.), *Gestion publique*, Paris, Dalloz, coll. Précis, 1999, 482 p.

81. GROPER (N.), *Responsabilité des gestionnaires publics devant le juge financier*, Paris, Dalloz, 2009, 489 p.

82. GUIEZE (J-L), *Le partage des compétences entre la loi et le règlement en matière financière*, Paris, L.G.D.J, 1974, 271 p.

83. HECKLY (C.), *Aspects budgétaires du fédéralisme*, Paris, L.G.D.J, 2016, 204 p.

84. HERNU (P.), *La comptabilité publique*, Paris, Gualino, 2017, 383 p.

85. HOCHET (P.) et *al.*, *Livre blanc de la décentralisation financière dans l'espace UEMOA : Éléments pour le renforcement des processus,* Labo Citoyennetés, décembre 2014, 73 p.

86. JEAN-ANTOINE (B.), *Les normes constitutionnelles financières en droit français de 1789 à nos jours*, Paris, LGDJ, 593 p.

87. JEZE (G.), *Cours de science des finances et de législation financière française : théorie générale du budget*, 6e éd., Paris, Giard, 1922, 286 p.

88. JORION (P.), *Penser tout haut l'économie avec Keynes,* Paris, Odile Jacob, 2015, 318 p.

89. KARIM (M.), *Management des finances publiques au Maroc : contexte actuel et évaluation*, 2006, 264 p.

90. KOTT (S.), MONIOLLE (C.), *Finances publiques*, Paris, Ellipses, 2007, 383 p.

91. KOUEVI (A), *Les comptes spéciaux du Trésor*, L.G.D.J, Paris, 2000, 505 p.

92. LALUMIERE (P.), *Les finances publiques*, Paris, A. Colin, coll. U, 1971, 477 p.

93. LAROCHE (J.), *Politique internationale*, Paris, LGDJ, 1998, 557 p.

94. LASCOMBE (M.), VANDENDRIESSCHE, *Finances publiques*, Paris, Dalloz, 200, 198 p.

95. LEROY – BEAULIEU (P.), *Traité de la science des finances*, 3e éd., Paris, Guillaumin et Cie, 1883, t. 1, 791 p.

96. LEROY-BEAULIEU (P.), *Précis d'Economie Politique*, Paris, Corbeil Imprimerie Crété, 1891, 409 p.

97. LEVOYER (L.), *L'Influence du droit communautaire sur le pouvoir financier du Parlement français*, Paris, L.G.D.J, 2002, 451 p.

98. MAITRE (C), *La mise à disposition des crédits budgétaires*, Paris, L.G.D.J, 1989, 459 p.

99. MARC (L.), *Sociologie des finances publiques*, Paris, La Découverte, 2007, 101 p.

100.MARGAIRAZ (M.), *L'Etat, les finances et l'économie. Histoire d'une conversion 1932-1952*, IGPDE, 1991, 2 tomes, 717 p. et 1456 p.

101.MARTINEZ (J. C). Et DI MALTA (P.), *Droit budgétaire,* Paris, Litec, 3e éd., 1999, 998 p.

102.MARTINEZ (J-C.), DI MALTA (P.), *Droit budgétaire*, Paris, LITEC, 2ème édition, 1990, 935 p.

103.MEDE (N.), (dir.), *La LOLF dans tous ses états,* Abomey-Calavi, Centre des publications universitaires, 4ème trimestre 2015, 620 p ;

104.MEDE (N.), (dir.), *La réforme de l'État au Bénin : état de la réforme et perspectives,* Abomey-Calavi, Centre des publications universitaires, 4ème trimestre 2013, 485 p.

105.MEDE (N.), *Finances publiques, Espace UEMOA/UMOA*, Dakar, L'Harmattan, décembre 2016, 247 p.

106.MEDE (N.), *Les grandes décisions de la Cour constitutionnelle du Bénin*, Berlin, Editions Universitaires Européennes, 2012, 458 p.

107.MEKANTAR (J.), *Finances publiques de l'État, la LOLF et le nouveau droit budgétaire de France*, Paris, Hachette, 2010, 224 p.

108.Mekhantar (J.), *Finances publiques de l'État : la LOLF et le nouveau droit budgétaire de la France*, Hachette, Les Fondamentaux, 2010, 224 p.

109.MONNIER (J-M.) (dir.), *Finances publiques*, Paris, La documentation française, 4ème édition 2015, 361 p.

110.MONNIER (J-M.), *Parlons dette en 30 questions*, Paris, La documentation française, 2013, 100 p.

111.MORAES BACETI (C), *Les rapports entre les pouvoirs législatif et exécutif dans le droit budgétaire brésilien, Université Paris 1, Panthéon Sorbonne*, 2014, 497 p.

112.MORDACQ (F.), *La LOLF : un nouveau cadre budgétaire pour réformer l'Etat*, Paris, L.G.D.J, 2006, 412 p.

113.MORDACQ (F.), *La réforme de l'Etat par l'audit*, Paris, LGDJ, 2009, 209 p.

114.MORDACQ (F.), *Les Finances publiques, Que sais-je ?*, Paris, Presse Universitaire de France, 2014, 127 p.

115.MUZELLEC (R.), CONAN (M.), *Finances publiques*, Paris, Sirey, 16e éd., 2013, 738 p.

116.MUZELLEC (R.), *Finances publiques, concours administratifs catégorie A, IPAG-IRA*, Paris, SIREY, 10ème édition, 1997, 432 p.

117.MUZELLEC (R.), *Finances publiques*, Paris, Siery, 11e éd., 2000, 413 p.

118.NICOLLIER (P.), *La Déclaration des droits de l'Homme et du citoyen du 26 août 1789*, Fribourg, 1995, 26 p.

119.NIKLAS ENGLES (J.) et al., *Le fonctionnement des partis politiques au Bénin*, Cotonou, COPEF, 2008, 285 p.

120.OLIVA (E.), *Finances publiques*, Paris, Sirey, 2ème éd., 2008, 512 p.

121.OSSA (R.), *Réformes fiscales et développement en Afrique subsaharienne*, Saint-Denis Edilivre, 2012, 262 p.

122.PANCRAZI (L.), *Le principe de sincérité budgétaire*, Paris, l'Harmattan, 2012, 712 p.

123.PAQUIN (S.), *L'économie politique internationale*, Paris, Montchrestien, 2005, 160 p.

124. PAYSANT (A.), *Fiances publiques*, Paris, Dalloz, 5e éd., 1999, 470 p.

125.PAYSANT (A.), *Finances publiques*, Paris, Armand Colin, 4ème éd., 1997, 424 p.

performance, fondement d'un droit public financier rénové, Paris, Dalloz, 2007, 432 p.

126.PHILIP (L.), *Finances publiques (Les dépenses publiques-Le droit budgétaire et financier)*, Paris, Cujas, 2000, 406 p.

127.PHILIP (L.), *Finances publiques : problèmes généraux et droit budgétaire et financier*, Paris, Cujas, 2e éd., 1983, 348 p.

128.POSTOL (N.), *Les règles de la pensée économique contemporaine*, Paris, CNRS éditions, 2003, 260 p.

129.QUEROL (F.), *Finances publiques*, Paris, Ellipses, 2ème éd., 2009, 348 p.

130.RAMKUMAR (V.), *Notre argent, notre responsabilité*, CIDA, 2008, 170 p.

131.SAIDJ (L.), *Finances publiques*, Paris, Dalloz, 4ème éd., 2003, 662 p.

132.SALAMI I. et GANDONOU D., *Droit constitutionnel et institutions du Bénin*, Cotonou, Editions CEDAT, 2014, 492 p.

133.SARTHOU-LAJUS (N.), *Eloge de la dette*, Paris, PUF, 2012, 102 p.

134.SAY (L.), *Les finances*, Paris, Léon CHAILLER-Editeur, 1896, 282 p.

135.SEDJARI (A.), *Elites, gouvernance, et gestion du changement*, GRET, 2002, 332 p.

136.SEDJARI (A.), *Gouvernances, réformes et gestion du changement*, Paris, L'Harmattan, 2008, 548 p.

137.SEDJARI (A.), *Pouvoir et contre-pouvoir à l'heure de la démocratie et des droits humains*, GRET, 2015, 447 p.

138.SEDJARI (A.), *Quel Etat pour le 21ème siècle ?*, GRET, 2001, 359 p.

1. TAÏROU (A.A.), *Analyse et décisions financières,* Cours de Master EISA, Spécialité DEFI, Sciences Eco Grenoble, année 2004-2005, 154 p.

139.TALLINEAU (L.), *L'équilibre budgétaire*, Paris, Economica, coll. Finances publiques, 1994, 245 p.

140.TIROLE (J.), *Economie du bien commun*, Paris, PUF, 2016, 628 p.

141.TOINET (M-F.), *Le système politique des Etats-Unis*, Paris, PUF, 1987, 629 p.

142.TOULOUSE (J-B), *al.*, *Finances publiques et Politiques Publiques*, Paris, Economica, 1987, 650 p.

143.TROTABAS (L.), COTTERET (J-M.), *Droit budgétaire et comptabilité publique*, Paris, Dalloz, 5ème édition, 1995, 420 p.

144.TROTABAS (L.), *Les finances publiques et les impôts de la France*, Paris, Armand Colin, 1953, 204 p.

145.TROTABAS L. et COTTERET J. M., *Droit budgétaire et comptabilité publique*, Paris, Dalloz, 5e éd., 1995, 420 p.

146.WALINE (C.), DESROUSSEAUX (P.), GODEFROY (S.), *Le budget de l'Etat, nouvelles règles, nouvelles pratiques*, Paris, La Documentation française, 2006, 191 p.

147. WALINE (C.), DESROUSSEAUX (P.), PELLE (B.), *Contrôle et évaluation des finances publiques*, Paris, La documentation française, 2009, 127 p.

148. WEBER (L.), *Les finances publiques d'un Etat fédératif : La Suisse*, Paris, Economica, 1992, 378 p.

149. YONABA (S.), *Les finances de l'Etat burkinabe*, Ouagadougou, Précis de droit Burkinabé, 2006, 392 p.

150. ZERAH (D.), *L'exigence d'une gouvernance mondiale*, Paris, LGDJ, 2013, 204 p.

151. ZILLER (J.), *Administrations comparées*, Paris, Montchrestien, 1993, 511 p.

THESES

1. ADELOUI (J.A.), *Transition démocratique et coopération au développement : Approche comparative Bénin, Mali, Niger et Togo*, Université d'Abomey-Calavi, 2006, 589 p.

2. AÏVO (J.F.), *Le Président de la République en Afrique noire francophone, Essai sur les évolutions institutionnelles de la fonction au Bénin, au Cameroun, au Gabon et au Togo*, Université Jean Moulin Lyon III, 2006, 526 p.

3. AKEREKORO (H.), *Opposition et Démocratie au Bénin et au Togo de 1990 à nos jours*, Université d'Abomey-Calavi, 2010, 482 p.

4. AKHOUNE (F.), *Le comptable public à l'épreuve de la nouvelle gestion publique*, Université Paris 1, 2007, 547 p.

5. AKHOUNE (F.), *Le statut du comptable en droit public financier*, Université Paris 1, 2008, 467 p.

6. AMALRIC (V.), *L'autonomie financière des autorités indépendantes (Contribution à la notion d'autonomie financière en droit public)*, Université Toulouse 1 Capitole, 2014, 606 p.

7. BAUDU (A.), *Contribution à l'étude des pouvoirs budgétaires du Parlement en France*, Université de Toulouse, 2008, 580 p.

8. BENETEAU (J.), *La remise en cause du principe de l'annualité budgétaire*, Aix-Marseille, 2008, 556 p.

9. BOUDET (J.-F.), *La Caisse des Dépôts et des Consignations. Contribution à l'étude de ses fondements juridiques*, Université de Lille 2, 2004, 1020 p.

10. BOUHADANA (I.), *Les Commissions des Finances des Assemblées Parlementaires en France : origines, évolutions et enjeux*, Université Paris 1, 2006, 492 p.

11. CHARPENTIER (J.), *Le recours à l'expertise en finances publiques*, Université de Lorraine, 2016, 886 p.

12. DAOUDI (K.), *La gouvernance d'entreprise dans les établissements et entreprises publics au Maroc, état des lieux et perspectives d'amélioration,* Université Paris 1, 2015, 439 p.

13. DIDAS (B.-A.-J.), *Le principe d'unité appliqué au budget de l'Etat*, Université Paris X Nanterre, 2001, 736 p.

14. GILLES (W.), *Les transformations du principe de l'unité budgétaire dans le système financier public contemporain*, Université Paris 1, 2007, 458 p.

15. GUEYE (T.), *L'incidence de l'Union Economique et Monétaire Ouest-Africaine sur les finances publiques de ses États membres*, Université de Paris 2, 2011, 484 p.

16. GUIGUE (A.), *Les origines et l'évolution du vote du budget de l'Etat en France et en Angleterre*, Université de Savoie, 2005, 584 p.

17. KOTT (S.), *Le contrôle des dépenses engagées : évolutions d'une fonction*, Université Paris X Nanterre, 2001, 585 p.

18. KOUEVI (A.), *Les comptes spéciaux du Trésor*, LGDJ, Bibliothèque de science financière, 2000, 505 p.

19. LACHEZE (A.), *Le ministère public près les juridictions financières depuis 1807*, Université Paris 1 Panthéon-Sorbonne, 2011, 534 p.

20. MAUCOUR-ISABELLE (A.), *La rénovation des pouvoirs budgétaires du Parlement sous la Vème république*, Paris, Dalloz, 2005, 393 p.

21. MAUCOUR-ISABELLE (A.), *La rénovation des pouvoirs budgétaires du Parlement sous la Vème République*, Université Paris 1, 2003, 500 p.

22. MBOUP (M.), *Contribution à l'étude des aspects juridiques et financiers des politiques d'ajustement structurel en Afrique : l'exemple du Sénégal*, Université Jean Moulin, 2002, 415 p.

23. NGUEMA ONDO (K. J.), *Les transformations de la notion de redevance pour service rendu et les évolutions du droit public économique,* Université Paris 1, 2016, 317 p.

24. OUEDRAOGO (S.), *Les compétences nationales en matière fiscale et la communautarisation des règles dans l'espace ouest-africain,* Université de Bordeaux, 2015, 619 p.

25. OUEDRAOGO (Y.), *L'influence de la démarche de performance sur le droit public financier des États membres de l'U.E.M.O.A.*, Université Paris 1, 2015, 714 p.

26. RODRIGUEZ ARGUIJO (G.), *Contribution à l'étude des redevances au Mexique*, Université Paris 1, 2016, 414 p.

27. SAWADOGO (E.), *Les instruments de la convergence des politiques budgétaires dans la zone UEMOA, Université de Bordeaux, 2016, 546 p.*

28. SIDI (A. L.), *La fonction délibérante saisie par le droit : regard sur le parlementarisme béninois de 1960 à nos jours*, Université d'Abomey-Calavi, 2016, 417 p.

29. SOGLOHOUN (P.), *Le rôle du juge constitutionnel dans le processus de démocratisation en Afrique : les cas du Bénin, du Mali, du Sénégal et du Togo*, Université d'Abomey-Calavi, 2011, 464 p.

30. SPHOR (F.), *Le principe de séparation ordonnateur et comptable. Contribution à l'étude de l'évolution du principe de séparation ordonnateur et comptable et de la portée de ce contrôle sur l'ordonnateur,* Université Aix-Marseille 3, 2009, 412 p.

31. SY (A.), *La transparence dans le droit budgétaire de l'Etat en France,* Université Paris 1 Panthéon-Sorbonne, 2016, 517 p.

32. THEBAULT (S.), *L'ordonnateur en droit public financier*, Université Paris 1, 2007, 580 p.

33. TONI (E), *L'autorisation budgétaire dans le droit financier ouest-africain francophone,* Université Lyon III, Université d'Abomey-calavi, 2015, 599 p.

MEMOIRES

1. AÏDASSO (E.), *Le contrôle parlementaire de l'exécution du budget de l'Etat*, Université d'Abomey-Calavi, 2005-2006, 78 p.

2. AKEREKORO (H.), *Les mécanismes et les institutions de renforcement de la démocratie au Bénin*, 2004-2005, Université d'Abomey-Calavi, 88 p.

3. ARDON (L.), *Le budget de l'Elysée, à l'épreuve de la transparence budgétaire ?*, Mémoire, Master 2 Recherche, Université Paris 1, 2008-2009, 77 p.

4. ASCHEHOUG (A.-C), *L'Inspection Générale des Finances : entre traditions et modernité*, Mémoire de Master 2 Recherche, Université Paris 1, 2007, 98 p.

5. AZOUR (E. H.), *La mise en œuvre de l'intégration financière publique en France : le rôle de la méthode agile*, Mémoire, Université Paris 1, 2016, 91 p.

6. BALLADUR (T.), *Le droit d'amendement parlementaire en matière budgétaire*, Mémoire de Master 2 Recherche, Université Paris 1, 2007, 86 p.

7. BANQUEY (B.), *Le contrôle externe des financements européens : quel rôle pour la Cour des Comptes française ?*, Mémoire de Master 2 Recherche, Université Paris 1, 2007, 107 p.

8. BARELIER (D.), *Modernisation et consolidation des comptes de l'Etat*, Mémoire, Université Paris 1, 2011-2012, 82 p.

9. BATY (R.), *Les organismes de conseil et de contrôle de l'Etat*, Mémoire Master 2 Recherche, Université Paris 1, 2008-2009,75 p.

10. BAZALGETTE (C.), *La technique du prélèvement sur recettes en droit budgétaire français*, Mémoire de Master 2 Recherche, Université Paris 1, 2006, 135 p.

11. BELLOU (M.), *La certification des compte de l'Etat et du régime général de la sécurité sociale : bilan et perspectives*, Mémoire, Université Paris 1, 2016, 110 p.

12. BERGIA (L.), *Quelle règle d'or, aujourd'hui en France ?*, Mémoire de M2R, Université Paris 1, 2012, 127 p.

13. BERNARD (T.), *La fiscalité et l'économie du numérique*, Mémoire, Université Paris 1, 2014, 96 p.

14. BONNEVILLE (F.), *Le cadre conceptuel de la dette publique de la Crise de 1929 à la Crise de 1973*, Mémoire, Université Paris 1, 2011-1012, 185 p.

15. BORIE (C.), *Le contrôle général des armées*, Mémoire Master 2 Recherche, Université Paris 1, 2008-2009, 79 p.

16. BORNAT (E.), *La jurisprudence constitutionnelle des finances de l'Etat depuis 2000*, Mémoire Master 2 Recherche, Université Paris 1, 2008-2009, 101 p.

17. BOUKOUYA (Y.), *L'externalité de l'activité informatique à la DGFIP*, Mémoire, Master 2 Recherche, Université Paris 1, 2008-2009, 62 p.

18. BRAND (T.), *Le rôle stabilisateur des finances publiques en question*, Mémoire de Master 2 Recherche, Université Paris 1, Paris 1, 2007, 83 p.

19. BRIAND (M), *Le financement public du logement social : état des lieux et perspectives*, Mémoire de M2R, Université Paris 1, 2009-2010, 95 p.

20. CAILLEMER (B.), *L'Agence France-Trésor*, Mémoire de Master 2 Recherche, Paris 1, 2008, 121 p.

21. COFFLARD (L.) *La Loi Organique relative aux Lois de Finances et la modernisation de la gestion publique*, Mémoire de Master 2 Recherche, Université Paris 1, 2006, 120 p.

22. COHEN (J.), *Le développement de la spécialité budgétaire en France jusqu'à la fin de la IIIème République*, Mémoire de Master 2 Recherche, Paris 1, 2003, 105 p.

23. CROCHARD (H.), *La mission d'évaluation et de contrôle : un évaluateur de la dépense publique ?*, Mémoire de Master 2 Recherche, Université Paris 1, 2007, 107 p.

24. CZEREPAK (A.-C.), *De l'Ancien Régime à 1914 : les origines du principe d'universalité budgétaire*, Mémoire de DEA, Université Paris 1, 2004, 125 p.

25. DAHAN (J.), *Les agences de notation*, Mémoire de M2R, 2009-2010, 98 p.

26. DASTE (R.), *La réduction des dépenses fiscales*, Mémoire Master 2 Recherche, Université Paris 1, 2008-2009, 83 p.

27. DENYS (B), *Le contrôle de gestion dans l'administration de l'Etat*, Université Paris 1, 2011, 114 p.

28. DESLANDES (N.), *La réforme constitutionnelle du 23 juillet 2008 et les finances publiques*, Mémoire Master 2 Recherche, Université Paris 1, 2008-2009, 68 p.

29. DJABOUTOUBOUTOU (I.), *Essai de réflexion sur la contribution de la Banque Mondiale à l'amélioration de la gouvernance économique au Bénin*, Master II professionnel, Université d'Abomey-Calavi, 2008, 90 p.

30. DUMAS (M.), *Le Parlement et la Cour des comptes*, Mémoire de M2R, Université Paris 1, 2011, 97 p.

31. DUPUIS (S.), *La procédure des fonds de concours*, Mémoire de Master 2 Recherche, Université Paris 1, 2006, 81 p.

32. FIANT (F.), *Le contrôle interne comptable au sein des armées : évolution ou révolution ?*, Mémoire de M2R, Université Paris 1, 2011, 128 p.

33. Foucault (E.), *Au fil de la modernisation de l'Etat, le rôle des cabinets de conseil dans les administrations : dépendance ou complémentarité ?*, Mémoire Master 2 Recherche, Université Paris 1, 2008-2009, 156 p.

34. FURMEK-KOSELSKA (B.), *L'histoire des quatre grands impôts directs locaux en France de 1789 à 1917*, Mémoire de DEA, Université Paris 1, 2002, 81 p.

35. GBEDJI (A.), *Contributionà la mise en œuvre de la sincérité dans les prévisions budgétaires de l'État*, mémoire Master II de l'Ecole Nationale d'Administration et de Magistrature (ENAM) de l'Université d'Abomey-Calavi au Bénin, 80 p.

36. GIOVANNONI (L.), *Le contrôle du financement des campagnes électorales des partis politiques*, Mémoire de recherche, Université Paris 1, 2014, 90 p.

37. GONCALVES (R.), *Les juridictions européennes et le droit public financier : la Cour Européenne des Droits de l'Homme*, Mémoire de DEA, Université Paris 1, 2004, 106 p.

38. Houri (A) *La régulation budgétaire*, Mémoire de Master 2 Recherche, 2007, 84 p.

39. HOUSSIER (N.), *LOLF et pouvoir exécutif*, Mémoire de M2R, Université Paris 1, 2011, 102 p.

40. KONDO (R.), *Parlement et processus de démocratisation en Afrique : cas du Bénin*, Université d'Abomey-Calavi, 2001-2002, 85 p.

41. MESSAGE (A.), *L'affectation des recettes de l'Etat*, Mémoire de Master 2 Recherche, Université Paris 1, 2007-2008, 123 p.

42. MEVEL (N), *Le contrôle d'Etat*, Mémoire de DEA, Université Paris 1, 2003, 109 p.

43. MINO (L.) *La rénovation des pouvoirs du Parlement en matière budgétaire : principes et réalité*, Mémoire de M2R, Université Paris 1, 2009-2010, 85 p.

44. MORARD (S.), *La sincérité budgétaire : une approche comparée*, Mémoire Master 2 Recherche, Université Paris 1, 2007, 74 p.

45. MOURIER des GAYETS (C.), *La Direction du budget à l'épreuve de la LOLF*,

46. PAMBOU (P.E.), *La problematique de l'autonomie financière des Communes au Bénin : Cas d'Abomey-Calavi*, Université d'Abomey-Calavi, 2012, 97 p.

47. SEGUIN (B.), *Le budget de la réunion des budgets nationaux*, Mémoire Master 2 Recherche, Université Paris 1, 2008-2009, 84 p.

CONTRIBUTIONS A DES OUVRAGES ET ARTICLES DE REVUE

1. AGLAE (M. J.), « De l'impôt et ses limites », *RFFP*, n° 120, 2012, pp. 39 – 50.

2. AKEREKORO (H.), « Les mutations des sources du Droit des Finances Publiques au Bénin », *Revue Béninoise des Sciences Juridiques et Administratives*, n° 31, année 2013, pp.53-94.

3. ANDREANI (E.), « Budget de programme et rationalité de la décision publique », *Revue Economique*, vol. 19, n°4, 1968, pp.638-673.

4. AVRIL (P.), « Renforcer le Parlement : qu'est ce à dire ? », *Pouvoirs*, n°146, 2013, pp. 9- 19.

5. BANEGAS (R.), « Marchandisation du vote, citoyenneté et consolidation démocratique au Bénin », *Revue Politique africaine*, n° 69, 1998, pp. 75-87.

6. BARBERIS (M.), « Le futur passé de la séparation des pouvoirs *», Revue Pouvoirs*, n° 143, 2012, pp. 5-15.

7. BATOUM-BA-NGOUE (S.), « Démocratisation et processus budgétaire dans les États de la Communauté Economique et Monétaire de l'Afrique Centrale (CEMAC) : le cas du Cameroun », *Revue Afrilex,* n°4, 2004, pp. 7-26.

8. BAYART (J.-F.), « La démocratie à l'épreuve de la tradition en Afrique subsaharienne », *Pouvoirs*, n° 129, 2009/2, pp. 27-44 ;

9. BELTRAME (P.), « Le consentement de l'impôt, devenir d'un grand principe », *RFFP*, n° 51, 1995, pp. 81-89.

10. BERGOUGNOUS (G.), « Le binômes majorité-opposition », *Revue Pouvoirs*, n° 146, 2013, pp, 43-55.

11. BERNICOT (J. F.), « La décision financière publique sous contrainte européenne », *in* C. DESMOULIN et G. DESMOULIN (dir.), *La décision financière publique*, Paris, LGDJ, 2013, pp. 43-53.

12. BESSIÈRE (V.), « Excès de confiance des dirigeants et décisions financières : une synthèse », *Finance Contrôle Stratégie* – Volume 10, n° 1, mars 2007, p. 39 – 66.

13. BINCZAK (P.), « le conseil constitutionnel et le droit d'amendement : entre "errements" et malentendus », *Revue Française de Droit Constitutionnel*, n° 47, 2001/3 pp.479-528.

14. BIOWOLE (V.), « Le budget programme en Afrique : quand les faits supplantent le rêve », *RAFIP,* n° 1, 2015, pp. 135-155.

15. BLÖNDAL (J.), « La réforme budgétaire dans les pays membres de l'OCDE : tendances communes », *Revue de l'OCDE sur la gestion budgétaire*, n°4, vol. 2, 2003, pp. 7-27.

16. BOCKEL (A.), « Les règles d'or du budget et les pays en voie de développement », *Revue de Science Financière*, 1967, pp. 479 et s ;

17. BOTTIN (M.), « L'autorisation budgétaire », *in* H. ISSAIA et J. SPINDLER (dir.), *Histoire du droit des finances publiques,* Paris, Economica, 1988, vol. 3, pp. 97-125.

18. BOUBIER (M.), « Cybernétique financière publique et fin du politique ? », *Pouvoirs Locaux*, n°102 III/2014, pp. 94-100.

19. BOUHADANA (I.) et GILLES W., « La présidence de la commission des finances par un membre de l'opposition parlementaire : potentialités et enjeux », *RFFP*, n° 100, 2007, pp. 295-301.

20. BOUMAKANI (B.), « La prohibition de la "'transhumance politique"' des parlementaires : étude de cas africains », *RFDC*, n°75, 2008, pp. 499-512.

21. BOUVIER (M.), « Inventer *un nouveau modèle financier public pour retrouver le sens du collectif* », Editorial, *RFFP*, n°117, Février 2012, pp V-VI.

22. BOUVIER (M.), « Réhabiliter et refonder la science des finances publiques », *inMélange, Paul AMSELEK*, Bruxelles, Bruylant, 2005, pp. 131-153.

23. BOUVIER (M.), « Editorial » *RFFP*, n° 94, Mai 2006, pp V-VI.

24. BOUVIER (M.), « Editorial », *RFFP,* n°55, 1996, pp V-VI.

25. BOUVIER (M.), « Nouvelle gouvernance financière publique et transformations du pouvoir politique », *in Mélanges en l'honneur de Robert HERTZOG : Réformes des finances publiques et modernisation de l'administration*, Paris, Economica, 2010, pp. 58-65.

26. BRAIBANT (G.), « Qui fait la loi ? », *Revue Pouvoirs*, n°64, 1993, pp. 43-46.

27. BRAVO (J.), « L'expérience française des budgets de programmes », *Revue économique*, 24-1, 1973, pp.1-65.

28. CAHUZAC (J.), « Mieux organiser le travail pour plus d'efficacité », *RFFP*, n° 113, 2011, pp. 3-15.

29. CAILLOSSE (J.), « Le droit administratif contre la performance publique ? », *Revue AJDA*, n° 1, 1999, pp. 195-211.

30. CAMGUILHEM (B.), « L'illusoire personnalité juridique des assemblées parlementaires », *RDP*, n°4, 2013, pp. 867-888.

31. CAMPOS (I.), « Administration publique et performance : un couple irréel ? », *in* N.MEDE (dir.), *La réforme de l'Etat au Bénin : état de la réforme et perspectives*, Abomey-Calavi, éditions CPU, 2013, pp. 99-123.

32. CANEPA (D.), « La régulation budgétaire dans la nouvelle gestion de l'Etat », *in* M. BOUVIER (dir.), *Innovations, créations et transformations en finances publiques : actes de la deuxième université de printemps du GERFIP*, Paris, 2006, pp. 26-30.

33. CARCASSONNE (G.), « La portée du principe du consentement à l'impôt et les limites du pouvoir fiscal du législateur », *in* L. PHILIP (dir.), *L'exercice du pouvoir financier du parlement : théorie, pratique et évolution*, Paris et Marseille, Economica et PUAM, 1996, pp. 43-47.

34. CAUDAL (S.), « L'emprise croissante du droit sur les politiques budgétaires », *RFFP*, n° 79, 2002, pp. 121-140.

35. CHINAUD (R.), « Loi de finances : quelle marge de manœuvre pour le Parlement ? », *Revue Pouvoirs*, n° 64, 1993, pp. 99- 107.

36. CIEUTAT (B.), « Le rôle de la Cour des comptes en matière de transparence financière », *in* M. BOUVIER (dir.), *La bonne gouvernance des finances publiques dans le monde : actes de la quatrième université de printemps de finances publiques*, Paris, LGDJ, 2009, pp. 237-243.

37. CUIRSOUX-BRUYERE (S.), « Les fonds spéciaux : les zones d'ombre de la réforme », *Revue Petites affiches*, n°4, 2006, pp. 3-9.

38. DA (D.), « L'autorité de la chose jugée en matière de justice financière », *RBSJA*, n° 24, 2011, pp. 111-125.

39. DAUGERON (B.), « La démocratie administrative dans la théorie du droit public : retour sur la naissance d'un concept », *RFAP*, n°137-138, 2011, pp. 21-37.

40. DEBBACH (C.), « Finances publiques et droit administratif », *in Mélanges offerts à Monsieur le doyen Louis TROTABAS,* Paris, L.G.D.J, 1970, pp. 111-136.

41. DIAGNE (M.), « De l'influence du droit communautaire africain sur les finances publiques sénégalaises », *Revue EDJA* n° 83, trimestriel octobre-novembre-décembre 2009 ;

42. DIALLO (I.), « Pour une appréciation concrète des pouvoirs du Parlement sénégalais en matière budgétaire », *in AFRILEX*, 2e n° spécial finances publiques, juin 2012.

43. DOBELL (P.), ULRICH (M.), « L'efficacité parlementaire dans le processus budgétaire : une étude de cas », *in Enjeux publics*, vol. 3, no 5, 2002.

44. DOUAT (E.), « La décision financière et la dimension politique », *in* C. DESMOULIN et G. DESMOULIN (dir.), *La décision financière publique*, Paris, LGDJ, 2013, pp. 29-42.

45. DUBERTRET (J.), « Renforcer la gouvernance pour redresser les finances publiques », *in* F. ROUVILLOIS (dir.), *Vers l'Etat optimal*, La Documentation française, 2012, pp. 155- 165.

46. DUPRAT (J. P.), « Globalisation des finances publiques et constitution », *in Mélanges en l'honneur de Robert HERTZOG : Réformes des finances publiques et modernisation de l'administration*, Paris, Economica, 2010, pp. 143-160.

47. DUPRAT (J. P.), « La formation et l'évolution du droit financier en Afriques francophone subsaharienne », *in* D. DARBON et J. DU BOIS DE GAUDUSSON (dir), *La création du droit en Afrique,* Paris Karthala, 1997, pp. 443-473.

48. EPSTEIN (R), « Des politiques publiques aux programmes : l'évaluation sauvée par la LOLF ? Les enseignements de la politique de la ville », *Revue française des affaires sociales,* 2010/1, pp. 227-250.

49. FALL (B.A.), « La Charte africaine des droits de l'homme et des peuples : entre universalisme et régionalisme », *in Pouvoirs* n° 129, 2009/2, pp. 77-100 ;

50. GICQUEL (J.), « La reparlementarisation : une perspective d'évolution », *Pouvoirs*, n° 126, 2008/3, pp. 47-60. DOI : 10.3917/pouv.126.0047 ;

51. GODEFROY (S.), « L'élaboration et l'adoption de la loi de finances », *in* A. ROUX (dir), *Finances publiques*, Paris, La Documentation française, 2011, pp. 49-61.

52. GUEYE (B.), « La démocratie en Afrique : succès et résistances », *Pouvoirs*2009/2, n ° 129, pp. 5-26 ;

53. HERTZOG (R.), « La loi organique relative aux lois de finances (LOLF) dans l'histoire des grands textes budgétaires : continuité et innovation », *inRevue française d'administration publique*, no117, 2006/1, pp. 15-30.

54. HERTZOG (R.), « Les ressources publiques sous tension : victimes ou causes de la crise des finances publiques ? », *Revue Française d'Administration Publique*, n° 144, 2012/4, pp. 915-928. DOI : 0.3917/rfap.144.0915 ;

55. HERTZOG (R.), « A la recherche d'une théorie du système financier public complexe », *in Etudes en l'honneur de Loïc PHILIP : Constitution et finances publiques*, Paris, Economica, 2005, pp. 401-421.

56. HERTZOG (R.), « L'avenir du pouvoir financier du Parlement : miroir des ombres ou garant de l'équilibre du « 'gouvernement général »', *in* L. PHILIP (dir), *L'exercice du pouvoir financier du parlement : théorie, pratique et évolution*, Paris et Marseille, Economica et PUAM, 1996, pp. 121-145.

57. HOLO (T.), « constitution et nouvel ordre politique au Bénin », *Revue béninoise des sciences juridiques et administratives*, n° 13, 1989.

58. JAN (P.), « Les séparations du pouvoir », *in Mélanges en l'honneur de Jean Gicquel : Constitutions et pouvoirs*, Paris Montchrestien, 2008, pp. 255-264.

59. JEAN-PAUL (F.), « La marge de manœuvre des États. Des démocraties sans souveraineté ? », *inPouvoirs*, n° 142, 2012/3, pp. 61-70. DOI : 10.3917/pouv.142.0061 ;

60. KAMARA (M.), « De quelques aspects de l'évolution récente des finances publiques, du droit budgétaire et de la comptabilité publique au Sénégal : l'élaboration de la loi de finances », *Revue EDJA* n° 83, trimestriel octobre-novembre-décembre 2009 ;

61. KEMPF (H.), « Ronald Reagan, le congrès et les déficits budgétaires », *Revue Française de Science Politique*, 39ème année, n°4, 1989, pp. 517-538.

62. LASCOMBE (M.), « Le parlement et la loi de finances », *in Mélanges en l'honneur de Robert HERTZOG : Réforme des finances publiques et modernisation de l'administration*, Paris, Economica, 2010, pp. 313-329.

63. LATH (S.), « La pérennisation du présidentialisme dans les États d'Afrique : les repères d'un modèle africain de régime politique », *in* J. AÏVO (dir.), *Mélanges en l'honneur de MauriceAHANHANZO GLELE*, Paris, L'Harmattan, 2014, pp. 285-310.

64. LIENERT (I.), « Existe-t-il un modèle standard de gestion publique ? », *in* M. BOUVIER (dir), *Réforme des finances publiques, démocratie et bonne gouvernance : actes de la première université de printemps du GERFIP*, Paris, LGDJ, 2004, pp. 115-120.

65. LUCHAIRE (F.), « Un droit à dimension variable, le droit d'amendement », *in Etudes en l'honneur de Loïc PHILIP : Constitution et finances publiques,* Paris, Economica, 2005, pp. 125-131.

66. MANSOUR (M.) et Rota-Graziosi (G.), « Coordination fiscale dans l'Union Économique et Monétaire Ouest Africaine », *Revue d'Economie du Développement*, 2012/3 Vol. 26, p. 9-34. DOI : 10.3917/edd.263.0009 ;

67. MARC (G.), « Les ordonnances : tuer ou sauver la loi ? », *Pouvoirs*, n° 114, 2005/3, pp. 117-129. DOI : 10.3917/pouv.114.0117 ;

68. MATHIEU (B.), « La qualité du travail parlementaire : une exigence constitutionnelle », *in Mélanges en l'honneur de Jean Gicquel : Constitutions et pouvoirs*, Paris, Montchrestien, 2008, pp. 355-364.

69. MEDE (N.) et TONI (E.), « Le droit public financier, un droit administratif spécialisé », *AFRILEX*, disponible sur http://afrilex.u-bordeaux4.fr/sites/afrilex/IMG/pdf/MEDE et_EROLArti cle Le_DPF_ un_droit_administratif_spe_cialise_.pdf ;

70. MEDE (N.), « Réflexion sur le cadre harmonisé des finances publiques dans l'espace UEMOA », *Revue Africaine des Sciences Juridiques*, n° 1/2014, pp. 173-210 ;

71. MEDE (N.), « La nouvelle gestion budgétaire : l'expérience des budgets de programmes au Bénin », *AFRILEX*, N°4, décembre 2004 ;

72. MEDE (N.), « Réflexions sur l'autorité de la chose jugée au financier en droit positif africain francophone », *in* J. L. ALBERT *(dir), Mélange en l'honneur de Jean-Pierre LASSALE, Gabriel*

MONTAGNIER et Luc SAÏDJ : Figures lyonnaises des finances publiques, Paris, L'harmattan, 2012, pp. 273-302.

73. MISSOUM (L.), « Budgets publics, communication financière et information des citoyens », *in* M. BOUVIER (dir), *La transparence des finances publiques : vers un nouveau modèle*, Paris, L.G.D.J, 2013 pp.19-27.

74. MUZELLEC (R.), « Vers la certification des comptes de l'Etat en 2007 », *in Etudes en l'honneur de Loïc PHILIP : Constitution et finances publiques*, Paris Economica, 2005, pp. 475-491.

75. ORSONI (G.) « Les finances publiques sont-elles encore les finances de l'État ? », *inMélange Paul AMSELEK*, Bruxelles, Bruylant, 2005, pp. 631-650.

76. ORSONI (G.), « Du consentement de la dépense publique », *inMélanges offerts au Doyen Charles CADOUX*, P.U.A.M, 1999, pp.245-260.

77. PELLET (R.), « La fin de l'universalité budgétaire », *in Etudes en l'honneur de Loïc PHILIP : Constitution et finances publiques*, Paris, Economica, 2005, pp. 515-527.

78. Philip (L.), « Droit constitutionnel financier et fiscal. La nouvelle loi organique du 1er août 2001 relative aux lois de finances », *Revue française de droit constitutionnel,* n° 49, 2002/1, p. 199-212.

79. ROLLAND (P.), « comment préserver les institutions politiques ? La théorie du pouvoir neutre chez B. CONSTANT », *Revue Française d'Histoire des Idées Politiques,* 2008/1 n °27 | pages 43 à 73

80. ROUSSEAU (J-M.), « Risque et décision financière dans le cadre de la théorie du portefeuille », *Revue d'économie politique*, Vol. 105, No. 1, *La rationalité face au risque* (janvier-février 1995), pp. 91-131.

81. SANTISO (C.), « Combattre la corruption et améliorer la gouvernance financière : les institutions financières internationales et le renforcement du contrôle budgétaire dans les pays en développement », *Revue française d'administration publique*, n° 119, 2006/3, p. 459-492. DOI : 10.3917/rfap.119.0459 ;

82. TANO (F.), « Constitutionnalisme et urgence budgétaire à l'épreuve des crises politiques », *Revue Juridique et Politique des États Francophones*, n° 2, avril-juin 2011, pp. 147- 150.

83. TENIER (J.), « La décision budgétaire partagée entre États ; un cas décisif de partage de la souveraineté », *in* C. DESMOULIN et G.

DESMOULIN (dir.), *La décision financière publique*, Paris, LGDJ, 2013, pp. 115-125.

84. TOPANOU (V.), « Quel régime pour quel modèle ? », *in J. AÏVO (dir.), Mélanges en l'honneur de Maurice AHANHANZO-GLELE*, Paris, L'Harmattan, 2014, pp. 311- 319.

85. TURPIN (D.), « Démocratie représentative et démocratie participative » *in Mélanges en l'honneur de Jean GICQUEL : Constitutions et pouvoirs*, Paris, Montchrestien, 2008, pp. 565-580.

86. VANDENDRIESSCHE (X.), « "'Démocratie participative"' et légitimité : Quelques interrogations ? », *in Mélanges en l'honneur de Jean GICQUEL : Constitutions et pouvoirs*, Paris, Montchrestien, 2008, pp. 581-591.

87. WALINE (C.), « La prise de décision financière au sein du parlement », *in* C. DESMOULIN et G. DESMOULIN (dir.), *La décision financière publique*, Paris, LGDJ, 2013, pp. 95-101.

88. WALINE (M.), « Les résistances techniques de l'administration au pouvoir politique », *in Politique et technique*, PUF, Paris, 1958, 179 p.

89. YONABA (S.), « Le recouvrement des recettes publiques dans les états africains : un état des lieux préoccupant », *Revue Française d'Administration Publique*, n ° 144, 2012/4.

90. YONABA (S.), « Le système financier des États africains francophones à l'épreuve de l'impératif de "'disciplinaire budgétaire"' : réflexions liminaires », *in Mélanges en l'honneur de Robert HERTZOG : Réformes des finances publiques et modernisation de l'administration*, Paris, Economica, 2010, pp. 619-633.

TEXTES JURIDIQUES

1. Directive 01/2009/CM/UEMOA du 27 mars 2009 portant code de transparence dans la gestion des finances publiques au sein de l'UEMOA.

2. Directive 06/2009/CM/UEMOA du 26 juin 2009 portant lois de finances au sein de l'UEMOA.

3. Directive 07/2009/CM/UEMOA du 26 juin 2009 portant règlement général sur la comptabilité publique (RGCP) au sein de l'UEMOA.

4. Directives 08/2009/CM/UEMOA du 26 juin 2009 portant nomenclature budgétaire de l'Etat (NBE) au sein de l'UEMOA.

5. Directive 10/2009/CM/UEMOA du 26 juin 2009 portant tableau des opérations financières de l'Etat (TOFE) au sein de l'UEMOA.

6. Directive 09/2009/CM/UEMOA du 26 juin 2009 portant plan comptable de l'Etat (PCE) au sein de l'UEMOA.

7. Loi n° 90-32 du 11 décembre 1990 portant Constitution de la République du Bénin.

8. Loi N°2008/001 du 14 avril 2008 modifiant et complétant certaines dispositions de la loi n° 96/06 du 18 janvier 1996 portant révision de la constitution du 02 juin 1972.

9. Loi n° 2000-513 du 1er août 2000 portant constitution de la République de Côte d'Ivoire.

10. Loi n° 13/2003 du 19 août 2003 portant Constitution de la République du Gabon.

11. Loi n° 2013-14 du 27 septembre 2013 portant loi organique relative aux lois de finances en République du Bénin.

12. Loi n° 97-029 du 15 janvier 1999 portant organisation des communes en République du Bénin.

13. Loi n° 2008-09 du 02 janvier 2009 portant loi de finances pour la gestion 2009.

14. Loi n° 2010-46 du 30 décembre 2010 portant loi de finances pour la gestion 2011.

15. Loi n° 2011-43 du 22 décembre 2011 portant loi de finances pour la gestion 2012.

16. Loi n° 2016-14 du 20 juillet 2016 portant loi de finances rectificative pour la gestion 2016.

17. Loi n° 2017-04 du 19 octobre 2017 portant code des marchés publics en République du Bénin.

18. Décret n° 2012-428 du 06 novembre 2012 portant attributions, organisation et fonctionnement du ministère de l'économie et des finances.

19. Décret n° 92-57 du 6 mars 1992 portant nomenclature du budget général de l'État.

20. Décret n°99-223 du 4 mai 1999 portant création, attributions, composition et fonctionnement du comité « produit intérieur brut et tableau des opérations financières de l'Etat ».

21. Décret n°99-458 du 22 septembre 1999 portant approbation de la nomenclature budgétaire de l'État adaptée aux normes de l'Union Economique et Monétaire Ouest Africaine (UEMOA).

22. Décret n° 2000-601 du 29 novembre 2000 portant réforme des procédures d'exécution du budget général de l'État.

23. Décret n° 2005-789 du 29 décembre 2005, portant approbation du Cadre de Réforme de la Gestion Budgétaire Axée sur les Résultats (Car-GBAR).

24. Décret n° 2008-241 du 06 mai 2008 portant approbation de ses statuts de la CAA.

25. Décret N° 2011-554 du 24 août 2011 portant approbation du calendrier de déroulement des travaux budgétaires.

26. Décret n° 2012-352 du 05 octobre 2012 portant transmission à l'Assemblée Nationale, du projet de loi de finances pour la gestion 2013.

27. Décret n° 2013-456 du 08 octobre 2013 portant transmission à l'Assemblée Nationale, du projet de loi de finances pour la gestion 2014.

28. Décret n° 2014-565 du 03 octobre 2014 portant transmission à l'Assemblée Nationale du projet de loi de finances pour la gestion 2015.

29. Décret n° 2014-571 du 07 octobre 2014 portant règlement général sur la comptabilité publique.

30. Décret n°2014-572du 07 octobre 2014 portant modalités de perception et de reversement des produits relatifs aux services de recettes des ministères et institutions de l'Etat.

31. Décret n° 2014-573 du 07 octobre 2014 portant élaboration du tableau des opérations financière de l'Etat.

32. Décret n° 2014-794 du 31 décembre 2014 portant nomenclature budgétaire de l'État.

33. Décret n° 2015-035 du 29 janvier 2015 portant code de transparence dans la gestion des finances publiques en Républiques du Bénin.

34. Décret n° 2015-370 du 18 juin 2015 portant composition du Gouvernement.

35. Décret n° 2015-370 du 18 juin 2015 portant composition du Gouvernement.

36. Décret n° 2015-455 du 27 août 2015 portant majoration et annulation de crédits à titre d'avance sur le budget de l'État, gestion 2015.

37. Décret n° 2016-264 du 06 avril 2016 portant composition du Gouvernement.

38. Décret n° 2016-421 du 20 juillet 2016 portant AOF du ministère de l'Economie et des Finances.

39. Décret n°615 du 05 octobre 2016 portant transmission à l'Assemblée Nationale du projet de lois de finances pour la gestion 2017.

40. Décret n° 2016-624 du 12 octobre 2016 portant attributions, organisation et fonctionnement du contrôle financier.

41. Arrêté n°2015-410/MEFPD/DC/SGM/DGTCP/SP du 02 février 2015 portant plan comptable de l'Etat.

42. Arrêté n°2015-4959/MEFPD/DC/SGM/DGTCP/SP portant répartition du produit généré par la communication GSM sur les appels internationaux entrants en République du Bénin du 25 septembre 2015.

43. Arrêté n°4096-c/MEF/DC/SGM/CF/SP/121/SGG16 du 12 décembre 2016 fixant les modalités d'application du décret n° 2016-624 du 12 octobre 2016 portant attributions, organisation et fonctionnement du contrôle financier.

RAPPORTS ET DOCUMENTS

1. Agence Française de Développement, *Le genre et la réduction des inégalités femmes-hommes, Cadre d'intervention transversal 2014-2017*, 50 p.

2. Commission des finances du SENAT, *Doter la France de sa nouvelle constitution financière, un préalable à la réforme de l'État*, n°37, 2000-2001, 328 p ;

3. FONDAFIP*, L'intégration financière publique*, 1er rapport, 2011, 24 p.

4. FONDAFIP*, L'intégration financière publique*, 2ème rapport, 2012, 34 p.

5. FONDAFIP, *L'intégration financière publique*, 2eme rapport, Paris, Septembre 2012, 34 p.

6. FONDAFIP*, L'intégration financière publique*, rapport de synthèse, 2013, 24 p.

7. Fonds Monétaire International, *Transparence, système de responsabilité et risques budgétaires*, août 2012, 68 p.

8. La dette publique Quel périmètre ? Quel contenu ? (Note d'étape), 2012, 20 p.

9. La documentation française, Découverte de la vie publique, *Les finances publiques et la réforme budgétaire*, Corlet, 5ème édition, Condé-sur-Noireau, octobre 2009,184 p.

10. Ministère de l'Economie et des Finances, *Rapport de l'étude fonctionnelle pour la restructuration de la Direction générale du budget au format de la nouvelle LOLF*, décembre 2015, 63 p.

11. Ministère de l'Economie et des Finances, Secrétariat Permanent du Comité National de Politique Economique, *Rapport sur la situation économique et financière du Bénin au premier trimestre 2016*, 23 p.

12. Ministère de l'économie, des finances et de l'industrie, Secrétariat d'État au budget et à la réforme budgétaire, Commission des finances de l'Assemblée nationale, Commission des finances du Sénat, Cour des Comptes, Comité interministériel d'audit des programmes, *La démarche de performance : stratégie, objectifs, indicateurs Guide méthodologique pour l'application de la loi organique relative aux lois de finances du 1er août 2001*, juin 2004, 51 p.

13. Ministère de l'Economie, des Finances et des Programmes de Dénationalisation, *Rapport synthèse de présentation du projet de loi de finances pour la gestion 2016*, 37 p.

14. Programme FED de l'Union Européenne Pour le Bénin, *Evaluation des finances publiques selon la méthodologie PEFA (Public Expenditure and Financial Accountability)*, 115 p.

15. *Quel comptable pour les comptes publics*, 2010, 53 p.

16. *Rapport final, seconde évaluation de la performance de la Gestion et du Système des Finances Publiques au Bénin selon la méthodologie PEFA*, 2014, 141 p.

17. Rapports du Fonds Monétaire International sur le Bénin.

18. Union Economique et Monétaire Ouest Africaine, *Rapport semestriel d'exécution de la surveillance multilatérale*, décembre 2015, 116 p.

19. Union Economique et Monétaire Ouest-Africaine, *Rapport semestriel d'exécution de la surveillance multilatérale*, décembre 2014, p.29.

REVUES

1. *Afrilex*
2. *Revue Africaine des Sciences Juridiques*
3. *Revue Béninoise des Sciences Juridiques et Administratives*
4. *Revue de l'OCDE sur la réforme budgétaire*
5. *Revue d'Economie Financière*
6. *Revue d'Histoire des Facultés de Droit*
7. *Revue Française d'Administration Publique*
8. *Revue Française de Droit Constitutionnel*
9. *Revue Française de Finances Publiques*
10. *Revue Internationale des Sciences Administratives*
11. *Revue Juridique et Politique des États Francophones*

12. *Revue POUVOIRS*
13. *Revue Québécoise de Droit International*

WEBOGRAPHIE

1. http//www.pefa.org
2. http://afrilex.u-bordeaux4.fr/sites/afrilex/IMG/pdf
3. http://apf.francophonie.org
4. http://books.openedition.org/iheid/1781
5. http://www.academia.edu/19892687/Introduction_historique_au_droit.
6. http://www.an.bf
7. http://www.assemblee-nationale.fr
8. http://www.assemblee-nationale.sn
9. http://www.awepa.org
10. http://www.cabri-sbo.org
11. http://www.cpahq.org
12. http://www.icgfm.org
13. http://www.imf.org
14. http://www.internationalbudget.org
15. http://www.intosai.org
16. http://www.intosai.org
17. http://www.ipu.org
18. http://www.ipu.org
19. http://www.madagasconsortium.org/IMG/pdf
20. http://www.ndi.org/globalp/gov/governance.asp
21. http://www.ocde.org
22. http://www.parlcent.ca
23. http://www.unwomen.org/fr/news/in-focus/csw/feature-stories
24. http://www.worldbank.org/wbi/governance/parliament
25. https://www.tresor.gouv.qc.ca
26. URL : http://aspd.revues.org/142
27. www.cedep-uac.com
28. www.finances.bj

29. www.hcfp.fr
30. www.le-Pole.org
31. www.performance-publique.budget.gouv.fr
32. www.socialwatch-benin.org

POSTFACE

« *L'absurde*, écrit Albert CAMUS, *c'est la confrontation de l'appel humain avec le silence déraisonnable du monde.* » L'absurde, c'est aussi, si l'on peut dire, la propension de l'humain à se fabriquer de grandes causes qui en sont relativement moins, si l'on examine de près les véritables enjeux. Selon le Rapport annuel (2019) de l'ONUSIDA, 19 milliards de dollars US ont été consacrés à la lutte contre le SIDA en 2018 contre 3,1 milliards de dollars US pour le paludisme. Quand on sait que le VIH Sida infecte 36,7 millions de personnes dans le monde et qu'il y a eu 219 millions de cas de paludisme, on mesure l'importance de l'écart de l'effort financier qui est consacré à l'une et à l'autre pathologie de masse. Les personnes atteintes de paludisme sont six fois plus nombreuses que la population infectée par le VIH Sida mais les premières reçoivent six fois plus de ressources financières que les secondes. C'est le syndrome de l'absurde camusien !

Mutatis mutandis, on peut dire la même chose de la disproportion des moyens et du temps consacré à ce qu'on appelle la lutte contre la corruption et ce qu'on pourrait appeler, *brevitatis causa*, la quête d'une gouvernance financière performante. L'idée est de faire en sorte que chaque franc qui sort des caisses du Trésor public produise une quantité et une qualité optimum d'*outcome*. En d'autres termes, il s'agit de dépenser mieux.

C'est à ce deuxième volet de la gestion des finances publiques que s'est attelé Pierrot SEGO, haut fonctionnaire au ministère en charge des finances et chercheur associé au Centre d'Etudes et de Recherche sur l'Administration et les Finances (CERAF) de l'Université d'Abomey-Calavi. Sa perspective est de faire le bilan de la distribution du pouvoir financier dans le contexte nouveau des réformes de finances publiques, elles-mêmes actionnées par le Nouveau cadre harmonisé des finances publiques au sein de l'Union économique et monétaire ouest-africaine (UEMOA). La règle des quatre temps alternés est un classique. Elle décrit un état des lieux et des procédures qui subissent un infléchissement sous l'effet de la gestion performancielle des finances publiques : le parlement s'invite davantage dans la préparation du projet de loi de finances de l'année et le gouvernement marque une empreinte plus forte dans la discussion et le vote de la même loi. La reddition de comptes se fait à une cadence plus régulière et valorise le rôle de contrôle du parlement.

Le mérite de l'auteur du présent ouvrage est de faire untableau dynamique de tout cet élan de modernisation des finances publiques en cours au Bénin. Sa connaissance profonde des rouages de l'administration financière a, certes, contribué à offrir un tour d'horizon satisfaisant des enjeux et des défis de l'administration financière au Bénin. De la liste des points évoqués deux méritent un retour sur image.

Primo, la question des marchés publics : la réforme des finances publiques a été pensée par l'UEMOA et les États membres en faisant un peu l'impasse sur le volet « passation des marchés publics. » Le concept de *compliance budgeting* ne semble pas avoir suffisamment imprégné les réformes de la passation des marchés publics. Pierrot SEGO nous renseigne sur la création de la Personne responsable des marchés publics et de son staff. Cette équipe pilote tout le processus de la commande publique selon un agenda qui est le sien. Le responsable de programme, pierre angulaire de l'exécution budgétaire, n'entretient qu'un rapport fonctionnel avec la personne responsable des marchés publiques au sein du ministère et des institutions constitutionnelles. Quand on sait que le responsable de programme élabore le projet annuel de performance et le rapport annuel de performance, on mesure la délicatesse de sa situation dans la mesure où il n'a pas la maîtrise de tous les leviers de l'exécution du budget. En l'occurrence, le responsable de programme subit l'*outsourcing* de tout ce qui a rapport à la commande publique, que ce soit les achats ou les constructions. Inscrites comme activités au sein du programme dont il est le responsable, ces tâches vont s'exécuter hors de son autorité, c'est-à-dire sans qu'il puisse exercer un pouvoir d'instruction et un pouvoir disciplinaire sur les personnes chargées de ce volet dit de la commande publique. Il s'ensuit logiquement une dilution de l'autorité du responsable de programme. Il s'installe alors, une sorte de responsabilisation sans pouvoir qui pèse sur le responsable de programme

Secundo, la question du délégué du contrôle financier. Organe de contrôle *a priori*, le contrôle financier était promis à une disparition logique dans le nouveau contexte de la diminution-suppression des contrôles *a priori* et la valorisation-renforcement des contrôles *a posteriori*. En lieu et place, les directives de 2009 portant nouveau cadre harmonisé des finances publiques au sein de l'UEMOA ont conforté l'existence des contrôleurs financiers en leur conférant un statut. Du délégué du contrôle financier, nous apprend Pierrot SEGO, on évolue vers une délégation du contrôle financier qui comprend le délégué lui-même mais aussi « *le secrétariat de la délégation, le service des titres et de la comptabilité administrative et le service des actes de carrière.* » Le passage d'un individu à une nouvelle bureaucratie est problématique de façon tendancielle. La bonne loi de Parkinson nous enseigne qu'une bureaucratie travaille plus à justifier son existence qu'à faire un travail productif et atteindre des résultats. La persistance d'un germe de léthargie-liturgie au cœur des dispositifs de la performance budgétaire est le risque auquel nous expose l'institution rénovée du contrôle financier.

En définitive, l'ouvrage de Pierrot SEGO est la première concrétisation du travail itératif qui s'impose aux élites béninoises et ouest-africaines francophones : confronter la pratique aux postulats théoriques, évaluer la *praxis* des administrations publiques et des gouvernants à l'aune des questionnements fondamentaux des élites académiques. En cela, Pierrot SEGO a fait œuvre de pionnier au Bénin et allume, par ce fait même, la flamme d'une mystique du semeur. Son ouvrage en appelle d'autres.

Nicaise MEDE

Professeur à l'Université d'Abomey-Calavi

Directeur du Centre d'études et de recherche sur l'administration et les finances (CERAF)

Abomey-Calavi le 11 octobre 2019

nmede@becg-i.com

TABLE DES MATIERES

Le Sénégal aux éditions L'Harmattan

Dernières parutions

L'ESTHÉTIQUE SOCIALE DES PULAAR
Socioanalyse d'un groupe ethnolinguistique
Sy Harouna
L'esthétique sociale pulaar est une mise en ordre éthique de la vie sociale. Elle est l'inventaire systématique de ce qu'il y a de beau et de laid dans le social relativement à ses valeurs, à ses normes, à ses règles et à ses codes qui commandent des postures, des relations, des rapports et des qualités appropriés. L'analyse des contradictions de la société pulaar du Fuuta Tooro a révélé des logiques et des stratégies fondées sur des rapports de castes et sur les représentations sociales que ces rapports produisent.
(31.00 euros, 304 p.)
ISBN : 978-2-343-11189-6, ISBN EBOOK : 978-2-14-002810-6

LE BAYNUNK GUNAAMOLO, UNE LANGUE DU SUD DU SÉNÉGAL
Analyse phonologique, morphologique et syntaxique
Diop Sokhna Bao - Préface de Denis Creissels
Le Sénégal est un pays multilingue avec des langues majoritaires et des langues minoritaires, de par le nombre de leurs locuteurs, mais également de par la quantité de travaux dont chacune dispose. Les langues majoritaires ont fait l'objet de nombreuses recherches, à la différences des langues minoritaires. Ce constat est à l'origine du choix porté sur la description de la variante gunaamolo du baynunk (parlé au sud du Sénégal, plus précisément à Niamone, dans la région de Ziguinchor) qui est une langue en danger très peu décrite. L'utilité et l'intérêt de ce travail résident dans la sauvegarde et la connaissance de cette langue et sa communauté. Elle peut servir aussi de référence à des recherches futures.
(Coll. Études africaines, 38.50 euros, 392 p.)
ISBN : 978-2-343-09614-8, ISBN EBOOK : 978-2-14-002913-4

DE L'HÉRITAGE ARABO-ISLAMIQUE SAINT-LOUISIEN
Une illustration par les œuvres d'Abbas Sall et d'Abdoulaye Fall Magatte
Fall Cheikh Tidiane - Préface de Samba Dieng et Postface de Mouhamed Habib Kébé
Cet ouvrage porte sur la réhabilitation du legs culturel arabo-islamique ouest-africain en général et saint-louisien en particulier. Revaloriser un pan du patrimoine culturel par l'entremise de l'imagination poétique locale de deux intellectuels demeure l'objectif principal de cette étude. Une partie descriptive constituée de la traduction d'une cinquantaine de poèmes suivie d'un volet analytique constitue la méthodologie de ce travail de recherche. La moisson tirée de ce travail préliminaire apporte quelques éclairages sur l'intérêt de la traduction de manuscrits arabes, notamment ceux produits par d'éminents ulémas du Sénégal, tels les deux poètes faisant l'objet de cette étude.
(Harmattan Sénégal, 35.00 euros, 340 p.)
ISBN : 978-2-343-11306-7, ISBN EBOOK : 978-2-14-003014-7

L'AGRICULTURE DU SÉNÉGAL SOUS LA COLONISATION
Diop Ismaïla
L'introduction de l'arachide au Sénégal au début du XXe siècle révolutionne le paysage agricole. La France décide alors de faire du Sénégal une colonie arachidière. Le Sénégal devient la troisième puissance arachidière du monde après les États-Unis et l'Inde. Cette monoculture extensive aboutit à un déficit vivrier chronique, une dégradation des sols, une dépendance vis-à-vis des importations de riz en provenance d'Asie. Pour y remédier, le rapport de la mission Roland Portères de 1952 recommande des mesures d'aménagement du territoire, de restauration des sols, de promotion de l'agriculture intégrée sérère.
(Harmattan Sénégal, 23.50 euros, 218 p.)
ISBN : 978-2-343-11129-2, ISBN EBOOK : 978-978-2-14-002836-6

CASAMANCE
À quand la paix ?
Bassène René Capain - Préface du père Nazaire Diatta
Malgré leur volonté et leur engagement affichés d'aller vers la fin du conflit armé en Casamance, la position des parties en guerre n'a jamais réellement évolué. L'État du Sénégal se dit prêt à négocier sur tous les points, sauf sur ceux relatifs à l'intégrité territoriale et l'unité nationale, alors que, de son côté, le MFDC soutient une position contraire en déclarant être disposé à ne négocier que sur la question se rapportant à l'indépendance totale de la Casamance. Cette situation montre que le conflit armé est encore loin de finir en Casamance.
(28.50 euros, 276 p.)
ISBN : 978-2-343-10426-3, ISBN EBOOK : 978-2-14-002593-8

PARCOURS D'UN JOURNALISTE AUTODIDACTE
Ndiaye Pape Ngagne - Préface de Mamoudou Ibra Kane
Pape Ngagne Ndiaye, par son style, est devenu un rendez-vous incontournable de l'espace audiovisuel sénégalais. L'émission « Faram Faccce » qu'il anime présentement sur TFM est très courue des hommes et femmes politiques pressés de se soumettre au feu roulant et nourri des questions du redoutable interviewer, unique dans son genre. Ce livre n'est pas seulement une autobiographie, mais aussi une réflexion thématique et une sélection rigoureuse de certains numéros de la célèbre émission qui se veut « un décryptage des questions majeures de l'actualité nationale ».
(37.00 euros, 360 p.) *ISBN : 978-2-343-09916-3, ISBN EBOOK : 978-978-2-14-002822-9*

DES FRANCENABE AUX MODOU-MODOU
L'émigration sénégalaise contemporaine
Fall Papa Demba - Préface du Professeur Abdoulaye Bara Diop
Principalement centré sur la France et ses anciennes colonies d'Afrique, le champ migratoire sénégalais s'est, de manière originale, progressivement étendu à des destinations naguère méconnues ou peu fréquentées (comme les États-Unis, l'Italie, l'Espagne, l'Afrique du Sud ou le Brésil). Peu à peu, les migrants sont devenus des acteurs incontournables du développement. La prise en compte de ces populations, et de leurs mouvements, devient donc nécessaire aux programmes et politiques de développement durable.
(Harmattan Sénégal, 40.00 euros, 559 p., Illustré en noir et blanc)
ISBN : 978-2-343-10796-7, ISBN EBOOK : 978-2-14-002539-6

« DOYEN » AMADY ALY DIENG, LE TRANSMETTEUR INTÉGRAL (1932-2015)
Économie biographique ou sémio-Histoire
Ngaïdé Abdarahmane
Amady Ali Dieng nous a quittés il y a un an. Pour lui rendre hommage et s'en rappeler les enseignements, l'auteur de cet ouvrage a décidé de compiler ses nombreux écrits ou interventions. Les quatorze textes qui composent cette anthologie sont représentatifs et significatifs de la personnalité, du style et des préoccupations d'Amady Ali Dieng. On y retrouve son style, son humour et son esprit critique.
(Harmattan Sénégal, 23.50 euros, 228 p., Illustré en noir et blanc)
ISBN : 978-2-343-10855-1, ISBN EBOOK : 978-2-14-002561-7

41 RULES TO BE HAPPY
Kane Babaly
Seeing that happiness is the goal towards which all men strive for, the author wrote this book to help the reader in treasuring the joyous of life and realizing his desires in entirety, to be fulfilled, to claw his way to the top and to assure him it will turn out well in the end. Moreover, this book intends to give the keys us to get the secret for reaching we want in this life. 41 rules to be happy is a little self help book which has 41 rules that are meant to allow every reader to live life in full potential.
(Harmattan Sénégal, 14.50 euros, 138 p.)
ISBN : 978-2-343-10904-6, ISBN EBOOK : 978-2-14-002583-9

SÉNÉGAL
Les limites du Plan Sénégal Émergent
Mansour Samb El Hadji
Cet ouvrage présente une analyse profonde des politiques publiques en décortiquant le Plan Sénégal Émergent (PSE) qui jusque-là n'a fait l'objet d'aucune analyse critique sérieuse. Le Sénégal est face à un défi, le défi de son émergence, un défi qu'il compte relever avec tous ses fils. Ce défi qui mobilise aujourd'hui tout le monde doit nous pousser à proposer de nouveaux chemins et à animer un débat nécessaire et incontournable dans tout processus d'émergence.
(Harmattan Sénégal, 27.00 euros, 276 p.)
ISBN : 978-2-343-09721-3, ISBN EBOOK : 978-2-14-002372-9

SÉNÉGAL
Dynamiques paysannes et souveraineté alimentaire
Le procès de production, la tenue foncère et la naissance d'un mouvement paysan
Diop Amadou Makhouredia - Préface d'Yves Guillermou ; Postface de Fodé Niang
Le présent ouvrage contribue à la compréhension des stratégies développées par la petite paysannerie et les dynamiques qui animent les exploitations agricoles familiales permettant la production de biens nécessaires à l'alimentation et l'entretien des familles. La capacité des paysans à prendre en main leurs propres préoccupations a été mise en évidence par l'émergence d'organisations, de groupements, d'associations et d'unions dans tout l'espace rural sénégalais.
(Harmattan Sénégal, 26.00 euros, 256 p.)
ISBN : 978-2-343-10852-0, ISBN EBOOK : 978-2-14-002457-3

HISTOIRE ET SOCIOLOGIE DES RELIGIONS AU SÉNÉGAL
Tamba Moustapha
Le Sénégal reste une exception dans le domaine religieux : 90 % de musulmans, 5 % de chrétiens et 5 % d'adeptes de l'animisme. C'est aussi le pays où les musulmans et les catholiques partagent le même cimetière, où les conjoints partagent des religions différentes, où les écoles privées catholiques comptent 60 à 70 % d'élèves de confession musulmane, etc. Ce phénomène n'est pas dû au hasard. L'histoire et la sociologie des religions permettent de l'expliquer amplement. Cet ouvrage souligne cette exception sénégalaise pour montrer qu'au moment où notre monde est en proie au fanatisme, à l'intolérance et au terrorisme religieux, le Sénégal propose un autre « modèle ».
(Coll. Études africaines, série Economie, 41.00 euros, 426 p.)
ISBN : 978-2-343-10424-9, ISBN EBOOK : 978-2-14-002506-8

FIGURES DU POLITIQUE ET DE L'INTELLECTUEL AU SÉNÉGAL
L.S. Senghor - M. Dia - A. Ly - CH. A. Diop A. Diouf & F. Mitterrand - J.R. De Benoist - A. Seck - TH. Fall - A. M. Samb - A.M. Samb JR - TH. Monod - H. Bocoum - G. R. Thilmans
Samb Djibril
Cet ouvrage réunit des personnalités politiques et/ou intellectuelles très diverses : Léopold Sédar Senghor, l'Immortel Noir ; Mamadou Dia, le brillant économiste ; François Mitterrand et Abdou Diouf, deux experts politiques, ou encore Théodore Monod, le savant probe. Ces figures sont autant de coryphées auxquels l'auteur a voulu rendre hommage, afin de rappeler que la terre africaine du Sénégal ne manque pas de princes de l'esprit ni de nourriture intellectuelle.
(26.00 euros, 266 p.)
ISBN : 978-2-343-10731-8, ISBN EBOOK : 978-2-14-002513-6

TÉLÉVISIONS AU SÉNÉGAL
Entre désert de contenu et sécheresse intellectuelle
Djimbira Cheikh Mouhamadou
« Il faut lire ce livre en considérant qu'il a été sciemment écrit dans l'intention de nuire à la société spectaculaire. Il n'a jamais rien d'outrancier. » Cette pensée de Guy Debord nous permet de comprendre à bien des égards, l'ouvrage de Cheikh Mouhamadou Djimbira qui est un plaidoyer pour la création de programmes audiovisuels de qualité.
(11.50 euros, 80 p.)
ISBN : 978-978-2-343-10790-5, ISBN EBOOK : 978-978-2-14-002528-0

UN SCOUT SÉNÉGALAIS
L'aventure citoyenne (deuxième édition)
Ndene Pascal - Préface de Jacques Moreillon
Lorsque nous parlons de l'adolescence, nous évoquons l'autonomie, la responsabilisation, la citoyenneté, le jeu, les relations avec les parents et avec les pairs. Toutes ces questions sont abordées dans ce livre qui montre avec humour le parcours éducatif d'un adolescent dans le scoutisme. Ce livre s'adresse à tous les jeunes, garçons et filles, aux parents et éducateurs de tout milieu social et culturel, ainsi qu'à tous les scouts et guides du monde.
(14.00 euros, 124 p.)
ISBN : 978-2-343-10965-7, ISBN EBOOK : 978-2-14-002526-6

LA PENSÉE DE CHEIKH AHMADOU BAMBA FACE AUX DÉFIS AFRICAINS
Sow Cheikh Mar
Cheikh Ahmadou Bamba Mbacké a su déterminer une nouvelle vision aux yeux de ses contemporains en formulant d'une façon très claire des idées novatrices capables de faire bouger le peuple. Cette conception de la société dans sa globalité a permis «à chaque individu de devenir un centre d'initiative, de création et de responsabilité à tous les niveaux : celui de l'économie, de la politique, de la culture ; une conception qui ne soit ni individualiste, ni totalitaire mais fondée sur les communautés de base».
(Harmattan Sénégal, 24.00 euros, 238 p.)
ISBN : 978-2-343-10021-0, ISBN EBOOK : 978-2-14-002284-5

LE MODERNISME EN ISLAM
Introduction à la pensée de Sayyid Amir Ali
Diagne Mbengue Ramatoulaye
« Les thèmes abordés par le Professeur Ramatoulaye Diagne dans sa lecture de la pensée d'Amir Ali ont tous un lien indéfectible avec le pluralisme et la paix. (...) Dans la lecture de son ouvrage, on arrive à comprendre que le modernisme d'Amir Ali est une sorte de renouveau dans la pensée islamique. C'est un mouvement d'intellection qui intègre, dans une cohérence architecturale, l'usage de la raison, l'esprit du soufisme pratique ghazalien et la finalité de la prière qui concilie l'ascèse de l'âme à la transformation positive des sociétés. » Abdoul Aziz Kebe, Ancien Chef du Département d'Arabe UCAD-DAKAR.
(Harmattan Sénégal, 15.00 euros, 144 p.)
ISBN : 978-2-343-09977-4, ISBN EBOOK : 978-2-14-002211-1

MA RENCONTRE AVEC ALLAH
De l'obscurité à la lumière
Mbengue Adama Ousmane
Cet ouvrage traite surtout de la question essentielle du Mahdi qui vient pour apporter les solutions idoines en s'appuyant sur la Sharia mouhammadiya et la Tariqah ahmadiya afin d'offrir à tout individu le meilleur profil dans la société idéale qu'il compte établir.
(Harmattan Sénégal, 14.50 euros, 134 p.)
ISBN : 978-2-343-10299-3, ISBN EBOOK : 978-2-14-002277-7

Structures éditoriales du groupe L'Harmattan

L'Harmattan Italie
Via degli Artisti, 15
10124 Torino
harmattan.italia@gmail.com

L'Harmattan Hongrie
Kossuth l. u. 14-16.
1053 Budapest
harmattan@harmattan.hu

L'Harmattan Sénégal
10 VDN en face Mermoz
BP 45034 Dakar-Fann
senharmattan@gmail.com

L'Harmattan Cameroun
TSINGA/FECAFOOT
BP 11486 Yaoundé
inkoukam@gmail.com

L'Harmattan Burkina Faso
Achille Somé – tengnule@hotmail.fr

L'Harmattan Guinée
Almamya, rue KA 028 OKB Agency
BP 3470 Conakry
harmattanguinee@yahoo.fr

L'Harmattan RDC
185, avenue Nyangwe
Commune de Lingwala – Kinshasa
matangilamusadila@yahoo.fr

L'Harmattan Congo
67, boulevard Denis-Sassou-N'Guesso
BP 2874 Brazzaville
harmattan.congo@yahoo.fr

L'Harmattan Mali
Sirakoro-Meguetana V31
Bamako
syllaka@yahoo.fr

L'Harmattan Togo
Djidjole – Lomé
Maison Amela
face EPP BATOME
ddamela@aol.com

L'Harmattan Côte d'Ivoire
Résidence Karl – Cité des Arts
Abidjan-Cocody
03 BP 1588 Abidjan
espace_harmattan.ci@hotmail.fr

L'Harmattan Algérie
22, rue Moulay-Mohamed
31000 Oran
info2@harmattan-algerie.com

L'Harmattan Maroc
5, rue Ferrane-Kouicha, Talaâ-Elkbira
Chrableyine, Fès-Médine
30000 Fès
harmattan.maroc@gmail.com

Nos librairies en France

Librairie internationale
16, rue des Écoles – 75005 Paris
librairie.internationale@harmattan.fr
01 40 46 79 11
www.librairieharmattan.com

Lib. sciences humaines & histoire
21, rue des Écoles – 75005 paris
librairie.sh@harmattan.fr
01 46 34 13 71
www.librairieharmattansh.com

Librairie l'Espace Harmattan
21 bis, rue des Écoles – 75005 paris
librairie.espace@harmattan.fr
01 43 29 49 42

Lib. Méditerranée & Moyen-Orient
7, rue des Carmes – 75005 Paris
librairie.mediterranee@harmattan.fr
01 43 29 71 15

Librairie Le Lucernaire
53, rue Notre-Dame-des-Champs – 75006 Paris
librairie@lucernaire.fr
01 42 22 67 13

www.ingramcontent.com/pod-product-compliance
Lightning Source LLC
LaVergne TN
LVHW011225061026
849535LV00001BA/178
9782343194936